Das große KRIMI LESEBUCH II

Herausgegeben von
Thomas Godfrey

GOLDMANN VERLAG

Deutsche Erstveröffentlichung

Die Originalausgabe erschien unter dem Titel
»English Country House Murders«
bei The Mysterious Press, New York.

Aus dem Englischen von Christine Frauendorf-Mössel
und Mechthild Sandberg-Ciletti

Der Goldmann Verlag
ist ein Unternehmen der Verlagsgruppe Bertelsmann

Made in Germany · 5. Auflage · 5/92

Umschlaggestaltung: Design Team München
Umschlagmotiv: Bilderberg/Wagner, Hamburg
Satz: IBV Satz- und Datentechnik GmbH, Berlin
Druck: Elsnerdruck, Berlin
Verlagsnummer: 41078
Lektorat: Ulrike Kloepfer/AK
Redaktion: Bettina Abarbanell
Herstellung: Gisela Ernst/Sc
ISBN 3-442-41078-9

In Dankbarkeit
für drei Damen, die die Geheimnisse
meines Lebens mitbestimmt haben:

Janet Barber Godfrey Alspach
Rae Walters Barber
Doris Barber Parr

Inhalt

SIR ARTHUR CONAN DOYLE
(1859–1930)

Das Abenteuer von Abbey Grange

In einer bitterkalten Nacht gegen Ende des Winters achtzehnhundertsiebenundneunzig erwachte ich in den frühen Morgenstunden davon, daß mich jemand an der Schulter berührte. Es war Holmes. Das Licht der Kerze in seiner Hand fiel auf sein erregt über mich geneigtes Gesicht, und ich wußte auf den ersten Blick, daß etwas geschehen war.

»Kommen Sie, Watson, kommen Sie«, drängte er. »Es ist etwas im Gange. Kein Wort! Kleiden Sie sich an und kommen Sie.«

Zehn Minuten später saßen wir in einer klappernden Droschke, die uns durch die stillen Straßen zum Charing Cross Bahnhof fuhr. Im ersten schwachen Licht des Wintermorgens machten wir im Vorüberfahren hier und dort, verschwommen und undeutlich im milchigen Londoner Nebel, die Gestalt eines Arbeiters aus, der schon um diese frühe Stunde auf den Beinen war. Holmes vergrub sich schweigend in seinen dicken Mantel, und ich tat es ihm nur zu gern nach, denn es war klirrend kalt, und wir hatten beide nicht gefrühstückt.

Erst als wir am Bahnhof etwas heißen Tee getrunken und danach unsere Plätze im Zug nach Kent eingenommen hatten, waren wir so weit aufgetaut, daß er sprechen und ich zuhören konnte. Holmes zog einen Brief aus seiner Tasche und las ihn mir vor.

›Abbey Grange, Marsham, Kent, drei Uhr dreißig morgens

Verehrter Mr. Holmes:

Ich wäre Ihnen sehr dankbar für unverzügliche Hilfe in einem Fall, der höchst bemerkenswert zu sein scheint. Es handelt sich um eine Angelegenheit, die ganz auf Ihrer Linie liegt. Ich werde die Dame befreien, aber ansonsten dafür sorgen, daß alles genauso bleibt, wie ich es vorgefunden habe. Ich bitte Sie jedoch, keine Sekunde zu verlieren, da es schwierig ist, Sir Eustace einfach so zu lassen.

Ihr ergebener Stanley Hopkins.‹

»Hopkins hat mich siebenmal zugezogen, und in jedem Fall war sein Ruf an mich absolut gerechtfertigt«, sagte Holmes. »Ich vermute, daß jeder einzelne seiner Fälle seinen Weg in Ihre Sammlung gefunden hat, und ich muß bekennen, Watson, daß Sie ein gewisses Talent für die richtige Auswahl besitzen, die mit vielem aussöhnt, was ich an Ihren Erzählungen beklage. Ihre fatale Neigung, alles nur unter dem Gesichtspunkt der Spannung zu betrachten und nicht unter dem der wissenschaftlichen Übung, ist daran schuld, daß Ihre Sammlung nicht zu dem geworden ist, was sie hätte sein können, nämlich eine lehrreiche, ja klassische Serie von Demonstrationen. Über kriminalistische Arbeit, die höchste Finesse und Fingerspitzengefühl zeigt, gehen Sie flüchtig hinweg, um dafür bei sensationellen Details zu verweilen, die den Leser zwar erregen mögen, aber unmöglich belehren können.«

»Warum schreiben Sie dann nicht selbst?« fragte ich mit einiger Bitterkeit.

»Das werde ich schon noch tun, mein lieber Watson. Das werde ich schon tun. Gegenwärtig bin ich, wie Sie wissen, ziemlich beschäftigt, aber ich habe vor, meinen Lebensabend der Abfassung eines Lehrbuchs zu widmen, das die gesamte Kunst der Verbrechensaufdeckung in einem Band zusammenfaßt. Diesmal scheinen wir es mit einem Mordfall zu tun zu haben.«

»Sie glauben also, dieser Sir Eustace ist tot?«

»Ich denke, ja. Hopkins' Handschrift verrät beträchtliche Erregung, und er ist kein emotionaler Mensch. Ja, ich vermute, es hat ein Gewaltverbrechen stattgefunden und man hat die Leiche zu unserer Begutachtung an Ort und Stelle liegen gelassen. Ein bloßer Selbstmord hätte ihn nicht veranlaßt, mich herbeizurufen. Was die Befreiung der Dame angeht, so wird sie wohl während der Tragödie in ihrem Zimmer eingesperrt gewesen sein. Wir bewegen uns in der großen Welt, Watson, Büttenpapier, ein Monogramm, ein Wappen, eine äußerst wohlklingende Adresse. Ich denke, Freund Hopkins wird seinem Ruf gerecht werden und wir werden einen interessanten Morgen erleben. Das Verbrechen wurde vor Mitternacht verübt.«

»Woher wissen Sie das?«

»Aus den Zugfahrplänen und meinen zeitlichen Berechnungen. Erst mußte die örtlich zuständige Polizeidienststelle benachrichtigt werden, die wiederum mußte sich mit Scotland Yard in Verbindung setzen, Hopkins mußte nach Kent fahren und dann mich benachrichtigen. Das alles wird einen guten Teil der Nacht in Anspruch genommen haben. Ah, da sind wir schon in Chiselhurst. Bald werden alle unsere Zweifel geklärt sein.«

Eine Fahrt von mehreren Meilen auf schmalen, heckengesäumten Landstraßen brachte uns zum Tor eines Parks. Es wurde von einem alten Pförtner geöffnet, dessen verstörtes Gesicht Zeugnis von einem schrecklichen Unglück ablegte. Die Auffahrt führte an alten Ulmen entlang durch einen stattlichen Park und endete vor einem niedrigen, weitläufigen Haus mit einer Säulenhalle im Stil Palladios. Der Mittelteil war offensichtlich sehr alt, von Efeu überwuchert, aber die großen Fenster verrieten, daß Modernisierungen vorgenommen worden waren, und ein Flügel des Hauses schien gänzlich neu zu sein. An der offenen Tür erwartete uns die jugendliche Gestalt von Inspektor Stanley Hopkins. Mit gespannter, eifriger Miene trat er uns entgegen.

»Ich bin sehr froh, daß Sie gekommen sind, Mr. Holmes. Und Sie auch, Dr. Watson. Aber ich muß gestehen, wenn ich noch einmal entscheiden könnte, würde ich Sie nicht behelligen. Inzwischen ist die Dame des Hauses nämlich zu sich gekommen und hat einen so klaren Bericht der Angelegenheit gegeben, daß für uns kaum noch etwas zu tun bleibt. Sie erinnern sich an diese Einbrecherbande aus Lewisham?«

»Sie meinen, die drei Randalls?«

»Genau, Vater und zwei Söhne. Das hier ist ihr Werk, daran habe ich nicht den geringsten Zweifel. Sie haben vor vierzehn Tagen in Sydenham einen Einbruch verübt und wurden dabei gesehen und beschrieben. Diesmal allerdings ist es ein Fall für den Henker.«

»Sir Eustace ist also tot?«

»Ja. Sie haben ihm den Kopf mit seinem eigenen Schürhaken eingeschlagen.«

»Es handelt sich, wie der Kutscher mir sagte, um Sir Eustace Brackenstall.«

»Richtig – einer der reichsten Männer von Kent. Lady Brackenstall ist im Damenzimmer. Die Ärmste hat Entsetzliches durchgemacht. Als ich sie zuerst sah, wirkte sie wie tot. Ich denke, es ist am besten, wenn Sie selbst mit ihr sprechen und sich ihren Bericht anhören. Dann werden wir zusammen das Speisezimmer besichtigen.«

Lady Brackenstall war eine ungewöhnliche Frau. Selten habe ich eine so anmutige Gestalt, soviel weiblichen Liebreiz und ein so schönes Gesicht gesehen. Sie war blond, goldblond, mit blauen Augen und hatte zweifellos den makellosen Teint, der Menschen dieses Typs auszeichnet, doch infolge der jüngsten Ereignisse war ihr Gesicht bleich und leidend. Sie hatte nicht nur seelische, sondern auch körperliche Verletzungen davongetragen; über einem Auge hatte sie eine häßliche, pflaumenfarbene Schwellung, die ihr Mädchen, eine große, streng wirkende Frau, immer wieder mit Essigwasser abtupfte. Lady Brackenstall ruhte erschöpft auf einem Sofa, doch ihr rascher, aufmerksamer Blick, als wir das Zimmer betraten, und der wache Ausdruck auf ihrem schönen Gesicht zeigten, daß weder ihr Verstand noch ihr Mut durch das schreckliche Erlebnis der Nacht gelitten hatten. Sie war in einen losen Morgenmantel in Blau und Silber gehüllt, doch auf dem Sofa neben ihr lag ein schwarzes, von Pailletten glitzerndes Abendkleid.

»Ich habe Ihnen alles berichtet, was geschehen ist, Mr. Hopkins«, sagte sie müde. »Können Sie es nicht für mich wiederholen? – Nun gut, wenn Sie es für nötig halten, werde ich selbst diesen Herren hier erzählen, was sich abspielte. Waren sie schon im Speisezimmer?«

»Ich hielt es für besser, daß sie vorher mit Ihnen sprechen, Milady.«

»Mir wird erst wieder leichter sein, wenn Sie alles bereinigt haben. Der Gedanke, daß er immer noch dort liegt, ist mir entsetzlich.« Schaudernd schlug sie die Hände vor ihr Gesicht. Dabei rutschten die weiten Ärmel ihres Morgenmantels herunter, und Holmes rief erschrocken aus: »Sie haben ja noch weitere Verletzungen, Madam. Was ist das?«

Zwei rote Flecken glühten auf einem der weißen, runden Arme. Hastig zog sie den Ärmel herunter.

»Das ist nichts. Es hat mit den Ereignissen der vergangenen Nacht nichts zu tun. Bitte, nehmen Sie doch Platz, dann will ich Ihnen alles erzählen, so gut ich kann.

Ich bin die Frau von Sir Eustace Brackenstall. Ich bin seit ungefähr einem Jahr verheiratet. Es wäre sinnlos, wenn ich verheimlichen wollte, daß unsere Ehe nicht glücklich war. Ich fürchte, Sie würden es von allen unseren Nachbarn erfahren, selbst wenn ich versuchen sollte, es zu leugnen. Vielleicht war es teilweise meine Schuld. Ich bin in Süd-Australien aufgewachsen, wo es ungezwungener und weniger konventionell zugeht als hier. Das englische Leben, mit seiner strengen Förmlichkeit und Steifheit, liegt mir nicht. Aber der Hauptgrund war etwas anderes, was allgemein bekannt ist, nämlich daß mein Mann ein Trinker war. Eine einzige Stunde in der Gesellschaft eines solchen Mannes ist unangenehm. Können Sie sich vorstellen, was es für eine empfindsame und stolze Frau wie mich bedeutet, Tag und Nacht an ihn gefesselt zu sein? Es ist ein Sakrileg, ein Verbrechen, eine Gemeinheit ersten Ranges, daß eine solche Ehe nicht aufgelöst werden darf. Ich bin sicher, Ihre ungeheuerlichen Gesetze werden einen Fluch auf das Land herabziehen – Gott wird solche Unmenschlichkeit auf die Dauer nicht dulden.«

Mit glühenden Wangen und blitzenden Augen richtete sie sich auf. Aber sogleich zog das Mädchen sie mit starker, beruhigender Hand wieder in die Kissen hinunter, und ihr Zorn ging über in heftiges Schluchzen. Erst nach einer Weile fuhr sie zu sprechen fort.

»Ich werde Ihnen alles über gestern abend erzählen. Sie wissen vielleicht, daß alle Dienstboten des Hauses im neuen Flügel untergebracht sind. Hier im Mittelteil befinden sich die Wohnräume und die Küche und oben unsere Schlafzimmer. Mein Mädchen Theresa hat ihr Zimmer im obersten Stock über dem meinen. Sonst wohnt niemand hier im Mittelteil, und wenn hier etwas vorgeht, kann man das im neuen Flügel nicht hören. Das muß den Einbrechern bekannt gewesen sein, sonst hätten sie anders gehandelt.

Mein Mann zog sich ungefähr um halb elf Uhr zurück. Die Dienstboten waren schon in ihre Zimmer gegangen. Nur mein Mädchen war noch auf. Sie saß oben in ihrem Zimmer unter dem Dach und wartete, weil ich sie später noch brauchte. Ich saß bis nach elf hier im Zimmer und las. Dann ging ich durch die unteren Räume, um noch einmal nach dem Rechten zu sehen, ehe ich hinaufging. Ich mache diesen letzten Rundgang stets selbst, denn auf meinen Mann war, wie ich schon erklärte, nicht immer Verlaß. – Ich ging in die Küche, die Anrichte, die Waffenkammer, das Billardzimmer, den Salon und schließlich ins Speisezimmer. Als ich mich der Fenstertür zum Garten näherte, deren schwere Vorhänge schon zugezogen waren, spürte ich plötzlich Zugluft und nahm an, daß jemand sie offengelassen hätte. Ich zog den Vorhang zur Seite und stand unversehens einem breitschultrigen älteren Mann gegenüber, der soeben ins Zimmer gekommen war. Ich hielt eine Kerze in der Hand, und in ihrem Licht konnte ich hinter dem ersten Mann noch zwei Männer erkennen, die eben hereinkommen wollten. Ich fuhr zurück, aber der Mann packte mich sofort. Erst am Handgelenk, dann am Hals. Ich wollte schreien, aber da schlug er mir mit der Faust ins Gesicht, daß ich zu Boden stürzte. Ich muß ein paar Minuten lang bewußtlos gewesen sein, denn als ich zu mir kam, saß ich gefesselt auf dem Eichensessel am Kopfende des Speisetischs. Er hatte die Klingelschnur aus der Wand gerissen und mich damit so fest gebunden, daß ich mich nicht mehr rühren konnte. Über den Mund hatte er mir ein Taschentuch gebunden, so daß ich keinen Laut hervorbringen konnte.

Im selben Moment trat mein Mann ins Zimmer. Er hatte offenbar verdächtige Geräusche gehört und kam gut gewappnet. Er war schon im Nachthemd, über das er seine Hose gezogen hatte, und in der Hand hielt er seinen Lieblingsspazierstock, einen ziemlich dicken Schlehdornstock. Er stürzte auf die Einbrecher zu, aber einer von ihnen – es war der Ältere – bückte sich, riß den Schürhaken aus dem Ständer beim Kamin und versetzte meinem Mann damit einen fürchterlichen Schlag. Er stürzte stöhnend zu Boden und blieb reglos liegen. Ich wurde wieder ohnmächtig, aber diesmal wohl nur für wenige Minuten. Als ich die Augen wieder öffnete, sah ich, daß sie das Silber vom Buffet genommen und eine Flasche Wein geöffnet hatten, die dort stand. Jeder von ihnen hielt ein Glas in der Hand. Ich sagte Ihnen schon, nicht wahr, daß der eine ein älterer Mann mit Bart war. Die beiden anderen waren junge Burschen mit glattrasierten Gesichtern. Sie sahen aus wie seine Söhne. Sie sprachen flüsternd miteinander. Dann kamen sie zu mir und vergewisserten sich, daß ich fest gebunden war. Schließlich machten sie sich davon und zogen die Fenstertür hinter sich zu. Ich brauchte eine Viertelstunde, um meinen Mund freizubekommen. Als mir das gelungen war, eilte mir auf meine

Schreie mein Mädchen zu Hilfe. Bald waren die anderen Dienstboten alarmiert, und wir benachrichtigten die örtliche Polizei, die sich augenblicklich mit London in Verbindung setzte. Das ist wirklich alles, was ich Ihnen sagen kann, meine Herren, und ich hoffe, es wird mir erspart bleiben, diese für mich so schmerzliche Geschichte noch einmal erzählen zu müssen.«

»Fragen, Mr. Holmes?« erkundigte sich Hopkins.

»Ich möchte Lady Brackenstalls Geduld und Zeit nicht weiter in Anspruch nehmen«, antwortete Holmes. »Ehe ich ins Speisezimmer gehe, würde ich gern hören, was Sie erlebt haben.« Er sah das Mädchen an.

»Ich habe die Männer gesehen, ehe sie ins Haus kamen«, sagte sie. »Ich saß in meinem Zimmer am Fenster und sah im Mondlicht unten beim Pförtnerhäuschen drei Männer. Aber ich dachte mir nichts dabei. Erst über eine Stunde später hörte ich meine Herrin schreien und lief hinunter. Ich fand sie so vor, wie sie es beschrieben hat, das arme Kind, und ihn auf dem Boden in seinem Blut. Es hätte jede Frau um den Verstand gebracht, da an den Stuhl gefesselt zu sein, das Kleid mit seinem Blut bespritzt, aber Mary Fraser aus Adelaide war immer eine tapfere kleine Person und hat sich als Lady Brackenstall von Abbey Grange nicht geändert. Sie haben sie lange genug verhört, meine Herren, jetzt wird sie mit ihrer alten Theresa auf ihr Zimmer gehen und sich die Ruhe gönnen, die sie so dringend braucht.«

Voll mütterlicher Fürsorge legte die hagere Frau ihrer Herrin den Arm um die Schultern und führte sie aus dem Zimmer.

»Sie ist seit ihrer Kindheit bei ihr«, bemerkte Hopkins. »Kümmerte sich schon um sie, als sie noch in der Wiege lag, und folgte ihr nach England, als sie vor achtzehn Monaten Australien verließ. Ihr Name ist Theresa Wright, eine Perle, wie man sie heute nicht mehr findet. Bitte kommen Sie jetzt, Mr. Holmes.«

Das aufmerksame Interesse in Holmes' Gesicht war erloschen, und ich wußte, daß der Fall für ihn mit dem Geheimnis auch allen Reiz verloren hatte. Noch galt es, die Schuldigen zu verhaften, aber was hätte er sich an solch uninteressanten Alltagsschurken die Hände beschmutzen sollen! Ein scharfsinniger und gelehrter Spezialist hätte bei der Feststellung, daß man ihn wegen eines Falls von Masern zugezogen hatte, wohl ähnliche Verdrossenheit verspürt, wie ich sie im Auge meines Freundes sah. Aber das, was er im Speisezimmer von Abbey Grange vorfand, war hinreichend befremdlich, um seine Aufmerksamkeit erneut zu fesseln und das erlahmende Interesse wieder zu beleben.

Es war ein sehr großer und hoher Raum mit einer geschnitzten Eichendecke, Eichentäfelung und einer prachtvollen Sammlung von Geweihen und alten Waffen an den Wänden. Auf der anderen Seite des Zimmers war die hohe Fenstertür, von der wir gehört hatten. Durch drei kleinere Fenster auf der rechten Seite fiel kalter Wintersonnenschein in den Raum. Zur Linken war ein großer, tiefer offener Kamin mit einem massigen, weit überhängenden Sims aus Eiche. Neben dem Kamin stand ein schwerer Eichensessel mit Armlehnen und Fußleisten. Zwischen den Holzteilen hindurch schlang sich eine karminrote gedrehte Schnur, die auf den beiden Seiten der unteren Querleiste befestigt war. Bei ihrer Befreiung hatte man Lady Brackenstall die Fesseln abgestreift, ohne die Knoten zu öffnen. Diese Einzelheiten fielen uns erst später auf, denn unsere ganze Aufmerksamkeit war zunächst von dem schrecklichen Anblick des Mannes gefesselt, der auf dem Tigerfell vor dem Kamin lag.

Es war ein großgewachsener, gutgebauter Mann von etwa vierzig Jahren. Er lag auf dem Rücken, das Gesicht aufwärts gewendet, und durch den kurzen schwarzen Bart blitzten grinsend seine weißen Zähne. Die beiden zu Fäusten geballten Hände waren über seinen Kopf erhoben, und ein schwerer Schlehdornstock lag quer über ihnen. Das dunkle, gutgeschnittene Raubvogelgesicht war zu einer Maske rachgierigen Hasses verzerrt, was ihm einen furchterregenden dämonischen Ausdruck verlieh. Er war offenbar schon zu Bett gewesen, als er argwöhnisch geworden war, denn er trug ein extravagantes besticktes Nachthemd und an den Füßen, die aus dei Hose hervorsahen, keine Strümpfe. Er hatte schwere Verletzungen am Kopf, und das ganze Zimmer legte von der grausamen Gewalt des Schlages, der ihn niedergestreckt hatte, Zeugnis ab. Neben ihm lag der schwere Schürhaken, durch die Wucht der Erschütterung gekrümmt. Holmes untersuchte sowohl die Waffe als auch die unbeschreiblichen Verheerungen, die sie angerichtet hatte.

»Dieser alte Randall muß ein überaus kräftiger Mann sein«, bemerkte er.

»Ja«, sagte Hopkins. »Ich weiß einiges über ihn, er ist ein wüster Bursche.«

»Es dürfte Ihnen nicht schwerfallen, ihn zu fassen.«

»Nicht im geringsten. Wir sind seit einiger Zeit hinter ihm her, und es wurden Vermutungen geäußert, daß er nach Amerika geflohen sei. Jetzt, wo wir wissen, daß die Bande hier im Land ist, wüßte ich nicht, wie sie entkommen sollte. Wir haben bereits sämtliche Seehäfen unterrichtet, und noch vor dem Abend wird eine Belohnung ausgesetzt werden. Ich verstehe nur eines nicht: Wie konnten sie sich zu einer solchen Wahnsinnstat hinreißen lassen, wo sie doch wußten, daß Lady Brackenstall sie würde beschreiben können und daß wir sie aufgrund dieser Beschreibung erkennen mußten?«

»Genau. Man hätte eigentlich erwarten müssen, daß sie auch Lady Brackenstall zum Schweigen bringen würden.«

»Vielleicht haben sie nicht gemerkt«, warf ich ein, »daß sie wieder zu Bewußtsein gekommen war.«

»Das ist durchaus wahrscheinlich. Wenn sie sie besinnungslos glaubten, brauchten sie sie nicht zu töten. Was ist mit diesem armen Menschen, Hopkins? Ich habe seltsame Geschichten über ihn gehört.«

»Er war ein gutmütiger Mann, wenn er nüchtern war, aber der reinste Teufel, wenn er getrunken hatte, und zu allem fähig. Nach allem, was ich gehört habe, hätte er es ein-, zweimal trotz seines Reichtums und seines Titels beinahe mit uns zu tun bekommen. Es gab da einen Skandal wegen eines Hundes, den er mit Petroleum übergossen und angezündet hatte – es handelte sich um den Hund seiner Frau. Diese Geschichte ließ sich nur mit Schwierigkeiten vertuschen. Dann warf er eine Karaffe nach dem Mädchen, Theresa Wright – das gab auch Scherereien. Alles in allem, aber das nur unter uns gesagt, wird es hier wohl ohne ihn erquicklicher zugehen. Was sehen Sie sich denn da an?«

Holmes war niedergekniet und untersuchte mit großer Aufmerksamkeit die Knoten in der roten Schnur, mit der man Lady Brackenstall gefesselt hatte. Dann musterte er eingehend das ausgefranste Ende der Schnur, die der Einbrecher heruntergerissen hatte.

»Als die Schnur heruntergezogen wurde, muß die Glocke in der Küche doch laut geläutet haben«, meinte er.

»Aber niemand konnte es hören. Die Küche ist ganz hinten im Haus.«

»Woher wußten die Einbrecher, daß niemand es hören würde? Woher nahmen sie die Kühnheit, so unbesorgt an der Klingelschnur zu ziehen?«

»Genau, Mr. Holmes. Genau. Das ist die Frage, die ich mir auch immer wieder gestellt habe. Es kann keinen Zweifel daran geben, daß dieser Mann das Haus und seine Gepflogenheiten kannte. Er muß gewußt haben, daß die Dienstboten zu dieser verhältnismäßig frühen Stunde allesamt im Bett sein würden und daß kein Mensch das Läuten der Glocke in der Küche hören würde. Er muß also mit einem der Dienstboten gemeinsame Sache gemacht haben. Das ist doch wohl offensichtlich. Aber hier im Haus gibt es acht Angestellte und alle mit guten Referenzen.«

»Wenn es sonst keine Unterschiede gibt«, sagte Holmes, »dann könnte man vermuten, daß die Frau dahintersteckt, nach der Lord Brackenstall mit der Karaffe warf. Aber das würde zugleich Verrat an der Herrin bedeuten, der diese Frau tief ergeben zu sein scheint. Nun, die Sache ist von nebensächlicher Bedeutung, und wenn Sie Randall geschnappt haben, werden Sie wahrscheinlich ohne Schwierigkeiten seinen Komplizen entlarven. Die Aussage von Lady Brackenstall scheint jedenfalls durch alles, was wir hier vor uns sehen, bestätigt, wenn überhaupt noch Bestätigung nötig war.«

Er ging zur Fenstertür und stieß sie auf. »Es sind keine Spuren zu erkennen, aber der Boden ist eisenhart, da kann man keine erwarten. Ich sehe, daß die Kerzen auf dem Kaminsims angezündet waren.«

»Ja, die Einbrecher brauchten sie, zusätzlich zu der Kerze, die Lady Brackenstall in der Hand gehalten hat, um sich hier umsehen zu können.«

»Und was haben sie mitgenommen?«

»Hm, nicht viel – nur ein paar Silbersachen vom Buffet. Lady Brackenstall meint, sie waren selbst so verwirrt durch den Tod von Sir Eustace, daß sie es unterließen, das Haus auszuplündern, wie sie das sonst getan hätten.«

»Ja, das ist sicher wahr. Und Wein haben sie auch getrunken, wie ich hörte.«

»Zur Beruhigung ihrer Nerven.«

»Richtig. Die drei Gläser auf dem Buffet sind wohl nicht angerührt worden?«

»Nein, und auch die Flasche nicht.«

»Sehen wir uns das mal an. Holla! Was ist denn das?«

Die drei Gläser standen beieinander, Weinspuren in allen und in einem von ihnen Reste des feinen Häutchens, das sich auf sehr altem Wein zu bilden pflegt. Die Flasche stand nicht weit von ihnen entfernt, noch zu zwei Dritteln gefüllt, und neben ihr lag ein langer, dunkel gefärbter Korken. Der Korken und der Staub auf der Flasche verrieten, daß es sich bei dem Wein, den die Mörder genossen hatten, nicht um einen Allerweltsjahrgang gehandelt hatte.

Holmes' Verhalten hatte sich verändert. Sein Gesicht hatte nicht mehr diesen teilnahmslosen Ausdruck, und ich sah in seinen tiefliegenden, scharfen Augen wieder den Funken gespannten Interesses. Er untersuchte den Korken genau.

»Wie haben sie ihn gezogen?« fragte er.

Hopkins wies zu einer halboffenen Schublade. Darin lagen etwas Tischwäsche und ein großer Korkenzieher.

»Sagte Lady Brackenstall, daß der Korkenzieher benutzt wurde?«

»Nein. Sie werden sich erinnern, daß sie in dem Augenblick, als die Flasche geöffnet wurde, nicht bei Bewußtsein war.«

»Natürlich. Tatsache ist, daß dieser Korkenzieher nicht benutzt wurde. Die Flasche wurde mit einem viel kleineren Korkenzieher geöffnet, der wahrscheinlich zu einem Taschenmesser gehört und nicht länger als vier Zentimeter ist. Wenn Sie sich die obere Seite des Korkens ansehen, werden Sie feststellen, daß der Korkenzieher dreimal hineingestoßen wurde, ehe der Korken herausgezogen werden konnte. Er wurde nicht von oben bis unten durchbohrt. Wenn Sie diesen Burschen fassen, werden Sie sehen, daß er eines dieser Vielzweck-Taschenmesser besitzt.«

»Exzellent!« sagte Hopkins.

»Aber die Gläser geben mir Rätsel auf, das muß ich gestehen. Lady Brackenstall sah mit eigenen Augen, wie die Männer tranken, ist das richtig?«

»Ja. Sie ließ keinen Zweifel daran.«

»Dann wäre das wohl alles. Was gäbe es noch zu sagen? Und doch, das müssen Sie zugeben, sind die drei Gläser bemerkenswert, Hopkins. Wie? Sie sehen nichts Bemerkenswertes an ihnen? Nun gut, lassen wir das. Jemand, der wie ich über besonderes Wissen und besondere Fähigkeiten verfügt, läßt sich vielleicht gern dazu verleiten, komplizierte Erklärungen zu suchen, wo ganz einfache vorhanden sind. Natürlich, das mit den Gläsern muß reiner Zufall sein. Tja dann, guten Morgen, Hopkins. Ich wüßte nicht, daß ich Ihnen hier von Nutzen sein kann, und für Sie scheint der Fall ja klarzuliegen. Unterrichten Sie mich, wenn Randall gefaßt ist, und halten Sie mich auf dem laufenden, sollten sich weitere Entwicklungen ergeben. Ich bin sicher, ich werde Ihnen schon bald zu erfolgreicher Erledigung gratulieren können. Kommen Sie, Watson, ich denke, wir können uns zu Hause nützlicher machen.«

Auf unserer Rückreise sah ich Holmes' Gesicht an, daß ihn eine seiner Beobachtungen stark beschäftigte. Ab und zu bemühte er sich sichtlich, dies zu vertuschen, indem er über den Fall sprach, als sei er klar, aber dann überkamen ihn von neuem seine Zweifel, und seine zusammengezogenen Brauen und sein geistesabwesender Blick verrieten, daß er in Gedanken wieder in dem großen Speisezimmer von Abbey Grange war, wo die mitternächtliche Tragödie sich abgespielt hatte. Gerade als unser Zug aus einem Vorortbahnhof hinauskroch, sprang er plötzlich auf den Bahnsteig hinaus und riß mich mit sich.

»Verzeihen Sie mir, alter Freund«, sagte er, während wir dem Zug nachblickten, bis sein letzter Wagen um eine Kurve verschwunden war. »Es tut mir leid, Sie zum Leidtragenden eines Entschlusses machen zu müssen, der Ihnen vielleicht wie eine Grille erscheint, aber, so wahr ich hier stehe, Watson, ich kann die Sache nicht einfach so auf sich beruhen lassen. Alles in mir wehrt sich dagegen. Es stimmt nicht – es stimmt einfach nicht – ich schwöre, daß es nicht stimmt. Aber – die Aussage Lady Brackenstalls war umfassend, bestätigt durch die Aussage des Mädchens, exakt in allen Einzelheiten. Was habe ich dagegen vorzubringen? Drei Weingläser, mehr nicht. Aber hätte ich nicht einfach alles als erwiesen hingenommen und statt dessen alles mit der Sorgfalt untersucht, die ich hätte walten lassen, wenn wir uns dem Fall unvoreingenommen genähert hätten, wäre ich noch nicht durch eine fix und fertige Geschichte beeinflußt gewesen, hätte ich dann nicht klarere Hinweise gefunden? Aber selbstverständlich. Setzen Sie sich da auf die Bank, Watson, bis der nächste Zug nach Chiselhurst kommt, und gestatten Sie mir, Ihnen die Beweise zu unterbreiten. Aber zunächst einmal bitte ich Sie, die Vorstellung aus Ihrem Gehirn zu streichen, daß irgend etwas von dem, was uns das Mädchen und seine Herrin berichtet haben, wahr sein muß. Sie dürfen sich in Ihrem Urteil nicht von der reizenden Persönlichkeit Lady Brackenstalls beeinflussen lassen.

Ohne Zweifel enthält ihre Aussage Einzelheiten, die, würden wir sie mit kühlem Blut betrachten, unseren Verdacht erregen müßten. Diese Einbrecher haben vor vierzehn Tagen in Sydenham beträchtliche Beute gemacht. In den Zeitungen sind Berichte über sie erschienen, in denen auch ihr Aussehen beschrieben wurde, und es wäre nur natürlich, daß jemand, der eine Geschichte mit imaginären Einbrechern erfinden wollte, sich dieser Berichte erinnerte. Tatsache ist aber, daß Einbrecher, die einen guten Fang gemacht haben, in der Regel die Früchte ihrer Arbeit gern in Ruhe genießen, ohne gleich das nächste gefährliche Unternehmen zu wagen. Außerdem entspricht es nicht ihrer Art, zu so früher Stunde auf Raub auszugehen, und ebensowenig entspricht es ihrer Art, jemanden zu schlagen, um ihn am Schreien zu hindern, denn dies würde das Opfer ja erst recht zum Schreien veranlassen. Es entspricht nicht ihrer Art, einen Mord zu begehen, wenn sie so weit in der Überzahl sind, daß sie einen einzelnen leicht überwältigen könnten, und es entspricht nicht ihrer Art, sich mit Geringfügigkeiten zufriedenzugeben, wenn soviel mehr in Reichweite ist. Am allerwenigsten entspricht es meiner Ansicht nach der Art solcher Leute, eine Flasche nicht bis auf den letzten Tropfen zu leeren. Was halten Sie von all diesen Ungereimtheiten, Watson?«

»Zusammen genommen sind sie entschieden beeindrukkend, aber jedes Detail für sich ist durchaus denkbar. Die größte Ungereimtheit scheint mir zu sein, daß sie die junge Frau an den Stuhl fesselten.«

»Hm, da bin ich nicht so sicher, Watson. Es ist doch klar, daß sie sie entweder töten oder auf andere Weise daran hindern mußten, unverzüglich nach ihrer Flucht Alarm zu schlagen. Wie dem auch sei, ich denke, ich habe Ihnen hiermit gezeigt, daß der Geschichte Lady Brackenstalls ein gewisses Element der Unwahrscheinlichkeit anhaftet, nicht wahr? Und um dem allen die Krone aufzusetzen, haben wir nun noch die Sache mit den Weingläsern.«

»Was ist denn mit den Weingläsern?«

»Können Sie sie vor sich sehen?«

»Ich sehe sie ganz klar.«

»Man hat uns erzählt, daß drei Männer aus ihnen getrunken haben. Halten Sie das für wahrscheinlich?«

»Warum nicht? In jedem der Gläser waren Weinspuren.«

»Richtig, aber Reste des feinen Häutchens befanden sich nur in einem. Das muß Ihnen doch aufgefallen sein. Was würden Sie nun daraus schließen?«

»Die Haut würde am ehesten in das zuletzt eingeschenkte Glas rinnen.«

»Keineswegs. Die Flasche war voll von Haut, und es ist nicht denkbar, daß alles in das dritte Glas rann und nicht das kleinste Fetzchen in die anderen beiden Gläser. Es gibt zwei mögliche Erklärungen, und nur zwei. Die eine ist, daß die Flasche nach Eingießen des zweiten Glases stark geschüttelt wurde und so die Haut in das dritte Glas rann. Aber das halte ich für unwahrscheinlich. Nein, nein, ich bin sicher, daß ich recht habe.«

»Was vermuten Sie denn?«

»Daß überhaupt nur zwei Gläser benutzt und die Reste aus beiden in ein drittes Glas gegossen wurden, um den falschen Eindruck zu erwecken, es seien drei Personen im Haus gewesen. Dann wäre die ganze Haut ins letzte Glas gelangt, nicht wahr? Ja, ich bin überzeugt, daß es sich so verhält. Aber wenn ich für dieses kleine Phänomen tatsächlich die richtige Erklärung gefunden habe, dann wird aus diesem scheinbar alltäglichen sofort ein höchst bemerkenswerter Fall; es kann nämlich nur bedeuten, daß Lady Brackenstall und ihr Mädchen uns bewußt belogen haben, daß nicht ein Wort ihrer Aussagen glaubwürdig ist, daß sie einen triftigen Grund haben, den wahren Verbrecher zu decken, und daß wir den Fall allein angehen müssen, ohne Hilfe der beiden Frauen. Das ist die Aufgabe, die wir jetzt anpacken müssen, Watson, und hier kommt der Zug nach Sydenham.«

In Abbey Grange war man über unsere Rückkehr sehr überrascht, doch Sherlock Holmes begab sich, nachdem er gehört hatte, daß Stanley Hopkins abgefahren war, um seiner Dienststelle zu berichten, sogleich in das Speisezimmer, verschloß die Tür und widmete sich zwei Stunden lang einer jener peinlich genauen und eingehenden Untersuchungen, die die solide Basis seiner brillanten logischen Gedankengebäude bilden. Wie ein braver Schüler saß ich in der Ecke und verfolgte Schritt für Schritt diese außerordentliche Untersuchung. Das Fenster, die Vorhänge, der Teppich, der Sessel, die Schnur – jedes Ding wurde genauestens in Augenschein genommen und das Ergebnis entsprechend bedacht. Die Leiche des unglücklichen Sir Eustace war fortgebracht worden, alles andere hatte man so gelassen, wie wir es am Morgen gesehen hatten. Schließlich kletterte Holmes zu meinem Erstaunen auf den wuchtigen Kaminsims. Weit über seinem Kopf hing ein kurzes Stück der roten Klingelschnur, das noch am Draht befestigt war. Lange Zeit blickte er dort hinauf und stützte schließlich, in dem Bemühen, näher heranzukommen, sein Knie auf eine Holzkonsole an der Wand. Dadurch reichte er nun mit der Hand fast bis zum abgerissenen Ende der Schnur hinauf, aber weniger dies als die Konsole selbst schien ihn zu interessieren. Schließlich sprang er mit einem Ausruf der Befriedigung zu Boden.

»Es ist gut, Watson«, sagte er. »Wir haben unseren Fall – einen der ungewöhnlichsten in unserer Sammlung. Du meine Güte, wie vernagelt ich war und wie knapp davor, den Schnitzer meines Lebens zu machen! Jetzt aber, denke ich, ist unsere Kette bis auf wenige fehlende Glieder vollständig.«

»Sie wissen, wer die Männer sind?«

»Der Mann, Watson, der Mann. Nur einer, aber ein formidabler Bursche. Stark wie ein Löwe – sehen Sie sich nur den vom Schlag verbogenen Schürhaken an! Einen Meter neunzig groß, wendig wie ein Eichhörnchen, geschickt und, nicht zuletzt, außerordentlich gewitzt, denn diese ganze raffinierte Geschichte ist seinem Hirn entsprungen. Ja, Watson, wir haben es hier mit dem Werk eines höchst bemerkenswerten Mannes zu tun. Und dennoch hat er uns mit dieser Klingelschnur einen Fingerzeig gegeben, der uns nicht hätte im Zweifel lassen dürfen.«

»Wo ist dieser Fingerzeig?«

»Nun, Watson, wenn Sie eine Klingelschnur aus der Wand

zerren würden, wo würden Sie erwarten, daß sie reißt? Doch an der Stelle, wo sie mit dem Draht verbunden ist. Warum sollte sie ein ganzes Stück weiter unten reißen, wie diese hier?«

»Weil sie an der Stelle zerschlissen ist vielleicht?«

»Genau. Dieses Ende hier, das wir untersuchen können, ist ausgefranst. Er war schlau genug, das mit seinem Messer zu machen. Aber das andere Ende ist nicht ausgefranst. Von hier aus sieht man das nicht, aber wenn man auf dem Kaminsims steht, kann man erkennen, daß die Schnur glatt durchgeschnitten und nicht die Spur zerschlissen ist. Was vor sich ging, läßt sich ohne weiteres rekonstruieren. Der Mann brauchte die Schnur. Er wollte sie nicht herunterreißen, weil er fürchtete, das Läuten würde Aufmerksamkeit erregen. Was tat er also? Er sprang auf den Kaminsims hinauf, konnte nicht ganz hinaufreichen, stützte sein Knie auf die Konsole – man kann den Abdruck im Staub sehen – und legte sein Messer an die Schnur. Mir fehlten mindestens acht Zentimeter, um zu der Stelle hinaufzureichen – daraus schließe ich, daß er wenigstens acht Zentimeter größer ist als ich. Sehen Sie sich den Fleck auf dem Polster des Eichensessels an. Was ist das?«

»Blut.«

»Ja, ohne jeden Zweifel ist das Blut. Das allein verweist die Aussage Lady Brackenstalls in den Bereich des Unmöglichen. Wenn sie in diesem Sessel saß, als das Verbrechen verübt wurde, wie kommt dann der Fleck auf das Polster? Nein, nein, sie nahm erst nach dem Tod ihres Mannes auf dem Sessel Platz. Ich wette, auf ihrem schwarzen Kleid läßt sich ein entsprechender Fleck feststellen. Wir haben noch nicht unser Waterloo erlebt, Watson, dies ist vielmehr unser Marengo, denn es beginnt mit einer Niederlage und endet mit einem Sieg. Ich würde gern ein paar Worte mit dem Mädchen, Theresa, sprechen. Wir müssen behutsam zu Werke gehen, wenn wir die Auskünfte haben wollen, die wir brauchen.«

Sie war eine interessante Person, diese strenge Australierin – wortkarg, argwöhnisch, unwirsch. Es dauerte eine Zeit, ehe es Holmes mit Liebenswürdigkeit und freundlicher Aufnahme all ihrer Äußerungen gelang, sie so weit aufzutauen, daß sie zugänglicher wurde. Sie bemühte sich nicht, ihren Haß auf ihren verstorbenen Arbeitgeber zu verbergen.

»Ja, Sir, es ist wahr, daß er die Karaffe nach mir warf. Ich hörte, wie er meine Herrin beschimpfte, und sagte, niemals würde er so zu sprechen wagen, wenn ihr Bruder zur Stelle wäre. Da hat er die Karaffe nach mir geworfen. Aber wenigstens ließ er mein Kindchen danach in Ruhe. Er hat sie dauernd schlecht behandelt, aber sie war zu stolz, sich zu beklagen. Nicht einmal mir sagte sie alles, was er ihr antat. Von den Wunden an ihrem Arm, die Sie heute morgen sahen, hat sie mir kein Wort verraten, aber ich weiß sehr wohl, daß er sie da mit einer Hutnadel gestochen hat. Dieser Teufel – Gott verzeih mir, daß ich so von einem Toten spreche! Aber er war wirklich ein Teufel. Die Liebenswürdigkeit selbst war er, als wir ihm das erstemal begegneten – gerade achtzehn Monate ist es her, aber uns kommt es vor, als seien es achtzehn Jahre. Wir waren eben in London angekommen. – Ja, es war ihre erste große Reise. Sie war vorher noch nie von zu Hause fort. Er gewann sie mit seinem Titel und seinem Geld und seinen feinen Manieren, die nichts als Heuchelei waren. Wenn sie einen Fehler begangen hat, so hat sie teuer dafür bezahlt. – In welchem Monat wir ihn kennengelernt haben? Nun, ich sagte Ihnen doch, gleich nach unserer Ankunft. Wir kamen im Juni an. Es war im Juli. Im Januar letzten Jahres haben sie geheiratet. – Ja, sie ist wieder unten im Damenzimmer. Sie wird Sie gewiß empfangen, aber Sie dürfen ihr nicht zuviel zumuten, sie hat schon genug durchgemacht.«

Lady Brackenstall lag wie zuvor auf der Couch, aber sie sah wohler aus. Das Mädchen folgte uns ins Zimmer und machte sich gleich wieder daran, die Verletzungen an der Stirn ihrer Herrin zu pflegen.

»Ich hoffe«, sagte Lady Brackenstall, »Sie sind nicht gekommen, um mich noch einmal ins Verhör zu nehmen?«

»Nein«, antwortete Holmes sehr sanft, »ich will es Ihnen nicht unnötig schwer machen, Lady Brackenstall, sondern mich im Gegenteil bemühen, Ihnen alles möglichst zu erleichtern, da ich überzeugt bin, daß Sie sehr gelitten haben. Wenn Sie bereit sind, einen Freund in mir zu sehen und mir zu vertrauen, werden Sie erfahren, daß Ihr Vertrauen gerechtfertigt ist.«

»Was wollen Sie von mir?«

»Daß Sie mir die Wahrheit sagen.«

»Mr. Holmes!«

»Nein, nein, Lady Brackenstall – es hat keinen Sinn. Sie haben vielleicht gehört, daß ich einen gewissen Ruf besitze. Ich bin bereit, diesen Ruf darauf zu setzen, daß Ihre Geschichte die reine Erfindung ist.«

Beide Frauen wurden blaß und starrten Holmes erschrocken an.

»Sie sind unverschämt!« rief Theresa. »Wollen Sie behaupten, daß meine Herrin gelogen hat?«

Holmes stand aus seinem Sessel auf.

»Haben Sie mir nichts zu sagen?«

»Ich habe Ihnen alles gesagt.«

»Überlegen Sie noch einmal, Lady Brackenstall. Wäre es nicht besser, ehrlich zu sein?«

Einen Moment lang verriet das schöne Gesicht Unschlüssigkeit. Dann schien ein neuer Gedanke es zu einer Maske erstarren zu lassen.

»Ich habe Ihnen alles gesagt, was ich weiß.«

Mit einem Achselzucken nahm Holmes seine Mütze. »Es tut mir leid«, sagte er, und ohne ein weiteres Wort gingen wir aus dem Zimmer und verließen das Haus.

Im Park war ein Weiher. Dorthin führte mich mein Freund. Der Weiher war gefroren, doch ein kleiner Teil war für den einsamen Schwan, der dort herumschwamm, offengehalten. Holmes sah sich die Stelle an, dann ging er weiter zum Tor. Dort schrieb er eine kurze Botschaft für Stanley Hopkins und hinterließ sie beim Pförtner.

»Es kann ein Treffer sein oder ein Fehlschlag, aber wir müssen etwas für Freund Hopkins tun, um diesen zweiten Besuch zu rechtfertigen«, sagte er. »Ich möchte ihn noch nicht ins Vertrauen ziehen. Unser nächster Weg muß uns, denke ich, in das Kontor der Adelaide—Southampton-Schiffahrtsgesellschaft führen, das sich, wenn ich mich recht erinnere, am Ende der Pall Mall befindet. Es gibt noch eine zweite Gesellschaft, die Verbindungen zu Süd-Australien unterhält, aber wir werden es zuerst bei der größeren versuchen.«

Holmes' Karte, die dem Direktor überbracht wurde, bewirkte, daß wir augenblicklich empfangen wurden, und Holmes brauchte nicht lange, um alles zu erfahren, was er wissen wollte. Im Juni 1895 war nur ein Schiff dieser Gesellschaft in einem Heimathafen eingelaufen. Es handelte sich um die *Rock of Gibraltar*, ihr größtes und bestes Passagierschiff. Ein Blick in die Passagierliste zeigte, daß Miss Fraser aus Adelaide zusammen mit ihrem Mädchen auf diesem Schiff nach England gekommen war. Das Schiff befand sich gegenwärtig irgendwo südlich des Suezkanals auf der Fahrt nach Australien. Die Offiziere waren mit einer Ausnahme dieselben wie 1895. Der erste Offizier, Mr. Jack Crocker, hatte inzwischen das Kapitänspatent erhalten und sollte ein neues Schiff der Gesellschaft, die *Bass Rock*, übernehmen, die in zwei Tagen aus Southampton auslaufen würde. Er lebe in Sydenham, werde aber wahrscheinlich noch an diesem Morgen zu letzten Anweisungen ins Kontor kommen, falls wir auf ihn warten wollten.

Nein, Mr. Holmes wolle nicht warten, hätte aber gern mehr über seine beruflichen Leistungen und seine Persönlichkeit gewußt.

Seine beruflichen Leistungen waren hervorragend. Es gab keinen Offizier, der ihm das Wasser reichen konnte. Was seine Persönlichkeit anging, so war er im Dienst absolut zuverlässig, privat jedoch ein rechter Draufgänger – ein leicht erregbarer Hitzkopf, aber loyal, ehrlich und gutherzig.

Das waren im wesentlichen die Auskünfte, mit denen Holmes das Kontor der Schiffahrtsgesellschaft wieder verließ. Von dort aus fuhr er zu Scotland Yard, doch anstatt hineinzugehen, blieb er mit gefurchter Stirn, in tiefes Nachdenken versunken, in der Droschke sitzen. Schließlich fuhr er zum Telegrafenamt in Charing Cross, gab dort ein Telegramm auf, und erst dann kehrten wir wieder in die Baker Street zurück.

»Nein, ich bringe es nicht über mich, Watson«, sagte er, als wir unser Zimmer betraten. »Ist einmal der Haftbefehl ausgestellt, kann nichts auf der Welt ihn mehr retten. Ein- oder zweimal im Laufe meiner Karriere habe ich meiner Ansicht nach durch meine Entdeckung des Schuldigen größeren Schaden angerichtet, als dieser mit seinem Vergehen angerichtet hatte. Ich habe Vorsicht gelernt, und ich verrate lieber die Gesetze Englands als mein eigenes Gewissen. Versuchen wir, etwas mehr in Erfahrung zu bringen, ehe wir handeln.«

Vor dem Abend noch bekamen wir Besuch von Inspektor Stanley Hopkins. Die Dinge ließen sich auf seiner Seite nicht sehr gut an.

»Ich glaube, Sie sind ein Zauberer, Mr. Holmes. Ja, ich glaube manchmal wirklich, daß Sie übersinnliche Fähigkeiten besitzen. Woher, um alles in der Welt, konnten Sie wissen, daß das gestohlene Silber auf dem Grund des Weihers liegt?«

»Ich wußte es gar nicht.«

»Aber Sie rieten mir doch, dort zu suchen.«

»Dann haben Sie es gefunden?«

»Ja.«

»Es freut mich sehr, wenn ich Ihnen geholfen habe.«

»Aber Sie haben mir nicht geholfen. Sie haben die ganze Angelegenheit nur weit schwieriger gemacht. Was sind das denn für Einbrecher, die einen Haufen Silber stehlen und es dann in den nächsten Teich werfen?«

»Ja, das ist wahrhaftig ein exzentrisches Verhalten. Ich bin einfach von folgender Vorstellung ausgegangen: Wenn die Leute, die das Silber gestohlen hatten, es in Wirklichkeit gar nicht wollten – der Diebstahl nur der Täuschung diente –, dann wollten sie es natürlich so schnell wie möglich wieder loswerden.«

»Aber wie kommen Sie denn auf so einen Gedanken?«

»Es erschien mir als Möglichkeit. Als sie sich durch die Fenstertür davonmachten, sahen sie direkt vor ihren Nasen den

Weiher mit einem hübschen kleinen Loch im Eis. Konnte es ein besseres Versteck geben?«

»Ach so, ein Versteck – das ist besser!« rief Stanley Hopkins. »Ja, ja, jetzt verstehe ich alles. Es war früh. Es waren Menschen auf den Straßen, sie hatten Angst, mit dem Silber gesehen zu werden, und versenkten es daher im Teich, um es später, wenn die Luft rein wäre, wieder zu holen. Exzellent, Mr. Holmes – das ist einleuchtender als Ihre Idee mit der Täuschung.«

»O ja, Ihre Theorie ist gut. Zweifellos waren meine Vorstellungen recht verrückt, aber Sie müssen zugeben, daß sie immerhin zur Auffindung des Silbers geführt haben.«

»Selbstverständlich, Sir. Das haben wir nur Ihnen zu verdanken. Aber ich habe einen Rückschlag erlitten.«

»Einen Rückschlag?«

»Ja, Mr. Holmes. Die Randall Bande wurde heute morgen in New York festgenommen.«

»Du meine Güte, Hopkins! Das läßt sich wahrhaftig nicht mit Ihrer Theorie vereinbaren, daß sie gestern abend in Kent einen Mord verübten.«

»Es ist vernichtend, Mr. Holmes – absolut vernichtend. Aber es gibt ja noch andere Dreierbanden außer den Randalls. Oder es kann auch eine neue Bande sein, von der die Polizei noch nie gehört hat.«

»Ganz recht, das ist durchaus möglich. Oh, Sie wollen gehen?«

»Ja, Mr. Holmes, ich werde nicht rasten, ehe ich diese Sache geklärt habe. Sie können mir wohl keinen Wink geben?«

»Ich habe Ihnen einen gegeben.«

»Welchen denn?«

»Nun, ich meinte, es könnte sich um Täuschung handeln.«

»Aber warum, Mr. Holmes, warum?«

»Ja, das ist natürlich die Frage. Dennoch würde ich Ihnen raten, die Möglichkeit im Auge zu behalten. Vielleicht stellt sich heraus, daß etwas daran ist. Sie möchten nicht zum Essen bleiben? Nun gut, dann auf Wiedersehen, und lassen Sie uns wissen, wie Sie vorwärtskommen.«

Erst nach dem Essen und nachdem der Tisch abgedeckt war, kam Holmes wieder auf die Sache zu sprechen. Er hatte seine Pfeife angesteckt und die Beine zum gemütlich knisternden Feuer ausgestreckt. Plötzlich sah er auf seine Uhr.

»Ich rechne mit neuen Entwicklungen, Watson.«

»Wann?«

»Jetzt – innerhalb der nächsten Minuten. Sie finden wohl, ich hätte mich vorhin Stanley Hopkins gegenüber wenig nett verhalten?«

»Ich vertraue Ihrem Urteil.«

»Eine sehr vernünftige Antwort, Watson. Sie müssen das so sehen: Was ich weiß, ist nicht amtlich, was er weiß, ist amtlich. Ich habe das Recht auf ein privates Urteil, er nicht. Er muß alles aufdecken, sonst wird er zum Verräter an seinem dienstlichen Auftrag. In einem zweifelhaften Fall möchte ich ihn nicht in eine so peinliche Lage bringen, daher behalte ich mein Wissen für mich, bis ich mir selbst über die Sache im klaren bin.«

»Aber wann wird das sein?«

»Die Zeit ist schon gekommen. Sie werden jetzt dem letzten Akt eines bemerkenswerten kleinen Dramas beiwohnen.«

Von der Treppe kamen Geräusche, dann öffnete sich die Tür, und ein überaus gutaussehender junger Mann trat ein. Er war sehr groß, hatte ein blondes Bärtchen, blaue Augen und ein von der tropischen Sonne gebräuntes Gesicht. Sein elastischer Schritt zeigte, daß er nicht nur stark, sondern auch beweglich war. Er schloß die Tür hinter sich. Mit geballten Fäusten und schwer atmend blieb er stehen, sichtlich bemüht, seine große Erregung hinunterzuschlucken.

»Nehmen Sie Platz, Captain Crocker. Sie haben mein Telegramm bekommen?«

Unser Gast setzte sich und sah mit fragendem Blick von einem zum anderen.

»Ich habe Ihr Telegramm erhalten und bin zu der von Ihnen vorgeschlagenen Zeit hierhergekommen. Ich hatte gehört, daß Sie im Kontor waren. Es gab kein Entkommen vor Ihnen. Sagen Sie mir das Schlimmste. Was werden Sie mit mir tun? Mich festnehmen? So reden Sie doch, Mann! Sie können doch nicht seelenruhig hier sitzen und mit mir Katz und Maus spielen.«

»Geben Sie ihm eine Zigarre«, sagte Holmes. »Beißen Sie die Zähne zusammen, Captain Crocker, und sehen Sie zu, daß Ihnen nicht die Nerven durchgehen. Ich würde nicht hier sitzen und eine Zigarre mit Ihnen rauchen, wenn ich Sie für einen gemeinen Verbrecher hielte, darauf können Sie sich verlassen. Wenn Sie offen zu mir sind, können wir vielleicht einiges zum Guten wenden. Sollten Sie versuchen, mich hinters Licht zu führen, werde ich Sie vernichten.«

»Was verlangen Sie von mir?«

»Berichten Sie mir wahrheitsgetreu alles, was sich gestern abend in Abbey Grange zugetragen hat – *wahrheitsgetreu*, wohlgemerkt, ohne Beschönigung und ohne Lücken. Ich weiß bereits so viel, daß ich, sollten Sie auch nur einen Schritt vom geraden Weg abweichen, mit dieser Trillerpfeife von meinem Fenster aus die Polizei herbeiholen und ihr die Sache übergeben werde.«

Der junge Mann überlegte kurz, dann schlug er sich mit seiner großen, braungebrannten Hand auf den Schenkel.

»Ich will es riskieren«, sagte er. »Ich glaube, Sie sind ein Mann, der Wort hält, ein Weißer dazu, ich werde Ihnen die ganze Geschichte erzählen. Aber eines will ich gleich zu Anfang sagen. Ich bereue nichts und ich fürchte nichts. Ich würde alles noch einmal tun und stolz darauf sein. Zum Teufel mit dem Ungeheuer; wenn er so viele Leben gehabt hätte wie eine Katze, ich hätte sie ihm alle genommen. Mir geht es einzig um die Dame, Mary – Mary Fraser – niemals werde ich sie bei diesem verfluchten Namen nennen. Wenn ich daran denke, daß ich sie in Schwierigkeiten gebracht habe, ich, der ich mein Leben hingeben würde, nur um sie lächeln zu sehen, dann möchte ich weinen. Und dennoch – was sonst hätte ich tun können? Ich werde Ihnen meine Geschichte erzählen, meine Herren, und dann werde ich Sie von Mann zu Mann fragen, was sonst ich hätte tun können.

Ich muß etwas ausholen. Da Sie alles zu wissen scheinen,

werden Sie wohl auch wissen, daß ich ihr begegnete, als sie auf der *Rock of Gibraltar* von Australien nach England reiste. Ich war damals erster Offizier auf dem Schiff. Vom ersten Tag an war sie für mich die einzige Frau. Mit jedem Tag dieser Reise liebte ich sie mehr, und oft habe ich seitdem in der Dunkelheit der Nachtwache niedergekniet und das Deck geküßt, über das sie gegangen war. Sie hat mir nie ein Versprechen gegeben. Sie behandelte mich so fair, wie eine Frau einen Mann nur behandeln kann. Ich kann mich nicht beklagen. Von meiner Seite war es Liebe, von ihrer gute Kameradschaft. Als wir uns trennten, war sie frei, aber ich konnte nie wieder frei sein.

Als ich das nächstemal von einer Reise zurückkehrte, hörte ich von ihrer Heirat. Warum hätte sie auch nicht heiraten sollen? Ein Titel und Reichtum – wem hätte es besser angestanden als ihr? Sie war für alles geschaffen, was schön und edel ist. Ich grämte mich nicht wegen ihrer Heirat. So selbstsüchtig bin ich nicht. Ich freute mich über ihr Glück und darüber, daß sie sich nicht an einen mittellosen Seemann weggeworfen hatte. Auf diese Art liebte ich Mary Fraser.

Ich hatte mich damit abgefunden, daß ich sie nie wiedersehen würde, aber nach der letzten Fahrt wurde ich zum Kapitän befördert, und das neue Schiff war noch nicht vom Stapel gelaufen, darum mußte ich zwei Monate bei meiner Familie in Sydenham warten. Eines Tages begegnete ich auf einem Spaziergang auf dem Land Theresa Wright, ihrem Mädchen. Sie berichtete mir alles über sie, über ihn, sagte mir alles, was vorging. Glauben Sie mir, meine Herren, was ich hörte, machte mich fast wahnsinnig. Dieser charakterlose Trinker durfte es wagen, die Hand gegen sie zu erheben, obwohl er nicht einmal wert war, ihr die Stiefel zu küssen! Ich traf mich noch einmal mit Theresa. Dann traf ich Mary selbst – zweimal. Danach wollte sie nicht mehr mit mir zusammenkommen. Als ich dann aber neulich Nachricht erhielt, daß mein Schiff in einer Woche auslaufen sollte, beschloß ich, sie noch einmal zu sehen, ehe ich abreiste. Theresa war immer meine Freundin, denn sie liebte Mary und haßte diesen Schurken beinahe ebenso wie ich. Von ihr erfuhr ich die Gepflogenheiten des Hauses und hörte, daß Mary gewöhnlich abends unten in ihrem kleinen Zimmer saß und las. Gestern abend habe ich mich zum Haus geschlichen und am Fenster ihres Zimmers geklopft. Erst wollte sie mir nicht öffnen, aber ich wußte nun, daß sie mich tief in ihrem Herzen doch liebte und es nicht über sich bringen würde, mich draußen in der kalten Nacht stehenzulassen. Sie flüsterte mir zu, ich solle zur großen Fenstertür kommen. Als ich dort anlangte, war sie schon offen, und ich trat ins Speisezimmer. Wieder hörte ich aus Marys eigenem Mund Dinge, bei denen es in mir zu kochen begann, und wieder verfluchte ich dieses Ungeheuer, das die Frau mißhandelte, die ich liebte. Ja, meine Herren, und als ich da, in aller Unschuld, das kann ich beschwören, mit ihr an der offenen Tür stand, stürzte er wie ein Wahnsinniger ins Zimmer, beschimpfte sie auf die gemeinste Art, die man sich vorstellen kann, und schlug ihr mit dem Stock, den er in der Hand hatte, ins Gesicht. Ich packte den Schürhaken, und es kam zu einem fairen Kampf zwischen uns. Sehen Sie, hier am Arm, da hat mich sein erster Hieb getroffen. Dann war ich an der Reihe, und sein Kopf zersprang unter meinem Schlag wie ein verfaulter Kürbis. Glauben Sie, es hätte mir leid getan? Wahrhaftig nicht! Es ging ja um mein Leben, vor allem aber ging es um ihr Leben, denn wie hätte ich sie in der Gewalt dieses Wahnsinnigen lassen können? So habe ich ihn getötet. Habe ich unrecht getan? Ich frage Sie, meine Herren, was hätten Sie in meiner Lage getan?

Sie hatte geschrien, als er sie schlug, und auf ihren Schrei kam die alte Theresa aus ihrem Zimmer herunter. Auf dem Buffet stand eine Flasche Wein. Ich öffnete sie und flößte Mary etwas von dem Wein ein, denn sie war wie erstarrt vor Entsetzen. Dann trank ich selbst einen Schluck. Theresa war kühl bis in die Fingerspitzen, und unser Komplott war sosehr ihr Werk wie meines. Es mußte so aussehen, als hätten Einbrecher die Tat begangen. Theresa sagte Mary immer wieder die Geschichte vor, während ich hinaufstieg und die Klingelschnur durchschnitt. Dann fesselte ich Mary an den Stuhl und franste das Ende der Schnur aus. Es mußte echt aussehen, sonst hätte sich die Polizei gefragt, wie ein Einbrecher es geschafft haben sollte, da hinaufzugelangen und die Schnur durchzuschneiden. Dann raffte ich ein paar silberne Schalen und Becher zusammen, um den Eindruck eines Einbruchs zu bekräftigen, und nachdem ich den beiden Frauen gesagt hatte, sie sollten mir eine Viertelstunde Vorsprung lassen und dann erst Alarm schlagen, ließ ich sie allein. Ich warf das Silber in den Weiher und kehrte mit dem Gefühl nach Sydenham zurück, daß ich dies eine Mal in meinem Leben ein wirklich gutes Werk getan hatte. Das ist die Wahrheit, Mr. Holmes, nichts als die Wahrheit, und wenn es mich Kopf und Kragen kostet.«

Holmes rauchte eine Weile schweigend. Dann ging er durch das Zimmer zu unserem Gast und schüttelte ihm die Hand.

»Ich glaube es«, sagte er. »Ich weiß, daß jedes Wort wahr ist, denn Sie haben mir kaum etwas mitgeteilt, was ich nicht schon wußte. Nur ein Akrobat oder ein Seemann hätte von der Wandkonsole aus zur Klingelschnur hinaufreichen können, und nur ein Seemann konnte die Knoten geknüpft haben, mit denen die Schnur am Sessel festgemacht war. Nur einmal war Lady Brackenstall mit Seeleuten in Kontakt gekommen, auf ihrer Überfahrt nach England. Es mußte sich um einen Mann ihres eigenen Standes handeln, da sie so bemüht war, ihn zu schützen, und damit zeigte, daß sie ihn liebte. Sehen Sie, wie einfach es für mich war, Sie zu finden, nachdem ich einmal den richtigen Weg eingeschlagen hatte.«

»Ich dachte, die Polizei würde die List niemals durchschauen.«

»Das hat sie nicht und wird es meiner Ansicht nach auch nicht tun. Ihnen ist klar, Captain Crocker, daß dies eine sehr ernste Angelegenheit ist, auch wenn ich bereit bin, Ihnen zuzugestehen, daß Sie aufgrund äußerster Provokation handelten. Ich bin nicht einmal sicher, ob man Ihre Tat in Anbetracht dessen, daß es um Ihr Leben ging, nicht als gerechtfertigt ansehen wird. Das jedoch muß ein britisches Gericht entscheiden. Auf jeden Fall bin ich auf Ihrer Seite, und wenn Sie sich entscheiden sollten, innerhalb der nächsten vierundzwanzig Stunden zu verschwinden, verspreche ich Ihnen, daß niemand Sie daran hindern wird.«

»Und danach kommt alles ans Licht?«

»Selbstverständlich kommt alles ans Licht.«

Crocker wurde rot vor Zorn. »Was soll das für ein Vorschlag sein? Ich verstehe genug von Recht und Gesetz, um zu wissen, daß man Mary als Komplizin festhalten würde. Glauben Sie im Ernst, ich würde sie allein die Suppe auslöffeln lassen, während ich mich heimlich davonmache? Niemals! Sir, sollen sie mit mir tun, was sie wollen, Hauptsache ist mir, Mr. Holmes, daß Sie ein Mittel finden, um Mary vor einem Prozeß zu bewahren.«

Zum zweitenmal bot Holmes dem jungen Mann die Hand.

»Ich habe Sie nur auf die Probe stellen wollen, und Sie haben sie bestanden. Ich nehme da zwar eine große Verantwortung auf mich, aber ich habe Hopkins einen deutlichen Hinweis gegeben, und wenn er nichts damit anfangen kann, ist das nicht meine Sache. Captain Crocker, ich schlage vor, wir erledigen die Angelegenheit in angemessener gesetzlicher Form. Sie sind der Angeklagte. Watson, Sie vertreten die Geschworenen, ich bin, nebenbei gesagt, nie einem Mann begegnet, der besser für dieses Amt geeignet wäre. Und ich bin der Richter. Also, meine Herren Geschworenen, Sie haben die Beweise gehört. Ist der Angeklagte nach Ihrem Urteil schuldig oder nicht schuldig?«

»Nicht schuldig, Euer Ehren«, antwortete ich.

»*Vox populi, vox dei.* Sie sind freigesprochen, Captain Crokker. Solange das Gesetz nicht ein anderes Opfer findet, sind Sie vor mir sicher. Kehren Sie in einem Jahr zu Ihrer Dame zurück, und möge Ihre gemeinsame Zukunft das Urteil, das wir heute abend gesprochen haben, rechtfertigen.«

Aus dem Englischen von
Mechtild Sandberg-Ciletti

WILKIE COLLINS
(1824–1889)

Eine Ehetragödie

1

Es regnete den ganzen Montag, den ganzen Dienstag, den ganzen Mittwoch, den ganzen Donnerstag. Mein Privatlehrer, der niemals ausging, wenn es sich irgendwie vermeiden ließ, und den nichts kümmerte, wenn er nur seine Bücher hatte, war gegen das elende Wetter gefeit und nicht einmal so höflich, mir zuzustimmen, als ich mich darüber beklagte. Mir, der ich mich mit seiner Hilfe auf mein Universitätsexamen vorbereitete, schlug der unablässige Regen so sehr aufs Gemüt, daß ich, falls der Himmel sich bis zum Ende der Woche nicht aufhellen sollte, vorschlagen wollte, unverzüglich aus dem kleinen Seebad in Cumberland abzureisen, das wir uns unglücklicherweise zum Ort unseres vorübergehenden Aufenthalts erkoren hatten.

Der Freitag kam. Der Morgen begann mit einigen Strahlen wäßrigen Sonnenscheins, aber gegen Mittag sammelten sich die Wolken von neuem, und eben hatte ich den Entschluß gefaßt, einen Ruhetag einzulegen, und meinen Hut aufgesetzt, um auszugehen, da regnete es schon wieder so anhaltend wie zuvor. Aus reiner Verzweiflung beschloß ich, an meiner ursprünglichen Absicht festzuhalten, sollte es regnen, soviel es wollte. Ich ließ meinen Lehrer mit seinen ewigen Büchern zur einen Seite und seiner ewigen Schnupftabakdose zur anderen Seite zurück, stieg zum Erdgeschoß des Gasthauses hinunter, in dem wir wohnten, und schickte nach dem Wirt.

»Vier ganze Tage habe ich in Ihrem schauderhaften Klima auf gutes Wetter gewartet«, sagte ich, »und habe keine Lust, weiter zu warten. Besorgen Sie mir ein Pferd oder ein Gig oder sonst ein Gefährt, das Sie besitzen, und sagen Sie mir, wohin ich mich wenden muß, um dem Anblick dieser schmutzigbraunen Sandwüste vor dem Fenster und des ewig gleichbleibenden Streifens einförmig grauen Meeres dahinter zu entkommen.«

Der Wirt – ein sehr gescheiter und gutmütiger alter Mann – lachte und sagte, er habe ein Gig und ein Pferd für mich da, wenn ich wirklich vorhätte, eine Fahrt im Regen zu machen.

»Lassen Sie das Gig kommen«, antwortete ich, »und sagen Sie mir, welche Richtung ich einschlagen soll. Gibt es nicht irgendeine Sehenswürdigkeit in der Gegend?«

»Nein, Sir«, lautete die entschiedene Antwort. »Nicht daß ich wüßte.«

»Was! Kein altes Haus irgendwo landeinwärts?« rief ich. »Keinen prächtigen alten Familiensitz, den Fremde besichtigen dürfen?«

Das Gesicht des Wirts veränderte sich ein wenig, wie ich meinte. Er sah von mir weg und nestelte mit einer Hand recht verlegen am Vorhang des Fensters im Gesellschaftsraum, vor dem wir standen.

»Der einzige Familiensitz in dieser Gegend«, sagte er, »ist Darrock Hall. Und der steht nun schon seit einigen Jahren leer.«

»Ein schönes, verfallenes, düsteres altes Haus zweifellos?« fragte ich. »Genau so ein Haus, wie ich es mir gern ansehen würde. Lassen Sie den Wagen vorfahren und geben Sie mir einen Begleiter mit, der mir den Weg nach Darrock Hall zeigen kann.«

»Sie wären bei der Ankunft nur enttäuscht, Sir«, sagte der Wirt mit einem trübseligen Kopfschütteln. »Es ist weder ein schönes noch ein altes Haus. Darrock Hall ist nichts als ein viereckiger Steinbau und hat vor hundert Jahren noch gar nicht gestanden. Das Haus ist auch keineswegs verfallen, sondern wird gerade umgebaut und gründlich instand gesetzt. Es heißt, daß in der Nähe eine neue Bleigrube entdeckt wurde; und ein seltsamer Herr – einer von denen, die sie in London Spekulanten nennen – hat Darrock Hall gekauft und beabsichtigt, wie ich gehört habe, die Grube direkt unter dem Haus hindurchzuführen.«

»Nun«, meinte ich, »wenn es am Haus nichts zu sehen gibt, kann ich mir ja die Grube ansehen. Irgendwohin muß ich fahren, und ich kann bei diesem Regen ebensogut dorthin fahren wie woandershin. Wie weit ist es?«

»An die elf Meilen«, antwortete der Wirt. »Die Straße läuft so kreuz und quer, daß kein Fremder es finden könnte, und die letzten drei Meilen geht es immer bergauf.«

»Gibt es denn niemanden, der mich als Führer begleiten könnte?« fragte ich.

»Im Augenblick ist keiner entbehrlich«, erwiderte der Wirt. »Höchstens ich selbst. Und ich –« Er brach ab und sah mich zweifelnd an.

»Und Sie«, sagte ich, den Satz für ihn vollendend, »sind nicht mehr jung genug, um ungestraft riskieren zu können, klatschnaß zu werden?«

»Nein«, entgegnete er, »das ist es nicht. Wer in Cumberland lebt, dem macht der Regen nichts aus. Ich fahre mit, wenn Sie es unbedingt wünschen. Aber, um ehrlich zu sein, Sir, es gibt keinen Ort in der Nachbarschaft, zu dem ich Sie nicht lieber fahren würde als nach Darrock Hall.«

»Wahrhaftig! Darf ich fragen, warum?«

»Ja, sehen Sie, Sir, als junger Mann war ich in dem Haus in Diensten; und es ereigneten sich gewisse Dinge, die mir seit jener Zeit den Anblick des Hauses verleidet haben. Es war eine schlimme Geschichte, Sir, und ich war in sie verwickelt.«

Nach diesen Worten wollte ich natürlich nur zu gern erfahren, was sich auf dem mysteriösen Familiensitz ereignet hatte. Ich versagte es mir, meiner Neugier Ausdruck zu verleihen; aber ich vermute, mein Gesicht verriet mich, denn der Wirt verfolgte das Thema aus eigenem Antrieb weiter.

»Sie dürfen nicht glauben, daß es etwas ist, dessen ich mich schämen müßte«, sagte er. »Was mich angeht, so hat mir die Sache nur zur Ehre und zum Vorteil gereicht. Wäre nicht die Unglücksgeschichte auf Darrock Hall geschehen, ich zweifle, ob ich je das Geld gehabt hätte, dieses Gasthaus zu kaufen.«

»Wollen Sie mir die Geschichte nicht erzählen?« fragte ich. »Das heißt, natürlich nur, wenn die Umstände es erlauben, sie einem Fremden mitzuteilen.«

»Damals ließ sie sich nicht verheimlichen«, antwortete der Wirt, »und heute besteht keine Notwendigkeit mehr dazu – denn keiner der Menschen, die betroffen waren, ist mehr am Leben, außer mir und einem anderen, der heute in London ansässig ist. Aber es ist eine ziemlich lange Geschichte, Sir.«

»Um so besser«, sagte ich. »Erzählen Sie mir alles, dann verschiebe ich meine Ausfahrt und verzichte auf meinen Besuch in Darrock Hall.«

Der Wirt, offenbar höchst erleichtert und beruhigt durch meine letzten Worte, schob mir einen Sessel hin und nahm sich selbst einen. Nach den üblichen einleitenden Worten der Entschuldigung für seine Mängel als Erzähler begann er mit seiner Geschichte, die ich hier, so gut ich kann, in seinen eigenen Worten wiedergebe.

Die erste Dienststelle, die ich antrat, als ich mein Arbeitsleben begann, war keine sehr gewinnbringende. Zwar erlaubte sie es mir, mein Handwerk gründlich zu lernen, aber den gebührenden Lohn erhielt ich nie. Mein Herr machte bankrott, und seine Dienstboten gingen ebenso leer aus wie seine anderen Gläubiger.

In meiner zweiten Stellung jedoch wurde ich für die Ungunst der Verhältnisse in der ersten reichlich entschädigt. Ich hatte das Glück, in die Dienste von Mr. und Mrs. Norcross zu treten, wo ich blieb, bis ich meinen Stand in der Gesellschaft veränderte und dieses Gasthaus kaufte. Mein Herr war ein sehr reicher Mann. Ihm gehörte hier in dieser Grafschaft das Darrock-Haus mit den umliegenden Ländereien, außerdem ein schöner Landsitz in Yorkshire und ein sehr großer Grundbesitz in Jamaika, der damals und noch einige Jahre danach ein großes Einkommen hervorbrachte. Drüben auf den Westindischen Inseln begegnete Mr. Norcross einer hübschen jungen Dame, Gouvernante bei einer englischen Familie, verliebte sich heftig in sie und heiratete sie, obwohl sie gut fünfundzwanzig Jahre jünger war als er. Nach der Hochzeit übersiedelte das Paar nach England; und ich hatte das Glück, von ihnen als Diener angestellt zu werden.

Ich lebte drei Jahre bei meiner neuen Herrschaft. Das Paar blieb kinderlos. Nach drei Jahren starb Mr. Norcross. Er war klug genug vorauszusehen, daß seine junge Witwe höchstwahrscheinlich wieder heiraten würde, und verfügte in seinem Testament, daß sein gesamtes Vermögen zuerst an Mrs. Norcross fallen sollte, dann an die Kinder, falls sie in zweiter Ehe welche bekommen sollte, oder, falls nicht, an seine Verwandten und Freunde. Ich erlitt keinen Schaden durch den Tod meines Herrn, denn seine Witwe behielt mich in ihren Diensten. Ich hatte Mr. Norcross während seiner letzten Krankheit gepflegt und mich so nützlich gemacht, daß ich mir die Gunst und die Dankbarkeit meiner Herrin erworben hatte. Außer mir behielt sie auch ihre Zofe, eine Französin namens Josephine. Selbst damals schon mißhagten mir die schmeichlerische Art der Ausländerin und ihr grausames, tückisches Gesicht, und es wunderte mich, wie meine Herrin sie so gern haben konnte. Die Zeit erbrachte den Beweis, daß ich mit meinem Mißtrauen gegen diese Frau recht hatte. Ich werde einiges über sie zu sagen haben, wenn ich mit meiner Geschichte weiter vorangekommen bin.

Zunächst aber ist zu berichten, daß meine Herrin ihren Haushalt auflöste und in Begleitung von mir und der Zofe auf

Reisen ging. Neben anderen herrlichen Orten besuchten wir Paris, Genua, Florenz, Rom und Neapel und blieben in einigen dieser Städte über mehrere Monate. Der Ruf ihres Reichtums folgte meiner Herrin überallhin, und es gab vornehme Herren genug, Engländer ebenso wie Ausländer, die um ihre Gunst warben und sie zu einer Heirat zu bewegen suchten. Keinem jedoch gelang es, einen starken oder bleibenden Eindruck auf sie zu machen, und als wir nach mehr als zwei Jahren Abwesenheit nach England zurückkehrten, war Mrs. Norcross immer noch Witwe und zeigte kein Verlangen, diesen Zustand zu ändern.

Zuerst reisten wir auf das Gut in Yorkshire; aber einige der Leute aus der Gegend gefielen meiner Herrin nicht, deshalb zogen wir wieder nach Darrock Hall und unternahmen von Zeit zu Zeit Ausflüge in das einige Meilen entfernte Seengebiet. Auf einem dieser Ausflüge traf Mrs. Norcross mit alten Freunden zusammen, die sie mit einem zu ihrer Gruppe gehörenden Herrn mit dem höchst gewöhnlichen und uninteressanten Namen James Smith bekannt machten. Er war ein großer, durchaus gefälliger junger Mann mit schwarzem Haar, das er sehr lang trug, und dem größten, buschigsten Schnauzbart, den ich je gesehen habe. Insgesamt hatte er das Aussehen eines flotten Draufgängers und eine prahlerische Art zu sprechen, die ihn zum Mittelpunkt der Gesellschaft machte. Er war ziemlich arm, wie ich von seinem Diener hörte, aber er hatte einflußreiche Verwandte – und war trotz seiner lockeren Manieren nach Geburt und Erziehung ein Gentleman. Was meine Herrin in ihm sah, weiß ich nicht; aber als sie ihre Freunde nach Darrock einlud, schloß sie Mr. James Smith in die Einladung mit ein. Es ging hoch her auf Darrock Hall bei diesem Besuch, laut und fröhlich – der fremde Herr im besonderen ließ es sich so gutgehen, als gehörte das ganze Haus ihm. Es überraschte mich schon, daß Mrs. Norcross sich das so ruhig gefallen ließ; aber ich war wie vom Donner gerührt, als ich einige Monate später erfuhr, daß sie und Mr. James Smith wahrhaftig heiraten wollten. Sie hatte im Ausland Dutzende von Anträgen abgelehnt, von höhergestellten, wohlhabenderen und manierlicheren Männern. Es erschien mir beinahe unmöglich, daß sie ernstlich erwägen konnte, sich an einen so törichten, unüberlegten, mittellosen jungen Mann wie Mr. James Smith zu verschenken.

Nichtsdestoweniger heirateten sie zu gegebener Zeit, und nachdem sie die Flitterwochen im Ausland verbracht hatten, kehrten sie nach Darrock Hall zurück. Ich merkte bald, daß mein neuer Herr sehr launenhaft war. Es gab Tage, da verhielt er sich seinen Dienstboten gegenüber so zwanglos und vertraut und freundlich, wie man sich das von einem Herrn nur wünschen kann. Zu anderen Zeiten aber schien ihn der Teufel zu reiten. Er bekam heftige Wutausbrüche und setzte sich falsche Vorstellungen in den Kopf, die ihm weder mit Vernunft noch mit Protesten auszutreiben waren. Ich fand es in Anbetracht seiner Neigung zum flotten Leben und seiner unsteten Lebensweise erstaunlich, daß er damit einverstanden war, an einem so ruhigen und ereignislosen Ort wie Darrock Hall zu leben. Der Grund dafür zeigte sich jedoch bald. Mr. James Smith war kein großer Sportsmann; ihm lag auch nichts an den häuslichen Unterhaltungen wie Lesen, Musik und so weiter; und er hatte keinerlei Ehrgeiz, die Grafschaft im Parlament zu vertreten. Der einzige Zeitvertreib, der ihn wirklich interessierte, war – das Segeln. Darrock war keine sechzehn Meilen von einer Küstenstadt entfernt, die einen ausgezeichneten Hafen hatte; und allein aufgrund dieser Gegebenheit empfahl sich Darrock Hall Mr. James Smith als Wohnsitz.

Es bereitete ihm so unerschöpfliche Freude und Unterhaltung, auf dem Meer umherzusegeln, und alle seine Vorstellungen von Vergnügen und Genuß schienen so eng verknüpft zu sein mit seinen Erinnerungen an die Kreuzfahrten, die er auf verschiedenen Jachten seiner Freunde unternommen hatte, daß ich wirklich glaube, er heiratete meine Herrin in erster Linie mit dem Ziel, über genug Geld verfügen zu können, um selbst ein Boot halten zu können. Wie dem auch sei, es steht fest, daß er sie einige Tage nach der Heirat dazu bewegen konnte, ihm eine elegante Schonerjacht zu schenken, die von Cowes hier an unsere Küste gebracht wurde und im Hafen stets für ihn bereitlag. Es bedurfte einiger Überredungskunst, ehe er seine Gattin so weit hatte, daß sie sich entschloß, ihm das Boot zu schenken. Sie wurde so leicht seekrank, daß Vergnügungsfahrten auf See für sie nicht in Frage kamen, und da sie ihrem Gatten sehr zugetan war, wollte sie natürlich nicht, daß er sich einem Zeitvertreib widmete, der ihn von ihr fortführte. Mr. James Smith jedoch machte klugen Gebrauch von seinem Einfluß auf sie, indem er versprach, daß er niemals auf Fahrt gehen würde, ohne sich vorher ihre Einwilligung zu holen, und sich feierlich verpflichtete, niemals länger als eine Woche oder höchstens zehn Tage auf See zu bleiben. Daraufhin stellte meine Herrin, die die gütigste und selbstloseste Frau der Welt war, ihre eigenen Gefühle zurück und machte ihren Gatten zum glücklichen Besitzer eines eigenen Segelboots.

Wenn mein Herr auf See war, wurde meiner Herrin auf Darrock Hall die Zeit lang. Die wenigen vornehmen Herrschaften in unserem Teil der Grafschaft wohnten sehr weit entfernt und konnten nur nach Darrock Hall kommen, wenn sie eingeladen wurden, mehrere Tage zu bleiben. Was das Dorf in unserer Nähe anging, so gab es dort nur einen Menschen, den meine Herrin ins Haus bitten konnte; es war der Mann, der das Amt des Dorfgeistlichen versah, ein gewisser Mr. Meeke. Er war unverheiratet, sehr jung und sehr einsam in seiner Position. Er hatte ein mildes, melancholisches, teigig wirkendes Gesicht und war so schüchtern und zaghaft wie ein kleines Mädchen – insgesamt das, was man, ohne ungerecht oder hart zu sein, ein armes, schwaches Geschöpf nennen würde, und dazu war er der schlechteste Prediger, unter dessen Kanzel ich je in meinem Leben gesessen habe. Das einzige, was er, wie ich hörte, wirklich gut konnte, war Geigespielen. Er hatte eine ungewöhnliche Vorliebe für die Musik – sie war so stark, daß er sein Instrument häufig sogar auf Spaziergänge mitnahm. Diese Neigung empfahl ihn meiner Herrin, die eine ausgezeichnete Pianistin war und entzückt, einen Musiker wie Mr. Meeke gefunden zu haben, der mit ihr Duos spielen konnte. Abgesehen davon, daß ihr seine Gesellschaft aus diesem Grund lieb war, tat er ihr in seiner Einsamkeit leid, und das war, denke ich, natürlich genug, wenn man bedenkt, wie oft sie selbst einsam zurückgelassen wurde. Mr. Meeke seinerseits war, als er seine erste Scheu überwunden hatte, nur allzu gern bereit, sein leeres kleines Pfarrhaus gegen das elegante Musikzimmer auf Darrock Hall und die Gesellschaft einer schönen, warmherzigen Dame einzutauschen, die ihn schätzte und sein Geigenspiel von ganzem Herzen bewunderte. So kam es, daß meine Herrin und Mr. Meeke während der Abwesenheit meines Herrn ständig zusammen waren und so eifrig miteinander musizierten, als müßten sie sich damit ihr Leben verdienen. Eine harmlosere Beziehung als die zwischen diesen beiden hat es nie gegeben; und doch erwies sie sich, so unschuldig sie war, als erste Ursache all der späteren unglücklichen Ereignisse.

Die Art und Weise, wie mein Herr Mr. Meeke behandelte, war der meiner Herrin von Anfang an genau entgegengesetzt. Der unstete, prahlerische Lebemann, Mr. James Smith, verachtete den schwachen, weibischen, fiedelnden kleinen Geistlichen und gab sich keine Mühe, es zu verbergen. Aus diesem Grund kam Mr. Meeke (den die grobe Sprache und die lärmende Art meines Herrn verschreckten) sehr selten nach Darrock Hall, wenn meine Herrin nicht allein war. Da sie nichts Unrechtes im Sinn hatte, fühlte sie sich zu keinerlei Heimlichkeiten bemüßigt, und so fiel es ihr niemals ein, irgend etwas zu unternehmen, damit Mr. Meeke nicht gerade bei ihr im Hause war, wenn ihr Gatte zurückkehrte, sei es nur von einem Ausritt in die Umgebung oder von einer Kreuzfahrt mit seiner Jacht. So kam es, daß mein Herr, ob er nun nach langer oder kurzer Abwesenheit heimkehrte, in neun von zehn Fällen den Geistlichen im Haus vorfand. Anfangs lachte er über diesen Umstand und machte sich mit einigen recht groben Scherzen über seine Gattin und ihren Freund lustig. Aber nach einer Weile schlug seine wetterwendische Stimmung um. Er wurde mürrisch, unhöflich, ärgerlich und schließlich richtiggehend eifersüchtig auf Mr. Meeke. Wenn er auch zu stolz war, um es klar zu sagen, zeigte er meiner Herrin seine Gemütsverfassung doch so deutlich, daß es ihre Empörung hervorrief. Sie war eine Frau, bei der jeder, den sie schätzte, alles erreichen konnte; doch sie besaß auch eine starke innere Kraft, die sich beim geringsten Anzeichen von Ungerechtigkeit oder Unterdrückung auflehnte und tyrannisches Verhalten jeglicher Art, vielleicht ein wenig zu hitzig, verabscheute. Der bloße Verdacht, ihr Gatte könne ihr gegenüber mißtrauisch sein, versetzte sie in flammenden Zorn, und sie verübelte es ihm auf höchst unglückselige und doch gleichzeitig für eine Frau höchst natürliche Weise. Je unhöflicher ihr Gatte zu Mr. Meeke war, desto freundlicher verhielt sie sich gegenüber dem Geistlichen. Das führte zu ernsten Disputen und Meinungsverschiedenheiten und von da schließlich zu einem heftigen Streit. Ich konnte nicht umhin, den letzten Teil der Auseinandersetzung zwischen ihnen mitanzuhören, denn sie fand auf dem Gartenweg draußen vor dem Fenster des Speisezimmers statt, wo ich gerade den Tisch für das Mittagessen deckte.

Ohne ihre Wortc im einzelnen zu wiederholen – wozu ich kein Recht habe, da ich nur durch Zufall etwas mitanhörte, was nicht für mich bestimmt war –, darf ich doch ganz allgemein, um zu zeigen, wie ernst der Streit war, sagen, daß meine Herrin ihrem Gatten vorwarf, sie aus finanzieller Berechnung geheiratet zu haben; sich von ihr fernzuhalten, soviel er konnte; sie durch einen Verdacht zu beleidigen, den je zu verzeihen ihr schwerfallen würde und zu vergessen ihr unmöglich sei. Er erwiderte mit heftigen Worten, die gegen sie gerichtet waren, und verbot ihr auf sehr arrogante Weise, Mr. Meeke je wieder die Türen des Hauses zu öffnen. Sie ihrerseits erklärte in großem Zorn, daß sie sich niemals bereit finden würde, einen Geistlichen und Gentleman zu beleidigen, nur um der Laune eines tyrannischen Ehemanns nachzugeben. Daraufhin rief er mit einem gewaltigen Fluch, man solle ihm sofort sein Pferd satteln, und erklärte, er würde nicht einen Moment länger mit einer Frau unter demselben Dach bleiben, die ihm Trotz böte.

Er warnte seine Gattin, daß er sie während seiner Abwesenheit beobachten lassen und Mr. Meeke, sollte er das Haus doch wieder betreten, trotz seines schwarzen Rocks mit der Pferdepeitsche durch das ganze Dorf jagen würde. Mit diesen Worten verließ er sie und ritt zum Hafen, wo seine Jacht lag. Meine Herrin bewahrte die Fassung, bis er außer Sicht war, und verfiel dann in einen leidenschaftlichen Weinkrampf, der sie so sehr schwächte, daß man sie wie eine Frau, die dem Tod nahe ist, in ihr Bett tragen mußte.

Am selben Abend brachte ein Bote das Pferd meines Herrn zurück und dazu einen Brief, der an mich gerichtet war. Das Schreiben enthielt nur folgende Zeilen: ›Pack meine Sachen und übergib sie unverzüglich dem Überbringer dieser Nachricht. Richte Deiner Herrin aus, daß ich noch heute abend um elf Uhr zu einer Kreuzfahrt nach Schweden in See steche. Leite meine Briefe an das Postamt in Stockholm weiter.‹

Ich führte die Befehle aus, nur nicht den, meiner Herrin zu berichten. Man hatte den Arzt geholt, und er war noch im Haus. Ich fragte ihn, ob es der rechte Moment sei, ihr die Nachricht zu überbringen. Er verbot mir ganz entschieden, es an diesem Abend zu tun, und gebot mir, ihm das Schreiben zu geben und es seinem Ermessen zu überlassen, es ihr am folgenden Morgen zu zeigen oder auch nicht.

Der Bote war kaum eine Stunde fort, als Mr. Meekes Haushälterin mit einem Bündel Noten für meine Herrin nach Darrock Hall kam. Ich berichtete der Frau von der plötzlichen Abreise meines Herrn und von der Anwesenheit des Arztes. Diese Nachrichten veranlaßten Mr. Meeke, selbst in höchster Erregung nach Darrock Hall zu kommen. Ich war so ärgerlich auf ihn, da er – so unschuldig er daran sein mochte – Anlaß der entsetzlichen Szene gewesen war, die stattgefunden hatte, daß ich die Grenzen meines Standes überschritt und ihm die ganze Wahrheit sagte. Der arme, schwache, schwankende, kindische Mensch bekam erst ein brennend rotes Gesicht, wurde dann aschfahl, warf sich in einen der Sessel in der Halle und weinte – weinte buchstäblich zum Herzzerreißen. »Oh, William!« rief er und rang dabei seine zarten, zitternden weißen Hände so hilflos wie ein kleines Kind. »Oh, William! Was soll ich tun?«

»Da Sie mir diese Frage stellen, Sir«, antwortete ich, »werden Sie mir hoffentlich verzeihen, wenn ich, obwohl nur ein Dienstbote, dennoch frei von der Leber weg spreche. Ich bin mir meines Standes wohl genug bewußt, um zu wissen, daß ich, genaugenommen, ungebührlich gehandelt und meine Grenzen weit überschritten habe, indem ich Ihnen soviel mitteilte, wie ich es eben tat. Aber für meine Herrin würde ich durchs Feuer gehen, Sir«, sagte ich und fühlte, wie mir die Augen feucht wurden. »Sie hat keinen Verwandten hier, der mit Ihnen sprechen kann, und es ist doch besser, daß ein Dienstbote wie ich es riskiert, sich der Unverschämtheit schuldig zu machen, als daß schlimmes und dauerndes Unglück daraus entsteht, daß nicht zur rechten Zeit das rechte Mittel angewandt wurde. Ich an Ihrer Stelle würde folgendes tun, Sir. Ich würde aufhören zu weinen und nach Hause zurückkehren und Mr. James Smith schreiben, daß ich, als Geistlicher, nicht Schmähung mit Schmähung vergelten wolle, sondern die Unwürdigkeit seines Verdachts beweisen würde, indem ich von diesem Tag an meine Besuche auf Darrock Hall einstellen würde, um nicht Anlaß zu Unstimmigkeit zwischen Mann und Frau zu sein. Wenn Sie das in die angemessenen Worte fassen, Sir, und den Brief in einer halben Stunde für mich bereit haben, werde ich ihn mit dem schnellsten Pferd aus unserem Stall abholen und ihn auf eigene Gefahr meinem Herrn überbringen, ehe er heute abend in See sticht. Mehr habe ich nicht zu sagen, Sir, höchstens muß ich Sie um Verzeihung bitten, daß ich meinen Stand vergessen habe und so kühn war, in einer sehr ernsten Angelegenheit von gleich zu gleich und von Mann zu Mann zu sprechen.«

Um Mr. Meeke Gerechtigkeit widerfahren zu lassen, er hatte ein Herz, wenn auch ein sehr kleines. Er schüttelte mir die Hand und sagte, er nehme meinen Rat als den Rat eines Freundes an; damit kehrte er ins Pfarrhaus zurück, um den Brief zu schreiben. Eine halbe Stunde später ritt ich hin, um ihn abzuholen, aber er war noch nicht fertig. Mr. Meeke war mit einer lächerlichen Gewissenhaftigkeit um den angemessenen Ausdruck besorgt, wenn er eine Feder zur Hand nahm. Ich fand ihn an seinem mit Entwürfen übersäten Schreibtisch in qualvollem Bemühen, seine Worte bezüglich meiner Herrin auch ja zierlich genug zu setzen. Da jede Minute kostbar war, trieb ich ihn an, sosehr ich konnte, ohne Rücksicht auf Zeremoniell. Trotz all meiner Anstrengungen dauerte es noch eine weitere halbe Stunde, ehe er endlich beschloß, daß der Brief es tun würde. Ich galoppierte mit ihm davon und zügelte mein Pferd erst, als ich die Stadt erreichte. Die Hafenuhr schlug ein Viertel nach elf, als ich an ihr vorüberritt, und als ich zum Kai hinunterkam, war keine Jacht zu sehen. Sie hatte zehn Minuten vor elf ihre Anker gelichtet und war mit dem Glockenschlag aus dem Hafen gesegelt. Ich wäre ihr in einem Boot gefolgt, aber der Abend war klar, sternenhell, und es ging eine frische Brise. Die Seeleute am Pier lachten mich aus, als ich davon sprach, einer Schonerjacht hinterherzurudern, die bei Querabwind und auslaufender Flut eine Viertelstunde Vorsprung hatte.

Das Herz war mir schwer, als ich zurückritt. Nun konnte ich den Brief nur noch an das Postamt in Stockholm schicken.

Am folgenden Tag zeigte der Arzt meiner Herrin das Schreiben meines Herrn, das die Nachricht für sie enthielt; und ein oder zwei Stunden danach erhielt sie einen von Mr. Meekes Hand geschriebenen Brief, in dem dieser ihr erklärte, warum sie mit seinen Besuchen auf Darrock Hall nicht mehr rechnen könne, und mich, des Lobes voll, als einen vernünftigen und treuen Mann pries, der zur rechten Zeit das rechte Wort gesprochen habe. Ich kann den Inhalt des Schreibens im wesentlichen wiedergeben, weil ich ihn von meiner Herrin erfuhr, freilich, was mich anging, unter sehr unerfreulichen Umständen. Die Nachricht von der Abreise ihres Gatten wirkte nicht so auf sie, wie der Arzt vermutet hatte. Anstatt sie zu bekümmern, entflammte sie sie und machte sie zornig. Ich vermute, die geringschätzige Weise, wie ihr Gatte sie im Nachsatz eines an einen Dienstboten gerichteten Befehls, seine Sachen zu packen, von seiner beabsichtigten Reise nach Schweden unterrichtete, verletzte ihren Stolz. Der Brief von Mr. Meeke, der sie in diesem Seelenzustand erreichte, brachte sie nur um so mehr auf. Sie bestand darauf aufzustehen, und sobald sie angekleidet und nach unten gekommen war, ließ sie ihren ganzen Zorn an mir aus, warf mir unverschämte Einmischung in die Angelegenheiten mir Höhergestellter vor und erklärte, sie sei beinahe entschlossen, mich dafür aus meiner Stellung zu entlassen. Ich verteidigte mich nicht, weil ich ihren Kummer und den Unmut, der ihm entsprang, respektierte; aber auch, weil ich die natürliche Güte ihres Wesens gut genug kannte, um in dem Wissen beruhigt zu sein, daß sie ihre Härte mir gegenüber gutmachen würde, sobald sie wieder gefaßten Sinnes war. Die Folge zeigte, daß ich recht hatte. Am selben Abend noch ließ sie mich kommen und bat mich, die vorschnellen Worte, die sie am Morgen gesprochen hatte, zu vergeben und zu vergessen, und sie tat dies mit solcher Anmut und Freundlichkeit, daß sie das Herz jedes Mannes gewonnen hätte, der ihr zuhörte.

Wochen vergingen, der Tag der Abreise meines Herrn lag nun schon über einen Monat zurück, und es kam kein Brief von seiner Hand in Darrock Hall an. Meine Herrin, die diese Behandlung mehr mit Zorn als mit Kummer hinnahm, reiste nach London, um sich mit ihren nächsten Verwandten, die dort lebten, zu beraten. Unterwegs ließ sie den Wagen am Pfarrhaus halten und ging hinein (recht trotzig, wie ich fand), um von Mr. Meeke Abschied zu nehmen. Sie hatte seinen Brief beantwortet, hatte weitere Briefe von ihm erhalten und diese ebenfalls beantwortet. Sie hatte ihn natürlich auch jeden Sonntag in der Kirche gesehen und sich stets die Zeit genommen, nach dem Gottesdienst mit ihm zu sprechen. Dies jedoch war das erstemal, daß sie ihn in seinem Haus aufsuchte. Als der Wagen anhielt, kam der kleine Geistliche in großer Eile und Erregung heraus und lief ihr ans Gartentor entgegen.

»Machen Sie nicht so ein erschrockenes Gesicht, Mr. Meeke«, sagte meine Herrin beim Aussteigen. »Sie haben sich zwar verpflichtet, nie wieder nach Darrock Hall zu kommen, aber ich habe kein Versprechen gegeben, mich dem Pfarrhaus fernzuhalten.« Mit diesen Worten ging sie ins Haus.

Die französische Zofe, Josephine, saß mit mir auf der Bedientenbank, und ich sah ein boshaftes Lächeln auf ihrem Gesicht, als der Geistliche und meine Herrin ins Haus gingen. Obwohl ich wußte, wie harmlos Mr. Meeke war und wie rein meine Herrin, bedauerte ich, daß sie angesichts der Situation, in der sie sich befand, so unüberlegt war, des Scheins nicht zu achten. Sie hatte es bereits so weit kommen lassen, daß ihre eigene Zofe verächtlich von ihr dachte, und es war schwer zu sagen, ob sie danach nicht mit noch schlimmeren Folgen zu rechnen hätte.

Eine halbe Stunde später waren wir wieder unterwegs. Meine Herrin blieb zwei Monate in London. In dieser ganzen Zeit wurde ihr nicht ein einziger Brief meines Herrn aus dem Landhaus nachgesandt.

Als die zwei Monate um waren, kehrten wir nach Darrock Hall zurück. Niemand dort hatte während unserer Abwesenheit irgendeine Nachricht über den Verbleib meines Herrn und seiner Jacht erhalten.

Wieder gingen sechs trostlose Wochen ins Land; und in dieser Zeit gab es auf Darrock Hall nur ein Ereignis, das Abwechslung in die traurige Monotonie des Lebens brachte, das wir jetzt in dem einsamen Haus führten. Eines Morgens kam die französische Zofe, Josephine, nachdem sie meiner Herrin beim Ankleiden geholfen hatte, mit kreidebleichem Gesicht herunter; nur auf einer Wange brannte ein feuerrotes Mal. Ich war gerade in der Küche und fragte, was geschehen sei.

»Was geschehen ist!« rief sie schrill in ihrem gebrochenen Englisch. »Komm ein bißchen näher, wenn es dir nichts ausmacht, und sieh dir meine Wange nur genau an. Was, du lebst schon so lange im Haus deiner Herrin und kennst noch nicht ihre Handschrift?«

Ich verstand nicht, was sie meinte, aber sie erklärte es mir bald. Meine Herrin, deren Wesen sich infolge der harten Prüfungen und Demütigungen, die sie erduldet hatte, auf traurige

Weise zum Schlechten verändert hatte, war an diesem Morgen noch mißgestimmter als sonst aus ihrem Bett aufgestanden; und in Antwort auf die Frage ihrer Zofe, wie sie die Nacht verbracht habe, hatte sie sich auf ungewöhnlich gereizte und heftige Art über ihr verdrießliches und elendes Leben beklagt. In dem Bemühen, sie aufzuheitern, hatte Josephine in höchst ungehöriger Weise gewagt, eine leichte, scherzhafte Anspielung auf Mr. Meeke zu machen, die meine Herrin so aufgebracht hatte, daß sie sich zornig nach der Zofe umgedreht und ihr – um diesen gewöhnlichen Ausdruck zu gebrauchen – eine schallende Ohrfeige versetzt hatte. Josephine gab zu, daß schon im nächsten Moment die bessere Einsicht meiner Herrin zu sagen schien, daß sie zu einem äußerst unangemessenen Mittel gegriffen hatte, um ungebührliche Vertraulichkeit zu strafen. Sie hatte augenblicklich ihr Bedauern darüber ausgedrückt, daß sie sich vergessen hatte, und ihre Aufrichtigkeit durch ein Geschenk von einem halben Dutzend Batisttüchlein bewiesen, die als Versöhnungsgabe gedacht waren. Ich hielt es für ausgeschlossen, daß Josephine danach noch den geringsten Groll gegen ihre Herrin hegen könnte, der sie diente, seit sie noch ein kleines Mädchen gewesen war, und ich sagte Entsprechendes zu ihr, als sie mir fertig berichtet hatte.

»Ich! Groll!« rief Miss Josephine in ihrer scharfen, schnippischen Art. »Aber warum denn, weshalb denn bitte? Wenn meine Herrin mir mit der einen Hand einen Schlag ins Gesicht gibt, schenkt sie mir mit der anderen Taschentücher, um ihn fortzuwischen. Meine gute Herrin, meine gütige Herrin, meine hübsche Herrin! Ich, die Dienerin, gegen sie, die Herrin, einen Groll hegen? Was sind Sie für ein schlimmer Mensch, so etwas auch nur zu denken! Pfui, pfui! Sie sollten sich schämen.«

Sie warf mir nur einen Blick zu – den boshaftesten Blick, den ich je sah – und brach in Gelächter aus, das gehässigste Gelächter, das ich je von einer Frau hörte. Gleich darauf wandte sie sich von mir ab, ohne ein weiteres Wort zu sagen, und kam bei keinem späteren Anlaß je wieder auf die Sache zu sprechen. Von diesem Moment an jedoch fiel mir eine Veränderung an

Miss Josephine auf; nicht an der Art, wie sie ihre Arbeit tat, da war sie genauso fix und sorgfältig wie immer, aber in ihrem Verhalten und ihren Gewohnheiten. Sie wurde erstaunlich still und verbrachte fast ihre ganze freie Zeit allein. Ich konnte keine Anklage gegen sie vorbringen, die mir das Recht zu einem Wort der Warnung gegeben hätte; und dennoch konnte ich mich des Gedankens nicht erwehren, daß ich, wäre ich an Stelle meiner Herrin gewesen, dem Geschenk der Taschentücher einen Monatslohn im voraus hätte folgen lassen und Josephine noch am selben Abend aus dem Haus gewiesen hätte.

Abgesehen von diesem kleinen häuslichen Zwischenfall, der damals recht belanglos erschien, später aber sehr ernste Folgen zeigte, ereignete sich in den sechs Wochen, von denen ich sprach, überhaupt nichts Ungewöhnliches. Zu Beginn der siebten Woche jedoch geschah etwas. Eines Morgens brachte der Briefträger einen an meine Herrin adressierten Brief nach Darrock Hall. Ich trug ihn zu ihr hinauf und sah mir die Aufschrift an, als ich ihn auf den Präsentierteller legte. Die Handschrift war nicht die meines Herrn; war, wie mir schien, nicht die eines gebildeten Menschen. Außerdem war der Umschlag sehr schmutzig; und das Siegel ein gewöhnliches Amtssiegel mit dem üblichen Rautenmuster. Das wird ein Bettelbrief sein, dachte ich bei mir, als ich in das Frühstückszimmer trat und mit dem Brief zu meiner Herrin ging.

Ehe sie ihn öffnete, hob sie eine Hand, um mir zu bedeuten, daß sie mir eine Anweisung zu geben hatte und ich das Zimmer erst verlassen solle, wenn ich sie erhalten hatte. Dann erbrach sie das Siegel und begann, den Brief zu lesen. Kaum einen Moment hatte ihr Blick auf dem Schreiben geruht, da wurde ihr Gesicht leichenblaß, und das Papier begann in ihrer Hand zu zittern. Sie las bis zum Ende weiter, und plötzlich färbte sich ihr bleiches Gesicht hochrot, sie sprang aus ihrem Sessel auf, zerknüllte das Schreiben zornig in ihrer Hand und ging mehrmals im Zimmer hin und her, offenbar ohne mich, der ich immer noch an der Tür stand, zu bemerken. »Du Schurke! Du Schurke! Du Schurke!« hörte ich sie viele Male schnell und heftig mit zischender Stimme flüstern. Dann blieb sie stehen und sagte unvermittelt: »Kann es wahr sein?« Sie sah auf und zuckte, als sie mich an der Tür stehen sah, zusammen, als wäre ich ein Fremder, wechselte wieder die Farbe und befahl mir mit erstickter Stimme, sie allein zu lassen und in einer halben Stunde wiederzukommen. Ich gehorchte ihr in dem sicheren Gefühl, daß sie sehr schlimme Nachricht über ihren Gatten erhalten hatte, und fragte mich sehr besorgt, welcher Art sie sein könne. Als ich in das Frühstückszimmer zurückkam, war ihr Gesicht so verstört wie zuvor. Ohne ein Wort reichte sie mir zwei versiegelte Briefe: der eine ein Schreiben an Mr. Meeke, das im Pfarrhaus abgegeben werden sollte; der andere mit dem Vermerk ›Dringend‹ an ihren Rechtsanwalt in London adressiert, der, das sollte ich hinzufügen, zugleich ihr nächster lebender Verwandter war.

Ich überbrachte den einen Brief und gab den anderen zur Post. Als ich zurückkam, hörte ich, daß meine Herrin sich auf ihr Zimmer zurückgezogen hatte. Dort verweilte sie vier Tage lang und behielt ihren neuen Kummer, welcher Art auch immer er sein mochte, streng für sich. Am fünften Tag traf der Anwalt aus London auf Darrock Hall ein. Meine Herrin ging zu ihm hinunter in die Bibliothek und blieb dort fast zwei Stunden mit ihm in Klausur. Dann läutete sie mir.

»Setz dich, William«, sagte meine Herrin, als ich ins Zimmer kam. »Ich habe so vollkommenes Vertrauen in deine Treue und Anhänglichkeit, daß ich dir mit dem vollen Einverständnis dieses Herrn, der mein nächster Verwandter und mein Rechtsbeistand ist, ein schwerwiegendes Geheimnis anvertrauen und in einer Angelegenheit, die für mich so wichtig ist wie eine Frage auf Leben und Tod, deine Dienste in Anspruch nehmen möchte.«

Die Augen der Armen waren sehr rot, und ihre Lippen bebten beim Sprechen. Ich war so verdutzt über das, was sie gesagt hatte, daß ich kaum wußte, welchen Stuhl ich nehmen sollte. Sie wies auf den neben ihrem Tisch und schien im Begriff, wiederum mit mir zu sprechen, als der Advokat sich einmischte.

»Ich bitte dich«, sagte er zu ihr, »reg dich nicht unnötig auf. Ich werde diesen jungen Mann von den Tatsachen in Kenntnis setzen, und wenn ich irgend etwas auslasse, unterbrichst und berichtigst du mich.«

Meine Herrin lehnte sich in ihrem Sessel zurück und bedeckte ihr Gesicht mit ihrem Taschentuch. Der Advokat wartete einen Augenblick, dann richtete er das Wort an mich.

»Du weißt bereits«, sagte er, »von den Umständen, unter denen dein Herr dieses Haus verlassen hat. Du weißt zweifelsohne auch, daß deine Herrin bis heute keine Nachricht von ihm erhalten hat?«

Ich verneigte mich und sagte, ich wüßte soweit Bescheid.

»Erinnerst du dich«, fuhr er fort, »daß du deiner Herrin vor fünf Tagen einen Brief überbracht hast?«

»Ja, Sir«, antwortete ich. »Er schien sie sehr zu bekümmern und zu beunruhigen.«

»Ich werde dir diesen Brief vorlesen, ehe wir weitersprechen«, sagte der Anwalt. »Ich möchte vorausschicken, daß er eine schwerwiegende Beschuldigung gegen deinen Herrn enthält, die jedoch nicht durch die Unterschrift des Schreibers bezeugt ist. Ich habe deiner Herrin schon gesagt, daß sie einem anonymen Schreiben keine allzu große Bedeutung beimessen darf, und ich sage jetzt dir das gleiche.«

Damit nahm er einen Brief vom Tisch und las ihn vor. Später erhielt ich eine Abschrift davon, die ich mir oft genug ansah, um den Inhalt des Briefes meinem Gedächtnis einzuprägen. Ich kann ihn noch jetzt, denke ich, wortgetreu wiedergeben.

›Madam‹, begann der Brief, ›ich kann es mit meinem Gewissen nicht vereinbaren, Sie in völliger Ahnungslosigkeit über das nichtswürdige Verhalten Ihres Gatten gegen Sie zu lassen. Sollten Sie je geneigt gewesen sein, seine Abwesenheit zu bedauern, so tun Sie es nicht mehr. Hoffen und beten Sie lieber, daß Sie ihm auf dieser Welt niemals wieder von Angesicht zu Angesicht gegenüberstehen werden. Ich schreibe in großer Eile und in großer Furcht, beobachtet zu werden. Mir fehlt die Zeit, um Sie so schonend vorzubereiten, wie ich das angesichts dessen, was ich Ihnen jetzt enthüllen muß, eigentlich tun müßte. Ich sehe mich gezwungen, Ihnen mit allem Respekt vor Ihrer Person und mit aller Bekümmerung über Ihr unglückliches Los klar und deutlich mitzuteilen, daß Ihr Gatte eine zweite Frau geheiratet hat. Ich habe ohne sein Wissen der Zeremonie beigewohnt. Wenn ich nicht als Augenzeuge über diese infame Tat sprechen könnte, hätte ich überhaupt nicht darüber gesprochen.

Ich wage nicht zu offenbaren, wer ich bin, denn ich bin überzeugt, Mr. James Smith würde vor keinem Verbrechen zurückschrecken, um sich an mir zu rächen, sollte er je von dem Schritt, den ich jetzt unternehme, und von der Art und Weise, wie ich zu meinem Wissen gekommen bin, Kenntnis erhalten. Ich habe auch nicht die Zeit, ins einzelne zu gehen. Ich weise Sie nur darauf hin, was geschehen ist, und überlasse es Ihnen, auf diesen Hinweis nach Ihrem Ermessen zu handeln. Es kann sein, daß Sie diesem Brief keinen Glauben schenken, weil er nicht namentlich unterzeichnet ist. Sollte das der Fall sein, so würde ich empfehlen, Mr. James Smith, sollte er sich Ihnen je unter die Augen wagen, unvermutet zu fragen, was er mit seiner neuen Ehefrau getan hat; und zu sehen, ob nicht sein Gesicht augenblicklich bestätigt, daß ich die Wahrheit gesprochen habe.

Ein unbekannter Freund.‹

So gering meine Meinung von meinem Herrn gewesen war, so hätte ich doch nie geglaubt, daß er einer solchen Schurkerei fähig seine könnte; und ich konnte es auch jetzt noch nicht glauben, als der Anwalt den Brief fertiggelesen hatte.

»O Sir!« rief ich. »Das kann doch nur ein gemeiner Schwindel sein. Das kann doch nicht wahr sein!«

»Genau das habe ich deiner Herrin gesagt«, antwortete er. »Aber sie erwiderte mir darauf –«

»– daß ich von der Wahrheit überzeugt bin«, fiel meine Herrin ihm ins Wort, und ihre Stimme hinter dem Taschentuch klang schwach und halb erstickt.

»Wir brauchen die Frage nicht zu erörtern«, fuhr der Anwalt

fort. »Unsere Sache ist es jetzt zu prüfen, ob die Behauptungen in diesem Brief Wahrheit oder Lüge sind. Das muß sofort geschehen. Ich habe an einen meiner Mitarbeiter geschrieben, der in der Durchführung heikler Untersuchungen Erfahrung hat, und ihn gebeten, ohne Säumen hierher zu kommen. Er muß in alles eingeweiht werden, und er wird unverzüglich beginnen, die notwendigen Nachforschungen anzustellen. Damit keine Fehler unterlaufen, muß ihm, wenn er seine Untersuchungen aufnimmt, jemand zur Seite stehen, der mit Mr. James Smiths Gewohnheiten und äußerer Erscheinung wohlvertraut ist; deine Herrin hat dich zu diesem Helfer bestimmt. Wie geschickt auch immer die Untersuchung geführt werden wird, sie wird wahrscheinlich von Schwierigkeiten und Verzögerungen begleitet sein. Sie wird vielleicht eine weite Reise erforderlich machen und möglicherweise mit Gefahr verbunden sein. Bist du«, sagte er mit einem scharfen Blick zu mir, »bereit, für deine Herrin jede Unbequemlichkeit und jedes Risiko auf dich zu nehmen?«

»Ich werde alles tun, Sir, was ich tun kann«, antwortete ich. »Ich fürchte, ich bin nicht klug genug, um von großem Nutzen zu sein. Aber was Schwierigkeiten und Gefahren angeht, so bin ich von diesem Moment an zu allem bereit.«

Meine Herrin nahm das Taschentuch von ihrem Gesicht, sah mich mit tränenfeuchten Augen an und bot mir die Hand. Ich weiß nicht, wie mir geschah, aber ich beugte mich zu ihrer Hand hinunter und küßte sie, schon im nächsten Moment halb erschrocken, halb verlegen über meine Kühnheit.

»Du bist der Richtige, junger Mann«, sagte der Anwalt mit dem Kopf nickend. »Um Klugheit und Schlauheit, die vielleicht vonnöten sein werden, mach dir keine Gedanken. Mein Mitarbeiter hat Köpfchen für zwei. Nur eines habe ich noch zu sagen, ehe du wieder hinuntergehst. Denk daran, daß diese Untersuchung und die Gründe, die sie veranlassen, ein streng gehütetes Geheimnis bleiben müssen. Außer uns dreien und dem Geistlichen hier – dem deine Herrin geschrieben hat, was geschehen ist – weiß keiner davon. Ich werde meinen Mitarbeiter in das Geheimnis einweihen, wenn er hierherkommt. Sobald du und er dem Hause fern seid, könnt ihr darüber sprechen. Bis dahin mußt du absolutes Stillschweigen bewahren.«

Der Mitarbeiter des Anwalts ließ uns nicht lange warten. Er kam, so schnell die Postkutsche aus London ihn herbeibringen konnte. Ich hatte nach der Beschreibung seines Herrn einen ernsthaften, gesetzten Mann erwartet, mit listigem Aussehen und zurückhaltender Art. Zu meiner Überraschung war dieser in heiklen Untersuchungen Erfahrene ein lebhafter, rundlicher, vergnügter kleiner Herr mit einem Doppelkinn, einem Paar wacher schwarzer Augen und einer großen roten Schnapsnase. Er trug einen schwarzen Anzug und ein schlaffes, angeschmuddeltes weißes Halstuch; schnupfte ständig aus einer sehr großen Dose; hielt beim Gehen die Hände auf dem Rükken gekreuzt; und sah insgesamt eher wie ein Geistlicher von recht zwangloser Lebensart aus und nicht wie der Mitarbeiter eines Rechtsanwalts.

»Guten Tag«, sagte er, als ich ihm die Tür öffnete. »Ich bin der Mann, den man hier aus der Kanzlei in London erwartet. Sag einfach Mr. Dark. Ich setz' mich hier hin, bis du zurückkommst; ach, und wenn es hier im Haus vielleicht ein Glas Ale gibt, junger Mann, dann hätte ich nichts dagegen, eines zu trinken.«

Ich brachte ihm das Ale, ehe ich ihn meldete. Er zwinkerte mir zu, als er das Glas an die Lippen setzte. »Auf deine Gesundheit«, sagte er. »Du gefällst mir. Vergiß nicht, der Name ist Dark. Und laß Krug und Glas einfach hier, für den Fall, daß mein Herr mich warten läßt.«

Ich meldete ihn sogleich und erhielt den Auftrag, ihn in die Bibliothek zu führen. Als ich wieder in die Halle kam, war der Krug leer, und Mr. Dark tröstete sich mit einer Prise Schnupftabak, wobei er wie ein Nilpferd schnaubte. Er hatte mehr als einen Liter des stärksten alten Ale im Haus getrunken; nach der Wirkung, die es auf ihn zu haben schien, hätte er ebensogut Wasser getrunken haben können.

Als ich ihn durch den Flur zur Bibliothek führte, kam Josephine, die französische Zofe, an uns vorüber. Wieder zwinkerte mir Mr. Dark zu und verneigte sich tief vor ihr. »Die Zofe«, hörte ich ihn vor sich hin flüstern. »Eine gefällige Person, die man gern ansieht, mit der man aber verdammt ungern etwas zu tun haben möchte.« Ziemlich aufgebracht über seine Frechheit drehte ich mich nach ihm um und maß ihn, ehe ich die Tür zur Bibliothek öffnete, mit einem scharfen Blick. Mr. Dark sah mich ebenso scharf an. »Schon gut«, sagte er. »Ich finde selbst hinein.« Damit klopfte er an, machte die Tür auf und ging mit einem letzten verschmitzten Zwinkern schnurstracks hinein.

Eine halbe Stunde später wurde mir geläutet. Mr. Dark saß zwischen meiner Herrin (die ihn verwundert betrachtete) und dem Anwalt (der ihn beifällig betrachtete). Er hatte eine Landkarte auf dem Schoß und eine Feder in der Hand. Seiner Miene nach zu urteilen, schien die Eröffnung des Geheimnisses über meinen Herrn nicht den geringsten Eindruck auf ihn gemacht zu haben.

»Ich habe die Erlaubnis, dir eine Frage zu stellen«, sagte er, sobald ich hereinkam. »Als du sahst, daß die Jacht deines Herrn ausgelaufen war, hast du da gehört, in welcher Richtung sie davongesegelt war? Nordwärts vielleicht, auf Schottland zu?«

»Ja«, antwortete ich. »Die Seeleute sagten es mir, als ich mich am Hafen erkundigte.«

»Nun, Sir«, sagte Mr. Dark, sich dem Anwalt zuwendend, »wenn er gesagt hat, er wolle nach Schweden, so scheint er auf jeden Fall zunächst einmal tatsächlich Kurs darauf genommen zu haben. Ich denke, ich habe jetzt meine Instruktionen?«

Der Anwalt nickte und sah meine Herrin an, die leicht den Kopf neigte. Dann wandte er sich an mich und sagte: »Pack deine Sachen für eine Reise, William, und laß einen guten Wagen für die Fahrt zur nächsten Poststation bereitmachen.«

»Und ganz gleich, was in der Zukunft geschieht«, fügte meine Herrin gütig, mit leicht zitternder Stimme hinzu, »glaube mir, William, ich werde diesen Beweis deiner Ergebenheit für mich niemals vergessen. Es ist mir immerhin ein gewisser Trost zu wissen, daß ich mich unter diesen schrecklichen Umständen auf deine Treue verlassen kann – auf deine Treue und die außergewöhnliche Intelligenz und Erfahrung von Mr. Dark.«

Mr. Dark schien das Kompliment nicht zu hören. Er schrieb gerade etwas auf ein Blatt Papier, das auf der Karte auf seinen Knien lag. Eine Viertelstunde später, nachdem ich den Dogcart hatte vorfahren lassen und mit gepackter Reisetasche in die Halle kam, fand ich ihn dort auf mich wartend vor. Er saß in demselben Sessel, in dem er sich unmittelbar nach seinem Eintreffen niedergelassen hatte, und hatte einen zweiten Krug des alten Ale auf dem Tisch neben sich stehen.

»Gibt's hier im Haus Angeln?« fragte er, als ich meine Tasche ablegte.

»Ja«, antwortete ich, über die Frage erstaunt. »Wozu wollen Sie sie haben?«

»Pack zwei ein«, sagte Mr. Dark, »Schnüre, Haken und Fliegenhaken dazu. Trink einen Schluck Ale, ehe du gehst – und starr mich nicht so an, William. Ich erleuchte dich, sobald wir aus dem Haus sind. Ab mit dir, die Angeln holen. Ich möchte in fünf Minuten losfahren.«

Als ich mit dem Angelzeug zurückkam, saß Mr. Dark schon im Dogcart. »Geld, Gepäck, Angeln, Instruktionen, Abschrift des anonymen Briefs, Führer, Landkarte«, sagte er, die Dinge durchgehend, die er für die Reise benötigte. »So weit alles in Ordnung. Fahr los.« Ich nahm die Zügel und setzte das Pferd in Gang. Als wir vom Haus wegfuhren, sah ich meine Herrin und Josephine, die uns aus zwei der Fenster im zweiten Stockwerk nachblickten. Die Erinnerung an diese beiden aufmerksamen Gesichter – das eine so traurig und so gut, das andere lächelnd und so böse – ließ mich noch viele Tage danach nicht los.

»So, William«, sagte Mr. Dark, als wir zum Tor hinaus waren. »Jetzt sage ich dir erst einmal, was du bist. Du bist Kassierer bei einer Bank; und ich auch. Wir haben justament unseren regulären Urlaub, der, genau wie Weihnachten, einmal im Jahr fällig ist, und machen eine kleine Reise durch Schottland, um uns die Sehenswürdigkeiten anzusehen, die frische Meeresluft zu atmen und ein bißchen zu angeln, wenn es möglich ist. Ich bin der dicke Kassierer, der mit dem Kupferschäufelchen in Schubladen voll Gold herumgräbt. Und du bist der mathematische junge Mann, der auf einem hohen Hocker hinter mir sitzt und die Bücher führt. Schottland ist ein schönes Land, William. Kannst du einen Whiskypunsch machen? Ich ja; und ich kann ihn, so unwahrscheinlich du das finden magst, tatsächlich auch trinken.«

»Schottland«, sagte ich. »Wozu sollen wir nach Schottland reisen?«

»Eine Frage nach der anderen«, erwiderte Mr. Dark. »Wozu gehen wir überhaupt auf Reisen?«

»Um meinen Herrn zu suchen«, antwortete ich, »und festzustellen, ob der Brief über ihn wahr ist.«

»Sehr gut«, sagte er. »Und wie würdest du denn nun an die Sache herangehen, hm?«

»Ich würde nach Stockholm in Schweden reisen, wohin er seine Briefe nachgesandt haben wollte, und mich dort nach ihm erkundigen.«

»In der Tat?« meinte Mr. Dark. »Angenommen, du wärst ein Schäfer, William, und hättest in Cumberland ein Schaf verloren, würdest du dann in Land's End nach ihm suchen, oder würdest du es ein bißchen näher an zu Hause probieren?«

»Jetzt machen Sie sich über mich lustig«, sagte ich.

»Nein«, erwiderte Mr. Dark, »ich erleuchte dich nur, wie ich dir das versprochen habe. Vernimm jetzt die Stimme der Vernunft, William, und lerne von ihr. Mr. James Smith sagt also, er wolle eine Kreuzfahrt nach Schweden machen, und segelt seinem Wort getreu zunächst einmal nordwärts in Richtung zur schottischen Küste. Er unternimmt die Reise auf einer Jacht. Führt man auf einer Jacht lebende Tiere und Fleischermeister mit? Nein. Bleiben Koteletts auf der langen Fahrt von Cumberland bis Schweden frisch? Nein. Leben vornehme Herren gern von Pökelfleisch? Nein. Was folgt aus diesen drei Nein? Daß Mr. James Smith unterwegs nach Schweden irgendwo angelegt haben muß, um seine Kombüse mit frischem

Proviant zu versehen. Wo muß er in einem solchen Fall anlegen? Irgendwo in Schottland, vorausgesetzt, er wechselte nicht den Kurs, nachdem er unseren Hafen hinter sich gelassen hatte. Wo in Schottland? Nordwärts, auf dem Festland, oder westwärts, auf einer der Inseln? Höchstwahrscheinlich auf dem Festland, wo die Küstenorte größer sind und er am sichersten alles an Proviant bekommt, was er braucht. Weiter, was ist unsere Aufgabe? Auf keinen Fall ein Glied in der Beweiskette zu übersehen, indem wir einen Ort übergehen, wo er an Land gegangen ist. Nicht über das Ziel hinauszuschießen, da wir doch ins Schwarze treffen wollen. Nicht Geld und Zeit mit einer langen Reise nach Schweden zu verschwenden, solange wir nicht wissen, daß wir unbedingt dorthin reisen müssen. Wohin also wird uns unsere Entdeckungsreise zuerst führen? Ganz klar in den Norden Schottlands. Nun, was sagst du dazu, Mr. William? Sehe ich das alles richtig, oder hat mir dein starkes Ale die Sinne verwirrt?«

Es war längst offenkundig, daß kein noch so starkes Ale das bewirken konnte – und das sagte ich ihm. Er gluckste, zwinkerte mir zu und sagte, während er eine weitere Prise Schnupftabak nahm, er würde sich nun den ganzen Fall noch einmal durch den Kopf gehen lassen und sich vergewissern, daß er den ganzen Sachverhalt klar vor sich habe. Als wir endlich die Poststation erreichten, hatte er diese geistige Leistung zu seiner uneingeschränkten Zufriedenheit vollbracht und brannte darauf, das Ale des Gasthauses mit dem von Darrock Hall zu vergleichen. Der Dogcart wurde stehengelassen, um am folgenden Morgen vom Knecht zurückgebracht zu werden. Eine Postkutsche und Pferde wurden bestellt. Ein Laib Brot, eine Bologneser Wurst und zwei Flaschen Sherry wurden in den Taschen des Wagens verstaut; wir nahmen unsere Sitzplätze ein und traten ohne Verzug unsere zweifelhafte Reise an.

»Einen guten Rat noch«, sagte Mr. Dark, während er es sich in seiner Wagenecke bequem machte. »Schlaf, wann immer du kannst, William. Ein Bett siehst du erst wieder, wenn wir Glasgow erreicht haben.«

2

Obwohl die Geschehnisse, von denen ich jetzt berichte, sich vor vielen Jahren ereigneten und obwohl die Menschen, die vor allem von ihnen betroffen waren, mittlerweile bis auf mich und einen anderen tot sind, werde ich doch vorsichtshalber vermeiden, die verschiedenen Orte, die Mr. Dark und ich zum Zweck unserer Nachforschungen aufsuchten, bei ihren Namen zu nennen. Es wird genügen, wenn ich allgemein schildere, was wir taten, und wenn ich genauer nur von dem Ergebnis berichte, zu dem wir letztendlich gelangten.

Nach der Ankunft in Glasgow änderte Mr. Dark seine ursprüngliche Absicht, direkt nach Nord-Schottland weiterzureisen, da er es für sicherer hielt, wenn möglich herauszubekommen, welchen Kurs die Jacht bei ihrer Fahrt an der Westküste entlang genommen hatte. Die Durchführung dieses neuen Plans brachte zwangsläufig eine Verzögerung unserer Weiterreise mit sich, da wir ständig von der direkten Route abweichen mußten. Dreimal lockten uns falsche Angaben ganz umsonst zu gottverlassenen Orten auf den Hebriden. Zweimal schweiften wir landeinwärts, um Männern zu folgen, auf die die Beschreibung Mr. James Smiths im großen ganzen paßte, die sich aber, sobald wir sie zu Gesicht bekamen, als die Falschen erwiesen. Diese vergeblichen Exkursionen – insbesondere die drei zu den Inseln im Westen – verschlangen schrecklich viel Zeit. Mehr als zwei Monate waren seit dem Tag unserer Abreise aus Darrock Hall vergangen, ehe wir endlich die oberste Spitze Schottlands erreichten und in eine Küstenstadt von ansehnlicher Größe gelangten. Bis hierhin hatte die Reise zu keinen Ergebnissen geführt, und ich wollte schon die Hoffnung aufgeben, daß wir überhaupt etwas entdecken würden. Mr. Dark jedoch verlor weder die Laune noch die Geduld. »Du kannst eben nicht warten, William«, sagte er jedesmal, wenn er mich klagen hörte. »Ich schon.«

Wir kamen gegen Abend in einem bescheidenen kleinen Gig

in der Stadt an und stiegen unserer Gewohnheit gemäß in einem der einfacheren Gasthäuser ab. »Wir müssen ganz unten anfangen«, pflegte Mr. Dark zu sagen. »Von der feinen Gesellschaft in einem Salon haben wir keine Vertraulichkeiten zu erwarten. Von den gemeinen Leuten in einer Schankstube hingegen schon.« Und er bewies die Wahrheit seiner Worte; ich bin nie vorher oder nachher einem Menschen begegnet, der es wie er verstand, in kürzester Zeit das Vertrauen wildfremder Leute zu gewinnen. So vorsichtig die Schotten sind, von Mr. Dark ließen sie sich um den Finger wickeln. Geschickt variierte er seine Taktik je nach Art der Gesellschaft; er hatte jedoch drei feste Überzeugungen, die er, solange wir uns in Schottland aufhielten, niemals zu äußern versäumte, ganz gleich, mit wem er es zu tun hatte. Erstens war er der Meinung, der Blick auf Edinburgh vom alten Schloß aus sei der schönste der Welt; zweitens fand er, Whisky sei das gesündeste alkoholische Getränk auf der Welt; und drittens war er überzeugt, seine verstorbene Mutter sei die beste Frau der Welt gewesen. Wobei zu bemerken ist, daß er, wenn er diese letzte Überzeugung zum besten gab, unweigerlich hinzufügte, daß ihr Mädchenname Macleod gewesen war.

Nun, wir mieteten uns also in einem bescheidenen kleinen Gasthaus in der Nähe des Hafens ein. Ich war todmüde von der Reise und legte mich auf meinem Bett nieder, um mich etwas auszuruhen. Mr. Dark, den offenbar nichts ermüden konnte, ließ mich allein, um bei den Gästen in der Schankstube seinen Punsch zu trinken und seine Pfeife zu rauchen.

Ich weiß nicht, wie lange ich geschlafen hatte, als ich wachgerüttelt wurde. Es war stockfinster im Zimmer. Plötzlich wurde mir eine Hand auf den Mund gedrückt. Dann stieg mir ein starker Geruch nach Whisky und Tabak in die Nase, und ein Flüstern stahl sich in mein Ohr.

»William! Wir haben das Ziel unserer Reise erreicht.«

»Mr. Dark«, stammelte ich, »sind Sie das? Was, um Himmels willen, meinen Sie?«

»Die Jacht hat hier angelegt«, antwortete er immer noch flüsternd, »und dein Herr, dieser Schurke, ist hier an Land gegangen –«

»Oh, Mr. Dark«, unterbrach ich, »sagen Sie mir nicht, daß der Brief wahr ist.«

»Wort für Wort«, antwortete er. »Er wurde hier getraut und segelte, gut drei Wochen bevor wir das Haus deiner Herrin verließen, mit Gattin Nummer zwei in Richtung Mittelmeer davon. Pscht, kein Wort! Schlaf weiter oder mach Licht und lies, wenn dir das lieber ist. Tu, was du willst, nur komm mir nicht nach unten. Ich werde jetzt alle Einzelheiten in Erfahrung bringen, ohne dabei zu erkennen zu geben, daß ich erpicht darauf bin, auch nur eine einzige zu erfahren. Du hast ein hübsches Gesicht, William, aber es ist so infernalisch offen, daß ich mich in der Schankstube nicht auf es verlassen möchte. Ich habe mich schon mit den Schotten angefreundet. Sie kennen meine Meinung über den Blick vom Schloß; sie sehen, was ich vom Whisky halte; und ich denke, es wird nicht mehr lange dauern, ehe sie erfahren, daß meine Mutter mit Mädchennamen Macleod hieß.«

Mit diesen Worten glitt er aus dem Zimmer und ließ mich so zurück, wie er mich vorgefunden hatte, im Dunklen.

Ich war viel zu aufgeregt über das, was ich vernommen hatte, um noch an Schlaf zu denken. Ich machte deshalb Licht und versuchte, mich so gut wie möglich mit einer alten Zeitung zu unterhalten, die ich in meiner Reisetasche gefunden hatte. Es war fast zehn Uhr.

Zwei Stunden später, als das Gasthaus schloß, kam Mr. Dark hochgemut wieder zu mir. »Hier habe ich den ganzen Fall«, sagte er und tippte sich an die Stirn, »den ganzen Fall, so klar und sauber, als wäre er in einem Schriftsatz niedergelegt. Dein feiner Herr schreckt wahrhaftig vor nichts zurück, William. Und wenn du mich fragst, habt ihr, du und deine Herrin, ihn noch nicht das letzte Mal gesehen.«

Wir schliefen in jener Nacht in einem Doppelzimmer. Sobald Mr. Dark die Tür abgeschlossen und es sich in seinem Bett bequem gemacht hatte, setzte er zu einem detaillierten Bericht aller Einzelheiten an, die man ihm in der Schankstube mitgeteilt hatte. Der Kern dessen, was er mir erzählte, kann folgendermaßen wiedergegeben werden:

Die Jacht hatte bis zum Cape Wrath hinauf gute Fahrt gemacht. Bei der Umrundung des Kaps lief sie voll gegen den Wind und mußte sich mühsam in den Hafen der Küstenstadt vorkämpfen, wo sie anlegte, um Proviant aufzunehmen und abzuwarten, daß der Wind drehte. Mr. James Smith ging an Land, um sich umzusehen und zu prüfen, ob das größte Hotel am Ort von der Art war, daß er dort gern ein paar Tage geblieben wäre. Auf seinen Wanderungen durch die Stadt wurde seine Aufmerksamkeit durch den Anblick eines sehr hübschen Mädchens, das an einem Fenster saß und nähte, auf ein ordentlich aussehendes Haus gelenkt, wo es Zimmer zu vermieten gab. Er war so fasziniert von dem Gesicht des Mädchens, daß er zweimal umkehrte, um es erneut zu betrachten, und beim zweiten Mal beschloß zu versuchen, ihre Bekanntschaft zu machen, indem er bat, die Zimmer sehen zu dürfen. Die Mutter des Mädchens, eine sehr ehrbare Frau, die, wie er entdeckte, die Gattin des Kapitäns und Miteigners eines kleinen Küstenschiffs war, der sich gerade auf See befand, zeigte ihm die Zimmer. Mit List gelang es ihm, in die Wohnstube hineinzukommen, wo die Tochter bei der Arbeit war, und einige Worte mit ihr zu wechseln. Ihre Stimme und ihr Benehmen wirkten ebenso anziehend auf ihn wie ihr Gesicht. Mr. James Smith hatte sich Hals über Kopf in sie verliebt, und ohne auch nur einen Augenblick zu zögern, mietete er auf der Stelle die Zimmer für einen Monat fest.

Es ist wohl überflüssig zu sagen, daß seine Absichten bezüglich des Mädchens gänzlich unehrenhaft waren; er gab sich Mutter und Tochter gegenüber als unverheirateter Mann aus. Er hatte geglaubt, aufgrund seines Geldes, seines Rangs und seiner persönlichen Erscheinung werde es ein leichtes sein, das Mädchen zu verführen; aber er merkte bald, daß er sich auf ein schwieriges Unterfangen eingelassen hatte. Die Wachsamkeit der Mutter ließ keinen Augenblick nach, und niemals verlor die Tochter die Gewalt über sich. Sie bewunderte Mr. James Smiths großgewachsene Gestalt und seinen prachtvollen Schnauzbart; sie zeigte die schmeichelhafteste Vorliebe für seine Gesellschaft; sie lauschte mit zärtlicher Aufmerksamkeit seinen Komplimenten und errötete ermutigend unter seinen bewundernden Blicken; aber ob es nun schlaue Berechnung war oder reine Unschuld, sie schien absolut unfähig zu begreifen, daß seine Avancen alles andere als ehrenhafte Ziele hatten. Beim kleinsten Versuch ungebührlicher Vertrautheit wich sie mit einer Art verächtlicher Ungläubigkeit im Gesicht vor ihm zurück. Mr. James Smith erschreckte und verwirrte das. Mit solchem Widerstand hatte er nicht gerechnet, und es gelang ihm auch nicht, ihn zu überwinden. Die Wochen vergingen; der Monat, für den er die Zimmer gemietet hatte, lief aus. Mit der Zeit hatte das Mädchen so große Macht über ihn gewonnen, daß seine Bewunderung zur blinden Leidenschaft geworden war, und er war der Verwirklichung der arglistigen Ziele, die er beim Einzug in das Haus gehabt hatte, nicht einen Schritt näher gekommen.

Zu dieser Zeit muß er einen neuerlichen Angriff auf die Tugend des Mädchens unternommen haben, der eine Abkühlung zwischen ihnen hervorrief; anstatt nämlich die Zimmer für einen weiteren Monat zu mieten, zog er sich auf seine Jacht im Hafen zurück und schlief zwei Nächte auf dem Schiff. Der Wind war jetzt günstig, und der Proviant war an Bord; aber er gab dem Kapitän keinen Befehl, die Anker zu lichten. Am dritten Tag scheint der Grund für die Abkühlung beseitigt worden zu sein, und Mr. James Smith kehrte in seine Unterkunft an Land zurück. Einige der Neugierigen unter den Bewohnern der Stadt beobachteten bald danach, daß er, wenn sie ihm auf der Straße begegneten, recht unruhig und beklommen wirkte. Wahrscheinlich konnte er sich mittlerweile der Erkenntnis nicht mehr entziehen, daß er sich für einen von zwei Wegen entscheiden mußte. Entweder mußte er das Opfer bringen und das Mädchen ganz in Ruhe lassen, oder er mußte die Schurkerei begehen, sie zu heiraten.

So skrupellos er war, schreckte er doch vor dem Risiko zurück – vielleicht auch davor, sich eines Verbrechens schuldig zu machen –, das mit der zweiten Möglichkeit einherging. Während er noch schwankte, lief das Schiff des Vaters im Hafen ein, und seine Anwesenheit zwang Mr. James Smith zur Entscheidung. Wie genau dieser neue Einfluß wirkte, war anhand der zwangsläufig unvollständigen Aussagen von Leuten, die zu den Familienberatungen nicht zugelassen wurden, unmöglich festzustellen. Es war jedoch unbestreitbare Tatsache, daß der Tag der Rückkehr des Vaters und der Tag, an dem Mr. James Smith den üblen Entschluß faßte, das Mädchen zu heiraten, praktisch zusammenfielen.

Nachdem er sich nun einmal dazu durchgerungen hatte, das Verbrechen zu begehen, machte er sich mit aller nur möglichen Unverfrorenheit und Tücke daran, eventueller Entdekkung vorzubeugen. Er kehrte auf seine Jacht zurück und verkündete, er hätte die beabsichtigte Kreuzfahrt nach Schweden aufgegeben, um sich statt dessen einen langen Aufenthalt in Schottland zu gönnen und sich mit Angeln zu vergnügen. Nach dieser kurzen Erklärung ließ er seine Jacht im Hafen auflegen, gab dem Kapitän Urlaub zur Rückkehr zu seiner Familie in Cowes und entließ die ganze Mannschaft vom Maat bis zum Kabinenjungen. Auf diese Weise schaffte er mit einem Schlag die einzigen Leute aus der Stadt, die von der Existenz seiner unglücklichen Gattin wußten. Danach konnte die Nachricht von seiner bevorstehenden Heirat ohne jedes Risiko bekanntgemacht werden; für den Fall, daß das Ereignis in den Lokalzeitungen erwähnt werden sollte, war ihm sein gewöhnlicher Name allein schon Schutz genug. Sollten seine Freunde, oder selbst seine Frau, eine Meldung über die Heirat von Mr. James Smith lesen, so würden sie dennoch nicht den leisesten Verdacht schöpfen, wer der Bräutigam wirklich war.

Vierzehn Tage nach Abheuerung der Schiffsmannschaft heiratete er die Tochter des Handelskapitäns. Der Vater des Mädchens war unter den Einwohnern der Stadt als eigennütziger und besitzgieriger Mann bekannt, der auf seine niedrige Weise viel zu versessen darauf war, einen reichen Schwiegersohn an Land zu ziehen, um sich Vorschlägen, die Eheschließung zu beschleunigen, entgegenzustellen. Er und seine Frau sowie einige wenige nahe Verwandte waren bei der Zeremonie anwesend. Gleich danach ging das frischgebackene Ehepaar auf Hochzeitsreise ins schottische Hochland. Zwei Tage später jedoch kehrten sie zurück und verkündeten, sie hätten ihre Pläne geändert. Der junge Ehemann, der wahrscheinlich dachte, außerhalb Englands sicherer zu sein, hatte seine Braut mit seinen Schilderungen des milden Klimas und der schönen Landschaft des Südens fasziniert. Sie konnte es vor Neugier kaum erwarten, Spanien und Italien zu sehen, und wollte, da sie von Fahrten auf dem Schiff ihres Vaters wußte, daß sie seefest war, auf dem schnellsten Weg zum Mittelmeer, nämlich per Schiff. Ihr liebevoller Gatte, der nun seinen ganzen Lebensinhalt darin sah, ihr alle Wünsche zu erfüllen, hatte darauf den Ausflug ins schottische Hochland aufgegeben und war zurückgekehrt, um seine Jacht unverzüglich zur Fahrt bereitmachen zu lassen. Nichts an dieser Erklärung konnte bei den Eltern der jungen Dame Verdacht erregen. Die Mutter hielt ihren James Smith für einen Mustergatten. Der Vater half mit Rat und Tat, um die Jacht in kürzester Frist mit der tüchtigsten Besatzung zu bemannen, die sich in der Stadt finden ließ. Vorzüglich dank seinen Anstrengungen war das Schiff ungewöhnlich rasch startklar. Die Segel waren festgemacht, der Proviant war an Bord, und Mr. James Smith segelte mit der armen Frau, die sich für seine Gattin hielt, mit Kurs auf das Mittelmeer davon, ehe Mr. Dark und ich von Darrock Hall aufbrachen, um ihn zu suchen.

Dies war die Wahrheit über das nichtswürdige Verhalten meines Herrn in Schottland, wie sie mir berichtet wurde. Zum Schluß deutete Mr. Dark an, er hätte mir noch etwas zu erzählen, doch er behauptete, zu schläfrig zu sein, um in dieser Nacht noch mehr zu sprechen. Sobald wir am folgenden Morgen erwacht waren, kam er wieder zur Sache.

»Ich habe gestern abend nicht ganz fertig erzählt, nicht wahr?« begann er.

»Sie haben mir leider genug und mehr als genug erzählt, was beweist, daß die Behauptungen in dem anonymen Brief wahr sind«, antwortete ich.

»Ja«, sagte Mr. Dark, »aber habe ich dir auch gesagt, wer den anonymen Brief geschrieben hat?«

»Soll das heißen, Sie haben es herausbekommen?«

»Ich denke, ja«, lautete die gelassene Antwort. »Als ich hörte, daß dein Herr die reguläre Besatzung der Jacht entlassen hatte, legte ich diesen Umstand in meinem Geist erst einmal beiseite, um ihn wieder hervorzuholen und näheres dazu ausfindig zu machen, sobald sich eine entsprechende Gelegenheit bieten würde. Sie bot sich schon etwa eine halbe Stunde später. Sag' ich zu dem Steuereintreiber, der von allen in der Stube am meisten redete: ›Und was haben die Leute gemacht, die Mr. Smith entlassen hat? Sind sie alle auf und davon, sobald sie ihr Geld hatten, oder sind sie hier geblieben, bis sie die Heuer bis auf den letzten Penny in den Pubs versoffen hatten?‹ Der Steuereintreiber lacht. ›Nichts dergleichen‹, sagt er. ›Sie sind alle nach Süden gereist, um ihr Geld in feinerer Gesellschaft auszugeben, als wir es sind. Das heißt, wenn ich alle sage, muß ich eine Ausnahme machen. Wir glaubten, der Steward der Jacht wäre mit den anderen weg, aber wer taucht genau an dem Tag, an dem Mr. Smith zu seiner Fahrt ins Mittelmeer ausgelaufen war, plötzlich hier auf? Der Steward höchstpersönlich. Wo er sich versteckt hatte und warum, konnte keiner sagen.‹ – ›Vielleicht hatte er es seinem Herrn nachgemacht und war auf Brautschau gegangen‹, sag' ich. ›Gut möglich‹, meint der Steuereintreiber. ›Seine Erklärungen waren reichlich wirr, und er ging allen Fragen aus dem Weg, indem er sich schleunigst nach Süden davonmachte.‹ Das reichte mir. Ich sagte nichts mehr und wechselte das Thema. Ist doch sonnenklar, was, William? Der Steward ahnte, daß da was nicht koscher war – der Steward wartete ab und beobachtete – der Steward schrieb diesen anonymen Brief an deine Herrin. Wir brauchen uns nur in Cowes nach ihm zu erkundigen, wenn wir ihn finden wollen; und wir können uns von der Kirche den rechtsgültigen Beweis der Eheschließung schicken lassen, sobald wir entsprechende Anweisung erhalten. Jetzt brauchen wir nur noch zu deiner Herrin zurückzukehren und zu sehen, welche Maßnahmen sie unter den gegebenen Umständen ergreifen möchte. Es ist soweit ein sauberer Fall, William – ein ungewöhnlich sauberer Fall, so wie er sich gegenwärtig zeigt.«

So schnell Kutschen und Postpferde uns tragen konnten, kehrten wir nach Darrock Hall zurück. Da meine Herrin von Anfang an von der Wahrheit der Behauptungen in dem anonymen Brief überzeugt gewesen war, nahm sie die schlechten Nachrichten, die wir ihr überbrachten, ruhig und resigniert hin – zumindest nach außen. Sie erstaunte und enttäuschte Mr. Dark mit ihrer Weigerung, aufgrund der Auskünfte, die er für sie zusammengetragen hatte, irgend etwas zu unternehmen. Vielmehr bestand sie darauf, daß die ganze Affäre weiterhin streng geheimgehalten werde. Zum erstenmal, seit ich meinen Reisegefährten kannte, zeigte er Niedergeschlagenheit, und obwohl er mit einem stattlichen Geschenk aus Darrock Hall abreiste, reiste er mißvergnügt.

»So ein sauberer Fall, William«, sagte er ganz bekümmert, als wir uns in der Halle die Hand reichten. »So ein ungewöhnlich sauberer Fall. Es ist jammerschade, ihn auf diese Weise zu beschließen, ehe er nur halb erledigt ist.«

»Sie wissen nicht, was für eine stolze und empfindsame Frau meine Herrin ist«, antwortete ich. »Sie würde lieber sterben, als ihre trostlose Lage vor einem öffentlichen Gericht aufdekken, nur um ihren Gatten zu strafen.«

»Gott segne deine Einfalt«, sagte Mr. Dark. »Glaubst du wirklich, daß eine solche Geschichte sich auf die Dauer verheimlichen läßt?«

»Warum nicht?« fragte ich. »Wenn wir alle das Geheimnis bewahren.«

»Von wegen Geheimnis«, rief Mr. Dark und schnippte mit den Fingern. »Wenn sonst keiner die Katze aus dem Sack läßt, wird dein Herr es tun.«

»Mein Herr?« wiederholte ich verdattert.

»Ja, dein Herr«, bestätigte Mr. Dark. »Ich habe einige Erfahrung, und ich sage, ihr habt ihn noch nicht das letzte Mal gesehen. Merk dir meine Worte, William! Mr. James Smith wird wiederkommen.«

Mit dieser bestürzenden Prophezeiung genehmigte sich Mr. Dark ärgerlich eine letzte Prise Schnupftabak und trat die Rückreise zu seinem Herrn nach London an. Seine letzten Worte lasteten noch tagelang nach seiner Abreise schwer auf mir. Es dauerte einige Wochen, ehe ich aufhörte, bei jedem Läuten der Glocke an der Haustür zusammenzufahren.

Unser Leben auf Darrock Hall kehrte bald in seine alten eintönigen Bahnen zurück. Der Anwalt aus London schrieb meiner Herrin und bat sie, zu kommen und eine Weile bei ihm und seiner Frau zu bleiben. Aber sie schlug die Einladung aus, da sie nach dem, was ihr widerfahren war, niemanden sehen wollte. Obwohl sie sich sehr bemühte, ihre wahre Gemütsverfassung vor allen um sie herum zu verbergen, konnte ich jedenfalls deutlich sehen, daß die bittere Kränkung, die ihr zugefügt worden war, sie heftig grämte und an ihr zehrte. Ich wagte nicht daran zu denken, wie fortgesetzte Einsamkeit sich auf ihr Gemüt auswirken würde. Zu ihrem eigenen Glück fiel es ihr nach einer Weile ein, nach Mr. Meeke zu schicken und ihn einzuladen, das gemeinsame Musizieren mit ihr wiederaufzunehmen. Sie erklärte ihm – völlig wahrheitsgemäß, wie ich fand –, daß jegliches stillschweigende Versprechen, das sie Mr. James Smith gegeben hatte, nunmehr seine Geltung verloren habe, da er aus moralischen Gründen alle seine Rechte als Ehemann verwirkt habe – erstens dadurch, daß er sie verlassen habe, und zweitens durch seine verbrecherische Eheschließung mit einer anderen Frau. Nachdem sie die Sache aus dieser Sicht dargelegt hatte, überließ sie Mr. Meeke die Entscheidung, ob die völlig harmlose Beziehung zwischen ihnen erneuert werden sollte oder nicht. Nach langem Zaudern und Überlegen auf seine gewohnt hilflose Art nahm der kleine Geistliche schließlich den Vorschlag meiner Herrin an und kehrte mit seiner Geige unter dem Arm nach Darrock Hall zurück. Diese Wiederaufnahme ihrer alten Gewohnheiten war vielleicht unvorsichtig, da sie geeignet war, die Position meiner Herrin in den Augen der Welt zu schwächen, aber es war der vernünftigste Weg, den sie zu ihrem eigenen Besten einschlagen konnte. Die harmlose Gesellschaft Mr. Meekes und die Freude daran, wieder die alten Weisen zu spielen, retteten sie, davon bin ich fest überzeugt, vor dem völligen Zusammenbruch unter der Last der Situation, in der sie sich befand.

Mit Hilfe Mr. Meekes und seiner Geige überstand also meine Herrin die schlimme Zeit. Der Winter ging vorüber; es kam der Frühling, aber keine neuen Nachrichten über Mr. James Smith erreichten uns. Der Winter war in diesem Jahr lang und hart gewesen, und der verspätete Frühling war regnerisch. Der erste wahrhaft schöne Tag, den wir hatten, fiel auf den 14. Mai.

Ich erwähne diesen Tag im besonderen, weil er sich meinem Gedächtnis auf immer eingeprägt hat. Ich werde diesen 14. Mai und alles, was sich an diesem Tag ereignete, bis an mein Lebensende nicht vergessen. Der Tag begann ungut, unter schlechten Vorzeichen, wie abergläubische Menschen sagen würden. Meine Herrin blieb an diesem Morgen bis spät in ihrem Zimmer, wo sie ihre Kleider durchsah und einige der Schubladen in ihrer Kommode ordnete, die sie seit langem nicht mehr geöffnet hatte. Kurz vor dem Mittagessen wurden wir durch das heftige Läuten der Salonglocke erschreckt. Ich lief hinauf, um zu sehen, was los sei, und Josephine, die französische Zofe, die das Läuten in einem anderen Teil des Hauses gehört hatte, kam ebenfalls herbeigeeilt. Sie erreichte den Salon zuerst, ich folgte ihr dicht auf den Fersen.

Meine Herrin stand sichtlich außer Fassung allein vor dem offenen Kamin. »Man hat mich bestohlen!« rief sie heftig. »Ich weiß nicht, wann oder wie. Aber mir fehlen ein Paar Armreifen, drei Ringe und ein Stapel altmodischer Spitzentüchlein.«

»Wenn Sie einen Verdacht haben, Madam«, sagte Josephine über die Maßen scharf und brüsk, »dann sagen Sie, wem er gilt. Meine Kommode jedenfalls steht zu Ihrer Verfügung.«

»Wer hat nach deiner Kommode gefragt?« gab meine Herrin

ärgerlich zurück. »Sei das nächste Mal, wenn ich etwas sage, nicht so schnell mit deiner Erwiderung bei der Hand.«

Dann wandte sie sich mir zu und begann mir zu berichten, unter welchen Umständen sie den Verlust entdeckt hatte. Ich schlug vor, man solle zunächst gründlich nach den verlorenen Gegenständen suchen; wenn dabei nichts herauskäme, wollte ich den Wachtmeister holen und die Sache in seine Hand geben. Meine Herrin stimmte diesem Vorgehen zu, und es wurde sogleich mit der Suche begonnen. Sie dauerte bis zum Abendessen an und blieb ohne Ergebnis. Daraufhin erbot ich mich, den Wachtmeister zu holen. Aber meine Herrin meinte, es sei zu spät am Tag, um noch etwas zu unternehmen, und befahl mir, wie gewohnt bei Tisch zu bedienen und am nächsten Morgen in aller Frühe meinen Auftrag zu besorgen. Am Abend wollte Mr. Meeke mit neuen Noten kommen, und ich vermute, sie war nicht gewillt, sich bei ihrer liebsten Beschäftigung durch das Eintreffen des Wachtmeisters stören zu lassen.

Das Abendessen war vorbei. Der Pastor kam. Sie musizierten wie gewohnt den ganzen Abend. Um zehn trug ich das Tablett mit dem Wein und dem Sodawasser und Keksen hinauf. Just als ich eine der Wasserflaschen öffnete, war vom Vorplatz draußen Räderrollen zu hören, und gleich darauf läutete es.

Ich hatte die Drähte des Korkens aufgedreht und konnte die Flasche nicht abstellen, um sofort zur Tür zu laufen. Eines der Mädchen öffnete. Ich hörte einen unterdrückten Aufschrei, dann das Dröhnen von Schritten, die mir bekannt waren.

Meine Herrin drehte sich am Klavier um und sah mich an.

»William!« sagte sie. »Kennst du diesen Schritt?«

Ehe ich antworten konnte, wurde die Tür aufgestoßen, und Mr. James Smith trat ins Zimmer.

Er hatte seinen Hut auf. Das lange Haar darunter floß ihm über den Kragen seines Rocks; der Blick seiner blitzenden schwarzen Augen richtete sich, nachdem er kurz meine Herrin gestreift hatte, auf Mr. Meeke. Die dichten Brauen zogen sich zusammen, und eine Hand griff zum buschigen schwarzen Schnauzbart und zupfte ärgerlich daran.

»Sie sind schon wieder hier!« rief er und ging ein paar Schritte auf den kleinen Geistlichen zu, der am ganzen Leib zitternd dasaß und seine Geige an sich drückte wie ein Kind.

Als meine Herrin ihren nichtswürdigen Gatten näherkommen sah, sprang sie auf, um ihm gegenüberzutreten. Bei ihrem ersten Schritt fuhr er blitzschnell herum.

»Du schamlose Person«, sagte er. »Wagst du es, mir in Anwesenheit dieses Mannes ins Gesicht zu sehen?« Dabei deutete er auf Mr. Meeke.

Meine Herrin zuckte nicht zurück, als er sie angriff. Nicht eine Spur von Furcht war in ihrem Gesicht zu sehen, als sie einander gegenübertraten. Nicht ein Hauch von Zornesröte färbte ihre Wangen, als sie sprach. Im Gefühl der Beleidigung und der Kränkung, die er ihr angetan hatte, und in dem Bewußtsein, um sein verbrecherisches Geheimnis zu wissen, fand sie in diesem schwierigen Augenblick höchste Gefaßtheit. Geringschätzung und Verachtung zeigten sich in jedem Zug ihres ruhigen, hoheitsvollen Gesichts.

»Ich sage es noch einmal«, wiederholte er, als sie ihm nicht antwortete. »Wie kannst du es wagen, mir im Beisein dieses Mannes ins Gesicht zu sehen?«

Sie hob den ruhigen Blick zu dem Hut, den er immer noch auf dem Kopf trug. »Wer hat dich gelehrt, in ein Zimmer zu treten und mit einer Dame zu sprechen, ohne den Hut abzunehmen?« fragte sie in ruhigem, verächtlichem Ton. »Wird solches Verhalten etwa von deiner neuen Ehefrau gebilligt?«

Mein Blick war auf ihn gerichtet, als sie diese letzten Worte sagte. Sein Gesicht, das normalerweise eine dunkle Tönung hatte, wurde mit einem Schlag wachsbleich. Mit einer Hand griff er nach dem nächsten Sessel und ließ sich schwer hineinfallen.

»Ich verstehe dich nicht«, sagte er nach einem Moment der Stille und blickte sich dabei unstet im Zimmer um.

»O doch«, widersprach meine Herrin, »du hast mich verstanden. Deine Zunge lügt, aber dein Gesicht spricht die Wahrheit.«

Mit einer verzweifelten Anstrengung raffte er allen Mut und alle Unverfrorenheit zusammen und sprang mit einem Fluch aus dem Sessel. Einen Augenblick zuvor glaubte ich draußen im Flur das Rascheln eines Kleides zu vernehmen, so als schleiche sich eines der Mädchen heran, um vor der Tür zu lauschen. Ich wäre sofort hinausgegangen, um nachzusehen, ob das zutraf, aber mein Herr hielt mich zurück.

»Laß das Bett im roten Zimmer richten und mach gleich Feuer dort«, befahl er mit grimmiger Miene und barscher Stimme. »Wenn ich läute, bring mir einen Kessel mit kochendem Wasser und eine Flasche Branntwein. Und was Sie angeht«, fuhr er fort und wandte sich Mr. Meeke zu, der immer noch bleich und sprachlos mit seiner Geige im Arm dasaß, »so verlassen Sie auf der Stelle das Haus, sonst werden Sie feststellen, daß Ihr schwarzer Rock Sie nicht schützen kann.«

Bei dieser Beleidigung schoß meiner Herrin das Blut ins Gesicht. Ehe sie jedoch etwas sagen konnte, schwoll die Stimme meines Herrn so laut an, daß sie die ihre sowieso übertönt hätte. »Von dir will ich kein Wort mehr hören«, schrie er wütend. »Du redest wie eine Irre – du siehst aus wie eine Irre – du hast völlig den Verstand verloren. So wahr ich hier stehe, morgen lasse ich dich von den Ärzten untersuchen. Was, zum Teufel, stehst du hier noch herum, du Nichtsnutz?« brüllte er, sich auf dem Absatz zu mir umdrehend. »Warum tust du nicht, was ich dir sage?«

Ich sah zu meiner Herrin hin. Wenn sie mir befohlen hätte, Mr. James Smith niederzuschlagen, ich glaube, in diesem Moment hätte ich es tun können, so groß und kräftig er war.

»Tu, was er sagt, William.« Sie drückte eine Hand fest auf ihren Busen, als wolle sie so die aufsteigende Empörung unterdrücken. »Das ist der letzte Befehl von ihm, dessen Ausführung ich von dir erwarte.«

»Willst du mir etwa drohen, du verrückte –?« Er vollendete die Frage mit einem Wort, das ich nicht wiederholen möchte.

»Ich sage dir nur«, erwiderte sie mit klarer, entschlossener Stimme, »daß du mich auf eine Weise beleidigt hast, für die es kein Verzeihen geben kann, und daß du mich nie wieder so beleidigen wirst, wie du es heute abend getan hast.«

Nach diesen Worten warf sie ihm nur einen kurzen Blick zu, dann wandte sie sich ab und ging langsam zur Tür.

Eine Minute zuvor hatte Mr. Meeke wenigstens den Mut aufgebracht, sich zu erheben, um leise aus dem Zimmer zu gehen. Ich beobachtete ihn, wie er mit gesenktem Kopf dicht an der Wand entlangschlich, die Geige unter seinem Rockschoß, als hätte er Angst, Mr. James Smith könne seine wilde Wut an dem unschuldigen Instrument auslassen. Er erreichte die Tür vor meiner Herrin. Ich sah, wie er zusammenzuckte, als er sie aufzog, und hörte wieder das Rascheln eines Kleides im Flur.

Meine Herrin folgte ihm hinaus, wandte sich jedoch draußen in die andere Richtung, um zu der Treppe zu gelangen, die zu ihrem Zimmer hinaufführte. Danach ging auch ich hinaus, und Mr. James Smith blieb allein zurück.

In der Halle holte ich Mr. Meeke ein und öffnete ihm die Haustür.

»Verzeihen Sie, Sir«, sagte ich, »aber haben Sie jemanden beim Lauschen vor dem Musikzimmer ertappt, als Sie eben hinausgingen?«

»Ja, William«, antwortete Mr. Meeke leise. »Ich glaube, es war die französische Zofe. Aber ich war so entsetzlich durcheinander, daß ich nicht ganz sicher bin.«

Hatte sie unser Geheimnis entdeckt? Das war die Frage, die ich mir stellte, während ich ging, um im roten Zimmer Feuer zu machen. Ich versuchte, mir den genauen Moment ins Gedächtnis zu rufen, als ich das Rascheln vor der Tür zum erstenmal gehört hatte, und gelangte zu der Überzeugung, daß sie nur den letzten Teil des Streits zwischen meiner Herrin und ihrem elenden Gatten belauscht haben konnte. Jene herausfordernden Worte von der ›neuen Ehefrau‹ waren gefallen, ehe ich Josephine gehört hatte.

Sobald das Feuer brannte und das Bett gerichtet war, kehrte ich ins Musikzimmer zurück, um zu melden, daß die Befehle ausgeführt waren. Mr. James Smith ging, immer noch seinen

Hut auf dem Kopf, recht verstört im Zimmer auf und ab. Er folgte mir ins rote Zimmer, ohne ein Wort zu sprechen. Zehn Minuten später läutete er nach dem Kessel und der Flasche Branntwein. Als ich beides hineintrug, war er dabei, eine kleine Reisetasche auszupacken, das einzige Gepäck, das er mitgebracht hatte. Er hüllte sich weiterhin in Schweigen und nahm keine Notiz von mir. Ich ging wieder, ohne auch nur ein einziges Wort mit ihm gewechselt zu haben.

Soweit ich sagen konnte, war die Nacht ruhig.

Am nächsten Morgen hörte ich, daß die Nerven meiner Herrin so angegriffen waren, daß sie nicht aufstehen konnte. Mich überraschte das nicht, da ich wußte, was sie am Abend zuvor durchgemacht hatte.

Gegen neun Uhr ging ich mit heißem Wasser zum roten Zimmer. Nachdem ich zweimal angeklopft hatte, drückte ich versuchsweise die Klinke, fand, daß die Tür nicht abgesperrt war, und ging mit dem Krug in der Hand hinein.

Ich sah zum Bett; ich sah mich im ganzen Zimmer um. Nirgends eine Spur von Mr. James Smith.

Alles sprach dafür, daß das Bett benutzt worden war. Das Nachthemd, das Mr. James Smith getragen hatte, lag hingeworfen über der Decke. Ich nahm es zur Hand und bemerkte einige Flecken darauf. Ich sah sie mir näher an. Es waren Blutflecken.

3

Vor lauter Schreck über diese Entdeckung verlor ich den Kopf. Ohne zu überlegen, was ich als erstes tun sollte, rannte ich nach unten ins Dienstbotenzimmer und rief laut, meinem Herrn sei etwas zugestoßen. Sofort eilte die ganze Dienerschaft, darunter auch Josephine, ins rote Zimmer. Ich kam erst wieder zur Besinnung, als ich ihren seltsamen Gesichtsausdruck beim Anblick des Nachthemds und des leeren Zimmers bemerkte. Alle anderen Dienstboten waren verwirrt und geängstigt. Sie allein faßte sich nach einem kurzen Erschrecken sofort. Ein Ausdruck teuflischer Genugtuung breitete sich auf ihrem Gesicht aus, und sie ging schnell und leise aus dem Zimmer, ohne mit einem von uns ein Wort zu sprechen. Ich sah dies, und es erregte meinen Verdacht. Welcher Art er war, brauche ich nicht auszuführen, denn er war, wie die Ereignisse bald zeigten, weit von der Wahrheit entfernt.

Als ich wieder halbwegs bei Sinnen war, schickte ich alle bis auf den Kutscher aus dem Zimmer. Dann untersuchten wir beide den Raum. Gewöhnlich wurde das rote Zimmer von Hausgästen benutzt. Es befand sich im Erdgeschoß und lag zum Garten hin. Wir fanden die Fensterläden, die ich am Abend geschlossen hatte, offen, das Fenster selbst jedoch war heruntergezogen. Das Feuer war schon so lange erloschen, daß der Kamin kalt war. Die Hälfte des Branntweins war verschwunden. Nirgends in der Nähe des Betts oder sonstwo im Zimmer waren Spuren von Gewalt oder eines Kampfes zu entdecken. Wir untersuchten jeden Winkel mit aller Sorgfalt, machten jedoch keine weiteren Entdeckungen.

Als ich wieder ins Dienstbotenzimmer kam, erwartete mich dort schlechte Nachricht über meine Herrin. Der ungewöhnliche Lärm im Haus war bis zu ihr gedrungen, und man hatte ihr, nachdem man sie vorsichtig vorbereitet hatte, gesagt, was geschehen war. In ihrem Zustand nervlicher Schwäche hatte der Schock über diese Nachricht sie völlig niedergeschmettert. Sie war ohnmächtig geworden und hatte nur mit größten Schwierigkeiten wieder zu sich gebracht werden können. Sie war außerstande, mir oder einem anderen Anweisungen zu geben, was unter den peinlichen Umständen, die nun eingetreten waren, zu tun sei.

Ich wartete bis zur Tagesmitte, in der Hoffnung, daß sie sich soweit erholen würde, um ihre Befehle zu erteilen; aber es kam kein Auftrag von ihr. Schließlich beschloß ich, jemanden zu ihr zu schicken und fragen zu lassen, was ihrer Meinung nach am besten zu tun sei. Josephine war dafür die Richtige; aber als ich nach Josephine fragte, war sie nirgends zu finden. Das

Hausmädchen, das ohne Erfolg nach ihr gesucht hatte, meldete, ihr Hut und ihr Umschlagtuch hingen nicht am gewohnten Platz. Das Zimmermädchen, das sich um meine Herrin gekümmert hatte, kam herunter, als wir alle noch voller Aufregung über dieses neue Verschwinden eines Mitglieds des Haushalts waren. Sie konnte uns nur berichten, daß Josephine sie gebeten hatte, an diesem Morgen den Zofendienst zu versehen, da sie selbst sich nicht wohl fühle. Nicht wohl! Und die erste Folge ihrer Krankheit schien zu sein, daß sie das Haus verlassen hatte.

Ich warnte die Dienstboten, meiner Herrin auf keinen Fall etwas von dieser Sache zu sagen, und ging dann selbst zu ihr hinauf, um sie zu fragen, ob es ihr recht sei, wenn ich in ihrem Namen an ihren Verwandten, den Advokaten in London, schriebe und mich danach zum nächsten Friedensrichter begäbe, um ihm zu berichten, was geschehen war. Ich hätte eines der Mädchen hinaufschicken können, um meine Herrin das zu fragen, aber mittlerweile war es so weit gekommen, daß ich, obwohl keineswegs mißtrauischer Natur, keinem im Haus mehr trauen mochte, ob nun zu Recht oder Unrecht.

Ich stellte ihr also, draußen vor der Tür stehend, selbst diese Fragen. Meine Herrin dankte mir mit schwacher Stimme und bat mich, das von mir Vorgeschlagene unverzüglich zu tun.

Ich zog mich in mein Zimmer zurück und schrieb dem Rechtsanwalt. Ich teilte ihm lediglich mit, daß Mr. James Smith unerwartet in Darrock Hall aufgetaucht sei und daß sich infolge davon Dinge ereignet hätten, die sein sofortiges Kommen erforderlich machten. Ich packte den Brief zusammen wie ein Päckchen und schickte den Kutscher damit los, damit er noch die Postkutsche auf der Fahrt nach London erreichte.

Als nächstes galt es, zum Friedensrichter zu gehen. Der nächste Friedensrichter wohnte ungefähr fünf Meilen entfernt und war mit meiner Herrin gut bekannt. Er war ein alter Junggeselle, der mit seinem Bruder, einem Witwer, zusammenlebte. Die beiden waren in der ganzen Grafschaft beliebt und geachtet, da sie zwei freundliche, natürliche Herren waren, die viel

Gutes für die Armen taten. Der Richter war Mr. Robert Nicholson, und sein Bruder, der Witwer, war Mr. Philip.

Ich hatte schon meinen Hut auf und fragte den Pferdeknecht, welches Pferd ich am besten nehmen solle, als ein offener Wagen vor dem Haus vorfuhr. Darinnen saßen Mr. Philip Nicholson und zwei Männer, ihrer Kleidung nach, soweit ich das beurteilen konnte, nicht gerade Dienstboten, aber auch nicht gerade Herren der vornehmen Gesellschaft. Mr. Philip sah mich, als ich mir grüßend an den Hut tippte, sehr ernst und bekümmert an und fragte nach meiner Herrin. Ich sagte, sie läge krank zu Bett. Als er das hörte, schüttelte er den Kopf und sagte, er wünsche, mich unter vier Augen zu sprechen. Ich führte ihn in die Bibliothek. Einer seiner beiden Begleiter folgte uns und setzte sich in die Halle. Der andere wartete im Wagen.

»Ich wollte gerade losreiten, Sir«, sagte ich, während ich ihm einen Sessel hinschob, »um Mr. Robert Nicholson wegen einer höchst ungewöhnlichen Angelegenheit zu sprechen –«

»Ich weiß, wovon du sprichst«, unterbrach mich Mr. Philip ziemlich abrupt, »und ich muß dich aus Gründen, die gleich klar sein werden, bitten, keinerlei Aussage vor mir zu machen, ehe du gehört hast, was ich zu sagen habe. Ich bin in einer sehr ernsten und bestürzenden Angelegenheit hier, die deine Herrin und dich unmittelbar betrifft.«

Sein Gesicht verhieß noch Schlimmeres, als seine Worte ausdrückten. Das Herz schlug mir schneller, und ich spürte, daß ich bleich wurde.

»Dein Herr, Mr. James Smith«, fuhr er fort, »ist gestern abend unerwartet hierher gekommen und hat die vergangene Nacht in diesem Haus verbracht. Ehe er sich zur Nachtruhe zurückzog, kam es zwischen ihm und deiner Herrin zu einem heftigen Streit, der, wie ich mit Bedauern hörte, mit einer schwerwiegenden Drohung deiner Herrin an ihren Gatten endete. Sie schliefen in getrennten Zimmern. Heute morgen, als du in das Schlafzimmer deines Herrn kamst, fandest du ihn dort nicht vor. Du fandest nur sein Nachthemd auf dem Bett, mit Blutflecken darauf.«

»Ja, Sir«, antwortete ich, so ruhig ich konnte. »Das ist richtig.«

»Ich verhöre dich nicht«, sagte Mr. Philip, »ich mache hier nur eine Feststellung, deren Wahrheit oder Unwahrheit du vor meinem Bruder bezeugen kannst.«

»Vor Ihrem Bruder, Sir?« wiederholte ich. »Werde ich denn verdächtigt, etwas Unrechtes getan zu haben?«

»Es besteht der Verdacht, daß Mr. James Smith ermordet wurde«, lautete die Antwort, die ich auf diese Frage erhielt.

Ich bekam von Kopf bis Fuß eine Gänsehaut. Ich versuchte, noch etwas zu sagen, aber die Worte wollten mir nicht über die Lippen kommen.

»Es bestürzt, ja es entsetzt mich, sagen zu müssen«, fuhr Mr. Philip fort, »daß der Verdacht sich in erster Linie gegen deine Herrin richtet und in zweiter Linie gegen dich.«

Ich will gar nicht zu beschreiben versuchen, wie mir zumute wurde, als er das sagte. Es läßt sich mit Worten nicht ausdrükken. Wie andere in meiner Situation gehandelt hätten, weiß ich nicht. Ich jedenfalls stand, ohne zu sprechen, ohne mich zu bewegen, beinahe ohne zu atmen, vor Mr. Philip und starrte ihm ins Gesicht. Wenn er oder ein anderer mich in diesem Moment geschlagen hätte, so hätte ich, glaube ich, den Schlag gar nicht gespürt.

»Mein Bruder und ich«, sagte Mr. Philip, »bringen deiner Herrin so aufrichtige Hochachtung entgegen, solche Teilnahme angesichts dieser schrecklichen Umstände, und wir glauben so fest, daß es ihr gelingen wird, ihre Unschuld zu beweisen, daß wir sie soweit wie möglich schonen möchten. Aus diesen Gründen habe ich es auf mich genommen, mit den Herren hierherzukommen, die bestellt sind, den Haftbefehl meines Bruders zu vollstrecken –«

»Ein Haftbefehl, Sir!« rief ich, meiner Stimme plötzlich wieder mächtig, als er dieses Wort aussprach. »Einen Haftbefehl gegen meine Herrin?«

»Gegen sie und gegen dich«, erklärte Mr. Philip. »Die verdächtigen Umstände wurden uns von einer Zeugin geschildert, die unter Eid ausgesagt hat, daß deine Herrin schuldig ist und du ihr Komplize bist.«

»Was war das für eine Zeugin, Sir?«

»Die französische Zofe deiner Herrin, die heute morgen zu meinem Bruder kam und formgerecht ihre Aussage zu Protokoll gegeben hat.«

»Und die mit jedem Wort, das sie gegen meine Herrin und mich sagt, wie der Teufel lügt«, rief ich leidenschaftlich.

»Ich hoffe es – nein, ich will noch weiter gehen und sagen, ich bin überzeugt, daß es so ist«, erwiderte Mr. Philip. »Aber der Meineid muß ihr erst nachgewiesen und die notwendige Untersuchung muß durchgeführt werden. Du wirst jetzt von einem meiner Begleiter bewacht in meinem Wagen zum Haus meines Bruders zurückfahren. Ich werde mit dem Mann, der in der Halle wartet, hierbleiben; und ehe irgend etwas zur Vollstreckung des zweiten Haftbefehls unternommen wird, werde ich den Arzt holen lassen, um zu prüfen, wann deine Herrin das Haus verlassen kann.«

»Oh, meine arme Herrin!« sagte ich. »Das wird ihr Tod sein, Sir.«

»Ich werde dafür sorgen, daß der Schlag sie nicht allzu hart trifft«, erklärte Mr. Philip. »Extra zu diesem Zweck bin ich hergekommen. Sie besitzt meine tiefste Anteilnahme, und ich werde ihr Beistand leisten und mich bemühen, den Schlag zu lindern, soweit es in meiner Macht steht.«

Ihn das sagen zu hören und zu sehen, wie aufrichtig er seine Worte meinte, war der erste schwache Schimmer von Trost in diesem schrecklichen Moment. Das wenigstens fühlte ich; ich fühlte einen brennenden Zorn gegen das gemeine Frauenzimmer, das sein möglichstes getan hatte, um den guten Namen meiner Herrin und den meinen zu ruinieren; in jeder anderen Hinsicht aber war ich wie betäubt, noch immer nicht wieder im Vollbesitz meiner Kräfte. Mr. Philip mußte mich ermahnen, daß die Zeit von Bedeutung sei und daß ich mich lieber gleich zu den milden Bedingungen stellen sollte, die er mir in seiner Güte anbot. Ich sagte zu und wünschte ihm einen guten

Morgen. Aber ein Nebel schien mir die Augen zu verhüllen, als ich mich umdrehte, um zu gehen; ein Nebel, der mich daran hinderte, den Weg zur Tür zu finden. Mr. Philip öffnete sie mir und sprach ein, zwei gütige Worte, die ich kaum hörte. Der Mann, der draußen wartete, führte mich zu seinem Kollegen im Wagen vor der Tür, und ich wurde fortgebracht – zum erstenmal in meinem Leben ein Gefangener.

Das bißchen Denkvermögen, das mir geblieben war, verwendete ich während der Fahrt zum Friedensrichter ausschließlich auf das Bemühen, einen Beweggrund für den unsäglichen Verrat und die Lügen zu finden, deren die französische Zofe sich schuldig gemacht hatte. Erinnerungen an ihre Worte, ihr Gesicht, ihr Verhalten an jenem unglückseligen Tag, als meine Herrin sich so weit vergessen hatte, sie zu schlagen, kamen mir in den Sinn und führten zu der Vermutung, daß zumindest ein Teil des Motivs nach dem ich suchte, in den Ereignissen jenes Tages zu finden war. Aber war das der einzige Grund für ihre teuflische Rache an meiner Herrin? Und selbst wenn es so sein sollte, was für ein eingebildetes Unrecht hatte denn ich ihr angetan? Warum mich in die falschen Beschuldigungen einschließen? In dem Zustand der Benommenheit, in dem ich mich befand, war ich nicht fähig, die Antwort auf diese Fragen zu finden. Ich war völlig benebelt und gab schließlich alles Bemühen, den Nebel zu lichten, verzweifelt auf.

Ich wurde noch am selben Tag Mr. Robert Nicholson vorgeführt, und die Französin, dieses Teufelsweib, wurde in meinem Beisein verhört. Schon beim ersten Blick auf ihr Gesicht – in seinem gemeinen Hochmut, in seiner höhnischen Schadenfreude – packten mich solcher Abscheu und solcher Zorn, daß ich den Kopf abwandte und sie während des ganzen Vorgangs kein zweites Mal ansah. Ihre Antworten liefen auf eine reine Wiederholung der Aussage hinaus, die sie bereits beeidet hatte. Ich hörte sie mir mit atemloser Aufmerksamkeit an und konnte kaum glauben, mit welch unvorstellbarer Geschicklichkeit sie in ihren Beschuldigungen gegen meine Herrin und mich Wahrheit mit Lüge vermischt hatte.

Dies war im wesentlichen, was sie in meiner Gegenwart aussagte:

Nachdem sie Mr. James Smiths Ankunft auf Darrock Hall geschildert hatte, bekannte sie, daß der Klang zornig erhobener Stimmen, der aus dem Musikzimmer zu ihr drang, sie verlockt hatte, vor der Tür zu lauschen; sie schilderte durchaus wahrheitsgemäß den letzten Teil der Auseinandersetzung zwischen den beiden Eheleuten. Da sie danach befürchtet hatte, es könnte etwas Schlimmes geschehen, hatte sie in ihrem Zimmer, das sich im selben Stockwerk befand wie das ihrer Herrin, gewacht. Sie hatte gehört, wie zwischen ein und zwei Uhr morgens die Zimmertür ihrer Herrin leise geöffnet worden war, und war ihrer Herrin, die eine kleine Kerze trug, durch den Flur und die Treppe hinunter zur Halle gefolgt. Dort hatte sie sich versteckt und gesehen, wie ihre Herrin mit dem Dolch in der grünen Scheide in der Hand in den Flur gegangen war, der zum roten Zimmer führte. Wiederum war sie ihr gefolgt und hatte beobachtet, wie sie geräuschlos ins rote Zimmer getreten war. Sie hatte den tiefen Atem Mr. James Smiths gehört, Beweis, daß er schlief, war in ein leeres Zimmer neben dem roten Zimmer geschlüpft und hatte dort ungefähr eine Viertelstunde gewartet. Als ihre Herrin mit dem Dolch in der Hand wieder herausgekommen war, war sie ihr wieder in die Halle gefolgt, wo ihre Herrin den Dolch an seinen Platz zurückgelegt hatte. Sie hatte beobachtet, wie ihre Herrin in den Seitenflur trat, der zu meinem Zimmer führte, hatte gehört, wie sie an meine Tür klopfte und ich antwortete und öffnete. Darauf hatte sie sich wieder versteckt und nach einer Weile mich und ihre Herrin zusammen in den Korridor gehen sehen, der zum roten Zimmer führte. Sie hatte beobachtet, wie wir beide in dem Zimmer verschwunden waren, und sich dann, aus Angst, entdeckt und selbst gemordet zu werden, in ihr eigenes Zimmer zurückgeschlichen, wo sie den Rest der Nacht geblieben war.

Nachdem die Französin diese empörenden Lügen auf ihren Eid genommen und zum Schluß noch erklärt hatte, Mr. James Smith sei von meiner Herrin ermordet worden und ich hätte ihr dabei Hilfe geleistet, hatte sie, um ein Motiv für das Verbrechen präsentieren zu können, behauptet, Mr. Meeke sei der Geliebte meiner Herrin. Dem Pastor sei von ihrem Gatten das Haus verboten worden, doch am Abend seiner Rückkehr habe Mr. James Smith ihn allein mit seiner Gattin im Haus vorgefunden. Wieder hatte sie hier einige Körnchen Wahrheit äußerst schlau mit einer gemeinen Lüge gemischt und so ihrer falschen Aussage den Anschein von Wahrscheinlichkeit verliehen.

Ich wurde auf die übliche Art und Weise auf meine Rechte aufmerksam gemacht und gefragt, ob ich dazu etwas zu sagen hätte. Ich antwortete, ich sei unschuldig, würde aber auf rechtlichen Beistand warten, ehe ich mich verteidigte. Der Richter nahm mich in Untersuchungshaft, und das Verhör war vorbei. Drei Tage später wurde meine unglückliche Herrin dem gleichen Verfahren unterzogen. Ich durfte nicht mit ihr sprechen. Ich wußte nur, daß inzwischen der Advokat aus London eingetroffen war, um ihr zu helfen. Gegen Abend ließ man ihn zu mir. Er schüttelte traurig den Kopf, als ich nach meiner Herrin fragte.

»Ich fürchte«, sagte er, »daß die entsetzliche Lage, in die diese bösartige Frau sie gebracht hat, ihren Verstand angegriffen hat. Schon geschwächt von den früheren Anstrengungen, scheint dieser letzte Schlag sie völlig zugrunde gerichtet zu haben, so zartfühlend und vorsichtig Mr. Philip Nicholson ihr die schlimme Nachricht auch beibrachte. Heute beim Verhör hatte ich den Eindruck, daß ihre Gefühle völlig abgestumpft sind. Sie beantwortete die ihr gestellten Fragen alle korrekt, aber zugleich ganz mechanisch. Von Anfang bis Ende zeigten weder ihre Gesichtsfarbe noch ihre Stimme oder ihr Gebaren auch nur die geringste Veränderung. Es ist traurig, William, wenn Frauen die ihrer Natur gemäße Erlösung des Weinens versagt bleibt, und deine Herrin hat seit ihrem Verlassen von Darrock Hall keine Träne vergossen.«

»Aber Sir«, sagte ich, »wenn auch meine Aussage nicht bewiesen hat, daß die Französin falsch geschworen hat, so muß der Meineid doch durch die Aussage meiner Herrin auf jeden Fall aufgedeckt worden sein.«

»Nichts kann ihn aufdecken«, antwortete der Anwalt, »es sei denn das leibliche Auftauchen Mr. James Smiths oder mindestens der unwiderlegbare Beweis, daß er am Leben ist. Ich zweifle nicht daran, daß der Richter, vor dem du deine Aussage gemacht hast, ebenso fest davon überzeugt ist wie wir, daß die Französin falsch geschworen hat. Er glaubt deiner Herrin, daß die Drohungen, die sie unseligerweise aussprach, sich – wie sie heute darlegte – auf ihre Absicht bezogen, am nächsten Morgen in aller Frühe in deiner Begleitung aufzubrechen und zu mir zu kommen – wäre sie für eine Reise wohl genug gewesen –, um für die Zukunft wirksamen gesetzlichen Schutz vor ihrem Gatten zu suchen. Das alles glaubt Mr. Nicholson; und ich, der ich mehr über die Verhältnisse weiß als er, glaube ferner, daß Mr. James Smith sich in der Nacht aus Darrock Hall davonstahl, weil er fürchtete, wegen Bigamie belangt zu werden. Aber wenn ich ihn nicht finde, wenn ich nicht beweisen kann, daß er am Leben ist, wenn ich keine Erklärung für die Blutflecken auf dem Nachtgewand beibringen kann, bleiben die Begleitumstände des Falls im dunkeln – die harten Worte deiner Herrin, ihr schlechtes Zusammenleben mit ihrem Gatten und ihr unglückseliger Entschluß, anstatt den Schein zu wahren, den Verkehr mit Mr. Meeke wiederaufzunehmen, das alles spricht gegen uns –, und der Richter hat nach rechtlichen Gesichtspunkten keine andere Wahl, als deine Herrin und dich, wie er das getan hat, in Untersuchungshaft zu nehmen bis zur Vorlage weiteren Beweismaterials.«

»Aber wie, in Himmels Namen, soll denn dann unsere Unschuld jemals bewiesen werden, Sir?« fragte ich.

»Zunächst einmal«, erwiderte der Anwalt, »indem wir Mr. James Smith ausfindig machen; und ferner, indem wir ihn, wenn wir ihn gefunden haben, davon überzeugen, daß er sich stellen und als der zu erkennen geben muß, der er ist.«

»Sie glauben doch nicht, daß er zögern würde, das zu tun, Sir«, sagte ich, »wenn er erfährt, zu was für schrecklichen Beschuldigungen gegen seine Gattin sein Verschwinden geführt hat? Er ist ein herzloser Schurke, ich weiß, aber gewiß –«

»Ich denke nicht«, unterbrach mich der Anwalt, »daß er so charakterlos ist, ein Erscheinen vor dem Richter abzulehnen, immer vorausgesetzt allerdings, es ist für ihn ohne Risiko. Du darfst aber nicht vergessen, daß er sich in eine Situation gebracht hat, wo er mit einer Anklage wegen Bigamie rechnen muß, und daß er überzeugt ist, daß deine Herrin ihn anzeigen wird.«

Diesen Umstand hatte ich tatsächlich vergessen. Mir sank das Herz, als ich daran erinnert wurde, und ich konnte nicht weitersprechen.

»Es ist eine sehr ernste Sache«, fuhr der Anwalt fort, »es ist ein regelrechter Verstoß gegen die Gesetze dieses Landes, dem Mann unter der Hand einen Vergleich anzubieten. Als gesetzestreue Bürger sind wir verpflichtet, alles, was wir über ihn wissen, den Behörden zur Kenntnis zu bringen, damit er vor Gericht gestellt werden kann. Ich sage dir offen, wenn ich nur der Rechtsbeistand und nicht auch der Verwandte deiner Herrin wäre, würde ich es mir zweimal überlegen, ob ich das Risiko auf mich nehmen soll – ein sehr hohes Risiko –, auf das ich mich jetzt um ihretwillen einlasse. Ich habe alles Nötige veranlaßt, um Mr. James Smith die Gewißheit zu geben, daß er nichts zu fürchten hat. Er wird uns vertrauen – immer vorausgesetzt, wir finden ihn. Die Suche hier in der Gegend war völlig erfolglos. Ich habe mit der heutigen Post geheime Anweisungen an Mr. Dark in London abgesandt und dazu eine sorgfältig formulierte Anzeige für die Zeitungen. Du kannst dich darauf verlassen, daß wir alles menschenmögliche tun werden, um ihn ausfindig zu machen. Aber im Moment habe ich an dich noch eine wichtige Frage in bezug auf die Französin. Sie weiß möglicherweise mehr, als wir glauben; sie hat das Geheimnis der zweiten Verheiratung vielleicht entdeckt und behält es in der Hinterhand, um es später gegen uns auszuspielen. Wenn das zutreffen sollte, brauche ich andere Möglichkeiten, gegen sie vorzugehen, als einzig die, sie wegen Meineids anzuzeigen.

Kannst du mir irgend etwas über ihr Motiv für die schandbaren Beschuldigungen sagen, die sie erhoben hat, William?«

»Ihr Motiv gegen mich, Sir?«

»Nein, nein! Nicht gegen dich. Mir ist völlig klar, daß sie dich beschuldigt, weil das notwendig ist, um ihrer Aussage zusätzliche Glaubwürdigkeit zu verleihen – die natürlich unterstellt, daß du deiner Herrin geholfen hast, den Toten zu beseitigen. Du bist das unschuldige Opfer ihrer teuflischen Rache an deiner Herrin. Sehen wir uns das Rachemotiv zuerst an. Hat es zwischen den beiden Frauen je Streit gegeben?«

Ich berichtete ihm von der besagten Auseinandersetzung und von Josephines Verhalten, als sie mir ihre Wange gezeigt hatte.

»Ja«, meinte er, »das ist ein starkes Rachemotiv bei einer von Natur aus erbarmungslosen und rachsüchtigen Person. Aber ist das alles? Hatte deine Herrin irgendeine Handhabe gegen sie? Mischt sich in die Rache vielleicht Eigennutz? Denk nach, William. Ist im Haus irgendwann einmal etwas geschehen, wodurch diese Frau bloßgestellt wurde oder was ihr Anlaß gab, sich einzubilden, sie sei bloßgestellt worden?«

Mir fielen die verschwundenen Schmuckstücke und Taschentücher meiner Herrin ein. Der Zwischenfall war mir über den späteren, ernsteren Sorgen entfallen. Jetzt berichtete ich ihm sogleich von der Aufregung im Haus, als der Verlust entdeckt worden war.

»Hat deine Herrin Josephine verdächtigt und sie befragt?« erkundigte er sich begierig.

»Nein, Sir«, antwortete ich. »Ehe sie überhaupt ein Wort sagen konnte, fragte Josephine sie in herausforderndem Ton, wen sie denn verdächtige, und bot gleich ihre Kommode zur Durchsuchung an.«

Der Advokat wurde rot vor Erregung. Er sprang aus seinem Sessel und versetzte mir einen so wuchtigen Schlag auf die Schulter, daß ich glaubte, er sei plötzlich verrückt geworden.

»Beim Jupiter, William!« rief er. »Endlich haben wir dieses Teufelsweib beim Schlafittchen.«

Ich starrte ihn verblüfft an.

»Ja, Mann Gottes«, sagte er, »siehst du denn nicht, was los ist? Josephine ist eine Diebin. Dessen bin ich mir so sicher, wie zwei und zwei vier ist. Diese gemeinen Anschuldigungen gegen deine Herrin dienen außer der Rache noch einem anderen Zweck – eine bessere Geschichte konnte die Elende sich nicht ausdenken, um ihre eigene Schandtat zu verschleiern. So hat sie deine Herrin und dich daran gehindert, in der Sache etwas zu unternehmen; sie spielt die Rolle der ehrlichen Zeugin gegen zwei Verbrecher; sie gewinnt auf diese Weise Zeit, das Diebesgut loszuwerden oder zu verstecken oder sonst etwas damit anzufangen. Moment! Ich will ganz sicher sein, worum es sich bei den verschwundenen Gegenständen handelt. Ein Paar Armreife, drei Ringe und einen Stapel Spitzentücher – habe ich das richtig verstanden?«

»Ja, Sir.«

»Ich werde sie mir von deiner Herrin genau beschreiben lassen und gleich morgen früh alles veranlassen. Guten Abend, William, Kopf hoch. Wenn es nach mir geht, wirst du die Französin schon bald dort sehen, wo sie hingehört – auf der Anklagebank.«

Mit diesem Lebewohl ging er hinaus. Die Tage vergingen, und ich sah ihn erst wieder, als die Frist meiner Untersuchungshaft abgelaufen war. Zu diesem Zeitpunkt wurde ich erneut dem Richter vorgeführt, gleichzeitig mit meiner Herrin. Beim ersten Blick auf sie erschrak ich zutiefst – eine so traurige Veränderung war mit ihr vorgegangen. Ihr Gesicht war so spitz und eingefallen wie das einer Greisin. Der leere Ausdruck stumpfer Resignation war bestürzend anzusehen. Er veränderte sich ein wenig, als sie das erste Mal den Blick auf mich richtete und mit einem matten Lächeln flüsterte: »Es tut mir so leid für dich, William. Es tut mir wirklich furchtbar leid für dich.« Aber sobald sie diese Worte gesprochen hatte, kam die Leere wieder in ihr Gesicht, und sie setzte sich mit gesenktem Kopf, still und gleichgültig, so gewandelt, daß selbst ihre ältesten Freunde sie nur mit Mühe wiedererkannt hätten.

Unser Verhör war reine Formalität. Es gab keine zusätzlichen Beweise, weder zu unseren Gunsten noch zu unseren Ungunsten, und wir wurden für eine weitere Woche in Untersuchungshaft genommen.

Ich fragte den Anwalt unter vier Augen, ob es schon gelungen sei, Mr. James Smith auf die Spur zu kommen. Er machte ein geheimnisvolles Gesicht und antwortete lediglich: »Wir können nur hoffen.« Danach erkundigte ich mich, ob er bei seinen Bemühungen, der Französin den Diebstahl nachzuweisen, Fortschritte gemacht hätte.

»Ich prahle niemals«, antwortete er, »aber es sollte mich schon sehr wundern, wenn Mr. Dark und ich ihr nicht mit vereinten Kräften ein Schnippchen schlagen können, mag sie auch noch so schlau sein.«

Mr. Dark! Allein die Erwähnung seines Namens gab mir neue Zuversicht. Hätte ich nur das traurige, verstörte Gesicht meiner Herrin vergessen können, ich hätte mich in der Zeitspanne, die bis zum dritten Verhör ging, nicht über allzu tiefe Niedergeschlagenheit zu beklagen brauchen.

Als meine Herrin und ich das dritte Mal vor dem Richter erscheinen mußten, bemerkte ich einige Leute im Saal, die ich vorher nicht dort gesehen hatte. Zu meinem großen Erstaunen – denn die vorangegangenen Verhandlungen waren nicht öffentlich geführt worden – sah ich zwei der Dienstboten aus Darrock Hall und drei oder vier der Gutspächter, die dem Haus am nächsten wohnten. Sie saßen alle in einer Gruppe auf einer Seite des Saals. Ihnen gegenüber, nahe bei der Tür, stand mein alter Freund, Mr. Dark, mit seiner großen Schnupftabaksdose, seinem verschmitzten Gesicht und dem Zwinkerauge. Er nickte mir, als ich zu ihm hinsah, so vergnügt zu, als befänden wir uns bei einem geselligen Beisammensein. Die Französin, die zu der Verhandlung vorgeladen worden war, saß auf einem Stuhl gegenüber dem Zeugenstand, auf gleicher Höhe mit meiner armen Herrin, deren Aussehen sich, wie ich bekümmert feststellte, nicht gebessert hatte. Der Anwalt aus London war bei ihr, und ich stand hinter ihrem Stuhl. So verteilt, saßen wir alle schweigend im Saal, als der Friedensrichter, Mr. Robert Nicholson, mit seinem Bruder eintrat. Vielleicht war es nur Einbildung, aber ich glaubte den Mienen beider anzusehen, daß sich seit der letzten Verhandlung etwas Bemerkenswertes ereignet hatte.

Die Aussage von Josephine Durand wurde vom Gerichtsdiener verlesen, und die Frau wurde gefragt, ob sie ihr etwas hinzuzufügen habe. Sie verneinte. Der Richter wandte sich dann an den Verwandten meiner Herrin, den Anwalt, und fragte, ob er Beweise vorlegen könne, um die gegen seine Mandanten erhobenen Beschuldigungen zu entkräften.

»Ja, Sir, ich habe Beweise«, antwortete der Anwalt und stand auf, »die mich, wie ich glaube, dazu berechtigen, die sofortige Freilassung meiner Mandanten zu beantragen.«

»Wo sind Ihre Zeugen?« fragte der Richter und fixierte die Französin, während er sprach.

»Einer von ihnen wartet draußen, Euer Ehren«, sagte Mr. Dark und öffnete die Tür, neben der er stand.

Er ging aus dem Saal hinaus und kehrte ungefähr eine Minute später mit seinem Zeugen zurück. Mir wäre fast das Herz aus dem Leib gesprungen. Dort kam, das einst lange Haar kurz geschnitten, den ehemals buschigen Schnauzbart abrasiert, Mr. James Smith höchstpersönlich, so gesund und munter wie eh und je.

Die Französin mit ihrer eisernen Selbstbeherrschung nahm den Schlag, den ihr sein unerwartetes Erscheinen bereiten mußte, mit einer Unerschütterlichkeit hin, die ans Wunderbare grenzte. Sie preßte zuckend die schmalen Lippen aufeinander, und die Muskeln an ihrem Hals verkrampften sich kurz. Aber mit keinem Wort, durch kein Zeichen verriet sie sich. Nicht einmal ihr gelbliches Gesicht verfärbte sich.

»Es ist überflüssig, Sir, daß ich Zeit und Worte daran verschwende, mich über die bösartigen und absurden Beschuldigungen gegen meine Mandanten auszulassen«, sagte der Anwalt zu Mr. Robert Nicholson gewandt. »Sie haben in Gestalt dieses Herrn den lebenden Beweis für die Unschuld meiner

Mandanten vor sich. Dies, Sir, ist der angeblich ermordete Mr. James Smith von Darrock Hall, der nun für sich selbst sprechen kann.«

»Das ist er nicht!« rief die Französin, und ihre schrille Stimme war so durchdringend und scharf wie immer. »Dieser Mann ist ein Schwindler. Ich bestreite, daß er Mr. James Smith ist.«

»Das glaube ich Ihnen gern«, sagte der Anwalt, »aber er wird seine Identität beweisen.«

Der erste Zeuge, der gerufen wurde, war Mr. Philip Nicholson. Er konnte beschwören, Mr. James Smith mindestens ein dutzendmal gesehen und mit ihm gesprochen zu haben. Der Mann, der jetzt vor ihm stand, sei Mr. James Smith, im Aussehen verändert zwar, da er sich das Haar geschnitten und den Schnauzbart abrasiert hatte, aber dennoch eindeutig der Mann, der er zu sein vorgab.

»Das ist eine Verschwörung!« zischte die Französin gehässig.

»Wenn Sie sich nicht ruhig verhalten«, sagte Mr. Robert Nicholson, »werden Sie des Saals verwiesen. Es wird der Justiz dienlich sein«, fuhr er zu dem Anwalt gewandt fort, »wenn Sie die Identität dieses Mannes durch Zeugen belegen lassen, die täglichen Umgang mit Mr. James Smith hatten.«

Daraufhin wurde einer der Dienstboten aus Darrock Hall in den Zeugenstand gerufen. Das unvertraute Aussehen seines Herrn verwirrte den Mann sichtlich. Abgesehen von der verblüffenden Veränderung, auf die bereits hingewiesen wurde, hatten auch Mr. James Smiths Haltung und Gebaren sich gewandelt. Ich muß, auch wenn er ein Schurke war, gerechterweise sagen, daß er erschrocken und beschämt wirkte, als er seine unglückliche Gattin erblickte. Der Dienstbote, der hochmütige Blicke und grobe Befehle gewöhnt war, zauderte und stammelte, als er aufgefordert wurde, den Eid darauf zu leisten, daß dieser Mann sein Herr war.

»Ich kann es nicht mit Gewißheit sagen, Sir«, erklärte er voller Verwirrung dem Richter. »Er sieht meinem Herrn ähnlich und sieht ihm doch nicht ähnlich. Wenn er einen Schnauzbart trüge und langes Haar hätte und wenn er ein bißchen barscher und gröber in seiner Art wäre, könnte ich mit ruhigem Gewissen beschwören, daß er es ist.«

Zu unserem Glück schlug in diesem Moment Mr. James Smiths Stimmung um. Aus dem Unbehagen über die Situation, in der er sich befand, wurde Zorn über die kühle Musterung, der man ihn unterzog, und über den Dienstboten, der blöde genug war, an seiner Identität zu zweifeln.

»Kannst du nicht klar und deutlich sagen, du Idiot, ob du mich nun kennst oder nicht?« rief er wütend.

»Das ist seine Stimme!« rief der Diener und sprang im Zeugenstand auf. »Schnauzbart oder nicht, das ist er!«

»Falls es wegen der Haartracht des Herrn Schwierigkeiten geben sollte, Euer Ehren«, bemerkte Mr. Dark und trat lächelnd vor, »hier ist ein Päckchen, das, wenn ich das sagen darf, alle Zweifel beseitigen wird.« Damit öffnete er das Päckchen, entnahm ihm einige Haarsträhnen und hielt sie dicht an Mr. James Smiths Kopf. »Eine gute Übereinstimmung, Euer Ehren«, fuhr er fort. »Ich zweifle nicht, daß der Herr jetzt, wo die Locken herunter sind, einen kühleren Kopf hat. Den Schnauzbart können wir ihm leider nicht anlegen, aber er paßt zum Haar, und er ist in diesem Papier enthalten und spricht, wenn man das von einem Schnauzbart sagen kann, für sich selbst.«

»Alles Lüge! Alles Schwindel!« schrie die Französin. »Nichts als Lüge und Schwindel!«

Der Richter gab, als sie so zu schreien anfing, zwei der anwesenden Wachtmeister ein Zeichen, und die führten sie aus dem Saal in einen Nebenraum.

Danach wurde der zweite Dienstbote von Darrock Hall in den Zeugenstand gerufen, und ihm folgte einer der Pächter. Nach dem, was sie gehört und gesehen hatten, zögerten beide Männer keinen Augenblick, die Identität ihres Herrn zu beschwören.

»Es ist überflüssig«, sagte der Richter, sobald der Zeugenstand wieder leer war, »zur Frage der Identität noch weitere

Zeugen zu verhören. Den rechtlichen Formalitäten ist vollauf Genüge geleistet, und die Beschuldigungen gegen die Gefangenen lassen sich nicht mehr aufrechterhalten. Ich habe die große Freude, die sofortige Freilassung beider Beschuldigter anzuordnen und zu verkünden, daß ihr guter Ruf unversehrt ist.« Bei diesen Worten verneigte er sich vor meiner Herrin, machte eine kleine Pause und blickte dann mit fragender Miene zu Mr. James Smith. »Ich habe es mir bisher versagt, irgendeine Bemerkung zu machen, die mit der vorliegenden Sache nicht unmittelbar in Zusammenhang steht«, fuhr er fort. »Aber jetzt, wo ich meine Pflicht erledigt habe, kann ich meinen Platz nicht verlassen, ohne meiner nachdrücklichen Mißbilligung über das Verhalten von Mr. James Smith Ausdruck zu geben. Er hat durch dieses Verhalten, ganz gleich, was ihn dazu veranlaßte, einer schrecklichen Beschuldigung gegen eine Dame von tadellosem Ruf und einen jungen Mann niedrigeren Standes, dessen guter Leumund keinen Moment hätte in Frage gestellt werden dürfen, Vorschub geleistet. Mr. Smith mag es für angebracht halten, sein mysteriöses Verschwinden aus Darrock Hall und die Veränderungen, die er an seiner Erscheinung vorgenommen hat, zu erklären oder nicht. Rechtlich gesehen, liegt nichts gegen ihn vor; moralisch gesehen jedoch, wäre ich meines Amtes nicht würdig, würde ich nicht meiner Überzeugung Ausdruck geben, daß sein Verhalten im höchsten Grad irreführend, rücksichtslos und gefühllos war.«

Auf diese scharfe Zurechtweisung antwortete Mr. James Smith – offensichtlich im vorhinein instruiert, was er sagen sollte –, daß er mit seinem Erscheinen vor dem Richter einer schlichten Pflicht habe Genüge leisten und sich streng an die Buchstaben des Gesetzes habe halten wollen. Er habe verstanden, seine einzige gesetzliche Verpflichtung bestünde darin, vor diesem Gericht zu erscheinen, um zu bezeugen, daß er in der Tat Mr. James Smith sei, und um kompetenten Zeugen Gelegenheit zu geben, seine Identität zu bestätigen. Nachdem er dieser Verpflichtung nun nachgekommen sei, könne er nur sagen, daß er es vorzöge, eine Zurechtweisung des Richters hinzunehmen, als sich auf Erklärungen einzulassen, die zur Enthüllung äußerst unglückseliger häuslicher Umstände führen würden. Nach dieser kurzen Erwiderung erbat er nur noch respektvoll die Erlaubnis des Richters, sich zurückzuziehen.

Die Erlaubnis wurde ihm erteilt. Als er durch den Saal ging, blieb er bei seiner Gattin stehen und sagte sehr leise und sichtlich verwirrt: »Ich habe dir viele Kränkungen zugefügt, aber dies lag nie in meiner Absicht. Es tut mir leid. Hast du mir noch etwas zu sagen, ehe ich gehe?« Meine Herrin senkte nur schaudernd den Kopf. Er wartete einen Moment, und als er sah, daß sie ihm nicht antworten würde, verneigte er sich höflich und ging hinaus. Ich wußte es damals nicht, aber ich hatte ihn zum letztenmal gesehen.

Nachdem er gegangen war, sagte der Anwalt zu Mr. Robert Nicholson, er hätte in bezug auf die Person Josephine Durand einen Antrag zu stellen.

Als meine Herrin diesen Namen hörte, flüsterte sie ihrem Verwandten hastig einige Worte ins Ohr. Er blickte zu Mr. Philip Nicholson hinüber, der augenblicklich näher trat, meiner Herrin den Arm bot und sie hinausführte. Ich wollte ihr folgen, als Mr. Dark mich aufhielt und mich bat, noch einige Minuten zu bleiben, damit ich das Vergnügen hätte, ›das Ende des Falls‹ mitzuerleben.

Inzwischen hatte der Richter die notwendige Anordnung zur Wiedervorführung der Französin gegeben. So frech und selbstsicher wie immer trat sie ein. Mr. Robert Nicholson wandte unmutig den Blick von ihr und sagte zu dem Anwalt: »Sie wollen natürlich beantragen, sie wegen Meineids festnehmen zu lassen?«

»Wegen Meineids?« rief Josephine mit einem boshaften Lächeln. »Ach, so ist das. Nun gut, dann werde ich einige Kleinigkeiten erklären, die ich bisher nicht erklärt habe. Sie glauben wohl, ich sei jetzt in Ihrer Hand? Pah! Ich werde Ihnen höchstens zum Pfahl im Fleisch werden.«

»Sie hat von der zweiten Ehe Wind bekommen«, flüsterte mir Mr. Dark zu.

Daran konnte es keinen Zweifel geben. Sie hatte an dem Abend, als mein Herr heimgekehrt war, offensichtlich länger an der Tür gehorcht, als ich vermutet hatte. Sie mußte jene Worte über die ›neue Ehefrau‹ gehört haben – vielleicht hatte sie sogar gesehen, welche Wirkung sie auf Mr. James Smith gehabt hatten.

»Wir wollen Josephine Durand derzeit nicht wegen Meineids anzeigen«, sagte der Anwalt, »sondern wegen eines anderen Verbrechens, für das sie schnellstens vor Gericht gestellt werden sollte, damit die Wiederbeschaffung der gestohlenen Gegenstände erfolgen kann. Ich beschuldige sie, während ihrer Dienstzeit auf Darrock Hall ihrer Herrin ein Paar Armreife, drei Ringe und ein Dutzend Spitzentücher gestohlen zu haben. Die fraglichen Gegenstände wurden heute morgen unter der Matratze ihres Bettes sichergestellt; und am selben Platz wurde ein Brief gefunden, der eindeutig beweist, daß sie sich als Eigentümerin dieser Gegenstände ausgegeben und versucht hat, sie an einen Interessenten in London zu verkaufen.«

Während der Anwalt sprach, legte er den Schmuck, die Taschentücher und den Brief vor dem Richter auf den Tisch.

Jetzt endlich brach die bisher so unerschütterliche Selbstbeherrschung der Französin zusammen. Bei den ersten Worten dieser unerwarteten Beschuldigung krampfte sie heftig die Hände ineinander, knirschte mit den scharfen weißen Zähnen und spie einen Strom wütend klingender Worte in ihrer eigenen Sprache hervor, deren Bedeutung ich damals nicht verstand und auch heute nicht erklären kann.

»Ich denke, damit wäre unsere Mamsell schachmatt«, flüsterte Mr. Dark mit seinem unvermeidlichen Zwinkern. »Weißt du was, William, du gehst jetzt heim nach Darrock Hall und zapfst mir einen Krug von dem herrlichen alten Ale, ja? Ich komme in fünf Minuten nach, sobald die Anklageschrift aufgesetzt ist.«

Ich konnte es kaum glauben, als ich, endlich wieder ein freier Mann, nach Darrock Hall zurückmarschierte. Eine Viertelstunde später kam Mr. Dark nach und trank drei Krüge hintereinander auf meine Gesundheit, mein Glück und meinen Wohlstand. Nachdem er diese Zeremonie absolviert hatte, gluckste er mit wackelndem Kopf so vergnügt vor sich hin, daß ich nicht umhin konnte, ihn auf seine gute Laune anzusprechen.

»Der Fall ist es, William. Dieser herrlich saubere Fall ist es, der mich so erheitert. Es ist eine wahre Wonne, so einen Auftrag zu erledigen«, rief Mr. Dark und schlug sich dabei in geradezu ekstatischer Begeisterung mit seinen drallen Händen auf die dicken Knie.

Ich hatte eine ganz andere Meinung über den Fall, aber ich behielt sie für mich. Ich war viel zu begierig zu erfahren, wie man Mr. James Smith aufgespürt und zum Verhör gebracht hatte, um jetzt eine Diskussion anzufangen. Mr. Dark erriet, was in mir vorging; er forderte mich auf, mich zu setzen und es mir bequem zu machen, und teilte mir dann aus freien Stücken alles mit, was ich wissen wollte.

»Als ich meine Instruktionen und die Personalangaben erhielt«, begann er, »überraschte mich die Nachricht, daß Mr. James Smith zurückgekehrt war, nicht im geringsten. Das hatte ich ja vorausgesetzt, wenn du dich erinnerst, William, nicht wahr? Überrascht jedoch war ich über die Wendung der Dinge, und ich kann nicht behaupten, daß ich große Hoffnungen hatte, unseren Mann ausfindig zu machen. Ich befolgte jedoch die Anweisungen meines Herrn und setzte ein Inserat in die Zeitungen. Es richtete sich namentlich an Mr. James Smith, war jedoch hinsichtlich dessen, was von ihm gewünscht wurde, sehr vorsichtig abgefaßt. Zwei Tage nach Erscheinen der Anzeige kam ein Brief in die Kanzlei, der von einer Frau geschrieben war. Es gehört zu meinen Aufgaben, die Post zu öffnen, also öffnete ich auch diesen Brief. Er war kurz und recht mysteriös. Die Schreiberin bezog sich auf unser Inserat und bat um den Besuch eines Mitarbeiters unserer Kanzlei; der Betreffende solle in den Nachmittagsstunden zwischen zwei und vier zu einer bestimmten Adresse kommen. Natürlich war ich es, der hinging. Ich machte mir, um ehrlich zu sein, keine großen Hoffnungen, da ich wußte, wie viele James Smiths es in London gibt. Als ich zu dem Haus kam, wurde ich in den Salon geführt; dort ruhte auf einem Sofa eine ungewöhnlich hübsche Frau im Morgenrock, die den Eindruck machte, als erhole sie sich von einer kürzlich überstandenen Krankheit. Neben sich hatte sie eine Zeitung liegen, und sie kam sofort zur Sache.

›Der Name meines Mannes ist James Smith‹, sagte sie, ›und ich möchte aus ganz persönlichen Gründen gern wissen, ob er der Mann ist, den Sie suchen.‹ Ich erläuterte, daß unser Mann ein gewisser James Smith aus Darrock Hall sei. ›Den kenne ich nicht‹, sagte sie –«

»Was!« rief ich, Mr. Dark unterbrechend. »Es war doch nicht etwa die zweite Ehefrau?«

»Geduld«, sagte Mr. Dark. »Als nächstes erwähnte ich den Namen der Jacht, und da fuhr sie vom Sofa hoch wie von der Tarantel gestochen. ›Soviel ich weiß, wurden Sie in Schottland getraut, Madam‹, sagte ich. Sie wurde aschfahl und sank wieder auf das Sofa zurück. ›Es ist doch mein Mann‹, sagte sie leise. ›Oh, Sir, was ist geschehen? Was wollen Sie von ihm? Hat er Schulden?‹ Ich ließ mir einen Moment Zeit zum Überlegen und beschloß, ihr alles zu sagen, da ich fürchtete, daß sie mir keine Auskunft geben würde, wenn ich sie mit Geheimnistuerei ängstigte. Ich kann dir sagen, William, das war eine schöne Bescherung, als sie von der Bigamie erfuhr. Erst wurde sie ohnmächtig, dann schrie und weinte sie und beschimpfte mich – als wäre ich an allem schuld –, und ich hockte fast eine Stunde lang bei ihr am Sofa, weil sie mich nicht wegließ, bis – ja, bis Mr. James Smith persönlich kam. Aber wenn du glaubst, dadurch wäre etwas besser geworden, täuschst du dich. Als er mich an der Seite der armen Person sah, der ich die Schläfen mit Duftwasser abtupfte, hätte er mich, so wahr ich hier sitze, beinahe zum Fenster hinausgeworfen, wenn ich ihm nicht sofort mit der Mordanklage gegen seine Gattin gekommen wäre und ihn damit völlig aus der Fassung gebracht hätte. Das hat ihn mitten im schönsten Wutausbruch sofort gebremst. ›Gehen Sie nach nebenan und warten Sie dort‹, sagte er. ›Ich komme gleich.‹ Ich wußte, daß er durch die Salonfenster nicht entkommen konnte, und die Tür konnte ich beobachten, also ging ich brav nach nebenan und ließ ihn mit der Dame allein, die ihn nicht schonte, wie ich bis ins andere Zimmer hören konnte. Aber jeder Ehestreit auf dieser Welt hat einmal ein Ende, und ein Mann, der ein bißchen Grütze im Kopf hat, kriegt eine Frau, die ihn liebt, schließlich immer herum. Es dauerte nicht lange, da hörte ich, wie sie ihn weinend küßte. ›Ich kann nicht nach Hause gehen‹, sagte sie. ›Du hast dich mir gegenüber wie ein Schuft und ein Ungeheuer benommen – aber, ach Jemmy, ich kann dich keiner anderen überlassen. Kehre nicht zu deiner Frau zurück! Oh, bitte, kehre nicht zu deiner Frau zurück.‹ – ›Keine Sorge‹, sagte er. ›Meine Frau würde mich gar nicht mehr haben wollen.‹ Danach hörte ich, wie die Tür geöffnet wurde, und ging ihm in den Flur entgegen. Kaum sah er mich, fing er an zu fluchen, als würde das etwas helfen. ›Zuerst das Geschäftliche, Sir, wenn's recht ist‹, sagte ich. ›Danach können Sie sich mit Fluchen vergnügen, soviel Sie wollen.‹ Nach diesem Beginn nannte ich ihm unsere Bedingungen und bat ihn, mich als Gegenleistung nach Cumberland zu begleiten. Zu Anfang war er überaus argwöhnisch, aber ich versprach ihm, eine schriftliche Verpflichtung – reine Papierverschwendung, einzig dazu gedacht, ihn zu beruhigen – aufzusetzen, daß ihm aus dem Verfahren kein Schaden entstehen würde. Na, und dank diesem Versprechen und meiner Schilderung der Gefahr, in der seine Gattin sich befand, gelang es mir schließlich, ihn dahin zu bekommen, wo ich ihn haben wollte.«

»Aber erhob denn die zweite Ehefrau keine Proteste dagegen, daß er mit Ihnen wegreiste?« fragte ich.

»Die nicht«, antwortete Mr. Dark. »Ich stellte ihr den Sachverhalt genau dar und hatte sie bald davon überzeugt, daß sie Ansprüche der ersten Ehefrau auf Mr. James Smith nicht zu fürchten hatte. Nachdem sie das gehört hatte, beschwor sie ihn, im Verein mit mir, seine Pflicht zu tun, und sagte, deine

Herrin täte ihr von ganzem Herzen leid. Dank ihrer Unterstützung hatte ich keine große Sorge, daß unser Mann es sich anders überlegen würde. In dieser Nacht ließ ich aber für alle Fälle das Haus überwachen. Am nächsten Morgen war er schon reisefertig, als ich ihn abholte, und eine Viertelstunde später brachen wir nach Norden auf. Wir reisten zu Pferd, da wir die Fahrgäste in den öffentlichen Postkutschen meiden wollten, und kamen glänzend miteinander aus. Ich erzählte ihm, wie wir ihn nach Nord-Schottland verfolgt hatten, und er berichtete mir dafür Einzelheiten über seine nächtliche Flucht aus Darrock Hall. Sie sind recht amüsant, William, soll ich sie dir erzählen?«

Ich antwortete, just darum hätte ich ihn bitten wollen.

»Nun«, sagte er, »es war so: Fangen wir mit dem Anfang an. Unser Mann segelte mit Nummer zwei wirklich zum Mittelmeer, wie man uns berichtet hatte. Er segelte die spanische Küste entlang, und nach einigen kurzen Landausflügen unterwegs ging er schließlich in einem französischen Badeort namens Cannes vor Anker. Dort fand er ein Haus mit Park, das zum Verkauf stand, und meinte, das wäre doch ein hübsches Zuhause für Nummer zwei. Er brauchte nur noch das Geld, um das Haus zu kaufen. Da er das Sümmchen nicht bei sich hatte, machte Mr. James Smith aus der Not eine Tugend und kehrte auf dem Landweg zu Nummer eins zurück, um sie um das nötige Kleingeld zu erleichtern. Nummer zwei, die was dagegen hatte, allein zurückgelassen zu werden, begleitete ihn bis London. Dort tischte er ihr die erstbeste Geschichte auf, die ihm in den Sinn kam, und schwafelte was von einem Haus in Lincolnshire, das so kalt und feucht sei, daß er ihr nicht zumuten könne, dort zu wohnen. Er ließ sie also in London zurück und machte sich auf die Reise nach Darrock Hall. Eigentlich hatte er vor, deiner Herrin mit Wohlverhalten das Geld abzuschmeicheln, aber leider scheint gleich vom ersten Moment an alles schiefgegangen zu sein, da er mit ihr wegen dieses fiedelnden Pastors Streit anfing, der –«

»Ja, ja, den Teil der Geschichte kenn' ich«, unterbrach ich, da ich Mr. Dark anmerkte, daß er im Begriff war, sich geringschätzig über die unglückselige Freundschaft meiner Herrin zu Mr. Meeke zu äußern, obwohl er nichts darüber wußte. »Erzählen Sie da weiter, wo ich meinen Herrn im roten Zimmer zurückließ, und sagen Sie mir, was er zwischen Mitternacht und neun Uhr des folgenden Morgens tat.«

»Was er tat?« fragte Mr. Dark. »Nun, er legte sich mit der unerfreulichen Gewißheit schlafen, daß deine Herrin ihm auf die Schliche gekommen war. Sein einziger Trost war die Branntweinflasche. Aber er konnte nicht schlafen. Und je mehr er sich herumwälzte, desto sicherer wurde er, daß seine Frau beabsichtigte, ihn wegen Bigamie vor Gericht zu bringen. Schließlich, der Morgen nahte schon, hielt er es nicht mehr aus und beschloß, zu verschwinden, solange er noch die Möglichkeit dazu hatte. Sobald er angekleidet war, kam ihm der Gedanke, daß für seine Ergreifung vielleicht eine Belohnung ausgesetzt sei, und er ging unverzüglich daran, jene kleinen Veränderungen an seinem Aussehen vorzunehmen, die heute vor dem Richter die Zeugen so verwirrt haben. Er öffnet also sein Necessaire, schneidet sich erst das Haar und nimmt dann seinen Schnauzbart ab. Das Feuer war ausgegangen, und er mußte sich mit kaltem Wasser rasieren. Da ließ es sich natürlich gar nicht vermeiden, auch weil er so aufgeregt war, daß er sich schnitt –«

»Und er trocknete das Blut mit seinem Nachtgewand«, sagte ich.

»Richtig«, bestätigte Mr. Dark. »Es war gerade zur Hand, und er nahm es. Aber warte mal, das Beste kommt noch. Nachdem er sich als sein eigener Barbier betätigt hatte, fiel ihm beim besten Willen nicht ein, wie er das abgeschnittene Haar loswerden sollte. Das Feuer war aus, und er hatte keine Schwefelhölzer, konnte es also nicht verbrennen. Es einfach im Haus oder in der Nähe des Hauses wegwerfen wollte er nicht, da er fürchtete, es würde gefunden werden und verraten, was er getan hatte. Er wickelt also die ganze Haarpracht in ein Stück Papier und stopft das Päckchen in seine Tasche, um es in sicherer

Entfernung vom Haus wegzuwerfen. Dann nimmt er seine Reisetasche, steigt aus dem Fenster, zieht es leise hinter sich herunter und läuft, so schnell er kann, zur Straße. Er marschiert, bis eine Kutsche vorbeikommt, und reist nach London zurück, wo er sich gleich bei seiner Rückkehr in einer neuen Bredouille sieht. Die beschwerliche Reise vom Süden Frankreichs bis nach London hatte Nummer zwei nicht gutgetan. Mr. James Smith fand sie zu Bett und hörte, daß der Arzt jede Reise verboten hatte. Es blieb ihm nichts anderes übrig, als in London abzuwarten, bis es der Dame wieder besserging. Zu unserem Glück beeilte sie sich nicht mit ihrer Genesung. Deine Herrin, William, hat es also eben der Frau zu verdanken, die sie verdrängte, daß es uns gelang, Mr. James Smith zu finden und so die gegen sie erhobenen Beschuldigungen zu entkräften.«

»Und wie, bitte, sind Sie zu dem abgeschnittenen Haar gekommen, das Sie heute vor Gericht zeigten?«

»Auch das haben wir Nummer zwei zu verdanken«, antwortete Mr. Dark. »Das, was sie mir erzählte, bewog mich, sie danach zu fragen. Als wir über die Anzeige sprachen, nahm ich mir die Freiheit, sie zu fragen, was sie überhaupt auf den Gedanken gebracht habe, ihr Gatte und der Mr. James Smith, den wir suchten, könnten ein und derselbe sein. ›Eigentlich nur‹, antwortete sie, ›daß er mit kurzem Haar und ohne Bart nach Hause kam und mir keinen einleuchtenden Grund dafür nennen konnte, warum er sich so entstellt hatte. Ich hatte gleich den Verdacht, daß etwas nicht in Ordnung sei, und er wurde noch stärker, als ich Ihr Inserat sah.‹ Nach ihren Worten vermutete ich, daß es schwierig werden könnte, ihn bei seinem veränderten Aussehen zu identifizieren, und ehe wir aus London abreisten, fragte ich ihn, was er mit den abgeschnittenen Haaren gemacht hätte. Wir fanden sie in der Tasche seines Reiserocks, geradeso, wie er sie hineingestopft hatte, als er aus Darrock Hall geflohen war. Vor lauter Unruhe und Angst hatte er das Haar vollkommen vergessen. Selbstverständlich nahm ich das Päckchen an mich, und du weißt so gut wie ich, wie sehr es uns nützte. Es war gewissermaßen das Tüpfelchen auf dem i dieses sauberen Falles. Wenn ich mir die Angelegenheit vom professionellen Gesichtspunkt aus ansehe, muß ich sagen, daß wir unsere Aufgabe glänzend gelöst haben. Wir haben Mr. James Smith zur rechten Zeit hergebracht, und wir werden ihn zur rechten Zeit wieder los. Heute abend schon wird er mit Nummer zwei auf der Reise ins Ausland sein, und er wird sich in England nie wieder blicken lassen, und wenn er so alt wird wie Methusalem.«

Es war mir eine Erleichterung, das zu hören; und beinahe ebenso tröstlich war es, daß, wie Mr. Darks folgenden Worten zu entnehmen war, meine Herrin von der Französin in Zukunft nichts mehr zu fürchten hatte. Die Drohung, die sie bei ihrer neuerlichen Vorführung vor den Richter ausgestoßen hatte, hatte ihn, wie er mir versicherte, überhaupt nicht überrascht. Er hatte von Anfang an geargwöhnt, daß sie über die zweite Heirat Bescheid wußte; er hatte es für ausgeschlossen gehalten, daß sie es gewagt hätte, ihre schändlichen Beschuldigungen gegen meine Herrin und mich zu erheben, ohne mit den Umständen vertraut zu sein, die es für Mr. James Smith empfehlenswert machten zu verschwinden. Dieses Wissen, meinte er, konnte sie sich durchaus auf ihrem Lauscherposten an der Tür erworben haben; gleichzeitig war er jedoch überzeugt, daß sie keine Ahnung gehabt hatte, wie der Beweis für diese zweite Heirat beigebracht werden konnte. Hätte sie das gewußt, so hätte sie längst Kapital daraus geschlagen; die Drohung, die Tatsache der zweiten Heirat ans Licht der Öffentlichkeit zu bringen, hätte ihr genau die Macht über meine Herrin gegeben, die sie gern gehabt hätte. So, wie sich die Dinge jedoch entwikkelt hatten, bestand kein Grund, sie zu fürchten, mochte sie wissen, soviel sie wollte. Die Anklage wegen Diebstahls, wegen der man sie vor Gericht stellen würde, bot nicht den Schatten eines Vorwands – weder dem Gesetz noch der Logik nach –, auf das Verbrechen ihres Herrn hinzuweisen. Wenn sie sich darüber auslassen wolle, so müsse sie das schon in Botany Bay, drüben in Australien, tun; vor Gericht hätte sie nicht die geringste Chance, dazu gehört zu werden.

»Kurz«, sagte Mr. Dark, schon im Aufstehen, »wie ich dir bereits sagte, William, Mamsell ist schachmatt. Sie hatte die Sache mit dem Diebstahl nicht halb so schlau eingefädelt, wie ich erwartet hätte. Anfangs machte sie ihre Sache noch ganz gut, indem sie in einer bescheidenen Unterkunft im Dorf blieb, um beim Verhör anwesend sein zu können, falls das erforderlich sein sollte. Soweit war das ganz in Ordnung, nichts hätte harmloser und ehrbarer wirken können. Aber die Beute unter der Matratze zu verstecken, wo jeder, der nicht völlig unerfahren ist, als erstes suchen würde, das war wirklich unglaublich dumm. Ich finde keine andere Erklärung dafür, als daß sie mehr im Kopf hatte, als sie verarbeiten konnte, was, wenn man bedenkt, um welch hohen Einsatz sie spielte, durchaus wahrscheinlich ist. Wie dem auch sei, ihr sind jetzt die Hände gebunden und die Lippen versiegelt. Empfiehl mich deiner Herrin und richte ihr aus, daß ihr fortgelaufener Gatte und ihre verlogene Zofe ihr nie wieder etwas anhaben können, solange sie leben. Sie braucht jetzt nur ihre Munterkeit wiederzufinden, um sich des Lebens zu freuen. Diesen letzten Krug Ale leere ich auf ihr und dein Wohl, William. Und die letzten Tropfen trinke ich auf mein eigenes Wohl.« Mit diesen Worten zwinkerte Mr. Dark mir ein letztes Mal mit verschmitztem Auge zu und ging pfeifend davon zur Postkutsche nach London.

Ich, der ich meine arme Herrin weit besser kannte als er; ich, der an eben diesem Tag bemerkt hatte, daß der traurige, stumpfe, leere Ausdruck ihres Gesichts um nichts lebendiger geworden war, als der Richter jene wenigen willkommenen Worte sprach, die ihr sagten, daß ihre Unschuld bewiesen und sie wieder ein freier Mensch war; ich, kurz gesagt, der sie und ihre Zukunftsaussichten mit anderen Augen sah als ein Fremder, wurde von düsteren Ahnungen heimgesucht, als ich nach Mr. Darks Fortgehen über seinen Abschiedstoast nachdachte. Andere – unter ihnen ihr Verwandter, der Anwalt – meinten, sie würde mit der Zeit und mit Fürsorge über den Schlag hinwegkommen, den sie empfangen hatte. Ich allein hatte an ihrer Genesung von Anfang an Zweifel.

So bald wie möglich nach den Ereignissen, von denen ich erzählt habe, begab sie sich zum Zweck eines Ortswechsels und bester ärztlicher Beratung nach London. Von London schickte man sie an die See; als nächstes reiste sie auf ihr Gut in Yorkshire. Ich begleitete sie überallhin und sah nur allzu deutlich die Sinnlosigkeit all dieser Bemühungen zur Erhaltung ihres Lebens. Sie welkte langsam dahin, ohne einen ungeduldigen Blick und ohne ein klagendes Wort, rücksichtsvoll, gütig und dankbar für jede Kleinigkeit bis zuletzt. Viele Jahre sind seit jenen schweren Tagen vergangen, aber die traurige Erinnerung ist noch so lebendig, daß ich selbst heute Mühe habe, meine Fassung zu bewahren, wenn ich zu lange bei den Einzelheiten der letzten Krankheit meiner Herrin verweile. Es wird darum besser sein, sie zu übergehen und rasch zum traurigen Ende zu kommen. Wenig mehr als ein Jahr nach dem letzten Verhör vor dem Richter befand ich mich unter den Trauergästen, die sie auf ihrem letzten Weg begleiteten. Am Tag vor ihrem Scheiden wurde ich an ihr Lager gerufen. Während ihres ganzen Siechtums hatte sie niemals über den Kummer und den Schrecken der vergangenen Zeit gesprochen. Aber als sie mir das letzte Lebewohl sagte, kehrte sie einen Augenblick zu den alten Tagen des Kummers zurück. »Wir haben die schwere Last dieser Prüfung gemeinsam getragen«, sagte sie, »und wenn ich tot bin, William, wirst du sehen, daß ich dich nicht vergessen habe.« Diese Worte bezogen sich auf das Vermächtnis, das sie mir in ihrer Hochherzigkeit und Dankbarkeit hinterlassen hatte. Es handelte sich um eine große Summe Geldes, viel zu groß für jemanden wie mich. Ich unterschätze den Wert des Geldes nicht, ich bin mir bewußt, welche materiellen Vorteile und welche Sicherheit es mir gebracht hat, aber ich kann mit aller Aufrichtigkeit sagen, daß ich das ganze Geld und mehr hingegeben hätte, wenn ich dadurch das Leben meiner Herrin hätte retten und mir die Ehre hätte erkaufen können, ihr bis an mein Lebensende zu dienen.

Meine lange Geschichte ist beinahe zu Ende. Einige wenige Worte noch über die Menschen, die hauptsächlich von den hier berichteten Ereignissen betroffen wurden, sollen sie beschließen.

Die Französin wurde des Diebstahls schuldig befunden und auf sieben Jahre deportiert. Sie lebte nicht lange genug, um ihre Strafe abzubüßen. Nach zwei Jahren der Unterwerfung unter die Strafe schlossen sie und eine andere Frau sich einigen männlichen Strafgefangenen an, die einen Ausbruchversuch machten. Es gelang ihnen zu entkommen, aber sie gingen im Landesinneren elendiglich zugrunde. Man entdeckte ihre Leichen mit Hilfe der Eingeborenen; und man fand gewisse Zeichen, die den schrecklichen Verdacht erweckten, daß jene Männer, die am längsten dem Hungertod standgehalten hatten, zu Menschenfressern geworden waren. Die Umstände sind, soviel ich weiß, in den parlamentarischen Blaubüchern genau aufgezeichnet. Aber mehr brauche ich im Rahmen meiner Geschichte darüber nicht zu sagen.

Mr. Meeke darf nicht vergessen werden, auch wenn er im letzten Teil meiner Erzählung keine Rolle mehr spielte. Tatsache ist, daß er mit den schlimmen Ereignissen, die dem Meineid der Französin folgten, nichts zu tun hatte. Ich erinnere mich, gehört zu haben, daß er nach Darrock Hall kam, nachdem ich in Haft genommen worden war, und, hilflos wie immer, fragte, ob er irgendwie behilflich sein könne. In der Verwirrung und Verzweiflung jener Tage wurde er ohne Zeremonie abgefertigt und kehrte am Boden zerstört in sein Pfarrhaus zurück. Ich denke, es kann keinen Zweifel geben, daß der arme kleine Mann auf seine schwache Art meiner Herrin wärmstens zugetan war. Die Nachricht von ihrem Tod traf ihn sehr hart. Er sagte, er würde sein Lebtag nicht vergessen, daß er der unschuldige Anlaß zu all dem Unglück auf Darrock Hall gewesen war; und er erklärte, er würde den Rest seines Lebens einer großen und guten Sache widmen, um für das Unglück, das er unwissentlich heraufbeschworen hatte, Buße zu tun. Als ich das nächste Mal von ihm hörte, hatte er sein Vorhaben wahrgemacht und sich der Missionsexpedition zum Kap der Guten Hoffnung angeschlossen – ein Unternehmen, dem zu dienen er ungefähr so gut geeignet war wie meine Katze, die hier auf dem Teppich schläft. Doch seine Kräfte verließen ihn schon – vielleicht zu seinem Glück –, ehe ihm überhaupt irgendwelche Pflichten aufgebürdet wurden. Auf der Reise litt er so entsetzlich unter der Seekrankheit, daß man ihn in Madeira an Land setzen mußte. Da ihm eine Ader geplatzt war, wurde er vom Schiffsarzt an Land gebracht; aber statt in dem guten Klima, in dem sie ihn zurückließen, neu aufzuleben, siechte er nur dahin. Als die letzten Lebenskräfte erschöpft waren, nahm der Tod ihn sanft zu sich. Er starb mit dem Namen meiner Herrin auf den Lippen und ruht jetzt auf dem englischen Friedhof auf Madeira.

Was Mr. James Smith angeht, so wurden ihm noch viele Jahre geschenkt, und er führte mit seiner schottischen Ehefrau ein ruhiges Leben im Ausland. Ich hoffe um seinetwillen, daß er die Gelegenheit zur Reue nutzte, die ihm gnädig gewährt wurde. Es mag uns nach unseren menschlichen Maßstäben ungerecht erscheinen, daß er, der so schwer gesündigt hatte, in diesem Leben von Leiden für seine Schlechtigkeit verschont blieb, aber unsere Strafen warten genau wie unser Lohn jenseits unseres sterblichen Lebens. Er ist mittlerweile verstorben und wird sich nun vor einem Richter für seine Sünden verantworten müssen, der niemals irrt. Über seine letzten Augenblicke weiß ich nichts, und abgesehen von seinem Tod kann ich nichts über ihn berichten.

Kaum sechs Monate sind vergangen, seit ich von seiner Witwe hörte. Sie hat sich wieder verheiratet und in London niedergelassen. Sie und ich und Mr. Dark – der jetzt ein gebrechlicher Greis ist, der älteste in einer Gemeinschaft alter Männer, die in einem Wohlfahrtsasyl leben – sind die einzigen, die die unglücklichen Ereignisse von Darrock Hall bis heute überlebt haben. Einmal im Jahr besuche ich Mr. Dark und bringe ihm eine Dose Schnupftabak als Geschenk mit. Als ich ihn das letzte Mal sah, meinte man, seine Kräfte verfielen allmählich.

Er wußte jedoch, wer ich bin; er zwinkerte mir schwach zu und brummte ein paar Worte. Ich konnte längst nicht alles verstehen, aber doch genug, um zu erkennen, daß er immer noch gern von der Reise nach Schottland und dem ›herrlich sauberen Fall‹ spricht, den sie ihm bescherte.

Ich habe Sie vielleicht mit einer sehr langen Geschichte ermüdet, Sir. Aber ich hoffe, ich habe Ihre Zeit nicht in Anspruch genommen, ohne Sie davon zu überzeugen, daß ich hinreichend Grund für meine Worte hatte, als ich sagte, es gäbe in der ganzen Grafschaft keine Sehenswürdigkeit, zu der ich Sie nicht lieber führen würde als zu dem verlassenen Haus, das den Namen Darrock Hall trägt.

Aus dem Englischen von
Mechtild Sandberg-Ciletti

ROBERT BARR
(1850–1912)

Wo ist Lord Chizelriggs Vermögen?

aus: Die Erfolge des Eugène Valmont

1

Der Name des verstorbenen Lord Chizelrigg taucht in meinem Gedächtnis nie auf ohne den Nachgedanken an T. A. Edison. Obwohl ich den verblichenen Lord Chizelrigg nie persönlich kennengelernt habe und Mr. Edison nur zweimal in meinem Leben begegnet bin, sind die beiden Männer in meiner Erinnerung eng verbunden. Schließlich war es vor allem eine Bemerkung Edisons, die es mir möglich machte, das Geheimnis Lord Chizelriggs und seiner Machenschaften zu lüften.

Ich habe keine schriftlichen Aufzeichnungen darüber zur Hand, in welchem Jahr jene Begegnungen mit Edison stattfanden. Jedenfalls erhielt ich die höfliche Aufforderung des italienischen Botschafters in Paris, ihm meine Aufwartung zu machen. Ich erfuhr, daß am darauffolgenden Tag eine offizielle Abordnung der Botschaft in eines der großen Hotels geschickt werden sollte, um dem berühmten amerikanischen Erfinder Urkunden und Insignien jener Ehren zu überreichen, die ihm der König von Italien zuteil werden lassen wollte. Da zahlreiche italienische Adelige von Rang geladen waren und diese Würdenträger des Staates nicht nur die traditionellen Roben, sondern auch Präziosen von unschätzbarem Wert tragen würden, war meine Anwesenheit erwünscht. Der Hintergedanke dabei war, daß ich eine abschreckende Wirkung auf dreiste Diebe haben würde, die es auf diese Wertgegenstände abgesehen haben könnten, und ich möchte, nicht ohne eine gewisse Genugtuung, feststellen, daß alles nach Plan verlief.

Selbstverständlich war Mr. Edison davon unterrichtet, wann die Abordnung bei ihm eintreffen würde, doch als wir den geräumigen Salon seiner Hotelsuite betraten, war mir auf einen Blick klar, daß der berühmte Erfinder die Angelegenheit offenbar völlig vergessen hatte. Er stand vor einem blanken Holztisch – die dazugehörige Tischdecke hatte man achtlos in eine Ecke geworfen –, auf dem mehrere schwarze, ölige Maschinenteile lagen: Zahnräder, Transmissionsscheiben, Schraubenbolzen usw. Diese gehörten offensichtlich einem Franzosen, der auf der gegenüberliegenden Seite des Tisches stand und eines der Maschinenteile in seinen schwarzverschmierten Händen hielt. Auch Edisons Hände machten einen wenig sauberen Eindruck, da er ganz offenbar die Maschinenteile geprüft und sich mit dem Mann unterhalten hatte, der den üblichen langen Kittel des Metallhandwerkers trug. Ich nahm an, daß letzterem wohl eine eigene kleine Werkstatt in irgendeiner abgelegenen Gasse gehörte, wo er mit einem oder zwei fachkundigen Gehilfen und einigen Lehrlingen arbeitete. Als die feierliche Abordnung durch die Tür defilierte, warf Edison einen strengen Blick in ihre Richtung. In den Ärger über die Störung mischte sich angesichts dieser prächtigen Abordnung deutliches Erstaunen. Die Italiener haben ebensoviel Sinn für feierliche Auftritte wie die Spanier. Der Beamte, der das reichverzierte Etui vor sich hertrug, in dem auf Samt die Orden und Ehrenzeichen lagen, trat mit gemessenen Schritten vor und blieb schließlich vor dem verdutzten Amerikaner stehen. Dann sprach der Botschafter mit sonorer Stimme ein paar wohlgesetzte Worte über die

Freundschaft zwischen Italien und den Vereinigten Staaten, wobei er dem Wunsch Ausdruck verlieh, daß der Wettbewerb zwischen den beiden Nationen der Menschheit zum Vorteil gereiche. Anschließend bezeichnete er den so Geehrten als das beste Beispiel für einen Mann, der den Menschen in friedlichem Sinn nur Gutes gebracht habe. Und der wortgewandte Diplomat schloß mit der Floskel, daß es ihm im Auftrag seines Monarchen Pflicht und Freude zugleich sei, ihn auszuzeichnen mit... und so weiter und so weiter.

Mr. Edison war ganz offensichtlich betreten. Seine Erwiderung fiel zwar angemessen, jedoch mehr als knapp aus. Da der Auftritt damit beendet war, zog sich die feierliche Abordnung, allen voran der Botschafter, gemessenen Schrittes zurück. Ich bildete dabei das Schlußlicht. Meine besondere Sympathie galt dem französischen Handwerker, der sich so unverhofft mit der monarchischen Prachtentfaltung konfrontiert gesehen hatte. Er hatte verzweifelte Blicke um sich geworfen und erkannt, daß ihm jede Rückzugsmöglichkeit abgeschnitten war, wollte er nicht einen der aufgeputzten Würdenträger desavouieren. Ungeachtet der republikanischen Tradition hat sich jeder Franzose im Herzen Hochachtung für staatliches Gepränge bewahrt. Allerdings genießt er dieses vorzugsweise als distanzierter Beobachter in der Gesellschaft seinesgleichen und nicht im Mittelpunkt des Geschehens, wie es dem vor Angst wie gelähmten Besucher Edisons widerfahren war. Kurz vor dem Verlassen des Salons warf ich einen letzten Blick zurück auf den völlig verschüchterten Handwerker mit vermutlich sehr bescheidenem Einkommen und den millionenschweren Erfinder. Edisons Miene, die während des Festaktes kalt und unbeteiligt geblieben war und mich an eine Büste Napoleons erinnert hatte, drückte jetzt sichtliche, lebhafte Begeisterung aus, als er sich seinem Gegenüber erneut zuwandte und ausrief: »Eine Minute der praktischen Demonstration ist doch mehr wert als eine Stunde Theorie. Ich komme morgen gegen zehn in Ihre Werkstatt. Dann zeige ich Ihnen, wie das Ding funktionieren könnte.«

Ich wartete in der Hotelhalle ab, bis der Franzose den Salon verließ. Nachdem ich mich ihm vorgestellt hatte, bat ich ihn, ihn am darauffolgenden Morgen um zehn Uhr in seiner Werkstatt besuchen zu dürfen. Mit der für die Klasse der französischen Handwerker üblichen Höflichkeit wurde meinem Wunsch entsprochen, so daß ich am nächsten Tag die Freude hatte, Mr. Edison zu treffen. Im Verlauf unseres Gesprächs beglückwünschte ich ihn zu seiner Erfindung der Glühbirne. Und seine Erwiderung, die sich mir unauslöschlich ins Gedächtnis eingeprägt hat, lautete:

»Das war keine Erfindung, sondern eine Entdeckung. Wir wußten, was wir wollten... nämlich einen karbonisierten Leiter, der elektrischem Strom im Vakuum, sagen wir, tausend Stunden standhalten konnte. Wenn ein solcher Stoff nicht existiert hätte, wäre eine derartige Lichtquelle nicht möglich gewesen. Meine Assistenten haben sich folglich auf die Suche nach einem entsprechenden Leiter gemacht, praktisch alles verkohlt, was uns in die Finger kam, und haben im Vakuum Strom hindurchgeschickt. Schließlich haben wir den richtigen Stoff gefunden... wir mußten ja zwangsläufig darauf stoßen... je länger wir probierten, vorausgesetzt, ein solcher Leiter existierte. Mit Geduld und harter Arbeit überwindet man jedes Hindernis.«

Diese Maxime ist mir in meinem Beruf stets eine große Hilfe gewesen. Ich weiß natürlich, daß landläufig die Meinung vorherrscht, ein Detektiv gelange auf reichlich dramatische Art und Weise zu seinen Lösungen, indem er Spuren und Anhaltspunkten folgt, die dem Normal-Sterblichen verborgen bleiben. Zweifellos spielt sich das auch häufig so ab, doch im allgemeinen sind Geduld und harte Arbeit, wie Mr. Edison empfiehlt, der sicherere Weg zum Ziel. Wie oft hatte ich mich durch spektakuläre Hinweise völlig in die Irre führen lassen... so zum Beispiel bei dem wenig glücklichen Versuch, das Geheimnis der fünfhundert Diamanten zu lösen.

Ich denke wie gesagt nie an den verblichenen Lord Chizelrigg, ohne mich gleichzeitig an Edison zu erinnern, und doch hatten die beiden nichts gemeinsam. Meiner Ansicht nach gibt es kaum ein sinnloseres Dasein als das, das Lord Chizelrigg geführt hat. Edison ist wohl das exakte Gegenteil.

Eines Tages brachte mein Diener mir eine Visitenkarte mit dem eleganten Aufdruck ›Lord Chizelrigg‹.

»Führen Sie Seine Lordschaft herein«, bat ich. Im Türrahmen erschien daraufhin ein junger Mann von schätzungsweise fünfundzwanzig Jahren, gut gekleidet und mit sehr ansprechenden Manieren. Allerdings begann er die Unterredung mit einer äußerst ungewöhnlichen Frage, die, wäre ein Jurist damit konfrontiert worden, wohl einige Empörung hervorgerufen hätte. Es ist, soviel ich weiß, ein geschriebenes oder ungeschriebenes Gesetz unter Juristen, daß die nachweisliche Annahme eines Angebots, wie Lord Chizelrigg es mir machte, den Ruf des Betreffenden praktisch ruinieren würde.

»Monsieur Valmont«, begann Lord Chizelrigg, »übernehmen Sie je Fälle auf spekulativer Basis?«

»Auf spekulativer Basis, Sir? Wie soll ich das verstehen?«

Seine Lordschaft errötete wie ein Schulmädchen und geriet ein wenig ins Stottern, als er sich zu erklären versuchte.

»Nun, ich meine... Würden Sie einen Fall gegen Erfolgshonorar übernehmen? Das heißt, Monsieur... um es klar auszudrücken: kein Erfolg... kein Geld.«

»Ein derartiges Angebot ist mir nie gemacht worden«, erwiderte ich streng. »Und ich muß gestehen, ich würde es, wenn sich mir die Gelegenheit dazu böte, ablehnen. In die mir übertragenen Aufgaben investiere ich all meine Zeit und mein Können, um zu einer Lösung zu gelangen. Ich versuche, mir den Erfolg zu erarbeiten, erzwingen kann ich ihn nicht. Im übrigen muß ich in der Zwischenzeit ja auch leben und bin deshalb leider gezwungen, zumindest meinen Zeitaufwand in Rechnung zu stellen. Soviel mir bekannt ist, verlangt ein Arzt auch dann sein Honorar, wenn der Patient gestorben ist.«

Der junge Mann lachte nervös und schien äußerst verlegen. Schließlich jedoch sagte er:

»Ihr Beispiel ist treffender, als Sie ahnen. Ich habe gerade meinen letzten Penny für das Honorar des Arztes ausgegeben, der meinen Onkel behandelt hat. Mein Onkel, Lord Chizelrigg, ist kürzlich gestorben. Ich weiß sehr wohl, daß mein Vorschlag Ihr Können in ein schlechtes Licht zu setzen oder es zumindest in Frage zu stellen scheint. Aber es würde mich sehr bekümmern, wenn Sie mich so verstünden, Monsieur. Ich hätte ebensogut herkommen und Sie bitten können, mir bei der Klärung meiner seltsamen Situation behilflich zu sein, und ich zweifle nicht daran, daß Sie angenommen hätten, vorausgesetzt, Ihre zahlreichen Verpflichtungen lassen es zu. Hätten Sie dann versagt, wäre ich nicht in der Lage gewesen, Ihr Honorar zu bezahlen, denn ich bin so gut wie bankrott. Verstehen Sie jetzt, weshalb ich mit einer Frage an Sie herantrete, die Ihnen verständlicherweise unverschämt vorkommen muß?«

»Vollkommen, Eure Lordschaft. Ihre Offenheit ehrt Sie.«

Das bescheidene Auftreten des jungen Mannes und sein Bestreben, meine Dienste nicht unter falschen Voraussetzungen in Anspruch zu nehmen, machten Eindruck auf mich. Als ich meinen Satz beendet hatte, erhob sich der verarmte Adelige und verbeugte sich.

»Ich danke Ihnen für Ihre Freundlichkeit, Monsieur, und kann Sie nur bitten, mir zu verzeihen, Ihre Zeit mit diesem sinnlosen Anliegen in Anspruch genommen zu haben. Ich wünsche Ihnen einen guten Morgen, Sir.«

»Einen Augenblick, Eure Lordschaft«, entgegnete ich und bedeutete ihm, wieder Platz zu nehmen. »Obwohl ich nicht darauf vorbereitet bin, einen Auftrag zu den von Ihnen vorgeschlagenen Bedingungen anzunehmen, darf ich Ihnen vielleicht einen Hinweis geben, der Ihnen nutzen könnte. Ich glaube, ich erinnere mich an Lord Chizelriggs Todesanzeige. Er ist doch etwas exzentrisch gewesen, nicht wahr?«

»Exzentrisch?« wiederholte der junge Mann und lachte einmal kurz auf, ehe er sich wieder setzte. »Das kann man wohl sagen!«

»Soweit ich mich erinnere, belief sich sein Grundbesitz auf achttausend Hektar?«

»Auf über zehntausend Hektar, genau gesagt«, korrigierte mich mein Besucher.

»Haben Sie sowohl den Titel als auch den Grundbesitz geerbt?« wollte ich wissen.

»Oh, ja. Der Landbesitz ist unveräußerbar. Und damit konnte ihn mir der alte Herr nicht vorenthalten. Ich habe den Verdacht, daß ihm das reichlichen Kummer bereitet hat.«

»Aber, Eure Lordschaft, ein Mann, der in diesem wohlhabenden Königreich England sozusagen ein Fürstentum besitzt, kann doch nicht mittellos sein?«

Der junge Mann lachte erneut auf.

»Eigentlich nicht«, erwiderte er, steckte die Hände in die Hosentaschen und förderte ein paar Kupfermünzen und ein Silberstück zutage. »Ich habe genug Geld, um mir etwas fürs Abendessen zu besorgen, aber für eine Mahlzeit im Hotel Cecil reicht es bei weitem nicht. Ich gehöre einer ziemlich alten Familie an, Monsieur, deren Mitglieder stets so verschwenderisch gelebt haben, daß sie ihren Grundbesitz über Gebühr belasten mußten. Und wenn ich mich noch so sehr anstrengen würde, könnte ich meinen Grund und Boden nicht mehr beleihen, denn als meine Vorfahren auf diese Weise Geld aufnahmen, war das Land noch wesentlich mehr wert als heute. Die Krise in der Landwirtschaft und andere Umstände haben mir soviel Schulden eingebracht, daß ich weit besser dastünde, besäße ich überhaupt kein Land. Davon einmal abgesehen, hat das Parlament sich zu Lebzeiten meines Onkels mehrfach für ihn verwendet und es ihm etwa erlaubt, wertvolles Holz zu schlagen und die Gemälde aus Chizelriggs Chase bei Christies für Summen zu verkaufen, die einem den Mund wäßrig machen können.«

»Und was ist aus dem Geld geworden?« Mit dieser Frage erntete ich bei meinem adeligen Besucher wiederum ein kurzes Lachen.

»Genau um das herauszufinden, wollte ich Sie engagieren, Monsieur Valmont.«

»Die Sache fängt an, mich zu interessieren, Eure Lordschaft«, sagte ich ganz aufrichtig und hatte dabei das ungute Gefühl, daß ich im Begriff war, diesen Fall doch zu übernehmen, denn der junge Mann war mir sympathisch. Seine Bescheidenheit gefiel mir, und ganz ohne daß ich es wollte, empfand ich bereits Mitgefühl für ihn – eine Regung, die so typisch für mich und meine Landsleute ist.

»Mein Onkel«, fuhr Lord Chizelrigg fort, »schlug in unserer Familie völlig aus der Art. Er war nämlich ebenso geizig, wie seine Vorfahren verschwenderisch waren. Als er Titel und Grundbesitz vor zwanzig Jahren erbte, entließ er sämtliche Angestellten und mußte sich in mehreren Gerichtsverfahren verantworten, in denen langjährige Bedienstete der Familie gegen ihre Kündigung und die unterlassene Entschädigung klagten. Zu meiner Zufriedenheit kann ich sagen, daß er sämtliche Prozesse verlor, und als er seine Mittellosigkeit geltend machte, bekam er die Erlaubnis, eine gewisse Anzahl alter Erbstücke zu verkaufen, damit der Erlös es ihm möglichte, die Entschädigungen zu bezahlen und seinen Lebensunterhalt zu bestreiten. Die Erbstücke erbrachten auf Auktionen soviel Geld, daß mein Onkel wohl auf den Geschmack kam. Er konnte immer beweisen, daß seine sämtlichen Einkünfte zur Deckung der Grundschulden verwendet wurden und daß er praktisch kein Auskommen hatte. So erhielt er mehrfach die gerichtliche Erlaubnis, Holz zu schlagen und Gemälde zu veräußern, bis er den Waldbesitz so gut wie vernichtet und das Schloß seiner Kunstschätze beraubt hatte. Er selbst lebte wie ein einfacher Mann, betätigte sich gelegentlich als Schreiner, gelegentlich als Schmied. Aus der Bibliothek zum Beispiel hat er tatsächlich eine Schmiede gemacht... Und diese Bibliothek gehörte zu den prächtigsten Räumen in ganz Britannien und beherbergte Abertausende von Büchern, deren Verkauf er immer wieder beantragte. Diese Erlaubnis allerdings wurde ihm verwehrt. Als das Erbe an mich fiel, mußte ich feststellen, daß mein Onkel es verstanden hatte, das Gesetz mit schöner Regelmäßigkeit zu umgehen, und die einzigartige Sammlung von Büchern dezimiert hatte, indem er einzelne Stücke heimlich durch Antiquare in London verkaufen ließ. Wäre das vor seinem Tod ruchbar geworden, wäre er in ernste Schwierigkeiten geraten, aber jetzt sind die wertvollsten Bände unwiederbringlich verloren. Viele sind fraglos nach Amerika oder an die Museen und Sammlungen des europäischen Festlandes verkauft worden.«

»Möchten Sie, daß ich den Verbleib dieser Kunstschätze für Sie feststelle?« warf ich ein.

»Oh, nein. Die sind für mich unwiederbringlich verloren. Der alte Herr hat mit dem Holzverkauf Zehntausende und mit der Veräußerung der Gemälde nicht viel weniger erzielt. Außerdem ist das Haus seiner sämtlichen ungeheuer wertvollen Möbel beraubt, und dazu müssen ihm, wie gesagt, die Bücher das Einkommen eines Fürsten gesichert haben. Und Sie können Gift darauf nehmen, daß mein Onkel ihren Wert exakt gekannt hat. Seit dem letzten Gerichtsbeschluß, und das ist jetzt etwa sieben Jahre her, war es ihm untersagt, weitere Erbstücke zu veräußern, um sich, wie er es nannte, eine gewisse finanzielle ›Entlastung‹ zu verschaffen. Aber offenbar hat er danach Bücher und Möbelstücke durch einen privaten Händler verkaufen lassen und damit rechtswidrig gehandelt. Ich bin damals noch nicht volljährig gewesen, aber meine Vormünder haben gegen seinen gerichtlichen Antrag Einspruch erhoben und eine Aufstellung der bereits erzielten Summen verlangt. Die Richter haben dem Einspruch stattgegeben und eine weitere Plünderung des Besitzes verboten, aber der Forderung nach einer Aufstellung des Barvermögens wollten sie sich nicht anschließen, da der Erlös aus den früheren Verkäufen allein meinem Onkel zustand, denn die Verkäufe waren gerichtlich abgesegnet gewesen, um meinem Onkel den ihm zustehenden Lebensstil zu ermöglichen. Wenn er mit seinem Geld sparsam statt verschwenderisch umginge, meinten die Richter, so sei das seine Angelegenheit. Damit war der Fall für sie erledigt.

Aufgrund des Widerstands gegen seine letzte gerichtliche Eingabe hegte mein Onkel eine heftige Antipathie gegen mich. Dabei hatte ich mit der Sache eigentlich nichts zu tun. Er lebte wie ein Eremit in seiner Bibliothek. Die einzigen Dienstboten waren ein altes Ehepaar. Und das in einem Landsitz, in dem gut hundert Personen Platz hätten. Er besuchte niemanden und erlaubte auch niemandem, nach Chizelrigg Chase zu kommen. Und um allen, die mit ihm zu tun hatten, auch noch nach seinem Tod das Leben schwer zu machen, hat er ein sogenanntes Testament hinterlassen, das man eigentlich nur als einen an mich gerichteten Brief bezeichnen kann. Hier ist eine Kopie davon:

›Mein lieber Tom,
Du findest mein Vermögen zwischen etlichen Seiten Papier in der Bibliothek.

Dein Dich liebender Onkel
Reginald Moran, Earl of Chizelrigg.‹«

»Ich bezweifle stark, daß das überhaupt ein gültiges Testament ist«, bemerkte ich.

»Das braucht es gar nicht zu sein«, erwiderte der junge Mann lächelnd. »Ich bin sein nächster Verwandter und damit automatisch Erbe des gesamten Besitzes. Wobei gesagt werden muß, daß er über sein Barvermögen durchaus anderweitig hätte verfügen können. Weshalb er es nicht irgendeiner Stiftung vermacht hat, weiß ich nicht. Abgesehen von seinen Hausangestellten hatte er keinerlei persönliche Kontakte. Und die beiden Alten hat er ausgenutzt und mehr als knapp gehalten. Aber er meinte, da er sich ebenfalls nichts gönnte, hätten sie keinen Grund zur Klage. Er behauptete, sie wie Familienmitglieder zu behandeln. Außerdem vermute ich, daß er glaubte, mich tiefer treffen zu können, wenn er das Geld versteckte und mich auf die falsche Spur lenkte, was ihm wohl auch gelungen ist, anstatt es einer anderen Person oder einer wohltätigen Organisation zu vermachen.«

»Ich nehme an, Sie haben die Bibliothek mittlerweile gründlich durchsucht?«

»Durchsucht? Ich habe praktisch alles auf den Kopf gestellt.«

»Wäre es möglich, daß Sie an die falschen Leute geraten sind?«

»Monsieur Valmont, Sie wollen vermutlich andeuten, daß ich andere engagiert habe, bis mir das Geld ausging, und Sie jetzt gegen ein Erfolgshonorar gewinnen will. Das ist nicht der Fall. Die Suche wurde möglicherweise dilettantisch, aber immerhin von mir selber durchgeführt. In den vergangenen sechs Monaten habe ich gelebt, wie vermutlich mein Onkel vor mir gelebt hat. Ich habe jeden Winkel der Bibliothek durchstöbert. Als ich das Haus übernahm, befand sie sich in einem furchtbaren Zustand. Überall lagen alte Zeitungen, Rechnungen und was nicht alles. Und natürlich sind auch noch Bücher da. Selbst der Rest stellt noch eine beachtliche Sammlung dar.«

»Ist Ihr Onkel ein gläubiger Mensch gewesen?« wollte ich wissen.

»Das weiß ich nicht. Ich nehme es allerdings nicht an. Verstehen Sie, ich habe ihn kaum gekannt. Nach seinem Tod habe ich ihn zum ersten Mal gesehen. Gläubig kann er eigentlich nicht gewesen sein. Sonst hätte er sich anders verhalten. Trotzdem hat er sich als so komplizierter Charakter erwiesen, daß mir alles möglich scheint.«

»Mir ist ein Fall bekannt, wo ein Erbe, der große Geldsummen erwartet hatte, eine Familienbibel erhielt, die er verbrannte. Erst später erfuhr er, daß sie viele Tausendpfundnoten enthalten hatte. Absicht des Erblassers war es gewesen, den Erben zur Lektüre der Heiligen Schrift zu bewegen oder ihn, falls er sie mißachten würde, zu strafen.«

»Ich habe sämtliche Bibelausgaben durchsucht«, antwortete der junge Earl und lachte. »Aber der Nutzen war eher moralischer als pekuniärer Natur.«

»Besteht die Möglichkeit, daß Ihr Onkel sein Vermögen bei der Bank deponiert und über die Gesamtsumme einen Scheck ausgeschrieben hat, um diesen wiederum zwischen den Seiten eines Buchs zu verstecken?«

»Möglich ist alles, Monsieur. Trotzdem halte ich das für sehr unwahrscheinlich. Ich habe jedes Buch Seite für Seite durchgeblättert. Und ich habe den Verdacht, daß ein Großteil der Bücher in den vergangenen zwanzig Jahren nicht angerührt worden ist.«

»Wie hoch schätzen Sie die Summe, die Ihr Onkel beiseite geschafft hat?« erkundigte ich mich.

»Auf über hunderttausend Pfund. Was Banken betrifft, so mißtraute mein Onkel diesen Geldinstituten zutiefst. Soviel ich weiß, hat er nie in seinem Leben einen Scheck ausgeschrieben. Sämtliche Rechnungen sind in Goldmünzen von seinem alten Butler bezahlt worden, der die Rechnung jeweils meinem Onkel vorlegte und den geforderten Betrag daraufhin von diesem erhielt. Dabei wurde ein striktes Ritual eingehalten. Das heißt, der Butler mußte nach Vorlage der Rechnung den Raum verlassen und draußen warten, bis mein Onkel nach ihm klingelte. Auf diese Weise konnte er nicht beobachten, wo mein Onkel sein Bargeld verwahrte. Ich schätze, falls man sein Vermögen je findet, wird es in Gold sein. Und ich bin überzeugt, daß er *dieses* Testament geschrieben hat, um uns auf die falsche Fährte zu locken.«

»Haben Sie die Bibliothek ausräumen lassen?«

»Wo denken Sie hin! Sie ist in dem Zustand, in dem mein Onkel sie hinterlassen hat. Falls ich Hilfe in Anspruch nehmen mußte, sollte die betreffende Person den Raum unverändert vorfinden. Soviel war mir klar.«

»Sehr umsichtig von Ihnen. Und Sie haben sämtliche Papiere gesichtet?«

»Was das betrifft, war ich äußerst gründlich. Und nichts von dem, was sich beim Tod meines Onkels in der Bibliothek befand, ist entfernt worden, nicht einmal der Amboß.«

»Der Amboß?«

»Richtig. Ich sagte ja bereits, daß mein Onkel die Bibliothek sowohl als Schmiede als auch als Schlafzimmer genutzt hat. Der große Raum besitzt einen monströsen Kamin, der für eine Esse geradezu ideal ist. Mein Onkel und sein Diener haben die Esse eigenhändig in den östlichen Kamin gemauert und gebrauchte Blasebälge aufgestellt.«

»Und was hat er in dieser Schmiede gemacht?«

»Alle Arbeiten, die im Haus anfielen. Er scheint ein äußerst begabter Metallhandwerker gewesen zu sein. Nie hätte er neue Gerätschaften für Haus und Garten gekauft, solange er etwas Gebrauchtes bekommen oder das Vorhandene in seiner Schmiede reparieren konnte. Er hielt sich eine alte Mähre, auf der er durch den Park ritt. Und von seinem Diener weiß ich, daß er das Tier selbst beschlagen hat. Er verstand sich also aufs Schmiedehandwerk. Den großen Salon hatte er in eine Tischlerwerkstatt mit Hobelbank umfunktioniert. Vermutlich ist an ihm ein exzellenter Handwerker verloren gegangen, als er den Titel eines Earl erbte.«

»Leben Sie seit seinem Tod auf Chizelrigg Chase?«

»Ja... falls man das ›leben‹ nennen kann. Das alte Dienerehepaar sorgt für mich, wie es für meinen Onkel gesorgt hat. Und da mich die beiden die ganze Zeit nur in Hemdsärmeln und staubig und schmutzig erleben, halten Sie mich wohl für eine jüngere Ausgabe meines Onkels.«

»Weiß der Diener, daß das Geld nicht auffindbar ist?«

»Nein. Das weiß nur ich ganz allein. Besagtes Testament lag in einem an mich adressierten Kuvert auf dem Amboß.«

»Obwohl Ihre Aussagen klar und deutlich sind, Lord Chizelrigg, kann ich mir keinen rechten Reim darauf machen. Ist die Umgebung von Chizelrigg Chase empfehlenswert?«

»Sehr. Besonders in dieser Jahreszeit. Im Herbst und im Winter ist es kühl und zugig in dem alten Gemäuer. Es würde Tausende kosten, das Haus wieder instand zu setzen.«

»Im Sommer spielt Zug keine Rolle. Ich bin lange genug in England, um die notorische Angst meiner Landsleute vor Zugluft abgelegt zu haben. Haben Sie noch ein frei verfügbares Bett im Herrenhaus, oder soll ich mir lieber ein Klappbett oder vielleicht eine Hängematte mitbringen?«

»Ich bitte Sie!« stammelte der Earl und wurde rot. »Sie dürfen nicht denken, daß ich Ihnen die Umstände so drastisch geschildert habe, um Sie zu bewegen, einen vielleicht hoffnungslosen Fall zu übernehmen. Natürlich ist das mein Wunsch, und wenn es um die exzentrischen Eigenschaften meines Onkels geht, neige ich zur Übertreibung. Wenn Sie erlauben, suche ich Sie in einem Monat wieder auf. Ich habe offengestanden etwas Geld von unserem alten Diener geliehen und bin nach London gekommen, um mich mit meinen Anwälten zu beraten. Ich hoffe, daß man mir unter den gegebenen Umständen die Erlaubnis gibt, ein paar Stücke zu verkaufen, damit ich mich wenigstens über Wasser halten kann. Trotz allem sind noch einige wertvolle Antiquitäten im Haus, die mir eine hübsche Summe einbringen könnten. Ich war bisher zuversichtlich, daß ich das Geld meines Onkels finden werde. In letzter Zeit habe ich zunehmend den Verdacht, daß der alte Herr die Bibliothek für das einzig Wertvolle angesehen hat, das geblieben ist, und aus diesem Grund die Zeilen für mich geschrieben hat. Er dachte wohl, ich würde es nicht wagen, etwas aus diesem Raum zu verkaufen. Der alte Schuft muß mit den Büchern eine Menge Geld gemacht haben. Das Verzeichnis der Sammlung beinhaltet eines der ersten von Caxton in England gedruckten Bücher und etliche Shakespeare-Erstausgaben von unschätzbarem Wert. Dazu viele andere Bände, für die ein Sammler ein kleines Vermögen ausgeben würde. Sie alle sind verschwunden. Wenn ich das gegenüber den Behörden nachweisen kann, wird man mir kaum das Recht verwehren, etwas zu verkaufen. Sobald ich die Erlaubnis dazu habe, melde ich mich bei Ihnen.«

»Unsinn, Lord Chizelrigg. Stellen Sie den Antrag... wenn Sie möchten. Aber in der Zwischenzeit betrachten Sie mich als finanzkräftigeren Bankier als Ihr betagter Diener. Gönnen wir uns heute abend eine angenehme Mahlzeit im Cecil. Machen Sie mir die Freude, mein Gast zu sein. Morgen können wir dann nach Chizelrigg Chase fahren. Wie weit ist das?«

»Ungefähr drei Stunden«, erwiderte der junge Mann und wurde puterrot. »Wirklich, Monsieur Valmont, Ihre Zuvorkommenheit ist fast beschämend. Trotzdem nehme ich Ihr großzügiges Angebot an.«

»Dann ist es also abgemacht. Sagen Sie, wie heißt eigentlich Ihr altes Faktotum?«

»Higgins.«

»Sind Sie sicher, daß er keine Ahnung hat, wo Ihr Onkel seinen Schatz verwahrte?«

»Vollkommen sicher. Mein Onkel war kein vertrauensseliger Mensch. Schon gar nicht gegenüber einem alten Schwätzer wie Higgins.«

»Trotzdem möchte ich, daß Sie mich Higgins als mittellosen Ausländer vorstellen. Dann wird er mich verachten und mich wie ein Kind behandeln.«

»Ich bitte Sie!« protestierte der Earl. »Sie sind doch lange genug in England, um zu wissen, daß wir Ausländer durchaus zu schätzen wissen. Ja, eigentlich sind wir doch die einzige Nation der Welt, die Ausländer... ob reich oder arm... herzlich aufnimmt.«

»Certainement, Eure Lordschaft. Ich wäre auch tief enttäuscht, würden Sie mich nicht gerecht einschätzen. Was Higgins' Einstellung betrifft, hege ich allerdings keine Illusionen. Er sieht in mir sicher einen armen Tropf, der das Pech hat, nicht als Engländer auf die Welt gekommen zu sein. Higgins soll unbedingt glauben, daß ich auf seiner sozialen Stufe stehe... also Diener bin wie er. Ich sehe Higgins und mich schon an kühleren Frühlingsabenden am Kamin ein Schwätzchen halten. Und nach ein oder zwei Wochen weiß ich mehr über Ihren Onkel, als Sie sich träumen lassen. Higgins redet mit seinesgleichen offener als mit seinem Herrn, so sehr er den auch respektieren mag. Und da ich Ausländer bin, wird er sich einer noch deutlicheren Sprache befleißigen, und ich erfahre Details, die er einem Landsmann nie verraten hätte.«

2

Der junge Earl hatte mir eine Beschreibung seines Heims gegeben, die so bescheiden ausgefallen war, daß ich auf die Pracht, die mich in Chizelrigg Chase erwartete, nicht vorbereitet war. Das Herrenhaus, von dem Lord Chizelrigg nur einen kleinen

Teil bewohnte, schien aus einem Ritterroman zu stammen. Es war ein Gebäude aus rohbehauenem Stein, ohne Zinnen und mit den üblichen Erkern und Türmchen. Allein der warme Farbton des Mauerwerks milderte die Strenge der Architektur. Es besaß einen äußeren und inneren Hof und bot sicher tausend Personen Platz und nicht nur hundert, wie Lord Chizelrigg behauptet hatte. Es hatte zahllose hohe Fenster, von denen eines, das die Bibliothek zierte, selbst einer Kathedrale alle Ehre gemacht hätte. Dazu lag diese herrliche Residenz inmitten eines Parks mit schönem altem Baumbestand. Vom Torhaus aus fuhren wir mindestens noch eine Meile durch eine der großartigsten Eichenalleen, die ich je gesehen hatte. Es war fast unglaublich, daß der Eigentümer all dessen nicht einmal Geld für einen Londonausflug haben sollte.

Am Bahnhof hatte uns der alte Higgins mit einem klapprigen Karren abgeholt, der von der alten Stute gezogen wurde, die der verstorbene Earl noch eigenhändig beschlagen hatte. Das Herrenhaus betraten wir durch eine Halle, die vermutlich auch deshalb so riesig wirkte, weil sie, abgesehen von zwei kompletten Ritterrüstungen zu jeder Seite des Eingangs, bar jedes Schmuckes oder Mobiliars war. Als sich die Tür hinter uns schloß, lachte ich so laut auf, daß es vielfach und gespenstisch von der Kassettendecke über uns widerhallte.

»Worüber amüsieren Sie sich so?« wollte der Earl wissen.

»Ich lache darüber, daß Sie Ihren modischen Hut oben auf den Helm der mittelalterlichen Rüstung gesetzt haben.«

»Ach so! Legen Sie ruhig Ihren Hut auf der anderen Rüstung ab. Ohne dem Vorfahren, der die Rüstung getragen hat, zu nahe treten zu wollen, bleibt mir in Ermangelung einer normalen Garderobe eigentlich nichts anderes übrig, als den alten Helm als Hutablage zu benutzen, und bei Regen stecke ich sogar den Schirm hier hinten in den Beinschutz. Kurz nachdem ich Hausherr von Chizelrigg Chase geworden war, hat mich ein ziemlich verschlagen aussehender Händler aus London aufgesucht und wollte mich zum Verkauf der beiden Rüstungen bewegen. Soviel ich begriffen habe, hätte er mir dafür soviel bezahlt, daß ich für den Rest meines Lebens in neuen, in London gefertigten Kleidern hätte herumlaufen können. Als ich allerdings nachhakte, ob er möglicherweise schon mit meinem verstorbenen Onkel Geschäfte gemacht habe, bekam er's mit der Angst zu tun und machte sich eilends aus dem Staub. Wenn ich geistesgegenwärtig genug gewesen wäre, ihn in eines unserer ungemütlichsten Verliese zu locken, hätte ich vielleicht erfahren, wo unsere wertvollsten Erbstücke geblieben sind. Kommen Sie diese Treppe hinauf, Monsieur Valmont. Ich zeige Ihnen jetzt Ihr Zimmer.«

Da wir bereits im Zug zu Mittag gegessen hatten, machte ich mich in meinem Zimmer nur kurz frisch und ging sofort daran, die Bibliothek in Augenschein zu nehmen. Es war ein edler, vornehmer Raum, der von seinem vorigen Bewohner, dem schwarzen Schaf der Familie, auf geradezu skandalöse Weise verunstaltet worden war. Es waren zwei große offene Kamine vorhanden, einer in der Mitte der Nordwand, der andere an der östlichen Seite des Raumes. In letzteren war eine reichlich grob gemauerte Esse eingefügt. Daneben hing ein großer, vom Ruß geschwärzter Blasebalg. Auf einem Holzklotz stand der Amboß, und darum herum rostete eine Auswahl von Hämmern unterschiedlicher Größe. An der Westfront der Bibliothek befand sich jenes herrliche Buntglasfenster, das, wie gesagt, einer Kathedrale würdig gewesen wäre. So umfangreich die Büchersammlung auch sein mochte, die ungeheure Ausdehnung des Raumes erlaubte es, diese ausschließlich in Bücherregalen an der Außenwand unterzubringen, die durch mehrere Fenster unterbrochen war. Die gegenüberliegende Wand allerdings war kahl, bis auf vereinzelte Bilder, die einer weiteren Beleidigung des Raumes gleichkamen; handelte es sich doch hauptsächlich um billige, kolorierte Lithographien, die wohl Zeitschriften entstammten und in ihren schäbigen Rahmen achtlos an die Wand genagelt worden waren. Der Fußboden war an manchen Stellen knietief mit Papier bedeckt, und in der von der Esse am weitesten entfernten Zimmerecke stand noch das Sterbebett des alten Geizhalses.

»Sieht wie ein Saustall aus, was?« bemerkte der junge Earl, als ich den Raum inspiziert hatte. »Ich bin überzeugt, der alte Schuft hat den ganzen Unrat nur deshalb hier abgeladen, damit ich mir die Mühe machen muß, ihn durchzuwühlen. Higgins behauptet, das Zeug sei noch einen Monat vor seinem Tod nicht hier gewesen. Und das klingt plausibel. Sonst hätte der Funkenflug von der Esse doch längst ein Feuer entfacht. Mein Onkel hat Higgins jedenfalls beauftragt, sämtliches Papier aus dem Haus, von alten Rechnungen über Zeitungen bis Packpapier, zu sammeln und hier auf den Fußboden zu werfen, weil Higgins' Stiefel angeblich auf dem Holzboden zuviel Krach machten. Und Higgins, der sowieso kaum etwas in Frage stellt, hat diese Erklärung widerspruchslos akzeptiert.«

Higgins entpuppte sich als geschwätziger Alter, den man nicht zweimal auffordern mußte, von seinem verstorbenen Herrn zu erzählen. Im Gegenteil: es war kaum möglich, ihn auf ein anderes Thema zu lenken. Zwanzig Jahre engsten Zusammenlebens mit dem exzentrischen Adeligen hatten die Ehrerbietung, mit der der englische Dienstbote seinem Herrn normalerweise begegnet, weitgehend ausgelöscht. Für den einfachen Engländer ist ein Adeliger erst dann ein Adeliger, wenn er sich jeder körperlichen Arbeit enthält. Für die Tatsache, daß Lord Chizelrigg an der Hobelbank geschuftet, im Salon Zement gemischt und bis Mitternacht am Amboß gestanden hatte, konnte Higgins keinen Funken Bewunderung aufbringen. Zu allem Übel war der alte Earl bei den Abrechnungen von übertriebener Pingeligkeit gewesen und hatte alles bis auf den letzten Penny eingefordert, so daß Higgins mit seinem schlichten, servilen Gemüt nur mit größter Verachtung an den Alten zurückdachte. Noch bevor die Fahrt vom Bahnhof nach Chizelrigg Chase zu Ende gewesen war, war mir klar geworden, daß es keinen Sinn hatte, mich Higgins als Ausländer und Dienerkollege zu präsentieren. Hatte ich doch schon bald feststellen müssen, daß es mir nicht gelang, auch nur eine Silbe dessen zu verstehen, was der Mann sagte. Sein Dialekt war für mich so unverständlich wie irgendeine Indianersprache, und der junge

Earl war gezwungen, als Dolmetscher zu fungieren, sobald der alte Diener seinen geschwätzigen Mund aufmachte.

Der Earl of Chizelrigg machte sich mit Feuereifer an die Aufgabe, mir als Schüler und Assistent zur Seite zu stehen. Seine trotz aller Gründlichkeit fruchtlose Suche in der Bibliothek hatte ihn überzeugt, daß der alte Mann ihn mit seinem Brief, wie er es nannte, zum Narren gehalten hatte. Er war daher sicher, daß das Geld anderswo verborgen lag, ja vielleicht sogar unter einem Baum im Park vergraben war. Das war möglich und die landläufige Methode der Einfältigen, einen Schatz zu verstecken, ich hielt es jedoch für unwahrscheinlich. Higgins' Aussagen war zu entnehmen, daß der verstorbene Earl ein ungewöhnlich mißtrauischer Mensch gewesen sein mußte. Er hatte Banken, ja sogar der britischen Währung und sämtlichen Mitmenschen, Higgins eingeschlossen, mißtraut. Schon aus diesem Grund, so erklärte ich seinem Neffen, hatte der alte Geizhals sein Vermögen sicher in unmittelbarer Reichweite verwahrt.

Vom ersten Augenblick an war mir die Tatsache auffällig vorgekommen, daß sich Esse und Amboß im Schlafzimmer des alten Earls befanden.

»Ich wette meinen guten Ruf darauf«, sagte ich dem jungen Earl, »daß Esse oder Amboß, oder beide, der Schlüssel zum Geheimnis sind. Der alte Herr hat gelegentlich bis Mitternacht gearbeitet. Higgins hat sein Hämmern gehört. Falls er Steinkohle für das Schmiedefeuer benutzt hat, hielt die Glut die ganze Nacht. Und da er, wie Higgins versichert, in ständiger Angst vor Dieben lebte und das Herrenhaus allabendlich in eine Festung verwandelte, hat er seinen Schatz bestimmt in einem Versteck untergebracht, auf das Diebe nicht so leicht kommen konnten. Das Schmiedefeuer brannte die ganze Nacht. Falls das Gold also unter der Esse lag, war es praktisch unerreichbar. Ein im Dunkeln umhertastender Dieb mußte sich zwangsläufig die Finger verbrennen. Darüber hinaus lagen stets vier geladene Revolver unter dem Kopfkissen des Earls. Falls also ein Dieb die Bibliothek betreten hätte, mußte Lord

Chizelrigg nur warten, bis dieser sich der Esse näherte, und dann von seinem Bett aus einen Revolver nach dem anderen abfeuern. Auf diese Weise konnte er achtundzwanzig Schuß in doppelt soviel Sekunden abgeben, so daß der Einbrecher unter diesem Kugelhagel wohl kaum eine Chance gehabt hätte. Ich schlage daher vor, die Esse abzubauen.«

Lord Chizelrigg leuchtete meine Argumentation sofort ein, und am nächsten Morgen nahmen wir schon früh den riesigen Blasebalg ab, schnitten ihn auf, fanden ihn leer und brachen dann mit dem Stemmeisen Stein für Stein von der Esse ab, denn der alte Mann hatte solider gebaut, als man annehmen konnte. Als wir den Schutt zwischen Ziegelsteinen und dem Inneren des Brenners weggeräumt hatten, stießen wir auf einen Zementblock, so hart wie Granit. Mit der Hilfe von Higgins und mit einem Flaschenzug gelang es uns, den Block in den Park zu verfrachten, wo wir versuchten, ihn mit dem Vorschlaghammer zu zerschlagen, was uns gründlich mißlang. Je länger der Zementblock uns widerstand, desto überzeugter waren wir, daß sich der Schatz in seinem Innern befand. Wir ließen einen Sprengmeister aus dem nahegelegenen Bergwerk kommen, der mit Bohrer und Dynamit schnell den Zementblock in seine Einzelteile zerlegte. Doch auch in dem übriggebliebenen Schutthaufen wurden wir nicht fündig. Da der Sprengmeister nun einmal da war, veranlaßten wir ihn, auch den Amboß zu sprengen. Danach sammelte der Mann sein Handwerkszeug ein und kehrte in sein Bergwerk zurück, sicher in dem Glauben, daß der junge Earl ebenso verrückt sein mußte, wie es der alte gewesen war.

Der Earl kehrte daraufhin zu seiner alten Überzeugung zurück, daß das Geld im Park vergraben sei, während ich nun ganz sicher war, daß wir es in der Bibliothek suchen mußten.

»Wenn der Schatz draußen vergraben wäre«, argumentierte ich, »muß jemand ein Loch gegraben haben. Ein so ängstlicher, verschlossener Mann wie Ihr Onkel hätte nur sich selber diese Aufgabe zugetraut. Higgins hat nun aber neulich abend glaubwürdig versichert, daß sämtliche Pickel und Spaten allabendlich von ihm im Werkzeugschuppen eingeschlossen worden seien. Und das Herrenhaus wurde stets so sorgfältig verbarrikadiert, daß es auch für Ihren Onkel schwierig gewesen sein dürfte hinauszukommen... selbst wenn er das gewollt hätte. Und so, wie Ihr Onkel charakterisiert wird, war es geradezu lebenswichtig für ihn, sich jederzeit von der Unversehrtheit seines Schatzes überzeugen zu können, was bei einem Versteck im Park so gut wie unmöglich gewesen wäre. Ich schlage daher vor, daß wir Gewaltakte und Dynamit beiseite lassen und uns bei der Suche in der Bibliothek auf unsere intellektuellen Fähigkeiten stützen.«

»Schön und gut«, entgegnete der junge Earl. »Aber da ich die Bibliothek bereits sehr gründlich durchsucht habe, kann ich Ihre Bemerkung nur als Geringschätzung meiner ›intellektuellen Fähigkeiten‹ auslegen, was Ihrer üblichen Höflichkeit eigentlich nicht entspricht. Trotzdem bin ich dabei. Ihr Wort ist mir Befehl.«

»Verzeihen Sie, Eure Lordschaft«, erwiderte ich. »Das Wort ›intellektuell‹ habe ich nur als Gegensatz zu ›Dynamit‹ gebraucht. Ich wollte damit in keiner Weise auf die Qualität Ihrer Suche anspielen. Sind Ihnen beim Durchsuchen der Zeitschriften zum Beispiel irgendwelche Randnotizen aufgefallen?«

»Nein.«

»Wäre es möglich, daß sich Hinweise auf dem Rand einer Zeitung befinden?«

»Möglich ist das natürlich.«

»Dann möchte ich Sie bitten, sämtliche Zeitungen auf handschriftliche Einträge zu überprüfen und sie anschließend in einem Nebenzimmer abzulegen. Vernichten Sie nichts. Aber wir müssen die Bibliothek vollständig ausräumen. Die Rechnungen dürften auch interessant sein. Die nehme ich mir als erstes vor.«

Es war eine äußerst anstrengende Arbeit, die uns bevorstand, doch nach etlichen Tagen hatte mein Assistent sämtliche Zeitungen, wenn auch ergebnislos, überprüft, während ich alle Rechnungen und Notizen gesammelt und nach dem Datum geordnet hatte. Ich konnte mich mittlerweile des Verdachts nicht erwehren, daß das eigenwillige alte Ekel Instruktionen zur Auffindung des Schatzes auf die Rückseite einer x-beliebigen Rechnung oder auf das Deckblatt eines Buches geschrieben hatte. Doch angesichts der noch immer in der Bibliothek verbliebenen abertausende Bücher war schon die Vorstellung dieses Geduldspiels abschreckend. Schließlich erinnerte ich mich an Edisons Worte, daß man etwas, das existiert, auch findet, wenn man nur lange genug sucht. Aus der Menge der Rechnungen hatte ich einige aussortiert. Den Rest legte ich zu den Zeitungen ins Nebenzimmer.

»Und jetzt«, wandte ich mich an meinen Helfer, »möchte ich Sie bitten, Higgins zu rufen. Ich habe zu einigen Rechnungen Fragen.«

»Vielleicht kann auch ich Ihnen helfen«, entgegnete der junge Earl und zog einen Stuhl an den Tisch, auf dem ich die Papiere ausgebreitet hatte. »Immerhin lebe ich hier seit einem halben Jahr und weiß inzwischen ebensoviel wie Higgins. Wenn der nämlich zu reden anfängt, dann hört er so schnell nicht mehr auf. Also, über welche Rechnung möchten Sie zuerst etwas wissen?«

»Vor dreizehn Jahren hat Ihr Onkel in Sheffield einen Tresor aus zweiter Hand gekauft. Hier ist die Rechnung. Ich halte es für notwendig, daß wir diesen Safe finden.«

»Oh, verzeihen Sie vielmals, Monsieur Valmont!« entfuhr es dem jungen Mann, und er sprang lachend auf. »Ein Monstrum wie diesen Tresor sollte man eigentlich nicht so einfach vergessen. Aber mir ist es passiert. Der Safe ist leer. Deshalb habe ich gar nicht mehr daran gedacht.«

Damit trat der Earl vor eines der Bücherregale und zog es mitsamt den Büchern auf wie eine Tür. Dahinter kam die Vorderfront eines Tresors zum Vorschein, den er öffnete. Er war tatsächlich leer.

»Darauf bin ich gestoßen, als ich sämtliche Bücher aus den Regalen geräumt habe«, erklärte der Earl. »Offenbar existierte an dieser Stelle ursprünglich ein geheimer Zugang zu einem

Nebenzimmer, das längst verschwunden ist. Die Mauern sind sehr dick. Mein Onkel hat diese Tür offenbar herausnehmen und den Tresor in die Öffnung stellen lassen und den Rest zugemauert.«

»Ganz richtig«, stimmte ich ihm zu und hatte Mühe, meine Enttäuschung zu verbergen. »Da der Tresor gebraucht gekauft und nicht für Ihren Onkel angefertigt wurde, enthält er wohl keine Geheimfächer, oder?«

»Er sieht mir wie ein ganz normaler Safe aus«, antwortete mein Assistent. »Aber wenn Sie möchten, lasse ich ihn da herausnehmen.«

»Das hat Zeit«, wehrte ich ab. »Es ist hier schon mit genug Dynamit herumhantiert worden.«

»Das finde ich auch. Was haben Sie noch auf dem Herzen?«

»Ihr Onkel hat sein Prinzip, ausschließlich Gebrauchtwaren zu kaufen, nur in drei Fällen gebrochen. Das ergibt sich wenigstens aus diesen Rechnungen. Vor vier Jahren hat er ein neues Buch bei der bekannten Buchhandlung Denny & Co. gekauft. Denny & Co. führt keine antiquarischen Bücher. Steht in der Bibliothek ein verhältnismäßig neues Buch?«

»Kein einziges.«

»Sind Sie sicher?«

»Vollkommen. Ich habe den gesamten Buchbestand überprüft. Wie lautet der Titel dieses Buches?«

»Den kann ich leider nicht entziffern. Der Anfangsbuchstabe scheint ein ›M‹ zu sein, aber der Rest ist nur eine Wellenlinie. Aus der Rechnung geht allerdings hervor, daß es zwölf Pfund sechs Pence gekostet hat. Das berechnete Porto betrug sechs Pence, was bedeutet, daß es weniger als zwei Kilogramm gewogen haben mußte. Zusammen mit dem Preis scheint mir das darauf hinzuweisen, daß es sich um ein wissenschaftliches Werk aus festem Papier und mit Illustrationen gehandelt haben muß.«

»Darüber weiß ich nichts«, gestand der Earl.

»Die dritte Rechnung bezieht sich auf Tapeten. Es sind sechsundzwanzig Rollen einer teuren Tapete und siebenundzwanzig von einer billigen Tapete gekauft worden, wobei letztere gerade die Hälfte der ersten Sorte kostete. Die Tapete wurde offenbar von einem Geschäft in Chizelrigg geliefert.«

»Ihre Tapeten sind hier!« rief der junge Mann heftig gestikulierend. »Er wollte das ganze Haus neu tapezieren. Aber nachdem er mit der Bibliothek fertig war, hatte er laut Higgins die Lust verloren. Und allein für die Bibliothek hat er fast ein Jahr gebraucht, denn er hat nur sporadisch daran gearbeitet und sich jeweils nur eine kleine Menge Leim im Boudoir angemischt. Das Ganze war ein Verbrechen gegen den guten Geschmack. Unter der Tapete befindet sich nämlich eine wunderschöne Eichentäfelung... schlicht, aber mit herrlicher Maserung.«

Ich stand auf und betrachtete die Tapete an der Wand eingehend. Der Beschreibung auf der Rechnung nach mußte es sich um das teure Material handeln.

»Und was ist aus der billigen Tapete geworden?« fragte ich.

»Keine Ahnung.«

»Ich habe das Gefühl, wir sind dem Geheimnis dicht auf der Spur. Möglicherweise verdeckt die Tapete eine bewegliche Täfelung oder eine Geheimtür.«

»Sehr gut möglich«, pflichtete der Earl mir bei. »Ich wollte die Tapete schon entfernen lassen. Aber einmal habe ich kein Geld für einen Handwerker, und zum anderen bin ich nicht so fleißig wie mein Onkel. Was ist mit der letzten fraglichen Rechnung?«

»Auch in diesem Fall handelt es sich um eine Papierbestellung. Diesmal bei einer Firma in der Budge Row in London. Offenbar hat Ihr Onkel tausend Blatt eines Spezialpapiers bestellt. Leider ist das meiste auf dieser Rechnung ebenfalls unleserlich.«

»Davon weiß ich überhaupt nichts. Rufen wir Higgins.«

Auch Higgins war über diese letzte Papierbestellung nicht im Bilde. Dafür konnte er das Geheimnis der Tapeten aufklären. Offenbar hatte der alte Earl feststellen müssen, daß die dicke teure Tapete auf dem glatten Holz nicht haftete. Er hatte die eierschalenfarbige billige Tapete gekauft und sie zuerst aufgeklebt. Sobald diese Lage getrocknet war, hatte er die teure Tapete darübergeklebt.

»Aber die beiden Tapetensorten sind zur gleichen Zeit geliefert worden. Er konnte also gar nicht durch Ausprobieren festgestellt haben, daß die schwere Tapete nicht haftet.«

»Ich glaube nicht, daß das viel bedeutet«, widersprach der Earl. »Selbst wenn die Rechnung über beide Tapetensorten lautet, kann die teurere Tapete durchaus zuerst geliefert worden sein. Rechnungen werden oft erst Monate nach Lieferung der Ware verschickt.«

Ich mußte zugeben, daß das vernünftig klang.

Dann kamen wir zu dem Buch, das der alte Earl bei Denny bestellt hatte. Wir fragten Higgins danach.

Higgins erinnerte sich. Als er eines Morgens dem alten Earl den Tee servierte, saß sein Herr aufrecht im Bett und las so interessiert in einem Buch, daß er Higgins' Klopfen gar nicht gehört hatte. Higgins, der ein bißchen schwerhörig war, hatte die Aufforderung einzutreten als selbstverständlich genommen. Der Earl jedoch hatte das Buch hastig zu den Revolvern unters Kissen gesteckt und Higgins aufs übelste beschimpft, weil er ohne seine ausdrückliche Erlaubnis ins Zimmer gekommen war. Higgins hatte seinen Herrn noch nie so wütend erlebt und machte allein das Buch dafür verantwortlich. Erst nach Eintreffen dieses Buches waren die Esse eingebaut und der Amboß gekauft worden. Higgins hatte das Buch nie wieder gesehen, aber eines Morgens, ein halbes Jahr vor dem Tod des alten Earls, hatte Higgins beim Ausräumen der Feuerstelle in der Esse einen Teil eines Bucheinbands entdeckt. Er glaubte daher, daß sein Herr das Buch verbrannt hatte.

Nachdem wir Higgins entlassen hatten, wandte ich mich an den Earl:

»Als erstes müssen wir diese Rechnung an die Buchhandlung Denny & Co. schicken. Sagen Sie ihnen, Sie hätten das Buch verloren, und bitten Sie sie, Ihnen ein anderes Exemplar zu schicken. Sicher kann irgend jemand in der Buchhandlung den Titel auf der Rechnung entziffern. Ich bin überzeugt, daß der Titel ein wichtiger Hinweis ist. Währenddessen schreibe ich an die Firma Braun & Söhne in der Budge Row. Offenbar handelt es sich um ein französisches Unternehmen. Ich habe den Namen in Verbindung mit Papierherstellung schon mal gehört, weiß aber nicht mehr wann und wo. Ich werde sie bitten, mir den Verwendungszweck besagten Papiers zu nennen.«

Wir machten alles wie besprochen und wähnten uns nun fürs erste arbeitslos, doch schon am darauffolgenden Morgen, noch bevor die Antworten auf unsere Anfragen eintrafen, gelang es mir, wie ich mit einiger Genugtuung sagen darf, das Rätsel zu lösen.

Nach dem Frühstück schlenderte ich ziellos in die Bibliothek, wo auf dem Fußboden mittlerweile nur noch braunes Packpapier, Schnur und ähnliches herumlag. Während ich mit den Füßen darin herumscharrte wie in trockenem Herbstlaub, fiel mein Blick plötzlich auf mehrere viereckige Blätter Papier, glatt und unversehrt. Ich hob eines auf. Das Papier kam mir seltsam bekannt vor. Und plötzlich wurde mir die Bedeutung des Namens Braun & Söhne klar. Es handelte sich dabei um Papierhersteller in Frankreich, die ein sehr weiches, ungewöhnlich festes Material herstellen, das, so teuer es erscheinen mag, im Vergleich mit dem Pergament, das es in einem bestimmten Industriezweig ersetzt, als ausgesprochen preiswert gelten kann. Jahre zuvor hatte mir dieses Papier vor Augen geführt, wie eine Diebesbande ihr Gold verkaufte, ohne es einzuschmelzen. Das Papier wurde statt Pergament bei der Herstellung von Blattgold verwendet. Es hielt der steten Bearbeitung durch den Hammer ebensogut stand wie das Pergament, und plötzlich wurde mir klar, was der alte Mann nachts auf seinem Amboß gemacht hatte. Er hatte seine Goldmünzen zu Blattgold verarbeitet, und zwar zu einem groben, dicken Blattgold, denn zur Herstellung des herkömmlichen feinen Blattgoldes hätte er Spezialwerkzeug gebraucht, von dem wir keine Spur gefunden hatten.

»Eure Lordschaft!« rief ich meinen Assistenten, der sich am

anderen Ende des Raumes befand. »Ich möchte eine Theorie an Ihrem gesunden Menschenverstand erproben.«

»Nur zu!« erwiderte der Earl und kam mit dem für ihn typischen gutmütigen Lächeln auf mich zu.

»Den Safe können wir bei unseren Überlegungen ausschließen, denn er wurde bereits vor dreizehn Jahren erworben. Aber der Kauf des Buchs, der Tapeten und des festen französischen Papiers sowie die Anschaffung des Amboß und der Einbau der Esse fanden in ein und demselben Monat statt. Ich glaube daher, daß hier ein Zusammenhang besteht. Hier sind einige Blatt Papier des Materials, das Ihr Onkel von der Firma in der Budge Row erhielt. Haben Sie so was schon mal gesehen? Versuchen Sie, das Stück hier zu zerreißen.«

»Es ist ziemlich fest«, mußte Seine Lordschaft zugeben, nachdem er vergeblich versucht hatte, das Papier zu zerreißen.

»Richtig. Es wurde in Frankreich hergestellt und wird zur Anfertigung von Blattgold benutzt. Ihr Onkel hat seine Goldmünzen in Blattgold umgewandelt. Sie werden feststellen, daß das Buch von der Buchhandlung Denny ein technisches Werk ist. Ich kann mir jetzt auch das Wort zusammenreimen, das ich nicht entziffern konnte. Es lautet: Metallkunde. Und es enthält bestimmt ein Kapitel über die Herstellung von Blattgold.«

»Das will ich gern glauben«, bemerkte der Earl. »Aber wie sollte uns das weiterbringen? Jetzt suchen wir eben nach Blattgold anstatt nach Goldmünzen.«

»Sehen wir uns doch die Tapete mal genauer an«, schlug ich vor.

Ich schob die Klinge meines Taschenmessers knapp über dem Fußboden unter die Tapete und konnte ohne weiteres ein größeres Stück ablösen. Wie Higgins gesagt hatte, bildete die braune Tapete die oberste und die gelbliche Tapete die unterste Schicht. Aber selbst letztere ließ sich spielend leicht lösen.

»Hier, prüfen Sie mal das Gewicht!« sagte ich erregt und reichte dem Earl of Chizelrigg das Stück, das ich abgenommen hatte.

»Donnerwetter!« entfuhr es dem jungen Mann geradezu andächtig.

Ich nahm es ihm aus der Hand, legte es mit der Oberseite zuunterst auf den Holztisch, sprenkelte etwas Wasser darauf und kratzte mit dem Messer die aufgeweichte weiße Masse ab. Darunter glänzte es golden. Ich zuckte mit den Schultern und spreizte die Finger. Der Earl of Chizelrigg lachte laut und herzlich.

»Begreifen Sie jetzt, was geschehen ist?« begann ich schließlich. »Der alte Mann hat zuerst die ganze Wand mit dieser gelblichen Tapete überdeckt. Dann hat er seine Goldmünzen erhitzt, sie auf dem Amboß zu Blattgold geklopft und den Vorgang zwischen zwei Lagen des französischen Papiers vollendet. Vermutlich hat er das Gold sofort auf das Papier geklebt, kaum daß er sich für die Nacht eingeschlossen hatte, und es mit der teuren Tapete überklebt, bevor Higgins am nächsten Morgen mit dem Tee erschien.«

Später allerdings fanden wir heraus, daß er die dicken Goldblätter mit Tapetennägeln an die Wand geheftet hatte.

Seine Lordschaft erzielte mit meiner Entdeckung einen Reinerlös von etwas mehr als hundertzwanzigtausend Pfund, und ich darf sagen, daß durch die Großzügigkeit des jungen Earls eine überaus erfreuliche Verbesserung meiner Verhältnisse eintrat.

Aus dem Englischen von
Christine Frauendorf-Mössel

EMMUSKA, BARONESS ORCZY
(1865–1947)

Das Geheimnis von Fordwych Castle

aus: Lady Molly of Scotland Yard

Ist es vielleicht ein Wunder, daß sich der Chef von Scotland Yard instinktiv an Lady Molly wandte, als seine fähigsten Männer mit ihrem Latein am Ende waren?

Mit Sicherheit war gerade das ›Geheimnis von Fordwych Castle‹, wie der Fall landläufig hieß, ein Verbrechen, das vor allem weiblichen Takt, Intuition und all jene Qualitäten erforderte, von denen unsere verehrte Lady ein gerüttelt Maß besaß.

Mit Ausnahme von Rechtsanwalt McKinley und dem jungen Jack d'Alboukirk waren nur Frauen in die Geschichte verwickelt.

Wenn Sie irgendwann einmal den ›Debrett‹ gelesen haben, wissen Sie ebensogut wie ich, daß der darin verzeichnete Hochadel auf eine mindestens sechshundertjährige Familiengeschichte zurückblicken kann und daß die gegenwärtige Lady d'Alboukirk eine Baroness im eigenen Recht ist, weil ja Titel und Besitz der Familie stets an den gesetzlichen Erben übergehen. Haben Sie besagtes interessantes Buch sorgfältig durchgeblättert, müssen Sie auch entdeckt haben, daß der verstorbene

Lord d'Alboukirk zwei Töchter hatte; die erstgeborene Clementia Cecilia, die gegenwärtige Baroness, seine Erbin, und die jüngere Margaret Florence, die 1884 Jean Laurent Duplessis, einen Franzosen, geheiratet hat, zu dem Debrett nur die vage Angabe macht: »aus Pondicherry, Indien«. Dieser Verbindung entstammen zwei Töchter, Henriette Marie, Erbin der Baronie d'Alboukirk of Fordwych, und die zwei Jahre jüngere Joan.

Die Heirat der hochwohlgeborenen Margaret Florence d'Alboukirk mit dem jungen, schneidigen Offizier der Fremdenlegion scheint von irgendeinem romantischen Geheimnis umgeben. Der verstorbene Lord d'Alboukirk war zu jenem Zeitpunkt britischer Botschafter in Paris und hatte offenbar schwerwiegende Vorbehalte gegen die Verbindung. Miss Margaret allerdings machte sich offen über die Bedenken des Vaters lustig, schlug jede Mahnung zur Vernunft in den Wind, brannte eines schönen Tages mit Captain Duplessis durch und schrieb aus Pondicherry eine knappe Nachricht an die Familie, in der sie diese von ihrer Eheschließung mit dem über alles geliebten Mann in Kenntnis setzte. Der alte Lord d'Alboukirk hat diese Ranküne seiner Tochter wohl nie verwunden, da sie offenbar sein Lieblingskind war. Ihre heimliche Heirat, ihr Verrat haben ihm praktisch das Herz gebrochen. Trotzdem verhielt er sich ihr gegenüber bis zuletzt gütig und großzügig. Als die erste Enkeltochter geboren wurde und das junge Paar sich in finanziellen Nöten befand, setzte er den beiden einen monatlichen Wechsel bis zum Tod der Tochter aus. Letztere starb drei Jahre nach ihrer Heirat bei der Geburt des zweiten Kindes.

Als Clementia Cecilia nach dem Tod des Vaters Titel und Besitz erbte, schien sie es als ihre Pflicht anzusehen, sich des ältesten Kindes der Schwester anzunehmen, zumal dieses Erbe der Baronie d'Alboukirk war, wenn Clementia Cecilia selber unverheiratet und kinderlos bleiben sollte. So geschah es, daß Henriette Marie Duplessis mit Zustimmung des Vaters nach England reiste, um bei ihrer Tante auf Fordwych Castle zu leben. Im Debrett können Sie weiter nachlesen, daß Henriette 1901 durch königlichen Erlaß den Namen d'Alboukirk annahm. Nach ihr würde der Titel zunächst an ihre jüngere Schwester Joan und weiter an einen ziemlich entfernten Cousin fallen, den Captain John d'Alboukirk, einen Offizier der königlichen Garde.

Wenn man den Dienstboten glauben kann, so ist die gegenwärtige Baroness d'Alboukirk eine sehr eigenwillige und überspannte Persönlichkeit, wie man das von einer alten Jungfer in nördlichen Breiten eben erwarten muß, die eine so exponierte soziale Stellung einnimmt. Der einzige sanftere Zug in ihrem sonst wenig liebenswerten Charakter ist ihre große Zuneigung zum Kind ihrer verstorbenen Schwester. Miss Henriette Duplessis d'Alboukirk hat von ihrem französischen Vater die dunklen Augen, das Haar und den Teint geerbt, während sich ihre englische Abstammung in der leicht maskulinen Figur und ihrer Vorliebe für sportliche Betätigungen niedergeschlagen hat. Sie kann fechten und boxen, reitet Jagden und ist eine erstaunlich gute Schützin.

Nach allem, was man hört, standen die ersten Anzeichen häuslicher Probleme in dem herrlichen Anwesen in unmittelbarem Zusammenhang mit der Ankunft einer jungen, sehr hübschen Besucherin auf Fordwych Castle, die von ihrer Zofe, einem Halbblut mit dunklem Teint und mürrischem Wesen, begleitet wurde, welche jedoch eine geradezu hündische Ergebenheit gegenüber ihrer Herrin an den Tag legte. Die Gäste schienen für den gesamten Haushalt von Fordwych Castle völlig überraschend zu kommen, da Lady d'Alboukirk bis zu dem Morgen, an dem der Besuch erwartet wurde, kein Wort darüber verloren hatte. Dann allerdings beauftragte sie schleunigst eines der Hausmädchen, ein Schlafzimmer für eine junge Frau herzurichten und im angrenzenden Ankleidezimmer eine Liege aufzustellen. Selbst Miss Henriette war offenbar von diesem Besuch völlig überrumpelt, denn nach der Aussage von Jane Taylor, dem fraglichen Hausmädchen, kam es zwischen der alten Dame und ihrer Nichte zu einem heftigen Wortwechsel, wobei letztere ihre erregte Entgegnung mit den Worten schloß:

»Jedenfalls ist für uns beide kein Platz in diesem Haus, Tante!« Danach stürmte sie aus dem Zimmer und schlug die Tür hinter sich zu.

Sehr bald erfuhren die Hausbewohner, daß es sich bei den Gästen um niemand anderen als Miss Joan Duplessis, Miss Henriettes jüngere Schwester, handelte. Captain Duplessis war ganz offensichtlich kurz zuvor in Indien gestorben, so daß das Mädchen ihrer Tante geschrieben und sie um Hilfe und Unterstützung gebeten hatte. Die alte Dame wiederum hatte es selbstverständlich als ihre Pflicht angesehen, der Nichte dies nicht zu verwehren.

Miss Joan war offenbar das Gegenteil der Schwester: klein, zierlich, blond, eher von englischem als fremdländischem Aussehen und von liebenswertem Wesen. Die Zuneigung, die zwischen ihr und der Zofe bestand, die sie aus Indien mitgebracht hatte, war zudem einzigartig.

Von dem Moment an, da die Gäste eingetroffen waren, kam es zu regelmäßigen Zwistigkeiten, die immer häufiger in erbitterte Auseinandersetzungen ausarteten. Henriette schien eine heftige Antipathie gegen die jüngere Schwester und besonders gegen deren dunkelhäutige Zofe zu entwickeln, von der im Haus nicht mehr als ihr Name ›Roonah‹ bekannt war.

Die dienstbaren Geister waren sich darin einig, daß einschneidende Ereignisse auf Fordwych Castle bevorstanden. Der Butler und die jeweiligen Diener schnappten bei den Mahlzeiten Gesprächsfetzen auf, die nichts Gutes verhießen. Es fielen Worte wie ›Anwalt‹, ›Beweise‹, ›Heiratsurkunde‹ und ›Geburtsurkunde‹. Jedesmal wurde die Unterhaltung abrupt unterbrochen, sobald ein Hausangestellter in Hörweite kam. Das Mienenspiel der Baroness wurde immer ängstlicher und sorgenvoller. Sie und Miss Henriette verbrachten Stunden hinter der verschlossenen Tür eines Boudoirs, aus dem dann Lady d'Alboukirks herzzerreißendes Weinen und Miss Henriettes wütende Worte nach draußen drangen.

Zwei- oder dreimal kam der bekannte Londoner Anwalt, Mr. McKinley, nach Fordwych. Er führte lange Gespräche mit der

Baroness, nach denen letztere meist rotverweinte Augen hatte. Die Dienerschaft empfand es als äußerst merkwürdig, daß bei diesen Unterredungen zwischen Mr. McKinley, der Baroness und Miss Joan stets auch Roonah, die indische Zofe, anwesend war. Roonah hielt sich sonst von allen fern, redete wenig und schenkte mit Ausnahme der Baroness und ihrer Herrin kaum jemandem Beachtung. Miss Henriettes Temperamentsausbrüche schienen sie völlig unberührt zu lassen. Sonderbar war weiter die Tatsache, daß Roonah plötzlich regelmäßig die Gottesdienste in der kleinen römisch-katholischen Kirche besuchte, die ungefähr eine halbe Meile von Fordwych Castle entfernt lag. Und es wurde bald ruchbar, daß Roonah, eine ehemalige Zarathustra, vom Priester der Kirche zum katholischen Glauben bekehrt worden war.

All das geschah innerhalb von etwa drei Monaten. Jedenfalls war Miss Joan exakt zwölf Wochen auf Fordwych, als Captain Jack d'Alboukirk seiner Cousine einen seiner sporadischen Besuche abstattete. Captain d'Alboukirk schien sich vom ersten Augenblick an zu seiner Cousine Joan hingezogen zu fühlen, und bald mußte jeder merken, daß aus der Sympathie Liebe zu werden begann. Ebenso augenfällig war es, daß von diesem Moment an die Streitigkeiten zwischen den Schwestern an Häufigkeit und Heftigkeit zunahmen. Alle schlossen daraus, daß Miss Henriette auf Joan eifersüchtig war, wohingegen Lady d'Alboukirk selbst aus unerfindlichen Gründen diese Romanze mit offenem Mißfallen beobachtete.

Dann geschah die Tragödie.

Eines Morgens kam Joan leichenblaß, am ganzen Körper zitternd die Treppe heruntergelaufen, stöhnte und schluchzte zugleich: »Roonah! Meine arme alte Roonah! Ich hab's geahnt! Ich hab's geahnt!«

Captain Jack stand zufällig am Fuß der Treppe. Er bedrängte sie mit Fragen, doch sie brachte kein Wort heraus. Joan deutete nur stumm nach oben. Der junge Mann, ehrlich beunruhigt, rannte hastig die Stufen hinauf, stieß die Tür zu Roonahs Zimmer auf und sah dort zu seinem Entsetzen die Unglückliche mit einem Taschentuch über Nase und Mund und durchgeschnittener Kehle auf dem Bett liegen.

Es war ein schrecklicher Anblick.

Die arme Roonah war ganz offensichtlich tot.

Captain Jack bewahrte einen kühlen Kopf, machte die Tür ruhig wieder zu, bat Joan eindringlich, die Nerven zumindest so lange zu bewahren, bis ein Arzt da war und man Lady d'Alboukirk die Schreckensnachricht schonend beigebracht hatte.

Zwanzig Minuten später kam der hastig herbeigerufene Arzt. Er konnte Captain Jacks und Joans Befürchtungen nur bestätigen. Roonah war tot… und das schon seit Stunden.

Von Anfang an nahm die Öffentlichkeit regen Anteil an diesem geheimnisvollen Mord. Noch am Mordtag konnte man in den Abendzeitungen die fetten Schlagzeilen lesen:

Tragödie auf Fordwych Castle
Mysteriöser Mord an wichtiger Zeugin
Schwerwiegender Verdacht gegen Mitglieder des Hochadels

Während die Tage vergingen, wurde die Lage immer verwirrender, und ich schätze, Lady Molly ahnte, daß der Chef von Scotland Yard früher oder später auf ihre Hilfe zurückgreifen mußte, denn sie schickte mich zur gerichtlichen Feststellung der Todesursache und gab mir strikte Anweisung, Augen und Ohren für alle Einzelheiten offen zu halten, die mit dem Verbrechen in Verbindung stehen konnten… so unwichtig sie auch erscheinen mochten. Sie selbst blieb in der Stadt und wartete auf den Anruf des Chefs.

Die gerichtliche Feststellung der Todesursache fand im Speisesaal von Fordwych Castle statt, und der herrschaftliche Raum war bis zum letzten Platz gefüllt, als der Richter und die Geschworenen schließlich ihre Plätze einnahmen, nachdem sie die Leiche der armen Ermordeten im ersten Stock in Augenschein genommen hatten.

Die Umstände waren dramatisch genug, um jedem Romanschriftsteller Anregung zu sein, und ehrfürchtiges Schweigen senkte sich über die Menge, als, kurz vor Eröffnung der Verhandlung, eine Tür aufgestoßen wurde und steif und aufrecht Baroness d'Alboukirk in Begleitung ihrer Nichte Miss Henriette und gefolgt von Captain Jack von der königlichen Garde eintrat.

Die Miene der alten Dame war unbeweglich und arrogant wie immer. Dasselbe galt für ihre athletisch gebaute Nichte. Captain Jack dagegen wirkte erregt und besorgt. Alle merkten, daß seine Augen zuerst eine schmale, dunkel gekleidete Gestalt an der Seite des korpulenten und berühmten Anwalts, Mr. Hubert McKinley, suchten. Miss Joan Duplessis, im schlichten schwarzen Kleid, war bleich und verweint.

Als erster Zeuge wurde der ortsansässige Arzt aufgerufen. Seine Aussage bezog sich ausschließlich auf die medizinischen Fakten. Er hatte bei der Untersuchung der Leiche festgestellt, daß man die junge Frau mit einem mit Chloroform getränkten Taschentuch betäubt und ihr dann die Kehle durchgeschnitten hatte. Der Tod mußte sofort eingetreten sein. Nichts deutete darauf hin, daß sich das Opfer gewehrt hatte.

Auf die entsprechende richterliche Frage erklärte der Arzt, daß für die grausige Tat weder besonders viel Kraft noch Gewaltanwendung nötig gewesen sei, da das Opfer ja bewußtlos gewesen sei. Das wiederum deute auf besondere Kaltblütigkeit und Entschlossenheit des Täters hin.

Taschentuch und Messer wurden als Beweismittel vorgelegt. Ersteres war grell gemustert und stammte nachweislich aus dem Besitz des Opfers. Bei letzterem handelte es sich um ein altmodisches Jagdmesser ausländischen Fabrikats, das zu einer Sammlung kleiner Handwaffen gehörte, die in der Eingangshalle zur Dekoration an der Wand hingen. Detektiv Elliott hatte das Messer unter einem Ginstergestrüpp am Rand des Golfplatzes gefunden und auf Grund der Blutspuren als Tatwaffe identifiziert.

Als nächster Zeuge wurde Captain Jack aufgerufen. Seine Befragung war schnell beendet, da er die Leiche lediglich von der Tür aus gesehen, das Zimmer daraufhin geschlossen und einen Diener nach dem Arzt geschickt hatte.

Einige Dienstboten von Fordwych Castle wurden daraufhin aufgerufen. Sie berichteten von der merkwürdigen Verschwiegenheit der Inderin, durch die sie sich innerhalb des Haushalts völlig isoliert hatte. Erst Miss Henriettes Zofe, Jane Partlett, hatte einige interessante Fakten beizutragen. Sie schien den engsten Kontakt mit der Toten gehabt und zumindest einmal sogar ein vertrauliches Gespräch mit ihr geführt zu haben.

»Sie sprach hauptsächlich von ihrer Herrin«, berichtete Jane dem Richter. »Ihr war sie sehr ergeben. Sie hat behauptet, sie so zu lieben, daß sie jederzeit für sie sterben würde. Mir ist das natürlich ziemlich dumm, eben fremdländisch, vorgekommen, aber Roonah ist ehrlich böse geworden, als ich sie ausgelacht habe. Sie hat ihr Mieder über der Brust aufgeknöpft und mir Dokumente gezeigt, die in das Futter ihres Kleides eingenäht waren. ›Alles dies Papiere, die Vermögen meiner kleinen Herrin‹, hat sie gesagt. ›Roonah auf Papiere aufpassen. Wer Papiere will, Roonah töten müssen.‹

Das war vor ungefähr sechs Wochen«, fuhr Jane fort, deren Ausführungen alle gebannt folgten. »In letzter Zeit ist sie immer verschlossener geworden, und als ich mal wieder von den Dokumenten angefangen habe, ist sie wie eine Wilde auf mich losgegangen und hat mich angezischt, ich solle den Mund halten.«

Auf die Frage, ob sie jemand von den Dokumenten erzählt habe, schüttelte Jane den Kopf.

»Abgesehen von Miss Henriette natürlich«, fügte sie nach kurzem Zögern noch hinzu.

Während dieses Vorgeplänkels hatte Lady d'Alboukirk aufrecht und schweigend, mit dem Ausdruck hochmütiger Gleichgültigkeit zwischen ihrem Cousin Jack und der Nichte Henriette gesessen. Henriette wiederum gab sich ostentativ gelangweilt. Sie hatte mehrfach hörbar gegähnt, was ihr bei den Zuschauern wenig Sympathie einbrachte. Soviel Dickfelligkeit angesichts eines schrecklichen Verbrechens und des augenfälligen Schmerzes der Schwester machte einen sehr unvorteilhaften Eindruck. Es hatte sich mittlerweile herumgesprochen, daß Henriette vor der Gerichtsverhandlung im Raum unter Roonahs Sterbezimmer eine Fechtstunde genommen und eine Stunde nach Entdeckung der scheußlichen Gewalttat bereits wieder seelenruhig Golf gespielt hatte.

Schließlich wurde Miss Joan Duplessis aufgerufen.

Als das junge Mädchen vortrat, entstand plötzlich jene gespannte Stille, die im Theater der entscheidenden Szene eines Dramas vorausgeht. Joan Duplessis wirkte ruhig und beherrscht. Im schlichten Schwarz, die Züge deutlich vom Schmerz über den Tod der treuen Freundin gezeichnet, hatte sie das Mitgefühl aller auf ihrer Seite.

Sie gab ihren Namen mit Joan Clarissa Duplessis an, führte aus, daß sie bis zum Todestag ihrer Zofe auf Fordwych Castle gewohnt, danach jedoch ein Zimmer im d'Alboukirk Arms, einem kleinen Hotel am Stadtrand, bezogen habe.

Aus den Reihen derjenigen, die davon noch nichts gewußt hatten, war erstauntes Raunen zu hören. Der Richter fuhr freundlich mit der Befragung fort:

»Soviel ich weiß, sind Sie in Pondicherry in Indien geboren und die jüngere Tochter des verstorbenen Captain und der verstorbenen Mrs. Duplessis, der Schwester der Baroness.«

»Ich bin in Pondicherry geboren«, erwiderte das junge Mädchen mit ruhiger Stimme. »Und zwar als das einzige legitime Kind des Captain Duplessis und seiner Frau, der einzigen Schwester der Baroness.«

Wieder ging ein Raunen durch den Saal, das jedoch schnell durch eine Handbewegung des Richters unterdrückt wurde. Die Betonung, die die Zeugin auf das Wort ›legitim‹ gelegt hatte, war kaum zu überhören gewesen, und alle hatten plötzlich das Gefühl, daß darin der Schlüssel zur Lösung des geheimnisvollen Verbrechens an der Inderin liegen mußte.

Die Augen aller richteten sich automatisch auf die alte Baroness d'Alboukirk, die sich flüsternd mit ihrer Nichte Henriette unterhielt. Die beiden schienen jedes Interesse an den Vorgängen im Saal verloren zu haben.

»Die Tote war Ihre Vertraute und Zofe… ist das richtig?« erkundigte sich der Richter nach einer Pause.

»Ja.«

»Und sie ist erst vor kurzem zusammen mit Ihnen nach England gekommen?«

»Ja. Sie mußte mich begleiten, um mir dabei zu helfen, meine Ansprüche geltend zu machen, weil ich das einzige ehelich geborene Kind meiner Mutter und daher Erbin der Baronie d'Alboukirk bin.«

Joans Stimme hatte bei diesem Satz gebebt, doch angesichts der atemlosen Stille im Saal war sie sichtlich bemüht, die Beherrschung nicht zu verlieren, und berichtete auf Anfrage des Richters, wie sie das schreckliche Verbrechen an ihrer treuen Dienerin entdeckt hatte. Joans Aussage dauerte bereits eine Viertelstunde, als der Richter ihr die folgenschwere Frage stellte:

»Können Sie uns etwas über die Dokumente sagen, die die Tote stets bei sich trug und von denen hier schon die Rede war?«

»Ja«, erwiderte Joan Duplessis gelassen. »Sie enthielten den Beweis für meinen Anspruch. Mein Vater, Captain Duplessis, war in seiner Jugend, und bevor er meine Mutter kennengelernt hatte, eine heimliche Verbindung mit einem Halbblut, Roonahs Schwester, eingegangen. Als er ihrer überdrüssig war, hat er sie verstoßen. Sie hatten keine Kinder, aber die Ehe war trotzdem gültig gewesen. Danach hat er meine Mutter geheiratet, und seine erste Frau ist später gestorben… wohl an gebrochenem Herzen. Allerdings ereignete sich ihr Tod erst zwei Monate nach der Geburt meiner Schwester Henriette. Mein Vater hat wohl geglaubt, seine erste Frau sei längst tot, und war schockiert, als ihm klar wurde, was er meiner Mutter angetan hatte. Um alles wiedergutzumachen, hat er meine Mutter ein zweites Mal, und diesmal rechtmäßig, geheiratet und Roonahs Familie viel Geld bezahlt, um die Geschichte zu vertuschen. Knapp ein Jahr nach dieser zweiten... und der einzig rechtmäßigen... Eheschließung wurde ich geboren. Meine Mutter starb dabei.«

»Und was sind das für Dokumente, über die soviel gesprochen wird?«

»Die Heiratsurkunde der ersten Frau meines Vaters und zwei eidesstattliche Versicherungen über den Zeitpunkt ihres Todes zwei Monate nach der Geburt meiner Schwester Henriette. Die eine stammt von Dr. Rénaud, einem damals bekannten Arzt in Pondicherry, und die andere von Roonah selbst, in deren Armen die Schwester gestorben war. Dr. Rénaud ist tot, und Roonah hat man ermordet... damit sind alle Beweise zunichte...«

Ihre Worte gingen in Schluchzen unter, das sie jedoch mit sichtlicher Anstrengung unterdrückte. In dem überfüllten Saal hätte man in diesem Augenblick eine Stecknadel zu Boden fallen hören, so groß war die Spannung.

»Die Dokumente befanden sich also im Besitz Ihrer Zofe? Weshalb?« wollte der Richter wissen.

»Ich habe es nicht gewagt, die Papiere mit mir herumzutragen«, erwiderte die Zeugin mit einem seltsam verängstigten Blick auf ihre Tante und Schwester. »Roonah hat sie nie aus der Hand gegeben. Sie hatte sie im Futter ihres Kleides eingenäht tagsüber immer bei sich und verbarg sie nachts unter dem Kopfkissen. Nach Roonahs... Roonahs Tod hielt ich es, nachdem Dr. Walker gegangen war, für meine Pflicht, die Papiere an mich zu nehmen. Schließlich hing meine ganze Zukunft davon ab. Ich wollte sie Mr. McKinley zur Verwahrung übergeben. Aber ich konnte sie weder im Bett noch in den von Roonah abgelegten Kleidungsstücken finden. Sie waren verschwunden.«

Der Aufruhr, den diese Aussage entfachte, war beträchtlich. Die Blicke aller schweiften von Joans bleichen Zügen zu der ihr praktisch gegenübersitzenden Schwester, die nur die muskulösen Schultern zuckte und die zierliche, mitleiderregende Gestalt mit unbewegt hochmütiger und gleichgültiger Miene musterte.

»Auf die Dokumente komme ich gleich noch einmal zu sprechen«, sagte der Richter. »Aber was wissen Sie über das Privatleben Ihrer verstorbenen Zofe? Hatte sie Feinde... oder vielleicht einen Liebhaber?«

»Nein«, erwiderte das Mädchen. »Roonah kannte nur einen Lebensinhalt: mich und meine Erbansprüche. Ich habe sie oft gebeten, die Dokumente Mr. McKinley zu übergeben, aber sie hat keinem vertraut. Jetzt wünschte ich, sie hätte auf mich gehört.« Und dabei stöhnte das junge Mädchen unwillkürlich auf. »Dann hätte ich nämlich nicht verloren, wovon meine ganze Zukunft abhängt, und der Mensch, der mich mehr geliebt hat als alles andere auf der Welt, wäre nie so heimtückisch ermordet worden.«

Natürlich war es kein schönes Erlebnis, Zeuge sein zu müssen, wie dieses junge Mädchen, im Strudel der Gefühle und sicher ohne böse Absicht, gegen seine nächsten Verwandten eine so schwerwiegende Anschuldigung erhob. Die ganze Geschichte war hoffnungslos verwickelt und immer mysteriöser geworden. Man stelle sich nur vor, was für einen Eindruck diese so mitleiderregende Geschichte des jungen Mädchens auf alle Anwesenden machen mußte. Schließlich war sie nach England gekommen, um ein Recht geltend zu machen, von dem sie glaubte, daß es ihr zustand. Und jetzt sah sie sich durch den brutalen Mord an der einzigen Zeugin um all ihre Hoffnungen betrogen.

Daß Joan Duplessis' Erbansprüche durch Roonahs Tod und das Verschwinden der Dokumente gefährdet waren, war durch die Aussage des Rechtsanwalts, Mr. McKinley, deutlich geworden. Da Roonah und Joan sich ihm nie vollständig anvertraut und ihm die Dokumente nie überlassen hatten, konnte seine Aussage auch nicht als beweiskräftig gewertet werden. Allerdings hatte er die Heiratsurkunde von Captain Duplessis' erster Frau gesehen, von der man, wie er sagte, jederzeit eine Kopie beschaffen könne. Offenbar war diese Frau während der Cholera-Epidemie 1881 gestorben. Jedoch aufgrund der zahllosen Todesopfer, der Vertuschungsversuche der Eingeborenen und der

Nachlässigkeit der französischen Regierung waren Totenscheine nur gelegentlich und dann oft falsch ausgefüllt worden.

Roonah war bereit gewesen, vor einem englischen Gericht zu beschwören, daß ihre Schwester zwei Monate nach der Geburt von Captain Duplessis' erstem Kind in ihren Armen gestorben war. Außerdem gab es noch die eidesstattliche Versicherung des verstorbenen Dr. Rénaud. Diese hatte Mr. McKinley gelesen.

Der einzige Beweis, der nun in bezug auf Joan Duplessis' Erbanspruch übrigblieb, war die Tatsache, daß ihre Eltern irgendwann nach der Geburt ihres ersten Kindes zum zweiten Mal geheiratet hatten. Das war nicht zu leugnen und konnte, wenn nötig, auch bewiesen werden, war aber nicht schlüssig genug. Jedenfalls zeigte es, daß Captain Duplessis von irgendwelchen Zweifeln geplagt gewesen sein mußte, die er durch die zweite Heirat auszuräumen gedachte. Trotzdem bewies dies nicht, daß seine älteste Tochter unehelich geboren worden war.

Je länger Mr. McKinley redete, desto überzeugter waren alle im Saal, daß der Diebstahl der Papiere etwas mit dem Mord an der unglücklichen Roonah zu tun hatte. Sie hatte sich von den Beweisen nicht trennen mögen, die ihrer Herrin ein Vermögen gebracht hätten, und sie hatte ihre Ergebenheit mit dem Leben bezahlt.

Danach wurden noch mehr Zeugen gehört. Die Dienstboten wurden ausgiebig befragt, der Arzt erneut aufgerufen, doch trotz aller Bemühungen konnten Richter und Geschworene, von den bekannten Tatsachen abgesehen, keine schlüssigen Hinweise ans Tageslicht fördern.

Die Inderin war ermordet worden!

Die Dokumente, die sie stets bei sich getragen hatte, waren verschwunden!

Darüber hinaus gab es nichts als eine undurchdringliche Mauer des Schweigens.

Der Butler von Fordwych Castle hatte erst am Morgen nach dem Mord die Tatwaffe an ihrem üblichen Platz in der Eingangshalle vermißt, und die ganze Angelegenheit wurde noch mysteriöser, als herauskam, daß in letzter Zeit nur eine Person in der ganzen Gegend Chloroform gekauft hatte, und zwar die Ermordete selbst.

Roonah war ungefähr drei Wochen zuvor beim Apotheker gewesen und hatte ihm ein Rezept für eine Haarspülung präsentiert, in der auch ein Anteil Chloroform enthalten war. Er hatte daraufhin eine winzige Menge in ein Fläschchen abgefüllt, das man später leer auf Roonahs Toilettentisch sichergestellt hatte. Darüber hinaus konnte niemand auf Fordwych Castle beschwören, in jener denkwürdigen Nacht ein ungewöhnliches Geräusch gehört zu haben. Selbst Joan, die ja im angrenzenden Zimmer schlief, wollte durch nichts aufmerksam geworden sein. Allerdings war die Verbindungstür zwischen den Räumen verschlossen und der Mörder schnell und lautlos gewesen.

Mit diesem Ergebnis wurde die Verhandlung geschlossen. Zurück blieben düstere Verdächtigungen und unerklärliche Angst.

Das Urteil der Geschworenen lautete auf ›Mord durch Unbekannt‹. Daraufhin erhob sich Lady d'Alboukirk und ging, auf den Arm der Nichte gestützt, wortlos aus dem Saal.

Pegram und Elliott, zwei unserer besten Männer bei Scotland Yard, übernahmen den Fall. Sie bezogen Quartier in Fordwych, der Kleinstadt in der Nähe, in der sich ja auch Miss Joan mittlerweile im d'Alboukirk Arms eingemietet hatte. Ich kehrte bereits kurz nach der Verhandlung nach London zurück, und auch Captain Jack mußte wieder zu seiner Einheit. Die Damen auf dem Schloß nahmen ihr ruhiges, angenehmes Leben wieder auf: die alte Dame in nahezu monarchischer Zurückgezogenheit, Miss Henriette beim Fechten, Boxen, Hockey und Golf. Währenddessen kreiste über dem Anwesen und seinen hochmütigen Residenten wie ein häßlicher Raubvogel ein namenloser Verdacht.

Auch wenn die beiden Damen nichts auf die öffentliche Meinung geben mochten, die Öffentlichkeit war entschieden gegen sie eingestellt. Keiner wagte es, jemanden offen zu beschuldigen, doch man hatte nicht vergessen, daß Miss Henriette am Morgen nach dem Mord auf dem Golfplatz gewesen war, wo man das Messer gefunden hatte, und daß, falls Miss Joan d'Alboukirk ihre Ansprüche auf die Baronie d'Alboukirk nicht einklagen konnte, Miss Henriette das Erbe eines Tages unangefochten antreten würde. So kam es, daß niemand den Kopf zum Gruß senkte oder die Mütze zog, wenn die beiden Damen die Straße entlangfuhren, und sich die Augen aller mit ängstlicher Abscheu auf die alte Dame und ihre Nichte richteten, wenn der Pfarrer in der Kirche über das fünfte Gebot ›Du sollst nicht töten‹ sprach.

Auf Fordwych Castle regierte die ›Splendid Isolation‹. Die Kommentare in den Zeitungen wurden in ihrer Kritik an Scotland Yard immer beißender, und die Öffentlichkeit wurde immer ungeduldiger.

Schließlich wußte sich der Chief-Superintendent keinen Rat mehr und bat Lady Molly zu sich; mit dem Erfolg, daß ich erneut die Reise nach Fordwych Castle antrat, und diesmal in Begleitung der Lady. Ihr hatte man bei den Ermittlungen völlig freie Hand gelassen, ihr jede Freiheit zugestanden, damit das mysteriöse Verbrechen aufgeklärt werden konnte.

Wir erreichten Fordwych gegen acht Uhr abends, nach dem üblichen längeren Aufenthalt in Newcastle. Dort bezogen wir Quartier im d'Alboukirk Arms, wo Lady Molly mich bei einem hastigen, ausgesprochen schlechten Abendessen über ihre Pläne aufklärte.

»Ich habe bereits ein exaktes Bild von diesem Verbrechen, Mary«, begann sie ernst. »Es ist fast, als sei ich die ganze Zeit über auf dem Schloß gewesen. Ich weiß, wo meine Kollegen geirrt und wo sie sich verrannt haben. Aber obwohl der Chief mir freie Hand läßt, ist das, was ich vorhabe, so unorthodox, daß mir im Fall eines Mißerfolgs nichts anderes übrigbleibt, als meinen Abschied zu nehmen; und dann fällt auch auf Sie ein wenig positives Licht, Mary. Noch ist es also nicht zu spät.

Sie können sich da heraushalten und die Sache mir allein überlassen.«

Ich hielt ihrem Blick unbeweglich stand. Ihre dunklen Augen glänzten. Ich kannte die Kraft ihres Einfühlungsvermögens und ihre Intuition, was Menschen und Dinge betraf, nur zu gut.

»Ich weiche nicht von Ihrer Seite, Lady Molly«, erklärte ich.

»Dann gehen Sie jetzt zu Bett«, entgegnete Lady Molly nach einem ihrer Stimmungsumschwünge, die sie für mich so interessant und für andere so unberechenbar machten.

Mein Protest war zwecklos. Lady Molly wollte sich auf keine weiteren Fragen einlassen. Es blieb mir also nichts weiter übrig, als zu Bett zu gehen. Am nächsten Morgen stand sie schon zu ungewöhnlich früher Stunde im eleganten Schneiderkostüm an meinem Bett.

»Mein Gott, wie spät ist es?« fuhr ich hoch und war sofort hellwach.

»Zu früh für Sie, um aufzustehen«, lautete die Antwort. »Ich gehe zur Frühmesse in die römisch-katholische Klosterkapelle.«

»Zur Messe in die Klosterkapelle?«

»Wiederholungen sind eine dümmliche Zeitverschwendung, Mary. Ich habe mich hier als Mrs. Silas A. Ogden aus den Vereinigten Staaten vorgestellt, die mit dem Auto eine Panne hatte. Während der Wagen in Newcastle repariert wird, sehe ich mir die Schönheiten der Gegend an. Da ich katholisch bin, gehe ich zuerst in die Frühmesse und mache später Lady d'Alboukirk meine Aufwartung, die ich flüchtig aus London kenne. Sobald ich zurück bin, frühstücken wir. Sie könnten sich mittlerweile ein wenig mit Miss Joan Duplessis anfreunden, die ja ebenfalls hier wohnt. Laden Sie sie ein, mit uns zu frühstükken.«

Bevor ich noch etwas entgegnen konnte, hatte Lady Molly das Zimmer verlassen, und ich mußte gehorchen.

Eine Stunde später sah ich Miss Joan Duplessis in den Hotelgarten gehen. Es gelang mir spielend, mit dem jungen Mädchen ins Gespräch zu kommen, da dieses froh zu sein schien, mit jemandem reden zu können. Wir sprachen übers Wetter und andere Allgemeinplätze, wobei ich es tunlichst vermied, das schreckliche Verbrechen auf Fordwych Castle auch nur zu erwähnen. Lady Molly kehrte gegen zehn Uhr zurück und wirkte noch exakt so elegant und selbstbewußt wie drei Stunden zuvor. Nur mir, die sie so gut kannte, blieb das triumphierende Glitzern ihrer Augen nicht verborgen. Sie hatte also Erfolg gehabt. An ihrer Seite war Pegram, der jedoch sofort im Hotel verschwand, während sie sich zu uns in den Garten gesellte. Nach dem Austausch einiger Höflichkeiten stellte Lady Molly sich Joan Duplessis vor und bat sie, mit uns zu frühstücken.

Das Frühstückszimmer war leer, und wir setzten uns an einen Tisch. Ich harrte gespannt der Dinge, die da kommen würden. Durch das geöffnete Fenster sah ich Elliott hastig die Straße entlanggehen. Nachdem wir unsere Bestellung aufgegeben hatten, war ich viel zu aufgeregt, um essen, geschweige denn sprechen zu können, so daß Lady Molly allein die Unterhaltung mit Miss Joan bestritt. Lady Molly befragte das junge Mädchen über sein Leben in Indien und den Vater Captain Duplessis. Dabei gestand Joan, daß sie von jeher der Liebling des Vaters gewesen sei.

»Seltsam, aber Henriette hat er nie so recht gemocht«, sagte sie.

Lady Molly wollte schließlich wissen, wie Roonah zu der Familie gestoßen war.

»Sie ist nach dem Tod meiner Mutter zu uns gekommen«, erwiderte Joan. »Als meine Amme und Kindermädchen.« In Pondicherry schien es niemand als unziemlich empfunden zu haben, daß Roonah als Dienstbotin in ein Haus kam, in dem ihre Schwester als Herrin gelebt hatte. Pondicherry ist eine französische Siedlung, und Sitten und Gebräuche sind daher oft etwas ungewöhnlich.

Schließlich wagte ich es, Miss Joan nach ihren Zukunftsplänen zu befragen.

»Ja«, seufzte sie sehr niedergeschlagen. »Zu Lebzeiten meiner Tante sind mir die Hände gebunden. Ich kann sie ja nicht zwingen, mich auf Fordwych aufzunehmen oder mich als Erbin anzuerkennen. Aber nach ihrem Tod, wenn meine Schwester Titel und Vermögen der d'Alboukirks erbt«, fügte sie hinzu, und plötzlich entstellte so etwas wie Rachsucht, ja beinahe brutaler Haß, ihre kindlichen Züge, »dann sorge ich dafür, daß das brutale Verbrechen an Roonah nicht in Vergessenheit gerät, und hoffe, daß die öffentliche Meinung…«

Miss Joan hielt plötzlich inne. Ich sah sie an. Sie war aschfahl, starrte zu Boden und ließ Messer und Gabel fallen. Erst in diesem Augenblick merkte ich, daß Pegram ins Zimmer gekommen war und Lady Molly ein Dokumentenpäckchen überreichte.

Mit einem Mal wurde mir alles klar.

Dann zerriß ein verzweifelter Schrei, dem schrillen Aufschrei eines zu Tode geängstigten Tieres ähnlich, die Stille. Pegrams tiefe Stimme rief: »Nein! Nicht!« Und bevor jemand es verhindern konnte, stand Joans zierliche Gestalt im Fensterrahmen.

Im nächsten Moment war sie verschwunden. Wir hörten nur noch einen dumpfen Aufprall, der das Blut in meinen Adern gefrieren ließ.

Pegram rannte aus dem Zimmer. Lady Molly jedoch blieb ruhig sitzen.

»Die Unschuldigen sind von jedem Verdacht befreit. Das ist mir gelungen. Aber die Schuldige hat die Strafe an sich selbst vollzogen.«

»Dann ist sie es gewesen?« brachte ich entsetzt heraus.

»Ja. Ich hatte sie vom ersten Augenblick an im Verdacht«, erwiderte Lady Molly gelassen. »Roonahs Übertritt zum römisch-katholischen Glauben und die Wesensveränderung, die danach mit ihr vorgegangen war, haben mich auf die Spur geführt.«

»Aber warum? Warum nur?« murmelte ich.

»Das ist ganz einfach, Mary«, seufzte Lady Molly und trommelte mit schmalen Fingern auf das Päckchen in ihrem Schoß. Schließlich löste sie die Schnur und legte die Briefe auf den

Tisch. »Die ganze Geschichte war von Anfang bis Ende erlogen. Die Heiratsurkunde der Inderin war in Ordnung. Die Echtheit der übrigen Papiere allerdings mußte ich bezweifeln, seit ich erfahren hatte, daß Roonah sie nicht aus der Hand geben, ja nicht einmal Mr. McKinley anvertrauen wollte. Ich bin sicher, daß es die beiden zuerst nur auf Erpressung abgesehen hatten und sie gar nicht daran dachten, damit vor Gericht zu gehen.

Die wichtigste Rolle fiel dabei natürlich Roonah zu, die ja bereit war, unter Eid das Sterbedatum der ersten Madame Duplessis zu bestätigen. Die Initiative für den ganzen Plan mag von Joan oder sogar von Captain Duplessis selbst ausgegangen sein, der die Familie vielleicht haßte, die weder mit ihm noch mit seiner Lieblingstochter etwas zu tun haben wollte. Die Wahrheit werden wir wohl nie erfahren. Ursprünglich war Roonah eine Zarathustra und dem Mädchen, das sie großgezogen hatte, blind ergeben. Und Joan hat sie bestimmt perfekt auf die Rolle vorbereitet, die sie spielen sollte. Aber dann ist Roonah zum römisch-katholischen Glauben übergetreten, wurde eine fanatische Christin mit all der Angst der Katholikin vor dem Fegefeuer. Ich bin heute morgen in der katholischen Kirche gewesen, habe mir die Predigt des Priesters angehört und erkannt, welchen Einfluß seine Reden auf die arme, ungebildete und abergläubische Roonah gehabt haben müssen. Zwar war sie noch immer bereit, ihr Leben für ihre Herrin hinzugeben, aber einen falschen Eid wollte sie nicht mehr leisten. Nach der Messe war ich auf Fordwych Castle. Ich habe der Baroness d'Alboukirk meinen Auftrag erklärt. Daraufhin hat sie mich in Roonahs Zimmer geführt. Dort habe ich zwei Dinge gefunden«, fuhr Lady Molly fort und zog aus dem eleganten Pompadour an ihrem Arm einen großen Schlüssel und ein Gebetbuch.

»Den Schlüssel habe ich zusammen mit anderen Habseligkeiten der armen Roonah in der Schublade einer alten Kommode in dem Ankleidezimmer gefunden, in dem die Zofe schlief. Die Verbindungstür zu Miss Joans Zimmer war verschlossen. Dieser Schlüssel paßte. Roonah hatte die Tür also von ihrer Seite aus abgesperrt. Sie hatte Angst vor ihrer Herrin! Da war mir klar, daß mein Verdacht richtig gewesen war. Das hier ist ein katholisches Gebetbuch und sichtlich abgegriffen an der Stelle, wo für Meineide und Lügen der Tod im Fegefeuer angedroht wird. Roonah, die alles Übernatürliche fürchtete, Roonah die Bekehrte, hatte Angst, eine Todsünde zu begehen.

Der Himmel weiß, was sich zwischen den beiden Frauen abgespielt hat, die ein so schreckliches und gewaltsames Ende gefunden haben. Wer kann schon sagen, welche Überredungskünste Joan Duplessis unter Flehen und Tränen angewandt hat, nachdem sie begriffen hatte, daß Roonah nicht mehr bereit war, einen Meineid zu leisten, der ihrer Herrin zu Reichtum und gesellschaftlicher Stellung verholfen hätte, bis sie eines schrecklichen Tages erkannte, daß sie sich nicht einmal mehr darauf verlassen konnte, daß Roonah den Mund hielt. Dann allerdings verfiel sie auf ein abscheuliches Mittel, die Zofe für immer zum Schweigen zu bringen.

Mit dieser Gewißheit wagte ich schließlich den vernichtenden Schlag. Während ich Joan hier in eine Unterhaltung verwickelte, drang Pegram mit der Order in ihr Zimmer ein, ihre Tasche und ihren Koffer gewaltsam zu öffnen. Ich hatte Ihnen ja bereits angekündigt, daß ich im Fall eines Mißerfolgs gewiß unehrenhaft aus dem Polizeidienst entlassen werden würde. Denn zu solch illegalen Maßnahmen hatte ich kein Recht. Wenn Pegram jedoch fündig werden würde, dann konnte ich den Mörder seiner gerechten Strafe zuführen. Ich kenne meine Geschlechtsgenossinnen ziemlich gut, was, Mary? Ich wußte, daß Joan Duplessis diese Papiere nie vernichtet hatte und auch nie vernichten würde.«

In diesem Augenblick hörte ich schwere Schritte im Korridor. Ich sprang auf. An der Tür stand ich Pegram gegenüber.

»Sie ist tot, Miss«, berichtete er. »Sie ist aus gut zwölf Meter Höhe aufs Pflaster gestürzt.«

Die Schuldige hatte sich damit selbst einer gerechten Strafe überantwortet.

Lady d'Alboukirk schickte Lady Molly an jenem Tag einen Scheck über 5000 Pfund, als sie die ganze Wahrheit erfuhr.

Ich nehme an, Sie finden auch, daß dies eine wohlverdiente Belohnung war. Lady Molly hatte mit dem Fingerspitzengefühl einer Frau Fordwych Castle vom düsteren Schatten eines schrecklichen Verbrechens befreit. Und nachdem die Papiere in Joan Duplessis' Tasche sichergestellt werden konnten, gab auch der Mord an der Inderin Roonah keinerlei Rätsel mehr auf.

Aus dem Englischen von
Christine Frauendorf-Mössel

R. AUSTIN FREEMAN
(1862–1943)

Der blaue Skarabäus

In der Gerichtsmedizin hat man vorwiegend mit Verbrechen gegen Personen zu tun und wird meistens mit Einzelheiten konfrontiert, die schmutzig, brutal und höchst unerfreulich sind. Daher war für uns der ungewöhnliche und romantische Fall des blauen Skarabäus (obwohl er eigentlich nicht in unser Fach fiel) eine willkommene Abwechslung. Mich interessiert er allerdings hauptsächlich deshalb, weil er auf vorzügliche Weise jene beiden Gaben meines Freundes Thorndyke illustriert, die ihn zu einem so einzigartigen Detektiv machen: erstens seine nahezu unheimliche Fähigkeit, auf den ersten Blick das einzig wesentliche Faktum zu erfassen, zweitens, bei Bedarf geradezu unerschöpfliche Wissensreserven auf den abwegigsten Gebieten zu mobilisieren.

Es war später Nachmittag, als Mr. James Blowgrave zum verabredeten Termin in unsere Kanzlei kam. In seiner Begleitung befand sich seine Tochter, ein außerordentlich hübsches Mädchen von zweiundzwanzig Jahren. Nachdem wir uns vorgestellt hatten, begann ohne weitere Umschweife das Gespräch.

»Ich habe in meinem Schreiben auf Einzelheiten verzichtet«, sagte Mr. Blowgrave. »Ich hatte offen gestanden die Befürchtung, Sie würden anderenfalls mein Anliegen ablehnen. Eigentlich handelt es sich um Diebstahl... aber um einen nicht ganz alltäglichen Diebstahl. Mein Fall hat reichlich geheimnisvolle Aspekte. Und da uns die Polizei kaum Hoffnung gelassen hat, uns helfen zu können, kommen wir zu Ihnen. Aber am besten erzähle ich einfach mal, was eigentlich passiert ist.

Der Diebstahl liegt gut zwei Wochen zurück und geschah gegen halb zehn Uhr abends. Ich saß mit meiner Tochter in meinem Arbeitszimmer und betrachtete einige Gegenstände, die ich einer Dokumentenkassette entnommen hatte, als einer meiner Hausangestellten hereinstürmte. Eines unserer Nebengebäude war in Brand geraten. Von meinem Arbeitszimmer führt eine Terrassentür in den hinteren Gartenteil, und da das Nebengebäude auf einer Weide neben dem Garten stand, habe ich das Haus auf diesem Wege verlassen. Die Terrassentür ließ ich offen. Zuvor allerdings hatte ich besagte Gegenstände hastig wieder in die Dokumentenkassette gelegt und letztere verschlossen.

Der Schuppen, den ich teils als Brennholzschuppen, teils als Werkstatt nutzte, brannte lichterloh, und sämtliche Hausangestellten waren bereits vor Ort. Der Botenjunge bediente die Pumpe, die beiden Hausmädchen versuchten, den Brand mit Wassereimern zu löschen. Meine Tochter und ich versuchten, aus dem Schuppen zu retten, was zu retten war, und halfen ebenfalls bei den Löscharbeiten. Es dauerte eine gute halbe Stunde, bis das Feuer endlich gelöscht war. Danach gingen meine Tochter und ich auf unsere Zimmer, um uns zu waschen und umzuziehen. Als wir schließlich gemeinsam ins Arbeitszimmer zurückkehrten und nachdem ich die Terrassentür geschlossen hatte, schlug meine Tochter vor, unsere Arbeit an den Dokumenten in der Kassette wiederaufzunehmen. Doch der Platz auf der Kommode, wo die Kassette immer gestanden hatte, war leer.

Im ersten Augenblick dachte ich, ich hätte sie verlegt, und habe das ganze Zimmer abgesucht. Sie blieb unauffindbar. Die einzig plausible Lösung des Rätsels ist, daß jemand sie während unserer Abwesenheit gestohlen hat. Weiterhin habe ich den Verdacht, daß der Brand an der Scheune absichtlich gelegt worden war, um sämtliche Hausbewohner wegzulokken.«

»Ja, nach allem, was Sie erzählt haben, sieht es ganz so aus«, stimmte Thorndyke unserem Klienten zu. »Befinden sich Jalousien oder Vorhänge an der Terrassentür?«

»Vorhänge«, erwiderte Mr. Blowgrave. »Aber die waren nicht vorgezogen. Vom Garten aus hätte jeder ins Zimmer sehen können. Und der Garten ist für jedermann problemlos erreichbar, der es sich zutraut, über eine niedrige Mauer zu klettern.«

»Hm, soweit könnte der Diebstahl das Werk eines Gelegenheitsdiebs gewesen sein, der sich in den Garten geschlichen und Sie durchs Fenster beobachtet hat«, resümierte Thorndyke. »In der Annahme, die Dinge in der Kassette seien wertvoll, hat er sich damit davongemacht. War der Inhalt der Kassette denn von Wert?«

»Für einen Dieb ist die Kassette vollkommen wertlos. Es befinden sich einige Aktienzertifikate, ein Pachtvertrag, zwei Verträge, Familienfotos und ein Kästchen mit einem alten Brief und einem Skarabäus darin. Nichts, das zu stehlen sich gelohnt hätte, denn die Aktienzertifikate lauten auf meinen Namen und sind daher nicht negoziierbar.«

»Und der Skarabäus?«

»Der könnte aus Lapislazuli sein, aber wahrscheinlich ist er nur eine blaue Glasimitation. Wertvoll ist er jedenfalls nicht. Er ist vielleicht gerade drei Zentimeter lang. Aber die Geschichte geht noch weiter. Der Diebstahl geschah am siebten Juni, einem Dienstag. Ich habe die Polizei benachrichtigt und ihr eine Beschreibung der gestohlenen Gegenstände geliefert. Trotzdem geschah überhaupt nichts... bis zum Mittwoch, dem fünfzehnten Juni, an dem ich per Post ein Einschreibepäckchen erhielt, das in Southampton abgestempelt worden war. Als ich es öffnete, fand ich darinnen zu meinem Erstaunen den vollständigen Inhalt der Dokumentenkassette... mit einer

Ausnahme. Es fehlte der Skarabäus. Dafür war diese reichlich mysteriöse Nachricht beigelegt.«

Er zog einen ganz gewöhnlichen Briefumschlag aus der Tasche. Die Adresse war mit Schreibmaschine geschrieben. Außerdem trug der Brief ein großes, elipsenförmiges Siegel mit Hieroglyphen.

»Ich schätze, das ist ein Abdruck des Skarabäus«, erklärte Thorndyke. »Und es handelt sich um einen ausgezeichneten Abdruck.«

»Richtig«, erwiderte Mr. Blowgrave. »Ich bin ziemlich sicher, daß das unser Skarabäus ist. Die Größe kommt hin.«

Thorndyke warf einen überraschten Seitenblick auf unseren Klienten. »Aber erkennen Sie denn die Hieroglyphen darauf nicht?«

Mr. Blowgrave lächelte. »Ich muß gestehen, daß ich von Hieroglyphen gar nichts verstehe. Aber soweit ich das beurteilen kann, sehen die hier genauso aus wie die auf unserem Skarabäus. Was meinst du, Nellie?«

Miss Blowgrave warf einen eher flüchtigen Blick auf das Siegel und antwortete: »Mir geht es nicht anders als meinem Vater. Mehr als seltsame Zeichen sind Hieroglyphen für mich nicht. Aber diese hier sehen wirklich so aus wie die auf unserem Skarabäus.«

Ohne darauf weiter einzugehen, betrachtete Thorndyke das Siegel eingehend durch sein Vergrößerungsglas. Schließlich öffnete er das Kuvert. Es enthielt zwei Briefe. Der eine war mit Schreibmaschine geschrieben, der andere wies eine verblichene braune Handschrift auf. Er las den ersten Brief, betrachtete dann interessiert das Papier und hielt es gegen das Licht, um das Wasserzeichen erkennen zu können.

»Das Papier scheint belgischer Herkunft zu sein«, bemerkte er und übergab mir den Brief. Ich konnte sein Urteil nur bestätigen. Dann las ich den Brief, der, dem Briefkopf nach zu urteilen, in Southampton geschrieben worden war:

›Lieber Freund,
die irrtümlich entwendeten Dinge schicke ich zurück. Das alte Dokument liegt bei. Die kleine Rarität befindet sich gegenwärtig in der Obhut meines verehrten Onkels. Hoffe, daß ihr vorübergehender Verlust Ihnen keine Unannehmlichkeiten bereitet und ich später in der Lage bin, sie Ihnen zurückzusenden.
Mittlerweile verbleibe ich mit freundlichen Grüßen

Ihr Rudolpho.‹

»Wer ist Rudolpho?« fragte ich.

»Das weiß der Himmel«, erwiderte Mr. Blowgrave. »Ein Pseudonym unseres anonymen Langfingers, nehme ich an. Er scheint ein Witzbold zu sein.«

»Offenbar«, stimmte Thorndyke ihm zu. »Dieser Brief und das Siegel scheinen das zu sein, was Schuljungen als ›Fopperei‹ bezeichnen würden. Und trotzdem ist es nichts Ungewöhnliches. Er hat die wertlosen Dinge zurückgeschickt und das einzige behalten, das von irgendeinem Wert ist. Sind Sie sicher, daß der Skarabäus nichts Besonderes ist?«

»Tja, ich habe ihn von einem Experten schätzen lassen«, gestand Mr. Blowgrave. »Monsieur Fouquet, der Ägyptologe, hat ihn sich angesehen. Er ist vor einigen Monaten von Brüssel aus hier gewesen. Und er hält ihn für eine wertlose Kopie... auch die Inschrift ist blanker Unsinn. Lediglich eine wahllose Ansammlung von Hieroglyphen, die keinen Sinn ergeben.«

Thorndyke betrachtete den Skarabäus erneut durch sein Vergrößerungsglas. »In diesem Fall scheint Rudolpho oder Rudolphos Onkel ein schlechtes Geschäft gemacht zu haben. Wobei uns diese Erkenntnis allerdings auch nicht weiterbringt.«

An diesem Punkt meldete sich Miss Blowgrave zu Wort: »Vater, ich finde, du solltest Dr. Thorndyke alles über den Skarabäus erzählen. Er muß wissen, daß zwischen dem Skarabäus und Onkel Reuben eine Verbindung besteht.«

Thorndyke betrachtete das Mädchen plötzlich mit neu erwachtem Interesse. Verstehen sollte ich diesen Blick allerdings erst später.

»Es ist eine alte Familiengeschichte«, sagte Mr. Blowgrave mißbilligend. »Und vermutlich barer Unsinn.«

»Erzählen Sie sie uns trotzdem«, forderte Thorndyke ihn auf. »Vielleicht kommt dadurch doch etwas Licht in das Dunkel.«

So bedrängt, blieb Mr. Blowgrave nichts anderes übrig, als seine Geschichte zum besten zu geben. Etwas schüchtern begann er:

»Die Geschichte dreht sich um meinen Urgroßvater, Silas Blowgrave, und seine Aktivitäten während des Krieges mit Frankreich. Offenbar war er Kapitän eines Kaperschiffs, das er und sein Bruder Reuben gemeinsam besaßen. Auf ihrer letzten Reise sollen die beiden in den Besitz einer einzigartigen und kostbaren Juwelensammlung gelangt sein. Der Himmel weiß, wie sie an die Edelsteine gekommen sind... vermutlich nicht gerade auf ehrliche Art und Weise. Jedenfalls scheinen die beiden rechte Draufgänger gewesen zu sein. Man erzählt sich, der Schatz habe aus einer südamerikanischen Kirche gestammt, aber ich glaube, da ist nicht viel dran. Schriftliche Aufzeichnungen, die seine Existenz bestätigen, gibt es nicht. Alles ist nur mündlich überliefert... also vage und ungenau. Die Geschichte besagt, daß die beiden sich, als sie ihr Schiff verkauft hatten, in Shawstead in Hertfordshire niederließen. Silas im Herrenhaus... das ich gegenwärtig bewohne... und Reuben auf der dazugehörigen Farm. Die Beute hatten sie nach ihrer letzten Seefahrt geteilt, wobei die Edelsteine getrennt behandelt worden waren. Über ihren Verbleib sollte später entschieden werden. Beide Männer jedoch waren leidenschaftliche Spieler. Nach Aussage einer Dienstmagd, die die beiden belauscht haben will, haben die beiden eines Nachts besonders verbissen gespielt und beschlossen, als letzten Einsatz die Juwelensammlung zu nehmen. Silas, der die Edelsteine in Verwahrung hatte, wurde beobachtet, wie er ins Herrenhaus ging und kurz darauf mit einer kleinen eisenbeschlagenen Holzkiste zu Reubens Haus zurückkehrte.

Offenbar spielten die beiden bis spät in die Nacht hinein Karten. Die anderen Gäste und die Dienstboten waren bereits zu Bett gegangen. Offenbar war das Glück auf Reubens Seite. Allerdings heißt es, er habe da etwas nachgeholfen. Als die Partie jedenfalls zu Ende und die Kassette übergeben worden war, bezichtigte Silas den Bruder offen des Betrugs. Man darf wohl annehmen, daß es zu einer heftigen und erbitterten Auseinandersetzung kam. Was genau geschehen ist, weiß niemand. Als der Streit begann, hatte Reuben die Dienstmagd zu Bett geschickt, und deren Zimmer lag in einem entlegenen Teil des Hauses. Am Morgen stellte sich schließlich heraus, daß Reuben und die Kassette mit den Edelsteinen verschwunden waren. Außerdem fand man deutliche Blutspuren in dem Zimmer, in dem die beiden Karten gespielt hatten. Silas behauptete, nichts über den Verbleib des Bruders zu wissen. Aber es kam natürlich trotzdem der Verdacht auf, er habe den Bruder ermordet und die Edelsteine an sich genommen. Die Folge war, daß Silas eines Tages ebenfalls spurlos verschwand. Lange wußte nicht einmal seine Frau, wo er sich aufhielt. Erst später kam heraus, daß er sich unter anderem Namen in Ägypten niedergelassen hatte. Offenbar hatte er auf einmal großes Interesse an einer Wissenschaft, die sich damals zu entwickeln begann... nämlich der Ägyptologie. Die Inschrift des Steins von Rosette war erst wenige Jahre zuvor entziffert worden. Nach einiger Zeit meldete er sich auch wieder bei seiner Frau, äußerte sich jedoch nie dazu, was mit seinem Bruder geschehen war. Wenige Monate vor seinem Tod stattete er heimlich seiner Familie einen Besuch ab. Bei dieser Gelegenheit übergab er seiner Frau ein versiegeltes Päckchen für seinen einzigen Sohn William. Der Junge sollte es zu seinem einundzwanzigsten Geburtstag erhalten. Dieses Päckchen enthielt den Skarabäus und jenen Brief, den Sie dem Umschlag entnommen haben.«

»Darf ich ihn lesen?« fragte Thorndyke.

»Selbstverständlich. Wenn Sie glauben, das ist von Nutzen...«

Thorndyke faltete das Blatt Papier auf, starrte einen Moment auf die verblichene braune Handschrift und las dann laut vor:

»Kairo, den 4. März 1833

Mein lieber Sohn,
als mein letztes Vermächtnis sollst Du einen wertvollen Skarabäus und einige Worte des Rats von mir erhalten, über die nachzudenken ich Dich bitte. Glaub mir, es liegt tiefe Weisheit im Wissen der alten Ägypter. Mache sie Dir zu eigen. Halte den Skarabäus als kostbares Erbe in Ehren. Betrachte ihn häufig, zeige ihn jedoch niemandem. Sorge dafür, daß Dein Onkel Reuben ein christliches Begräbnis erhält. Es ist die einzige Pflicht, die ich Dir auferlege, und Du wirst reich dafür belohnt werden. Er hat zwar Deinen Vater bestohlen, doch er wird das wiedergutmachen.
Lebe wohl!
Dein Dich liebender Vater

Silas Blowgrave.«

Thorndyke legte den Brief aus der Hand und sah unseren Klienten fragend an.

»Hmmm«, begann er. »Das sind klare Anweisungen. Inwiefern sind sie ausgeführt worden?«

»Überhaupt nicht«, erwiderte Blowgrave. »Was Silas' Sohn William, also meinen Großvater, betrifft... der wollte mit der Sache gar nichts zu tun haben. Er nahm den Brief als klares Eingeständnis des Vaters, den Bruder ermordet und die Leiche versteckt zu haben. William hatte nicht die Absicht, die Familientragödie ans Licht der Öffentlichkeit zu zerren. Außerdem läßt sich leicht sagen: ›Sorge dafür, daß dein Onkel Reuben ein christliches Begräbnis erhält!‹ Aber wo, zum Teufel, ist Onkel Reuben eigentlich?«

»Ich entnehme dem Brief den deutlichen Hinweis, daß, wer auch immer dem Leichnam Reubens ein christliches Begräbnis verschafft, großen Nutzen daraus zieht«, erklärte Thorndyke. »Und das Wort ›wiedergutmachen‹ scheint mir ein Fingerzeig auf den Verbleib der Edelsteine zu sein. Hat sich denn niemand je die Mühe gemacht, die Leiche Reubens zu finden?«

»Aber wie hätte man das anstellen sollen?« entgegnete

Blowgrave. »Er macht nicht die geringste Andeutung über ihren Verbleib. Im Gegenteil, er schreibt, als wisse sein Sohn, wo die Leiche liegt. Und außerdem: Selbst wenn Silas die Edelsteine nicht an sich genommen hat, bleibt es doch zweifelhaft, wem sie überhaupt gehören. Ursprünglich waren sie sicher Diebesgut. Und niemand weiß, woher sie kamen. Dann hat Reuben sie Silas offenbar in betrügerischer Absicht abgenommen, und Silas hat sie sich durch einen Mord zurückgeholt. Hätte William den Schatz gefunden, wäre er verpflichtet gewesen, ihn Reubens Söhnen zu übergeben... und doch konnte auch Reuben die Edelsteine nicht zweifelsfrei als sein Eigentum reklamieren. Eigentlich hatte niemand einen völlig rechtmäßigen Anspruch darauf.«

»Aber das hat sich inzwischen geändert«, warf Miss Blowgrave ein.

»Nein«, sagte Mr. Blowgrave und reagierte damit auf Thorndykes fragenden Blick. »Die Rechtslage ist jetzt klar. Reubens Enkel, mein Cousin Arthur, ist vor kurzem gestorben. Er war kinderlos und hat sein Vermögen aufgeteilt. Das alte Farmhaus und der Grundbesitz gingen an seinen Neffen. Darüber hinaus jedoch hat er meiner Tochter ein Legat hinterlassen. Er hat sie als sogenannte Nachvermächtnisnehmerin eingesetzt. Damit sind sämtliche Rechte, die Reubens Neffe hinsichtlich der Edelsteine hätte geltend machen können, an sie übergegangen. Und nach meinem Tod ist sie auch Silas' Erbin. Offen gestanden«, fuhr Mr. Blowgrave fort, »...haben wir genau diese Situation in jener Nacht besprochen, als der Diebstahl passierte. Ich will nicht verschweigen, daß meine Tochter nach meinem Tod alles andere als finanziell abgesichert ist. Auf unserem Grundstück liegt eine hohe Hypothek, und Kapital ist kaum vorhanden. Onkel Reubens Edelsteine hätten ihr zumindest das Haus gesichert. Aber ich will Sie nicht mit unseren häuslichen Verhältnissen langweilen.«

»Ihre häuslichen Verhältnisse sind gar nicht so unwichtig«, gab Thorndyke zu bedenken. »Aber was soll ich eigentlich in dieser Angelegenheit tun?«

»Nun, ich bin beraubt, und auf meinem Grund und Boden ist Feuer gelegt worden«, begann Mr. Blowgrave. »Die Polizei kann offensichtlich nichts tun. Sie behauptet, es gäbe keinerlei Spuren oder Hinweise... Für sie kann nur jemand aus meinem Haus den Diebstahl begangen haben. Aber das ist absurd. Schließlich waren alle Dienstboten damit beschäftigt, das Feuer zu löschen. Trotzdem möchte ich, daß der Dieb gefunden und bestraft wird. Und ich will den Skarabäus wiederhaben. Selbst wenn er so wertlos ist, wie Monsieur Fouquet behauptet, ist er immerhin ein Erbstück. Ich wäre Ihnen daher dankbar, wenn Sie den Dieb für mich finden könnten.«

»Einfacher Diebstahl fällt normalerweise nicht in meine Zuständigkeit«, antwortete Thorndyke. »Aber irgendwie interessiert mich der Fall. Er hat einige ungewöhnliche Aspekte. Also gut, Mr. Blowgrave. Ich nehme mich der Sache an. Und ich habe durchaus Hoffnung, daß wir den Dieb erwischen... auch wenn es jetzt so aussieht, als gäbe es keinerlei Hinweise. Ich bitte Sie, mir beide Briefe zu überlassen, damit ich sie genauer untersuchen kann. Außerdem muß ich mir wahrscheinlich Ihr Haus und das Grundstück ansehen... Aber das hat Zeit bis morgen.«

»Sie sind jederzeit willkommen«, sagte Blowgrave. »Ich bin sehr froh, daß Sie die Sache in die Hand nehmen. Ich habe durch meinen Freund Stalker von der Griffin Life Assurance Company schon viel von Ihnen gehört. Sie haben ja schon häufig für ihn gearbeitet.«

»Bevor Sie gehen, Mr. Blowgrave, möchte ich noch eines klären«, erinnerte sich Thorndyke. »Wer außer Ihnen und Ihrer Tochter weiß von der Existenz des Skarabäus, dem Brief und der Geschichte, die dazugehört?«

»Das weiß ich offen gestanden nicht«, antwortete Blowgrave. »Allerdings habe ich diese Dinge einmal meinem Cousin Arthur gezeigt. Möglicherweise hat er mit seiner Familie darüber gesprochen. Ich habe die Sache nie als Geheimnis behandelt.«

Nachdem unsere Klienten gegangen waren, besprachen wir den Sachverhalt.

»Eine reichlich romantische Geschichte«, bemerkte ich. »Der Diebstahl ist zwar in diesem Zusammenhang recht interessant, aber ich neige dazu, der Polizei recht zu geben: Es gibt praktisch keinen einzigen Anhaltspunkt.«

»Es *gäbe* keinen Anhaltspunkt, wenn unser Sportsfreund nicht von sich überzeugt wäre«, verbesserte Thorndyke mich. »Dieser schreibmaschinengeschriebene Brief war eine Dummheit... für die wir ihm natürlich nur dankbar sind. Der Herr fühlt sich ein bißchen zu sicher. Er hätte den Hals nicht so weit vorstrecken dürfen.«

»Ich kann mir nicht vorstellen, daß uns dieser Brief weiterhelfen wird«, widersprach ich.

»Eine bedauerliche Einstellung, Jervis!« empörte sich Thorndyke. »Vor allem weil ich vorhatte, dir den Brief zur genaueren Analyse zu übergeben.«

»Ich meinte ja auch nur, oberflächlich betrachtet«, beeilte ich mich zu versichern. »Zweifellos wird eine exakte Untersuchung mehr ans Licht bringen.«

»Zweifellos«, stimmte Thorndyke mir zu. »Und da es Gründe gibt, schnell zu handeln, schlage ich vor, daß du dich gleich an die Arbeit machst. Ich nehme mir den alten Brief und den Umschlag vor.«

Nach diesem Gespräch begann ich unverzüglich mit meiner Analyse. Als erstes machte ich eine Faksimile-Fotografie des Briefes, indem ich ihn in einen großen Druckrahmen mit einer lichtempfindlichen und einer klaren Glasplatte legte. Das so entstandene Negativ zeigte nicht nur die Buchstaben, sondern auch das Wasserzeichen und die Drahtstruktur des Papiers und einen schwachen Fettfleck. Als nächstes wandte ich mich der Schreibmaschinenschrift zu. Dabei ließen sich doch eine ganze Menge verwertbarer Indizien feststellen. Die Schreibmaschine war ganz offensichtlich eine ›Corona‹ mit der Schrifttype ›Elite‹ mit defekter Zeilenführung gewesen. Die Kleinbuchstaben wie zum Beispiel das ›a‹ saßen zu tief, während das große

›A‹ exakt auf der Zeile saß. Das kleine ›u‹ wiederum schlug zu hoch an, und das kleine ›m‹ war schmutzverklebt.

Bis zu diesem Zeitpunkt hatte ich den Brief vorsichtshalber nur mit der Pinzette angefaßt (obwohl er mittlerweile schon durch drei Hände gegangen war). Nun begann ich, ihn auf Fingerabdrücke zu untersuchen. Da ich mit bloßem Auge nichts Greifbares erkennen konnte, gab ich pulverisiertes Fuchsin auf die Blattrückseite. Durch leichtes Klopfen verteilte ich die Pulverschicht sorgfältig. Dadurch kam eine ganze Anzahl von Fingerabdrücken zum Vorschein; und zwar hauptsächlich an den Rändern. Obwohl die meisten Abdrücke schwach und diffus waren, reichte doch das, was man erkennen konnte, für unsere Zwecke aus. Nachdem ich das überschüssige Pulver entfernt hatte, ging ich mit dem Blatt in den Laborraum. Dort fand ich allerdings die große Reproduktionskamera, mit der ich die Rückseite des Briefes ablichten wollte, bevor ich die Vorderseite untersuchte, bereits besetzt. Unser Laborassistent Polton hatte Kuvert und Siegel ins Reprostativ gespannt.

»Bin in einer Minute fertig, Sir«, versprach Polton. »Der Doktor braucht eine Vergrößerung von diesem Siegel. Die Platte ist schon eingelegt.«

Ich wartete, bis er seine Aufnahme gemacht hatte, dann fotografierte ich die Fingerabdrücke auf der Rückseite des Briefs. Nachdem ich das Negativ entwickelt hatte, gab ich das Fuchsinpulver auch auf die Vorderseite des Briefs. Auch hier waren Abdrücke... vorwiegend Daumenabdrücke zu erkennen. Diese waren jedoch weniger deutlich sichtbar, weil sie teilweise in das Schriftbild reichten. Da das Farbband, mit dem geschrieben worden war, jedoch blau und das Fuchsin rot war, hob die Fototechnik diese Überlagerung auf, so daß die Abdrücke auf dem Negativ so gestochen herauskamen, wie man sie mit bloßem Auge nie hätte sehen können. Nachdem ich fertig war, ließ ich die Negative zum Trocknen bei Polton zurück und ging ins Wohnzimmer, um meinen Bericht zu schreiben. Ich hatte ihn gerade beendet, als ich Thorndykes schnelle Schritte auf der Treppe hörte. Kurz darauf betrat er mit einer

Papierrolle in der Hand das Zimmer. Er breitete die Rolle auf dem Tisch aus und spannte das Papier mit Hilfe von zwei Briefbeschwerern. Ich trat zu ihm. Auf dem Tisch lag eine Generalstabskarte im Maßstab 1:25000.

»Hier liegt das Anwesen der Blowgraves«, erklärte Thorndyke. »Fast in der Mitte dieses Blattes. Das ist das Haus ›Shawstead Manor‹, und das hier müßte das Nebengebäude sein, das mittlerweile abgebrannt ist. Ich nehme an, daß das Haus, das hier mit ›Dingle Farm‹ angegeben wird, die Farm ist, die Onkel Reuben gehörte.«

»Vermutlich«, stimmte ich ihm zu. »Ich begreife nur nicht, weshalb du diese Karte brauchst. Du wolltest doch morgen selbst dorthin fahren.«

»Die Karte bietet den Vorteil, daß man sich einen Überblick verschaffen und die Lage von Haus und Grundstück gut einprägen kann. Außerdem kann man mit Lineal und Zirkel die Entfernungen exakt ausmessen. Wenn wir morgen also zu Mr. Blowgrave fahren, kennen wir uns dort bereits ebensogut aus wie der Eigentümer.«

»Und was nützt uns das?« fragte ich. »Inwiefern helfen uns Kenntnisse über Lage und Beschaffenheit des Geländes weiter?«

»Nun, mein lieber Jervis, da ist zum Beispiel der Dieb«, erwiderte Thorndyke. »Er muß irgendwoher gekommen und irgendwohin auch wieder verschwunden sein. Das Kartenstudium gibt uns vielleicht einen Hinweis darauf, wie er den Einbruch bewerkstelligt hat. Aber da ist ja schon Polton mit ›den Dokumenten‹, wie die arme Miss Flite sagen würde. Was haben Sie für uns, Polton?«

»Sie sind noch nicht ganz trocken, Sir«, begann Polton und deutete auf die vier großen Fotos auf Bromsilberpapier auf dem Tisch. »Hier ist die Vergrößerung vom Siegel... aufgezogen, und drei unaufgezogene Abzüge von Dr. Jervis.«

Thorndyke betrachtete kritisch meine Fotos. »Die sind ausgezeichnet«, lobte er. »Die Fingerabdrücke sind zwar schwach, aber deutlich identifizierbar. Ich kann nur hoffen, daß einige

Der von Thorndyke angefertigte Stempel
mit dem Abdruck des Skarabäus.

davon die richtigen sind. Das hier ist mein linker Daumen. Deinen kann ich nicht erkennen. Der schmale Abdruck dort stammt vermutlich von Miss Blowgrave. Wir dürfen morgen nicht vergessen, die Fingerabdrücke von Vater und Tochter zu nehmen. Dann wissen wir, ob einige der Abdrücke dem Dieb gehören.« Schließlich überflog Thorndyke meinen Bericht und nickte zustimmend. »Mit diesen Fakten dürfte es uns nicht schwerfallen, die Schreibmaschine zu identifizieren… vorausgesetzt, wir finden sie. Was hältst du vom Siegel?« fragte er schließlich und legte die Vergrößerung vor mich auf den Tisch.

»Großartig«, murmelte ich grinsend. »Geradezu monumental.«

»Was gibt's denn da zu grinsen?« wollte er wissen.

»Bist du nicht ein bißchen voreilig?« erwiderte ich. »Ich meine, du veranlaßt aufwendige Vorbereitungen für die Identifizierung des Skarabäus und läßt dabei einen geradezu klassischen Leitsatz unseres Gewerbes außer acht.«

»Oh, ich habe das sichere Gefühl, daß wir den Skarabäus bekommen werden«, behauptete Thorndyke. »Jedenfalls sollten wir unbedingt in der Lage sein, ihn sofort als das gesuchte Diebesgut zu erkennen, wenn wir ihn sehen.«

»Ich halte es für unwahrscheinlich, daß es so weit je kommt«, entgegnete ich skeptisch. »Aber es kann ja nicht schaden, auch auf den unwahrscheinlichsten Eventualfall vorbereitet zu sein.«

Ganz offenbar war das auch Thorndykes Ansicht, denn er trieb einen enormen Aufwand, um für alles gerüstet zu sein. Nachdem er sich ein Zeichenbrett besorgt hatte, ging er daran, mit Hilfe einer feinen Feder und Dokumententinte die Vergrößerung des Siegelabdrucks auf ein Durchschlagpapier zu pausen. Aus diesem wiederum fertigte er einen Wachsstempel und machte ein halbes Dutzend Abdrücke. Einen davon gab er mir. Ich betrachtete die seltsame Anordnung von Hieroglyphen skeptisch und sagte: »Du hast einmal gesagt, ein Gerichtsmediziner müsse sich sämtliche Wissensgebiete zu eigen machen. Muß er vielleicht auch noch Ägyptologe sein?«

»Wenn er es ist, ist er jedenfalls ein besserer Gerichtsmediziner«, lautete Thorndykes Antwort, und ich beschloß, sie mir zu Herzen zu nehmen. Trotzdem begriff ich Thorndykes aufwendige Vorbereitungen für diesen Fall vorerst überhaupt nicht. Welchen Sinn hatte es, einen Stempelabdruck des Siegels anzufertigen? Das Siegel selbst genügte doch zur Identifizierung. Ich drückte mich weiter in Thorndykes Nähe herum und hoffte, irgend etwas beobachten zu können, das mir Aufschluß über seine Absichten gab. Statt dessen jedoch verwirrte er mich immer mehr. Er nahm ein Buch aus dem Regal und legte es auf den Tisch. Ein Blick auf den Titel genügte. Als ich sah, daß er nun Rapers Navigationsatlas zu studieren begann, schlich ich mich in die Diele hinaus, setzte meinen Hut auf und machte einen Spaziergang.

Als ich zurückkehrte, hatte Thorndyke den Navigationsatlas offenbar abgehakt, denn er saß in seinem Sessel und war in die Lektüre eines Kompendiums für Angler vertieft. Auf dem Tisch lagen ein Zirkel, ein großer Winkelmesser, ein Reißbrettlineal und ein Bogen Durchschlagpapier, auf das er Shawstead Manor gepaust hatte.

»Warum hast du diese Pause angefertigt?« wollte ich wissen. »Genügt dir die Karte nicht?«

»Wir brauchen ja nicht den ganzen Kartenausschnitt«, erwiderte er. »Und es geht mir gegen den Strich, Karten zu zerschneiden.«

Nach einem kleinen Imbiß im Speisewagen des Zuges erreichten wir gegen halb zwei Uhr nachmittags Shawstead Manor. Man hatte unser Kommen offenbar vom Haus aus beobachtet, denn Blowgrave und seine Tochter empfingen uns bereits auf der Veranda. Blowgrave kam mit ausgestreckten Armen und sichtlich enttäuschtem Gesichtsausdruck auf uns zu. »Schön, daß Sie kommen!« rief er aus. »Aber Sie kommen zu spät!«

»Zu spät? Wofür zu spät?« fragte Thorndyke.

»Das will ich Ihnen gern zeigen«, seufzte Blowgrave, nahm meinen Kollegen beim Arm und zog ihn zu einer kleinen Pforte seitlich des Hauses und auf einen schmalen Weg, der an der Gartenmauer entlangführte und schließlich auf einer großen Weide endete, an deren Ende eine halbverfallene Windmühle stand. Dann hastete er quer über die Wiese zu einem frisch aufgeworfenen Erdhaufen. Dort blieb er stehen und deutete mit dramatischer Geste auf die Stelle, wo offenbar vor kurzem ein Loch gegraben und nur provisorisch wieder zugeschüttet worden war.

»Da!« rief er aus, bückte sich und ließ die lockere Erde über dem Loch durch die Finger gleiten. »Das muß gestern nacht oder früh am Morgen gegraben worden sein. Ich bin erst gestern auf der Weide gewesen und habe nichts dergleichen bemerkt.«

Thorndyke starrte lächelnd auf die Grube. »Und wofür halten Sie das hier?«

»Wofür ich das halte?« wiederholte Blowgrave schrill. »Ich nehme doch an, daß hier jemand nach Onkel Reuben und den vermißten Edelsteinen gesucht hat.«

»Ich bin geneigt, Ihnen recht zu geben«, sagte Thorndyke gelassen. »Zufällig hat derjenige allerdings an der falschen Stelle gesucht. Aber das ist seine Sache.«

»An der falschen Stelle!« riefen Blowgrave und seine Tochter im Chor. »Woher wollen Sie wissen, daß das hier die falsche Stelle ist?«

»Oh, ganz einfach, weil ich zu wissen glaube, wo die richtige Stelle ist... und die ist nicht hier«, erwiderte Thorndyke. »Aber das läßt sich leicht nachprüfen. Jetzt heißt es, keine Zeit zu verlieren. Können Sie zwei Männer mit Pickeln und Schaufeln organisieren? Oder sollen wir das lieber selbst übernehmen?«

»Letzteres halte ich für ratsamer«, erklärte Blowgrave, der vor Erregung zitterte. »Wenn irgend möglich, möchte ich keine Zeugen haben.«

»Das ist sicher besser«, stimmte Thorndyke ihm zu. »Dann schlage ich vor, daß Sie die Geräte holen, während ich die Stelle einmesse.«

Blowgrave war sofort einverstanden und ging schnellen Schrittes davon. Das junge Mädchen blieb bei uns und musterte Thorndyke gespannt.

»Ich möchte Sie nicht mit meinen Fragen belästigen«, begann sie. »Aber wie haben Sie nur herausgefunden, wo Onkel Reuben begraben liegt?«

»Das erkläre ich Ihnen später«, wehrte Thorndyke ab. »Zuerst müssen wir Onkel Reuben finden.« Damit legte er seinen Instrumentenkoffer auf die Erde, klappte ihn auf und nahm drei Kopien des von ihm durchgepausten Ausschnitts der Generalstabskarte heraus. Auf jedem Blatt war eine Stelle auf der Weide markiert, von der strahlenförmig Linien ausgingen.

»Begreifst du jetzt, wie vorteilhaft eine Karte sein kann?«

fragte Thorndyke mich. »Damit war es mir möglich, drei Standorte ungeachtet sämtlicher Hindernisse einzuzeichnen... wie zum Beispiel die jungen Bäume dort drüben, die erst nach Silas' Zeit dort gewachsen sind. Wenn weitere unvorhergesehene Hindernisse es uns erschweren, die richtige Stelle zu finden, können wir sie trotzdem mit dem Maßband oder der Meßlatte einmessen.«

»Und weshalb hast du drei Pläne gezeichnet?« erkundigte ich mich.

»Weil drei Stellen möglich erscheinen«, antwortete Thorndyke. »Nummer eins ist die wahrscheinlichste; Nummer zwei die weniger wahrscheinliche, aber durchaus möglich; Nummer drei ist praktisch ausgeschlossen. Nummer eins befindet sich zwischen den jungen Bäumen dort. Stellen wir erst mal fest, ob wir den Platz trotz der Bäume finden.«

Wir gingen zu der Baumgruppe. Dort angekommen, nahm Thorndyke ein Stativ aus seiner Instrumententasche und befestigte einen Kreiselkompaß darauf. Mit Hilfe des letzteren machte er drei Probemessungen. Einige Minuten lang beobachteten Miss Blowgrave und ich, wie er mit dem Stativ von Ort zu Ort wanderte, die Richtung der Nadel prüfte und von Zeit zu Zeit auf die Karte blickte. Schließlich drehte er sich zu uns herum:

»Wir haben Glück. Keiner dieser Bäume beeinträchtigt die Peilung.« Damit entnahm er der Instrumententasche einen Vermessungsstab, steckte ihn unter dem Stativ in die Erde und erklärte: »Hier ist die Stelle. Allerdings müssen wir vermutlich in weitem Umkreis graben. Der Kompaß kann uns nur die grobe Richtung angeben.«

In diesem Augenblick kam Blowgrave keuchend über die Weide und warf drei Pickel, zwei Schaufeln und einen Spaten vor uns auf die Erde. »Ich will Sie zwar nicht unnötig mit Fragen belästigen«, begann er, »...aber das alles ist mir doch sehr rätselhaft. Wenn wir fertig sind, erwarte ich eine detaillierte Erklärung.«

Thorndyke versprach, ihm diese zu geben. Dann zog er sein

Jackett aus, rollte die Hemdsärmel auf, griff nach dem Spaten und markierte ein großes Viereck in der Erde. Während Thorndyke die Grasnarbe entfernte, hackten Blowgrave und ich die Erde auf; Blowgraves Tochter wiederum schaufelte die lose Erde beiseite.

»Weißt du, wie tief wir gehen müssen?« fragte ich.

»Der Leichnam liegt in ein Meter achtzig Tiefe«, erwiderte Thorndyke, legte seinen Spaten beiseite, nahm ein Fernglas aus der Tasche und richtete es auf ein gut sechshundert Meter entferntes Farmhaus. Nachdem er dieses eingehend betrachtet hatte, nahm er den Spaten wieder auf und machte sich an der entgegengesetzten Ecke des Vierecks zu schaffen.

Auf diese Weise arbeiteten wir eine gute halbe Stunde und hoben eine ständig tiefer werdende Grube aus. Schließlich legten wir eine Pause ein, stiegen aus der Grube und wischten uns den Schweiß von der Stirn.

»Ich finde, wir könnten jetzt einen Krug Limonade vertragen, Nellie«, bemerkte Blowgrave. »Es sei denn natürlich, unser Besuch zieht Bier vor.«

Thorndyke und ich stimmten jedoch für Limonade, und Miss Nellie ging zum Haus zurück. Thorndyke griff erneut zum Fernglas und richtete es auf das Farmhaus.

»Die Farm scheint dich ja brennend zu interessieren«, bemerkte ich.

»Stimmt«, antwortete er und reichte mir das Fernglas. »Sieh dir mal das Fenster im rechten Giebel an. Aber bleib unter dem Baum.«

Ich tat, worum Thorndyke mich gebeten hatte, und entdeckte im rechten Giebel ein offenes Fenster, hinter dem ein Mann saß. Er hielt ein Fernglas in der Hand, das auf uns gerichtet schien.

»Wir werden beobachtet«, vermutete ich und gab das Fernglas an Blowgrave weiter. »Aber das ist wohl kaum von Bedeutung. Wir befinden uns doch hier auf Ihrem Grund und Boden, oder?«

»Selbstverständlich«, erwiderte Blowgrave. »Trotzdem wollen wir keine Zuschauer. Das ist übrigens Harold Bowker«, fügte er hinzu. »Der Neffe meines Cousins Arthur. Ich habe Ihnen von ihm erzählt. Er hat die Farm geerbt. Er scheint sich ja sehr für uns zu interessieren. Aber auf dem Land ist man eben neugierig.«

In diesem Augenblick kehrte Miss Nellie mit einem einladend aussehenden Korb zurück und lenkte unsere Aufmerksamkeit von dem ungebetenen Beobachter ab. Nachdem wir unseren Durst gestillt hatten, sprangen wir wieder in die Grube und nahmen unsere Arbeit erneut auf.

Es verstrich eine weitere halbe Stunde. An manchen Stellen hatten wir bereits die vorgegebene Tiefe von einem Meter achtzig erreicht und spielten mit dem Gedanken, uns eine zweite Verschnaufpause zu gönnen, als Blowgrave, der in einer Ecke arbeitete, einen lauten Schrei ausstieß. Er richtete sich auf. In den Fingern hielt er einen kleinen Gegenstand. Es war ein brauner, erdverschmierter Knochen; und zwar, wie Thorndyke entschied, ganz offenbar ein Menschenknochen.

»Wir haben unverschämtes Glück«, stellte Thorndyke fest. »Ich hätte nie gedacht, daß wir schon beim ersten Versuch so weit kommen würden. Das ist ein Zehenknochen. Und zwar der vom rechten großen Zeh. Wir können also davon ausgehen, daß das Skelett gleich außerhalb unserer Grube liegt. Arbeiten wir also vorsichtig in Ihrer Ecke weiter, Mr. Blowgrave.« Thorndyke machte sich mit besonderer Vorsicht mit dem Spaten ans Werk und hob Erdschicht nach Erdschicht ab. Bald hatte er den rechten Fuß, die Beinknochen und den linken Fuß freigelegt.

»Jetzt wissen wir schon mal, in welcher Position das Skelett liegt«, erklärte er. »Allerdings kann hier unten nur einer weiterarbeiten. Ich halte es daher für besser, daß du und Mr. Blowgrave von oben anfängt, Jervis.«

»Ich finde das alles gespenstisch«, murmelte Miss Blowgrave. »Wir freuen uns ja richtig über die Leiche des armen Onkel Reuben.«

»Sehr pietätvoll ist das in der Tat nicht«, pflichtete Blowgrave ihr bei. »Aber ich habe Onkel Reuben ja auch nicht umgebracht, während... Nun, es ist lange her.« Damit trank er noch einen Schluck Limonade, griff nach dem Spaten und arbeitete fieberhaft weiter.

Von da an brachte jede Minute praktisch eine neue Entdekkung. Zuerst kamen zwei restlos verrostete Schuhschnallen zum Vorschein, dann zwei Knöpfe und schließlich eine schöne goldene Taschenuhr mit Kette und ein Siegel. Sämtliche Gegenstände waren erstaunlich gut erhalten und gaben der Sache etwas sehr Makaberes. Thorndyke achtete peinlich genau darauf, die Lage des Skeletts in keiner Weise zu verändern.

Schließlich hatten wir das Skelett vollständig freigelegt... mit Ausnahme des Kopfes, heißt das... und es lag so unversehrt vor uns, als habe es all die Jahre in einem Sarg überdauert. Dann, als Thorndyke vorsichtig die Erde um den Schädel herum abhob, sahen wir, daß dieser höher gelagert war als der übrige Körper. Nach leichtem Kratzen mit der Pickelspitze entdeckten wir die Ursache. Denn als die Erde seitlich abfiel und einen grinsenden Totenschädel freigab, kamen auch die eisenverstärkten Ecken einer kleinen Kassette zum Vorschein.

Es bot sich ein eindrucksvolles Bild: unheimlich, feierlich und schrecklich zugleich. Hier hatte nun über ein Jahrhundert lang jener unglückliche Spieler gelegen, den verrottenden Schädel auf die Beute eines nie aufgeklärten Raubzuges gebettet, auf einen Schatz, der widerrechtlich erworben wurde, gewaltsam zurückerobert und schließlich vom endgültigen Gewinner zusammen mit dem Zeugen des Verbrechens verborgen.

»Das wäre ein gefundenes Fressen für einen Moralapostel, der über die Vergänglichkeit weltlicher Güter predigen möchte«, bemerkte Thorndyke.

Wir standen alle stumm um unseren Fund herum und starrten auf die nackte und bloße Knochengestalt, die den Schatz bewacht hatte. Miss Blowgrave drückte sich enger an ihren Vater, der offenbar zwischen freudiger Erregung und Abscheu schwankte.

Plötzlich brach eine Stimme von oben das Schweigen. Wir sahen erschrocken auf. Am Rand der Grube stand ein junger Mann und sah geringschätzig auf uns herab.

»Da bin ich ja wohl gerade noch im rechten Augenblick gekommen«, erklärte der Neuankömmling. »Die Kassette muß ich jetzt leider in Gewahrsam nehmen... wie auch die sterblichen Überreste meines Vorfahren Reuben Blowgrave.«

»Onkel Reuben kannst du haben, wenn du willst«, antwortete Blowgrave. »Aber die Kassette gehört Nellie.«

In diesem Moment sprang Mr. Harold Bowker... in dem ich den stillen Beobachter hinter dem Fenster erkannte... in die Grube und kam leicht schwankend auf uns zu.

»Ich bin Reubens Erbe«, verkündete er. »Und zwar durch meinen Onkel Arthur. Aus diesem Grund gehören der Schatz und die Gebeine mir.«

»Entschuldige, Harold«, entgegnete Blowgrave. »Aber Nellie ist Arthurs Nachvermächtnisnehmerin. Und bei dieser Kassette handelt es sich eindeutig um den Reinnachlaß.«

»Blödsinn!« zischte Bowker. »Wie habt ihr übrigens herausgefunden, wo er begraben ist?«

»Ach, das war ganz einfach«, erwiderte Thorndyke unerwartet offenherzig. »Ich zeige Ihnen unseren Lageplan.« Damit kletterte er aus der Grube und kehrte wenige Minuten später mit seiner Ledertasche und den drei Blaupausen zurück. »So haben wir die Stelle lokalisiert.« Er reichte Bowker den Plan Nummer drei. Blowker nahm ihn und starrte verwirrt und stirnrunzelnd auf die Zeichnung.

»Aber das ist ja gar nicht die Stelle«, brachte er schließlich heraus.

»Nicht?« fragte Thorndyke. »Nein, natürlich nicht. Ich habe Ihnen den falschen Plan gegeben. Das ist er.« Er reichte Bowker das Blatt Nummer eins, nahm ihm das andere Blatt aus der Hand und legte es auf einen Erdhaufen. Während Bowker düster auf den neuen Plan starrte, zog Thorndyke Messer und Bleistift aus der Tasche und begann die Bleimine sorgfältig abzuschaben. Das graue Pulver fiel auf den Plan auf der Erde. Ich hatte ihn neugierig und verständnislos beobachtet, bis mir auffiel, daß der Bleipuder zwei Stellen an der Ecke des Blattes bedeckte. Ich begann zu begreifen und fand meinen Verdacht bestätigt, als ich sah, wie Thorndyke mit dem Bleistift leicht auf das Blatt Papier tippte und sachte den Puder wegblies. Dann zog er mein Foto des schreibmaschinegeschriebenen Briefes hastig hervor und hielt es für einen Augenblick neben den Plan.

»Alles schön und gut«, sagte Bowker und hob den Blick. »Aber wie sind Sie auf diese Position gekommen?«

Thorndyke steckte den Brief hastig wieder in die Aktenmappe, drehte sich um und antwortete: »Ich fürchte, ich kann Ihnen keine weiteren Informationen geben.«

»So, wirklich nicht?« schnaubte Bowker wütend. »Dann muß ich Sie eben dazu zwingen. Und überhaupt... Ich verbiete Ihnen allen, sich an meinem Eigentum zu vergreifen!«

Thorndyke musterte ihn gelassen und sagte mit unheilverheißend ruhiger Stimme:

»Jetzt hören Sie mir mal gut zu, Mr. Bowker. Ich finde, es wurde genug Unsinn geredet. Sie haben sich da auf ein riskantes Spiel eingelassen und verloren. Wieviel Sie verloren haben, vermag ich erst zu sagen, wenn ich weiß, ob Mr. Blowgrave Anzeige erstatten will.«

»Anzeige erstatten?« brüllte Bowker. »Was zum Teufel soll das nun schon wieder heißen?«

»Das soll heißen, daß Sie am siebten Juni, nach neun Uhr abends, widerrechtlich in Mr. Blowgraves Haus eingestiegen sind und ihn bestohlen haben. Einen Teil der gestohlenen Sachen haben Sie bereits zurückgegeben, aber in Ihrem Besitz befinden sich noch immer ein Skarabäus und eine Dokumentenkassette.«

Bowker war leichenblaß geworden. Verblüfft und verzweifelt starrte er meinen Kollegen an. Dann machte er einen letzten Versuch, das Blatt doch noch zu seinen Gunsten zu wenden.

»Das ist ja alles erstunken und erlogen!« behauptete er heiser. »Und das wissen Sie ganz genau.«

Thorndyke wandte sich unserem Gastgeber zu: »Jetzt hängt

alles von Ihnen ab, Mr. Blowgrave«, sagte er. »Ich habe schlüssige Beweise dafür, daß Mr. Bowker Ihre Dokumentenkassette entwendet hat. Falls Sie sich entschließen, gerichtlich gegen ihn vorzugehen, übergebe ich meine Unterlagen dem Gericht. Ich bin überzeugt, er wird verurteilt.«

Blowgrave und seine Tochter sahen den Beschuldigten verlegen an.

»Das erstaunt mich doch sehr«, sagte Blowgrave schließlich. »Aber ich will nicht nachtragend sein. Also gut, Harold. Gib mir den Skarabäus, und wir vergessen die ganze Geschichte.«

»Das ist unmöglich«, klärte Thorndyke ihn auf. »Nach dem Gesetz können Sie als Privatperson Diebstahl nicht durch einen Vergleich regeln. Er kann sich entschließen, Ihnen die Sachen zurückzugeben, und Sie können sich das mit der Anzeige überlegen, aber Bedingungen dürfen Sie nicht stellen.«

Einige Sekunden lang herrschte Totenstille. Dann wandte sich der niedergeschlagene Abenteurer ab, kletterte aus der Grube und ging hastig davon.

Einige Stunden später, nachdem wir uns gewaschen und etwas gegessen hatten, trugen wir die kleine Kassette vom Eßzimmer ins Arbeitszimmer. Nachdem Mr. Blowgrave die Terrassentür geschlossen und die Vorhänge zugezogen hatte, holte er einige Werkzeuge, und wir machten uns daran, die Kassette zu öffnen. Das war ein schwieriges Unterfangen, obwohl der Rost die Eisenbänder mürbe und brüchig gemacht hatte. Schließlich jedoch ließ sich der Deckel mit Hilfe eines Stemmeisens öffnen und schlug ächzend zurück. Das Innere der Kassette war mit dickem Segeltuch doppelt ausgeschlagen und enthielt mehrere kleine Lederbeutel. Wir hoben einen nach dem anderen heraus. Sie fühlten sich an, als seien sie mit Kieselsteinen gefüllt. Als wir den ersten aufbanden und seinen Inhalt in eine Holzschüssel leerten, seufzte Blowgrave vor Glück auf, und Miss Nellie stieß einen spitzen Schrei aus. Vor uns lagen geschliffene Rubine, Smaragde, Saphire und Brillanten von ungewöhnlicher Größe. Was ihren Wert betraf, konnten wir nur vage Vermutungen anstellen, aber Thorndyke, der sich mit Edelsteinen auskannte, äußerte aufgrund ihrer besonderen Form und Schönheit den Verdacht, daß sie aus einem Heiligenschrein herausgebrochen worden waren.

»Die Frage ist nur, was wir jetzt mit ihnen machen sollen«, sagte Blowgrave und betrachtete liebevoll die glitzernden Juwelen in der Schüssel.

»Ich schlage vor, Dr. Jervis bleibt über Nacht bei Ihnen und hilft, sie zu bewachen«, antwortete Thorndyke. »Morgen früh bringen Sie sie nach London zu Ihrer Bank und geben sie in ein Schließfach.«

Blowgrave war sofort einverstanden. »Trotzdem«, schränkte er dann ein. »In dieser alten Kassette kann ich die Steine nicht transportieren. Wenn ich doch nur eine Dokumentenkassette hätte...«

»Auf der Kommode hinter Ihnen steht doch eine«, sagte Thorndyke.

Blowgrave wirbelte herum. »Großer Gott!« rief er aus. »Sie ist genauso zurückgekommen, wie sie verschwunden ist. Harold muß durchs Fenster eingestiegen sein, während wir Tee getrunken haben. Jedenfalls bin ich froh, daß er sie zurückgebracht hat. Wenn ich mir die Schüssel betrachte und überlege, was ihm um Haaresbreite entgangen ist, kann ich nicht allzu hart mit ihm ins Gericht gehen. Ich schätze, der Skarabäus ist dabei... Obwohl es darauf jetzt nicht mehr ankommt.«

Der Skarabäus steckte tatsächlich in einem Briefumschlag. Als Thorndyke ihn in der Hand drehte und wendete und die eingravierten Hieroglyphen durch sein Vergrößerungsglas betrachtete, fragte Miss Blowgrave: »Ist er überhaupt wertvoll, Dr. Thorndyke? Da Sie das Versteck des Schatzes auch ohne ihn gefunden haben, kann er mit der ganzen Sache doch eigentlich nichts zu tun haben, oder?«

»Da fällt mir ein, Doktor«, meldete sich Blowgrave zu Wort. »Wie in drei Teufels Namen haben Sie herausbekommen, wo die Juwelen versteckt waren? Mir kommt das fast wie Zauberei vor.«

Thorndyke lachte leise. »Zauberei hat damit nichts zu tun. Es war alles ganz einfach. Aber es stimmt nicht, was Miss Nellie sagt. Wir haben den Skarabäus stets bei uns gehabt... oder genauer gesagt, seinen Wachsabdruck... was ja auf dasselbe herauskommt. Und der Skarabäus ist der Schlüssel zu diesem Rätsel gewesen. Wissen Sie, Silas' Brief und der Skarabäus ergaben zusammen so etwas wie einen Intelligenztest.«

»Wirklich?« sagte Blowgrave. »Dann hat er aber jedesmal eine Niete gezogen.«

Thorndyke lachte. »Seiner Nachkommenschaft fehlte offenbar wirklich etwas Unternehmungsgeist. Silas' Anweisungen waren nämlich klar und deutlich. Allerdings mußte sich derjenige, der den Schatz finden wollte, etwas Wissen über die alten Ägypter aneignen und sich intensiv mit dem Skarabäus auseinandersetzen. Aber abgesehen von Harold Bowker, der wohl von seinem Onkel Arthur davon erfahren hatte, hat sich niemand um Silas' Hinterlassenschaft gekümmert.

Ich besitze nun zufällig einige Grundkenntnisse in der Zeichenschrift der alten Ägypter, die es mir ermöglichen, sie in unser Alphabet umzusetzen. Als ich das Siegel sah, war mir sofort klar, daß diese Hieroglyphen lediglich englische Worte formten. Dabei erregte die zweite Zeichengruppe offen gestanden zuerst meine Aufmerksamkeit. Sie ergab nämlich den Namen ›Reuben‹. Erst dann erkannte ich in der zweiten Kombination das Wort ›Onkel‹. Als Miss Nellie schließlich erklärte, daß es eine Verbindung zwischen Ihrem Onkel Reuben und dem Skarabäus gab, war für mich das Geheimnis gelüftet. Ein Blick genügte, und ich wußte, daß die Inschrift des Skarabäus alle nötigen Informationen beinhaltete. Gestern abend schließlich habe ich die Hieroglyphen in unser Alphabet übertragen. Das ist das Ergebnis.«

Damit nahm er die Kopie der Blaupause, die er vor meinen Augen angefertigt hatte, aus seiner Aktentasche. Allerdings hatte er mittlerweile einiges hinzugefügt. So standen jetzt unter jeder Gruppe von Hieroglyphen die Entsprechungen in unserem Alphabet, wodurch folgender englischer Text entstand:

›UNKL RUBN IS IN TH MILL FIELD SKS FT DOWN CHURCH SPIR NORTH TEN THIRTY EAST DINGL SOUTH GABL NORTH ATY FORTY FIF WST GOD SAF KING JORJ.‹

Wir begriffen endlich, weshalb Thorndyke immer von deutlichen Angaben gesprochen hatte. Durch diesen Text wurde klar, daß Reuben auf dem Mühlenfeld, sechs Fuß tief unter der Erde lag. Die weiteren Positionsangaben lauteten: 10° 30′ OST DINGL SÜD GIEBEL NORD 80° 45′ WEST GOTT SEGNE KÖNIG GEORG.

Unsere beiden Freunde starrten stumm und fasziniert auf Thorndykes ins Englische übertragenen Text. Schließlich fand Blowgrave als erster die Sprache wieder. »Dazu mußte man doch sicher profunde Kenntnisse auf dem Gebiet der ägyptischen Schriftkunst besitzen.«

»Ganz und gar nicht«, widersprach Thorndyke. »Jeder intelligente Mensch kann sich innerhalb kürzester Zeit das ägyptische Alphabet aneignen. Die Sprache selbst allerdings ist etwas ganz anderes. Die Rechtschreibung des vorliegenden Textes ist zwar reichlich willkürlich, aber das tut der Bedeutung der Worte keinen Abbruch. Und wenn man bedenkt, wie wenig man zu Silas′ Zeiten über Ägyptologie wußte, muß man ihm doch Bewunderung zollen.«

»Wie konnte Monsieur Fouquet das nur übersehen?« wunderte sich Blowgrave.

»Ich gehe davon aus, daß er eine Inschrift in ägyptischer Sprache erwartet hat«, lautete Thorndykes prompte Antwort. »Dabei handelt es sich bei diesem Text lediglich um die buchstabengetreue Übertragung eines englischen Textes in lateinischer Schrift in die ägyptische Zeichenschrift... mit all den orthographischen Problemen, die sich zwangsläufig ergeben. Spricht Monsieur Fouquet eigentlich Englisch?«

»Kaum. Im Grunde überhaupt nicht.«

»In diesem Fall muß ihm die Inschrift natürlich völlig blödsinnig vorgekommen sein. Außerdem hatte er recht. Der Skarabäus ist nur eine Imitation.«

Transliteration der Hieroglyphen.

»Und noch was«, sagte Blowgrave. »Wie konnte sich Harold bezüglich der exakten Position von Reubens Grab nur so täuschen? Die Angaben im Text sind doch klar. Er mußte die Stelle nur mit Hilfe des Kompasses einmessen.«

»Genau das hat er auch getan«, erwiderte Thorndyke. »Allerdings scheint er noch nie etwas von dem Phänomen der ›Deviation‹ gehört zu haben. Wie Sie wissen, ist der Kompaß üblicherweise nicht auf den geographischen Nordpol, sondern auf den magnetischen Nordpol ausgerichtet. Und der magnetische Nordpol ist ständigen Schwankungen unterworfen. Im Augenblick liegt er bei 14° 48′ West vom geographischen Nordpol. Als Reuben starb, also ungefähr im Jahre 1810, lag er 24° 26′ West vom geographischen Nordpol. Also lag Harolds Position genau 10° falsch. Aber Silas ist Kapitän und Navigator gewesen und wußte über diese Abweichungen Bescheid. Da seine Angaben zu einem ihm unbekannten Zeitpunkt befolgt werden würden, nahm ich an, daß er mit ›Nord‹ den geographischen Nordpol meinte, der stets gleichbleibend ist. Und diese Vermutung war richtig. Trotzdem habe ich drei Berechnungen angestellt: Plan Nummer eins... den wir schließlich benutzt haben... mit der richtigen Position; Plan Nummer zwei mit korrigierten Positionsangaben, denen der magnetische Nordpol zugrunde lag; und Plan Nummer drei mit den unkorrigierten Angaben, die sich auf den magnetischen Nordpol gründeten, wobei dieser die Stelle auswies, an der Harold vergeblich gegraben hatte und die nicht die richtige sein konnte.«

Am darauffolgenden Morgen begleitete ich Mr. Blowgrave mit der Kassette voller Edelsteine, die mit dem ägyptischen Siegel verschlossen war, zur Bank. Damit war der Fall für uns erledigt. Ein oder zwei Monate später allerdings wohnten wir auf Bitte der Familie auf dem Friedhof in Shawstead der Enthüllung eines Denkmals für Reuben Blowgrave bei. Dieser Gedenkstein hatte die etwas ausgefallene Form eines Obelisks und trug nach Namen und persönlichen Daten die Inschrift:

›Lasset sie ihr Brot über das Wasser streuen, und es wird wiederkehren nach vielen Tagen.‹ Wozu Thorndyke trocken anmerkte, diese Ermahnung treffe auch dann zu, wenn das Brot einem anderen gehören sollte.

Aus dem Englischen von
Christine Frauendorf-Mössel

G. K. CHESTERTON
(1874–1936)

Der Fluch der Darnaways

Zwei Landschaftsmaler betrachteten das Bild einer Landschaft, das zugleich ein Seestück war, und beide waren von ihm beeindruckt, wenn auch ihre Eindrücke nicht genau gleicher Art waren. Der eine, ein aufstrebender Künstler aus London, sah es zum ersten Mal und fand es höchst sonderbar. Dem anderen, einem ortsansässigen, jedoch über den Ort hinaus bekannten Künstler, war das Bild vertrauter, aber es erschien ihm, vielleicht aufgrund dessen, was er darüber wußte, um so merkwürdiger.

Nach Farbe und Form zeigte es sich den Männern als eine Fläche Sandes vor einer Fläche abendlichen Himmels, eine Komposition aus übereinandergeschichteten Streifen düsterer Farben: totes Grün, Bronze, Braun und ein helleres Gelbbraun, das nicht einfach stumpf wirkte, sondern in diesem Dämmerlicht geheimnisvoller als Gold. Durchbrochen wurden diese horizontalen Linien einzig von einem großen Gebäude, das von den Feldern in den Sand des Meeresstrandes hinausreichte, so daß sein Saum müder Unkräuter und Binsen fast mit dem Seegras zu verschmelzen schien. Das ungewöhnlichste an dem Bild war jedoch, daß sein oberer Teil die zackige Silhouette einer Ruine hatte, die von so vielen gähnenden Fensteröffnungen und klaffenden Rissen durchsetzt war, daß sie nur noch wie ein dunkles Skelett im sterbenden Licht aussah; der Sockel des Baus hingegen hatte kaum Fenster; sie waren fast alle zugemauert und ihre Umrisse im Zwielicht nur undeutlich auszumachen. Aber ein Fenster wenigstens war noch ein richtiges Fenster; und das merkwürdigste war, daß es erleuchtet war.

»Wer, um Gottes willen, kann denn in diesem alten Gemäuer wohnen?« rief der Londoner, ein großer Mann, der wie ein Bohemien wirkte, jung noch, aber mit einem buschigen roten Bart, der ihn älter aussehen ließ; in Chelsea wohlbekannt als Harry Payne.

»Höchstens Gespenster, möchte man meinen«, antwortete sein Freund, Martin Wood. »Aber die Leute, die da wohnen, sind auch die reinsten Gespenster.«

Paradoxerweise wirkte der Londoner mit seiner ungestümen Frische und staunenden Verwunderung beinahe wie ein Junge vom Lande, während der Maler vom Ort, der den Freund mit dem amüsierten Wohlwollen des Reiferen betrachtete, eher den Eindruck eines bedächtigen und erfahrenen Mannes machte. In der Tat war er ein ruhiger und konventioneller Typ, dunkel gekleidet, das gleichmütige Gesicht glatt rasiert.

»Es ist natürlich nur ein Zeichen der Zeit«, fuhr er fort, »oder des Untergangs alter Zeiten und alter Familien. In diesem Haus leben die letzten der großen Darnaways; und nicht viele der neuen Armen sind so arm wie sie. Sie können es sich nicht einmal leisten, das Obergeschoß ihres eigenen Hauses bewohnbar zu machen, sondern müssen in den unteren Räumen einer Ruine hausen wie Fledermäuse und Nachteulen. Dabei haben sie Familienporträts, die teilweise aus der Zeit der Rosenkriege und der Anfänge der Porträtmalerei in England stammen. Einige davon sind sehr schön. Ich weiß das zufällig, weil sie mich wegen einer eventuellen Restaurierung um meinen Rat als Fachmann gefragt haben. Besonders eines der Gemälde, eines der frühesten, ist so gut, daß einem richtig unheimlich wird, wenn man es ansieht.«

»Mir wird schon unheimlich, wenn ich mir nur das Haus ansehe«, meinte Payne.

»Mit Recht«, antwortete sein Freund.

In das darauffolgende Schweigen drang das sachte Rascheln der Binsen am Burggraben; und die beiden Männer fuhren verständlicherweise ein wenig nervös zusammen, als sie plötzlich eine dunkle Gestalt auf dem Wall erblickten, schnell dahineilend, einem aufgescheuchten Vogel ähnlich. Aber es war nur ein Mann, der mit einer schwarzen Tasche in der Hand rasch ausschritt; ein Mann mit einem langen, fahlen Gesicht und scharfen Augen, mit denen er den Fremden aus London etwas düster und argwöhnisch musterte.

»Es ist nur Dr. Barnet«, sagte Wood erleichtert. »Guten Abend, Doktor. Gehen Sie zum Haus hinauf? Ich hoffe, es ist niemand krank.«

»In so einem Haus sind immer alle krank«, knurrte der Arzt, »manchmal allerdings zu krank, um es zu merken. Allein die Luft in dem Kasten ist die Pest. Ich beneide den jungen Australier nicht.«

»Und wer«, fragte Payne abrupt und zerstreut, »ist der junge Australier?«

»Ach!« sagte der Arzt naserümpfend. »Hat Ihr Freund Ihnen etwa nicht von ihm erzählt? Ich glaube sogar, er kommt genau heute an. Eine Romanze im Stil eines alten Melodrams; der Erbe, der aus den Kolonien zum verfallenen Stammschloß zurückkehrt, um den alten Familienvertrag zu erfüllen, der besagt, daß er die Dame heiraten muß, die im efeuüberwucherten Turm nach ihm schmachtet. Verrückter alter Quatsch, nicht? Aber manchmal gibt's so was wirklich. Er hat sogar ein wenig Geld, und das ist der einzige Lichtblick der ganzen Geschichte.«

»Wie denkt denn Miss Darnaway in ihrem efeuüberwucherten Turm über die Geschichte?« erkundigte sich Martin Wood trocken.

»Wie sie mittlerweile über alles andere denkt«, antwortete der Arzt. »Die denken nicht in diesem finsteren alten Spukschloß; sie träumen und schweben in den Wolken. Ich vermute, sie nimmt den Familienvertrag und den Ehemann aus den Kolonien als einen Teil des Fluches hin, der auf der Familie lastet. Ehrlich, ich glaube, selbst wenn er sich als mordlüsterner Mohr mit einem Auge und buckliger Gestalt entpuppen sollte, würde sie das nur als Tüpfelchen auf dem i sehen und finden, daß er genau in die düstere Kulisse paßt.«

»Sie zeichnen meinem Londoner Freund nicht gerade ein freundliches Bild von meinen Freunden hier«, sagte Wood lachend. »Ich hatte vor, mit ihm einen Besuch dort zu machen; kein Maler sollte sich die Porträts der Darnaways entgehen lassen, wenn er Gelegenheit hat, sie zu sehen. Aber vielleicht verschiebe ich den Besuch besser, wenn dort gerade die australische Invasion stattfindet.«

»Ach, gehen Sie ruhig und besuchen Sie sie«, redete ihm Dr. Barnet zu. »Alles, was den Leuten ihr tristes Leben aufhellt, macht mir meine Aufgabe leichter. Ich denke, es würde eine Menge kolonialer Verwandter brauchen, um die Stimmung aufzuheitern; und je mehr, desto fröhlicher. Kommen Sie, ich nehme Sie gleich mit.«

Als sie dem Haus näher kamen, zeigte sich, daß es isoliert wie eine Insel stand, von einem Graben faulen Wassers umgeben, über den sich eine Brücke spannte. Auf der anderen Seite erstreckte sich ein ziemlich großer steinerner Vorplatz oder Damm, von Rissen durchzogen, in denen Büschel von Unkraut und Dornengestrüpp wucherten. Diese Felsplatte wirkte weit und kahl im grauen Zwielicht, und Payne fühlte sich von einem Hauch öder Wildnis angeweht, wie er das in einem so begrenzten Raum nicht für möglich gehalten hätte. Das Plateau sprang nur auf einer Seite hervor wie eine große Türschwelle, und jenseits befand sich das Tor; ein sehr niedriger, altertümlicher Torbogen, der offen war, aber finster wie eine Höhle.

Als der emsige Doktor sie ohne Formalitäten hineinführte, erlebte Payne eine weitere, gewissermaßen niederdrückende Überraschung. Er hätte sich vorstellen können, auf einer sehr schmalen gewundenen Treppe zu einem verfallenen Turm hinaufzusteigen; doch in diesem Haus führten die ersten Schritte abwärts, über mehrere kurze und brüchige Treppen hinunter in große düstere Räume, bei denen es sich, wären nicht die Umrisse dunkler Gemälde und staubiger Bücherwände gewesen, um die traditionellen Verliese unter dem Burggraben hätte handeln können. Hier und dort erleuchtete eine Kerze in einem alten Leuchter dies oder jenes zufällige Detail toter Pracht; aber den Besucher beeindruckte oder bedrückte weniger dieses künstliche Licht als vielmehr der einzige bleiche Strahl natürlichen Lichts. Beim Durchschreiten des langen Saals sah er die einzige Öffnung in dieser Mauer, ein merkwürdiges, niedriges ovales Fenster im Stil des späten siebzehnten Jahrhunderts. Das Seltsame daran war, daß es nicht ein Stück des Himmels zeigte, sondern nur einen Widerschein des Himmels; einen schmalen Streifen des Tageslichts, das sich unter dem überhängenden Schatten der Böschung im Graben spiegelte. Payne mußte an die Lady von Shalott denken, die die Welt immer nur in einem Spiegel gesehen hatte. Die Lady dieses Shalotts sah die Welt nicht nur im Spiegel, sondern dazu auf dem Kopf stehend.

»Man hat den Eindruck, als sei das Haus der Darnaways nicht nur im wörtlichen, sondern auch im übertragenen Sinn dem Untergang geweiht«, bemerkte Wood leise. »Als versänke es langsam in einem Sumpf oder im Sand; bis das Meer es wie ein grünes Dach zudeckt.«

Selbst der handfeste Dr. Barnet zuckte leicht zusammen beim lautlosen Nahen der Gestalt, die ihnen zum Empfang entgegenkam. Es war so still im Saal, daß es sie verblüffte zu sehen, daß er nicht leer war. Drei Personen befanden sich dort, als sie eintraten; drei düstere reglose Gestalten im düsteren Saal; alle drei schwarz gekleidet, alle drei dunklen Schatten ähnlich. Als die näherkommende Gestalt in das fahle Licht des Fensters trat, sahen sie ein Gesicht, das beinahe so grau war wie das Haar, das den Kopf bedeckte. Dies war der alte Vine, der Verwalter, *in loco parentis* zurückgeblieben seit dem Tod des exzentrischen Schloßherrn, des letzten Lord Darnaway. Er wäre ein angenehm anzusehender alter Mann gewesen, hätte er keine Zähne mehr gehabt. Aber einen einzigen hatte er noch, und der zeigte sich hin und wieder und gab dem Gesicht etwas schauerlich Hexenhaftes.

Er empfing den Arzt und die beiden Freunde mit ausgesuchter Höflichkeit und führte sie zu den beiden anderen schwarzen Gestalten. Es schien Payne, als gebe die eine von ihnen der Atmosphäre des Schlosses einen zusätzlichen Hauch finsterer Altertümlichkeit, denn sie erwies sich als katholischer Priester. Payne konnte ihn sich lebhaft vorstellen, wie er Gebete murmelte oder den Rosenkranz herleierte oder sonst alle möglichen rätselhaften und dunklen Dinge in diesem dunklen Haus tat. Gerade jetzt hatte er vermutlich der Dame christlichen Trost gespendet; aber der Trost schien nicht sehr tröstlich gewesen zu sein, auf jeden Fall hatte er nicht aufmunternd gewirkt. Im übrigen war der Priester selbst recht unauffällig mit seinem schlichten und ziemlich ausdruckslosen Gesicht. Die junge Dame war da etwas ganz anderes. Ihr Gesicht war keineswegs schlicht und unauffällig. Es hob sich vom Dunkel ihres Kleides, ihres Haars und des Hintergrunds mit einer Blässe ab, die beinahe erschreckend, mit einer Schönheit aber, die beinahe erschreckend lebendig war. Payne betrachtete dieses Gesicht so lange, wie der gute Ton es gestattete; und er sollte es bis zu seinem Tod noch um einiges länger betrachten.

Wood tauschte mit seinen Freunden nur die gefälligen und höflichen Floskeln, die notwendig waren, um es ihm zu erlauben, auf sein Anliegen, erneut die Familienporträts zu besichtigen, zu sprechen zu kommen. Er bat um Entschuldigung, daß er ausgerechnet an dem Tag seine Aufwartung machte, der, wie er gehört hatte, einer Familienzusammenkunft gewidmet sein sollte. Aber er war bald überzeugt davon, daß die Familie eher froh über die Anwesenheit von Gästen war, die sie ablenken oder den Schock abfangen konnten. Er zögerte daher nicht, Payne durch das zentral gelegene Empfangszimmer in die Bibliothek auf der anderen Seite zu führen, wo das Porträt hing, das er ihm vor allen anderen zeigen wollte, nicht nur wegen seiner künstlerischen Qualitäten, sondern auch wegen seiner Rätselhaftigkeit. Der kleine Priester begleitete sie; er schien nicht nur etwas von alten Gebeten zu verstehen, sondern auch von alten Bildern.

»Ich bin stolz darauf, dieses Bild entdeckt zu haben«, sagte Wood. »Ich glaube, es ist ein Holbein. Wenn nicht, dann muß zu Holbeins Zeiten ein Maler gelebt haben, der ebenso großartig war wie er.« Es war ein Porträt in der strengen, aber aufrichtigen und lebendigen Manier jener Epoche und stellte einen Mann in pelzverbrämter schwarzer Tracht mit Goldschmuck dar, der ein volles, kräftiges, ziemlich bleiches Gesicht, aber wachsame Augen hatte.

»Jammerschade«, rief Wood, »daß die Malerei nicht genau in dieser Übergangsperiode stehengeblieben ist, anstatt sich weiterzuentwickeln. Sehen Sie doch, es ist gerade realistisch genug, um lebendig zu sein! Das Gesicht ist gerade deshalb um so sprechender, weil es sich aus einem starren Rahmen weniger wesentlicher Dinge heraushebt. Und die Augen sind noch lebendiger als das Gesicht! Wirklich, ich habe den Eindruck, die Augen sind allzu lebendig für das Gesicht! Geradeso, als spränge einem dieser tückische, blitzende Blick aus einer großen bleichen Maske entgegen!«

»Die Starrheit ist ein wenig auch am Körper zu bemerken, finde ich«, sagte Payne. »Man hatte die Anatomie damals noch nicht ganz gemeistert, zumindest nicht im Norden. Das linke Bein scheint mir ziemlich verzerrt.«

»Da bin ich nicht so sicher«, meinte Wood ruhig. »Diese Burschen, die malten, als der Realismus seinen Höhepunkt erreicht hatte, ehe man anfing, ihn zu übertreiben, waren häufig realistischer, als wir glauben. Man könnte beispielsweise sagen, daß die Augenbrauen oder auch die Augenhöhlen dieses Mannes ein wenig schief sind; aber ich wette, wenn wir ihn kennenlernen könnten, würden wir feststellen, daß eine seiner Augenbrauen tatsächlich höher gezogen ist als die andere. Und es sollte mich nicht wundern, wenn er lahm war oder so etwas und dieses Bein da bewußt schief ins Bild gesetzt wurde.«

»Er hat etwas Teuflisches!« rief Payne plötzlich. »Bitte verzeihen Sie, Hochwürden.«

»Oh, ich glaube an den Teufel«, sagte der Priester mit unergründlicher Miene. »Kurioserweise berichtet ja eine Legende auch, daß der Teufel lahm war.«

»Aber«, protestierte Payne, »Sie wollen doch nicht im Ernst sagen, daß er der Teufel war? Aber wer, zum Teufel, war er denn?«

»Er war der Lord Darnaway unter Heinrich VII. und Heinrich VIII.«, antwortete sein Freund. »Auch über ihn gibt es seltsame Legenden; auf eine davon wird in dieser Inschrift rund um den Rahmen angespielt, und weiteres dazu findet sich in einigen Aufzeichnungen, die jemand in einem Buch vergessen hat, das ich hier entdeckte. Beides merkwürdig zu lesen.«

Payne beugte sich vor und verrenkte ein wenig den Hals, um den alten Schriftzeichen rund um den Rahmen folgen zu können. Es schien, in altertümlichen Lettern geschrieben, eine Art Reim zu sein, der etwa folgendermaßen lautete:

›In der siebten Folge kehr' ich wieder,
In der siebten Stunde geh' ich fort,
Und keiner wird die Hand mir halten,
Weh' ihr, die mein Herze hält.‹

»Klingt irgendwie gruslig«, sagte Payne, »aber vielleicht auch deshalb, weil ich kein einziges Wort verstehe.«

»Es bleibt gruslig, auch wenn man es versteht«, erwiderte Wood leise. »Die Aufzeichnungen, die zu einem späteren Datum gemacht wurden, berichten haargenau, wie dieser Prachtbursche sich absichtlich auf eine Weise das Leben nahm, die dazu führte, daß seine Frau wegen Mordes an ihm hingerichtet wurde. In einer anderen Aufzeichnung wird von einer weiteren Tragödie erzählt, sieben Generationen später, unter König George, als wieder ein Darnaway sich das Leben nahm, nachdem er zuvor freundlicherweise seiner Gattin Gift in den Wein gemischt hatte. Es heißt, daß beide Selbstmorde um sieben Uhr abends verübt wurden. Das bedeutet vermutlich, daß er tatsächlich mit jedem siebten Erben zurückkehrt und der Frau, die unklug genug ist, ihn zu heiraten, das Leben schwermacht, wie es der Reim prophezeit.«

»Wenn man das glaubt«, meinte Payne, »wäre das für den nächsten Siebten ziemlich unangenehm.«

Woods Stimme wurde noch leiser. »Der neue Erbe ist wieder ein Siebter.«

Harry Payne straffte plötzlich mit einem kräftigen Ruck seinen Oberkörper, als wollte er eine Last abwerfen.

»Was reden wir da für dummes Zeug!« rief er. »Wir sind doch alle gebildete Menschen in einem aufgeklärten Zeitalter. Ehe ich hier in diesem finsteren Gemäuer landete, hätte ich keinem geglaubt, wenn er mir gesagt hätte, ich würde mich jemals ernsthaft über solchen Kram unterhalten. Ich hätte ihn ausgelacht.«

»Da hast du recht«, sagte Wood. »Aber du brauchtest nur lange genug in diesem unterirdischen Palast zu hausen, dann würdest du bestimmt anfangen, alles anders zu sehen. Ich jedenfalls habe schon die sonderbarsten Anwandlungen im Zusammenhang mit diesem Bild, seit ich mich soviel mit ihm beschäftige. Manchmal scheint mir das gemalte Gesicht lebendiger zu sein als die toten Gesichter der Menschen, die hier leben. Es erscheint mir wie eine Art Talisman oder Magnet; als hätte es Gewalt über die Elemente und bestimme über das Schicksal von Menschen und Dingen. Du würdest das vermutlich als sehr phantastisch bezeichnen.«

»Was ist das für ein Geräusch?« fragte Payne unvermittelt.

Sie lauschten, aber es war nichts zu hören als das gedämpfte Donnern der fernen See. Dann jedoch hatten sie den Eindruck, daß ein anderes Geräusch sich daruntermischte, Laute wie die einer Stimme, die das Rauschen der Brandung zu übertönen suchte, schwach zuerst, dann klarer und klarer. Im nächsten Augenblick waren sie sicher; die Rufe kamen von draußen.

Payne drehte sich zu dem Fenster um, das sich hinter ihm befand, und bückte sich, um hinauszusehen. Es war das Fenster, das nichts zeigte als die Spiegelung von Böschung und Himmel im Wasser des Burggrabens. Doch nun sah er ein anderes Bild als zuvor. Aus dem schräg einfallenden Schatten der Böschung ragten zwei dunkle Schatten ins Wasser, Spiegelungen der Füße und Beine eines Menschen, der oben auf dem Wall stand. Durch die begrenzte Öffnung konnten sie nichts sehen als die beiden schwarzen Beine im Widerschein einer blaßroten untergehenden Sonne. Aber allein die Tatsache, daß der Kopf unsichtbar war, gewissermaßen in den Wolken, verlieh dem Geräusch, das folgte, etwas Unheimliches. Es war die Stimme eines Mannes, der laut etwas schrie, das sie nicht genau hören und verstehen konnten. Gesicht und Stimme Paynes, der immer noch zum Fenster hinaussah, veränderten sich.

»Wie seltsam er dasteht.«

»Nein, nein«, erwiderte Wood in beschwichtigendem Flüsterton. »Gespiegelt sehen die Dinge oft verzerrt aus. Es liegt nur an der Kräuselbewegung des Wassers, daß du diesen Eindruck hast.«

»Was für einen Eindruck?« fragte der Priester kurz.

»Daß sein linkes Bein schief ist«, antwortete Wood.

Payne schien das ovale Fenster wie ein Zauberspiegel, in dem sich unergründliche Bilder des Verhängnisses zeigten. Neben der menschlichen Gestalt sah er etwas, das er nicht verstand; drei dünnere Beine, die wie schwarze Striche das Licht durchzogen. Es war, als stünde neben dem Fremden eine riesige dreibeinige Spinne oder ein Stelzvogel. Dann kam ihm der weniger verrückte Gedanke an den Dreifuß eines heidnischen Orakels. Im nächsten Moment war das Ding verschwunden, und die Beine des Menschen gingen aus dem Bild.

Er drehte sich um und blickte in das bleiche Gesicht des alten Vine, des Verwalters, der den Mund geöffnet hatte, um zu sprechen, und dabei seinen einzigen Zahn bleckte.

»Er ist gekommen«, sagte er. »Das Schiff aus Australien ist heute morgen eingelaufen.«

Und als sie noch auf dem Weg von der Bibliothek in den Empfangsraum waren, hörten sie schon die Schritte des Neuankömmlings, der polternd die Treppe herunterkam und dabei mehrere Gepäckstücke scheppernd hinter sich herzog. Als

Payne den einen dieser Gegenstände sah, lachte er auf vor Erleichterung. Sein Dreifuß war nichts weiter als ein ausziehbares Stativ, und der Mann, der es trug, nahm fürs erste ganz handfeste und alltägliche Formen an. Er war dunkel gekleidet, aber zwanglos wie ein Urlauber. Das Hemd war aus grauem Flanell, und seine Stiefel dröhnten laut in den stillen Hallen. Als er näher trat, um die kleine Gesellschaft zu begrüßen, war seinem Schritt kaum die Spur eines Hinkens anzumerken. Doch als Payne und die anderen ihm ins Gesicht sahen, konnten sie kaum den Blick von ihm wenden.

Er fand den Empfang, der ihm bereitet wurde, offensichtlich merkwürdig und beklemmend; aber sie hätten schwören können, daß er den Grund dafür nicht wußte. Das Mädchen, das ihm gewissermaßen schon versprochen war, war gewiß schön genug, um ihn zu faszinieren; aber sie machte ihm offenkundig auch angst. Der alte Verwalter brachte ihm fast wie ein Vasall seine Reverenz dar und begegnete ihm doch zugleich, als wäre er das Schloßgespenst. Der Priester sah ihn mit einer Miene an, die völlig unergründlich war und daher vielleicht um so beunruhigender. Payne mußte plötzlich an eine Ironie des Schicksals denken, so wie die alten Griechen sie verstanden hatten. Er hatte den Fremden als Teufel geträumt, aber es schien beinahe schlimmer, daß er eine Art ahnungsloser Handlanger des Schicksals war, der dem Verbrechen mit der unheilvollen Unschuld des Ödipus entgegenschritt. Er hatte sich dem alten Stammschloß in so offenherzigem Überschwang genähert, daß er unverzüglich seine Kamera aufgestellt hatte, um seinen ersten Blick darauf im Bild festzuhalten; und die Kamera selbst auf ihrem Stativ hatte den Schein des Dreifußes einer unheilverkündenden Pythia angenommen.

Als Payne sich etwas später verabschiedete, überraschte ihn eine Bemerkung des Australiers, die zeigte, daß dieser sich seiner Umgebung so unbewußt gar nicht mehr war. Mit gesenkter Stimme sagte er nämlich: »Gehen Sie noch nicht – oder kommen Sie bald wieder. Sie sehen aus wie ein menschliches Wesen. Bei dieser Gesellschaft hier bekomme ich das Gruseln.«

Als Payne aus den Tiefen des alten Gemäuers an die Nachtluft und den Geruch des Meeres emporstieg, hatte er das Gefühl, aus jener Zwischenwelt der Träume aufgetaucht zu sein, in der Dinge und Ereignisse sich auf eine Weise überlagern, die zugleich beängstigend und irreal ist. Die Ankunft des seltsamen Verwandten war irgendwie unbefriedigend gewesen, gewissermaßen nicht überzeugend. Die Doppelung des Gesichts, das auf dem alten Porträt und bei dem Neuankömmling dasselbe war, ängstigte ihn wie ein zweiköpfiges Ungeheuer. Und doch war es nicht vollkommen alptraumhaft; und es war vielleicht auch nicht dieses Gesicht, das er am lebhaftesten vor sich sah.

»Sagten Sie«, fragte er den Arzt, als sie am dunkler werdenden Meer entlang über den dunkel gestreiften Sand gingen, »sagten Sie, daß der junge Mann gemäß einer Familienabsprache mit Miss Darnaway verlobt ist? Das klingt ja wie in einem Roman.«

»Ja, aber wie in einem historischen Roman«, antwortete Dr. Barnet. »Die Darnaways sind samt und sonders vor einigen Jahrhunderten in einen tiefen Schlaf gefallen, als noch Bräuche herrschten, von denen wir heute nur noch in Romanen lesen. Ja, ich glaube, es gibt eine Familientradition, derzufolge Verwandte zweiten oder dritten Grades, sofern sie in einer entsprechenden Altersbeziehung stehen, immer heiraten, damit der Besitz in der Familie bleibt. Eine verdammt törichte Tradition, würde ich sagen; wenn sie oft genug auf diese Weise im Kreis herum geheiratet haben, läßt es sich vielleicht durch die Grundsätze der Vererbung erklären, warum sie heute so morsch sind.«

»Ich würde nicht behaupten«, entgegnete Payne ein wenig pikiert, »daß sie alle morsch sind.«

»Nun ja«, meinte der Arzt, »der junge Mann sieht zwar nicht morsch aus, aber er ist eindeutig lahm.«

»Der junge Mann!« rief Payne in plötzlichem unerklärlichen Zorn. »Also, wenn Sie die junge Dame morsch finden, kann ich nur sagen, daß bei Ihnen der Geschmack morsch ist.«

Das Gesicht des Arztes verdüsterte sich und wurde bitter. »Ich denke, darüber weiß ich mehr als Sie«, fuhr er Payne an.

Sie setzten den Weg schweigend fort, beide in dem Gefühl, unnötig unwirsch gewesen und unnötig unwirsch behandelt worden zu sein. Und Payne mußte nun allein weiter über die Sache nachgrübeln, denn sein Freund Wood war auf dem Schloß geblieben, um irgend etwas in Verbindung mit den Gemälden zu erledigen.

Payne nutzte die Einladung, die der australische Verwandte ausgesprochen hatte, nach Kräften. In den folgenden Wochen war er häufiger zu Gast in den düsteren Räumen des Hauses der Darnaways, wobei allerdings gesagt werden muß, daß er sich nicht ausschließlich darauf beschränkte, den australischen Verwandten aufzuheitern. Die junge Dame war schon viel länger trauriges Opfer der Schwermut und bedurfte daher vielleicht dringender der Aufmunterung; wie dem auch sein mochte, er zeigte fleißiges Bemühen, sie zu erheitern. Wochen vergingen, und niemand konnte dem Verhalten des neuen Darnaway entnehmen, ob er sich nun dem alten Familienvertrag gemäß als verlobt ansah oder nicht. Er irrte verloren über die dunklen Galerien und stand oft vor dem unheimlichen Gemälde, um es mit leerem Blick anzustarren. Langsam begannen die Schatten dieses Gefängnisses ihn einzuhüllen, und von seiner australischen Selbstsicherheit war kaum etwas geblieben. Doch Payne konnte zu der Frage, die ihn am meisten beschäftigte, nichts ausfindig machen. Einmal versuchte er, sich seinem Freund Martin Wood anzuvertrauen, während dieser sich mit den Gemälden zu schaffen machte, aber selbst der war ihm keine Hilfe.

»Meiner Meinung nach kannst du dich da nicht dazwischendrängen«, sagte Wood kurz. »Wegen des Verlöbnisses.«

»Selbstverständlich werde ich mich nicht dazwischendrängen, wenn ein Verlöbnis besteht«, entgegnete Payne. »Aber besteht es denn? Ich habe natürlich kein Wort zu ihr gesagt, aber ich sehe sie oft genug, um ziemlich sicher zu sein, daß es ihrer Meinung nach nicht besteht, auch wenn sie glaubt, es könnte vielleicht noch dazu kommen. Und er äußert sich auch nicht dazu, deutet nicht einmal an, daß er es wünschen würde. Ich finde, diese Ungewißheit ist für alle ziemlich schwer zu ertragen.«

»Besonders für dich, vermute ich«, sagte Wood etwas barsch. »Aber wenn du mich fragst, will ich dir sagen, was ich glaube. Ich glaube, er hat Angst.«

»Abgewiesen zu werden?« fragte Payne.

»Nein, angenommen zu werden«, antwortete Wood. »Reiß mir nicht gleich den Kopf ab – ich meine nicht, daß er Angst vor dem Mädchen hat, sondern Angst vor dem Bild.«

»Vor dem Bild?« wiederholte Payne.

»Vor dem Fluch«, erläuterte Wood. »Erinnerst du dich nicht an den Vers, der ihr und ihm das Verhängnis prophezeit?«

»Ja, aber hör mal«, rief Payne, »beides auf einmal geht nun wirklich nicht. Erst sagst du mir, ich muß mir meine Absichten wegen des Heiratsvertrags aus dem Kopf schlagen, dann sagst du, daß der Heiratsvertrag wegen des Fluchs nicht zustande kommen darf. Warum sollte sie sich dann an den Vertrag gebunden fühlen? Wenn sie sich fürchten zu heiraten, sind sie doch beide frei, jemand anders zu heiraten, und damit ist die Sache erledigt. Warum soll ich unter einer Abmachung leiden, die sie gar nicht einzuhalten gedenken? Ich finde deine Einstellung reichlich unlogisch.«

»Ja, ich weiß, es ist alles sehr konfus«, versetzte Wood ziemlich brummig und begann wieder, den Rahmen eines Gemäldes mit dem Hammer zu bearbeiten.

Eines Morgens plötzlich brach der neue Erbe sein langes und rätselhaftes Schweigen. Er tat es auf seltsame Weise, ein wenig ungehobelt, wie das überhaupt seine Art war, aber offensichtlich aus dem Wunsch heraus, das Richtige zu tun. Er bat ganz freimütig um Rat, aber nicht bei dieser oder jener Einzelperson, wie Payne das getan hatte, sondern bei allen gemeinsam. Als er endlich sprach, vertraute er sich der ganzen Gesellschaft an. Er nannte es ›reinen Tisch machen‹. Zum Glück war die junge Dame nicht in diese Vorstellung eingeschlossen; Payne schauderte bei dem Gedanken, wie ihr dabei zumute gewesen wäre. Aber der Australier war ganz ehrlich. Er hielt es für natürlich, um Hilfe und Aufklärung zu bitten, eine Art Familienrat zusammenzurufen, bei dem er seine Karten auf den Tisch legte. Er war ziemlich verzweifelt, wie jemand, der tage- und nächtelang unter dem ständig wachsenden Druck eines Problems gelitten hatte. In der kurzen Zeit seines Aufenthalts hatten die Schatten dieses Hauses der niedrigen Fenster und sinkenden Böden ihn seltsam verändert und eine gewisse Ähnlichkeit vertieft, die bei allen von ihnen Erinnerungen wachrief.

Die fünf Männer, einschließlich Dr. Barnet, saßen um einen runden Tisch, und Payne dachte beiläufig, daß sein helles Tweedjacket und sein rotes Haar die einzigen Farben im Raum waren. Der Priester und der Verwalter waren in Schwarz, und Wood und Darnaway trugen wie gewohnt dunkelgraue Anzüge, die beinahe schwarz wirkten. Vielleicht hatte der Australier auf diese Besonderheit Paynes angespielt, als er ihm gesagt hatte, er sei wenigstens ein menschliches Wesen.

Unvermittelt drehte sich der junge Darnaway auf seinem Stuhl um und begann zu sprechen. Mit einem Schlag wurde dem verdatterten Payne klar, daß er über das Ungeheuerliche sprach.

»Ist etwas dran?« fragte er. »Diese Frage habe ich mir inzwischen so oft gestellt, daß ich darüber fast verrückt geworden bin. Nie hätte ich geglaubt, daß es mir einmal einfallen würde, über solche Dinge ernsthaft nachzudenken; aber wenn ich an das Porträt und den Reim denke, an die merkwürdigen Zusammentreffen oder wie immer Sie es nennen wollen, wird mir eiskalt. Ist etwas dran? Habe ich das Recht zu heiraten, oder werde ich damit schwarzes Unheil über mich und einen anderen Menschen bringen?«

Sein Blick war um den ganzen Tisch gewandert und blieb auf dem schlichten Gesicht des Priesters haften, an den er seine Worte jetzt zu richten schien. Paynes sachliche Vernunft erhob sich in Protest dagegen, daß die Frage des Aberglaubens ausgerechnet vor diesem äußerst abergläubischen Gremium zur Sprache gebracht werden sollte. Er saß neben Darnaway und mischte sich ein, ehe der Priester antworten konnte.

»Gut, ich will zugeben, daß wir es hier mit merkwürdigen Zusammentreffen zu tun haben«, sagte er und zwang sich zu einem heiteren Ton, »aber wir sind doch –« An dieser Stelle brach er ab wie vom Donner gerührt. Darnaway hatte bei der Unterbrechung den Kopf mit einem Ruck zur Seite gedreht und dabei die linke Augenbraue weit in die Höhe gezogen. Einen Moment lang blickte Payne in das Gesicht aus dem Porträt, Linie für Linie in so genauer Übereinstimmung, daß es erschrekkend war. Auch die anderen sahen es; und alle waren sie wie geblendet von einem Blitzstrahl. Der alte Verwalter stöhnte.

»Es hat keinen Sinn«, krächzte er, »wir haben es hier mit etwas zu Furchtbarem zu tun.«

»Ja«, stimmte der Priester leise zu, »wir haben es mit etwas Furchtbarem zu tun; mit dem Furchtbarsten, das ich kenne; es heißt Unsinn.«

»Was haben Sie gesagt?« fragte Darnaway.

»Ich sagte Unsinn«, wiederholte der Priester. »Ich habe mich bis jetzt jeder Bemerkung enthalten, weil mich das alles eigentlich nichts angeht. Ich bin nur vorübergehend für diese Gemeinde zuständig, und Miss Darnaway wünschte mich zu sprechen. Aber da Sie sich direkt an mich richten, antworte ich Ihnen gern, und die Antwort fällt mir leicht. Selbstverständlich gibt es keinen Fluch der Darnaways, der Sie daran hindert, die Frau zu heiraten, die Sie gern heiraten möchten. Kein Mensch ist vom Schicksal dazu verdammt, auch nur die geringste läßliche Sünde zu begehen, geschweige denn Verbrechen wie Selbstmord und Mord. Sie können nicht gezwungen werden, Böses zu tun, nur weil Ihr Name Darnaway ist. Sowenig wie man mich zum Bösen zwingen kann, nur weil ich Brown heiße. Der Fluch der Browns«, fügte er genüßlich hinzu, »– das Rätsel der Browns klingt noch besser.«

»Und ausgerechnet Sie«, rief der Australier verblüfft, »empfehlen mir, daß ich das so sehen soll.«

»Ich würde Ihnen empfehlen, Ihren Blick auf etwas ganz anderes zu richten«, erwiderte der Priester vergnügt. »Was ist aus der aufstrebenden Kunst der Fotografie geworden? Was macht die Kamera? Ich weiß, es ist ziemlich dunkel hier unten, aber aus den Torbögen im oberen Stockwerk könnte sich doch leicht ein erstklassiges fotografisches Atelier machen lassen. Ein paar Arbeiter könnten im Nu ein Glasdach darüberziehen.«

»Also wirklich«, protestierte Martin Wood. »Man sollte doch meinen, gerade Sie wären der letzte, der sich an diesen herrlichen gotischen Spitzbögen vergreifen würde, die so ziemlich das Beste sind, was Ihre Religion überhaupt geleistet hat. Ich hätte geglaubt, Sie besäßen wenigstens einen gewissen Sinn für Kunst dieser Art. Ich begreife nicht, wieso Ihnen die Fotografie so übermäßig am Herzen liegt.«

»Übermäßig am Herzen liegt mir das Tageslicht«, erwiderte Pater Brown. »Besonders in dieser finsteren Angelegenheit. Und die Fotografie hat die Tugend, auf Tageslicht angewiesen zu sein. Wenn Sie nicht wissen, daß ich sämtliche gotischen Spitzbögen dieser Welt zu Pulver zermalmen würde, wenn ich damit die seelische Gesundheit eines einzigen Menschen retten könnte, dann wissen Sie weniger über meine Religion, als Sie glauben.«

Der junge Australier war aufgesprungen wie neu belebt. »Bei Gott, das sind Worte nach meinem Geschmack«, rief er, »wenn ich auch nie gedacht hätte, sie gerade aus dieser Ecke zu hören. Ich will Ihnen etwas sagen, Hochwürden, ich werde etwas tun, um zu beweisen, daß ich meinen Mut doch nicht verloren habe.«

Der alte Verwalter musterte ihn immer noch mit ängstlicher Aufmerksamkeit, als spürte er im Auftrumpfen des jungen Mannes so etwas wie Todesmut. »Oh«, rief er, »was wollen Sie denn tun?«

»Ich werde das Porträt fotografieren«, antwortete Darnaway.

Doch kaum eine Woche später brach wie aus heiterem Himmel der Sturm der Katastrophe los und schob sich wie eine schwarze Wolke vor das klare Licht der Vernunft, das der Priester vergebens beschworen hatte. Von neuem versank das alte Herrenhaus in der finsteren Verdammnis der Darnaways.

Es war nicht schwierig gewesen, das neue Atelier einzurichten, und es sah aus wie jedes andere Atelier, leer bis auf die Fülle weißen Lichts. Wenn man aus dem dämmrigen Untergeschoß heraufkam, hatte man den intensiven Eindruck, in das hellere Licht der Moderne zu treten, in eine offene Zukunft. Auf Woods Vorschlag hin, der das Schloß gut kannte und seine anfänglichen ästhetischen Bedenken überwunden hatte, wurde ein kleiner, unversehrt gebliebener Raum in der oberen Ruine ohne Mühe in eine Dunkelkammer umgewandelt, in die sich Darnaway aus dem weißen Tageslicht zurückzuziehen pflegte, um beim blutigen Schein einer roten Lampe zu arbeiten. Wood erklärte lachend, das rote Licht hätte ihn mit dem Vandalismus ausgesöhnt; diese blutunterlaufene Finsternis sei so romantisch wie eine Alchimistenwerkstatt.

An dem Tag, an dem Darnaway das mysteriöse Porträt fotografieren wollte, stand er bei Tagesanbruch auf und ließ das Gemälde von der Bibliothek die Wendeltreppe hinauftragen, die einzige Treppe, die die beiden Stockwerke miteinander verband. Dort ließ er es im klaren weißen Tageslicht auf eine Art Staffelei stellen und pflanzte seine Kamera auf dem Stativ davor auf. Er behauptete, er wolle unbedingt eine Reproduktion des Bildes an einen renommierten Kunsthistoriker schicken, der über die alten Kunstwerke des Hauses geschrieben hatte; aber die anderen wußten, daß dies nur ein Vorwand war, hinter dem sich wesentlich Tieferes verbarg. Es ging hier, wenn auch nicht gerade um einen spirituellen Zweikampf zwischen Darnaway und dem dämonischen Gemälde, so doch mindestens um eine Auseinandersetzung zwischen Darnaway und seinen eigenen Zweifeln. Er wollte dieses dunkle Meisterwerk der Malerei mit dem hellen Licht der Fotografie konfrontieren und so sehen, ob das klare Licht der neuen Kunst nicht die Schatten der alten vertreiben konnte.

Vielleicht war dies der Grund, warum er bei der Aufnahme

allein sein wollte, auch wenn manches länger als sonst zu dauern schien und mehr Zeit als gewöhnlich brauchte. Wie dem auch sei, er war ziemlich abweisend zu den wenigen, die am Tag des Experiments sein Atelier aufsuchten und ihn dort, unsichtbar und unzugänglich, beim Einstellen der Lichtschärfe und der Belichtung beschäftigt fanden. Der Verwalter brachte ihm etwas zu essen hinauf, erhielt jedoch nicht mehr als ein Brummen zum Dank. Payne stieg einmal hinauf, um zu sehen, wie Darnaway vorankam, doch als er merkte, daß der Fotograf keine Neigung zum Gespräch zeigte, ging er wieder nach unten. Pater Brown kletterte ebenfalls hinauf, um Darnaway einen Brief von dem Fachmann zu überbringen, an den die Fotografie geschickt werden sollte, aber er hinterließ das Schreiben auf einem Tablett und behielt seine Gedanken über dieses große Glashaus, in dem das Tageslicht und die Hingabe an eine Liebhaberei regierten über eine Welt, die er selbst in gewissem Sinne geschaffen hatte, für sich. Er bekam sehr bald schon Anlaß, sich zu erinnern, daß er der letzte gewesen war, der, einen Mann allein in einem leeren Zimmer zurücklassend, diese einzige Treppe zwischen den beiden Stockwerken heruntergekommen war. Die anderen standen in dem Salon, der in die Bibliothek führte, direkt unter der großen schwarzen Ebenholzuhr, die wie ein gigantischer Sarg aussah.

»Wie kam Darnaway denn voran, als Sie zuletzt oben waren?« erkundigte sich Payne etwas später.

Der Priester strich sich mit der Hand über die Stirn. »Ich glaube, ich fange an Gespenster zu sehen«, antwortete er mit einem trüben Lächeln. »Das helle Licht oben muß mich so geblendet haben, daß ich nicht mehr richtig sehen konnte. Stellen Sie sich vor, eine Sekunde lang kam mir Darnaway, wie er da vor dem Porträt stand, ganz unheimlich vor.«

»Ach, das ist das lahme Bein«, meinte Dr. Barnet prompt. »Darüber wissen wir doch alle Bescheid.«

»Im Gegenteil«, sagte Payne und senkte dabei unwillkürlich die Stimme, »wir wissen gar nichts darüber. Was ist mit seinem Bein? Und was war mit dem Bein seines Vorfahren?«

»Oh, darüber steht etwas in dem Buch, das ich da drinnen im Familienarchiv gelesen habe«, bemerkte Wood. »Ich hole es.« Damit ging er in die Bibliothek gleich nebenan.

»Ich vermute«, sagte Pater Brown leise, »Mr. Payne hat einen besonderen Grund, diese Frage zu stellen.«

»Am besten sage ich es gleich ganz offen«, gab Payne noch leiser zurück. »Es ist eine völlig rationale Erklärung. Jeder Beliebige könnte sich so hergerichtet haben, daß er dem Mann auf dem Porträt ähnlich sieht. Was wissen wir denn schon über Darnaway? Er benimmt sich reichlich merkwürdig –«

Die anderen starrten ihn verblüfft an, aber der Priester nahm seine Worte gelassen hin.

»Ich glaube nicht, daß das alte Gemälde je fotografiert worden ist«, meinte er. »Darum möchte er es tun. Und ich finde nichts Merkwürdiges daran.«

»Im Gegenteil, es ist ganz normal«, sagte Wood, der eben mit einem Buch in der Hand zurückkehrte, lächelnd.

Noch während er sprach, holte das Läutwerk der großen alten Uhr hinter ihm geräuschvoll zum Schlag aus, und dann dröhnten sieben schwere Glockenschläge durch die Räume. Mit dem letzten Schlag ertönte von oben ein Poltern, unter dem das Haus erzitterte wie unter einem Donnerschlag, und noch ehe das Getöse verklungen war, lief Pater Brown die Wendeltreppe hinauf.

»Mein Gott!« rief Payne. »Er ist allein da oben.«

»Ja«, sagte Pater Brown, ohne sich umzudrehen, »wir werden ihn allein finden.«

Als die anderen sich vom ersten lähmenden Schrecken erholt hatten und Hals über Kopf die steinernen Stufen hinaufrannten zu dem neuen Atelier, fanden sie ihn tatsächlich allein. Er lag über seiner Stativkamera, deren lange dünne Beine nach drei verschiedenen Richtungen in die Höhe standen, während ein viertes, schwarzbehostes Bein verrenkt auf dem Boden ruhte. Einen Moment hatte man den Eindruck, als befände sich das schwarze Bündel im Kampf mit einer furchtbaren Riesenspinne. Kaum mehr als ein Blick und eine Berührung waren nötig, um festzustellen, daß Darnaway tot war. Das Porträt stand unberührt auf der Staffelei, und man konnte beinahe glauben, die Augen blitzen zu sehen.

Eine Stunde später stieß Pater Brown bei seinen Bemühungen, den allgemeinen Aufruhr zu beruhigen, auf den alten Verwalter, der beinahe so mechanisch wie die gleichgültig tikkende Uhr immer wieder dieselben Worte vor sich hin brummelte. Schon ohne sie zu verstehen, wußte der Priester, wie die Worte lauten mußten.

›In der siebten Folge kehr' ich zurück,
In der siebten Stunde geh' ich fort...‹

Gerade als er ein beruhigendes Wort sagen wollte, schien der Alte plötzlich mit einem Ruck aufzuwachen und fuhr ihn zornig an.

»Sie!« rief er. »Sie und Ihr Tageslicht. Selbst Sie können jetzt nicht mehr behaupten, daß es das Verhängnis der Darnaways nicht gibt.«

»Darüber hat sich meine Meinung nicht geändert«, erwiderte Pater Brown milde. Nach einer kleinen Pause fügte er hinzu: »Ich hoffe, Sie werden Darnaways letzten Wunsch erfüllen und dafür sorgen, daß die Fotografie abgeschickt wird.«

»Die Fotografie!« rief Dr. Barnet scharf. »Was soll das helfen? Und überhaupt, es gibt ja gar keine Fotografie, so sonderbar das ist. Er hat offenbar überhaupt keine Aufnahme gemacht, obwohl er den ganzen Tag daran herumgepusselt hat.«

Pater Brown wandte sich mit heftiger Bewegung um. »Dann machen Sie selbst die Aufnahme«, sagte er. »Der arme Darnaway hatte vollkommen recht. Es ist äußerst wichtig, daß die Aufnahme gemacht wird.«

Als die Gäste, der Arzt, der Priester und die beiden Maler, später in dunklem Trauerzug über den braungelben Sand davongingen, sprach zunächst keiner ein Wort. Sie waren alle wie betäubt. Es war nicht daran zu rütteln – gerade als sie den alten Fluch fast vergessen hatten; gerade als der Arzt und der Priester sie mit Vernunft erleuchtet hatten wie der Fotograf sein Atelier mit Tageslicht, hatte sich der Fluch mit einem Donnerschlag erfüllt. Sie mochten rationalisieren, soviel sie wollten, es war nicht zu leugnen, daß der siebte Erbe zurückgekehrt und um die siebte Stunde gestorben war.

»Ich fürchte, von jetzt an werden alle an das Verhängnis der Darnaways glauben«, bemerkte Martin Wood.

»Ich nicht«, entgegnete Dr. Barnet scharf. »Weshalb sollte ich zum Aberglauben übergehen, nur weil jemand Hand an sich gelegt hat.«

»Sie glauben, der arme Mr. Darnaway hat sich selbst das Leben genommen?« fragte der Priester.

»Ich bin überzeugt davon«, versicherte der Arzt.

»Es ist möglich«, meinte Pater Brown.

»Er war ganz allein da oben und hatte eine ganze Giftapotheke in dieser Dunkelkammer. Außerdem wäre so eine Tat typisch für die Darnaways.«

»Sie glauben also nicht an den Familienfluch?«

»Aber ja«, antwortete der Arzt, »ich glaube an einen Familienfluch. Er liegt in der Familienveranlagung. Ich sagte Ihnen ja schon, es ist Vererbung, und sie sind alle miteinander halb verrückt. Wenn ständig nur innerhalb der Familie geheiratet wird und nie auch nur ein Tropfen frisches Blut dazukommt, kommt es zur Degeneration, das ist unvermeidlich. Die Vererbungsgesetze lassen sich nicht umgehen; die wissenschaftliche Wahrheit läßt sich nicht leugnen. Der ehemals gesunde Geist der Darnaways verfällt genau wie ihr verwittertes altes Schloß. Selbstverständlich hat er Selbstmord begangen; und vermutlich werden auch die anderen alle Selbstmord begehen. Vielleicht das Beste, was sie tun können.«

Während der Arzt noch sprach, sah Payne plötzlich mit unglaublicher Klarheit das Gesicht des jungen Mädchens vor sich, eine tragische bleiche Maske vor einem Hintergrund undurchdringlicher Schwärze, jedoch von beinahe überirdischer Schönheit. Er wollte etwas sagen, doch er konnte nicht.

»Aha«, sagte Pater Brown zu Dr. Barnet, »dann sind Sie also doch abergläubisch.«

»Was soll das heißen? Wieso abergläubisch? Meiner Meinung nach ist dieser Selbstmord eine wissenschaftliche Zwangsläufigkeit.«

»Nun«, meinte der Priester, »für mich gibt es zwischen Ihrem Glauben an die Wissenschaft und dem Glauben an magische Kräfte keinen Unterschied. In beiden Fällen wird der Mensch zum willenlosen Geschöpf gemacht, das nicht fähig ist, aus eigener Kraft sein Leben oder seine Seele zu retten. Der Reim besagt, daß die Darnaways zum Tod verdammt sind, und das wissenschaftliche Lehrbuch besagt, daß die Darnaways zum Selbstmord verdammt sind. In beiden Fällen entscheiden sie als willenlose Sklaven.«

»Aber sagten Sie nicht, Sie seien dafür, die Dinge rational zu betrachten?« fragte Dr. Barnet. »Glauben Sie denn nicht an Vererbung?«

»Ich sagte, ich glaube an das Tageslicht«, antwortete der Priester laut und deutlich, »und ich bin nicht bereit, zwischen zwei Schächten schwarzen Aberglaubens zu wählen, die beide ins Dunkle führen. Sehen Sie es sich doch an! Sie alle tappen hinsichtlich dessen, was wirklich in diesem Haus geschah, völlig im dunklen.«

»Sie meinen, bezüglich des Selbstmords?« fragte Payne.

»Ich meine, bezüglich des Mords«, antwortete Pater Brown, und seine Stimme schien, obwohl er sie nur wenig erhoben hatte, weit über das Land zu schallen. »Es war Mord. Mord aber ist ein Akt des Willens, und der Wille ist frei.«

Was die anderen darauf erwiderten, hörte Payne gar nicht. Das eine Wort nämlich hatte eine merkwürdige Wirkung auf ihn. Es durchzuckte ihn wie ein Fanfarenstoß und veranlaßte ihn innezuhalten. Mitten in der sandgelben Wüste blieb er stehen und ließ die anderen weitergehen. Es überlief ihn eiskalt, und er hatte das Gefühl, als stünden ihm die Haare zu Berge. Und doch verspürte er gleichzeitig ein neues und unerklärliches Glücksgefühl. Ein psychologischer Prozeß, zu schnell und zu kompliziert, als daß er ihm gedanklich hätte folgen können, hatte bereits zu einem abschließenden Resultat geführt, das er nicht analysieren konnte; das krönende Gefühl jedoch war Erleichterung. Nachdem er einen Moment lang so gestanden hatte, machte er kehrt und ging langsam zum Haus der Darnaways zurück.

Er überquerte den Graben mit einem Schritt, unter dem die Holzbrücke erzitterte, lief die Treppen hinunter und rannte dröhnend durch die Säle zu Adelaide Darnaway, die im Schein des schwachen Lichts vor dem ovalen Fenster saß, beinahe wie eine vergessene Heilige, die man im Land der Toten zurückgelassen hatte. Sie sah auf, als er kam, und ein Ausdruck fragender Verwunderung machte ihr Gesicht noch schöner.

»Was ist?« fragte sie. »Warum sind Sie zurückgekommen?«

»Ich bin gekommen, um Dornröschen zu wecken«, antwortete er mit lachender Stimme. »Dieses alte Haus ist vor langer Zeit in einen tiefen Schlaf gefallen, genau wie Dr. Barnet gesagt hat, aber deswegen sollten Sie sich dennoch nicht wie eine alte Frau vergraben. Kommen Sie mit mir zum Tag hinauf und hören Sie die Wahrheit. Ich habe Ihnen ein Wort mitgebracht. Es ist ein schreckliches Wort, aber es bricht den Bann, der Sie gefangenhält.«

Sie verstand nicht ein Wort von dem, was er sagte, aber irgend etwas veranlaßte sie aufzustehen. Sie ließ sich von ihm durch den langen Saal führen, die Treppen hinauf, bis sie mit ihm unter dem Abendhimmel stand. Die toten Überreste eines Gartens erstreckten sich bis zum Meer. Auf einem alten Brunnen stand noch die von Grünspan überzogene Figur eines Triton, und aus dem ausgetrockneten Horn, das er hielt, ergoß sich nichts ins leere Becken. Payne hatte oft im Vorübergehen diese einsame Silhouette vor dem Abendhimmel betrachtet und sie immer als ein Symbol verlorenen Glücks gesehen. Bald schon würden diese leeren Becken sich wieder füllen, aber dann mit dem blaßgrünen, salzigen Wasser des Meeres, und die Blumen würden ertrinken und im Seetang ersticken. Geradeso, hatte er sich gesagt, würde Adelaide Darnaway sich vielleicht verheiraten, aber mit dem Tod und einem Verhängnis, das so gleichgültig und ohne Erbarmen war wie das Meer. Jetzt jedoch legte er eine Hand auf den Meergott aus Bronze und rüttelte an ihm, als wolle er ihn umstürzen wie ein Götzenbild oder einen bösen Geist dieses Gartens.

»Was wollen Sie damit sagen?« fragte sie ruhig. »Was ist das für ein Wort, das uns befreien wird?«

»Das Wort heißt Mord«, antwortete er, »und es bringt Ihnen eine Freiheit, die so frisch ist wie Frühlingsblumen. Nein, ich meine nicht, daß ich jemanden ermordet habe. Aber die Tatsache, daß jeder ermordet werden kann, ist an sich schon gute Nachricht nach den bösen Träumen, in denen Sie gefangen waren. Verstehen Sie nicht? In Ihrer Traumwelt kam alles, was Ihnen geschah, aus Ihrem eigenen Inneren; das Verhängnis der Darnaways war in den Darnaways selbst geborgen und ging auf wie eine schreckliche Blume. Ein Entkommen gab es nicht, nicht einmal mit Hilfe eines glücklichen Zufalls; alles war unvermeidbar, ob man es durch Vines abergläubische oder durch Dr. Barnets wissenschaftliche Brille betrachtete. Aber der Mann, der umgekommen ist, war nicht das Opfer eines magischen Fluchs oder ererbten Wahnsinns. Er wurde ermordet, und für uns ist dieser Mord einfach ein Zufall. Ja, *requiescat in pace,* ein glücklicher Zufall. Er ist ein Lichtstrahl, weil er von außen kommt.«

Sie lächelte spöttisch. »Ja, ich glaube, ich verstehe. Sie sprechen zwar reichlich wirr, aber ich verstehe. Doch wer hat ihn ermordet?«

»Das weiß ich nicht«, antwortete er gelassen, »aber Pater Brown weiß es. Und, wie Pater Brown sagte, ein Mord ist wenigstens ein Akt des Willens, der so frei ist wie dieser Wind, der vom Meer herüberbläst.«

»Pater Brown ist ein wunderbarer Mensch«, sagte sie nach einer Pause. »Er war der einzige, der ein wenig Freude in mein Dasein gebracht hat, bis –«

»Bis was?« fragte Payne. Mit einer ungestümen Bewegung neigte er sich ihr zu und stieß den Bronzegott so heftig weg, daß er auf seinem Sockel zu schwanken schien.

»Bis Sie kamen«, sagte sie und lächelte wieder.

So wurde der Palast aus dem Schlaf erweckt, und es gehört

nicht zu dieser Geschichte, sein schrittweises Erwachen zu schildern, auch wenn es sich schon großenteils vollzogen hatte, ehe das Dunkel der Nacht die Küste einhüllte. Als Harry Payne durch den dunklen Sand heimwärts schritt, über den er so oft in ganz unterschiedlichen Stimmungen gewandert war, befand er sich auf dem Höhepunkt menschlichen Glücks. Ohne Mühe hatte er sich den ganzen Garten in voller Blüte vorstellen können und den Bronzegott in goldenem Glanz und den Brunnen überquellend von Wasser oder Wein. All dieser Glanz und diese Blütenpracht waren ihm durch dieses eine Wort ›Mord‹ erschlossen worden, und es war ein Wort, das er noch immer nicht verstand. Er hatte es vertrauensvoll angenommen, und das war nicht töricht gewesen, denn er gehörte zu denen, die ein Gespür für das Wahre haben.

Mehr als einen Monat später kehrte Payne mit der angeforderten Fotografie des Gemäldes in sein Londoner Haus zurück, um eine Verabredung mit Pater Brown einzuhalten. Die Romanze mit Adelaide Darnaway hatte sich so glücklich entwikkelt, wie es im Schatten einer solchen Tragödie möglich war, und darum war ihm der Schatten keine Last; es war schwer, ihn als etwas anderes zu sehen als den Schatten eines familiären Todesfalles. In vieler Hinsicht war er sehr beschäftigt gewesen, und erst als man im Haus der Darnaways den geregelten Tagesablauf wiederaufgenommen und das Porträt längst wieder seinen Platz in der Bibliothek gefunden hatte, hatte er Gelegenheit gefunden, es mit einem Magnesiumblitz zu fotografieren. Ehe er es, wie ursprünglich vorgesehen, an den Sachverständigen schickte, der mit den alten Kunstwerken im Haus Darnaway vertraut war, zeigte er es dem Priester, der so dringend danach verlangt hatte.

»Ich verstehe Ihre Haltung in dieser Angelegenheit nicht, Pater Brown«, sagte er. »Sie benehmen sich, als hätten Sie das Rätsel für sich schon gelöst.«

Der Priester schüttelte bekümmert den Kopf. »Keineswegs«, antwortete er. »Ich bin wahrscheinlich sehr dumm, aber ich sitze fest, und das genau an der entscheidenden Stelle. Es ist eine merkwürdige Geschichte; so einfach bis zu einem gewissen Punkt, und dann – lassen Sie mich doch die Fotografie einmal sehen, ja?«

Er hielt sie einen Moment dicht vor seine zusammengekniffenen Augen, dann sagte er: »Haben Sie ein Vergrößerungsglas?«

Payne holte eines, und Pater Brown musterte die Fotografie eine Weile intensiv durch das Glas, ehe er sagte: »Sehen Sie sich den Titel des Buches an, das da am Rand des Bücherbords gleich neben dem Rahmen liegt. ›Die Geschichte der Päpstin Johanna.‹ Hm, ich möchte wissen – ja, wahrhaftig; und das Buch darüber handelt von irgend etwas in Island. Himmel! Das ist schon eine verrückte Art, der Wahrheit auf den Grund zu kommen. War ich ein Esel, daß mir das nicht aufgefallen ist, als ich dort war.«

»Aber worauf sind Sie denn gekommen?« fragte Payne ungeduldig.

»Auf das letzte Glied in der Kette«, antwortete Pater Brown. »Ich sitze nicht mehr fest. Ja, ich glaube, ich kenne jetzt die ganze unglückselige Geschichte von Anfang bis Ende.«

»Aber wieso denn so plötzlich?« fragte Payne hartnäckig.

»Weil es in der Bibliothek der Darnaways Bücher über die Päpstin Johanna und über Island gab«, antwortete der Priester mit einem verschmitzten Lächeln, »ganz zu schweigen von einem weiteren, das ich hier sehe und dessen Titel mit den Worten ›Die Religion Friedrichs ...‹ beginnt. Den Rest kann man sich leicht dazudenken.«

Als er Paynes ungehaltene Miene sah, erlosch sein Lächeln, und er sagte ernsthaft: »Dieser letzte Punkt bildet zwar das letzte Glied in der Kette, aber er ist nicht die Hauptsache. Der Fall hatte andere, weit seltsamere Aspekte. Zum Beispiel, was den Augenschein angeht. Lassen Sie mich zunächst etwas sagen, was Sie überraschen wird. Darnaway ist nicht abends um sieben Uhr gestorben. Er war schon den ganzen Tag tot.«

»Überraschung ist milde ausgedrückt«, sagte Payne grimmig, »da Sie ihn ebenso wie ich doch später noch haben herumwandern sehen.«

»Nein, das haben wir nicht«, widersprach Pater Brown. »Wir haben ihn gesehen, oder genauer, wir glaubten ihn zu sehen, während er sich an seiner Kamera zu schaffen machte. Aber steckte sein Kopf nicht unter dem schwarzen Tuch, als Sie ins Zimmer kamen? Als ich hereinkam, war es so, und das ist der Grund, warum mir der Raum und die Gestalt sonderbar vorkamen. Es lag nicht daran, daß sein Bein schief war; eher daran, daß es nicht schief war. Wenn einer, der den Anschein erwekken will, ein anderer zu sein, die Haltung dieses anderen annimmt, dann wirkt er verkrampft und unnatürlich.«

»Meinen Sie im Ernst«, rief Payne schaudernd, »daß es ein Unbekannter war?«

»Es war der Mörder«, antwortete Pater Brown. »Er hatte Darnaway schon bei Tagesanbruch getötet und versteckte sich mit der Leiche in der Dunkelkammer – ein ausgezeichnetes Versteck, weil dort normalerweise niemand hineingeht, und wenn doch, dann sieht er nicht viel. Aber er ließ die Leiche Punkt sieben Uhr aus der Dunkelkammer ins Zimmer fallen, damit alle Welt die Erklärung für den Todesfall im Fluch der Darnaways sehen würde.«

»Aber das verstehe ich nicht«, wandte Payne ein. »Warum hat er ihn dann nicht gleich um sieben Uhr getötet, anstatt sich vierzehn Stunden lang mit einer Leiche zu belasten?«

»Lassen Sie mich eine Gegenfrage stellen«, sagte Pater Brown. »Warum wurde keine Aufnahme von dem Gemälde gemacht? Weil der Mörder Darnaway tötete, sobald er auf war und ehe er das Bild ablichten konnte. Der Mörder mußte unbedingt verhindern, daß das Bild dem Kunsthistoriker in die Hände fiel, der sich bereits eingehend mit den alten Kunstwerken im Schloß befaßt und sogar über sie geschrieben hatte.«

Einen Moment war es still, dann fuhr der Priester mit leiserer Stimme zu sprechen fort.

»Sehen Sie nicht, wie einfach alles ist? Sie selbst haben doch die eine Möglichkeit sehr bald erkannt; aber es ist noch einfacher, als Sie dachten. Sie sagten, ein Mann könne sich ohne weiteres so herrichten, daß er einem alten Gemälde gleiche.

Aber es ist doch zweifellos einfacher, ein vorhandenes Gemälde so zu verfälschen, daß es einem lebenden Menschen gleicht. Schlicht gesagt, es hat nie ein Verhängnis der Darnaways gegeben. Es hat nie dieses besondere alte Gemälde mit dem alten Reim gegeben; es hat nie eine Legende gegeben, derzufolge ein Darnaway auf hinterhältige Weise den Tod seiner Frau verursachte. Es hat aber einen sehr schlechten und sehr schlauen Menschen gegeben, der bereit war, den Tod eines anderen herbeizuführen, um diesem die Frau zu nehmen, die ihm versprochen war.«

Der Priester lächelte Payne plötzlich beruhigend zu. »Ich glaube, einen Moment lang dachten Sie, ich meinte Sie«, sagte er, »aber Sie waren nicht der einzige, den es aus Herzensgründen in dieses Haus zog. Sie kennen den Mann, oder genauer, Sie glauben ihn zu kennen. Doch der Mann namens Martin Wood, Kunstmaler uind Antiquitätenhändler, hatte Tiefen, von denen keiner seiner Künstlerfreunde etwas ahnte. Vergessen Sie nicht, daß er gerufen wurde, um die Gemälde zu beurteilen und zu katalogisieren; in einer adligen Rumpelkammer dieser Sorte hieß das praktisch, die Darnaways darüber aufklären zu müssen, was für Schätze sie überhaupt besaßen. Man konnte damit rechnen, daß es sie nicht überraschen würde, wenn Dinge auftauchten, die ihnen nie zuvor aufgefallen waren. Das Gemälde mußte nur gut gemacht sein, und das war es. Vielleicht hatte er recht, als er sagte, wenn nicht Holbein es gemalt habe, müsse es ein Künstler gleicher Genialität gewesen sein.«

»Ich bin sprachlos«, sagte Payne, »und eine Menge verstehe ich immer noch nicht. Woher wußte er denn, wie Darnaway aussah? Wie hat er ihn getötet? Die Ärzte scheinen doch vor einem Rätsel zu stehen?«

»Ich habe die Fotografie gesehen, die der junge Mann aus Australien Miss Darnaway geschickt hat«, erklärte Pater Brown, »und es gibt verschiedene Möglichkeiten, wie Wood Näheres über den Erben hätte in Erfahrung bringen können. Genaues wissen wir nicht, aber es war sicher nicht schwierig. Sie erinnern sich, daß Wood häufig in der Dunkelkammer half;

sie scheint mir der ideale Ort zu sein, um beispielsweise einen Menschen mit einer vergifteten Nadel zu stechen. Die Gifte standen ja alle parat. Nein, das waren alles keine Schwierigkeiten. Was mir Schwierigkeiten bereitete, war die Frage, wie Wood an zwei Orten zugleich sein konnte. Wie konnte er den Toten aus der Dunkelkammer holen und an das Stativ lehnen, so daß es innerhalb von Sekunden zusammenklappen mußte, wenn er doch in der Bibliothek war und nach einem Buch suchte? Ich war so dumm, mir die Bücher in der Bibliothek nie anzusehen. Erst auf dieser Fotografie sah ich dank unverdientem Glück, was es mit einem Buch über die Päpstin Johanna auf sich hatte.«

»Spannen Sie mich nicht so auf die Folter«, sagte Payne drängend. »Was, um alles in der Welt, hat die Päpstin Johanna damit zu tun?«

»Vergessen Sie nicht das Buch über irgend etwas in Island«, riet der Priester, »und auch nicht das über die Religion eines gewissen Friedrich. Wir brauchen jetzt nur noch zu fragen, was für ein Mensch der verstorbene Lord Darnaway war.«

»Ach nein?« bemerkte Payne sarkastisch.

»Er war ein hochgebildeter, humorvoller Exzentriker, glaube ich«, fuhr Pater Brown fort. »Da er ein gebildeter Mann war, wußte er, daß eine Päpstin Johanna nie existiert hat. Da er Sinn für Humor hatte, ist es wahrscheinlich, daß er sich den Titel ›Die Schlangen in Island‹ oder etwas Ähnliches, das es nie gab, selbst ausgedacht hat. Der dritte Titel, würde ich zu sagen wagen, lautete ›Die Religion Friedrichs des Großen‹ – die es auch nie gegeben hat. Nun, meinen Sie nicht, daß dies genau die Titel sein könnten, die man auf Bücherrücken anbringt, die gar nicht echt sind; oder, in anderen Worten, auf einem Bücherschrank, der gar kein Bücherschrank war?«

»Ach!« rief Payne. »Jetzt verstehe ich, was Sie meinen. Es gab eine Geheimtreppe –«

»Zu dem Raum, den Wood selbst zur Dunkelkammer bestimmte«, vollendete Pater Brown nickend. »Tut mir leid. Es läßt sich nicht ändern. Es ist gräßlich banal und dumm, so dumm, wie ich mich bei diesem reichlich banalen Fall angestellt habe. Wir hatten es mit einem richtigen alten Schauerroman vom Untergang des Adelsgeschlechts und dem Verfall eines alten Schlosses zu tun; da war ein Geheimgang unvermeidlich – und ich bin prompt hineingestolpert.«

Aus dem Englischen von
Mechtild Sandberg-Ciletti

AGATHA CHRISTIE
(1890–1976)

Der Schatten am Fenster

aus: The Mysterious Mr. Quin

»Hören Sie sich das mal an«, sagte Lady Cynthia Drage. Sie las laut aus der Zeitung vor, die sie in der Hand hielt.

»›Mr. und Mrs. Unkerton geben dieses Wochenende eine Party in Greenways House. Unter den Gästen befinden sich Lady Cynthia Drage, Mr. und Mrs. Richard Scott, der hochdekorierte Major Porter, Mrs. Staverton, Captain Allenson und Mr. Satterthwaite.‹

Jetzt wissen wir wenigstens, worauf wir uns eingelassen haben«, bemerkte Lady Cynthia abschließend und warf die Zeitung achtlos beiseite. »Die haben doch wirklich alles vermasselt.«

Lady Cynthias Gesprächspartner, eben jener Mr. Satterthwaite, dessen Name am Ende der Gästeliste rangierte, sah sie fragend an. Es wurde gemunkelt, daß Mr. Satterthwaite nur dann in den Häusern der sehr reichen Neuzuzüglinge anzutreffen war, wenn entweder die Küche überdurchschnittlich gut oder ein menschliches Drama zu erwarten war. Mr. Satterthwaite zeigte ein nahezu abnormes Interesse an den Lebenskomödien und -tragödien seiner Mitmenschen.

Lady Cynthia, eine Dame mittleren Alters mit harten Zügen

und verschwenderischem Make-up, tippte ihn leicht mit dem neuesten Sonnenschirmmodell an, das keck auf ihren Knien gelegen hatte.

»Tun Sie doch nicht so, als verstünden Sie mich nicht. Sie verstehen mich ausgezeichnet. Und nicht nur das. Ich glaube, Sie sind ausschließlich hier, um die Fetzen fliegen zu sehen.«

Mr. Satterthwaite protestierte vehement. Er wußte wirklich nicht, wovon sie sprach.

»Von Richard Scott natürlich. Wollen Sie mir vielleicht weismachen, Sie hätten nie von ihm gehört?«

»Nein. Er ist doch dieser Großwildjäger, oder?«

»Ganz recht... ›Er sah ins Auge Bär und Tiger... et cetera‹, wie es in dem Lied heißt. Das ist sein Metier. Im Moment allerdings ist er selbst der Mähnenlöwe. Klar, daß die Unkertons ganz scharf darauf sind, ihn als Gast bei sich zu haben... und seine junge Braut! Eine charmante Kleine... Ja, kann man sagen. Charmant, aber schrecklich naiv... gerade zwanzig, wissen Sie. Dabei muß er mindestens fünfundvierzig sein.«

»Mrs. Scott hat auf mich einen ganz reizenden Eindruck gemacht«, erklärte Mr. Satterthwaite gleichmütig.

»Ja. Armes Kind.«

»Warum armes Kind?«

Satterthwaite traf ein vorwurfsvoller Blick. Dann nahm sich Lady Cynthia des Themas auf ihre Weise an.

»Porter ist in Ordnung... ein langweiliger Büffel zwar... auch einer von diesen Afrika-Jägern, braungebrannt und wortkarg. Das Alter ego von Richard Scott... bloß nicht mit der Klasse. Freunde fürs Leben; diese ganze Arie. Dabei fällt mir ein, daß die beiden doch zusammen diese Reise...«

»Was für eine Reise?«

»Na, *die* Reise! Die Reise mit Mrs. Staverton! Und sagen Sie jetzt bloß nicht, daß Ihnen Mrs. Staverton kein Begriff ist.«

»Mrs. Staverton *ist* mir ein Begriff«, entgegnete Mr. Satterthwaite beinahe unwillig.

Er und Lady Cynthia wechselten einen Blick.

»Typisch für die Unkertons«, jammerte letztere. »Sie sind

hoffnungslos ... rein gesellschaftlich, meine ich. Die beiden zusammen einzuladen! Natürlich haben sie gehört, daß Mrs. Staverton sportliche Ambitionen hat, gern reist und ein Buch geschrieben hat. Leute wie die Unkertons merken nicht mal, wenn sie ins Fettnäpfchen treten. Im vergangenen Jahr hatte ich selber sie unter meine Fittiche genommen. Man darf sie keine Sekunde aus den Augen lassen. ›Tun Sie dies nicht! Tun Sie das nicht!‹ Gott sei Dank, das habe ich hinter mir. Nicht, daß wir uns überworfen hätten... Oh, nein! Ich streite nie. Aber jetzt sollen sich andere mit ihnen herumschlagen. Wie ich immer gesagt habe, mit ungebildeten Menschen kann ich umgehen, aber Primitivität ertrage ich nicht.«

Nach dieser etwas rätselhaften Bemerkung schwieg Lady Cynthia einen Moment und sann wohl über die Primitivität der Unkertons nach, so wie diese sich ihr dargestellt hatte.

»Wenn ich die Sache noch in der Hand hätte«, fuhr sie kurz darauf fort, »hätte ich ganz klar und offen gesagt: Sie können Mrs. Staverton nicht mit dem Ehepaar Scott einladen. Sie und er sind früher...«

Sie schwieg vielsagend.

»Die beiden?« fragte Mr. Satterthwaite nach.

»Mein Lieber! Ich bitte Sie. Das haben die Spatzen doch von den Dächern gepfiffen. Der Trip ins Landesinnere! Es überrascht mich, daß die Dame die Stirn hat, die Einladung anzunehmen.«

»Vielleicht wußte sie nicht, daß die anderen kommen würden«, gab Mr. Satterthwaite zu bedenken.

»Vielleicht wußte sie's. Das ist wahrscheinlicher.«

»Glauben Sie...«

»Ich würde sie als eine gefährliche Frau bezeichnen... Die Sorte, die vor nichts und niemandem zurückschreckt. Dieses Wochenende möchte ich nicht in Richard Scotts Schuhen stekken.«

»Und Sie glauben, seine Frau weiß nichts?«

»Da bin ich sicher. Aber ich schätze, eine liebe Freundin wird ihr früher oder später die Augen öffnen. Da kommt Jimmy

Allenson. Ein netter Junge! Er hat mir letzten Winter in Ägypten das Leben gerettet... Ich habe mich nämlich tödlich gelangweilt. Hallo, Jimmy! Kommen Sie her! Schnell!«

Captain Allenson gehorchte und ließ sich neben ihr auf dem Rasen nieder. Er war ein gutaussehender Dreißiger mit blendend weißen Zähnen und einem einnehmenden Lächeln.

»Ich bin heilfroh, daß Sie mich gerufen haben«, begann er. »Die Scotts spielen Turteltäubchen, wobei Dritte bekanntlich unerwünscht sind, Porter ist in seine Betrachtungen vertieft, und ich befand mich in der tödlichen Gefahr, die Aufmerksamkeit unserer Gastgeberin auf mich zu ziehen.«

Er lachte. Lady Cynthia lachte mit. Mr. Satterthwaite, der in manchen Dingen etwas altmodisch war und es ungehörig fand, sich über seine Gastgeber lustig zu machen, solange er noch unter deren Dach weilte, blieb ernst.

»Armer Jimmy«, sagte Lady Cynthia.

»Der brave Soldat schweigt und flieht«, erklärte Jimmy Allenson in Abwandlung eines Zitats. »Beinahe hätte ich mir die Geschichte des Familiengespensts anhören müssen.«

»Ein Unkerton-Gespenst!« rief Lady Cynthia aus. »Ist ja zum Schreien komisch.«

»Kein Unkerton-Gespenst«, widersprach Mr. Satterthwaite. »Vielleicht ein Greenways-Gespenst. Das gab's beim Kauf des Hauses inklusive.«

»Natürlich!« seufzte Lady Cynthia. »Jetzt erinnere ich mich. Aber es rasselt nicht mit Ketten, stimmt's? Es hat irgendwas mit einem Fenster zu tun.«

Jimmy Allenson sah hastig auf. »Mit einem Fenster?«

Mr. Satterthwaite antwortete nicht sofort. Sein Blick schweifte über Jimmys Kopf hinweg zu drei Gestalten hinüber, die vom Haus her auf sie zukamen. Es waren eine junge Frau und zwei Männer. Die beiden Herren besaßen auf den ersten Blick eine gewisse Ähnlichkeit: sie waren groß, dunkelhaarig, hatten sonnengebräunte Gesichter und einen rastlosen Blick. Aus der Nähe betrachtet verflüchtigte sich der Eindruck der Ähnlichkeit jedoch rasch.

Richard Scott, Jäger und Forscher, war ein auffallender Mann mit starker Persönlichkeit und Ausstrahlung. John Porter, sein Freund und Jäger-Kollege, war vierschrötiger, hatte ziemlich kantige, beinahe hölzerne Züge und sehr nachdenkliche graue Augen. Er war ein stiller Mann, stets zufrieden damit, nach seinem Freund nur die zweite Geige zu spielen.

Zwischen diesen beiden ging Moira Scott, noch ein Vierteljahr zuvor Moira O'Connell, eine schlanke Gestalt mit großen, verträumten braunen Augen und schimmerndem roten Haar, das sich von ihrem schmalen Gesicht wie ein Heiligenschein abhob.

»Diesem Kind darf man nicht weh tun«, dachte Mr. Satterthwaite bei sich. »Es wäre schrecklich, wenn der Kleinen etwas passierte.«

Lady Cynthia begrüßte die Neuankömmlinge, indem sie ihren extravaganten Sonnenschirm schwenkte.

»Setzt euch und seid still!« befahl sie. »Mr. Satterthwaite erzählt uns gerade eine Gespenstergeschichte.«

»Ich liebe Gespenstergeschichten«, sagte Moira Scott und ließ sich auf dem Rasen nieder.

»Geht es um das Gespenst von Greenways House?« fragte Richard Scott.

»Ja. Sie kennen die Geschichte?«

Scott nickte.

»Ich bin früher oft hiergewesen«, erklärte er. »Das heißt, bevor die Elliots verkaufen mußten. Der ›Wachsame Kavalier‹, darum ging es doch, oder?«

»Der ›Wachsame Kavalier‹«, wiederholte seine Frau leise. »Das gefällt mir. Klingt interessant. Bitte, fahren Sie fort!«

Mr. Satterthwaite allerdings schien sich in der Rolle des Erzählers nicht zu gefallen. Er behauptete, die Geschichte sei alles andere als interessant.

»Jetzt haben Sie uns erst recht neugierig gemacht, Satterthwaite«, sagte Richard Scott sarkastisch. »Spannen Sie uns nicht länger auf die Folter.«

Auf allgemeines lautstarkes Drängen hin war Mr. Satterthwaite schließlich gezwungen, die Geschichte zum besten zu geben.

»Das Ganze ist wirklich ziemlich banal«, begann er entschuldigend. »Im Mittelpunkt der Geschichte steht, soviel ich weiß, ein Kavalier und treuer Anhänger des Königs, ein Vorfahre der Elliots. Seine Frau hatte einen ›Roundhead‹, also einen Puritaner, als Liebhaber. Der Ehemann wurde vom Liebhaber der Frau in einem der oberen Räume ermordet. Daraufhin ist das ehebrecherische Paar geflohen, und als sie sich noch einmal zum Haus umwandten, sahen sie das Gesicht des toten Ehemannes hinter dem Fenster. So jedenfalls will es die Legende. Die Geistergeschichte allerdings betrifft nur eine Glasscheibe im Fenster des Mordzimmers. Auf dieser Scheibe befindet sich ein merkwürdiger Fleck, der aus der Nähe kaum erkennbar ist, jedoch aus der Entfernung den Eindruck erweckt, als blicke ein Männergesicht aus dem Fenster.«

»Und welches Fenster ist das?« fragte Mrs. Scott und sah zum Haus hinauf.

»Von hier aus ist es nicht zu sehen«, antwortete Mr. Satterthwaite. »Es ist auf der anderen Seite. Vor Jahren hat man es mit Brettern verschlossen... um genau zu sein, vor vierzig Jahren.«

»Und weshalb hat man das gemacht? Ich dachte, das Gespenst spukt überhaupt nicht?«

»Tut es auch nicht«, versicherte Mr. Satterthwaite. »Ich schätze... nun, ich nehme an, daß es ihnen einfach unheimlich war. Das ist alles.«

Danach gelang es ihm geschickt, die Unterhaltung in eine andere Richtung zu lenken. Und Jimmy Allenson war nur zu gern bereit, sich über ägyptische Wahrsager auszulassen.

»Die meisten sind sowieso Scharlatane. Sie erzählen dir bereitwillig alles über die Vergangenheit, aber wenn's an die Zukunft geht, weichen sie aus.«

»Ich dachte, es sollte normalerweise umgekehrt sein«, warf John Porter ein.

»Wahrsagerei ist in diesem Land doch illegal, oder?« bemerkte Richard Scott. »Moira hat vor kurzem eine Zigeunerin überredet, ihr die Zukunft vorherzusagen. Aber die Alte hat ihr ihren Schilling wiedergegeben und gesagt, es sei ihr nicht möglich... oder so ähnlich.«

»Vielleicht hat sie in meiner Zukunft so schreckliche Dinge gesehen, daß sie es mir nicht sagen wollte«, gab Moira zu bedenken.

»Jetzt übertreiben Sie nicht, Mrs. Scott«, sagte Allenson leichthin. »Ich jedenfalls weigere mich zu glauben, daß Ihnen ein düsteres Schicksal beschieden ist.«

»Wer weiß«, dachte Mr. Satterthwaite. »Wer weiß.«

Dann sah er abrupt auf. Vom Haus her näherten sich zwei Frauen. Die eine war klein, gedrungen, hatte schwarzes Haar und war unvorteilhaft in Jadegrün gekleidet. Die andere war groß und schlank und ganz in Eierschalenweiß. Erstere war die Gastgeberin, Mrs. Unkerton, letztere eine Dame, von der Satterthwaite zwar viel gehört hatte, der er jedoch bisher nie begegnet war.

»Das ist Mrs. Staverton«, verkündete Mrs. Unkerton sichtlich zufrieden. »Aber Sie kennen sich ja sowieso alle.«

»Diese Leute haben wirklich die beunruhigende Gabe, immer genau das Falsche zu sagen«, raunte Lady Cynthia, aber Mr. Satterthwaite hörte ihr gar nicht zu. Er hatte nur Augen für Mrs. Staverton.

Sie gab sich zwanglos... sehr natürlich. Ihr leicht hingeworfenes »Hallo, Richard. Eine Ewigkeit nicht gesehen. Schade, daß ich zur Hochzeit nicht kommen konnte. Ist das deine Frau? Sie sind es bestimmt schon leid, ständig seine lederhäutigen alten Freunde vorgeführt zu bekommen.« Moiras Erwiderung, höflich, ein bißchen scheu. Dann ein kurzer, abschätzender Blick der Älteren, der lässig zu einem anderen alten Freund weiterwanderte.

»Hallo, John.« Derselbe zwanglose Ton, doch mit einer feinen Nuance... einer unterschwelligen Wärme, die vorher nicht vorhanden gewesen war.

Und dann das unvermittelte Lächeln. Es verwandelte sie

vollständig. Lady Cynthia hatte recht gehabt. Eine gefährliche Frau! Hellblond... tiefblaue Augen... nicht die üblichen Farben einer Sirene... ein Gesicht, das, wenn es nicht in Bewegung war, beinahe abgezehrt wirkte. Eine Frau mit schleppender Stimme und einem faszinierenden Lächeln.

Iris Staverton setzte sich. Und wie selbstverständlich wurde sie der Mittelpunkt der Gruppe. So, hatte man das Gefühl, würde es immer sein.

Mr. Satterthwaite wurde durch Major Porter jäh aus seinen Gedanken gerissen, der einen Spaziergang vorschlug. Mr. Satterthwaite, der im allgemeinen vom Spazierengehen nicht viel hielt, stimmte zu. Seite an Seite schlenderten die beiden Männer über den Rasen.

»Eine interessante Geschichte, die Sie da gerade erzählt haben«, begann der Major.

»Ich zeige Ihnen besagtes Fenster«, erbot sich Mr. Satterthwaite.

Damit führte er den Major zur Westfront des Herrenhauses. Hier befand sich ein kleiner, streng geometrisch angelegter ›Lustgarten‹, der seinen Namen angesichts der hohen Stechpalmenhecken, die ihn umgaben, und des in ebendiesen Hecken geschickt verborgenen Eingangs zu Recht trug.

War man einmal drinnen, nahm einen der eigenwillige Charme des Gartens gefangen, der mit seinen geometrischen Blumenbeeten, Plattenwegen und seiner schönen alten Steinbank Erinnerungen an die gute alte Zeit weckte. Als die beiden Männer die Gartenmitte erreicht hatten, wandte sich Mr. Satterthwaite um und deutete zum Haus hinauf. Das Greenways House war, der Länge nach, von Nord nach Süd ausgerichtet. An der ihnen zugewandten Westfront gab es nur ein Fenster im ersten Stock, das fast völlig von Efeu eingewachsen war. Es hatte schmutzige, blinde Scheiben, und man konnte erkennen, daß es von der Innenseite her zugenagelt war.

»Das ist es«, erklärte Mr. Satterthwaite.

Porter reckte den Hals und blickte hinauf. »Hm, ich kann an einer Stelle eine leichte Verfärbung erkennen. Mehr nicht.«

»Wir sind zu nah«, sagte Mr. Satterthwaite. »Dort droben im Gebüsch ist eine kleine Lichtung. Von dort hat man einen besseren Blick.«

Er führte Porter aus dem Lustgarten heraus, wandte sich nach links und hielt auf das Gebüsch zu. Mr. Satterthwaite hatte so etwas wie der Eifer des Fremdenführers gepackt, so daß er kaum merkte, daß der Mann an seiner Seite geistesabwesend und unaufmerksam war.

»Nachdem sie das Fenster an der Westfront zugenagelt hatten, mußten sie natürlich ein anderes Fenster einbauen«, führte er aus. »Es zeigt nach Süden auf die Rasenfläche hinaus, auf der wir gerade gesessen haben. Ich nehme an, daß die Scotts dieses Zimmer bewohnen. Deshalb wollte ich das Thema nicht auswalzen. Mrs. Scott ist es möglicherweise unangenehm, in einem Zimmer zu nächtigen, das mit einem Spuk in Verbindung gebracht wird.«

»Ja, ich verstehe«, sagte Porter.

Mr. Satterthwaite sah ihn prüfend an und merkte, daß er überhaupt nicht zugehört hatte.

»Sehr interessant«, fuhr Porter fort. Er schlug mit seinem Spazierstock auf eine Fingerhutstaude und sagte dann stirnrunzelnd: »Sie hätte nicht kommen dürfen. Sie hätte nicht kommen dürfen.«

Mr. Satterthwaite erlebte es häufig, daß Leute in seiner Gegenwart so redeten. Er schien bedeutungslos zu sein, schien eine Art Schattendasein zu führen. Er war lediglich ein begnadeter Zuhörer.

»Nein, wirklich«, fuhr Porter fort. »Sie hätte nicht herkommen dürfen.«

Mr. Satterthwaite wußte instinktiv, daß hier nicht von Mrs. Scott die Rede war.

»Meinen Sie?« fragte er.

Porter schüttelte den Kopf, als habe er eine böse Vorahnung.

»Ich war mit auf diesem Jagdausflug«, erklärte er plötzlich. »Wir waren zu dritt. Scott, ich und Iris. Sie ist eine wunderbare Frau... und eine verdammt gute Schützin.« Er hielt inne. »Wie sind diese Leute nur auf die Idee gekommen, sie einzuladen?« schloß er unvermittelt.

Mr. Satterthwaite zuckte mit den Achseln.

»Aus Unwissenheit, nehme ich an.«

»Es wird zum Eklat kommen«, behauptete Porter. »Wir müssen wachsam sein... und tun, was wir können.«

»Aber sicher wird Mrs. Staverton...«

»Ich rede von Scott.« Er machte eine Pause. »Begreifen Sie doch... wir müssen an Mrs. Scott denken...«

Mr. Satterthwaite hatte die ganze Zeit über an nichts anderes gedacht, hielt es jedoch nicht für notwendig, das laut auszusprechen, da der andere diese Tatsache bislang ganz offensichtlich außer acht gelassen hatte.

»Wie hat Scott eigentlich seine Frau kennengelernt?« wollte Satterthwaite wissen.

»Das war vergangenen Winter in Kairo. Eine Blitzheirat. Nach drei Wochen waren sie verlobt, nach sechs Wochen verheiratet.«

»Sie scheint eine charmante Person zu sein.«

»Das ist sie auch. Zweifelsohne. Und er vergöttert sie... aber das ändert nichts.« Und erneut bediente sich Porter des Pronomens, mit dem er nur eine Person meinen konnte: »Verdammt, sie hätte nicht kommen dürfen.«

In diesem Augenblick hatten sie einen Rasenhügel unweit des Hauses erklommen. Und Mr. Satterthwaite streckte mit dem Stolz eines Fremdenführers den Arm aus:

»Hier, jetzt sehen Sie sich das mal an«, sagte er.

Der Abend begann zu dämmern. Das Fenster war gut erkennbar, und hinter einer Scheibe zeichnete sich deutlich unter dem Federhut eines Kavaliers das Gesicht eines Mannes ab.

»Erstaunlich«, murmelte Porter. »Wirklich merkwürdig. Was würde eigentlich passieren, wenn die Scheibe eines Tages zu Bruch ginge?«

Mr. Satterthwaite lächelte.

»Das ist mit der interessanteste Teil der Geschichte. Mittlerweile ist die Scheibe mindestens elfmal, wenn nicht sogar öfter, ausgewechselt worden. Das letzte Mal vor zwölf Jahren. Der damalige Hauseigentümer war entschlossen gewesen, der Legende endgültig den Garaus zu machen. Aber es ist immer dasselbe. Der Fleck kommt wieder... nicht sofort allerdings. Die Verfärbung im Glas entwickelt sich allmählich, bis sie ihre ursprüngliche Form wieder erreicht hat. Erfahrungsgemäß dauert das einen Monat.«

Zum ersten Mal ließ Porter ein gewisses Interesse erkennen. Ihn schauderte sichtlich.

»Verdammt komische Sache. Vollkommen unerklärlich. Und weshalb hat man eigentlich das Fenster von innen mit Brettern verschlossen?«

»Nun, es ging das Gerücht, das Zimmer bringe Unglück. Die Eveshams haben es kurz vor ihrer Scheidung bewohnt. Dann war Stanley mit seiner Frau hier und hat in dem Zimmer geschlafen, als er mit der Tänzerin auf und davon ist.«

Porter zog die Augenbrauen hoch.

»Ach so ist das. Gefahr... nicht fürs Leben, sondern für die Moral.«

»Und jetzt haben es die Scotts«, dachte Satterthwaite. »Wer weiß...«

Die beiden Männer lenkten schweigend ihre Schritte zum Haus zurück. Während sie, jeder in seine eigenen Gedanken vertieft, lautlos über die samtige Rasenfläche gingen, wurden sie ganz unfreiwillig Zeugen einer heftigen Auseinandersetzung. Sie hatten gerade das Ende des Lustgartens erreicht, als aus dessen Innerem laut und deutlich Iris Stavertons wütende Stimme drang.

»Das wird dir leid tun... sehr leid tun.«

Scott erwiderte etwas, leise und unsicher und so undeutlich, daß man die Worte nicht verstehen konnte. Daraufhin war erneut Iris Staverton zu hören. Und diesmal sagte sie etwas, woran sie sich später erinnern sollten.

»Eifersucht... das ist die Hölle. Die reinste Hölle. Man ist zu allem fähig. Sogar zu Mord. Sei vorsichtig, Richard. Um Himmels willen, sei vorsichtig.«

Darauf kam Iris Staverton wenige Meter vor ihnen aus dem Lustgarten gestürmt und war im nächsten Augenblick mit schnellen Schritten, ja, als sei der Teufel hinter ihr her, hinter der Hausecke verschwunden, ohne die beiden Männer bemerkt zu haben.

Mr. Satterthwaite kamen sofort Lady Cynthias Worte in den Sinn. Eine gefährliche Frau. Zum ersten Mal befiel ihn eine düstere Vorahnung: Eine Tragödie bahnte sich an, schnell, unerbittlich, unausweichlich.

Doch an jenem Abend schämte er sich noch seiner Ängste. Alles schien normal, in völlig entspannter Atmosphäre zu verlaufen. Mrs. Staverton agierte in gewohnter ungezwungener Fröhlichkeit, ohne die geringsten Anzeichen psychischen Drucks. Moira Scott versprühte wie immer natürlichen Charme. Die beiden Frauen schienen sich gut zu verstehen. Richard Scott war offenbar in blendender Stimmung.

Sorgen schien sich nur eine Person, nämlich die stämmige Mrs. Unkerton, zu machen. Sie vertraute sich schließlich ausführlich Mr. Satterthwaite an.

»Denken Sie, was Sie wollen, ich kriege hier allmählich Gänsehaut. Ich will ganz offen sein: Ich habe den Glaser bestellt. Ned hat keine Ahnung.«

»Den Glaser?«

»Ja. Er soll eine neue Scheibe in dieses Fenster setzen. Alles schön und gut… Ned ist stolz darauf… er behauptet, es gäbe dem Haus ein gewisses Flair. Aber ich hab' dafür offengestanden nichts übrig. Wir kriegen jetzt eine hübsche, langweilige moderne Glasscheibe, an der nicht irgendwelche häßlichen Geschichten kleben.«

»Sie vergessen da etwas«, sagte Mr. Satterthwaite. »Oder Sie wissen es nicht. Der Fleck kommt wieder.«

»Ach, wie auch immer«, entgegnete Mrs. Unkerton. »Wenn es so ist, dann kann ich nur sagen, ist das nicht normal.«

Mr. Satterthwaite zog die Augenbrauen hoch, sagte aber nichts.

»Na, und wenn schon?« fuhr Mrs. Unkerton trotzig fort.

»Ned und ich sind schließlich nicht so arm, daß wir uns nicht jeden Monat oder, wenn's sein muß, auch jede Woche eine neue Scheibe leisten könnten.«

Mr. Satterthwaite schwieg. Die Welt war korrupt. Der Macht des schnöden Mammons zu widerstehen, schafften die wenigsten. Warum sollte es nun ausgerechnet einem Gespenst gelingen? Und doch weckte Mrs. Unkertons offensichtliche Nervosität sein Interesse. Demnach war selbst sie von der Spannung, die in der Luft lag, nicht unberührt geblieben. Allerdings schrieb sie diese einer wenig aufregenden Geistergeschichte zu und nicht der brisanten Mischung ihrer Gäste.

Das Schicksal wollte es, daß Mr. Satterthwaite, während er den breiten Treppenaufgang hinaufstieg, um sich zu Bett zu begeben, Bruchstücke eines weiteren Gesprächs aufschnappte, die etwas mehr Licht ins Dunkel brachten.

John Porter und Mrs. Staverton saßen in einem Alkoven in der Eingangshalle beisammen. Aus ihrer wohlklingenden Stimme war deutlich ein gereizter Unterton herauszuhören.

»Ich hatte nicht die leiseste Ahnung, daß die Scotts hiersein würden. Anderenfalls wäre ich selbstverständlich nicht gekommen. Aber sei versichert, lieber John, da ich nun schon einmal hier bin, habe ich nicht die Absicht zu kneifen.«

Mr. Satterthwaite stieg weiter die Treppe hinauf und außer Hörweite. Wieviel davon entspricht der Wahrheit? fragte er sich insgeheim. Hat sie es gewußt? Schwer zu sagen. Wohin sollte das alles führen?

Er schüttelte den Kopf.

Im klaren Licht des darauffolgenden Morgens hatte er plötzlich das Gefühl, in seinen Vorahnungen etwas zu melodramatisch gewesen zu sein. Seine Phantasie war mit ihm durchgegangen... das mußte es gewesen sein... nicht verwunderlich unter diesen Umständen. Man gewöhnte sich an alles. Seine Befürchtungen, es könne eine schreckliche Katastrophe bevorstehen, waren reine Nervosität gewesen... oder vielleicht die Leber? Ja, das mußte es sein. Die Leber. In vierzehn Tagen wollte er sowieso in Karlsbad sein.

An diesem Abend schlug er, als es dämmerte, selbst einen Spaziergang vor. Er legte Major Porter nahe, mit ihm zur Lichtung hinaufzugehen und nachzusehen, ob Mrs. Unkerton Wort gehalten und eine neue Glasscheibe hatte einsetzen lassen. Ich brauche ein bißchen Bewegung, sagte er sich. Ja, das ist es. Bewegung.

Die beiden Männer schlenderten gemächlich unter hohen Bäumen dahin. Porter war wie immer sehr schweigsam.

»Ich werde das Gefühl nicht los, daß wir gestern unsere Phantasie ein wenig überstrapaziert haben«, begann Mr. Satterthwaite. »Ich meine unsere Vermutung, es könne irgend etwas... passieren. Schließlich müssen die Menschen doch ein gewisses Maß an Selbstdisziplin haben... ihre Gefühle unterdrücken können, et cetera.«

»Vielleicht«, erwiderte Porter. Und nach gut zwei Minuten fügte er hinzu: »Zivilisierte Menschen.«

»Wie bitte?«

»Menschen, die lange außerhalb der zivilisierten Welt gelebt haben, handeln gelegentlich auch wieder ursprünglich. Entwickeln sich wieder zurück. Nennen Sie es, wie Sie wollen.«

Sie hatten die Kuppe des Grashügels erreicht. Mr. Satterthwaites Atem ging keuchend. Aufstiege dieser Art liebte er nicht sehr.

Er sah zum Fenster hinauf. Das Gesicht war noch immer da. Lebendiger denn je. »Wie ich sehe, hat unsere Gastgeberin einen Rückzieher gemacht.«

Porter warf nur einen flüchtigen Blick zum Fenster hinauf.

»Ich schätze, Unkerton hat sich auf die Hinterbeine gestellt«, murmelte er unbeteiligt. »Er ist genau der Typ, der es schafft, auf das Gespenst einer anderen Familie auch noch stolz zu sein... und das wird er sich nicht nehmen lassen, zumal er es mit barer Münze bezahlt hat.«

Porter schwieg und blickte nicht zum Haus hinüber, sondern starrte auf die Bäume und Sträucher ringsum.

»Haben Sie sich je überlegt, wie verdammt gefährlich Zivilisation sein kann?«

»Gefährlich?« Eine derart ketzerische Bemerkung schokkierte Mr. Satterthwaite zutiefst.

»Ja. Es gibt keine Sicherheitsventile.«

Damit drehte er sich abrupt um, und sie gingen den Weg zurück, den sie gekommen waren.

»Also, jetzt verstehe ich Sie wirklich nicht«, klagte Mr. Satterthwaite und trippelte hastig hinter Porter her. Er hatte Mühe, mit ihm Schritt zu halten. »Vernünftige Menschen...«

Porter lachte. Es war ein kurzes, beunruhigendes Lachen. Dann sah er den korrekten kleinen Herrn an seiner Seite an.

»Finden Sie, daß ich unsinniges Zeug daherrede, Mr. Satterthwaite? Aber es gibt Menschen, die können Unwetter vorhersagen. Sie spüren jede atmosphärische Störung. Und andere wissen, wann es zu einem Unglück kommt. Und ein solches liegt in der Luft, Mr. Satterthwaite... ein großes Unglück sogar. Es kann jeden Augenblick eintreten. Es könnte...«

Er verstummte abrupt und packte Mr. Satterthwaite am Arm. In dieser Minute angespannten Schweigens geschah es... Es fielen zwei Schüsse, gefolgt von einem Schrei... dem Schrei einer Frau.

»Mein Gott!« entfuhr es Porter. »Es ist soweit.«

Er rannte den Weg hinunter. Satterthwaite folgte ihm heftig keuchend. In einer Minute hatten sie die Rasenfläche an der Hecke des Lustgartens erreicht. Fast gleichzeitig tauchten hinter der gegenüberliegenden Hausecke Richard Scott und Mr. Unkerton auf. Sie liefen bis zum Eingang des Lustgartens und hielten dort, einander gegenüberstehend, inne.

»Es kam... von da drinnen!« sagte Unkerton und deutete mit seiner feisten Hand auf den Lustgarten.

»Sehen wir nach!« entschied Porter. Dann lief er voraus in den verschlungenen Heckenweg des Lustgartens. Als er die letzte Biegung erreicht hatte, blieb er wie vom Donner gerührt stehen. Mr. Satterthwaite sah ihm über die Schulter. Richard Scott schrie auf.

Es befanden sich drei Personen im innersten Rund des Lustgartens. Zwei von ihnen lagen hingestreckt auf dem Rasen vor der Steinbank. Es waren ein Mann und eine Frau. Die dritte Person war Mrs. Staverton. Sie stand dicht vor den beiden an der Hecke, die Augen vor Entsetzen weit aufgerissen, und hielt einen Gegenstand in der Hand.

»Iris!« rief Porter. »Iris. Um Himmels willen! Was hast du denn da?«

Jetzt fiel ihr Blick auf ihre Hand... verwundert, ungläubig und doch irgendwie teilnahmslos.

»Das ist eine Pistole«, sagte sie verständnislos. Und dann, nach wenigen Sekunden, die allen wie eine Ewigkeit vorkamen, fügte sie hinzu: »Ich... ich habe sie aufgehoben.«

Mr. Satterthwaite war zu Unkerton und Scott vorgetreten, die mittlerweile auf dem Rasen knieten.

»Ein Arzt«, murmelte Scott. »Wir müssen einen Arzt rufen.«

Für einen Arzt allerdings war es zu spät. Jimmy Allenson, der sich über die ägyptischen Wahrsager mokiert hatte, und Moira Scott, der eine Zigeunerin ihr Geldstück zurückgegeben hatte, hatten ihre letzte, ewige Ruhe gefunden.

Richard Scott schließlich stellte die Ursache des Todes fest. Das eiserne Nervenkostüm des Mannes zeigte sich in diesem kritischen Augenblick. Nach dem ersten Aufschrei des Schmerzes hatte er sich sofort wieder gefaßt.

Sanft ließ er seine Frau wieder aufs Gras gleiten.

»Erschossen«, urteilte er knapp. »Von hinten. Glatter Durchschuß.«

Dann wandte er sich Jimmy Allenson zu. Ihm hatte man in die Brust geschossen, und die Kugel war im Körper steckengeblieben. John Porter trat zu ihnen.

»Es sollte alles so bleiben, wie es ist!« sagte er streng. »Die Polizei muß den Tatort vorfinden, wie er jetzt ist.«

»Die Polizei«, wiederholte Richard Scott. In seinen Augen loderte es, als sein Blick auf die Frau fiel, die vor der Hecke stand. Er machte einen Schritt in ihre Richtung, doch Porter trat vor, als wolle er ihm den Weg versperren. Einen Moment lang maßen sich die beiden Freunde mit Blicken.

Porter schüttelte stumm den Kopf.

»Nein, Richard«, sagte er schließlich. »Es hat den Anschein... aber du bist auf der falschen Spur.«

Richard Scott hatte Mühe zu sprechen und fuhr sich mit der Zunge über die trockenen Lippen.

»Warum hat sie dann das Ding in der Hand?«

Wiederum sagte Iris Staverton in demselben unbeteiligten Ton: »Ich... ich habe sie aufgehoben.«

»Die Polizei!« erklärte Unkerton und erhob sich. »Wir sollten die Polizei benachrichtigen. Scott, würden Sie anrufen? Jemand muß hierbleiben... Ja, unbedingt.«

In seiner ruhigen, zuvorkommenden Art erbot sich Mr. Satterthwaite, diese Aufgabe zu übernehmen. Sein Gastgeber nahm das Angebot mit offensichtlicher Erleichterung an.

»Die Damen«, fuhr er fort. »Ich muß es den Damen sagen... Lady Cynthia und meiner Frau.«

Mr. Satterthwaite blieb im Lustgarten zurück und sah auf die tote Moira Scott hinab.

»Armes Kind«, flüsterte er. »Armes Kind.«

Und stumm zitierte er den Spruch über den »Fluch der bösen Tat, die fortzeugend immer Böses muß gebären«. War nicht Richard Scott irgendwie für den Tod seiner Frau verantwortlich? Iris Staverton würde man seiner Meinung nach hängen; nicht daß er gern daran dachte; aber darin kam immerhin ein Teil der Schuld zum Ausdruck, die er dem Mann zur Last legte. Der »Fluch der bösen Tat...«.

Und das Mädchen, das unschuldige Mädchen hatte bezahlt.

Er sah in tief empfundenem Mitleid auf sie herab. Ihr schmales Gesicht war so bleich und besinnlich, ein halbherziges Lächeln umspielte noch ihre Lippen. Das zerzauste rotblonde Haar, das zierliche Ohr. Am Ohrläppchen hing ein winziger Blutstropfen. In dem Gefühl, das Zeug zu einem Detektiv zu haben, schloß Mr. Satterthwaite daraus, daß dieser von einem Ohrring herrühren mußte, der beim Fallen herausgerissen worden war. Er beugte sich tiefer. Ja, er hatte Recht gehabt. Am anderen Ohr baumelte eine einzelne Perle.

Armes, unschuldiges Kind.

»Und jetzt zu Ihnen, Sir«, sagte Inspektor Winkfield.

Sie saßen in der Bibliothek. Der Inspektor, ein kräftiger Mann in den Vierzigern mit schlauem Blick, war dabei, die ersten Ermittlungen abzuschließen. Er hatte die meisten Gäste bereits vernommen und sich eine erste Meinung über den Fall gebildet. Nun hörte er dem zu, was Major Porter und Mr. Satterthwaite zu sagen hatten. Der korpulente Mr. Unkerton saß zusammengesunken im Sessel und starrte mit vorstehenden Augen auf die gegenüberliegende Wand.

»Wenn ich Sie richtig verstanden habe, Gentlemen«, sagte der Inspektor, »dann haben Sie also einen Spaziergang gemacht. Anschließend sind Sie auf dem Weg zum Haus zurückgekehrt, der an der linken Seite des sogenannten Lustgartens entlangführt. Ist das richtig?«

»Völlig richtig, Inspektor.«

»Und Sie haben zwei Schüsse und den Schrei einer Frau gehört?«

»Ja.«

»Danach sind Sie so schnell wie möglich zum Eingang des Lustgartens gelaufen. Falls jemand den Lustgarten währenddessen verlassen hatte, dann konnte er das nur durch diesen einen Zugang. Die Stechpalmenhecken sind undurchdringlich. Wäre jemand aus dem Garten gerannt und hätte sich nach rechts gewandt, hätte er Mr. Unkerton und Mr. Scott in die Arme laufen müssen. Hätte er sich nach links gewandt, hätten Sie ihn sehen müssen. Ist das richtig?«

»Ja, ganz genau«, erwiderte Major Porter. Er war sehr blaß.

»Damit scheint die Sache klar auf der Hand zu liegen«, entschied der Inspektor. »Mr. und Mrs. Unkerton saßen zusammen mit Lady Cynthia Drage auf der Rasenfläche. Mr. Scott war im Billardzimmer, dessen Tür auf die Rasenfläche hinausführt. Um zehn Minuten nach sechs Uhr kam Mrs. Staverton aus dem Haus, wechselte ein paar Worte mit denen, die dort auf dem Rasen saßen, und ging dann ums Haus in Richtung Lustgarten. Zwei Minuten später fielen die Schüsse. Mr. Scott stürzte aus dem Haus und rannte zusammen mit Mr. Unkerton zum Lustgarten. Gleichzeitig kamen Sie und Mr.... eh... Satterthwaite aus der entgegengesetzten Richtung. Mrs. Staverton war im Lustgarten und hielt eine Pistole in der Hand, aus der zwei Schüsse abgegeben worden waren. Wie ich die Sache sehe, muß sie zuerst die junge Frau von hinten erschossen haben, während diese auf der Bank saß. Captain Allenson ist dann vermutlich aufgesprungen und hat sich auf sie gestürzt. In diesem Moment hat sie ihn mit einem Schuß in die Brust niedergestreckt. Meines Wissens hatte sie früher einmal eine Liaison mit Mr. Scott...«

»Das ist eine unverschämte Lüge«, fiel Porter ihm ins Wort.

Seine Stimme klang heiser und herausfordernd. Der Inspektor jedoch schüttelte nur stumm den Kopf.

»Was hat Mrs. Staverton denn dazu zu sagen?« wollte Mr. Satterthwaite wissen.

»Sie behauptet, in den Lustgarten gegangen zu sein, um ein bißchen Ruhe zu haben. Gerade als sie die letzte Biegung in der Ecke erreicht habe, habe sie die Schüsse gehört. Sie sei um die Ecke gelaufen, habe die Pistole zu ihren Füßen entdeckt und sie aufgehoben. Niemand ist an ihr vorbeigekommen, und abgesehen von den beiden Opfern hat sie wohl niemand im Garten bemerkt.« Der Inspektor machte eine vielsagende Pause. »Wie gesagt, das behauptet sie... Und obwohl ich sie über ihre Rechte aufgeklärt habe, hat sie darauf bestanden, eine Aussage zu machen.«

»Wenn sie das gesagt hat, ist das die Wahrheit«, erklärte Major Porter, noch immer leichenblaß. »Ich kenne Iris Staverton.«

»Nun, Sir, es bleibt uns noch genügend Zeit, das zu überprüfen. Vorerst allerdings muß ich meine Pflicht tun.«

Porter wandte sich abrupt an Mr. Satterthwaite.

»Und Sie? Können Sie nicht helfen? Können Sie denn gar nichts tun?«

Mr. Satterthwaite konnte nicht umhin, sich mehr als geschmeichelt zu fühlen. Jemand bat ihn, den unbedeutenden Mann, um Hilfe. Und dieser Jemand war auch noch ein Mann wie John Porter.

Er wollte das Ansinnen gerade mit Bedauern zurückweisen, als Thompson, der Butler, mit einer Visitenkarte auf dem Silbertablett eintrat und diese seinem Herrn mit entschuldigendem Hüsteln präsentierte. Mr. Unkerton saß noch immer zusammengesunken und teilnahmslos in seinem Sessel.

»Ich habe dem Herrn gesagt, daß es Ihnen wahrscheinlich nicht möglich ist, ihn zu empfangen, Sir«, erklärte Thompson. »Aber er behauptet, mit Ihnen verabredet zu sein. Außerdem sei die Sache dringend.«

Unkerton griff nach der Karte.

»Mr. Harley Quin«, las er laut. »Ja, ich erinnere mich. Er wollte wegen eines Gemäldes zu mir kommen. Wir sind tatsächlich verabredet, aber wie die Dinge augenblicklich liegen...«

Aber Mr. Satterthwaite war, als er den Namen hörte, aufgesprungen.

»Mr. Harley Quin, sagten Sie?« rief er aus. »Wie unglaublich! Wirklich erstaunlich! Sie haben mich gefragt, ob ich helfen könne, Mr. Porter. Ich glaube, das kann ich. Dieser Mr. Quin ist ein Freund... oder vielmehr ein Bekannter. Eine ganz ungewöhnliche Persönlichkeit.«

»Einer dieser Amateurdetektive, nehme ich an«, bemerkte der Inspektor geringschätzig.

»Nein«, wehrte Mr. Satterthwaite ab. »Zu dieser Kategorie gehört er weiß Gott nicht. Aber er hat eine Fähigkeit... eine beinahe unheimliche Fähigkeit... einem vorzuführen, was man mit eigenen Augen gesehen hat, einem klar zu machen, was man mit eigenen Ohren gehört hat. Ich schlage vor, wir beschreiben ihm den Fall wenigstens in groben Umrissen und hören uns an, was er dazu zu sagen hat.«

Mr. Unkerton sah den Inspektor an, der lediglich den Blick zur Decke hob und verächtlich schnaubte. Dann machte der Hausherr Thompson ein Zeichen, woraufhin der Butler das Zimmer verließ und kurz darauf einen großen, schlanken Fremden hereinführte.

»Mr. Unkerton?« Der Fremde schüttelte ihm die Hand. »Tut

mir leid, daß ich Sie zu einem solchen Zeitpunkt belästige. Wir müssen unser Kunstgespräch auf einen späteren Zeitpunkt verschieben. Ah, Mr. Satterthwaite, mein Freund! Ziehen dramatische Ereignisse Sie noch immer magnetisch an?«

Bei diesen Worten umspielte ein Schmunzeln den Mund des Fremden.

»Mr. Quin«, begann Mr. Satterthwaite mit Nachdruck. »Wir haben es hier in der Tat mit einem dramatischen Ereignis zu tun. Wir befinden uns mitten in einem solchen. Ich würde gern Ihre Meinung darüber hören... und meinem Freund Major Porter hier geht es ebenso.«

Mr. Quin setzte sich. Die Lampe mit dem roten Schirm warf einen breiten Streifen glühenden Lichts auf seinen karierten Mantel, beließ sein Gesicht jedoch im Dunkeln, so daß beinahe der Eindruck entstand, er trüge eine Maske.

Mr. Satterthwaite gab eine knappe, präzise Zusammenfassung des tragischen Ereignisses. Dann hielt er inne und erwartete atemlos das Urteil des Orakels.

Doch Mr. Quin schüttelte lediglich den Kopf.

»Eine traurige Geschichte«, lautete sein Kommentar. »Traurig und schockierend. Besonders interessant ist das Nicht-Vorhandensein eines Motivs.«

Unkerton starrte ihn an. »Sie scheinen da etwas nicht begriffen zu haben«, erklärte er. »Man hat gehört, wie Mrs. Staverton Richard Scott bedroht hat. Sie war schrecklich eifersüchtig auf seine Frau. Eifersucht...«

»Da stimme ich Ihnen zu«, sagte Mr. Quin. »Eifersucht oder teuflische Leidenschaft. Das ist dasselbe. Aber Sie haben mich mißverstanden. Ich bezog mich nicht auf den Mord an Mrs. Scott, sondern auf den an Captain Allenson.«

»Sie haben recht!« rief Porter aus und drängte sich vor. »Da stimmt etwas nicht. Wenn Iris je mit dem Gedanken gespielt hätte, Mrs. Scott zu erschießen, hätte sie versucht, sie irgendwo allein zu überraschen. Nein, wir sind auf der falschen Spur. Ich glaube, ich sehe da eine andere Lösung. Nur diese drei Personen sind in den Lustgarten gegangen. Soviel steht fest.

Daran gibt es nichts zu deuteln. Aber meine Rekonstruktion dieser Tragödie sieht anders aus. Angenommen, Jimmy Allenson hat zuerst Mrs. Scott und dann sich erschossen. Das wäre doch möglich, oder? Im Fallen wirft er die Pistole weg... und Mrs. Staverton findet sie auf dem Rasen und hebt sie auf, wie sie ausgesagt hat. Was halten Sie davon?«

Der Inspektor schüttelte den Kopf.

»Das paßt nicht zusammen, Major Porter. Wenn Captain Allenson den Schuß aus nächster Nähe abgegeben hätte, wäre der Stoff versengt gewesen.«

»Vielleicht hat er die Pistole auf Armeslänge von sich gehalten.«

»Warum hätte er das tun sollen? Das ergibt keinen Sinn. Außerdem fehlt das Motiv.«

»Vielleicht ist plötzlich eine Sicherung bei ihm durchgebrannt«, murmelte Porter ohne große Überzeugung. Er verstummte, gab sich plötzlich einen Ruck und sagte herausfordernd: »Nun, Mr. Quin?«

Mr. Quin schüttelte den Kopf.

»Ich bin kein Magier. Ich bin nicht mal Kriminalist. Aber eines möchte ich Ihnen sagen... Ich glaube an den Wert von starken Eindrücken. Bei jedem Vorfall dieser Art gibt es stets einen herausragenden Augenblick, ein Bild, das bleibt, nachdem alles andere verblaßt ist. Ich glaube, Mr. Satterthwaite ist wohl der objektivste Beobachter unter den hier Anwesenden. Würden Sie noch einmal zurückdenken, Mr. Satterthwaite, und uns schildern, was den stärksten Eindruck bei Ihnen hinterlassen hat? Waren es die Schüsse? War es der Anblick der Leichen? War es der Moment, als Sie die Pistole in Mrs. Stavertons Hand entdeckten? Versuchen Sie, sich von allen herkömmlichen Beurteilungsmaßstäben freizumachen, und erzählen Sie!«

Mr. Satterthwaite konzentrierte sich wie ein Schuljunge, der sich der gelernten Hausaufgabe nicht sicher ist, auf Mr. Quin.

»Nein«, antwortete er gedehnt. »Nichts von alledem. Der Moment, an den ich mich immer erinnern werde, war, als ich allein bei den Toten zurückgeblieben war und auf Mrs. Scott herabgesehen habe. Sie lag auf der Seite. Ihr Haar war zerzaust. An ihrem kleinen Ohrläppchen klebte ein Blutstropfen.«

Kaum hatte er dies ausgesprochen, spürte er, daß er etwas Unerhörtes und sehr Bedeutsames gesagt hatte.

»Blut am Ohr? Ja, jetzt erinnere ich mich«, murmelte Unkerton nachdenklich.

»Im Fallen muß ihr Ohrring abgerissen sein«, erklärte Mr. Satterthwaite.

Das allerdings kam ihm plötzlich selbst ein wenig unwahrscheinlich vor.

»Sie lag auf der linken Seite«, warf Porter ein. »Dann war es vermutlich auch das linke Ohr?«

»Nein«, widersprach Mr. Satterthwaite hastig. »Es war das rechte.«

Der Inspektor hüstelte. »Ich habe das hier im Gras gefunden«, sagte er. Er hielt ein Stück Golddraht hoch.

»Um Himmels willen!« rief Porter aufgeregt. »Durch einen Sturz kann sich doch kein Ohrring in seine Einzelteile auflösen. Mir sieht es mehr danach aus, als sei er durch eine Kugel zerfetzt worden.«

»Das muß es gewesen sein!« rief Mr. Satterthwaite. »Es war eine Kugel. Es gibt keine andere Erklärung.«

»Es sind nur zwei Schüsse gefallen«, meldete sich der Inspektor erneut zu Wort. »Ein und derselbe Schuß kann nicht ihr Ohr gestreift und gleichzeitig in den Rücken eingedrungen sein. Und wenn ein Schuß den Ohrring weggerissen und der zweite sie getötet hat, dann kann er nicht auch Captain Allenson getroffen haben... es sei denn, er wäre dicht vor ihr gestanden... sehr dicht... und wäre ihr zugewandt gewesen. Oh, nein! Nicht einmal dann, es sei denn...«

»Es sei denn, er hat sie in seinen Armen gehalten, wollten Sie wohl sagen«, ergänzte Mr. Quin mit einem seltsamen Lächeln. »Aber warum denn nicht?«

Alle sahen sich verblüfft an. Die Vorstellung kam ihnen so absurd vor... Allenson und Mrs. Scott. Mr. Unkerton brachte dieses Gefühl deutlich zum Ausdruck.

»Aber die beiden haben sich kaum gekannt«, sagte er.

»Ich weiß nicht recht«, bemerkte Mr. Satterthwaite versonnen. »Vielleicht haben sie sich besser gekannt, als wir geahnt haben. Lady Cynthia hat erzählt, daß Allenson sie letzten Winter in Ägypten davor bewahrt habe, sich tödlich zu langweilen. Und Sie...« Er wandte sich an Porter. »Sie haben behauptet, Richard Scott habe seine Frau vergangenen Winter in Kairo kennengelernt. Die beiden könnten dort unten doch durchaus sehr intim befreundet gewesen sein.«

»Hier habe ich sie kaum zusammen gesehen«, warf Mr. Unkerton ein.

»Nein... sie sind sich eher aus dem Weg gegangen. Jetzt, wo ich daran denke... eine unnatürliche Verhaltensweise, finde ich...«

Alle Blicke waren auf Mr. Quin gerichtet... so, als seien sie ein wenig über die Schlußfolgerungen verblüfft, die sich zwangsläufig ergaben.

Mr. Quin erhob sich.

»Sie sehen also, was Mr. Satterthwaites Eindruck ausgelöst hat.« Er wandte sich an Unkerton. »Und jetzt sind Sie an der Reihe.«

»Wie bitte? Ich verstehe nicht.«

»Als ich diesen Raum betreten habe, haben Sie einen sehr nachdenklichen Eindruck auf mich gemacht. Es würde mich interessieren, was Sie so beschäftigt hat. Selbst wenn es nichts mit den Morden zu tun hatte. Selbst wenn es Ihnen wie dummer Hokuspokus vorkommt... Erzählen Sie.« Mr. Unkerton war unmerklich zusammengezuckt. »Erzählen Sie.«

»Gern«, antwortete er. »Obwohl es nichts mit dieser Sache zu tun hat und Sie mich vermutlich auslachen werden. Ich wünschte, meine Frau wäre nicht so übereifrig gewesen und hätte die Scheibe in diesem Gespenster-Fenster nicht auswechseln lassen. Irgendwie kommt es mir so vor, als habe sie damit einen Fluch über uns gebracht.«

Mr. Unkerton begriff nicht, weshalb ihn seine beiden Gegenüber derartig anstarrten.

»Aber sie hat sie doch überhaupt nicht erneuern lassen«, brachte Mr. Satterthwaite schließlich heraus.

»Oh, doch. Das hat sie. Der Glaser ist heute schon in aller Herrgottsfrühe dagewesen.«

»Großer Gott!« stöhnte Porter. »Allmählich begreife ich. Das Zimmer... Vermutlich ist es getäfelt und nicht tapeziert, oder?«

»Ja. Aber was hat das...?«

Porter war bereits aus dem Zimmer gerannt. Die anderen folgten ihm. Er ging die Treppe hinauf und steuerte auf das Schlafzimmer der Scotts zu. Es war ein hübsches Zimmer mit cremefarbener Wandtäfelung und zwei Südfenstern. Porter tastete mit den Händen über die Täfelung an der Westseite.

»Da muß irgendwo ein Schnappschloß sein. Ah!« Es ertönte ein leises Klicken, und ein Segment der Täfelung ließ sich zurückschieben. Dahinter kamen die schmutzigen, stumpfen Scheiben des Geister-Fensters zum Vorschein. Eine Glasscheibe allerdings war sauber und neu. Porter bückte sich hastig und hob etwas auf. Er legte es auf die Handfläche. Es handelte sich um eine zarte Straußenfeder. Dann sah er Mr. Quin an. Und Mr. Quin nickte.

Er ging quer durchs Zimmer zum Hutschrank. Auf dem Regal lagen mehrere Hüte... die Hüte der Toten. Er nahm einen mit breitem Rand und reichem Federschmuck heraus. Es war ein schöner Ascot-Hut.

Mr. Quin begann in sanfter, nachdenklicher Manier mit seinen Ausführungen.

»Nehmen wir einmal an«, sagte er, »ein von Natur aus sehr eifersüchtiger Mann, der in längst vergangenen Tagen bereits hier logiert hat und das Geheimnis der beweglichen Täfelung kennt, kehrt hierher zurück. Zum Zeitvertreib öffnet er sie eines Tages und sieht in den Lustgarten hinunter. Dort entdeckt er seine Frau mit einem anderen Mann, die sich im Lustgarten vor neugierigen Blicken sicher glauben. Über die Art der Beziehung zwischen den beiden kann kein Zweifel bestehen. Er rast vor Wut. Was soll er tun? Plötzlich kommt ihm eine Idee. Er geht zum Schrank und setzt den breitkrempigen Federhut auf. Der Abend dämmert bereits, und er erinnert sich wieder an die Geschichte mit dem Fleck auf der Fensterscheibe. Jeder, der in diesem Moment zu dem betreffenden Fenster emporschaut, muß annehmen, den Wachsamen Kavalier zu sehen. So getarnt beobachtet er die Liebenden, und in dem Augenblick, da sie sich in den Armen liegen, schießt er. Er ist ein guter Schütze... ein ausgezeichneter Schütze. Als sie stürzen, feuert er noch einmal... dieser Schuß trifft den Ohrring. Er wirft die Pistole aus dem Fenster direkt in den Lustgarten, läuft die Treppe hinunter und durchs Billardzimmer hinaus in den Garten.«

Porter machte einen Schritt auf ihn zu.

»Aber er hat zugelassen, daß man sie beschuldigt hat!« ereiferte er sich. »Er hat zugesehen, wie man sie zur Mörderin stempelte. Warum? Warum?«

»Ich glaube, Sie kennen die Antwort«, erwiderte Mr. Quin. »Ich möchte vermuten... und ich bin hier nur auf Vermutungen angewiesen... daß Richard Scott einmal rasend in Iris Staverton verliebt gewesen ist... so wahnsinnig verliebt, daß ein Wiedersehen nach Jahren die alte Eifersucht wieder neu entfacht hat. Ich nehme an, daß Iris Staverton einst glaubte, ihn lieben zu können, daß sie mit ihm und einem anderen Mann einen Jagdausflug unternommen... und sich letztendlich doch in den Besseren der beiden verliebt hat.«

»Den Besseren«, wiederholte Porter wie benommen. »Sie meinen...«

»Ja«, sagte Mr. Quin mit hintersinnigem Lächeln. »Ich meine Sie.« Und nach einer Pause fuhr er fort: »Wenn ich Sie wäre, würde ich jetzt zu ihr gehen.«

»Das tue ich auch«, versicherte Porter.

Damit drehte er sich um und ging aus dem Zimmer.

Aus dem Englischen von
Christine Frauendorf-Mössel

DOROTHY L. SAYERS
(1893–1957)

Schach der Dame

»Mein lieber Karobube«, sagte Mark Sambourne mit einem vorwurfsvollen Kopfschütteln. »Ich kenne Sie. Ich kenne Sie schon lange.« Er kramte unter dem weißen Satin seines Kostüms, das, mit schwarzen Rechtecken besetzt, auf denen dicke weiße Punkte prangten, ein Dominospiel darstellen sollte. »Zum Teufel mit diesem Ding! Wo hat der Bursche mir die Taschen eingenäht? Sie leeren mir die Taschen, mein Lieber. Ja, Sie le-heren mir die Taschen, nehmen mein Silber und mein Gold. Mein Silber und mein Go-hold. Wieviel ist es?« Er zog einen Füllfederhalter und ein Scheckbuch heraus.

»Fünf Pfund, siebzehn Schilling und sechs Pence«, antwortete Lord Peter Wimsey. »Das stimmt doch, nicht wahr, verehrte Partnerin?« Seine weiten, blau und rot gemusterten Ärmel raschelten, als er sich Lady Hermione Creethorpe zuwandte, die in ihrem Kostüm der Kreuzdame wie eine fürchterliche alte Jungfer wirkte, was sie tatsächlich auch war.

»Richtig«, bestätigte die alte Dame, »und ich halte das für eine magere Ausbeute.«

»Wir haben ja auch nicht lange gespielt«, meinte Wimsey entschuldigend.

»Es wäre mehr geworden, Tantchen«, bemerkte Mrs. Wrayburn, »wenn du nicht so gierig gewesen wärst. Du hättest auf meine vier Pik hin nicht verdoppeln sollen.«

Lady Hermione schnaubte verächtlich, und Wimsey mischte sich hastig ein. »Es ist jammerschade, daß wir aufhören müssen, aber Deverill verzeiht uns nie, wenn wir zum Sir Roger nicht da sind. Der Tanz ist ihm sehr wichtig. Wie spät ist es? Zwanzig nach eins. Der Volkstanz soll Punkt halb zwei anfangen. Ich denke, wir machen uns besser langsam wieder auf den Weg zum Ballsaal.«

»Ja, das wird das beste sein«, stimmte Mrs. Wrayburn zu. Sie stand auf und ließ ihr prachtvolles Kleid, das mit den schwarzen und roten Punkten eines Backgammon-Bretts gemustert war, voll zur Geltung kommen. »Es war sehr nett von Ihnen«, fügte sie hinzu, als Lady Hermione mit ihren weiten Röcken vor ihnen durch den Flur davonrauschte, »den Tanz Tanz sein zu lassen, um meiner Tante ihr Bridge zu gönnen. Sie verzichtet so ungern darauf.«

»Es war mir ein Vergnügen«, versicherte Wimsey. »Außerdem war ich froh, eine Pause einlegen zu können. In diesen Kostümen wird einem beim Tanzen entsetzlich heiß.«

»Aber Sie machen sich glänzend als Karobube. Ich finde, es war wirklich eine gute Idee von Lady Deverill, das Kostümfest unter das Motto Gesellschaftsspiele zu stellen. Da bleiben endlich einmal die ewigen Pierrots und Kolumbinen weg.«

Sie umrundeten die Südwestecke des Ballsaals und gelangten in den Südkorridor, der von einer großen vierfarbigen Laterne erleuchtet wurde. Im Wandelgang blieben sie stehen und beobachteten die Tanzfläche, wo Sir Charles Deverills Gäste zur temperamentvollen Musik einer Kapelle, die oben auf der Galerie am Ende des Saals plaziert war, einen Foxtrott tanzten.

»Hallo, Giles«, sagte Mrs. Wrayburn. »Sie sehen ganz erhitzt aus.«

»Mir ist auch heiß«, erklärte Giles Pomfret. »Ich wollte, ich hätte nicht den grandiosen Einfall gehabt, mich in so ein infernalisches Kostüm zu werfen. Es ist zwar ein prachtvoller Billardtisch, aber setzen kann ich mich darin nicht.« Er wischte sich die feuchte Stirn, die von einem eleganten grünen Lampenschirm beschattet wurde. »Ich kann meinen Füßen höchstens mal Ruhe gönnen, wenn ich meinen Hintern auf einen Heizkörper lupfe. Aber da die alle auf Hochtouren laufen, ist das nicht sehr erfrischend. Ich komme mir vor wie ein Plakatträger zwischen meinen Brettern. Na, wenigstens ein guter Grund, nicht zu tanzen.« Mit Märtyrermiene lehnte er sich an die nächste Säule.

»Nina Hartford hat den besten Einfall gehabt«, meinte Mrs. Wrayburn. »Wasserpolo – sehr vernünftig –, nur ein Badeanzug und ein Ball; ich muß allerdings sagen, daß sich das Kostüm bei einer weniger rubenshaften Figur besser machen würde. Ihr Spielkarten seid die schönsten, und gleich danach kommen die Schachfiguren. Ah, da tanzt Gerda Bellingham mit ihrem Mann – sieht sie nicht phantastisch aus in der roten Perücke? Und die Turnüre – einfach hinreißend. Zum Glück sehen sie nicht allzu stark nach ›Alice im Wunderland‹ aus. Und Charmian Grayle ist eine so entzückende Weiße Königin – wo ist sie übrigens?«

»Ich mag diese Person nicht«, stellte Lady Hermione fest. »Sie ist ein flatterhaftes Ding.«

»Aber Lady Hermione!«

»Ich weiß, Sie halten mich für altmodisch. Aber ich bin froh, daß ich's bin. Für mich ist sie flatterhaft und herzlos dazu. Ich habe sie vor dem Essen beobachtet, und Tony Lee tut mir leid. Sie hat auf Teufel komm raus mit Harry Vibart geflirtet – um es nicht krasser auszudrücken –, und Jim Playfair hat sie außerdem am Bändel. Nicht einmal Frank Bellingham läßt sie in Ruhe, obwohl sie in seinem Haus zu Gast ist.«

»Wirklich, Lady H!« protestierte Sambourne. »Sie gehen ein bißchen zu hart mit Miss Grayle ins Gericht. Sie ist doch ein ausgesprochen niedlicher Käfer und macht jeden Spaß mit.«

»Jeden Unfug, meinen Sie«, sagte Lady Hermione erbost. »Und wenn dieser niedliche Käfer so weitermacht, ist er in spätestens drei Jahren höchstens noch ein Mistkäfer.«

»Liebe Lady Hermione«, sagte Wimsey, »die Zeit geht leider nicht mit uns allen so freundlich um wie mit Ihnen.«

»Das liegt einzig an Ihnen selbst«, gab die alte Dame zurück. »Sie brauchen nur auf Ihre Leber und Ihre Moral zu achten. Da kommt Frank Bellingham – bestimmt auf der Suche nach einem Drink. Ihr jungen Leute von heutzutage kommt mir manchmal vor wie die wandelnden Rumfrüchte.«

Der Tanz war zu Ende, und der Rote König bahnte sich zwischen applaudierenden Paaren hindurch einen Weg zu ihnen.

»Hallo, Bellingham«, sagte Wimsey. »Ihre Krone sitzt schief. Gestatten Sie.« Er rückte Perücke und Kopfschmuck geschickt wieder gerade. »Aber es ist ja auch kein Wunder. Welche Krone ist in diesen bolschewistischen Zeiten noch sicher?«

»Danke«, sagte Bellingham. »Hm, ich glaube, jetzt brauche ich erst mal was zu trinken.«

»Was habe ich gesagt?« meinte Lady Hermione.

»Dann müssen Sie sich aber beeilen, alter Junge«, meinte Wimsey. »Sie haben genau vier Minuten Zeit. Kommen Sie ja pünktlich zum Sir Roger.«

»Natürlich. Ich tanze übrigens mit Gerda. Wenn Sie sie sehen sollten, können Sie ihr ja sagen, wo ich zu finden bin.«

»Wird gemacht. Lady Hermione, Sie geben mir doch die Ehre, nicht wahr?«

»Unsinn! Sie glauben doch nicht im Ernst, daß ich in meinem Alter noch das Tanzbein schwinge? Die alte Jungfer macht sich besser als Mauerblümchen.«

»Kommt nicht in Frage. Hätte ich das Glück gehabt, früher geboren zu sein, dann hätten wir hier als Paar erscheinen können, Herzdame und Herzkönig zum Beispiel. Sie werden auf jeden Fall mit mir tanzen – es sei denn, Sie hätten die Absicht, mir wegen eines dieser Grünschnäbel einen Korb zu geben.«

»Für Grünschnäbel habe ich nichts übrig«, erwiderte Lady Hermione. »Kein Rückgrat. Windelweich.« Sie warf einen raschen Blick auf Wimseys scharlachrote Strümpfe. »Sie haben wenigstens eine Andeutung von Waden. Neben Ihnen kann ich mich zeigen, ohne mich für Sie genieren zu müssen.«

Grundriß des Ballsaals

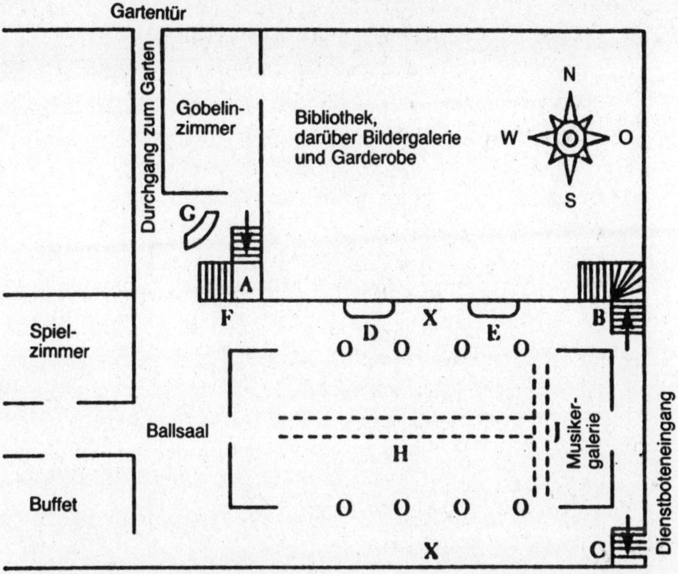

A Treppe zur Garderobe und Galerie. B Treppe zur Galerie. C Treppe, ausschließlich zur Musikergalerie. D Sofa, auf dem Joan Carstairs saß. E Sofa, auf dem Jim Playfair saß. F Waits Standort. G Wo Ephraim Dodd saß. H »Sir Roger« der Gäste. J »Sir Roger« der Dienstboten. X Hängelaternen. O Wandelgang

Wimsey neigte den Kopf mit der gelockten Perücke und der roten Mütze über die knorrige alte Hand. »Sie machen mich zum glücklichsten aller Männer. Wir werden der ganzen Gesellschaft hier etwas vortanzen. Die rechte Hand, die linke Hand, beide Hände über Kreuz, Rücken an Rücken, im Kreis herum und dann ab durch die Mitte. Da ist Deverill, um der Kapelle zu sagen, daß sie anfangen soll. Legt großen Wert auf Pünktlichkeit, der alte Knabe, hm? Nur noch zwei Minuten, bis es losgeht – Was ist denn, Miss Carstairs? Haben Sie Ihren Partner verloren?«

»Ja – haben Sie Tony Lee irgendwo gesehen?«

»Den Weißen König? Nein, tut mir leid. Und die Weiße Königin auch nicht. Ich vermute, sie sind irgendwo zusammen.«

»Wahrscheinlich. Der arme Jimmy Playfair sitzt wie bestellt und nicht abgeholt draußen im Nordkorridor.«

»Dann gehen Sie doch und trösten Sie ihn«, schlug Wimsey lachend vor.

Joan Carstairs schnitt eine Grimasse und eilte in Richtung Buffet davon, als Sir Charles Deverill, der Gastgeber, sich der kleinen Gruppe näherte. Er trug ein prächtiges chinesisches Kostüm aus Seide, das mit Bildern roter und grüner Drachen, mit Kreisen und geheimnisvollen Schriftzeichen bedruckt war, und auf der Schulter einen ausgestopften Vogel mit riesigem Schweif.

»Also«, rief er, »kommen Sie, kommen Sie! Gleich geht's los. Haben Sie Ihre Partnerin, Wimsey? Ah, ja, Lady Hermione – vorzüglich. Kommen Sie und stellen Sie sich neben Ihrer Mutter und mir auf, Wimsey. Keine Verspätung bitte, keine Verspätung. Wir wollen ihn in einem durchtanzen. Die Weihnachtssänger fangen um zwei Uhr an – ich hoffe, sie kommen rechtzeitig. Ach Gott, ach Gott, warum sind die Dienstboten noch nicht hier? Ich habe Watson extra gesagt – ich muß sofort mit ihm sprechen.«

Schon flitzte er davon, und Wimsey führte seine Partnerin lachend zum Ende des Saals, wo seine Mutter, die Herzoginwitwe von Denver, im Kostüm der Pikdame bereits wartete.

»Ah, da bist du ja«, sagte sie mit ruhiger Freundlichkeit. »Der gute Sir Charles – er wurde schon ganz nervös. Er legt einen unglaublichen Wert auf Pünktlichkeit – wahrhaft königlich. Ein hübsches Fest, nicht wahr, Hermione? Weihnachtstanz und Weihnachtssänger – ganz mittelalterlich. Nicht einmal das Weihnachtsfeuer in der Halle fehlt – obwohl die Dampfheizung auf vollen Touren läuft. Ein bißchen arg heiß.«

»Trala, trala, diddeldi, trala, trala, diddeldi«, sang Wimsey, als die Kapelle das alte Lied anstimmte. »Ich liebe diese Musik! Füßchen hin, Füßchen her – ah, da ist Gerda Bellingham. Einen Augenblick! Mrs. Bellingham – hallo! Ihr königlicher Gemahl erwartet Eure Rote Majestät drüben am Buffet. Machen Sie ihm ein bißchen Beine. Er hat nur noch eine halbe Minute.«

Die Rote Königin lachte. Das bleiche Gesicht und die schwarzen Augen traten leuchtend unter der roten Perücke hervor. »Ich werde ihn schon auf Trab bringen«, versprach sie und eilte weiter.

»Worauf wir uns verlassen können«, bemerkte die Herzoginwitwe. »Es dauert bestimmt nicht mehr lang, bis der junge Mann im Kabinett sitzt. Ein gutaussehendes Paar, die beiden, wie geschaffen für das Licht der Öffentlichkeit und, wie man mir sagt, mit sehr gesunden Ansichten über die Schweinezucht. Das ist ja für unser englisches Frühstück äußerst wichtig.«

Leicht erhitzt kam jetzt Sir Charles Deverill zurück und nahm seinen Platz an der Spitze seiner Gäste ein, die sich zu einer fast bis zum anderen Ende des Ballsaals reichenden Zweierreihe formiert hatten. Am unteren Ende, unmittelbar vor der Galerie, auf der die Kapelle spielte, hatten sich mittlerweile im rechten Winkel zum Spalier der Gäste die Bediensteten aufgestellt. Die Uhr schlug die halbe Stunde. Sir Charles reckte aufgeregt den Hals und zählte die Paare.

»Achtzehn Paare. Das sind zwei zuwenig. Wie ärgerlich. Wer fehlt denn da?«

»Die Bellinghams?« meinte Wimsey. »Nein, die sind da. Der Weiße König und seine Königin und Badminton und Diabolo.«

»Da ist Badminton!« rief Mrs. Wrayburn und winkte hektisch. »Jim! Jim! Ach, verflixt! Er ist wieder umgekehrt. Er wartet auf Charmian Grayle.«

»Also, wir können jetzt nicht länger warten«, sagte Sir Charles gereizt. »Herzogin, fangen Sie an.«

Die Herzoginwitwe warf gehorsam ihre schwarze Samtschleppe über einen Arm und hüpfte im Tanzschritt durch die Mitte des Spaliers davon, wobei sie ein Paar bemerkenswert hübscher rotbestrumpfter Fesseln zeigte. Die beiden Reihen von Tänzern nahmen den Schritt auf und hopsten im gleichen Rhythmus mit. Am Saalende folgte die Doppelreihe der in Schwarz und Weiß gekleideten Dienerschaft mit Respekt ihrem Beispiel. Sir Charles, der mit ernsthafter Miene hinter der Herzogin herhopste, reichte, am Ende angekommen, Nina Hartford die Hand. Trala, trala, diddeldi, trala, trala, diddeldi... das erste Paar wandte sich nach außen und zog die übrigen Tänzer hinter sich her. Wimsey faßte Lady Hermione bei der Hand, neigte sich mit ihr unter das Tor erhobener Arme und führte sie, vom Rascheln von Seide und Satin begleitet, wieder hinauf zum oberen Ende des Saals. »Mein Liebchen«, summte Wimsey, »ging in schwarzem Samt und ich in Purpurrot.« Die alte Dame schlug ihm mit ihrem goldenen Szepter scherzhaft auf die Finger. Vergnügtes Händeklatschen begleitete die Musik.

»Und wieder hinunter«, sagte Wimsey, während Kreuzdame und der Kaiser der Majong-Dynastie durch die Mitte wirbelten. Die Pikdame tanzte dem Karobuben entgegen. »Bézique«, sagte Wimsey, als er der Herzogin beide Hände reichte. Trala, trala, diddeldi. Er reichte wieder der Kreuzdame die Hand und führte sie zum Ende des Spaliers. Unter ihren erhobenen Armen schritten die anderen siebzehn Paare hindurch. Lady Deverill und ihr Partner folgten ihnen – dann fünf weitere Paare.

»Zeitlich klappt es vorzüglich«, bemerkte Sir Charles mit einem Blick auf die Uhr. »Ich habe zwei Minuten pro Paar gerechnet. Ah! Da ist ja eines der fehlenden Paare.« Er winkte aufgeregt. »Kommen Sie in die Mitte – kommen Sie – hierher!«

Ein Mann, der als Kopfschmuck einen überdimensionalen Federball trug, und Joan Carstairs, als Diabolo kostümiert, waren aus dem Nordkorridor getreten. Wie ein aufgeregter Gokkel, der seine Hennen zusammentreibt, scheuchte Sir Charles sie an einen Platz zwischen zwei Paaren, die ihr Carré noch nicht getanzt hatten, und stieß einen tiefen Seufzer der Erleichterung aus. Die Uhr schlug dreiviertel zwei.

»Sagen Sie, Playfair, haben Sie Charmian Grayle oder Tony Lee irgendwo gesehen?« fragte Giles Pomfret, der wandelnde

Billardtisch. »Sir Charles ist verärgert, weil wir nicht komplett sind.«

»Nein, nirgends. Ich wollte das hier eigentlich mit Charmian tanzen, aber sie ist nach oben verschwunden und nicht wieder erschienen. Dann traf ich Joan, die vergeblich nach Tony suchte, und wir beschlossen, uns zusammenzutun.«

»Jetzt kommen die Sänger«, unterbrach Joan Carstairs. »Sind sie nicht hübsch? So richtig ländlich-sittlich!«

Zwischen den Säulen auf der Nordseite des Ballsaals konnte man jetzt die Weihnachtssänger sehen, die unter dem Kommando des Pastors im Korridor Aufstellung nahmen. Sir Roger hopste weiter seines mühsamen Wegs. Hände kreuzen. Durch die Mitte und wieder zurück. Giles Pomfret krümmte sich stöhnend in der Zwangsjacke seiner Bretter, um zum fünfzehntenmal unter dem langen Torbogen erhobener Arme hindurchzukriechen. Trala, diddeldi. Das neunzehnte Paar bildete den Schluß, und Sir Charles und die Herzoginwitwe standen frisch und munter wieder am oberen Ende des Saals. Die Musik brach ab. Die Gäste verteilten sich in Gruppen. Die Dienstboten stellten sich in Reih und Glied am unteren Ende des Saals auf. Die Uhr schlug zwei. Der Pastor hielt auf ein Zeichen von Sir Charles seine Stimmgabel ans Ohr und gab mit volltönender Stimme das a an. Die Sänger stimmten lauthals die ersten Takte von ›Good King Wenceslas‹ an.

Draußen wurde die Nacht dunkler, und der Wind blies stärker, als eine Gestalt sich durch die Reihen der Sänger drängte und zu Sir Charles eilte. Es war Tony Lee, und sein Gesicht war so weiß wie sein Kostüm.

»Charmian – im Gobelinzimmer – tot – erdrosselt.«

Superintendent Johnson saß in der Bibliothek und nahm die Aussagen der entsetzten Gäste auf, die einer nach dem anderen zu ihm hineingeführt wurden. Zuerst Tony Lee, dessen Augen wie zwei dunkle Höhlen in einer Maske aus grauem Papier wirkten.

»Miss Grayle hatte mir versprochen, den letzten Tanz vor

dem Sir Roger mit mir zu tanzen. Es war ein Foxtrott. Ich erwartete sie in dem Durchgang unter der Galerie, auf der die Kapelle placiert war. Aber sie kam nicht. Ich habe sie nicht gesucht. Ich habe sie nicht mit jemand anderem tanzen sehen. Als der Tanz fast vorüber war, ging ich durch die Tür unter der Galerietreppe in den Garten hinaus. Ich blieb im Garten, bis der Volkstanz vorbei war –«

»Waren Sie in Begleitung, Sir?«

»Nein.«

»Sie waren also von – äh, ja, von ein Uhr zwanzig bis nach zwei Uhr im Garten. Das muß bei dem vielen Schnee doch ziemlich ungemütlich gewesen sein, Sir.« Der Superintendent warf einen scharfen Blick auf Tonys feuchte weiße Schuhe und blickte ihm dann in das angespannte Gesicht.

»Es ist mir gar nicht aufgefallen. Im Saal war es so heiß – ich wollte frische Luft schnappen. Um ungefähr zwanzig vor zwei sah ich die Sänger ankommen, ich vermute, sie haben mich auch gesehen. Kurz nach zwei bin ich dann hineingegangen –«

»Wieder durch die Tür unter der Galerietreppe, Sir?«

»Nein, durch die Gartentür auf der anderen Seite des Hauses, am Ende des Flurs, der am Gobelinzimmer vorbeiführt. Ich hörte den Gesang im Ballsaal und sah zwei Männer in der kleinen Nische am Fuß der Treppe links im Flur sitzen. Ich glaube, einer war der Gärtner. Ich ging ins Gobelinzimmer –«

»Aus einem bestimmten Grund, Sir?«

»Nein – ich hatte nur keine Lust auf Gesellschaft. Ich wollte Ruhe haben.« Er schwieg. Der Superintendent sagte nichts. »Ich ging also ins Gobelinzimmer. Es war dunkel. Ich machte Licht und sah – Miss Grayle. Sie lag ganz nahe beim Heizkörper. Ich glaubte, sie sei ohnmächtig geworden. Ich lief zu ihr, und da sah ich, daß sie – tot war. Sobald mir das klar war, rannte ich in den Ballsaal und schlug Alarm«

»Danke, Sir. Darf ich Sie jetzt fragen, in welcher Beziehung Sie zu Miss Grayle standen?«

»Ich – ich habe sie sehr verehrt.«

»Waren Sie mit ihr verlobt, Sir?«

»Nein, nicht direkt.«

»Kein Streit – oder ein Mißverständnis oder etwas in dieser Art?«

»O nein!«

Superintendent Johnson sah ihn wieder an und sagte wiederum kein Wort, aber seine Erfahrung sagte ihm, daß Tony Lee log. Doch er dankte ihm nur und ließ ihn gehen. Der Weiße König ging wie benommen hinaus, und der Rote König nahm seinen Platz ein.

»Miss Grayle«, sagte Frank Bellingham, »ist eine Freundin von mir und meiner Frau. Sie wohnte bei uns im Haus. Auch Mr. Lee ist unser Gast. Wir sind alle zusammen hierher gekommen. Ich glaube, zwischen Miss Grayle und Mr. Lee bestand eine Art stillschweigendes Einverständnis – keine richtige Verlobung, nein. Sie war eine sehr temperamentvolle und allgemein beliebte junge Frau. Ich kenne sie seit ungefähr sechs Jahren, und meine Frau kennt sie seit unserer Eheschließung. Ich weiß niemanden, der einen Groll gegen sie gehabt haben könnte. Ich tanzte den vorletzten Tanz mit ihr – es war ein Walzer. Danach kam ein Foxtrott und dann der Sir Roger. Ich trennte mich nach dem Walzer von ihr. Ich glaube, sie wollte nach oben, um sich frisch zu machen. Sie ging, glaube ich, durch die Tür am oberen Ende des Ballsaals hinaus. Danach habe ich sie nicht wiedergesehen. Die Damengarderobe ist im zweiten Stock, gleich neben der Bildergalerie. Man gelangt über die Treppe hinauf, die vom Durchgang zum Garten nach oben führt. Auf dem Weg dorthin muß man an der Tür zum Gobelinzimmer vorbei. Sonst kommt man nur über die Treppe am Ostende des Ballsaals, die direkt zur Bildergalerie führt, zur Garderobe hinauf. Man müßte dann erst durch die Bildergalerie gehen, um die Garderobe zu erreichen. Ich kenne das Haus; meine Frau und ich waren oft genug hier.«

Als nächste war Lady Hermione an der Reihe. Sie machte eine weitschweifige Aussage, bei der sie kein Blatt vor den Mund nahm:

»Charmian Grayle war ein kokettes Frauenzimmer, und sie

wird bestimmt niemandem fehlen. Es wundert mich nicht, daß jemand sie umgebracht hat. Frauen wie sie verdienen nichts anderes. Ich hätte ihr mit Vergnügen eigenhändig den Hals umgedreht. Sie hat Tony Lee das Leben in den letzten sechs Wochen zur Hölle gemacht. Ich habe genau gesehen, wie sie heute abend absichtlich mit Mr. Vibart geflirtet hat, um Mr. Lee eifersüchtig zu machen. Sie machte Mr. Bellingham schöne Augen und Mr. Playfair ebenso. Sie versuchte es bei jedem. Ich kann mir vorstellen, daß mindestens ein halbes Dutzend Leute guten Grund hatten, ihren Tod zu wünschen.«

Mr. Vibart, im farbenfrohen Poloanzug und albernerweise immer noch ein Steckenpferd in der Hand, sagte, er habe an diesem Abend mehrmals mit Miss Grayle getanzt. Sie sei ein verdammt nettes Mädchen gewesen und für jeden Spaß zu haben. Na ja, ein bißchen heißblütig vielleicht, aber was zum Teufel, das arme Ding sei tot. Er habe sie vielleicht ein-, zweimal geküßt, aber das sei völlig harmlos gewesen. Der gute Lee habe es möglicherweise ein bißchen schwer genommen. Miss Grayle habe ihn gern mal geneckt. Er persönlich habe Miss Grayle gemocht und sei ganz auseinander über diese gräßliche Geschichte.

Mrs. Bellingham bestätigte die Aussage ihres Mannes. Miss Grayle war bei ihnen zu Gast gewesen, und sie hatten sich alle glänzend verstanden. Sie war überzeugt, daß Mr. Lee und Miss Grayle einander sehr gemocht hatten. Sie hatte Miss Grayle bei den letzten drei Tänzen nicht gesehen, hatte dem aber keine Bedeutung beigemessen. Hätte sie sich überhaupt Gedanken darüber gemacht, so hätte sie wahrscheinlich vermutet, daß Miss Grayle eine Pause eingelegt habe. Sie selbst war seit Mitternacht etwa nicht mehr oben in der Garderobe gewesen und hatte Miss Grayle nicht hinaufgehen sehen. Regelrecht aufgefallen sei ihr das Fehlen von Miss Grayle erst, als sie sich alle zum Sir Roger aufgestellt hatten.

Mrs. Wrayburn berichtete, sie habe kurz vor Beginn des Volkstanzes Miss Carstairs im Ballsaal getroffen, die auf der Suche nach Mr. Lee gewesen sei. Bei dieser Gelegenheit habe

Miss Carstairs erwähnt, daß Mr. Playfair im Nordkorridor sitze und auf Miss Grayle warte. Sie könne mit Gewißheit sagen, daß das um ein Uhr achtundzwanzig gewesen sei. Mr. Playfair selbst habe sie um ein Uhr dreißig gesehen. Er sei aus dem Nordkorridor in den Saal gekommen, aber gleich wieder hinausgegangen. Zu dem Zeitpunkt habe die ganze Gesellschaft bereits Aufstellung genommen. Nur Miss Grayle, Miss Carstairs, Mr. Lee und Mr. Playfair hätten gefehlt. Sie könne das so genau sagen, weil Sir Charles die Tanzpaare gezählt habe.

Danach kam Jim Playfair mit einer sehr wertvollen Aussage.

»Miss Grayle hatte mir den Sir Roger zugesagt. Sobald der Foxtrott, der ihm vorausging, zu Ende war, ging ich in den Nordkorridor, um dort auf sie zu warten. Das war um fünf vor halb zwei. Ich setzte mich draußen auf das Sofa und sah, wie Sir Charles zur Galerie ging, um mit den Musikern zu sprechen. Beinahe unmittelbar danach sah ich Miss Grayle aus dem Durchgang unter der Musikergalerie kommen und die Treppe am Ende des Korridors hinaufgehen. Ich rief: ›Beeilen Sie sich. Es geht gleich los.‹ Aber ich glaube, sie hörte mich gar nicht. Jedenfalls gab sie mir keine Antwort. – Ja, ich bin ganz sicher, daß sie es war. Die Ecke, wo die Treppe ist, wird zwar nur von der Hängelaterne im Korridor beleuchtet, aber die gibt ein sehr starkes Licht. Ich erkannte Miss Grayle schon an ihrem Kostüm. Ich wartete auf sie, bis der Sir Roger halb vorbei war; dann gab ich auf und tat mich mit Miss Carstairs zusammen, die auch ihren Partner nicht finden konnte.«

Das Mädchen, das die Damen in der Garderobe bedient hatte, wurde als nächste verhört. Sie und der Gärtner waren die einzigen unter den Dienstboten, die beim Sir Roger nicht mitgetanzt hatten. Sie hatte seit dem Abendessen die Garderobe nicht verlassen, war höchstens einmal bis zur Tür gegangen. Sie konnte mit Sicherheit sagen, daß Miss Grayle in der letzten Stunde des Abends die Garderobe nicht betreten hatte.

Der tief betrübte Pastor erklärte, er sei mit seinen Sängern um zwanzig vor zwei durch die Gartentür ins Haus gekommen. Er hatte im Garten einen Mann in einem weißen Kostüm bemerkt, der eine Zigarette geraucht hatte. Die Sänger hatten ihre Mäntel im Gartendurchgang abgelegt und danach im Nordkorridor Aufstellung genommen. Bis zu dem Moment, da Mr. Lee mit seiner traurigen Nachricht hereingeeilt war, war niemand an ihnen vorbeigekommen.

Mr. Ephraim Dodd, der Küster, ergänzte diese Aussage durch einen bedeutsamen Zusatz. Der alte Herr war, wie er bekannte, selbst kein Sänger, pflegte aber mit den Sängern umherzuziehen, um die Laterne und die Sammelbüchse zu tragen. Er hatte sich im Gartendurchgang niedergesetzt, um »meine müden Füße ein bißchen auszuruhen«. Er hatte den Herrn aus dem Garten hereinkommen sehen, »ganz in Weiß, mit einer Krone auf dem Kopf«. Der Chor hatte gerade gesungen ›Bring me flesh and bring me wine‹. Der Herr hatte sich einen Moment umgesehen, hatte »irgendwie das Gesicht verzogen« und war dann in dem Zimmer am Fuß der Treppe verschwunden. Er war »höchstens eine Minute« drinnen geblieben, ehe er »wie der Blitz« wieder herausgestürzt und in den Ballsaal gelaufen war.

Zu all diesen Aussagen gesellte sich der Befund von Dr. Pattison. Er war unter den Tanzenden gewesen und hatte Miss Grayle, unmittelbar nachdem Mr. Lee mit der Hiobsbotschaft in den Saal gekommen war, untersucht. Seiner Auffassung nach war sie von jemandem, der direkt vor ihr gestanden hatte, mit bloßen Händen erwürgt worden. Sie war eine große, kräftige junge Frau gewesen, und er meinte, es hätte schon der Körperkräfte eines Mannes bedurft, um sie zu überwältigen. Als er sie um fünf nach zwei untersucht hatte, war er zu dem Schluß gekommen, daß sie im Lauf der vergangenen Stunde getötet worden sein mußte, aber nicht innerhalb der letzten fünf Minuten. Ihr Körper war noch ganz warm, aber da sie dicht bei dem heißen Heizkörper zu Boden gestürzt war, war auf dieses Indiz kein unbedingter Verlaß.

Superintendent Johnson rieb sich nachdenklich das Ohr und wandte sich Lord Peter Wimsey zu, der die Aussagen der Verhörten größtenteils bestätigen konnte, insbesondere die Zeiten, die die verschiedenen Einzelereignisse markierten. Der Superintendent kannte Wimsey gut und zögerte nicht, ihn ins Vertrauen zu ziehen.

»Sie sehen, wie es steht, Milord. Wenn die junge Dame innerhalb des Zeitraums getötet wurde, den Dr. Pattison uns angibt, engt das die Möglichkeiten beträchtlich ein. Sie wurde zuletzt gesehen, als sie mit Mr. Bellingham tanzte – sagen wir, das war um ein Uhr zwanzig. Um zwei Uhr war sie bereits tot. Somit bleiben uns vierzig Minuten. Durch Mr. Playfairs Aussage wird der Zeitraum weiter eingeschränkt. Er hat sie noch lebend gesehen, als Sir Charles zu den Musikern ging, um ihnen seine Anweisungen zu geben. Das war Ihrer eigenen Aussage zufolge um ein Uhr achtundzwanzig. Das heißt, es gibt nur fünf Personen, die es getan haben können, weil alle anderen danach im Ballsaal waren und den Sir Roger tanzten. Da ist einmal das Mädchen, das die Garderobe betreute; unter uns gesagt, Sir, ich glaube, wir können sie außer acht lassen. Sie ist ein zierliches kleines Ding, und es ist völlig unklar, was für ein Motiv sie gehabt haben sollte. Außerdem kenne ich das Mädchen schon seit seiner Kindheit, es würde so etwas niemals tun. Dann haben wir den Gärtner; ich habe noch nicht mit ihm gesprochen, aber auch ihn kenne ich seit langem. Ich glaube nicht, daß er es getan hat. Eher würde ich mich selbst der Tat verdächtigen. Somit bleiben also dieser Mr. Tony Lee, Miss Carstairs und Mr. Playfair. Die junge Dame scheint mir am wenigsten in Frage zu kommen, schon aus Gründen der Körperkraft. Hinzu kommt, daß Frauen nicht töten, indem sie ihr Opfer erwürgen – jedenfalls nicht in der Regel. Aber dieser Mr. Lee – das ist schon eine merkwürdige Geschichte. Was hatte der denn die ganze Zeit mutterseelenallein draußen im Garten zu suchen?«

»Es könnte doch sein«, meinte Wimsey, »daß Miss Grayle ihn hatte abblitzen lassen und er mit seinem Kummer allein sein wollte.«

»Genau, Milord. Und damit hätten wir auch sein Motiv.«

»Das ist möglich«, bestätigte Wimsey, »aber schauen Sie,

der Schnee draußen liegt immerhin mehrere Zentimeter hoch. Wenn Sie die Zeit, als er hinausging, eindeutig feststellen können, dann müßten Sie doch an seinen Fußspuren erkennen können, ob er wieder ins Haus kam, ehe Ephraim Dodd ihn sah. Und wo er sich in der Zwischenzeit aufgehalten hat und ob er allein war.«

»Das ist ein guter Gedanke, Milord. Ich lasse den Sergeant gleich einmal nachfragen.«

»Dann haben wir noch Mr. Bellingham. Nehmen Sie an, er tötete sie nach dem Walzer, den er mit ihr getanzt hatte. Hat ihn denn in der Zwischenzeit zwischen dem Walzer und dem nachfolgenden Foxtrott jemand gesehen?«

»Ich verstehe, Milord. Das ist mir auch schon durch den Kopf gegangen. Aber Sie sehen wohl, wohin das führt. Es würde heißen, daß Mr. Playfair mit ihm unter einer Decke gesteckt haben muß. Und nach allem, was wir gehört haben, ist das wenig wahrscheinlich.«

»Das ist richtig. Ich weiß zufällig, daß Mr. Bellingham und Mr. Playfair nicht gerade dicke Freunde sind. Das können Sie also vergessen.«

»Das glaube ich auch, Milord. Damit wären wir bei Mr. Playfair. Er ist der letzte, der sie lebend gesehen hat, und wir verlassen uns bezüglich der Zeitangaben einzig auf ihn. Wir haben niemanden gefunden, der Miss Grayle beim Foxtrott sah, der dem Sir Roger vorausging. Er hätte sie also ohne weiteres töten können, während die Gäste den Foxtrott tanzten. Augenblick mal, was sagte er denn selbst dazu? Ach ja, er gab an, er hätte den Foxtrott mit der Herzogin von Denver getanzt.« Der Superintendent machte ein enttäuschtes Gesicht und begann von neuem, in seinen Aufzeichnungen zu suchen. »Ja, sie hat das bestätigt. Sie sagte, sie hätte den Foxtrott von Anfang bis Ende mit ihm getanzt. Hm, ich denke doch, daß wir uns auf das Wort Ihrer Frau Mutter verlassen können, Milord.«

»Ja, das denke ich auch«, meinte Wimsey lächelnd. »Ich kenne meine Mutter praktisch seit meiner Geburt und hatte nie Anlaß, an ihrer Zuverlässigkeit zu zweifeln.«

»Tja, damit wären wir also beim Ende des Foxtrotts. Danach hat Miss Carstairs, wie sie uns sagte, Mr. Playfair draußen im Nordkorridor gesehen und hat in der Tanzpause mehrmals mit ihm gesprochen. Und Mrs. Wrayburn hat ihn um halb zwei Uhr ebenfalls dort draußen gesehen. Um dreiviertel zwei kam er dann mit Miss Carstairs zusammen in den Saal, und die beiden tanzten den Sir Roger mit. Jetzt fragt sich nur, ob wir jemanden finden, der uns zu den fraglichen Punkten nähere Auskunft geben kann.«

Schon in den folgenden Minuten erhielten sie die gewünschten Auskünfte. Mervyn Bunter, Lord Peters Diener, berichtete, er habe dabei geholfen, die Erfrischungen zum Buffet zu bringen. Während der ganzen Pause zwischen Walzer und Foxtrott habe Mr. Lee an der Tür unter der Treppe zur Musikgalerie gestanden und sei dann gegen Ende des Tanzes von dort durch das Dienstbotenzimmer in den Garten hinausgegangen.

Der Sergeant, der sich mittlerweile die Spuren im Schnee angesehen hatte, berichtete, daß keine zweite Person sich zu Mr. Lee gesellt hatte. Seine Fußabdrücke führten von der Dienstbotentür durch den Garten zur anderen Seite des Hauses, wo er durch die Tür in der Nähe des Gobelinzimmers wieder eingetreten war.

Es fanden sich auch mehrere Personen, die Mr. Bellingham in der Pause zwischen dem Walzer und dem Foxtrott gesehen hatten und bestätigen konnten, daß er den Foxtrott mit seiner Frau getanzt hatte. Auch Joan Carstairs war bei den beiden Tänzen sowie in den Tanzpausen und während der Anfänge des Sir Roger von verschiedenen Personen gesehen worden. Ferner bestätigten die Dienstboten, die am unteren Ende des Saals getanzt hatten, daß Mr. Playfair von ein Uhr neunundzwanzig bis ein Uhr fünfundvierzig ununterbrochen auf dem Sofa im Nordkorridor gesessen hatte. Nur einmal sei er kurz aufgestanden, um einen Blick in den Ballsaal zu werfen. Die Dienstboten sagten weiter aus, daß in dieser Zeit niemand die Treppe am unteren Ende des Korridors hinaufgegangen sei, und Mr. Dodd versicherte, nach zwanzig vor zwei hätte niemand außer

Mr. Lee den Gartendurchgang und das Gobelinzimmer betreten.

De Kreis schloß sich dann durch die Aussage William Hoggartys, des Gärtners. Er erklärte, er habe von halb zwei bis zwanzig vor zwei im Gartendurchgang gestanden, um die Sänger zu empfangen und an ihre Plätze zu geleiten. In dieser Zeit war niemand die Treppe von der Bildergalerie heruntergekommen, und niemand hatte das Gobelinzimmer betreten. Ab zwanzig vor zwei hatte er neben Mr. Dodd im Durchgang gesessen, und außer Mr. Lee sei niemand an ihnen vorübergekommen.

Als diese Punkte geklärt waren, gab es keinen weiteren Grund mehr, an Jim Playfairs Aussage zu zweifeln, da seine Partnerinnen über sein Tun während des Walzers, des Foxtrotts und der Pause dazwischen genau Auskunft geben konnten. Um ein Uhr achtundzwanzig oder kurz danach hatte er Charmian Grayle noch lebend gesehen. Um zwei Uhr zwei war sie tot im Gobelinzimmer gefunden worden. In der Zeit dazwischen hatte den allgemeinen Beobachtungen zufolge niemand den Raum betreten, und alle im Haus befindlichen Personen hatten Alibis.

Um sechs Uhr hatte man den erschöpften Gästen gestattet, sich zurückzuziehen. Für jene, die wie die Bellinghams von außerhalb gekommen waren, wurden in aller Eile die Gästezimmer gerichtet, da der Superintendent seine Absicht kundgetan hatte, sie alle später am Tag noch einmal ins Verhör zu nehmen.

Dieses neuerliche Verhör erbrachte nichts. Lord Peter Wimsey wohnte ihm nicht bei. Er und Bunter, der ein ausgezeichneter Fotograf war, fotografierten den Ballsaal sowie die benachbarten Räume und Korridore aus jeder erdenklichen Perspektive, denn, wie Lord Peter sagte, »man kann nie wissen, was sich als bedeutsam erweist«. Am späten Nachmittag stiegen beide in den Keller hinunter, wo sie mit Hilfe von verschiedenen Chemikalien und einer Dunkelkammerlampe, die sie sich beim ortsansässigen Drogisten besorgt hatten, die Platten entwikkelten.

»Das sind alle, Milord«, bemerkte Bunter schließlich, während er die letzte Platte ins Fixierbad tauchte. »Sie können jetzt wieder Licht machen, Milord.«

Wimsey drückte auf den Schalter und kniff, von der plötzlichen Helligkeit geblendet, die Augen zusammen.

»Ein schönes Stück Arbeit«, sagte er. »He! Das sieht ja aus wie Blut, was Sie da in der Schüssel haben.«

»Das ist die rote Schutzschicht, die auf diese Platten kommt, um Lichtflecken zu vermeiden, Milord. Sie haben vielleicht bemerkt, daß ich sie abgewaschen habe, ehe ich die Platte in den Entwickler legte. Lichtflecken entstehen –«

Wimsey hörte gar nicht zu. »Aber wieso fällt mir das erst jetzt auf?« fragte er. »Vorhin wirkte es auf mich wie klares Wasser.«

»Das ist im roten Lichtschein der Dunkelkammerlampe ganz normal, Milord. Der Eindruck von Weiße wird durch die Reflexion alles vorhandenen Lichts erzeugt«, dozierte Bunter. »Wenn alles vorhandene Licht rot ist, sind Rot und Weiß natürlich nicht mehr voneinander zu unterscheiden. Ähnlich ist es bei grünem Licht, wenn –«

»Guter Gott!« rief Wimsey. »Warten Sie einen Augenblick, Bunter, ich muß das erst einmal durchdenken. – Zum Teufel mit den Platten, lassen Sie sie. Kommen Sie lieber mit mir nach oben.«

Er eilte seinem Diener im Laufschritt voraus in den Ballsaal, der jetzt im Dunkeln lag. Vor den Fenstern im Südkorridor hatte man schon die Vorhänge zugezogen, und nur durch die hohen Fenster im Geschoß über dem Wandelgang sickerte das trübe Licht des Dezemberabends. Zuerst schaltete Wimsey die drei großen Lüster im Ballsaal selbst ein, deren Licht jedoch infolge der dunklen Eichentäfelung, die sich an beiden Enden und in allen vier Ecken des Saals bis zur Decke hinaufzog, nicht bis zur Treppe am unteren Ende des Nordkorridors reichte. Als nächstes schaltete er die vierfarbige Laterne ein, die im Nordkorridor zwischen den beiden Sofas von der Decke herabhing. Ein leuchtend grüner Lichtkegel fiel in die untere Hälfte des Korridors und auf die Treppe; der obere Teil des Ganges war in kräftiges Goldgelb getaucht, zum Ballsaal hin strahlte es rot und zur Korridorwand hin blau.

Wimsey schüttelte den Kopf. »Da ist eigentlich keine Täuschung möglich. Es sei denn – ich weiß es! Laufen Sie, Bunter, und bitten Sie Miss Carstairs und Mr. Playfair, einen Moment hierherzukommen.«

Während Bunter weg war, lieh sich Wimsey in der Küche eine Leiter und inspizierte aufmerksam die Aufhängung der Laterne. Es war nur eine provisorische Vorrichtung; die Laterne hing an einem Haken, der in einen Deckenbalken geschraubt war, und erhielt den Strom über ein Kabel, das an eine andere Lampe angeschlossen war.

»Ich möchte ein kleines Experiment machen«, erklärte Wimsey, als die beiden Gäste erschienen. »Playfair, würden Sie sich da drüben auf das Sofa setzen – so wie gestern abend. Und Sie, Miss Carstairs – ich habe Sie als Versuchsperson ausgesucht, weil Sie ein weißes Kleid tragen –, würden Sie bitte da hinten die Treppe hinaufgehen, so, wie das Miss Grayle gestern abend tat. Ich möchte wissen, ob es auf Playfair genauso wirkt wie gestern abend, als er sie sah.«

Er wartete, während sie seinen Anweisungen Folge leisteten. Playfair war offensichtlich verwundert.

»Irgendwie ist es anders. Ich kann nicht sagen, worin der Unterschied liegt, aber es ist ein Unterschied da.«

Joan Carstairs, die durch den Flur zurückkam, stimmte ihm zu. »Ich saß mal eine Zeitlang auf dem anderen Sofa«, sagte sie, »und es wirkt jetzt auch anders auf mich. Ich glaube, es ist dunkler.«

»Heller«, behauptete Playfair.

»Gut!« sagte Wimsey. »Ich hoffte, daß Sie das sagen würden. Bunter, würden Sie jetzt die Laterne mal eine Vierteldrehung nach links schwenken.«

Kaum war das geschehen, stieß Joan Carstairs einen unterdrückten Schrei aus. »Das ist es! Ja, das ist es! Das blaue Licht! Ich weiß noch, daß ich dachte, wie blaugefroren die armen Sänger aussähen, als sie hereinkamen.«

»Und wie steht's bei Ihnen, Playfair?«

»Ähnlich«, antwortete Playfair befriedigt. »Das Licht war gestern abend rot. Ich weiß noch, daß ich dachte, wie warm und gemütlich es wirkte.«

Wimsey lachte. »Wir sind auf der richtigen Fährte, Bunter. Wie lautet die Schachregel? Die Dame steht auf einem Feld ihrer eigenen Farbe. Sehen Sie zu, ob Sie das Mädchen finden, das die Damengarderobe betreute, und fragen Sie es, ob Mrs. Bellingham gestern abend in der Tanzpause zwischen dem Foxtrott und dem Sir Roger in der Garderobe war.«

Fünf Minuten später war Bunter mit der Auskunft zurück.

»Das Mädchen sagt, daß Mrs. Bellingham um diese Zeit nicht in der Garderobe gewesen sei, Milord. Aber gerade als unten die Musiker anfingen, den Sir Roger zu spielen, sah das Mädchen sie aus der Bildergalerie kommen und die Treppe zum Gobelinzimmer hinunterlaufen.«

»Das war um ein Uhr neunundzwanzig«, konstatierte Wimsey.

»Mrs. Bellingham?« fragte Playfair. »Aber Sie sagten doch selbst, Sie hätten sie kurz vor halb zwei im Ballsaal gesehen. Sie kann gar nicht die Zeit gehabt haben, einen Mord zu begehen.«

»Nein, das nicht«, antwortete Wimsey, »aber Charmian Grayle war schon viel früher tot. Sie haben die Rote Königin, nicht die Weiße, auf der Treppe gesehen. Sobald wir wissen, warum Mrs. Bellingham über ihr Tun in der fraglichen Zeit falsche Auskunft gegeben hat, wissen wir auch die Wahrheit.«

»Eine traurige Geschichte, Milord«, sagte Superintendent Johnson einige Stunden später. »Mr. Bellingham machte augenblicklich reinen Tisch, als wir ihm mitteilten, daß seine Frau unter Verdacht stünde. Miss Grayle waren offenbar gewisse Tatsachen über ihn bekannt, die seiner politischen Karriere schwer geschadet hätten. Sie hat ihn jahrelang damit erpreßt. Am frühen Abend überraschte sie ihn mit neuen Geldforderungen. Beim letzten Walzer, den sie miteinander tanzten, gingen sie ins Gobelinzimmer, wo es zu einem Streit kam. Er verlor den Kopf und wurde tätlich. Er sagt, er hätte niemals die Absicht gehabt, ihr ernstlich etwas anzutun, aber sie fing an zu schreien, und er packte sie am Hals, um sie zum Schweigen zu bringen. Dabei hat er sie – gewissermaßen versehentlich – erwürgt. Als er sah, was er getan hatte, ließ er sie einfach liegen und stürzte wie betäubt, wie er es formulierte, aus dem Zimmer. Den nächsten Tanz tanzte er mit seiner Frau. Er berichtete ihr, was geschehen war, und entdeckte dann, daß er das kleine Szepter, das zu seinem Kostüm gehörte, im Gobelinzimmer hatte liegenlassen. Mrs. Bellingham – sie ist eine mutige Frau – versprach, es zu holen. Sie schlich sich durch den dunklen Gang unter der Musikergalerie davon – er war zu dem Zeitpunkt leer – und lief die Treppe zur Bildergalerie hinauf. Sie hörte gar nicht, daß Mr. Playfair sie ansprach. Sie rannte durch die Galerie und die Treppe auf der anderen Seite wieder hinunter, holte das Szepter und versteckte es unter ihrem weiten Kleid. Später hörte sie von Mr. Playfair, was er beobachtet hatte, und erkannte, daß er sie im roten Licht mit der Weißen Königin verwechselt hatte. Heute morgen schlich sie sich in aller Frühe hinunter und schaffte es mit einiger Mühe, die Laterne zu drehen. Sie hat sich natürlich der Beihilfe schuldig gemacht, aber sie ist eine Frau, wie jeder Mann sie sich wünschen würde. Ich hoffe, sie wird glimpflich davonkommen.«

»Amen«, sagte Lord Peter Wimsey.

Aus dem Englischen von
Mechtild Sandberg-Ciletti

NGAIO MARSH
(1899–1983)

Tod über den Äther

Am 25. Dezember um 7 Uhr 30 morgens wurde Septimus Tonks tot neben seinem Radioapparat aufgefunden.

Eines der Zimmermädchen, Emily Parks, war es, die ihn entdeckte. Sie stieß die Tür auf und trat ein, bewaffnet mit Mop, Staubwedel und Teppichkehrmaschine. Genau in diesem Augenblick kam eine Stimme aus der Dunkelheit, und sie erschrak zutiefst.

»Guten Morgen allerseits«, sagte die Stimme wohlartikuliert. »Und Fröhliche Weihnachten.«

Emily stieß einen unterdrückten Schrei aus, aber ihr wurde sogleich bewußt, was geschehen war. Mr. Tonks hatte vergessen, vor dem Zubettgehen das Radio auszuschalten. Sie zog die Vorhänge zurück. Dahinter kam der milchigweiße Nebel zum Vorschein, der so typisch für das Londoner Weihnachtswetter ist. Sie knipste das Licht an und sah Septimus.

Er saß vor dem Radioapparat. Es handelte sich um ein kleines, aber exquisites Gerät, eine Spezialanfertigung. Septimus saß in einem Sessel, hatte Emily den Rücken zugewandt und den Oberkörper zum Radio geneigt.

Seine Hände ruhten auf der Kante unterhalb der Einstellknöpfe für Lautstärke und Tonhöhe; die Finger waren seltsam verkrampft. Mit der Brust berührte er das Regal darunter, die Stirn lehnte gegen die Schallwand.

Eigentlich sah es so aus, als horche er angespannt auf die inneren Geheimnisse des Geräts. Er hatte den Kopf leicht gesenkt, so daß Emily seinen kahlen Schädel mit dem öligen Haarkranz sehen konnte. Septimus saß völlig regungslos da.

»Verzeihen Sie, Sir«, brachte Emily heraus. Der Schreck war erneut in sie gefahren. Mr. Tonks' Radio-Begeisterung hatte ihn bisher noch nie dazu verleiten können, den Apparat schon um halb acht Uhr morgens einzuschalten.

»Wir senden jetzt unseren Weihnachtsgottesdienst«, sagte die gepflegte Stimme aus dem Lautsprecher. Mr. Tonks rührte sich nicht. Emily hatte wie alle übrigen Hausangestellten große Angst vor ihrem Arbeitgeber. Sie wußte nicht, ob sie bleiben oder gehen sollte, starrte mit gehetztem Blick auf Septimus und registrierte, daß er ein Dinnerjacket trug. Das Zimmer war erfüllt vom Klang zahlloser Glocken.

Emily machte den Mund so weit wie möglich auf... und schrie und schrie ohne Ende.

Chase, der Butler, war der erste, der kam. Er war ein bleicher, schwabbeliger Mann, der jedoch Autorität ausstrahlte. »Was hat dieser Klamauk zu bedeuten?« fragte er. Dann fiel sein Blick auf Septimus. Er ging zum Sessel, bückte sich und sah seinem Arbeitgeber ins Gesicht.

Ohne sichtliche Erregung sagte er mit lauter Stimme: »Ohgottogott!« Dann wandte er sich an Emily: »Halt die Klappe!« Allein die vulgäre Sprache verriet seine Aufregung. Er packte Emily kurzerhand bei den Schultern und schob sie zur Tür, wo ihnen Mr. Hislop, der Sekretär, im Morgenmantel den Weg versperrte. »Himmelherrgott, Chase, was hat das zu bedeuten...« Dann ging auch seine Stimme im Klangmeer der Glocken und erneuter Schreie unter.

Chase legte seine feiste, weißhäutige Hand über Emilys Mund.

»In der Bibliothek, Sir, wenn ich bitten darf. Ein Unfall.

Marsch auf dein Zimmer, ja? Und hör mit dem Geplärr auf, sonst setzt's was!« Letzteres war für Emily bestimmt, die in den Korridor hinauslief, wo sie von den restlichen Hausangestellten empfangen wurde, die sich dort versammelt hatten.

Chase kehrte mit Mr. Hislop in die Bibliothek zurück und schloß die Tür ab. Beide sahen auf die Leiche von Septimus Tonks herab. Als erster fand der Sekretär die Sprache wieder.

»Aber... aber er ist ja tot«, bemerkte der kleine Mr. Hislop.

»Zweifelsohne«, flüsterte Chase.

»Schauen Sie sich sein Gesicht an! Mein Gott!«

Mr. Hislop streckte eine zierliche Hand nach dem gebeugten Nacken aus und zuckte zurück. Chase, weniger zartbesaitet, berührte eines der knochigen Handgelenke, umfaßte es schließlich und hob es hoch. Der Leichnam fiel augenblicklich rückwärts, als sei er aus Holz. Eine Hand schlug dabei in das Gesicht des Butlers. Er sprang mit einem Fluch zurück.

Septimus lag auf dem Rücken, Knie und Hände in der Luft, das schreckliche Gesicht dem Lichtschein zugewandt. Chase deutete auf die rechte Hand. Zwei Finger und der Daumen waren geschwärzt.

»Ding, Dong, Dang, Ding.«

»Machen Sie um Himmels willen endlich das Gebimmel aus!« rief Mr. Hislop. Chase knipste den Wandschalter aus. In die folgende Stille hinein dröhnte das Rütteln der Türklinke, und Guy Tonks' Stimme war von draußen zu hören:

»Hislop! Mr. Hislop! Chase! Was ist los?«

»Augenblick, Mr. Guy.« Chase sah den Sekretär an. »Machen Sie das, Sir.« Somit fiel Mr. Hislop die Aufgabe zu, der Familie die Nachricht zu überbringen. Diese hörte sich entsetzt schweigend Hislops gestammelten Bericht an. Erst als Guy, das älteste der drei Kinder, in der Bibliothek stand, kam es zu praktischen Erwägungen.

»Wie ist er überhaupt gestorben?«

»Es ist verrückt«, platzte Hislop heraus. »Völlig verrückt. Es sieht so aus, als wäre er...«

»Durch einen Stromschlag umgekommen«, ergänzte Guy.

»Wir sollten einen Arzt rufen«, schlug Hislop schüchtern vor.

»Natürlich. Übernehmen Sie das, Mr. Hislop? Dr. Meadows, bitte.«

Hislop ging zum Telefon, und Guy kehrte zu seiner Familie zurück. Dr. Meadows wohnte gleich in der Nachbarschaft und war fünf Minuten später im Haus. Er untersuchte den Toten, ohne ihn zu bewegen. Dann unterhielt er sich mit Chase und Hislop. Chase ließ sich wortreich über die Verbrennungen an der Hand aus und benutzte mehrfach den Begriff Stromschlag.

»Ich hatte einen Cousin, Sir, der wurde vom Blitz erschlagen. Und als ich eben die Hand sah...«

»Schon gut«, sagte Dr. Meadows. »Das haben Sie schon gesagt. Die Verbrennungen kann ich selbst sehen.«

»Sieht aus, als wäre er durch einen Stromschlag getötet worden«, wiederholte Chase. »Es wird eine gerichtliche Untersuchung geben müssen.«

Dr. Meadows wies ihn scharf zurecht, ließ Emily holen und sprach anschließend mit der übrigen Familie... Guy, Arthur, Phillipa und der Mutter. Sie hatten sich um einen kalten Kamin im Salon versammelt. Phillipa kniete vor dem Kamin und versuchte, ein Feuer anzuzünden.

»Was war die Ursache?« fragte Arthur, sobald der Arzt eintrat.

»Sieht nach einem Stromschlag aus. Guy, ich würde dich gern einen Augenblick sprechen. Phillipa, kümmere du dich um deine Mutter. Wo sind denn diese verdammten Hausmädchen? Komm jetzt, Guy.«

Als er mit Guy allein war, eröffnete er ihm, daß sie seiner Meinung nach die Polizei einschalten müßten.

»Die Polizei?« Guys dunkles Gesicht wurde blaß. »Warum? Was hat die denn damit zu tun?«

»Alles oder nichts. Jedenfalls müssen wir sie benachrichtigen. Wie die Dinge liegen, kann ich keinen Totenschein ausstellen. Wenn er durch einen Stromschlag getötet wurde, dann stellt sich die Frage, wie das passieren konnte.«

»Aber die Polizei!« sagte Guy. »Das ist doch einfach entsetzlich, Dr. Meadows. Mein Gott, können Sie denn nicht...?«

»Nein«, entgegnete Dr. Meadows. »Kann ich nicht. Tut mir leid, Guy, aber so steht es nun mal.«

»Warten wir doch wenigstens einen Moment. Sehen Sie ihn sich noch einmal an. Sie haben ihn gar nicht gründlich untersucht.«

»Weil ich nichts verändern möchte. Reiß dich zusammen, mein Junge. Ich habe einen Freund beim C.I.D.... Alleyn. Ein Gentleman vom Scheitel bis zur Sohle. Er ist sicher nicht begeistert, aber wenn er in London ist, kommt er. Mit einem Mann wie ihm ist für euch vieles leichter. Geh jetzt wieder zu deiner Mutter. Ich rufe Alleyn an.«

So kam es, daß Chefinspektor Roderick Alleyn am Weihnachtstag arbeiten mußte. Allerdings, so versicherte er Dr. Meadows, war er sowieso im Dienst und hätte sich in jedem Fall der unglücklichen Familie Tonks annehmen müssen. Als Alleyn am Ort des Geschehens eintraf, war er höflich und zurückhaltend wie immer. Er wurde von einem großen, korpulenten Beamten, Inspektor Fox, und dem Polizeiarzt begleitet. Dr. Meadows führte die Herren in die Bibliothek. Alleyn seinerseits sah sich an, was für einen schrecklichen Anblick die sterblichen Überreste Septimus' boten.

»Hat man ihn so gefunden?«

»Nein. Soviel ich weiß, saß er vornübergebeugt im Sessel, die Hände an der Schrankkante. Er muß nach vorn gesackt sein. Armlehnen und Schrank haben seinen Fall wohl gebremst.«

»Wer hat die Position der Leiche verändert?«

»Chase... das ist der Butler. Er wollte angeblich nur den Arm hochheben. Die Totenstarre war längst eingetreten.«

Alleyn legte seine Hand an den steifen Nacken und gab der Leiche einen Schubs. Sie fiel automatisch in die ursprüngliche Lage zurück.

»Er gehört Ihnen, Curtis«, sagte Alleyn zum Polizeiarzt gewandt. Dann trug er Fox auf: »Holen Sie doch bitte den Fotografen, ja?«

Der Fotograf machte vier Aufnahmen und ging. Alleyn markierte die Position der Hände und Füße der Leiche mit Kreide, zeichnete einen exakten Grundriß vom Zimmer und wandte sich dann den beiden Medizinern zu.

»Ist er durch einen Stromschlag gestorben? Was meinen Sie?«

»Sieht so aus«, antwortete Curtis. »Aber natürlich müssen wir erst eine Obduktion vornehmen.«

»Natürlich. Sehen Sie sich trotzdem mal die Hände an. Verbrennungen. Daumen und zwei zusammengepreßte Finger in einem Abstand, der exakt dem der Einstellknöpfe entspricht. Er muß an seinem Dudelkasten herumgedreht haben.«

»Heiliger Strohsack«, bemerkte Fox, der bisher den Mund nicht aufgemacht hatte.

»Glauben Sie, daß der tödliche Stromstoß von seinem Radio ausging?« fragte Dr. Meadows.

»Weiß ich nicht. Ich schließe lediglich daraus, daß er die Hände an den Einstellknöpfen hatte, als er starb.«

»Das Radio spielte noch, als das Zimmermädchen ihn gefunden hat. Chase hat es dann ausgeschaltet und keinen Schlag abgekriegt.«

»Das ist Ihr Metier, Partner«, sagte Alleyn zu Fox. Fox beugte sich zum Wandschalter hinunter.

»Vorsichtig«, warnte Alleyn.

»Ich habe Schuhe mit Gummisohlen an«, erklärte Fox und knipste den Schalter an. Das Radio begann zu summen, wurde lauter und war plötzlich auf Sendung.

»Weih-nacht... Weih-nacht«, schallte es durchs Zimmer. Fox schaltete es aus und zog den Stecker aus der Wand.

»Ich würde mir gern mal das Innenleben dieses Apparats ansehen«, verkündete Fox.

»Das sollen Sie auch, alter Junge. Sollen Sie auch«, erwiderte Alleyn. »Aber vorher wollen wir die Leiche fortschaffen. Kümmern Sie sich darum, Meadows? Fox, holen Sie mir Bailey. Er sitzt draußen im Wagen.«

Curtis, Hislop und Meadows brachten Septimus Tonks in

ein leeres Zimmer im Parterre. Da die Totenstarre längst eingetreten war, war dies ein schwieriges und höchst unerfreuliches Unterfangen. Dr. Meadows kehrte schließlich allein zurück, wischte sich den Schweiß von der Stirn und fand Sergeant Bailey, einen Experten für Fingerabdrücke, bereits am Radiogerät an der Arbeit.

»Was soll das?« fragte Meadows. »Wollen Sie herausfinden, ob er an seinem Gerät herumgefummelt hat?«

»Er«, antwortete Alleyn, »oder jemand anderer.«

»Donnerwetter.« Dr. Meadows sah den Inspektor an. »Wir scheinen da einer Meinung zu sein. Haben Sie einen Verdacht...?«

»Verdacht? Ich bin nicht im mindesten mißtrauisch. Ich bin nur gründlich. Also, Bailey?«

»Ich habe ein gutes Exemplar von der Sessellehne. Der Abdruck muß vom Toten stammen, was, Sir?«

»Zweifellos. Das überprüfen wir später. Was ist mit dem Radio?«

Fox, der einen Handschuh übergestreift hatte, zog den Einstellknopf für die Lautstärke heraus.

»Scheint in Ordnung zu sein«, erwiderte Bailey. »Ein hübsches Stück. Wirklich nicht schlecht, Sir.« Er leuchtete mit der Taschenlampe von der Rückseite in das Radio, entfernte ein paar Schrauben und holte das Innenteil heraus.

»Wozu ist das kleine Loch gut?« fragte Alleyn.

»Welches Loch, Sir?« wollte Fox wissen.

»In die Schallwand direkt über dem Einstellknopf ist ein Loch gebohrt worden. Durchmesser ungefähr ein Drittelmillimeter. Der Knopfrand verdeckt es völlig. Es ist also leicht zu übersehen. Leuchten Sie mal mit der Taschenlampe weiter nach links, Bailey. Ja, richtig. Sehen Sie es jetzt?«

Fox beugte sich tiefer und ließ einen Ausruf deutlichen Unmuts vernehmen. Durch die Schallwand drang ein feiner Lichtstrahl.

»Das ist ja komisch, Sir«, bemerkte Bailey von der Rückseite des Geräts her. »Das verstehe ich nun überhaupt nicht.«

Alleyn zog den Einstellknopf auf der anderen Seite heraus.

»Da haben wir ja auch eines«, murmelte er. »Zwei hübsche, saubere Löchlein. Frisch gebohrt. Unüblich, nehme ich an.«

»Unüblich ist genau das richtige Wort«, pflichtete Fox bei.

»Sie gehen jetzt lieber, Meadows«, sagte Alleyn.

»Warum das denn?« entgegnete Meadows empört. »Was soll das? Weshalb wollen Sie mich plötzlich los sein?«

»Ihr Platz ist eigentlich bei den trauernden Hinterbliebenen. Sie brauchen Ihren Beistand, Ihr Mitgefühl.«

»Die sind gut versorgt. Was haben Sie eigentlich vor?«

»Na, und wer ist jetzt mißtrauisch?« fragte Alleyn gutmütig. »Gut, dann bleiben Sie noch einen Moment. Erzählen Sie mir was über die Familie Tonks. Was für Leute sind das? Woher kommen sie? Was für ein Mensch war Septimus?«

»Wenn Sie es genau wissen wollen, einer von der ganz unangenehmen Sorte.«

»Erzählen Sie mehr.«

Dr. Meadows setzte sich und zündete sich eine Zigarette an.

»Er war ein Selfmademan«, begann er. »Eisenhart und... eher ungeschlacht als vulgär, möchte ich sagen.«

»Vielleicht wie Dr. Johnson?«

»Nicht im mindesten. Unterbrechen Sie mich nicht. Ich kannte ihn seit fünfundzwanzig Jahren. Seine Frau stammt aus unserer Nachbarschaft in Dorset. Isabel Foreston. Ich habe die Kinder auf diese Welt gebracht... und für sie war das wohl eher ein Jammertal. Das hier ist kein normaler Haushalt. Isabel befindet sich seit zehn Jahren in einem Zustand, der jeden Psychoanalytiker in Verzückung geraten läßt. Ich bin zwar nur ein altmodischer Allgemeinmediziner, aber ich möchte behaupten, daß sie das fortgeschrittene Stadium einer hysterischen Neurose erreicht hat. Sie hat eine Todesangst vor ihrem Mann.«

»Mit diesen Löchern kann ich einfach nichts anfangen«, sagte Fox brummig zu Bailey.

»Fahren Sie fort, Meadows«, forderte Alleyn den Arzt auf.

»Ich habe Sep vor achtzehn Monaten ihretwegen zur Rede

gestellt. Habe ihm gesagt, daß sie psychische Probleme habe. Er hat mich mit einer Art Grinsen angesehen und gesagt: ›Überrascht mich, zu hören, daß meine Frau noch soviel Grips hat, um…‹ Hören Sie, Alleyn. Ich kann mich nicht so über meine Patienten verbreiten. Ich weiß auch nicht, was in mich gefahren ist.«

»Sie wissen doch genau, daß das unter uns bleibt, es sei denn…«

»Es sei denn, was?«

»Es sei denn, es muß sein. Also weiter!«

Aber Mr. Meadows verschanzte sich plötzlich hinter seinem Berufsethos. Er gab nur preis, daß Mr. Tonks an hohem Blutdruck und Herzschwäche litt, daß Guy im Büro des Vaters in der City arbeitete, Arthur Kunst studieren wollte, statt dessen aber Jura studieren mußte und daß Phillipa zur Bühne wollte und gesagt bekommen hatte, das komme gar nicht in Frage.

»Er hat seine Kinder also tyrannisiert«, schloß Alleyn.

»Das müssen Sie schon selbst herausfinden. Ich gehe.« Dr. Meadows kam bis zur Tür, dann machte er kehrt.

»Passen Sie auf«, begann er. »Es gibt da etwas, das Sie wissen sollten. Gestern abend war hier der Teufel los. Ich hatte mit Hislop, übrigens ein vernünftiger Bursche, eine Abmachung. Er sollte mich benachrichtigen, sobald etwas geschieht, das Mrs. Sep aufregen… und zwar sehr aufregen könnte. Und um wieder indiskret zu sein, ich habe wörtlich gesagt: ›wenn Sep wieder einen seiner Anfälle hat.‹ Isabel und die Kinder haben nämlich schon mehr wegstecken müssen, als erträglich ist. Sep trank ziemlich viel. Jedenfalls rief Hislop mich gestern abend gegen zwanzig nach zehn Uhr an, weil es eine entsetzliche häusliche Szene gegeben hatte. Sep hat Phips… Phillipa übel zugesetzt. Isabel, Mrs. Sep, war bereits zu Bett gegangen. Ich hatte einen schweren Tag gehabt und wollte offengestanden meine Ruhe haben. Daher habe ich Hislop gebeten, sich wieder zu melden, falls sich der Sturm nach einer halben Stunde nicht gelegt habe. Weiter habe ich ihm geraten, Sep aus dem Weg zu gehen und in seinem Zimmer zu bleiben. Das liegt neben dem von Phillipa. Er sollte darauf achten, daß ihr nichts passiert. Hislop war bei dieser Auseinandersetzung ein Beteiligter. Weshalb und in welcher Form, möchte ich nicht sagen. Sämtliche Hausangestellte hatten frei. Da ich in der folgenden halben Stunde nichts mehr gehört habe, bin ich ins Bett gegangen. Das ist alles. Jetzt müssen Sie auf mich verzichten. Curtis weiß, wo ich zu finden bin. Ich schätze, Sie brauchen mich als Zeugen für die gerichtliche Feststellung der Todesursache. Wiedersehen.«

Nachdem Dr. Meadows gegangen war, begann Alleyn mit einer systematischen Durchsuchung der Bibliothek. Fox und Bailey waren währenddessen noch immer mit dem Radioapparat beschäftigt.

»Ich begreife einfach nicht, wie der Gentleman von diesem Ding einen Stromschlag bekommen konnte«, murmelte Fox mißmutig. »Die Knöpfe zur Senderwahl und Lautstärkenregelung sind völlig in Ordnung. Alles, wie es sein sollte. Sehen Sie hier, Sir.«

Damit knipste er den Wandschalter an und stellte den Sender ein. Das Gerät begann zu summen.

»...beenden wir unser Programm mit Weihnachtsmusik«, sagte eine Stimme im Radio.

»Hier ist doch was!« verkündete Bailey unvermittelt.

»Jetzt haben Sie das Sägemehl gefunden, was?« riet Alleyn prompt.

»Ins Schwarze getroffen«, antwortete Bailey verblüfft.

Alleyn starrte angestrengt in das Radiogehäuse, das er mit der Taschenlampe ausleuchtete. Dann holte er zwei winzige Häufchen Sägemehl unter den Löchern in der Schallwand hervor.

»Null zu eins für uns«, erklärte Alleyn. Dann beugte er sich zum Wandschalter hinab. »Hallo, Freunde! Was haben wir denn hier? Ein Doppelstecker für Heizsonne und Radiogerät. Dachte, das sei gar nicht zulässig. Wird ja immer komischer. Sehen wir uns doch die Einstellknöpfe noch mal an.«

Das tat Alleyn gründlich. Es handelte sich um die als Radiozubehör üblichen Bakelitknöpfe, die exakt in die Stahlstifte paßten, die aus der Schallwand ragten.

»Wie Sie schon sagten«, murmelte Alleyn. »Alles völlig in Ordnung. Moment mal!« Er zog ein Vergrößerungsglas aus der Tasche und betrachtete einen der Stahlstifte genauer. »Hmmmm... Ist es üblich, Löschpapier um diese Stahlstifte zu wickeln?«

»Löschpapier?« wiederholte Fox verdutzt. »Selbstverständlich nicht.«

Alleyn kratzte vorsichtig mit seinem Taschenmesser an beiden Stahlstiften, während er einen Umschlag darunterhielt. Ächzend stand er schließlich auf und ging zum Schreibtisch. »Aus der untersten Löschblattunterlage ist eine Ecke herausgerissen«, stellte er schließlich laut fest. »Sie sagten, keine Fingerabdrücke auf dem Radioapparat, Bailey?«

»Richtig«, antwortete Bailey mürrisch.

»Auf dem Löschpapier finden Sie keine oder zu viele, Bailey, aber versuchen Sie's trotzdem, versuchen Sie's«, sagte Alleyn. Er schlenderte im Zimmer umher, den Blick auf den Fußboden gerichtet, bis er am Fenster stehenblieb.

»Fox!« rief er plötzlich. »Wir haben eine Spur! Und zwar eine handfeste Spur.«

»Und die wäre?« fragte Fox.

»Das fehlende Stückchen Löschpapier. Nicht mehr und nicht weniger.« Alleyns Blick schweifte über den Vorhang nach oben. »Was sehen meine müden Augen?«

Er griff sich einen Stuhl, kletterte hinauf und zog mit behandschuhter Hand die Stopper rechts und links aus der Vorhangschiene.

»Seht euch das mal an.« Er trat ans Radio, nahm die Knöpfe zur Sendereinstellung und Lautstärkenregelung heraus und legte sie neben die, die er aus der Vorhangschiene entfernt hatte.

Zehn Minuten später klopfte Inspektor Fox an die Tür zum Salon. Guy Tonks bat ihn herein. Phillipa hatte ein Feuer angezündet, und die Familie war davor versammelt. Sie sahen aus, als hätten sie weder miteinander gesprochen noch sich bewegt.

Phillipa richtete als erste das Wort an Fox. »Soll einer von uns kommen?«

»Ja, wenn's recht ist«, erwiderte Fox. »Inspektor Alleyn hätte sich gern kurz mit Mr. Guy Tonks unterhalten.«

»Ich komme«, sagte Guy sofort und ging zur Bibliothek voraus. Vor der Tür blieb er stehen. »Ist er… mein Vater… ist er noch…?«

»Nein, Sir«, beruhigte Fox ihn. »Alles wieder klar Schiff.«

Guy reckte trotzig das Kinn vor, machte die Tür auf und trat gefolgt von Fox ein. Alleyn saß allein hinter dem Schreibtisch. Er erhob sich.

»Sie wollten mich sprechen?« begann Guy.

»Ja, wenn Sie nichts dagegen haben. Ich verstehe, daß das alles ein Schock für Sie ist. Bitte nehmen Sie doch Platz.«

Guy setzte sich in den Sessel, der am weitesten vom Radioapparat entfernt stand.

»Woran ist mein Vater gestorben? Hatte er einen Herzinfarkt?«

»In diesem Punkt sind sich die Ärzte nicht sicher. Wir müssen die Obduktion abwarten.«

»Großer Gott! Dann kommt es also auch zur Gerichtsverhandlung?«

»Ich fürchte, ja.«

»Entsetzlich!« sagte Guy heftig. »Was ist Ihrer Ansicht nach passiert? Weshalb zum Teufel tun diese Mediziner hier so geheimnisvoll? Woran ist er gestorben?«

»Es heißt, an einem Stromschlag.«

»Wie soll das denn passiert sein?«

»Das wissen wir noch nicht. Im Moment spricht alles dafür, daß das Radio unter Strom stand.«

»Aber das ist doch unmöglich, oder? Ich dachte, die Dinger seien narrensicher.«

»Sind sie wohl auch. Vorausgesetzt allerdings, es fummelt keiner daran herum.«

Im ersten Augenblick war Guy zweifellos völlig perplex. Dann war aus seinem Blick grenzenlose Erleichterung abzulesen. Er wirkte plötzlich völlig entspannt.

»Natürlich«, sagte er. »Er hat doch ständig daran herummanipuliert. Was hatte er denn gemacht?«

»Nichts.«

»Aber Sie haben doch gesagt... Ich meine, wenn's ihn umgebracht hat, muß er doch was daran gemacht haben.«

»Falls jemand am Apparat herumgedoktert hat, hat er hinterher alles wieder in Ordnung gebracht.«

Guy öffnete den Mund, sagte jedoch nichts. Er war leichenblaß geworden.

»Sie sehen also«, erklärte Alleyn, »Ihr Vater kann dafür nicht verantwortlich gemacht werden.«

»Dann kann er nicht durchs Radio ums Leben gekommen sein.«

»Wir hoffen das bei der Obduktion endgültig zu klären.«

»Mit Rundfunkgeräten kenne ich mich überhaupt nicht aus«, erklärte Guy unvermittelt. »Ich verstehe das alles nicht. Es ergibt keinen Sinn. Niemand außer meinem Vater hat die Kiste je angerührt. Damit war er ganz speziell. Keiner hat sich auch nur in die Nähe gewagt.«

»Ich verstehe. Er war also ein Radiofanatiker?«

»Ja. Es war, abgesehen von seinem Unternehmen, das einzige, wofür er sich begeistern konnte.«

»Einer meiner Männer ist so was wie ein Experte auf diesem Gebiet«, fuhr Alleyn fort. »Er meint, es sei ein ausgezeichnetes Gerät. Sie sagen, daß Sie nichts davon verstehen. Was ist mit den anderen Hausbewohnern?«

»Mein jüngerer Bruder hat sich früher mal für den Rundfunk interessiert. Aber er hat das aufgegeben. Mein Vater hat kein zweites Gerät im Haus geduldet.«

»Vielleicht hat er trotzdem eine Idee.«

»Aber wenn dem Ding jetzt nichts mehr fehlt...«

»Wir müssen jede erdenkliche Möglichkeit ausloten.«

»Sie reden, als… als… wenn…«

»Ich rede, wie ich reden muß, bevor eine Gerichtsverhandlung zur Feststellung der Todesursache stattgefunden hat«, entgegnete Alleyn. »Hegte irgend jemand Groll gegen Ihren Vater, Mr. Tonks?«

Guys Kinn schob sich erneut trotzig vor. Er sah Alleyn gerade in die Augen.

»Fast jeder, der ihn gekannt hat«, erwiderte Guy.

»Ist das nicht übertrieben?«

»Nein. Sie glauben, daß er ermordet worden ist. Stimmt's?«

Alleyn deutete plötzlich auf den Schreibtisch.

»Haben Sie diese Dinger schon mal gesehen?« fragte er unvermittelt. Guy starrte auf die beiden schwarzen Knöpfe, die nebeneinander in einem Aschenbecher lagen.

»Diese da?« entgegnete er. »Nein. Was soll das sein?«

»Ich glaube, daß Ihr Vater durch sie ums Leben gekommen ist.«

Die Tür zur Bibliothek ging auf, und Arthur Tonks kam herein.

»Guy«, begann er. »Was ist los? Wir können doch nicht den ganzen Tag in einem Zimmer zusammengepfercht bleiben. Ich halte das jedenfalls nicht aus. Was, um Himmels willen, ist mit ihm eigentlich passiert?«

»Die Polizei glaubt, daß die Dinger hier ihn umgebracht haben«, erklärte Guy.

»Die da?« Für den Bruchteil einer Sekunde schoß Arthurs Blick zur Vorhangschiene. Dann sah er mit einem charakteristischen Zucken der Augenlider wieder weg.

»Wie meinen Sie das?« fragte er Alleyn.

»Würden Sie bitte einen dieser Knöpfe auf die Fassung des Lautstärkereglers schieben?«

»Aber… die sind doch aus Metall«, entgegnete Arthur.

»Der Stecker ist rausgezogen.«

Arthur nahm einen Knopf aus dem Aschenbecher, ging zum Radioapparat und setzte ihn auf einen der Stahlstifte.

»Sitzt viel zu locker«, stellte er fest. »Er würde nie halten.«

»Wenn man den Stift zum Beispiel mit Löschpapier umwikkelt, schon«, konterte Alleyn.

»Wo haben Sie die gefunden?« wollte Arthur wissen.

»Sie haben die Knöpfe doch sofort erkannt, oder? Ihr Blick zur Vorhangschiene ist mir nicht entgangen.«

»Selbstverständlich wußte ich sofort, was das ist. Ich habe vor diesen Vorhängen Phillipas Portrait gemalt, als er... als er letztes Jahr weg gewesen ist. Ich habe die verdammten Dinger gemalt.«

»Worauf wollen Sie eigentlich hinaus, Mr. Alleyn?« mischte Guy sich ein. »Wenn Sie meinem Bruder unterstellen möchten...«

»Mir?« entfuhr es Arthur heftig. »Was hat das alles mit mir zu tun? Wie kommst du darauf, er könnte...«

»Ich habe Rückstände von Löschpapier an den Stahlstiften und in den Metallknöpfen gefunden«, klärte Alleyn sie auf. »Das deutet darauf hin, daß die Bakelitknöpfe gegen diese Metallstopper der Vorhangschiene ausgetauscht worden sind. Es kann doch kein Zufall sein, daß sich die beiden derart gleichen, oder? Erst wenn man sie genauer betrachtet, merkt man den Unterschied. Aber oberflächlich besehen...«

Arthur starrte nur schweigend auf das Radiogerät.

»Ich habe mir immer gewünscht, das Gerät genauer untersuchen zu dürfen«, sagte er für alle überraschend.

»Tun Sie sich keinen Zwang an«, sagte Alleyn höflich. »Wir sind damit erst mal fertig.«

»Jetzt passen Sie auf«, begann Arthur. »Angenommen, die Bakelitknöpfe sind gegen Metallknöpfe ausgetauscht worden, getötet haben kann ihn das nicht. Er hätte überhaupt keinen Schlag gekriegt. Beide Regler sind geerdet.«

»Sind Ihnen die winzigen Löcher aufgefallen, die jemand durch die Schallwand gebohrt hat?« fragte Alleyn. »Gehören die dazu? Was meinen Sie?«

Arthur starrte auf die kleinen Stahlstifte. »Donnerwetter. Er hat recht, Guy«, murmelte er. »So muß es gewesen sein.«

»Inspektor Fox hat mir gesagt, daß ein Elektrodraht durch diese Löcher paßt und daß man damit eine Verbindung vom Einstellknopf zum... Doppelstecker... herstellen kann.«

»Und auf der anderen Seite zur Erde«, ergänzte Fox. »Das ist die Arbeit eines Fachmannes. Auf diese Weise kriegt er eine Spannung von circa dreihundert Volt.«

»Das genügt doch nicht«, bemerkte Arthur hastig. »Damit kann man keinen Schaden anrichten. Dazu benötigt man schon eine Stromstärke über etliche hundert Ampere.«

»Ich bin zwar kein Fachmann«, gestand Alleyn, »aber Sie haben sicher recht. Nur weshalb hat man die Löcher gebohrt? Glauben Sie, jemand wollte Ihrem Vater einen Streich spielen?«

»Einen Streich? Ihm?« Arthur brach in ein häßliches Lachen aus. »Hast du das gehört, Guy?«

»Sei still«, wies Guy ihn zurecht. »Immerhin ist er tot.«

»Fast zu schön, um wahr zu sein, was?«

»Sei kein Idiot, Arthur! Reiß dich zusammen! Begreifst du nicht, was das bedeutet? Die Polizei hat den Verdacht, daß er ermordet worden ist.«

»Ermordet? Da täuschen Sie sich. Keiner von uns hätte den Mut dazu aufgebracht, Mr. Inspektor. Sehen Sie mich an! Ich habe so zittrige Hände, daß man mir gesagt hat, ich würde nie malen können. Das kommt noch aus meiner Kinderzeit, als er mich nachts in den Keller gesperrt hat. Sehen Sie mich an! Sehen Sie Guy an! Er ist zwar nicht so leicht verletzbar, aber er hat den Buckel krumm gemacht wie der Rest. Wir sind dazu gezwungen worden, uns zu unterwerfen. Wissen Sie...«

»Augenblick«, unterbrach Alleyn ihn gelassen. »Ihr Bruder hat recht. Reden Sie lieber nicht einfach drauflos. Denken Sie erst nach. Wir haben es hier möglicherweise mit Mord zu tun.«

»Danke, Sir«, sagte Guy. »Das ist wirklich verdammt anständig von Ihnen. Arthur ist nicht ganz bei sich. Das muß der Schock sein.«

»Die Erleichterung, wolltest du wohl sagen«, widersprach Arthur. »Sei kein Idiot. Ich habe ihn nicht umgebracht. Das stellen sie noch früh genug fest. Niemand hat ihn umgebracht. Es muß eine andere Erklärung geben.«

»Jetzt hören Sie mal gut zu«, wandte Alleyn sich eindringlich an den jungen Mann. »Ich stelle Ihnen beiden jetzt mehrere Fragen. Sie müssen sie zwar nicht beantworten, aber es wäre vernünftiger. Wenn ich Sie richtig verstanden habe, hat außer Ihrem Vater keiner diesen Radioapparat je angerührt. Ist einer von Ihnen je im Zimmer gewesen, wenn er eingeschaltet war?«

»Nein, es sei denn, er wollte das Programm mit ein paar Züchtigungen bereichern«, antwortete Arthur.

Alleyn wandte sich Guy zu, der seinen Bruder wütend anstarrte.

»Ich möchte jetzt genau wissen, was gestern abend in diesem Haus vorgefallen ist. Nach Ansicht der Ärzte ist Ihr Vater mindestens drei und höchstens acht Stunden tot gewesen, als man ihn fand. Wir müssen versuchen, die Todeszeit soweit wie möglich einzugrenzen.«

»Ich habe ihn Viertel vor neun Uhr gesehen«, begann Guy nachdenklich. »Ich wollte zu einem Abendessen im Savoy und kam die Treppe herunter. Er ging gerade auf dem Weg vom Salon zu seinem Zimmer durch die Eingangshalle.«

»Haben Sie ihn noch nach Viertel vor neun gesehen, Mr. Arthur?«

»Nein. Aber ich habe ihn gehört. Er hat hier mit Hislop gearbeitet. Hislop hatte um Weihnachtsurlaub gebeten. Es war schließlich nicht viel zu tun. Aber mein Vater hat dringende Geschäftskorrespondenz entdeckt. Guy, wirklich, du weißt, daß das schon pathologisch war. Mr. Meadows ist auch der Meinung. Da bin ich sicher.«

»Wann haben Sie ihn gehört?« erkundigte sich Alleyn.

»Irgendwann, nachdem Guy gegangen war. Ich habe oben in meinem Zimmer an einer Zeichnung gearbeitet. Er hat Hislop angeschrien. Das muß vor zehn gewesen sein, denn um zehn bin ich zu einem Atelierfest gegangen. Als ich durch die Halle kam, habe ich sein Gebrüll gehört.«

»Und wann sind Sie beide wieder zu Hause gewesen?« wollte Alleyn wissen.

»Ich bin um zwanzig nach zwölf gekommen«, antwortete Guy prompt. »Das kann ich so genau sagen, weil wir noch im ›Chez Carlo‹ gewesen sind. Dort findet eine Mitternachtsvorstellung statt. Gleich danach sind wir gegangen. Ich habe ein Taxi genommen. Das Radio dröhnte in voller Lautstärke.«

»Stimmen haben Sie nicht gehört?«

»Nein. Nur das Radio.«

»Und Sie, Mr. Arthur?«

»Der Himmel weiß, wann ich zu Hause war. Irgendwann nach ein Uhr. Im Haus war's vollkommen dunkel und still.«

»Hatten Sie einen Schlüssel?«

»Ja«, erwiderte Guy. »Jeder von uns besitzt einen. Sie hängen immer an einem Schlüsselbrett in der Eingangshalle. Als ich kam, fiel mir auf, daß Arthurs Schlüssel fehlte.«

»Was war mit den anderen Schlüsseln? Und woher wußten Sie, daß ausgerechnet Arthurs fehlte?«

»Mutter hat keinen Schlüssel, und Phips hat ihren vor Wochen verloren. Ich wußte ja auch, daß sie zu Hause bleiben wollten. Also konnte nur Arthur ausgegangen sein.«

»Danke«, sagte Arthur sarkastisch.

»Sie haben beim Nachhausekommen nicht zufällig einen Blick in die Bibliothek geworfen?« fragte Alleyn Arthur.

»Um Himmels willen, nein!« entgegnete Arthur, als sei der Gedanke völlig absurd. »Dabei«, fuhr er unvermittelt fort, »hat er, nehme ich an, dort gesessen... tot. Ein merkwürdiger Gedanke.« Er lachte nervös. »Einfach so hier hinter der Tür im Dunkeln.«

»Woher wissen Sie, daß es hier dunkel gewesen ist?«

»Wie meinen Sie das? Natürlich war's dunkel. Unter der Tür war kein Lichtschein zu sehen.«

»In Ordnung. Sie beide können zu Ihrer Mutter zurückkehren. Würden Sie Ihre Schwester jetzt zu mir bitten? Fox, Sie begleiten sie.«

Fox kehrte mit Guy und Arthur in den Salon zurück und

blieb dort, ohne zu merken, wie sehr seine Anwesenheit die Familie Tonks peinlich berührte. Bailey war bereits dort und prüfte die Elektroanschlüsse.

Phillipa ging sofort in die Bibliothek. Ihre erste Bemerkung war typisch für sie: »Kann ich irgendwie helfen?« erkundigte sie sich.

»Nett, daß Sie das so ausdrücken«, erwiderte Alleyn. »Ich möchte Sie nicht lange beanspruchen. Der Tod Ihres Vaters muß ein Schock für Sie sein.«

»Vermutlich«, antwortete Phillipa. Alleyn warf ihr einen flüchtigen Blick zu. »Ich meine, vermutlich müßte ich entsetzt sein, aber leider fühle ich überhaupt nichts. Ich möchte das alles nur so schnell wie möglich hinter mich bringen. Und dann nachdenken. Bitte, sagen Sie mir, was passiert ist.«

Alleyn klärte sie darüber auf, daß ihr Vater wahrscheinlich durch einen elektrischen Schlag getötet worden sei und die Umstände ungewöhnlich und verwirrend seien. Er erwähnte mit keinem Wort, daß Mordverdacht bestand.

»Ich glaube nicht, daß ich Ihnen viel helfen kann«, entschied Phillipa. »Aber fragen Sie ruhig.«

»Mich interessiert, wer Ihren Vater zuletzt gesehen oder gesprochen hat.«

»Das bin wahrscheinlich ich gewesen«, antwortete Phillipa gefaßt. »Vor dem Schlafengehen hatten wir Krach.«

»Und worum ging es?«

»Ich glaube nicht, daß das wichtig ist.«

Alleyn überlegte.

»Ich glaube, es gibt kaum noch Zweifel, daß Ihr Vater durch einen Stromschlag ums Leben kam, der von diesem Radiogerät ausging«, sagte er schließlich mit Bedacht. »Soweit ich weiß, sind die Umstände mehr als ungewöhnlich. Normalerweise kann man von einem Rundfunkgerät keinen tödlichen Stromschlag bekommen. Wir haben das Gehäuse untersucht und sind zu dem Schluß gelangt, daß sich gestern nacht jemand an der Elektrik zu schaffen gemacht haben muß. Und zwar auf ziemlich einschneidende Art und Weise. Möglicherweise hat

Ihr Vater daran herumexperimentiert. Falls etwas passiert ist, das ihn dabei unterbrochen und gestört hat, hat er in der Erregung des Augenblicks vielleicht einen tödlichen Fehler gemacht.«

»Das glauben Sie doch selbst nicht, oder?« konterte Phillipa gleichmütig.

»Da Sie mich schon so fragen«, erwiderte Alleyn, »nein.«

»Sie glauben doch, daß er ermordet worden ist«, fuhr Phillipa fort. »Aber Sie sind sich Ihrer Sache nicht sicher.« Sie war bleich geworden, doch ihre Stimme klang fest. »Deshalb wollen Sie natürlich Näheres über unseren Streit wissen.«

»Mich interessiert alles, was am gestrigen Abend passiert ist«, verbesserte Alleyn sie.

»Passiert ist folgendes«, begann Phillipa. »Nach zehn Uhr bin ich in die Halle gekommen. Ich hatte Arthur fortgehen gehört. Das war um fünf nach zehn gewesen. In der Halle traf ich Vaters Privatsekretär, Richard Hislop. Er wandte sich ab... jedoch nicht schnell genug. ›Sie weinen ja‹, sagte ich. Wir sahen uns an. Da habe ich ihn gefragt, wie er das nur aushalten könne. Keiner der anderen Privatsekretäre hat es ertragen. Und er hat geantwortet, es bliebe ihm ja nichts anderes übrig. Er ist nämlich Witwer und hat zwei Kinder. Offenbar gibt es hohe Arztrechnungen und andere Ausgaben... Ich brauche Ihnen wohl nicht von seiner verfluchten sklavischen Abhängigkeit von meinem Vater zu erzählen und von den raffinierten Gemeinheiten, denen er bei ihm ausgesetzt war. Mein Vater war wahnsinnig... muß wahnsinnig gewesen sein. Leise und beinahe hysterisch ist alles aus Richard herausgebrochen. Er ist jetzt zwei Jahre bei uns, aber erst in diesem Augenblick ist mir klar geworden, daß wir... daß...« Eine feine Röte stieg in ihre Wangen. »Er ist ein ungewöhnlicher Mann. Gar nicht der Typ, von dem ich immer... ich meine, weder sieht er gut aus, noch ist er besonders aufregend...«

Sie senkte verwirrt den Kopf.

»Ja und?« fragte Alleyn.

»Also... plötzlich ist mir klar geworden, daß ich in ihn verliebt bin. Und ihm ging's genauso. Er hat gesagt: ›Natürlich ist es völlig aussichtslos. Das mit uns, meine ich. Fast schon lächerlich.‹ Da habe ich die Arme um seinen Hals geschlungen und ihn geküßt. Trotz der absurden Situation kam es mir ganz natürlich vor, ihn zu küssen. Der springende Punkt allerdings ist, daß mein Vater in diesem Moment aus seinem Zimmer in die Halle trat und uns gesehen hat.«

»Das war Pech«, kommentierte Alleyn.

»Kann man wohl sagen. Mein Vater hat förmlich frohlockt. Richards Tüchtigkeit war ihm schon lange ein Dorn im Auge. Er machte es ihm sehr schwer, Ausreden für seine Ausfälle gegen ihn zu finden. Er hat Richard in die Bibliothek und mich auf mein Zimmer geschickt. Dann ist er mir nach oben gefolgt. Richard wollte mitkommen, aber ich habe ihn gebeten, uns allein zu lassen. Mein Vater... Ich brauche Ihnen seine Worte wohl kaum zu wiederholen. Natürlich hat er die gemeinsten aller Schlüsse aus der Szene gezogen. Er war gemein, hat mich wie ein Wahnsinniger angebrüllt. Möglicherweise war es der Alkohol, der ihn so gemacht hat. Er trank Unmengen. Es ist idiotisch, Ihnen das alles zu erzählen...«

»Ganz und gar nicht«, widersprach Alleyn.

»Ich kann gar nichts empfinden. Nicht mal Erleichterung. Die Jungs sind ganz offen erleichtert. Ich habe nicht mal Angst.« Sie sah Alleyn nachdenklich an. »Unschuldige müssen ja auch keine Angst haben, oder?«

»Das ist einer der Grundsätze polizeilicher Ermittlungen«, pflichtete Alleyn ihr bei und fragte sich insgeheim, ob sie wirklich unschuldig war.

»Mord kann es einfach nicht gewesen sein«, fuhr Phillipa fort. »Wir hatten alle viel zuviel Angst, als daß wir ihn hätten umbringen können. Ich glaube, selbst wenn man ihn ermordet hätte, wäre er letztendlich Sieger geblieben. Irgendwie hätte er zurückgeschlagen.« Sie preßte die Hände auf die Augen. »Ich bin völlig durcheinander.«

»Die Sache hat Sie mehr aufgeregt, als Sie ahnen«, bemerkte Alleyn. »Ich will Sie nicht lange aufhalten. Sie sagen, Ihr Vater habe Ihnen in Ihrem Zimmer eine Szene gemacht. Und er habe gebrüllt. Hat ihn jemand gehört?«

»Ja. Mummy. Sie kam herein.«

»Und?«

»Ich habe gesagt: ›Geh bitte, Liebes. Es ist alles in Ordnung.‹ Ich wollte sie da heraushalten. Was mein Vater machte, brachte sie fast um. Manchmal hat er... Wir haben nie herausbekommen, was zwischen den beiden vorfiel. Es wurde alles geheimgehalten. Da rannte man gegen verschlossene Türen.«

»Ist Ihre Mutter wieder gegangen?«

»Nicht sofort. Er hat ihr gesagt, er habe herausgefunden, daß ich etwas mit Richard hätte. Er behauptete... Aber das tut nichts zur Sache. Sie war völlig verängstigt. Er hat es auf sehr subtile Art verstanden, sie zu verletzen, ihr weh zu tun... Weshalb, habe ich nie begriffen. Dann hat er sie plötzlich in ihr Zimmer geschickt. Sie ging sofort, und er ist ihr gefolgt. Mich hat er eingeschlossen. Das war das letzte Mal, daß ich ihn gesehen habe. Später allerdings hörte ich ihn hinuntergehen.«

»Sie waren die ganze Nacht über eingeschlossen?«

»Nein. Richard Hislop bewohnt das Zimmer neben mir. Er kam herauf und hat durch die Wand mit mir gesprochen. Richard wollte die Tür aufschließen. Ich bat ihn, das nicht zu tun... Falls er zurückkäme. Viel später ist schließlich Guy nach Hause gekommen. Als er an meiner Tür vorbeiging, habe ich ihm ein Klopfzeichen gemacht. Der Schlüssel steckte von außen. Er hat mich dann befreit.«

»Haben Sie ihm erzählt, was passiert war?«

»Nur, daß es Krach gegeben hatte. Er blieb nicht lange.«

»Können Sie von Ihrem Zimmer aus das Radio hören?«

Sie schien überrascht.

»Den Radioapparat? Warum? Ja. Leise wenigstens.«

»Haben Sie Radiolärm gehört, nachdem Ihr Vater in die Bibliothek zurückgekehrt war?«

»Daran erinnere ich mich nicht mehr.«

»Versuchen Sie's. Sie haben doch bis zur Rückkehr Ihres Bruders ziemlich lange wach gelegen.«

»Als er die Bibliothek verließ und Richard und mich überraschte, spielte das Radio nicht. Die beiden hatten ja auch gearbeitet. Nein, ich kann mich nicht erinnern, es überhaupt... Doch, warten Sie! Nachdem er aus dem Zimmer meiner Mutter gekommen und in die Bibliothek zurückgekehrt war, gab es plötzlich ein lautes Knacken und Knistern... Es hörte sich wie eine atmosphärische Störung an. Und es war wirklich sehr laut. Danach blieb es eine Weile still. Später habe ich das Geräusch noch mal gehört. Aber da fällt mir noch etwas ein. Nach diesem Knacken fiel plötzlich meine elektrische Heizung aus. Mit der Stromzufuhr scheint etwas nicht funktioniert zu haben. Das würde alles erklären, oder? Nach gut zehn Minuten ist die Heizung wieder angesprungen.«

»Was meinen Sie? Hatte sich das Radio wieder eingeschaltet?«

»Schwer zu sagen. Ich bin nicht sicher. Ich glaube, es ist irgendwann, kurz bevor ich einschlief, wieder angegangen.«

»Danke. Sie haben mir sehr geholfen. Ich quäle Sie jetzt nicht weiter.«

»Gut«, erwiderte Phillipa gleichmütig und ging.

Alleyn bat Chase zu sich und ließ sich alles über die restlichen Hausangestellten und über die Entdeckung der Leiche erzählen. Schließlich wurde Emily gerufen und vernommen. Als sie ging, schwer beeindruckt, aber zufrieden mit sich selbst, wandte Alleyn sich erneut an den Butler.

»Chase«, begann er. »Hatte Ihr Arbeitgeber irgendwelche besonderen Gewohnheiten?«

»Ja, Sir.«

»In bezug auf das Radio?«

»Verzeihen Sie, Sir. Ich dachte, allgemein gesprochen.«

»Gut, dann eben allgemein gesprochen.«

»Er hatte eine ganze Menge sonderlicher Angewohnheiten, Sir.«

»Wie lange sind Sie schon bei ihm?«

»Zwei Monate, Sir. Und Ende der Woche wollte ich gehen.«

»Oh! Und weshalb?«

Alleyn bekam die für Chases Berufssparte klassische Erwiderung zu hören.

»Es gibt Dinge, die kein Mensch ertragen kann, Sir. Im Leben macht immer der Ton die Musik. Und Mr. Tonks' Ton gegenüber seinen Angestellten gefiel mir nicht.«

»Aha. Und die sonderlichen Gewohnheiten?«

»Meiner Meinung nach war der Mann verrückt, Sir. Komplett verrückt.«

»Was das Radio anging: Hat er daran herumgebastelt?«

»Ist mir nicht aufgefallen, Sir. Allerdings muß er viel von Rundfunkgeräten verstanden haben.«

»Hatte er eine besondere Methode, eine spezielle Geste, mit der er das Gerät einzuschalten pflegte?«

»Glaube ich nicht, Sir. Ist mir nicht aufgefallen. Und ich bin oft ins Zimmer gekommen, wenn er sich am Radio zu schaffen machte. Ich sehe ihn praktisch jetzt noch vor mir.«

»Ja, gut«, sagte Alleyn schnell. »Genau darauf kommt es an. Auf ein klares Bild. Wie saß er vor dem Radio? So?«

Damit ging er hastig durchs Zimmer und setzte sich in Septimus' Sessel. Er wandte sich dem Radiogerät zu und hob die rechte Hand an den Abstimmknopf.

»So vielleicht?«

»Nein, Sir«, erwiderte Chase prompt. »Völlig falsch. Mit beiden Händen.«

»Aha.« Alleyns linke Hand legte sich auf den Lautstärkeregler. »So vielleicht eher?«

»Ja, Sir«, sagte Chase gedehnt. »Aber da war noch etwas ... Es fällt mir im Augenblick nur nicht ein. Etwas, das er immer gemacht hat. Es liegt mir auf der Zunge. Ich kann es im Moment nur nicht aussprechen.«

»Ja, das kenne ich.«

»Es... es hat etwas mit Ärger zu tun«, murmelte Chase.

»Mit Ärger? Ärgerte er sich?«

»Nein. Nein, ich komme nicht drauf, Sir.«

»Später vielleicht. Jetzt möchte ich wissen, was Sie und alle anderen Angestellten gestern abend gemacht haben, Chase.«

»Wir hatten alle Ausgang, Sir. Immerhin war es Heiligabend. Die Dame des Hauses hat mich gestern morgen rufen lassen und gesagt, wir würden nicht mehr gebraucht, sobald Mr. Tonks gegen neun seinen Grog serviert bekommen habe. Also sind wir ausgegangen«, schloß Chase schlicht.

»Wann?«

»Die anderen um neun. Ich um zehn nach, Sir. Um zwanzig nach elf war ich wieder hier. Die übrigen waren vor mir gekommen und bereits schlafen gegangen. Ich bin dann selbst sofort ins Bett.«

»Sie sind vermutlich durch den Hintereingang gekommen, oder?«

»Ja, Sir. Wir haben das schon besprochen. Niemandem ist was aufgefallen.«

»Kann man in Ihrem Trakt des Hauses das Radio hören?«

»Nein, Sir.«

»Tja, das wär's dann wohl«, seufzte Alleyn und sah von seinen Notizen auf. »Danke.«

Chase hatte die Tür noch nicht erreicht, als Fox hereinkam.

»Verzeihung, Sir«, begann Fox. »Ich möchte nur mal einen Blick in die Programmzeitschrift auf dem Schreibtisch werfen.«

Er beugte sich über die Zeitung, befeuchtete seinen riesigen Daumen und blätterte um.

»Das ist es, Sir«, rief Chase unvermittelt. »Genau daran habe ich mich zu erinnern versucht. Das hat er immer gemacht.«

»Was?«

»Er hat die Finger angefeuchtet, Sir. Es war seine feste Angewohnheit«, erklärte Chase. »Genau das hat er immer gemacht, sobald er sich vor den Radioapparat gesetzt hat. Ich habe gehört, wie Mr. Hislop dem Arzt gestanden hat, daß ihn das fast zum Wahnsinn getrieben habe... Mr. Tonks hat praktisch nichts gemacht, ohne sich vorher die Finger zu lecken.«

»Interessant«, sagte Alleyn. »Bitten Sie Mr. Hislop, in circa zehn Minuten zu mir zu kommen. Das ist vorerst alles, Chase. Danke.«

»Wenn das stimmt und meine Vermutung richtig ist, dann sieht es übel aus«, bemerkte Fox, als Chase gegangen war.

»Großer Gott, Fox, was soll das denn heißen?«

»Falls die Bakelitknöpfe gegen Metallknöpfe ausgetauscht und mit Hilfe von Drähten unter Strom gesetzt worden sind, dann war der Stromschlag bei angefeuchteten Fingern wesentlich stärker als angenommen.«

»Richtig. Und er hat stets beide Hände benutzt, Fox!«

»Sir?«

»Unterhalten Sie sich noch mal mit der Familie. Sie haben sie doch nicht allein gelassen, oder?«

»Bailey ist bei ihnen. Er tut so, als würde er sich für die Lichtschalter interessieren. Er hat den Sicherungskasten unter der Treppe geortet. Da scheint erst kürzlich eine durchgebrannte Sicherung ausgewechselt worden zu sein. Im Schrank darunter liegen etliche Meter Kabel. Sieht aus, als gehöre es zum Radio oder zu den Elektroöfen.«

»Ach ja? Könnte das was mit dem Kabel zu tun haben, das vom Doppelstecker zur Heizsonne führt?«

»Donnerwetter!« entfuhr es Fox. »Das ist es. So muß es funktioniert haben, Chef. Das dickere Kabel wurde vom Elektroofen abgeschnitten und dort hineingestopft. Der Kamin hat gebrannt. Er brauchte den Elektroofen also nicht und hat folglich auch nichts gemerkt.«

»Möglich. Nur beweisen können wir's nicht. Begib dich wieder zu den trauernden Hinterbliebenen, Fox. Und erkundige dich recht artig, ob sich jemand an irgendwelche Eigenheiten von Septimus beim Einschalten des Radios erinnert.«

An der Tür begegnete Fox dem schmächtigen Mr. Hislop und ließ ihn mit Alleyn allein. Phillipa hat recht, dachte Alleyn unwillkürlich. Richard Hislop war wirklich keine aufregende Erscheinung. Graue Augen, stumpfes Haar, blasse Gesichtsfarbe, nicht groß, alles in allem ziemlich uninteressant. Und doch hatte sich am Vorabend der Funken der Liebe zwischen den beiden entzündet. Romantisch und komisch zugleich, dachte Alleyn.

»Nehmen Sie doch Platz!« forderte Alleyn den Sekretär auf. »Bitte erzählen Sie mir, was gestern abend zwischen Ihnen und Mr. Tonks vorgefallen ist.«

»Was vorgefallen ist?«

»Ja. Soviel ich weiß, haben Sie um acht Uhr zu Abend gegessen. Dann sind Sie mit Mr. Tonks in die Bibliothek gegangen, stimmt's?«

»Ja.«

»Und was haben Sie dort gemacht?«

»Mr. Tonks hat mir mehrere Briefe diktiert.«

»Ist irgend etwas Ungewöhnliches vorgefallen?«

»O nein.«

»Warum hatten Sie Krach mit ihm?«

»Krach?« Hislops ruhige Stimme wurde einen Ton schriller. »Wir hatten keinen Krach, Mr. Alleyn.«

»Vielleicht habe ich mich nicht richtig ausgedrückt. Was hat Sie so aufgebracht?«

»Phillipa hat Ihnen alles erzählt?«

»Ja. Und das war klug. Was ist passiert, Mr. Hislop?«

»Abgesehen von dem... was sie Ihnen erzählt hat... Mr. Tonks war schwer zufriedenzustellen. Ich habe ihn oft verärgert. Auch gestern abend.«

»Inwiefern?«

»In jeder Beziehung. Er hat mich angeschrien. Ich war erschrocken und nervös, habe mich ungeschickt benommen, Fehler gemacht. Es ging mir nicht gut. Ich habe einen Schnitzer gemacht und dann... Ich... Ich habe die Beherrschung verloren. Ich habe ihn von jeher gereizt. Meine ganze Art...«

»Hatte er selbst denn keine ärgerlichen Angewohnheiten?«

»Er? Oh, mein Gott!«

»Welche zum Beispiel?«

»Was Bestimmtes fällt mir jetzt nicht ein. Ist es wichtig?«

»Vielleicht im Zusammenhang mit dem Radio?«

Es war kurz still im Zimmer.

»Nein«, antwortete Hislop schließlich.

»War das Radio hier gestern abend nach dem Essen an?«

»Eine kurze Zeitlang, ja. Aber nicht mehr nach dem... nach dem Zwischenfall in der Halle. Das heißt, ich glaube es wenigstens nicht. Ich weiß es nicht mehr genau...«

»Was haben Sie gemacht, nachdem Miss Phillipa und ihr Vater nach oben gegangen waren?«

»Ich bin ihnen gefolgt und habe kurz an der Tür gelauscht.« Er war schneeweiß geworden und wich vom Schreibtisch zurück.

»Und dann?«

»Ich hörte jemanden kommen. Mr. Meadows hatte mich gebeten, ihn anzurufen, falls es eine der üblichen Szenen geben sollte. Deshalb bin ich in die Bibliothek und zum Telefon zurückgekehrt. Dr. Meadows hat mir geraten, in mein Zimmer zu gehen und zu horchen. Falls sich die Dinge zuspitzten, sollte ich ihn erneut anrufen. Ansonsten sollte ich in meinem Zimmer bleiben. Es liegt neben Phillipas.«

»Und das haben Sie dann auch getan?«

Er nickte.

»Konnten Sie hören, was Mr. Tonks zu ihr gesagt hat?«

»Ja... das meiste.«

»Und was haben Sie gehört?«

»Er hat sie grob beleidigt. Mrs. Tonks war ebenfalls anwesend. Ich war gerade drauf und dran, Dr. Meadows erneut anzurufen, als sie und Mr. Tonks herauskamen und den Korridor entlanggingen. Deshalb bin ich in meinem Zimmer geblieben.«

»Haben Sie noch versucht, mit Miss Phillipa zu sprechen?«

»Wir haben uns durch die Wand unterhalten. Sie hat mich gebeten, Dr. Meadows nicht anzurufen. Vielleicht zwanzig Minuten später hörte ich ihn zurückkommen und die Treppe hinuntergehen. Danach habe ich erneut mit Phillipa gesprochen. Sie hat mich angefleht, nichts zu unternehmen. Sie wollte selbst am nächsten Morgen mit Dr. Meadows reden. Ich habe noch ein wenig gewartet und bin dann zu Bett gegangen.«

»Und haben geschlafen?«

»Meine Güte, nein!«

»Haben Sie das Radio wieder gehört?«

»Ja. Zumindest so ein atmosphärisches Knacken und Knistern.«

»Kennen Sie sich mit Radiogeräten aus?«

»Nicht besonders. Nur das Nötigste.«

»Wie sind Sie zu dieser Anstellung gekommen, Mr. Hislop?«

»Ich habe auf eine Annonce geantwortet.«

»Und Sie erinnern sich bestimmt an keine besonderen Angewohnheiten Mr. Tonks' im Umgang mit dem Radio?«

»Nein.«

»Und über das Gespräch in der Bibliothek, das der Szene in der Halle vorausging, können Sie mir nicht mehr sagen?«

»Nein.«

»Würden Sie bitte Mrs. Tonks ausrichten, daß ich sie einen Augenblick sprechen möchte?«

»Selbstverständlich«, erklärte Hislop und ging.

Septimus' Frau kam herein. Sie sah aus wie der leibhaftige Tod. Alleyn verfrachtete sie in einen Sessel und bat sie, ihm zu erzählen, was sie am Vorabend gemacht habe. Sie antwortete, sie habe sich nicht wohl gefühlt und auf ihrem Zimmer gegessen. Danach sei sie sofort zu Bett gegangen. Später habe sie Septimus in Phillipas Zimmer brüllen gehört und sei dorthin gelaufen. Septimus habe Mr. Hislop und ihre Tochter schrecklicher Dinge beschuldigt. Weiter kam sie nicht. Sie brach in Schluchzen aus. Alleyn war sehr sanft mit ihr. Nach einer Weile erfuhr er, daß Septimus sie in ihr Zimmer begleitet und dort weiter von »schrecklichen Dingen« gesprochen habe.

»Was für schreckliche Dinge?« wollte Alleyn wissen.

»Er war nicht zurechnungsfähig«, antwortete Isabel. »Er wußte nicht, was er sagte. Er hatte wohl getrunken.«

Isabels Aussage nach war Septimus ungefähr eine Viertelstunde bei ihr gewesen. Möglicherweise auch länger. Dann war er gegangen. Sie hatte ihn noch im Korridor und auf der Treppe nach unten gehört. Danach hatte sie lange wach gelegen. Das Radio war von ihrem Zimmer aus nicht zu hören. Alleyn zeigte ihr die Knöpfe aus der Vorhangschiene, aber offenbar konnte sie deren Bedeutung nicht erkennen. Schließlich entließ Alleyn sie, rief Fox zu sich und legte ihm den Fall noch einmal dar.

»Was halten Sie von dem ganzen Theater?« erkundigte er sich, als er geendet hatte.

»Tja, also... Sir«, begann Fox in seiner stoischen Art. »Oberflächlich betrachtet, haben die jungen Herren Alibis. Die müssen wir natürlich überprüfen. Solange wir das nicht erledigt haben, sehe ich nicht, wie wir weiterkommen sollen.«

»Gehen wir doch vorerst mal davon aus, daß an den Alibis der Herren Guy und Arthur nicht zu rütteln ist. Was dann?«

»Bleiben uns noch die Tochter, die Mutter, der Sekretär und das restliche Personal.«

»Schön, die nehmen wir uns noch einzeln vor. Aber jetzt erst mal zu dieser Sache mit dem Radio. Sagen Sie mir, wenn Sie Einwände haben. Ich nehme an, daß der Radioapparat folgendermaßen präpariert wurde, um Mr. Tonks ins Jenseits zu befördern: Bakelitknöpfe wurden herausgenommen; winzige Löcher gebohrt; Metallknöpfe eingesetzt, mit Hilfe von Löschpapier an den Stahlstiften befestigt; das starke Kabel, das von der Heizsonne zum Doppelstecker führt, an der Heizung abgeschnitten, die Drähte durch die Löcher geführt und mit den Metallknöpfen verbunden. Auf diese Weise entstanden ein Minus- und ein Plus-Pol. Die beiden Pole überbrückt Mr. Tonks mit seinem Körper und bekommt natürlich die volle Stromstärke ab. Die Sicherung im Sicherungskasten brennt sofort durch. Der Mörder muß das alles vorbereitet haben, während Septimus seiner Frau und Tochter oben eine Szene macht. Zwischen zwanzig nach zehn und Viertel vor elf kehrt Septimus in die Bibliothek zurück. Der Mörder muß also nach zehn Uhr, als Arthur das Haus verließ, und... sagen wir, Viertel vor elf, als Septimus wieder herunterkam, am Werk gewesen sein. Kaum ist Septimus tot, tritt der Täter wieder in Aktion. Er schließt den Elektroofen wieder an das entsprechende Kabel an, entfernt die Drähte, setzt die Bakelitknöpfe wieder ein und läßt das Gerät eingeschaltet. Was meinen Sie? Das von Phillipa und Hislop beschriebene Knacken und Knistern dürfte durch den Kurzschluß verursacht worden sein, der für Septimus den Tod bedeutet hat.«

»Richtig. Und sämtliche Elektroheizungen im Haus dürften in Mitleidenschaft gezogen gewesen sein. Miss Phillipas Heizung fiel ja nachweislich aus.«

»Sicher. Danach hat er alles wieder in Ordnung gebracht. Kein Problem für jemanden, der sich mit diesen Dingen auskennt. Er muß nur die Sicherung im Sicherungskasten auswechseln. Wie lange, glauben Sie, hat es gedauert, bis er alles wieder in seinen... ursprünglichen Zustand... schrecklicher Ausdruck... gebracht hatte?«

»Hm...« Fox überlegte. »Eine Viertelstunde, würde ich sagen. Wenn er sich beeilt hat.«

»Ganz meine Meinung«, stimmte Alleyn zu. »Er oder sie.«

»Irgendwie kann ich mir eine Frau in dieser Rolle nicht vorstellen«, entgegnete Fox brummig. »Sie wissen, woran ich denke, Chef. Weshalb hat Mr. Hislop gelogen? Er wußte doch genau, daß Mr. Tonks sich immer die Daumen ableckte, bevor er etwas anfaßte. Chase hat sogar ausgesagt, Hislop habe behauptet, diese Marotte von Septimus bringe ihn um den Verstand.«

»Stimmt auffällig«, seufzte Alleyn. »Ich weiß, wir müssen handeln, Fox.« Er schlug das Telefonbuch auf, suchte eine Nummer heraus und wählte.

»Kann ich Dr. Meadows sprechen? Oh, Sie sind es persönlich? Hören Sie. Erinnern Sie sich, daß Mr. Hislop Ihnen gestanden hat, Septimus Tonks' Marotte, sich ständig die Daumen abzulecken, mache ihn wahnsinnig? Sind Sie noch da? Sie erinnern sich nicht? Wirklich? Gut. Na, gut. Hislop hat um zwanzig nach zehn angerufen, sagten Sie? Und wann haben Sie zurückgerufen? Um elf. Sind Sie sich da ganz sicher? Ich verstehe. Könnten Sie mal herüberkommen? Haben Sie Zeit? Gut, wir erwarten Sie.«

Alleyn legte auf.

»Holen Sie noch mal Chase herein, Fox. Bitte.«

Chase blieb hartnäckig bei seiner Aussage, daß Mr. Hislop

über Septimus' unangenehme Angewohnheit mit Dr. Meadows gesprochen habe.

»Das war, als Mr. Hislop Grippe hatte, Sir. Ich bin mit dem Doktor raufgegangen. Mr. Hislop hatte hohes Fieber und war sehr erregt. Er hat ununterbrochen davon geredet, daß Mr. Tonks genau wisse, daß seine Art ihn wahnsinnig mache, und es nun absichtlich darauf anlege, ihn völlig um den Verstand zu bringen. Und wenn das so weiterginge, würde er... Der Ärmste war nicht ganz bei sich, Sir. Wirklich.«

»Was, hat er gesagt, wollte er tun?«

»Also... er hat gedroht, Mr. Tonks etwas anzutun. Aber das waren nur Fieberphantasien, Sir. Ich glaube, daran erinnert er sich nicht mal mehr.«

»Ja, das ist anzunehmen«, stimmte Alleyn ihm zu. Als Chase gegangen war, sagte er zu Fox: »Überprüfen Sie die Alibis der jungen Herren, ja? Vielleicht finden Sie eine Möglichkeit, die Prozedur zu beschleunigen. Und ich brauche von Mr. Guy die Bestätigung von Miss Phillipas Aussage, sie sei in ihrem Zimmer eingeschlossen gewesen.«

Fox war bereits geraume Zeit fort, und Alleyn brütete über seinen Notizen, als plötzlich die Tür aufflog und Dr. Meadows hereinkam.

»Sind Sie eigentlich noch zu retten, Sie verrückter Bluthund?« schnaubte er. »Was soll dieser Blödsinn mit Hislop? Wer behauptet, er habe Seps Marotten gehaßt wie die Pest?«

»Chase. Und brüllen Sie hier nicht so herum! Da kriegt man ja Angst.«

»Ich mache mir Sorgen, verdammt! Was haben Sie vor? Sie glauben doch wohl nicht, daß dieses nervliche Wrack von Schreiberling fähig ist, jemanden unter Strom zu setzen... geschweige denn Septimus.«

»Mir geht eben die nötige Phantasie ab«, entgegnete Alleyn müde.

»Warum mußte ich mich ausgerechnet an Sie wenden? Wenn dieses Radio Sep umgebracht hat, dann nur, weil er selbst daran herumgebastelt hatte.«

»Und aus dem Jenseits hat er's dann auch wieder repariert, oder wie?«

Dr. Meadows starrte Alleyn nur stumm an.

»Jetzt möchte ich mal eine ehrliche Antwort, Meadows. Hat Hislop im Fieber gesagt, Tonks' Marotten könnten ihn zum Mord treiben?«

»Ich hatte vergessen, daß Chase dabei war«, murmelte Dr. Meadows.

»Ja, das hatten Sie vergessen.«

»Und wenn schon? Er hat im Fieber phantasiert. Deshalb können Sie ihn doch nicht verhaften.«

»Habe ich auch nicht vor. Es ist da ein ganz anderes Motiv aufgetaucht.«

»Sie meinen... die Sache mit Phips... gestern abend?«

»Hat er Ihnen davon erzählt?«

»Heute morgen hat sie mir etwas in dieser Richtung zugeflüstert. Ich habe Phips sehr gern. Mein Gott, sind Sie sich Ihrer Sache sicher?«

»Ja«, erwiderte Alleyn. »Tut mir leid. Es ist jetzt wohl besser, Sie gehen, Mr. Meadows.«

»Haben Sie vor, ihn zu verhaften?«

»Ich muß meine Pflicht tun.«

Im Zimmer war es lange still.

»Ja«, sagte Dr. Meadows schließlich. »Sie müssen Ihre Pflicht tun. Adieu, Alleyn.«

Fox kehrte mit der Nachricht zurück, daß Guy und Arthur ihre Partys nicht verlassen hatten. Er hatte mit zwei Freunden gesprochen. Guy und Mrs. Tonks bestätigten, daß Phillipas Tür abgeschlossen worden war.

»Bleibt nur noch der Sekretär«, erklärte Fox. »Er hat den Radioapparat präpariert, während Tonks nach oben gegangen ist. Dann ist er hochgeschlichen, um sich mit Miss Phillipa durch die Wand zu unterhalten. Danach, nehme ich an, hat er irgendwo hier unten abgewartet, bis der Alte endgültig einen draufgekriegt hatte, hat alles wieder in Ordnung gebracht und das Radio eingeschaltet gelassen.«

Alleyn schwieg.

»Was machen wir jetzt, Sir?« fragte Fox.

»Ich möchte mir mal den Schlüsselhaken hinter der Eingangstür ansehen, an den sie alle ihre Schlüssel hängen.«

Fox folgte seinem Vorgesetzten verwirrt in die Eingangshalle.

»Da sind sie ja«, murmelte Alleyn. Er deutete auf einen Haken, an dem zwei Hausschlüssel hingen. »Kaum zu übersehen. Kommen Sie, Fox.«

In der Bibliothek wurden sie bereits von Hislop und Bailey erwartet.

Hislop sah von einem Kriminalbeamten zum anderen.

»Ich möchte wissen, ob es Mord gewesen ist.«

»Wir nehmen es an«, erwiderte Alleyn.

»Dann mache ich Sie noch mal darauf aufmerksam, daß Phillipa... Miss Tonks... den ganzen Abend in ihrem Zimmer eingeschlossen war.«

»Bis ihr Bruder nach Hause kam und die Tür aufschloß«, ergänzte Alleyn.

»Da war's zu spät. Zu diesem Zeitpunkt war er schon tot.«

»Woher wissen Sie, wann er gestorben ist?«

»Es muß passiert sein, als wir alle dieses Krachen und Knistern in der Elektrik gehört haben.«

»Mr. Hislop«, begann Alleyn. »Warum wollten Sie mir eigentlich nicht sagen, wie sehr Sie Mr. Tonks' Tick, sich ständig die Finger zu lecken, aufgeregt hat?«

»Aber... woher wissen Sie das? Ich hab's nie jemandem erzählt!«

»Sie haben es vor Dr. Meadows erwähnt, als Sie krank waren.«

»Daran erinnere ich mich nicht.« Er hielt abrupt inne. Seine Lippen zitterten. Dann entschloß er sich zu reden:

»Also gut. Es stimmt. Zwei Jahre lang hat er mich gequält. Er konnte mich erpressen. Vor zwei Jahren, als meine Frau im Sterben lag, habe ich mich aus der Bargeldkassette in diesem Schreibtisch bedient. Später habe ich das Geld zurückbezahlt und war der Meinung, Mr. Tonks habe nichts bemerkt. Aber er hat es immer gewußt. Und von da an hatte er mich da, wo er mich haben wollte. Wie eine Spinne in ihrem Netz hat er hinter diesem Schreibtisch gesessen. Ich reichte ihm einen Schriftsatz. Er leckte, sich zufrieden grinsend, schmatzend die Finger. Schmatz. Schmatz. Dann blätterte er den Schriftsatz durch. Er wußte, daß es mich um den Verstand brachte. Sein Blick traf mich... Schmatz, Schmatz. Und dann kam eine Bemerkung über Geld. Nie hat er mich offen beschuldigt. Er hat nur versteckte Andeutungen gemacht. Und ich war machtlos. Sie denken, ich bin geisteskrank? Irrtum. Sicher hätte ich ihn umbringen können. Hundertmal habe ich mir überlegt, wie ich es anstellen würde. Und jetzt glauben Sie, daß ich's auch getan habe. Aber es stimmt nicht. Es ist Ironie des Schicksals. Mir fehlte einfach der Mut. Und gestern abend, als Phillipa mich merken ließ, wie sehr sie mich mochte... Ich war im siebten Himmel... unfaßbar. Zum ersten Mal, seit ich in diesem Hause bin, hatte ich nicht das Bedürfnis, ihn umzubringen. Und genau dann hat's ein anderer getan.«

Zitternd, aber entschlossen stand er da. Fox und Bailey, die ihn mit einer Mischung aus Verwunderung und Sorge beobachtet hatten, sahen Alleyn an. Er wollte gerade den Mund aufmachen, als Chase hereinkam. »Ein Brief für Sie, Sir«, verkündete er. »Er ist abgegeben worden.«

Alleyn öffnete ihn und warf einen Blick auf die ersten Worte. Dann blickte er auf.

»Sie können gehen, Mr. Hislop«, erklärte er. »Ich habe jetzt das, worauf ich gewartet... ja, worauf ich spekuliert hatte.«

Als Hislop gegangen war, lasen sie den Brief.

Lieber Alleyn,
verhaften Sie Hislop nicht. Ich habe es getan. Sollten Sie ihn bereits festgenommen haben, lassen Sie ihn umgehend frei. Und sagen Sie Phips nie, daß Sie ihn im Verdacht hatten. Ich war in Isabel verliebt, bevor sie Septimus kennenlernte. Seit Jahren versuche ich, sie zur Scheidung zu bewegen, aber wegen der

Kinder ist sie geblieben. Ein kompletter Unsinn, aber ich habe keine Zeit, mich darüber auszulassen. Ich muß mich beeilen. Er hatte uns längst im Verdacht. Er hat sie nervlich zu Grunde gerichtet. Ich hatte Angst, sie würde diesem Druck nicht mehr länger standhalten können. So habe ich mir einen Plan zurechtgelegt. Vor Wochen habe ich Phips' Schlüssel vom Haken hinter der Tür genommen. Die Werkzeuge, das Kabel und die Drähte lagen bereit. Ich wußte, wo der Sicherungskasten ist. Eigentlich wollte ich warten, bis die anderen über Neujahr fortgefahren waren, aber als Hislop mich gestern abend anrief, faßte ich den Entschluß. Er sagte, die Jungs und sämtliche Hausangestellten seien ausgegangen und Phips sei in ihrem Zimmer eingesperrt. Ich bat ihn, in sein Zimmer zu gehen und mich eine halbe Stunde später wieder anzurufen, falls Sep sich dann noch nicht beruhigt habe. Er rief nicht an. Schließlich rief ich an. Niemand hob ab. Da wußte ich, daß Septimus nicht in der Bibliothek war.

Ich öffnete mit Phips' Schlüssel und horchte. Oben war alles ruhig. In der Bibliothek brannte Licht. Damit war klar, daß er wieder herunterkommen würde. Er hatte gesagt, daß er um Mitternacht irgendeine Sendung hören wollte.

Ich schloß mich ein und machte mich an die Arbeit. Als Septimus im vergangenen Jahr verreist war, hat Arthur eine seiner modernen Scheußlichkeiten in der Bibliothek gemalt. Er hatte bei dieser Gelegenheit behauptet, die Knöpfe an der Vorhangschiene gäben ein gutes Muster ab. Damals fiel mir auf, daß sie exakt wie die Bakelitknöpfe des Radios aussahen. Später habe ich festgestellt, daß sie auf die Stahlstifte paßten, wenn ich diese mit Papier umwickelte. Ich habe das Radiogerät genauso präpariert, wie Sie es rekonstruiert haben. Dann habe ich im Salon abgewartet.

Er kam schließlich aus Isabels Zimmer und ging direkt in die Bibliothek hinunter. Ich hatte nicht damit gerechnet, daß es einen solchen Krach geben würde, und fürchtete schon, jemand würde herunterkommen. Aber alles blieb still. Ich ging in die Bibliothek, schaltete das Radio aus, wechselte mit Hilfe meiner Taschenlampe die Sicherung im Sicherungskasten und brachte in der Bibliothek alles wieder in Ordnung.

Ich konnte mir Zeit lassen. Solange alle vermuteten, daß Septimus in der Bibliothek war, würde niemand kommen. Außerdem hatte ich das Radio so schnell wie möglich wieder eingestellt. Ich wußte, man würde mich holen, sobald man ihn fand. Ich hatte vor zu behaupten, er sei einem Herzschlag erlegen. Isabel hatte ich bereits gewarnt, daß dies jederzeit passieren könne. Sobald ich allerdings die Verbrennungen an seiner Hand sah, war mir klar, daß mein Plan nicht funktionieren würde. Natürlich hätte ich versucht, die Sache zu vertuschen, wenn Chase nicht so lautstark von Stromschlägen und Hautverbrennungen gefaselt hätte. Auch Hislop hat die Hand gesehen. Ich wagte nicht, eigenmächtig etwas zu tun, und habe daher Sie eingeschaltet. Daß Sie das mit den Metallknöpfen herausbekommen würden, hatte ich nicht angenommen. Eins zu null für Sie.

Vielleicht hätte ich Sie trotzdem noch bluffen können. Aber dann haben Sie angefangen, Hislop zu verdächtigen, und das Spiel war aus. Ihn konnte und wollte ich Ihnen wirklich nicht ans Messer liefern. Ich lege einen Brief an Isabel bei. Sie wird mir das nie verzeihen. Außerdem füge ich ein offizielles Geständnis hinzu. Sie finden mich in meinem Schlafzimmer. Ich nehme Zyankali. Es wirkt sehr schnell.

Tut mir leid, Alleyn. Sie haben es gewußt, stimmt's? Ich habe alles verpfuscht. Aber Sie sind eben ein echter Bluthund... Adieu.

Henry Meadows.

Aus dem Englischen von
Christine Frauendorf-Mössel

MARGERY ALLINGHAM
(1904–1966)

Irren ist menschlich

Für Mrs. Christopher Molesworth war es ein seltenes Pech, daß Einbrecher sie ausgerechnet in jener Sonntagnacht heimsuchten, die Schlußpunkt eines Wochenendes war, das unter Umständen die triumphale Krönung ihrer Karriere als Gastgeberin hätte sein können.

Als Gastgeberin war Mrs. Molesworth eine wahre Kennerin. Sie suchte ihre Gäste nach strengsten Maßstäben aus und gab sich nur mit den ausgewähltesten Exemplaren zufrieden. Allein ein hoher Bekanntheitsgrad öffnete den Stützen der Gesellschaft bei den Molesworths keine Türen.

Auch bloße Freundschaft bescherte dem Mitbürger keine Krumen vom Tisch der Molesworths, wenngleich die Fähigkeit, zu gefallen und artig seine Rolle zu spielen, einem möglicherweise zu einer Schlafstatt verhalf, falls der Star der Stunde uninteressant, schwierig und schnell gelangweilt zu sein drohte.

Diesen Eigenschaften wiederum verdankte es der junge Petterboy, an jenem besagten großartigen Wochenendereignis teilnehmen zu dürfen. Er war diplomatisch, eine präsentable Erscheinung, sprach dem Alkohol nur in solchen Maßen zu, daß er auch noch am Ende eines Abends vertrauenswürdig war, und konnte etwas Chinesisch.

Mit letzterer Fähigkeit hatte er kaum je zuvor einen Blumentopf gewinnen können, es sei denn auf gewissen Partys bei sehr jungen Mädchen, die ihn, wenn ihnen der Gesprächsstoff ausging, überreden durften, ihnen beizubringen, was man sagte, wenn man in Hongkong sein Gepäck an Land bringen lassen wollte oder sich in einem Pekinger Hotel nach der Toilette erkundigen mußte.

Diesmal allerdings war seine Sprachbegabung von greifbarem Nutzen, denn sie hatte ihm die Einladung zu Mrs. Molesworths grandioser Wochenendgesellschaft eingebracht. Die Gäste waren handverlesen, so daß die Gästeliste überhaupt nur sechs Personen umfaßte. Da waren erst einmal die Molesworths selbst... Christopher Molesworth, Parlamentsabgeordneter, Liebhaber von Fuchsjagden und Stütze seiner Frau, der er, einem präsentablen schwarzen Rahmen um einen farbenfrohen Druck gleich, diskret zu Geltung verhalf.

Dann waren da der junge Petterboy, die Brüder Feison, beide ungewöhnlich ruhige und wortkarge Naturen, und schließlich und endlich der Gast der Gäste, das Kleinod jeder erlesenen Sammlung, der Fang, den man nur einmal im Leben macht: Dr. Koo Fin, der chinesische Wissenschaftler persönlich... Dr. Koo Fin, der Einstein Asiens, der Mann mit DER THEORIE, der nach der Abreise aus dem heimatlichen Peking sein Haus in New England nur einmal zu einem denkwürdigen Anlaß verlassen hatte, nämlich um einen Vortrag in Washington und vor einem Publikum zu halten, das kein einziges Wort begriffen hatte. Seine Werke wurden übersetzt, was allerdings, da sie sich hauptsächlich mit höherer Mathematik befaßten, eine vergleichsweise simple Aufgabe war.

Mrs. Molesworth jedenfalls hatte allen Grund, sich zu ihrer Errungenschaft zu beglückwünschen. ›Der chinesische Einstein‹, wie er von der Presse genannt wurde, war allerdings schwerlich als Partyhai zu bezeichnen. Seine Scheu war ebenso sprichwörtlich wie seine Abneigung und sein Mißtrauen

Frauen gegenüber. Diese letzte Marotte vor allem war die Ursache für das Fehlen fast jeglicher Weiblichkeit bei Mrs. Molesworths Wochenendgesellschaft. Ihre eigene Anwesenheit war natürlich unvermeidlich. Allerdings hatte sie ihr schlichtestes Kleid angezogen und sich heimlich geschworen, nur das absolut Nötigste zu sprechen. Es ist durchaus vorstellbar, daß Mrs. Molesworth, wäre ihr dies möglich gewesen, zuvorkommenderweise für besagtes Wochenende ihr Geschlecht geändert hätte.

Mrs. Molesworths Bekanntschaft mit dem sagenhaften Wissenschaftler rührte von einem Bankett in London her, das im Anschluß an jenen Vortrag stattgefunden hatte, der später ganz Washington in kolossale Verwirrung stürzen sollte. Seit Dr. Koo Fins Ankunft in Amerika war er mehr von Fotografen umlagert als jeder Filmstar. Sein Name und das rundliche Gesicht des Chinesen waren bekannter als die Hauptakteure des letzten Cause célèbre. Die Conferenciers der Fernsehshows würzten bereits ihre Kommentare mit Anspielungen auf seine großartige Objektivitätstheorie.

Abgesehen von jenem besagten Vortrag und dem anschließenden Abendessen war Dr. Koo Fin nirgends außerhalb seiner gutbewachten Hotelsuite gesichtet worden.

Wie es Mrs. Molesworth gelungen war, eine Einladung zu diesem Abendessen zu erhalten, und wie sie dort den Wissenschaftler hatte überreden können, sich bei den Molesworths vorführen zu lassen, wird wohl eines der kleineren Wunder bleiben, die gelegentlich noch geschehen. Mrs. Molesworths Feinde ließen sich zu etlichen häßlichen Bemerkungen hinreißen, doch da die Universitätsprofessoren, die die besagte Veranstaltung durchführten, sich wohl kaum durch Geld oder durch Liebe korrumpieren ließen, war anzunehmen, daß Mrs. Molesworth allein durch ihren Glauben an sich selbst den Berg versetzt hatte.

Das für Dr. Koo Fin bereitete Gästezimmer war der dritte in einer Reihe von vier Räumen im Westflügel. Dieses architektonische Monstrum hatte vier Schlafzimmer, jedes mit einer hohen gläsernen Flügeltür ausgestattet, die allesamt auf ein und denselben Balkon führten.

Der junge Petterboy bewohnte das letzte Zimmer in dieser Reihe. Es war einer der schönsten Räume des Anwesens, besaß jedoch kein eigenes Badezimmer, da Mrs. Molesworth, die im zweiten Schlafzimmer residierte, dieses zu einem gigantischen Kleiderschrank zweckentfremdet hatte. Aber immerhin war es ja ihr Haus, wie sie stets zu sagen pflegte.

Dr. Koo Fin traf, ganz wie ein unbedeutender Mensch, am Samstag mit der Eisenbahn ein. Er schüttelte Mrs. Molesworth und Christopher, dem jungen Petterboy und den Feisons die Hand, als betrachte er sie als ihm ebenbürtig, und bedachte alle mit seinem verbindlichen, schrecklich chinesischen Lächeln.

Er entpuppte sich von der ersten Sekunde an als durchschlagender Erfolg. Er aß wenig, trank noch weniger, redete überhaupt nicht, reagierte jedoch mit wohlwollendem Nicken auf Petterboys stammelndes Chinesisch und grunzte ein- oder zweimal charmant, als ihn jemand versehentlich auf englisch ansprach. Alles in allem verkörperte er Mrs. Molesworths Idealvorstellung vom perfekten Gast.

Am Sonntagmorgen schließlich wurde Mrs. Molesworth dann tatsächlich ein seltenes Kompliment seitens Dr. Koo Fins zuteil, und sie sah sich im ersten schwindelerregenden Glücksgefühl als die Frau, die auf sämtlichen Cocktailpartys der folgenden Woche in aller Munde sein würde.

Die so überaus charmante Szene spielte sich kurz vor dem Mittagessen ab. Unter den stumm bewundernden Blicken aller Gäste, die ängstlich darauf bedacht waren, keine als Gesprächsstoff ausschlachtbare Geste des berühmten Gelehrten zu versäumen, erhob sich dieser von seinem Gartenstuhl auf dem Rasen, stolzierte quer durch das nächste Blumenbeet, trampelte mit schlafwandlerischer Mißachtung jeglicher Hindernisse über Stiefmütterchen und Porzellanblümchen, brach eine großblütige Rose von Christophers geliebter Hochstammsorte, stapfte triumphierend über Beet und Rasen zurück und legte die Rose in Mrs. Molesworths Schoß.

Mrs. Molesworth verharrte in ekstatischem Glücksgefühl. Dr. Koo Fin setzte sich wieder in seinen Stuhl und betrachtete sie leutselig. Zum ersten Mal in ihrem Leben war Mrs. Molesworth ›restlos hingerissen‹, wie sie später etlichen Leuten erzählte.

Sonntagnacht jedoch kamen Einbrecher. Die Sache war geradezu erschreckend peinlich. Mrs. Molesworth besaß einen großen Billantanhänger, zwei Paar Ohrringe, ein Armband und fünf Ringe, ganz aus Brillanten und Platin, die sie in einem Wandsafe unter dem Gemälde in ihrem Schlafzimmer verwahrte. Sonntagnacht, nach der Rosen-Szene, warf sie ihre Selbstkasteiungs-Strategie über Bord und erschien in voller Kriegsbemalung zum Abendessen. Die Molesworths dinierten sonntags stets in Abendgarderobe, und sie muß ganz in Taubenblau und voller glitzernder Brillanten hinreißend ausgesehen haben.

Jedenfalls war es von den beiden Abenden der erfolgreichere. Der chinesische Gelehrte entpuppte sich als unterhaltsamer Kartenhausbauer und spielte Fünf-Finger-Übungen auf dem Flügel. Nie hatte sich die große Schlichtheit des Mannes vorteilhafter gezeigt. Schließlich ging die Gästerunde geschmeichelt, benommen und glücklich zu Bett.

Mrs. Molesworth nahm ihren Schmuck ab, legte ihn in den Safe, verschloß diesen jedoch nicht, als sie feststellte, daß sie einen Ohrring verloren haben mußte, sondern lief statt dessen in den Salon hinunter, um ihn zu suchen. Als sie schließlich unverrichteter Dinge wieder zurückkehrte, war der Safe leer. Die Sache war wirklich ungeheuer peinlich, und der hastig aus seinem Zimmer im Haupttrakt herbeigerufene sonst so findige Christopher sah sich in großer Verlegenheit.

Die Hausangestellten, diskret geweckt, versicherten im Flüsterton, daß sie nichts gehört hätten, und warteten mit unumstößlichen Alibis auf. Blieben noch die Gäste. Mrs. Molesworth weinte. Vorfälle wie dieser waren zu jeder Zeit höchst unangenehm. Aber daß so etwas ausgerechnet bei einem solchen Anlaß passieren mußte, war mehr, als Mrs. Molesworth ertragen konnte. In einem Punkt allerdings war sie sich mit Christopher einig: der große Gelehrte durfte nichts erfahren... nichts auch nur ansatzweise ahnen... Die Brüder Feison waren über jeden Verdacht erhaben. Da die Türverriegelung an Mrs. Molesworths Zimmer aufgebrochen worden war, mußte der Dieb über den Balkon gekommen sein. Auf diesem Weg hätten die Feisons das Zimmer des Gelehrten passieren müssen, der bei weit geöffneter Tür schlief. Blieb nur noch der junge Petterboy übrig. Die Sache schien sonnenklar zu sein.

Nach eingehender Beratung entschloß sich Christopher zu einem Gespräch von Mann zu Mann mit Petterboy, von dem er eine Viertelstunde später erhitzt und wortkarg zurückkehrte.

Mrs. Molesworth trocknete die Tränen, schlüpfte in ihr neuestes Negligé, verdrängte all ihre Ängste und die Einwände ihres Mannes und machte sich auf, mit Petterboy wie eine Mutter zu sprechen. Dem armen Petterboy war das Lachen nach zehn Minuten vergangen. Er wurde wütend und verlangte, daß man den Gelehrten frage, ob er etwas gehört habe. Danach vergaß er sich soweit, daß er den primitiven Vorschlag machte, die Polizei zu rufen.

Mrs. Molesworth hätte beinahe die Contenance verloren, beherrschte sich jedoch gerade noch rechtzeitig, heuchelte Entschuldigungen und schlich untröstlich zu Christopher und ins Bett zurück. Es wurde eine erbärmliche Nacht.

Am nächsten Morgen stellte der junge Petterboy seine Gastgeberin und wiederholte die Forderungen vom Vorabend. Der Gelehrte allerdings sollte mit dem Zug um 11 Uhr 12 abreisen, und Mrs. Molesworth wollte ihn mit dem Wagen zum Bahnhof bringen. So mochten die Brillanten in diesem Augenblick des Triumphs Elvira Molesworth relativ bedeutungslos vorkommen. Hatte sie doch ein Jahr zuvor das Cribbage-Vermögen geerbt. Also gab sie dem jungen Petterboy einen Kuß, versicherte ihm, es sei alles halb so schlimm, schwärmte von dem herrlichen Wochenende, das sie verbracht hatten, und schlug vor, er solle so bald wie möglich wiederkommen.

Die Feisons nahmen ebenfalls Abschied von dem chinesischen Gelehrten, und da Mrs. Molesworth diesen begleiten sollte, sagten sie auch ihr adieu. Nachdem diese Förmlichkeiten erledigt waren, gab es keinen Grund mehr für die Gäste zu verweilen. Christopher geleitete sie zu ihren Wagen, und angeführt vom jungen Petterboy, fuhren sie davon.

Während Christopher auf dem Rasen stand und den Autos etwas mechanisch nachwinkte, kam die Post. Ein an seine Frau adressierter Brief trug das Emblem des Hotels des chinesischen Gelehrten. Christopher, der auch deshalb ein so erfolgreicher Ehemann war, weil er eine erstaunliche Intuition hatte, riß das Kuvert auf.

Es enthielt eine zwar kurze, unter den gegebenen Umständen jedoch wunderbar erleuchtende Notiz:

Verehrte gnädige Frau,
bei der Durchsicht von Dr. Koo Fins Terminkalender stelle ich mit Schrecken fest, daß er versprochen hatte, Sie an diesem Wochenende aufzusuchen. Sie werden Dr. Koo Fin sicher vergeben, wenn ich Ihnen schreibe, daß er prinzipiell nie an gesellschaftlichen Ereignissen teilnimmt. Wie Sie wissen, nimmt seine engagierte wissenschaftliche Tätigkeit all seine Zeit in Anspruch. Es ist unentschuldbar, daß ich Sie nicht früher benachrichtigt habe, aber ich muß gestehen, daß mir die Eintragung im Terminkalender erst vor wenigen Minuten aufgefallen ist.

Ich hoffe sehr, daß sein Nichterscheinen keine Unannehmlichkeiten für Sie hat entstehen lassen und daß Sie mir diesen Fauxpas verzeihen werden.

Ich verbleibe hochachtungsvoll Ihr Lo Pei Fu, Sekretär.

P.S. Dr. Koo Fin hätte selbst schreiben müssen, doch wie Sie wissen, ist er des Englischen nicht mächtig. Er bittet mich, Sie daran zu erinnern, und hofft auf Ihr Verständnis.

Gerade als Christopher den Blick von diesen Zeilen hob, kehrte seine Frau zurück. Sie parkte den Wagen in der Auffahrt und kam über den Rasen auf ihn zugerannt.

»Liebling, war's nicht herrlich?« rief sie und warf sich mit einer Leidenschaft in seine Arme, die sie ihm selten zeigte.

»Haben wir Post?« fragte sie und machte sich los.

Christopher ließ den gerade gelesenen Brief unauffällig in die Tasche gleiten.

»Nein, Liebes«, antwortete er galant. »Nichts.« Er empfand erstaunlich viel für seine Frau.

Mrs. Molesworth runzelte die Alabaster-Stirn.

»Liebling«, fuhr sie fort, »und jetzt zu den Juwelen. War es nicht scheußlich, daß so etwas passieren mußte, als dieser reizende alte Herr bei uns war? Was sollen wir jetzt tun?«

Christopher zog ihren Arm durch seine Armbeuge. »Ich finde, Liebes«, begann er mit fester Stimme, »du überläßt das mir. Wir wollen doch keinen Skandal.«

»O nein!« sagte Mrs. Molesworth mit großen Rehaugen. »O nein! Das würde alles verderben.«

In einem Abteil der Ersten Klasse im Zug nach London drehte und wendete ein älterer Chinese die unterschiedlichen Schmuckstücke, die auf einem großen seidenen Taschentuch auf seinen Knien lagen. Sein Lächeln war kindlich, höflich und irgendwie verwundert. Nach einer Weile faltete er das Taschentuch über seinem Schatz zusammen und steckte das Päckchen in die Brusttasche seines Jackets.

Dann lehnte er sich in die Polster zurück und sah aus dem Fenster. Die grüne hügelige Landschaft war angenehm fürs Auge. Die Felder ordentlich bestellt. Der Himmel war blau, die Sonne strahlend. Es war ein wunderbares Land.

Er seufzte und wunderte sich insgeheim, daß es die Heimat von kultivierten Barbaren sein sollte, für die, vorausgesetzt, Statur, Größe und Alter stimmten ungefähr überein, alle Chinesen gleich aussahen.

Aus dem Englischen von
Christine Frauendorf-Mössel

FREEMAN WILLS CROFTS
(1879–1952)

Der Jagd-Ball

Howard Skeffington war erledigt; am Ende. Er saß vornübergesunken im Sessel und starrte blicklos ins Feuer, während sich ihm die schreckliche Schlußfolgerung aufdrängte, aus der es für ihn kein Entrinnen gab: Die einzige Möglichkeit, dem totalen Ruin zu entgehen, war die Ermordung seines ehemaligen Freundes Justin Holt.

Er, Howard Skeffington, mußte Holt umbringen. Tat er das nicht, war sein angenehmes Leben, das Vermögen, das zum Greifen nahe schien, unwiederbringlich perdu. In diesem Fall blieb ihm nichts anderes übrig, als das Land und alles, was er schätzte, hinter sich zu lassen und sich im Ausland Arbeit zu suchen. Nur, was für eine Arbeit sollte es für ihn schon geben?

Skeffington war gewissermaßen ein Abenteurer. Ausgestattet mit einem angenehmen Äußeren, Charme, Manieren und von bewundernswerter Eleganz, wenn er auf dem Rücken eines Pferdes saß, hatte er in Cambridge viele Freunde unter den jungen Männern aus Seldon Sorby Country gewonnen, das als Zentrum der großen Pferdejagden in England gilt. Auf ihren Anwesen hatte er die Ferien verbracht, mit Erfolg, ja mit Bravour ihre Pferde geritten. Ohne familiäre Bindungen und keiner Karriere verpflichtet, die harte Arbeit erfordert hätte, war in ihm der Plan gereift, sich in Seldon Sorby niederzulassen und, wenn möglich, reich einzuheiraten.

Der erste Teil seines Plans hatte funktioniert. Er hatte sich im Distrikt eingemietet und war als Mitglied der Jagdreiter-Gilde akzeptiert worden. Er war einem entsprechend distinguierten Club beigetreten, und seine gesellschaftlichen Perspektiven hatten sich sehr gut ausgenommen.

Er hatte nur ein Problem… Geld. Seiner Schätzung nach würde das Kapital, über das er verfügte, für vier Jahre ausreichen. Und auf diese vier Jahre hatte er alles gesetzt. Falls vor Ende dieses Zeitraumes Teil zwei seines Plans nicht in Erfüllung ging, war er erledigt: aus und vorbei.

Trotzdem sah er seine Chancen auf diesem Gebiet in durchaus rosigen Farben. Elaine Goff-Powell, einzige Tochter von Sir Richard Goff-Powell, würde für jeden Ehemann genug Geld besitzen. Außerdem war er sicher, daß Elaine ihm zugetan war, und dem Vater gegenüber hatte er sich von seiner sympathischsten Seite gezeigt. Elaine war weder schön noch besonders klug. Im Gegenteil. In realistischeren Augenblicken mußte er sich sogar eingestehen, daß sie ausgesprochen nichtssagend und uninteressant war. Das wiederum erhöhte jedoch seine Chancen und schloß die gefährlichsten seiner potentiellen Mitbewerber aus. Bisher allerdings hatte er einen Antrag noch nicht gewagt. Dabei war die Zeit bald reif, und den Ausgang des Gesprächs fürchtete er kaum.

Obwohl die Angelegenheit längst ins Rollen gekommen war, rollte sie unglücklicherweise nicht schnell genug. Wenn er nicht bald eine Verlobung zustande brachte, hielten seine Finanzen der hohen Beanspruchung nicht mehr lange stand. Zusätzliche fünf- oder sechshundert Pfund würden es ihm zweifellos ermöglichen, die Angelegenheit zum Abschluß zu bringen. Die Sache stand auf des Messers Schneide.

Er hatte alles versucht, sich andere Geldquellen zu erschließen, doch mit mäßigem Erfolg. Professionelle Geldverleiher wollten mit ihm nichts zu tun haben. Freunde, die, wenn er

Glück hatte, ab und zu für einen Zehner gut waren, ließen sich zu größeren Summen nicht überreden. Und für Skeffingtons Zwecke waren schon eine Menge Zehner nötig.

In dieser vertrackten Situation hatte er zu Mitteln gegriffen, die er normalerweise gemieden hätte wie die Pest. Er hatte angefangen, beim Kartenspiel zu betrügen. Obwohl er sich des hohen Risikos voll bewußt war, sah er keinen anderen Ausweg.

Etliche Wochen hatte alles ausgezeichnet geklappt, und er war entschlossen gewesen, auf dem weihnachtlichen Jagdball, der in einigen Tagen stattfinden sollte, alles auf eine Karte zu setzen. Mit ein bißchen Glück würde er von Elaine eine positive Antwort erhalten, und damit wäre die unangenehmste Durststrecke seines Lebens beendet.

Fünf Tage vor dem Ball allerdings hatte das Schicksal ihn eingeholt. Sein Falschspiel war entdeckt worden.

Und doch nicht ganz. Folgendes war geschehen:

Während eines Spiels im Club hatte einer der Herren, ebenjener Justin Holt, plötzlich aufgegeben. Mit schmerzverzerrtem Gesicht hatte er zu schwanken begonnen und war mit dem Oberkörper auf den Tisch gefallen. Die Karten glitten aus seinen kraftlosen Fingern. Die anderen sprangen auf, doch bevor sie etwas tun konnten, hatte Holt sich bereits etwas erholt. Er stand auf, schien völlig durcheinander und entschuldigte sich wortreich. Offenbar hatten ihn Schmerz und Schwindel völlig aus dem seelischen Gleichgewicht gebracht. Er bedauerte außerordentlich, die Runde sprengen zu müssen. Sagte, wenn sie nichts dagegen hätten, würde er gern nach Hause gehen, um sich hinzulegen. Als sie ihre Hilfe anboten, zögerte er. Dann bat er Skeffington, der in seiner Gegend wohnte, ihn nach Hause zu begleiten.

Skeffington, der nie zuvor einen solchen Anfall miterlebt hatte, wußte nicht recht, was er davon halten sollte. Für ihn klärte sich jedoch alles recht schnell auf. Kaum waren sie allein, konnte Holt plötzlich wieder normal gehen, und sein schmerzverzerrtes Gesicht glättete sich.

Der Ausdruck der Sorge jedoch blieb. »Ich habe dieses Kabinettstückchen aus gutem Grund zum besten gegeben, Skeffington«, begann er. »Ich habe offengestanden gesehen, was du gemacht hast. Schon seit einiger Zeit habe ich einen bestimmten Verdacht... und etliche andere übrigens auch. Deshalb habe ich dich heute abend beobachtet und alles gesehen. Du bist in Seldon Sorby erledigt, Skeffington.«

In Skeffingtons Ohren mußte das wie ein Todesurteil klingen. Aber er hatte sich schnell wieder gefangen und maß Holt mit kaltem Blick. »Vielleicht erklärst du mir erst mal, wovon du eigentlich sprichst.«

Holt schüttelte ärgerlich den Kopf. »Sei kein Idiot. Ich weiß, was ich gesehen habe. Mach mir doch nichts vor.«

»Du kannst nichts wissen«, konterte Skeffington trotzig. »Denn wenn, dann hättest du schon am Spieltisch was gesagt. Aber das hast du nicht getan.«

»Stimmt«, gab Holt zu. »Aber aus gutem Grund. Im Gegensatz zu dir liegt mir unser Jagdverband am Herzen. Deshalb wollte ich jeden Skandal vermeiden. Wären wir allein gewesen, hätte ich den Mund aufgemacht. In Gegenwart von Außenstehenden natürlich nicht.«

»Wie umsichtig«, entgegnete Skeffington gehässig. »Du begreifst anscheinend nicht, daß mit deiner Sorge um den Ruf der Jagdgesellschaft deine Geschichte kaum glaubhafter wird. Selbst wenn du was gesehen hättest, was ich leugne, kannst du's nicht beweisen.«

»Ich kann immerhin sagen, was ich gesehen habe.«

»Das ist noch kein Beweis. Wie stehst du da, wenn ich leugne? Dann machst du dich der böswilligen Verleumdung schuldig. Denk doch mal nach, Holt! Nicht ich... du bist derjenige, der den Rückzug antreten muß.«

Holt schüttelte erneut den Kopf. »Skeffington, du weißt so gut wie ich, daß man mir in jedem Fall glauben wird. Ich bin ja nicht der einzige, der einen bestimmten Verdacht hatte. Wenn ich beschreibe, was ich beobachtet habe, glauben sie mir.«

»Dann versuch's doch!« Skeffington legte all seine Verachtung in diesen Satz. »Was jemand für sich privat glaubt oder nicht glaubt, interessiert nicht. Und du kannst nichts beweisen.«

»Schon möglich«, gab Holt zu. »Ich schlage trotzdem vor, du überlegst dir die Sache. Du hast genau drei Tage Zeit. Wenn du bis dahin deinen Rücktritt aus dem Jagdverband erklärt hast, ist die Sache für mich erledigt. Wenn nicht, informiere ich den Vorstand. Du kannst es dir aussuchen.«

Skeffington hatte geblufft, aber Holt hatte alle Trümpfe in der Hand. Und in einem Punkt vor allem hatte Holt recht: alle würden Holt viel eher glauben als ihm. Holt war weithin als ehrlich und aufrichtig bekannt. Skeffingtons Ruf dagegen war weniger gesichert. Sein phänomenales Spielerglück hatte ihm zahlreiche spaßhafte Kommentare eingebracht... wobei nicht ganz klar war, ob sie überhaupt spaßig gemeint gewesen waren. Jedenfalls würde man sich seiner spektakulären Gewinne erinnern, sobald Holt offen herumerzählte, was er beobachtet hatte.

Skeffington dachte fieberhaft nach. Er mußte Holt zum Schweigen bringen und gleichzeitig einen Skandal vermeiden. Ein Eklat war sein Ruin. Dann blieb ihm nicht einmal mehr die Hoffnung auf eine Heirat mit Elaine Goff-Powell. Er durfte sich nichts vormachen. Jene letzte Chance war sowieso vertan, wenn es ihm nicht gelang, die Verlobung mit Elaine am folgenden Dienstag zustande zu bringen. Denn nach dem Ball bot sich wochenlang keine Möglichkeit mehr, seinen Antrag loszuwerden, und falls es dann endlich dazu kommen sollte, war er längst bankrott.

Was konnte er nur tun, um Holt zum Schweigen zu bringen? Nichts! Holt gehörte zu den Männern, die eisern daran glaubten, ihre Pflicht tun zu müssen. Nie durfte er hoffen, Holt umzustimmen.

In diesem Augenblick kam Skeffington zum ersten Mal der schreckliche Gedanke, daß es nur eine Möglichkeit gab, seinen Feind mundtot zu machen. Nur diese eine Möglichkeit und nichts als diese eine.

Skeffington steckte in der Krise seines Lebens. Die Aufgabe

seiner gegenwärtigen gesellschaftlichen Stellung und die Aussicht, praktisch mittellos nach Arbeit suchen zu müssen, für die er keinerlei Ausbildung hatte, bedeuteten Not, Elend und Tod. Er war ohne jede Hoffnung... sollte Holt leben. Aber die Alternative? War er ihr gewachsen? Wenn Holt starb...? Schweißperlen standen ihm auf der Stirn.

Er wußte natürlich, daß seine Zukunft nicht allein von Holt abhing. Gab Elaine ihm einen Korb, war er gleichermaßen ruiniert. Sollte Elaine also seinen Antrag ablehnen, brauchte er sich wegen Holt keine Sorgen mehr zu machen. Dann war es in jedem Fall um ihn geschehen.

Aber wenn Elaine seinen Antrag annahm? Dann wurde Holt zum alles entscheidenden Faktor. Und in diesem Fall...

Skeffington versuchte instinktiv, Zeit zu gewinnen. Er mußte Holt veranlassen, bis nach dem Ball Stillschweigen zu bewahren. Danach würde er, Skeffington, entweder verschwinden und untergehen, oder er würde irgendwie mit Holt fertig werden. Ruhig und etwas zurückhaltender wandte er sich an den ehemaligen Freund.

»Wir wollen nichts überstürzen, Holt. Ich brauche Zeit zum Nachdenken. Du kannst mir großen Schaden zufügen. Was nicht heißt, daß ich etwas zugebe. Du hast mir ein Ultimatum gestellt. Ich soll zurücktreten oder die Konsequenzen tragen. Einigen wir uns auf einen Kompromiß.«

»Kompromiß?« Holt war entsetzt. »Wie sollte es in einer solchen Angelegenheit einen Kompromiß geben? Hier geht es um die Ehre. Du bist doch nicht dumm, Skeffington. Du weißt, was auf dem Spiel steht.«

Skeffington zuckte mit den Schultern. »Vermutlich hast du recht«, lenkte er sofort ein. »Hör mich trotzdem an. Ich gehe auf deine Bedingungen ein, vorausgesetzt, du läßt mir sechs anstatt nur drei Tage Zeit, um alles zu regeln. Vor allem verspreche ich, während dieser sechs Tage das Spielzimmer nicht zu betreten. Falls ich nach dieser Zeitspanne meinen Austritt nicht erklärt habe, kannst du den Vorstand informieren. Das ist doch wirklich nicht zuviel verlangt, Holt. Schließlich muß ich mir einen Grund für meinen Austritt zurechtlegen. Ich lasse vermutlich einfach einen Onkel in Amerika sterben, der mir Geld hinterläßt, oder so ähnlich. Dann verlasse ich England, und die Sache ist für dich erledigt.«

Holt zögerte.

»Also gut«, fuhr Skeffington fort. »Ich brauche keine sechs Tage. Laß mir bis zum Ball Zeit. Wir treffen uns dort, und ich gebe dir meine Antwort.«

»Verdammt, Skeffington! Du kannst dich auf dem Ball nicht sehen lassen.«

Genau das hatte Skeffington befürchtet. Er zuckte mit den Achseln und wandte sich ab. »Bitte«, entgegnete er kühl. »Wenn das so ist, nehme ich mein Angebot zurück. Du kannst den Vorstand umgehend informieren, und ich werde alles leugnen und Beweise verlangen. Falls du diese nicht erbringst, beantrage ich deinen Ausschluß aus dem Club. Wenn du meine Forderungen nicht erfüllst, verklage ich dich wegen übler Nachrede. Und das gibt erst einen Skandal! Schlimmer als mein Erscheinen auf dem Ball!« Skeffington machte eine Pause und fuhr dann in versöhnlicherem Ton fort: »Aber glaub mir. So weit will ich es gar nicht kommen lassen. Wenn du bis zum Ball wartest, habe ich wenigstens eine Chance, eine vernünftige Erklärung für mein Weggehen zu erfinden. Das ist alles, was ich möchte.« Und dann wurde sein Ton ausgesprochen vertraulich: »Ich will doch gar nichts beschönigen, Holt. Versuche nur zu verstehen, was das alles für mich bedeutet. Eigentlich ist es gar nicht deine Art, jemanden zu treten, der sowieso schon am Boden liegt.«

Danach ging die Auseinandersetzung noch eine Weile weiter, und Skeffington obsiegte. Holt war bereit zu schweigen, wenn Skeffington spätestens während des Balls seinen Austritt aus dem Club erklärte.

Wieder allein, rüstete sich Skeffington kühl, eine Lösung für sein schreckliches Problem zu finden. Zuerst wollte der Fall bedacht sein, daß Elaine ihm einen Korb gab. Wenn er sich Geld bei seinen Freunden lieh und einiges verkaufte, bekäme er sicher einige hundert Pfund zusammen. Er beschloß, sofort damit anzufangen und sich eine Passage nach Argentinien reservieren zu lassen. Dort glaubte er, sich mit seinen Kenntnissen über Pferde am ehesten durchschlagen zu können. Und sicher würde es ihm gelingen, kurz vor der Abreise noch mehr Geld aufzutreiben, um wenigstens die Einwanderungsbestimmungen zu umgehen. Nach dem Leben, das er gewohnt war, würde es die Hölle für ihn werden. Trotzdem war es seine einzige Chance.

Aber was war, wenn Elaine seinen Antrag annahm?

In diesem Fall brauchte er sich um Geld keine Sorgen mehr zu machen. Seine Zukunft war gesichert... vorausgesetzt er hatte die Sache mit Holt geregelt.

Skeffington unterhielt sich nicht ohne Hintergedanken mit mehreren Clubmitgliedern, um ihre Reaktion zu testen, und stellte zufrieden fest, daß sie offenbar nichts wußten. Also drohte ihm allein von Holt Gefahr. Wurde *er* zum Schweigen gebracht, war Skeffington sicher.

Drei Tage lang dachte Skeffington über das Problem nach, dann sah er schließlich eine Möglichkeit, den Mann absolut unauffällig aus dem Weg zu räumen. Zwar bestand in einem Punkt ein gewisses Risiko, aber sobald diese Hürde genommen war, konnte nichts mehr schiefgehen. Skeffington machte sich sorgfältig an die Vorbereitungen. Er mied den Club mit der Ausrede, Privatangelegenheiten regeln zu müssen, und ging Holt systematisch aus dem Weg.

Schließlich war der schicksalhafte Abend gekommen, dunkel und bitter, die Erde zu Stein gefroren, Rauhreif in der Luft. Der weihnachtliche Jagdball war *das* gesellschaftliche Ereignis des Jahres, bei dem sich gut vierhundert Bürger in der Stadthalle von Seldon Sorby drängten und jeder das Gefühl hatte, unbedingt dabeisein zu müssen. Das sonst etwas trostlose Gebäude war in seinem Schmuck aus Tannenreisig und Reiterfahnen nicht wiederzuerkennen.

Die beiden wichtigsten Voraussetzungen für Skeffingtons Plan waren, daß er andere in seinem Wagen mit zum Ball nahm und das Fahrzeug etwas abseits in der Nähe des Hintereingangs der Stadthalle parkte. Ersteres bewerkstelligte er, indem er das junge Ehepaar Hatherley und einen ledigen Freund namens Scarlett einlud, ihn zu begleiten; letzteres erreichte er durch ein sorgfältiges Timing seiner Ankunft. Als Parkplatz wurde der Markt hinter der Stadthalle genutzt, und aufgrund seiner genauen Kenntnis dieses Platzes gelang es ihm tatsächlich, das Auto in der gewünschten Ecke abzustellen. Skeffington wußte, daß sein Wagen bereits nach kurzer Zeit von anderen Fahrzeugen so eingekeilt sein würde, daß sich niemand mehr in seiner Nähe aufhalten konnte.

Im Wagen hatte er unter dem Armaturenbrett einen mit weichem Stoff umwickelten, schweren Schraubenschlüssel verborgen. Dieser war so befestigt, daß er ihn mit einem Griff durch die Tür herausnehmen konnte.

Skeffington hatte sich gerade genug Whisky genehmigt, um seine Nerven zu beruhigen, und trotz der schrecklichen Aufgabe, die vor ihm lag, war er zuversichtlich und bester Stimmung.

Zu seiner großen Freude begrüßte Elaine ihn herzlicher, als es die übliche Höflichkeit erfordert hätte. Er tanzte den halben Abend ausschließlich mit ihr und führte sie dann in eine abgelegene Ecke, wo er ihr ängstlich die alles entscheidende Frage stellte. Überwältigende Genugtuung überkam ihn, als er ihre Antwort hörte. Elaine wollte ihn heiraten, und sie war bereit, die Verlobung sofort bekannt zu geben.

Aber in Skeffingtons Begeisterung mischte sich ein Gefühl, das blankem Entsetzen gleichkam. Um zu bewahren, was er gewonnen hatte, mußte er die schrecklichsten zehn Minuten seines Lebens durchstehen. Und in diesem Moment wurde ihm klar, daß die Sache doch gefährlicher war, als er gedacht hatte. Aber es gab keine Alternative. Er mußte es wagen.

Als er den günstigen Zeitpunkt gekommen glaubte... sämtliche Chauffeure waren beim Essen... sagte er Elaine, er wolle den Segen ihres Vaters erbitten. Elaine schlug sofort vor, ihn zu begleiten. Skeffington mußte all seinen Takt aufbringen, um sie davon abzuhalten. Er ließ sie bei Scarlett zurück, der um den nächsten Tanz gebeten hatte.

Statt Sir Richard Goff-Powell suchte er Holt auf. Im Vorbeigehen flüsterte er ihm zu: »Komm in die Garderobe. Ich muß dir etwas zeigen.«

Skeffington drückte sich im Korridor herum, bis Holt endlich auftauchte. »Ich habe beschlossen, meinen Austritt zu erklären«, begann er leise. »Aber ich habe einen komischen Brief bekommen. Ich würde ihn dir gern zeigen. Hier können wir nicht ungestört reden. Wir treffen uns an meinem Wagen. Dann erkläre ich dir alles.«

Holt sträubte sich zuerst, doch Skeffington gelang es schließlich, ihn mit dem Argument zu überreden, sie dürften nicht zusammen gesehen werden, wenn Holt nicht mit seinem Clubaustritt in Verbindung gebracht werden wolle.

Skeffington ging, gefolgt von seinem Opfer, zum Parkplatz. Auf den Autodächern schimmerte der Widerschein der fernen Beleuchtung, doch zwischen den Wagen war es stockfinster. Noch im Gehen zog Skeffington seine Glacéhandschuhe aus, da er verräterische Flecken oder gar Blutspuren fürchtete. Erleichtert stellte Skeffington fest, daß sie den Wagen unbeobachtet erreichten.

»Hier ist der Brief«, verkündete er, öffnete die Fahrertür und nahm ein Blatt aus dem Handschuhfach. »Die Innenbeleuchtung funktioniert nicht, aber ich mache das Standlicht an.«

Holt, der die warme Stadthalle nur widerwillig verlassen hatte, trat ärgerlich neben den Kotflügel. Dabei wandte er Skeffington den Rücken zu.

Darauf hatte Skeffington gewartet. Statt das Licht einzuschalten, griff er nach dem Schraubenschlüssel. Als Holt eine leichte Drehung zur Seite machte, ließ er das Mordwerkzeug mit Wucht auf Holts Schädel niedersausen. Holt sackte geräuschlos zu Boden.

Skeffington richtete den Schein einer kleinen Taschenlampe auf sein Opfer. Es war kein Blut zu sehen, doch der Schädel war deutlich deformiert. Holt war zweifellos tot.

Hastig vollendete Skeffington seinen Plan. Er öffnete die Tür zum Rücksitz seines Wagens und versuchte die Leiche hineinzuhieven. Dieses Unterfangen entpuppte sich als weitaus schwieriger als angenommen. Schließlich mußte er den Toten gegen die Sitzbank gelehnt im Fußraum lassen, zur anderen Wagenseite gehen, Holt weiter hineinziehen, zurückkehren und erst einen, dann den anderen Fuß hineinschieben. Dann warf er eine Decke über die Leiche und lief in die Stadthalle zurück. Wasser, Seife, ein Kamm und ein doppelter Whisky halfen Skeffington, sich wiederherzurichten, und so ging er zurück in den Tanzsaal.

Er hätte alles dafür gegeben, sich nach Hause zurückziehen zu können, aber er wagte es nicht. Statt dessen machte er sich auf die Suche nach Sir Richard, nahm all seinen Mut zusammen und sprach ihn an.

»Darf ich Sie einen Augenblick sprechen, Sir?« begann er. »Ich hoffe aufrichtig, daß ich Ihre Zustimmung habe, wenn ich Ihnen sage, daß Elaine mir die Ehre machen will, meine Frau zu werden.«

Sir Richard schien weder sonderlich erfreut, noch hatte er irgendwelche Einwände. Er zuckte lediglich mit den Schultern und erklärte, die Entscheidung liege allein bei Elaine. Danach kehrte Skeffington zu der jungen Frau zurück.

Skeffington begriff selbst kaum, wie es ihm gelang, die Veranstaltung durchzustehen. Schließlich und endlich jedoch verabschiedete sich Elaine mit ihrer Familie, und er machte sich auf die Suche nach seinen Freunden.

»Ich fahre den Wagen zum Haupteingang«, sagte er zu den Hatherleys und wandte sich dann an Scarlett: »Könntest du mir helfen, aus der engen Parklücke herauszukommen? Bei den vielen Autos ist das nicht so einfach.«

Am Wagen angekommen, öffnete Skeffington die Beifahrertür für Scarlett, ging zur Fahrertür und stieg ein. Auf diese Weise hatte er einen Zeugen. Scarlett hatte die Leiche noch nicht entdeckt.

Als Skeffington vor dem Treppenaufgang anhielt, öffnete ein

Türsteher den hinteren Wagenschlag für Mrs. Hatherley. Er nahm die Decke zur Seite und fluchte heiser, während Mrs. Hatherley einen schrillen Schrei ausstieß.

Die anschließende Verwirrung erlebte Skeffington wie in Trance. Er stieg aus und versuchte sich durch die dicht an dicht stehenden Schaulustigen einen Weg zur rückwärtigen Autotür zu bahnen.

»Was ist denn los?« schrie er. »Was ist passiert?«

»Ein Mann!« raunten sie um ihn herum. »Scheint tot zu sein!... Dort auf dem Rücksitz!«... Dann ertönte die energische Stimme des Polizeichefs der Gegend. »Zurück! Bitte machen Sie den Weg frei. Lassen Sie Dr. Hackett durch! Dr. Hakkett, bitte sehen Sie sich das mal an!«

Außer Skeffington und Scarlett traten alle zurück. Irgend jemand förderte eine Taschenlampe zutage. Für einen Augenblick schien die Zeit stillzustehen. Dann sagte der Arzt ruhig: »Es ist Holt. Ich fürchte, er ist tot. Ein Schlag auf den Schädel. Muß sofort tot gewesen sein.«

Dann überschlugen sich die Ereignisse, und Skeffington hatte Mühe, nicht den Überblick zu verlieren. Wie durch Zauberhand erschien die Polizei auf der Bildfläche. Die Gäste wurden in den Ballsaal zurückkomplimentiert. Ein energischer junger Inspektor fragte Skeffington, ob er eine Erklärung für den Vorfall habe. Als Skeffington das verneinte, wurde er freundlich aufgefordert, sich weiter zur Verfügung zu halten.

Es herrschte hektische Aktivität. Schließlich begannen die ersten, den Schauplatz zu verlassen. Ihre Namen und Adressen waren aufgenommen und einige Fragen gestellt worden. Schließlich wandte sich die Polizei erneut Skeffington zu.

Skeffington hatte noch einmal dem Whisky zugesprochen, jedoch nur gerade soviel getrunken, wie er brauchte, um seine Angst zu überwinden und ein Zittern der Hände zu verhindern, ohne dabei leichtsinnig zu werden.

»Bitte erzählen Sie uns, was Sie wissen, Mr. Skeffington«, verlangte der Superintendent, der inzwischen die Ermittlungen übernommen hatte.

Skeffingtons Antworten kamen ohne Zögern. Er berichtete, daß er mit Mr. und Mrs. Hatherly und Mr. Scarlett zum Ball gefahren sei und an der Ecke des Marktplatzes geparkt habe. Anschließend seien alle ausgestiegen und in den Ballsaal gegangen. Nachdem Mrs. Hatherly den Wunsch geäußert habe, nach Hause zu gehen, habe er mit Scarlett den Wagen geholt und vor dem Eingang gehalten, und als die hintere Wagentür geöffnet worden sei, sei die Leiche entdeckt worden. Das alles sei ihm vollkommen unbegreiflich.

Skeffingtons Geschichte war simpel, doch er erzählte sie überzeugend. Superintendent Redfern vermochte trotz zahlloser Fragen Skeffingtons Aussage nicht zu erschüttern. Schließlich entließ er ihn.

Skeffington fuhr mit zitternden Knien nach Hause.

Während der folgenden beiden Tage überstürzten sich im Polizeipräsidium von Seldon Sorby die Ereignisse. Die ganze Stadt befand sich in heller Aufregung. Ein Mord während des größten gesellschaftlichen Ereignisses des Jahres in der Stadt und dazu noch an einem Verwandten von Lord Bonniton, dem Master des berühmtesten Jagdreiterverbandes des Landes, kam beinahe einer nationalen Katastrophe gleich. Der Polizeipräsident war so aufgebracht, daß er umgehend bei Scotland Yard Hilfe anforderte. Bereits wenige Stunden später trafen Inspektor French und Sergeant Carter ein, um die Ermittlungen der örtlichen Polizeikräfte zu unterstützen. French war bereits über alles im Bilde, hatte die Aussageprotokolle studiert und sich die Stadthalle mit dem Marktplatz angesehen. Als er danach noch keinen Täter präsentieren konnte, hatte sich der Polizeipräsident sehr gereizt und verständnislos gezeigt.

»Idiot«, schimpfte French am Abend im Hotel. »Hält der uns für Zauberkünstler? Warum löst er den Fall nicht selbst, wenn er's so eilig hat?«

Später am Abend saß French vor dem Kamin in der Hotelhalle, rauchte, trank Unmengen starken Kaffee und zerbrach sich den Kopf darüber, wie er den Fall knacken konnte. Er hatte bereits alles Naheliegende in die Wege geleitet: man hatte Holts Leben und seine Aktivitäten unter die Lupe genommen, festgestellt, wer ihn während des Balls gesehen und wer auf dem Marktplatz gewesen war, als dort die Autos geparkt wurden, und vieles andere mehr. French jedoch suchte nach einem kürzeren, ja nach dem direkten Weg zum Täter. Sir Mortimer Ellison, der stellvertretende Leiter von Scotland Yard, hatte ihm zum Abschied einen Tip gegeben: »Dort drunten regiert die feine Gesellschaft. Und diese Pferdejagd-Fanatiker gehören allesamt dazu. Sie stoßen mit Ihren Ermittlungen in ein Wespennest. Je schneller Sie den Fall lösen, desto besser für alle.« Mittlerweile war er zwei Tage in der Stadt und noch keinen Schritt weitergekommen.

Drei Stunden brütete French über einer Lösung, dann kam ihm ein Gedanke, der ihm einen Versuch wert erschien. Er wollte die Tat rekonstruieren.

Am folgenden Vormittag verlangte er nach einem Beamten von der ungefähren Statur des Ermordeten und einem Wagen vom selben Typ wie Skeffingtons Auto. Beide ließ er in eine abgelegene Ecke des Hofs hinter dem Polizeipräsidium bringen.

Als Statist fungierte ein junger Constable namens Arthurs, der etwas schwer von Begriff zu sein schien. French erklärte ihm, daß er ihm den Schädel einschlagen werde. Der Mann grinste nur und reagierte nicht.

»Also, Arthurs! Sie stehen dort, und ich schlage Ihnen den Schädel ein!« wiederholte French. »Kapiert?«

»Klar, Sir.«

»Was stehen Sie dann noch rum, Mann? Ich muß doch wohl nicht wirklich handgreiflich werden, oder?«

»Tut mir leid, Sir, aber wenn Sie mir den Schädel...!«

French platzte der Kragen. »Mann, mitdenken! Fallen Sie endlich um!«

Arthurs schien plötzlich die Erleuchtung zu kommen. Offenbar hatte er begriffen. Wortlos sank er neben dem Wagen zu Boden und blieb bewegungslos liegen.

»Carter, Sie verfrachten ihn jetzt so in den Wagen, wie der Tote gefunden worden ist«, befahl French.

Carter öffnete die hintere Wagentür, packte den grinsenden Arthurs von hinten unter den Achseln und versuchte ihn ins Auto zu bugsieren. Wie Skeffington mußte er jedoch feststellen, daß das von seiner Position aus praktisch unmöglich war. Er mußte ebenfalls zur anderen Seite hinübergehen und Arthurs ins Wageninnere zerren.

»Kriegen Sie die Beine nicht rein?« erkundigte sich French.

Carter versuchte es. »Nein, Sir«, erwiderte er. »Ich muß zurückgehen und sie reinheben.«

French beobachtete ihn mit einem zufriedenen Lächeln auf den Lippen. »Hab' mir schon gedacht, daß das passieren wird«, verkündete er. »Kommen Sie mal mit ins Leichenschauhaus.« Er warf einen Blick ins Auto. »Danke, Arthurs. Wir brauchen Sie nicht mehr. Sie waren eine prima Leiche.«

Als sie den Raum erreichten, in dem Holts Kleidungsstücke lagen, nahm French sein Kästchen mit dem Fingerabdruckpuder heraus und stäubte die festen Lederschuhe des Ermordeten ein. Mehrere Fingerabdrücke wurden sichtbar. French blies den überschüssigen Puder weg und fotografierte die Abdrücke.

»Und jetzt die Fingerabdrücke des Ermordeten«, sagte er.

Bald waren die Abdrücke abgenommen und ebenfalls fotografiert. Für einen zulässigen Vergleich waren Vergrößerungen und eine exakte Analyse erforderlich. Trotzdem war ein vorläufiges Ergebnis durchaus schon auf den ersten Blick zu erkennen. Die meisten Abdrücke stammten vom Ermordeten selbst, doch gewisse andere paßten nicht in dieses Bild. Und diese Abdrücke befanden sich an Stellen, die den Schluß nahelegten, daß der Mörder sie hinterlassen hatte, als er die Füße des Opfers in den Wagen gehoben hatte.

Zwei Stunden später trat ein neuer Barkeeper im Club seinen Dienst an. Mit der Zeit sammelte sich eine ganze Reihe von Gläsern an, von denen jedes sorgfältig mit dem Namen des Zechers gekennzeichnet war. In regelmäßigen Abständen überprüfte French die Gläser und verglich die Abdrücke. Plötzlich paßte alles zusammen. Es war Skeffington gewesen, der Holts Schuhe angefaßt hatte.

Der Weg, den die weiteren Ermittlungen nehmen mußten, war eindeutig vorgezeichnet. Dabei kamen Skeffingtons finanzielle Misere, sein seltsames Spielerglück, Holts merkwürdige Erkrankung und die Tatsache ans Licht, daß Holt ausgerechnet Skeffington gebeten hatte, ihn nach Hause zu begleiten. Auch die Verlobung Skeffingtons wurde bekannt. Darin wiederum glaubte French das Motiv gefunden zu haben.

»Er hat wohl darauf spekuliert, daß es ihn von jedem Verdacht befreien würde, wenn er die Leiche im eigenen Wagen verstaut. Aber die Fingerabdrücke auf den Schuhen sind ein eindeutiger Beweis, daß er der Mörder ist«, schloß French seine Ausführungen vor dem Polizeipräsidenten. »Uns steht eine Verhaftung ins Haus. Was meinen Sie?«

»Noch heute abend«, stimmte der Polizeipräsident mit einem Nicken zu.

Aus dem Englischen von
Christine Frauendorf-Mössel

JOHN DICKINSON CARR
(1905–1977)

Der unachtsame Einbrecher

Zwei Gäste, die nicht über Nacht in Cranleigh Court logierten, gingen kurz nach elf. Marcus Hunt begleitete sie zur Tür. Danach kehrte er in das Speisezimmer zurück, wo die Poker-Chips in ordentlichen weißen, roten und blauen Türmchen auf dem Tisch standen.

»Machen wir noch ein Spiel?« schlug Rolfe vor.

»Ohne mich«, wehrte Derek Henderson ab. Seine Stimme klang wie immer müde. »Zu dritt hat's keinen Sinn.«

Ihr Gastgeber stand am Buffet und beobachtete sie. In dem langgestreckten, verhältnismäßig flachen Haus über dem Weald of Kent war es so still, daß ihre Stimmen unnatürlich laut klangen. Das Speisezimmer, groß und getäfelt, wurde von Wandlampen in Kerzenform diskret erleuchtet, was wiederum den dunklen Farben der Gemälde besonderen Glanz verlieh. In dem sonst völlig normalen Landsitz wurde einem das seltene Erlebnis zuteil, zwei Rembrandts und einen Van Dyck bewundern zu können. Für Arthur Rolfe, den Kunsthändler, waren diese Gemälde ein Kapital, das ihn erschaudern ließ. Für Derek Henderson, den Kunstkritiker, waren sie ein Problem. Was sie für Marcus Hunt bedeuteten, war unklar.

Hunt stand, die Fäuste in die Hüften gestemmt, am Buffet und lächelte. Er war ein mittelgroßer, untersetzter Mann mit feistem, rotem Gesicht. Hätte er einen weißen Backenbart gehabt, er hätte ausgesehen wie ein niederländischer Großbürger oder Maler. Das Hemd hing ihm unordentlich über den Hosenbund. Er beobachtete spöttisch und belustigt, wie Henderson mit schmalen, langen Fingern nach einem Päckchen Karten griff, es teilte und die beiden Hälften einem Kartenkünstler gleich ineinandergleiten ließ.

Henderson gähnte.

»Donnerwetter! Sie sind immer für eine Überraschung gut«, sagte Hunt.

»Das ist Absicht«, erklärte Henderson lakonisch. Er sah auf. »Aber wie kommen Sie gerade jetzt darauf?«

Henderson war jung, hochgewachsen, schlank und von tadellosem Äußeren. Er hatte einen Bart. Es war ein rötlicher Bart, der gewisse Leute zum Spott verleitete. Henderson jedoch trug ihn mit Fassung.

»Es überrascht mich offengestanden, daß Sie an einem so bürgerlichen, ja plebejischen Spiel wie Poker Spaß finden«, erklärte Hunt.

»Charakterstudien machen mir Spaß«, entgegnete Henderson. »Und Poker bietet dazu die beste Gelegenheit.«

Hunts Augen wurden schmal. »Ach ja? Und könnten Sie mir jetzt zum Beispiel was über meinen Charakter erzählen?«

»Mit Vergnügen«, erwiderte Henderson. Geistesabwesend teilte er sich Karten aus und legte sie auf. Es waren zwei Fünfer dabei. Die letzte Karte war das Pique-As. Henderson starrte einige Sekunden auf das Blatt und sah dann wieder auf.

»Ich kann Ihnen zum Beispiel sagen, daß *Sie mich* überraschen«, fuhr er fort. »Darf ich offen sein? Eigentlich habe ich in Ihnen immer das Big-Business-Genie, den Mordskerl, den Hasardeur und Spekulanten, den Mann, der alles auf eine Karte setzt, gesehen. Aber das sind Sie überhaupt nicht.«

Marcus Hunt lachte. Henderson ließ sich nicht beirren.

»Sie sind zwar gerissen, aber durchaus vorsichtig. Ich bezweifle, daß Sie je in Ihrem Leben wirklich etwas riskiert haben. Und noch eine Überraschung...« Er legte erneut Karten auf. »...ist Mr. Rolfe hier. Er ist der Mann, der unter den richtigen Voraussetzungen alles auf eine Karte setzen würde.«

Arthur Rolfe dachte nach. Er schien verdutzt zu sein und geschmeichelt. Obwohl an Größe und Statur Hunt sehr ähnlich, war nichts Nachlässiges an seiner äußeren Erscheinung. Er hatte ein kantiges Gesicht, einen dunklen Teint, trug eine randlose Brille und hatte Sorgenfalten auf der Stirn.

»Das möchte ich bezweifeln«, widersprach er ernst. Dann lächelte er. »Wer in meinem Metier viel riskiert, ist bald erledigt.« Er sah sich im Raum um. »Ich wäre übrigens viel zu vorsichtig, um drei Gemälde im Wert von circa dreißigtausend Pfund in einem ungesicherten Raum im Erdgeschoß mit Terrassentür hängen zu lassen.« Und geradezu aufgeregt fügte er hinzu: »Großer Gott! Man stelle sich vor, ein Einbrecher...«

»Verdammt!« sagte Henderson plötzlich.

Sogar Hunt zuckte zusammen.

Die Atmosphäre war seit der Poker-Runde immer gespannter geworden. Hunt hatte von einer silbernen Obstschale auf dem Buffet einen Apfel genommen und wollte ihn gerade mit einem Obstmesser aufschneiden, dessen scharfe, schmale Klinge im Schein der Wandleuchte blinkte.

»Beinahe hätte ich mir den Daumen abgesäbelt«, sagte er und legte das Messer beiseite. »Was haben Sie denn?«

»Das Pique-As«, erwiderte Henderson träge. »Es ist innerhalb von fünf Minuten zum zweiten Mal aufgetaucht.«

Arthur Rolfe gab sich begriffsstutzig. »Na und? Was ist damit?«

»Ihr Freund scheint übersinnliche Kräfte zu entwickeln«, mischte Hunt sich gutgelaunt ein. »Wollen Sie nun aus den Karten unseren Charakter herauslesen, oder sagen Sie nur die Zukunft voraus?«

Henderson zögerte. Sein Blick schweifte von Hunt weiter zu der Stelle über dem Buffet, wo Rembrandts ›Alte Frau mit Haube‹ mit der Bewegungslosigkeit und dem glühenden Teint einer Rothaut auf ihn herabstarrte. Schließlich sah Henderson zur Terrassentür.

»Mich geht's ja nichts an«, sagte Henderson achselzuckend. »Es ist Ihr Haus, Ihre Gemäldesammlung und Ihre Verantwortung. Trotzdem, dieser Butler... Was wissen Sie von ihm?«

Marcus Hunt schien sich plötzlich kolossal zu amüsieren.

»Butler? Er ist ein Freund meiner Nichte. Harriet hat ihn in London aufgegabelt und mich gebeten, ihn hierher einzuladen. Unsinn! Butler ist in Ordnung. Worauf wollen Sie denn hinaus?«

»Still!« sagte Rolfe und hob die Hand.

Das Geräusch auf der Terrasse wiederholte sich nicht. Es konnte nicht wiederkommen, weil die Person, die es verursacht hatte, eine sehr verwirrte und verunsicherte junge Lady, leichtfüßig und schnell zum anderen Ende gelaufen war, wo sie sich auf die Balustrade stützte.

Lewis Butler zögerte, bevor er ihr folgte. Der Mond schien so hell, daß die Mörtelfugen zwischen den Steinplatten und das Muster der Steinurnen, die die Balustrade zierten, deutlich zu erkennen waren. Harriet Davis trug ein weißes Kleid mit fließenden Röcken, die sie im Laufen hochraffte.

Dann machte sie ihm das Zeichen, zu ihr zu kommen.

Halb saß sie, halb stützte sie sich auf die Balustrade. Sie hatte die weißen Arme ausgebreitet, die Finger umfaßten den Stein. Der Mondschein ließ ihr dunkles Haar und die dunklen Augen noch lebendiger erscheinen. Butler konnte sehen, wie sich ihre Brust hob und senkte. Er vermochte selbst die Schatten ihrer Wimpern zu erkennen.

»Das war jedenfalls eine Lüge«, sagte sie.

»Was denn?«

»Was mein Onkel gesagt hat. Sie haben's doch gehört.« Harriet Davis umfaßte die Balustrade noch fester. Sie schüttelte vehement und vorwurfsvoll den Kopf. »Daß ich Sie kenne. Und daß ich wollte, daß Sie eingeladen werden. Dabei hatte ich Sie bis zu diesem Wochenende noch nie gesehen. Entweder ist Onkel Marcus komplett verrückt geworden oder... Beantworten Sie mir eine Frage? Eine einzige?«

»Wenn ich kann.«

»Gut. Sie sind nicht rein zufällig ein Verbrecher?«

Das hatte so geklungen, als habe sie ihn gefragt, ob er Arzt oder Anwalt sei. Schlicht und direkt. Lewis Butler allerdings war klug genug, nicht zu lachen. In ihrer Stimmung hätte er damit nur noch Salz in die Wunde gerieben. Und er hätte sich vermutlich eine Ohrfeige eingehandelt.

»Wenn ich offen sein soll«, erwiderte er. »Nein. Bin ich nicht. Aber warum fragen Sie?«

»Dieses Haus hier war durch eine Alarmanlage gesichert«, erklärte Harriet und betrachtete den Mond. »Wenn man nur leicht ein Fenster berührte, heulten die Sirenen los wie bei der Feuerwehr. Letzte Woche hat er sämtliche Alarmsysteme entfernen lassen. Letzte Woche!« Sie stieß sich von der Balustrade ab und preßte die Handflächen fest gegeneinander. »Die Bilder hingen normalerweise oben in einem verschlossenen Raum neben seinem Schlafzimmer. Sie wurden nach unten geschafft... Letzte Woche! Man könnte fast meinen, mein Onkel legt es darauf an, bestohlen zu werden.«

Butler merkte, daß er sich jetzt auf besonders unsicherem Terrain bewegte.

»Vielleicht ist das tatsächlich seine Absicht.« Harriet sah Butler flüchtig an, sagte jedoch nichts. »Nehmen wir zum Beispiel an«, fuhr er fort, »einer seiner Rembrandts ist eine Fälschung. Dann wär's ihm doch sicher lieb, das Bild seinen fachkundigen Freunden nicht zeigen zu müssen.«

Das Mädchen schüttelte den Kopf.

»Unsinn«, wehrte sie ab. »Die sind echt. Daran habe ich nämlich auch schon gedacht.«

Das war der Punkt zuzuschlagen; und zwar hart. Ahnungslos wie er war, sah Lewis Butler darin kein besonderes Problem. Er nahm sein Zigarettenetui heraus und drehte es um, ohne es zu öffnen.

»Hören Sie, Miss Davis. Es wird Ihnen sicher nicht gefallen.

Aber ich kenne Fälle, da waren Leute verdammt dahinterher, bestohlen zu werden. Wenn die Versicherungssumme eines Bildes doppelt so hoch ist wie sein Wert und es eines Nachts auf mysteriöse Weise gestohlen wird…«

»Mag ja sein«, unterbrach Harriet ihn. »Nur ist keines der Gemälde versichert«, sagte sie gelassen.

Das Zigarettenetui aus glänzendem Metall entglitt Butlers Fingern und fiel zu Boden. Es entleerte sich, und die Zigaretten lagen ebenso verstreut und durcheinander da wie seine Theorien. Als er sich hinunterbückte, um sie aufzuheben, hörte er die Kirchenglocke über dem Weald halb zwölf Uhr läuten.

»Sind Sie da sicher?«

»Vollkommen. Keinen Penny hat er für eine Versicherung ausgegeben. Er hält das für Geldverschwendung.«

»Aber…«

»Ja, ich weiß! Warum sage ich Ihnen das eigentlich? Ich kenne Sie doch überhaupt nicht.« Sie verschränkte die Arme und zog die Schultern hoch, als sei ihr kalt. Nervosität, Angst und Unsicherheit sprachen aus ihren Augen. »Aber Onkel Marcus ist mir nicht minder fremd. Wissen Sie, was ich glaube? Ich glaube, er wird verrückt.«

»So schlimm wird's kaum sein, oder?«

»Ja, natürlich«, fuhr sie ihn plötzlich wütend an. »Sie haben gut reden! Sie haben wirklich gut reden! Sie sehen ihn ja auch nicht, wenn seine Augen zu schmalen Schlitzen werden und seine joviale Gutsherrenmiene wie weggewischt ist. Er ist kein Schauspieler: er haßt Falschheiten und entlarvt sie, wo er nur kann. Aber was hat er vor, wenn er nicht verrückt ist? Was kann er vorhaben?«

Etwa drei Stunden später wußten sie es.

Der Einbrecher schlug erst gegen halb zwei Uhr morgens zu. Zuerst rauchte er im Gebüsch hinter der Terrasse mehrere Zigaretten. Als die Kirchenglocke schlug, wartete er noch einige Minuten, dann huschte er die Treppe zur Terrassentür des Speisezimmers hinauf.

Zwei Stunden nach Mitternacht, in der blauen Stunde der Selbstmorde und Alpträume, war ein kühler Wind aufgekommen. Er glitt raschelnd durch Gras und Bäume. Als der Mann über die Schulter sah, erhellte das letzte Mondlicht sein Gesicht: es zeigte eigentlich kein Gesicht, sondern eine schwarze Stoffmaske unter tiefsitzender, schmuddeliger Mütze.

Mit Hilfe eines handlichen Werkzeugetuis machte er sich am mittleren Türflügel zu schaffen. Dicht neben dem Schloß befestigte er zwei Klebestreifen auf der Glasscheibe. Dann trennte er zwischen den Klebestreifen ein kreisrundes Stück mit dem Glasschneider heraus.

Völlig geräuschlos ließ sich das nicht bewerkstelligen: unter dem Schneidegerät knirschte das Glas wie der Bohrer eines Zahnarztes, und der Mann hielt inne, um zu horchen.

Alles blieb still. Kein Hund schlug an.

Die Klebestreifen erfüllten ihren Zweck. Das Glas fiel nicht heraus, zerbrach nicht klirrend auf dem Boden. Der Einbrecher trug Handschuhe. Er steckte die Hand durch die Öffnung in der Scheibe und schloß die Tür auf. Mit seinem Körper dämpfte er das Quietschen der Angeln, als er die Tür aufdrückte.

Er wußte genau, was er wollte. Er steckte das Werkzeugetui ein und zog die Taschenlampe heraus. Ihr Schein glitt über das Buffet, erhellte kurz glänzendes Silber, eine Obstschale und ein heimtückisch kleines Messer, das in einem Apfel steckte wie das Mordwerkzeug in einer Leiche, und erfaßte schließlich das ausgemergelte Gesicht der ›Alten Frau mit Haube‹.

Es war kein großes Bild, und der Einbrecher hob es ohne Mühe von der Wand. Er entfernte Rahmen und Glas. Und obwohl er beim Zusammenrollen der Leinwand größte Behutsamkeit walten ließ, spritzten Partikel der brüchigen Farbe nach allen Seiten hin ab und hinterließen Wunden im Gesicht der Alten. Der Einbrecher war so konzentriert bei der Arbeit, daß er die Anwesenheit einer zweiten Person im Raum nicht registrierte.

Er war ein unachtsamer Einbrecher. Ihm fehlte jener sechste Sinn, der Mord riecht.

Oben im zweiten Stock des Hauses wurde Lewis Butler durch ein dumpfes, metallenes Krachen geweckt.

Er hatte die ganze Nacht nur im Halbschlaf dahingedämmert, denn er wußte, was passieren würde, wenn er auch keine Ahnung hatte, warum, wie und wann.

Kaum hörte er das ferne Klirren, war Butler aus dem Bett und in den Slippern. Wie immer, wenn er es besonders eilig hatte, vertrudelte sich sein Morgenrock wie ein zusammengerollter Regenschirm und widersetzte sich all seinen Versuchen, die Armlöcher zu finden. Dafür steckte die kleine Taschenlampe bereits in der Tasche.

Das Geräusch schien außer ihn niemanden geweckt zu haben. Nachdem er sein Zimmer verlassen hatte, bewegte er sich, verschiedene mögliche Szenarien vor Augen, so schnell wie nie zuvor. Ohne die Taschenlampe anzuschalten, lief er lautlos zwei mit tiefen Teppichen ausgelegte Treppen hinunter. In der Diele im Parterre spürte er einen kühlen Luftzug, was bedeutete, daß irgendwo ein Fenster oder eine Tür geöffnet worden sein mußte. Er ging geradewegs ins Speisezimmer.

Doch er kam zu spät.

Nachdem er den winzigen Lichtschein der Taschenlampe im Zimmer hatte kreisen lassen, schaltete er sämtliche Lampen ein. Der Einbrecher war tatsächlich noch da. Aber er lag bewegungslos vor dem Buffet. Und von der Blutmenge auf Pullover und Hose zu schließen, würde er sich auch nie wieder bewegen.

»Das war's dann wohl«, sagte Butler laut.

Ein Silberservice, einschließlich Teekanne, war vom Buffet gefallen. An der Stelle, wo die Obstschale umgekippt war, lag der Tote inmitten von Orangen, Äpfeln und zerquetschten Trauben. Die Maske verdeckte noch immer das Gesicht des Einbrechers. Die schmuddelige Mütze war ihm noch tiefer über die Ohren gerutscht. Die Arme mit den Handschuhen an den Händen waren weit ausgebreitet.

Um ihn herum glitzerten Scherben und Teile des Rahmens. Die Leinwand ›Alte Frau mit Haube‹ schaute halb zerdrückt unter seinem Körper hervor. Die beträchtlichen Blutflecken ließen darauf schließen, daß man ihm das blutige Obstmesser, das neben ihm lag, in die Brust gerammt hatte.

»Was ist passiert?« sagte eine Stimme dicht an Butlers Ohr.

Er fuhr zusammen, als habe ihm jemand das Obstmesser zwischen die Rippen gestoßen. Weder hatte er gemerkt, daß das Licht in der Diele angegangen war, noch hatte er Harriet Davis kommen gehört. Sie stand in einem japanischen Kimono unmittelbar hinter ihm, das dunkle Haar fiel ihr über die Schultern. Als er ihr jedoch erklärt hatte, was geschehen war, schien sie keine Neigung mehr zu verspüren, näherzutreten. Sie wich von der Tür des Speisezimmers zurück und schüttelte nur wie ein verängstigter Vogel heftig den Kopf.

»Es ist besser, Sie wecken jetzt Ihren Onkel«, bat Butler sie mit einem Selbstvertrauen in der Stimme, das er nicht empfand. »Und das Hauspersonal. Ich muß telefonieren.« Dann sah er ihr in die Augen. »Ja, ja. Es stimmt. Vermutlich haben Sie's längst erraten. Ich bin von der Polizei.«

Harriet Davis nickte.

»Ich hab's mir fast gedacht. Aber heißen Sie wirklich Butler?«

»Ja. Und ich bin Sergeant bei der Kriminalpolizei. Ihr Onkel hatte um meine Anwesenheit gebeten.«

»Wieso?«

»Keine Ahnung. Bisher hat er es mir noch nicht gesagt.«

Der klare Verstand des Mädchens, der auch von ihrer Angst offenbar nicht beeinträchtigt wurde, war geradezu beunruhigend. »Und Ihre Vorgesetzten haben Sie einfach so hergeschickt? Mein Onkel hätte doch eigentlich triftige Gründe angeben müssen, weshalb er Polizeischutz anforderte.«

Butler ging darauf nicht ein. »Ich muß jetzt mit Ihrem Onkel sprechen. Bitte gehen Sie hinauf und wecken Sie ihn.«

»Das kann ich nicht«, sagte Harriet. »Onkel Marcus ist nicht in seinem Zimmer.«

»Er ist nicht...?«

»Nein. Ich habe schon auf dem Weg nach unten bei ihm hineingesehen. Er ist weg.«

Butler nahm je zwei Stufen auf einmal. Harriet hatte bereits sämtliche Lichter eingeschaltet, doch in den zugigen, überladenen Korridoren regte sich nichts.

Marcus Hunts Schlafzimmer war leer. Das Dinnerjacket des Hausherrn hing sorgfältig über der Stuhllehne, Hemd, Kragen und Krawatte waren auf dem Sitz ausgebreitet. Auf dem Nachttisch tickte Hunts Uhr. Schlüssel und Brieftasche lagen daneben. Hunt war offenbar gar nicht erst zu Bett gegangen, denn Laken und Kissen waren unberührt geblieben.

Der Verdacht, der Lewis Butler kam, als er in der blauen Stunde vor dem Morgengrauen auf das endlose Ticken der Uhr horchte, war derart phantastisch, daß er ihn zunächst nicht weiter würdigen konnte. Auf dem Weg nach unten stieß er auf Arthur Rolfe, der polternd aus einem der Schlafzimmer auf demselben Korridor kam. Der feiste Kunsthändler trug einen Morgenmantel aus Flanell. Er hatte keine Brille auf, was seinem Gesicht einen seltsam leeren, kurzsichtigen Ausdruck verlieh. Er baute sich breitbeinig vor Butler auf und machte keine Anstalten, den Weg freizugeben.

»Ja, ja«, begann Butler. »Sparen Sie sich die Frage. Es ist ein Einbrecher.«

»Ich hab's gewußt«, entgegnete Rolfe unbewegt. »Hat er was erwischt?«

»Nein. Er ist tot. Ermordet.«

Einen Augenblick lang sagte Rolfe gar nichts. Er steckte die Hand ins Revers seines Morgenmantels, als habe er dort Schmerzen.

»Ermordet? Der Einbrecher?«

»Richtig.«

»Aber warum? Vielleicht von seinem Komplicen? Und wer ist der Einbrecher?«

»Das würde ich endlich gern feststellen!« fuhr Butler ihn an.

Als er nach unten kam, stand Harriet Davis mittlerweile auf der Türschwelle des Speisezimmers und starrte unverwandt auf die leblose Figur vor dem Buffet. Kein Muskel regte sich in ihrem Gesicht. Aber die Augen schwammen vor Tränen.

»Sie nehmen ihm jetzt doch die Maske ab, oder?« fragte sie, ohne sich umzudrehen.

Vorsichtig darauf bedacht, weder auf Früchte noch auf Glas zu treten, beugte Butler sich über den Toten. Er zog ihm die schmuddelige Mütze vom Kopf und nahm die plump mit einem Gummiband befestigte Stoffmaske ab. Was er fand, war für Butler keine Überraschung mehr.

Der Einbrecher war Marcus Hunt. Mehrere Messerstiche in die Brust hatten ihn bei dem Versuch getötet, sich selbst zu bestehlen.

»Das ist das Problem. Verstehen Sie?« sagte Butler am darauffolgenden Nachmittag zu Dr. Gideon Fell. »Wie man es auch dreht und wendet. Es ergibt keinen Sinn.«

Und noch einmal gingen sie die Fakten durch.

»Warum sollte der Mann in sein eigenes Haus einbrechen und seine eigenen Bilder stehlen? Jedes dieser Gemälde ist wertvoll. Und kein einziges versichert. Weshalb? War der Mann einfach nur ein Irrer? Was hatte er vor?«

Das kleine Städtchen Sutton Valence, das sich wie eine grauweiße italienische Stadt an den Gipfel des Weald duckte, lag in strahlender Sonne. Im Obstgarten hinter dem weißgetünchten Gasthaus ›Tabard‹ saß Dr. Gideon Fell von Wespen umschwärmt an einem Gartentisch, vor sich einen Bierkrug. Dr. Fells massige Gestalt steckte in einem weißen Leinenanzug. Sein gerötetes Gesicht schien in der Hitze beinahe zu dampfen. Dr. Fell dachte nach. Dabei hielt er mit einem Auge ständig angestrengt nach Wespen Ausschau, was dem Armen ein ziemlich geplagtes Aussehen verlieh.

»Die Idee, daß ich hier... ehm... vorbeischauen soll, stammt von Superintendent Hardley«, begann er schließlich. »Die örtliche Polizei arbeitet an dem Fall, stimmt's?«

»Ja. Ich unterstütze lediglich ihre Ermittlungen.«

»Wissen Sie, was Hardley wörtlich gesagt hat? ›Das Ding ist so verrückt, daß sowieso nur Sie da durchblicken.‹ Die Schmeicheleien des Mannes schlagen mir allmählich auf den Magen«, schnaubte Dr. Fell gereizt. »Was kommt Ihnen denn an der Sache so komisch vor?«

»Warum sollte jemand ins eigene Haus einbrechen?«

»Nein, nein, nein«, wehrte Dr. Fell unwillig ab. »Sie sind viel zu sehr auf diesen Punkt fixiert. Die junge Dame zum Beispiel...« In diesem Augenblick näherte sich eine Wespe gefährlich seinem Bierglas. Dr. Fell blies die Backen auf und vertrieb sie mit einem Atemstoß, der Neptun alle Ehre gemacht hätte. »...Die junge Dame zum Beispiel hat da eine ganz interessante Frage aufgeworfen. Wenn Marcus Hunt keinen Grund dafür angeben wollte, weshalb er einen Polizeibeamten im Haus brauchte, weshalb war die Kriminalpolizei bereit, Sie zu ihm zu schicken?«

Butler zuckte mit den Achseln.

»Weil Chefinspektor Ames vermutete, daß Hunt ein krummes Ding drehen würde, und ihm die Suppe versalzen wollte.«

»Was für ein krummes Ding?«

»Na, die uralte Geschichte. Ein vorgetäuschter Einbruch. Versicherungsbetrug. Ich wäre dann nur das Feigenblatt gewesen. Mit anderen Worten, genau das, was es zu sein schien... bis ich herausbekam, daß die verdammten Bilder mit keinem Penny versichert sind. Was sich ja heute bestätigt hat.«

Butler zögerte.

»Und als übler Scherz kann es wohl kaum gemeint gewesen sein«, fuhr er fort. »So exakt, wie alles geplant war! Hunt hatte sich alte Sachen angezogen, aus denen sämtliche Wäsche- und Firmenzeichen entfernt worden waren. Dazu Handschuhe und eine Maske. Außerdem hatte er eine Taschenlampe und modernstes Einbrecherwerkzeug bei sich. Er verließ das Haus durch die Hintertür; wir haben sie später offen gefunden. Er hat im Gebüsch unterhalb der Terrasse ein paar Zigaretten geraucht; seine Fußabdrücke haben wir auf der weichen Erde ebenfalls entdeckt. Er hat ein Loch in die Scheibe geschnitten... Aber das wissen Sie ja alles bereits.«

»Und dann«, sagte Dr. Fell nachdenklich, »hat ihn jemand umgebracht.«

»Ja. Das letzte und komplizierteste ›Warum‹. Warum wollte jemand ihn umbringen?«

»Hm. Gibt es irgendwelche Hinweise?«

»Keine.« Butler zog sein Notizbuch heraus. »Nach Aussage des Polizeiarztes ist er an einer Stichwunde im Herzen gestorben. Die Klinge muß so schmal gewesen sein, daß der Einstich schwer zu finden war. Als Tatwaffe gilt bisher das Obstmesser. Man hat nur seine Fingerabdrücke gefunden. Eine Sache allerdings ist merkwürdig. Das Silbergeschirr vom Buffet wies ungewöhnliche Kratzer auf. Es scheint beinahe so, als habe man es übereinandergestellt und absichtlich umgeworfen. Zuerst nahmen wir an, es sei beim Kampf zwischen Täter und Opfer heruntergestoßen worden...«

Butler hielt inne, denn Dr. Fell schüttelte geradezu unglücklich seinen riesenhaften Schädel.

»Na, na, na«, murmelte er. »Und das sind für Sie ›keine Hinweise‹?«

»Sind es doch auch nicht. Es erklärt nicht, weshalb ein Mann in sein eigenes Haus einbricht.«

»Passen Sie mal auf«, hob Dr. Fell an. »Eine Frage. Nur eine Frage. Was ist bei der ganzen Geschichte das wichtigste? Augenblick! Ich habe nicht gesagt, das interessanteste. Ich habe gesagt, das wichtigste. Und das ist doch zweifelsohne die Tatsache, daß der Mann ermordet worden ist.«

»Ja, Sir. Natürlich.«

»Ich weise nur auf diesen Punkt hin, weil er offenbar übersehen zu werden droht«, fügte Dr. Fell beinahe entschuldigend hinzu. »Sie konzentrieren sich fast ausschließlich auf Hunts sinnlose Maskerade. Daß jemand einem anderen die Kehle durchschneidet, rührt Sie kaum. Aber wehe, man versucht, Sie für dumm zu verkaufen... Warum gehen Sie nicht mal andersherum an die Sache ran? Warum fragen Sie sich nicht, wer Hunt umgebracht hat?«

Butler schwieg lange.

»Die Dienstboten können wir ausschließen«, sagte er schließlich. »Sie sind in einem anderen Flügel des Gebäudes im obersten Stockwerk untergebracht. Außerdem hat sie jemand aus irgendeinem Grund gestern nacht eingeschlossen.« Er zögerte. Seine Zweifel, ja seine Ängste begannen allmählich Form anzunehmen. »Es gab einen ganz schönen Krach deswegen, als die anderen aufgeweckt wurden. Natürlich könnte der Mörder auch ein Außenseiter gewesen sein.«

»Sie wissen, daß das nicht der Fall ist«, widersprach Dr. Fell. »Würden Sie mich jetzt nach Cranleigh Court mitnehmen?«

Sie traten auf die Terrasse hinaus, als die Mittagshitze am größten war.

Dr. Fell setzte sich auf das Korbsofa, neben sich eine deprimierte Harriet. Der schlaksige Derek Henderson hockte in Hemd und Flanellhose auf der Balustrade. Einzig Arthur Rolfe war im dunklen Anzug, was ihn irgendwie zum Außenseiter stempelte. Flimmernde Hitze lag über der typisch grünen und braunen Landschaft Kents. Kein Lüftchen, kein Blatt regte sich. Drunten im Garten, links von der Terrasse, lag die gleißende Wasserfläche des Swimmingpools. Die glitzernden Lichtreflexe drückten auf Butlers Augenlider.

Derek Hendersons rötlicher Bart schimmerte.

»Es hat keinen Zweck«, sagte Henderson. »Fragen Sie mich nicht immer wieder, warum Hunt ins eigene Haus eingebrochen sein könnte. Aber ich will Ihnen einen Tip geben.«

»Und der wäre?« erkundigte sich Dr. Fell.

»Was auch immer der Grund für seine Handlungen gewesen sein mag«, antwortete Henderson und reckte trotzig das Kinn, »er hatte einen guten Grund. Hunt war viel zu ausgebufft und vorsichtig, um je etwas ohne ein plausibles Motiv zu tun. Das habe ich ihm gestern abend auch gesagt.«

»Viel zu vorsichtig?« wiederholte Dr. Fell scharf. »Wie kommen Sie denn darauf?«

»Das hat sich beim Pokern gezeigt«, erwiderte Henderson. »Ein Beispiel: Ich lasse mir drei Karten geben. Hunt nimmt eine. Ich setze. Er geht mit und erhöht. Ich gehe ebenfalls mit und erhöhe noch einmal. Hunt paßt... Es ist ziemlich sicher, daß er ein komplettes Blatt gehabt hat, aber es war keineswegs sicher, daß ich mehr als zwei gleichwertige Karten hatte. Und trotzdem steigt der Mann einfach aus! Und ich kann bluffen! Mit drei Siebenern gegen seinen Straight! Gut ein dutzendmal hat er gestern abend so gespielt.«

Henderson lachte auf, sah Harriets Miene und wurde ungewöhnlich ernst.

»Aber gestern abend hatte er natürlich noch eine Menge andere Dinge im Kopf«, fügte er hinzu.

Hendersons veränderter Ton war unüberhörbar.

»Ach ja? Und was hatte er im Kopf?«

»Er wollte jemandem die Maske vom Gesicht reißen, dem er immer vertraut hatte«, entgegnete Henderson ungerührt. »Deshalb war ich auch gar nicht begeistert, daß das Pique-As so oft aufgetaucht ist.«

»Das müssen Sie uns schon näher erklären«, bemerkte Harriet nach einer Pause. »Worauf spielen Sie an? Hat er Ihnen gesagt, er wolle jemanden entlarven, dem er vertraut habe?«

»Nein. Er hat es, wie ich, nur angedeutet.«

In diesem Augenblick griff der bullige Rolfe zum ersten Mal auf seine polternde Art in die Unterhaltung ein. Rolfe gab sich wie jemand, der entschlossen ist, Vernunft walten zu lassen, dem dies jedoch einige Schwierigkeiten bereitet.

»Jetzt reicht's«, schimpfte er. »Ich hab' mir das Geschwätz über Mr. Hunts Vorliebe, andere bloßzustellen, lange genug angehört. Ist ja alles schön und gut.« Er steckte in charakteristischer Manier die eine Hand ins Revers seines Jackets. »Aber bringt uns das weiter? Er will also jemand bloßstellen. Gut. Und zu diesem Zweck zieht er sich alte Klamotten an und verkleidet sich als Einbrecher? Ist das vielleicht normal? Für mich ist der Mann komplett verrückt gewesen. Das ist die einzige Erklärung.«

»Es gäbe noch fünf weitere Erklärungen«, widersprach ihm Dr. Fell.

Derek Henderson machte Anstalten, von seinem Platz auf der Balustrade aufzustehen, setzte sich jedoch auf eine wütende Geste von Rolfe hastig wieder hin.

Niemand sprach ein Wort.

»Allerdings habe ich nicht die Absicht, mit vier Variationen Ihre Zeit zu vergeuden«, fuhr Dr. Fell fort. »Beschäftigen wir uns lieber mit einer Erklärung. Nämlich der richtigen.«

»Und Sie kennen die richtige?« fragte Henderson scharf.

»Ich glaube schon.«

»Seit wann?«

»Seit mir die Gelegenheit zuteil wurde, Sie alle kennenzulernen«, erwiderte Dr. Fell.

Das Korbgeflecht ächzte unter seinem Gewicht, als er sich zurücklehnte. Er hatte das mächtige Kinn vorgestreckt und nickte geistesabwesend.

»Mit dem Inspektor von der örtlichen Polizei habe ich schon gesprochen«, fuhr er unvermittelt fort. »Er wird in wenigen Minuten hiersein. Und dann haben wir an Sie alle eine Bitte. Ich hoffe aufrichtig, daß sich ihr niemand widersetzen wird.«

»Eine Bitte?« wiederholte Henderson. »Was für eine Bitte?«

»Es ist ein heißer Tag«, antwortete Dr. Fell und sah blinzelnd in Richtung Swimmingpool. »Der Inspektor wird vorschlagen, daß Sie alle ein Bad nehmen.«

Harriet seufzte resigniert und drehte sich hilfesuchend zu Butler um.

»Das ist die höflichste Art, den Mörder zu entlarven«, sagte Dr. Fell. »Zuvor möchte ich aber über einen Punkt sprechen, der offenbar allgemein übersehen worden ist. Mr. Henderson, was wissen Sie über Wunden am Herzen, die von einer schmalen Messerklinge verursacht wurden?«

»Wie Hunts tödliche Verletzung? Nichts. Was soll damit sein?«

»Wunden wie diese bluten fast überhaupt nicht«, erklärte Dr. Fell.

»Aber...«, begann Harriet, doch Butler bedeutete ihr zu schweigen.

»Der Polizeiarzt hat uns auf diese Art der Verletzung aufmerksam gemacht, die so ›schwierig festzustellen war‹. Das Opfer ist sofort tot, und die Wundränder ziehen sich umgehend zusammen. Daher stellt sich in diesem Fall die Frage«, gab Dr. Fell zu bedenken, »wo das viele Blut auf Mr. Hunts Pullover und sogar auf seiner Hose herrührt?«

»Und?«

»Es stammt nicht von ihm«, antwortete Dr. Fell lakonisch. »Mr. Hunts Blut jedenfalls konnte nicht auf seine Kleider geraten.«

»Das halte ich nicht mehr aus!« Harriet sprang auf. »Ich... entschuldigen Sie... aber sind hier alle verrückt geworden? Wollen Sie uns weismachen, daß er nicht blutüberströmt vor dem Buffet gelegen ist? Daß wir Halluzinationen hatten?«

»Nein, nein. Es stimmt schon, was Sie gesehen haben.«

»Lassen Sie ihn«, sagte Henderson, der plötzlich sehr bleich um die Nase geworden war. »Lassen Sie ihn spinnen.«

»Ich gebe zu, daß die Sache etwas spitzfindig ist«, sagte Dr. Fell. »Aber um Ihre so beliebte Frage zu beantworten, weshalb der überaus vernünftige Mr. Hunt sich unbedingt verkleiden und Einbrecher spielen mußte... Kurz und gut, er hat das gar nicht getan.«

»Eigentlich müßte es jedem klarsein, daß Mr. Hunt jemandem eine Falle gestellt hat«, fuhr Dr. Fell fort. »Und dieser Jemand war der echte Einbrecher.

Er glaubte, eine gewisse Person würde versuchen, eines oder mehrere seiner Bilder zu stehlen. Vermutlich wußte er, daß besagte Person dasselbe schon in anderen Landsitzen getan hatte; das heißt, dieser Jemand hatte als Logiergast in diesen Häusern einen sorgfältig als Einbruch getarnten Diebstahl begangen. Hunt seinerseits hat es dem Einbrecher so leicht wie möglich gemacht, um ihn mit Hilfe eines ebenfalls eingeladenen Polizeibeamten zu stellen.

Der Einbrecher, ein trauriger Vertreter seiner Zunft, ist glatt darauf hereingefallen. Als Gast des Hauses hat er bis nach zwei Uhr gewartet, einige alte Sachen angezogen, Maske und Handschuhe übergestreift und so weiter. Dann hat er das Haus durch die Hintertür verlassen und praktisch all das getan, was wir irrtümlicherweise Marcus Hunt zugeschrieben haben. Dann allerdings schnappte die Falle zu. Gerade als er dabei ist, den Rembrandt aufzurollen, hört er ein Geräusch. Er dreht sich um und leuchtet mit seiner Taschenlampe in die Richtung. Vor ihm steht Marcus Hunt in Pyjama und Morgenmantel.

Natürlich kam es zum Kampf. Hunt hat sich auf den Einbrecher gestürzt. Der Dieb wehrte sich mit dem Obstmesser. Marcus Hunt biegt den Arm seines Gegners zurück. Dabei verletzt sich der Dieb selbst mit dem Obstmesser. Es ist zwar eine harmlose, jedoch stark blutende Fleischwunde. Das bringt den Dieb zur Raserei. Er reißt sich von Marcus Hunt los, sticht zu und trifft ihn genau ins Herz.

Dann sieht der Mann im totenstillen Haus im Schein der kleinen Taschenlampe, die auf dem Buffet liegt, etwas Fatales, etwas, das ihn Kopf und Kragen kosten kann. Er sieht, daß seine Wunde stark blutet und Pullover und Hose bereits blutdurchtränkt sind.

Aber wie soll er sich dieser Kleidungsstücke entledigen? Er kann sie weder vernichten noch aus dem Haus schmuggeln. Die Polizei wird zwangsläufig eine Haussuchung vornehmen und sie finden. Ohne die Blutflecken wären es ganz normale Kleidungsstücke in einem Schrank. Aber mit dem Blut...

Er hat nur eine Chance.«

Harriet Davis stand plötzlich hinter dem Korbsofa, die Hand schützend über die Augen gelegt. Ihre Finger zitterten nicht, als sie sagte:

»Er hat mit meinem Onkel die Kleidung vertauscht.«

»Ganz richtig«, stimmte Dr. Fell brummig zu. »Das ist das Fazit der traurigen Geschichte. Der Mörder hat dem Opfer seine Sachen angezogen und das Messer durch Pullover, Hemd und Unterhemd gestochen. Danach ist er in Hunts Pyjama und Morgenrock geschlüpft, die er jederzeit als die seinen ausgeben konnte. Hunt muß kaum geblutet haben. Sein Morgenmantel ist im Eifer des Gefechts sicher aufgegangen, so daß der Dieb nur den winzigen Schnitt in der Pyjamajacke verdecken mußte.

Nachdem er das getan hatte, mußte er Sie alle davon überzeugen, daß für einen solchen Kleidertausch überhaupt keine Zeit mehr gewesen sein konnte. Er mußte den Anschein erwecken, der Kampf habe in ebendiesem Augenblick stattgefunden. Er mußte das Haus wecken. Aus diesem Grund hat er das Silber vom Buffet gestoßen und ist in sein Zimmer hinaufgelaufen.«

Dr. Fell hielt inne.

»Der Einbrecher konnte niemals Marcus Hunt gewesen sein«, fügte er hinzu. »Wir wissen, daß Hunts Fingerabdrücke überall zu finden waren. Aber der Ermordete trug Handschuhe.«

In diesem Augenblick trampelten Schritte über den Rasen unter der Terrasse, und schwere Stiefel waren auf der Treppe zu hören. Schwitzend, in zugeknöpfter Uniform tauchten der Inspektor der Ortspolizei und zwei Kollegen auf.

Dr. Fell blickte zufrieden in die Runde.

»Ah!« Er atmete tief durch. »Die Herren kommen, um sich unsere Bade-Party anzusehen. Eine Wunde unauffällig mit Leinen, Baumwolle oder sogar einem Handtuch zu verbinden ist nicht schwierig. Aber es dürfte kaum möglich sein, sie zu verbergen, wenn man nur eine Badehose anhat.«

»Aber es kann doch nicht...«, begann Harriet erregt. Ihr Blick schweifte von einem zum anderen. Ihre Finger gruben sich schmerzhaft in Butlers Arm. Später, als er sie viel besser kannte, sollte er sich noch oft an diese instinktive Geste erinnern.

»Ganz richtig«, sagte Dr. Fell voller Genugtuung. »Ein baumlanger Kerl wie Mr. Henderson kann es nicht gewesen sein. Und eine schlanke, kleine Frau wie Sie auch nicht.

Wie wir alle wissen, gibt es nur eine Person, die Mr. Hunts Größe und Figur hat; nur einen, der mit Marcus die Kleider tauschen konnte, ohne Verdacht zu erregen. Es ist derselbe Mann, der, obwohl es ihm gelungen war, die Blutung seiner Wunde zum Stillstand zu bringen, ständig die Hand ins Revers steckte, um sich zu vergewissern, daß der provisorische Verband nicht verrutschte. Genau wie Mr. Rolfe es gerade tut.«

Arthur Rolfe zeigte keine Regung. Die Hand im Jacketausschnitt, saß er bewegungslos auf seinem Stuhl. Sein Gesicht glänzte vor Schweiß, doch sein Blick hinter den randlosen Brillengläsern blieb unergründlich. Nur einmal, nachdem man ihn auf seine Rechte hingewiesen hatte, brach er sein Schweigen.

»Ich hätte auf die Warnung dieses Grünschnabels hören sollen«, sagte er mit spröden Lippen. »Er hat mir schließlich deutlich zu verstehen gegeben, daß Hunt nichts riskieren würde.«

Aus dem Englischen von
Christine Frauendorf-Mössel

NICHOLAS BLAKE
(1904–1972)

Der Volltreffer

»Seine Lordschaft«, verkündete Amphlett, als er mich in der Eingangshalle in Empfang nahm, »Seine Lordschaft ist im Krähenhorst, Sir.«

Er winkte mit krummem Finger das Hausmädchen herbei. »Alice, Mr. Strangeways Gepäck, bitte. Wir haben Sie in Ihrem alten Zimmer untergebracht, Sir. Ich hoffe, Sie haben einen angenehmen Aufenthalt.«

Sollte aus dieser Bemerkung ein leiser, für einen Butler ganz unpassender Zweifel geklungen haben? Und weshalb sollte sich mein Aufenthalt nicht angenehm gestalten? Jeder kultivierte Mensch mußte sich in einem so schönen, gut geführten Landsitz einfach wohl fühlen, wo Geld keine Rolle spielte. Davon abgesehen waren Gervase und ich alte Freunde und hatten uns zwei Jahre nicht gesehen.

»Ich gehe gleich mal hinaus«, sagte ich.

»Sehr wohl, Sir. Seine Lordschaft freut sich schon außerordentlich.«

Es fiel mir auf, daß Gervase den guten alten Amphlett offenbar noch immer nicht dazu gebracht hatte, seinen Adelstitel wegzulassen. Zwanzig Jahre zuvor hatte Gervase als junger

Mann eine Art Wandlung à la Tolstoi durchgemacht. Als ältester Sohn des Earl of Wessex hatte er beschlossen, seinen Titel abzulegen und sich schlicht beim Familiennamen Musbury nennen zu lassen. Freunde, Nachbarn, Verwandte und Bedienstete, alle mußten sich daran halten. Damals hatte er auch angefangen, seinen Besitz in eine Kooperative zu verwandeln.

Alle seine Bemühungen, arm zu werden, waren ausnahmslos zum Scheitern verurteilt. Seine landwirtschaftliche Kooperative arbeitete gewinnträchtig. Das Aktienvermögen, das er von seiner amerikanischen Mutter geerbt hatte, wuchs, indem er es nicht antastete. Und falls er durch seinen Titel-Verzicht Freunde verloren hatte, darf man getrost annehmen, daß diese seine Freundschaft auch nicht wert gewesen waren.

Amphlett fuhr sich unauffällig mit der Hand über die Stirn, als wir über den Rasen gingen. Für einen Apriltag war es unnatürlich heiß. Das Schreien der Krähen hoch in den Ulmen, auf die wir zugingen, klang kühl wie ein Wasserfall. Ich beneidete Gervase dort oben, verspürte jedoch keine besondere Lust, die Strickleiter zu ihm hinaufzuklettern.

Als ich hinaufsah, entdeckte ich einen kleinen Gegenstand, der sich bei näherer Betrachtung als eine Flasche Ginger-ale entpuppte, die an einer Schnur baumelnd von der nächstliegenden Ulme herabgelassen wurde.

Ein junger Diener fing sie schweigend auf, nahm von einem Silbertablett eine neue Flasche, band sie an die Schnur und gab das Zeichen zum Hochziehen. Daraufhin schwebte die Flasche erneut zu einem schmalen, gut getarnten Beobachtungsstand zwischen den beiden obersten Ästen hinauf.

»Wie ich sehe, habt ihr einen neuen Diener«, bemerkte ich. »Ein sympathischer Bursche.«

»Henry erweist sich als zufriedenstellend, Sir«, erwiderte Amphlett düster, und auch diese Aussage klang nicht sehr überzeugend.

»Ist er schon lange bei euch?« fragte ich.

»Ungefähr acht Monate, Sir.«

Henry hatte also bereits acht Monate unter dem strengen

Amphlett gedient. Vielleicht hatte ich mich getäuscht. Vielleicht arbeitete er wirklich zufriedenstellend.

»Seiner Lordschaft ist es da oben sehr heiß«, erklärte Amphlett.

Ich nehme an, daß der Leser meinen Ausführungen bisher nur widerwillig folgt. Entweder ist dein Freund ein Irrer, mag er denken, oder du hast die ganze Geschichte frei erfunden. Aber das kommt nur, weil der verehrte Leser Gervase Musbury nicht kennt.

Gervase war ein Exzentriker, der es sich leisten konnte, seine ungewöhnlichen Neigungen auszuleben und auch noch gewinnbringend zu verwerten. Als Amphlett mir gesagt hatte, daß sich sein Herr im Krähenhorst befinde, hatte ich keinerlei Zweifel daran, daß Gervase dafür einen vernünftigen und triftigen Grund hatte. Ich kannte ihn schließlich.

Gleichermaßen akzeptierte ich die Beförderung der Flasche in die luftige Höhe der Ulmenkrone als etwas durchaus Selbstverständliches. Es war immerhin für Gervase wesentlich einfacher, sein Gingerale heraufzuziehen, als es sich durch den Diener heraufbringen zu lassen.

Die Strickleiter begann sich zu bewegen. Gervase hatte mich gesehen und kletterte herunter. Dabei bewies er für einen Mann von fünfzig Jahren eine erstaunliche Behendigkeit. Die letzten zwei Meter sprang er herunter. Er legte die Hände auf meine Schultern und sagte: »Du hast dich überhaupt nicht verändert, Nigel.«

Für ihn galt dasselbe. Die strahlend blauen Augen, der gepflegte, dichte Schnurrbart, seine ganze enthusiastische Ausstrahlung, die so ansteckend wirkte... Gervase war der alte geblieben.

»Du bleibst lieber hier, Henry«, sagte er zum Diener. »Ich bin gleich wieder da.« Und zu mir gewandt: »Henry versorgt mich in regelmäßigen Abständen mit der Flasche. Wie ein Baby.« Seine blauen Augen wanderten in die Ferne. »Sagen Sie, Amphlett, wen haben wir gerade bei uns? Ich habe irgendwie den Überblick verloren.«

»Ihren Bruder mit Frau, Sir. Mr. Prew. Und Miss Camelot.«

»Ah, ja. Ganz richtig.« Er nahm meinen Arm. »Komm, ich stelle dich vor. Bringen wir's hinter uns. Dann können wir den Rest des Nachmittags Krähen beobachten. Faszinierend, glaub mir. Ich habe mir vor der Brutzeit eine hübsche Beobachtungskanzel dort oben gebaut. Da ist noch Platz für dich.«

»Nein danke, Gervase«, wehrte ich bestimmt ab. »Auf diesem erschreckend schmalen Brett ist kaum Platz für zwei. Und Krähen interessieren mich offengestanden auch nicht besonders. Seit wann beschäftigst du dich denn mit Ornithologie?«

»Es entspannt mich, alter Junge. Ich hatte es dringend nötig. Den ganzen Winter über habe ich an der Entwicklung eines neuen Sprengstoffs gearbeitet. MacMaster hat mich rumgekriegt. Aber gegen die Zeit zu arbeiten... das geht an die Substanz. In zwei Jahren haben wir Krieg. Spätestens.«

Wir traten aus dem Schatten der hohen Ulmen. Dort trafen wir auf einen kleinen, untersetzten Mann, dessen Foto ich oft genug in den Zeitungen gesehen hatte. Es war Thomas Prew, der Parlamentsabgeordnete und bekannte Anwalt aussichtsloser Fälle. Wenn man Gervase glauben durfte, dann war auch sein eigenes größtes Anliegen ein aussichtsloser Fall. Prew war rigoroser Pazifist, der für seine Überzeugung bereits im Ersten Weltkrieg ins Gefängnis gegangen war und nun landauf, landab für seine Überzeugung warb.

Es überraschte mich offengestanden, diesem pazifistischen Abgeordneten hier zu begegnen. Als wir Prew weit genug hinter uns gelassen hatten, stellte ich Gervase deswegen zur Rede.

»Oh, Tom Prew ist ein Ehrenmann«, sagte er. »Ich hoffe, er hat einen positiven Einfluß auf meinen Bruder. Du weißt, was für ein Kriegstreiber Hector ist. Er und Tom hatten gestern beim Abendessen einen heftigen Disput. Tom hat ihn nach technischem K. O. gewonnen. Seitdem reden Hector und Diana kaum noch mit ihm. Komm, wir sehen nach, wo die beiden sind!«

Wir fanden sie schließlich bei den Garagen. Beide arbeiteten mit aufgekrempelten Hemdsärmeln am Motor ihres Bentley.

Ich hatte fast vergessen, was für ein eindrucksvolles Paar die beiden großgewachsenen, gutaussehenden Menschen mit der goldblonden Haarpracht waren. Bewegungen und Haltung beider hatten etwas Raubtierhaftes. Hector besaß dieselbe unerschöpfliche Energie wie der ältere Bruder, aber ihm fehlten die Möglichkeiten, diese auszuleben. Der Krieg konnte sich daher für ihn möglicherweise als Befreiung und Beschäftigung zugleich erweisen.

Diana galt zwar meine Bewunderung, doch nicht meine Sympathie. Sie war zu ehrgeizig, zu dominierend für meinen Geschmack. Hinzu kam die völlige Fixiertheit auf ihren Mann. Wie kein anderes mir bekanntes Paar vermittelten die beiden den Eindruck, ein vollkommenes Team zu sein; sowohl physisch als auch psychisch. Dies wurde gerade in diesem Augenblick besonders deutlich, da ich sah, mit welch traumwandlerischer Sicherheit sie gemeinsam am Motor des Wagens arbeiteten, mit dem sie rastlos ganz Europa bereisten.

Geteilt wurden meine diesbezüglichen Empfindungen ganz offenbar von der schönen Miss Anthea Camelot. Miss Camelot stand etwas abseits des Wagens und fühlte sich sichtlich überflüssig. Als sie sich Gervase zuwandte, stand ihr Erleichterung... wenn nicht sogar etwas mehr ins Gesicht geschrieben. Armes Mädchen, schoß es mir prompt durch den Kopf. Und wenn sie die Reize von Circe und Sheba in sich vereinigen könnte, Gervase würde dagegen unempfindlich bleiben. Der Name, den er im Herzen trug, hatte sich zu tief eingebrannt, als daß eine andere Frau die Spuren hätte auslöschen können.

Obwohl zehn Jahre jünger als Gervase, war ich seit langem sein Vertrauter. Daher gehörte ich zu den wenigen außerhalb des Familienkreises, die von Rose Borthwick wußten. Rose war die Tochter eines Pächters auf dem Anwesen seines Vaters gewesen. Gervase hatte sich in seiner Jugend unsterblich in sie verliebt. Er war fest entschlossen, sie zu heiraten. Das wußte sein Vater. Es war ihm schließlich gelungen, die beiden zu trennen und Rose an einen unbekannten Ort zu bringen.

Danach kam es zu schrecklichen Szenen zwischen Gervase

und seinem Vater, die in eine Entfremdung der beiden mündeten. Gervase hatte wie besessen nach Rose gesucht, sie jedoch nie wiedergefunden.

Eine Viertelstunde später, als wir alle auf dem Rasen saßen, war ich in Gedanken noch immer bei dieser traurigen Geschichte. Es dauerte nicht lange, bis man auf Hitler zu sprechen kam.

»Wir hätten ihn schon lange zwingen müssen, Farbe zu bekennen«, behauptete Hector Musbury schließlich. »Wenn unsere Politiker nicht kalte Füße hätten...«

»Unsere Politiker haben auch eine gewisse Verantwortung«, warf Thomas Prew ein. Er hatte eine erstaunlich tiefe, wohlklingende Stimme, die in seltsamem Kontrast zu seiner dicklichen, unattraktiven Erscheinung stand. »Sehen Sie sich doch diesen jungen Mann an...« Er deutete auf Henry. Der Diener stand in einiger Entfernung im Schatten der Ulmen. »Millionen Altersgenossen von ihm würden zerfetzt, verstümmelt in der Erde verrotten... Ist es da ein Wunder, daß Politiker kalte Füße kriegen?«

Hectors Miene verdüsterte sich ärgerlich. »Das ist doch sentimentales Gerede. Die Alternativen sind wohl klar: Tod oder Sklaverei. Offenbar bevorzugt ihr Politiker die Sklaverei.«

Ich sah, wie Diana ihm einen warnenden Blick zuwarf. Anthea Camelot griff jetzt in den Dialog ein: »Aber Mr. Prew hat gar nicht von den Politikern gesprochen. Er hat an die vielen Menschen gedacht, die sterben würden. An junge Männer wie Henry. Fragen wir doch ihn, wie er darüber denkt! Henry!«

Der junge Diener kam ein paar Schritte auf uns zu. Seine Miene drückte eine pikante Mischung aus Respekt und Ironie aus.

»Henry, was ziehen Sie vor? Möchten Sie lieber durch die Deutschen sterben oder ihr Sklave werden?«

Henry ließ sich mit der Antwort Zeit. Er sah gelassen von einem zum anderen. »Wenn ich's mir überlege, Miss Camelot«, begann er schließlich, »nun, es gibt etliche Leute, die finden, daß ich bereits ein Sklave bin.«

Ich sah, wie Amphlett zusammenzuckte. Selbst für Gervases egalitären Haushalt ging das ein bißchen zu weit. Kein Wunder, daß der Butler, nach Henrys Fähigkeiten gefragt, nicht ganz überzeugt geklungen hatte. Diana war offenbar derselben Meinung. »Dein Personal, Gervase, scheint sich hier völlig zu verselbständigen«, rief sie.

»Seien Sie nicht zu hart mit Henry«, meldete sich Anthea Camelot wieder zu Wort. »Schließlich hat er fast den ganzen Tag neben einem Tablett mit Ginger-ale zugebracht. Wenn das keine Sklaverei ist, heiße ich Kleopatra.«

Ich hatte den Platz neben Gervase. Die Worte, die er in diesem Augenblick leise sprach, waren offenbar nur für meine Ohren gedacht. »Die Jugend braucht ihre Prüfungen, ihre Feuerproben.«

»Ach herrje«, warf Diana ein. »Ich habe mein Taschentuch im Haus gelassen. Henry!« Sie war der Frauentyp, der Hausangestellten Befehle erteilte, ohne sie überhaupt anzusehen. »Holen Sie mir mein Taschentuch. Es liegt auf meinem Toilettentisch.«

»Ich habe Anweisung, meinen Platz nicht zu verlassen, Madam.«

Ich fürchtete plötzlich, es könne zum Eklat kommen. Gervase war offenbar entschlossen, nicht hilfreich einzugreifen. Er sah lediglich interessiert von Diana zu dem jungen Diener. Hector allerdings war mittlerweile längst aufgesprungen und ging in Richtung Haus, als habe er den Wunsch seiner Frau geahnt, bevor sie ihn ausgesprochen hatte.

»Ich hole es«, hatte er gesagt.

Nach dem Tee zog Gervase sich wieder in die luftige Höhe seiner Ulme zurück. Hector und Diana stellten eine Zielscheibe auf dem Rasen auf und versuchten, uns andere zum Bogenschießen zu überreden. Anthea jedoch, die zweifellos wußte, daß bei dieser Sportart ihre weiblichen Reize weniger vorteilhaft zur Geltung kommen würden als Dianas, gab mir geschickt zu verstehen, daß sie lieber mit mir einen Spaziergang durch den Rosengarten unternehmen würde.

Wir machten uns gleich hinter Amphlett und Henry auf den Weg, die das Teegeschirr ins Haus zurücktrugen. Dabei konnten wir beobachten, wie sich Hector und Diana intensiv um den kaum begeistert aussehenden Mr. Prew bemühten, um ihn in die Kunst des Sportbogenschießens einzuweisen.

»Jeder fängt mal klein an«, bemerkte Anthea sarkastisch. »Man gebe einem Pazifisten Pfeil und Bogen in die Hand, und er wird bald mit dem Maschinengewehr durch die Gegend laufen.«

Gervases Rosengarten war auch ohne blühende Rosen ein bezauberndes Plätzchen mit hübschen Rasenwegen, Springbrunnen, Putten und Buchsbaumhecken, deren zarte Blätter in der Sonne glänzten. Anthea und ich setzten uns in Liegestühle, bereit, die Gesellschaft des anderen zu genießen. Das heißt, zumindest ich war das. Bald nämlich stellte sich heraus, daß Anthea Hintergedanken gehabt hatte.

»Sie sind doch eine Art Detektiv, oder?« fragte sie.

»So eine Art. Weshalb?«

Ihr Blick folgte einen Augenblick einem ersten Schmetterling. »Oh... dieses Mal ist hier alles so merkwürdig.«

»Inwiefern?«

»Tja... also, der kleine Prew wandert ganz verloren herum, Hector zankt sich mit ihm, Diana liegt Gervase ständig wegen des neuen Dieners in den Ohren, und Gervase sitzt die meiste Zeit oben in einem Baum und ignoriert uns einfach.«

Ignoriert Anthea Camelot, wollten Sie sagen, dachte ich bei mir. »Das ist sicher etwas ungewöhnlich«, antwortete ich. »Aber normal ist es hier nie zugegangen.«

»Aber Gervase behandelt diesen jungen Henry doch wirklich sehr seltsam, finden Sie nicht? Zuckerbrot und Peitsche. Entweder er verwöhnt ihn, oder er tyrannisiert ihn. Heute nachmittag zum Beispiel... da hat er ihn kaum aus den Augen gelassen.«

»Vielleicht ist es umgekehrt. Vielleicht ist es Henry, der Gervase bewacht«, bemerkte ich leichthin.

»Bewacht?« Anthea Camelots Blick traf mich aus sanften,

dunklen Augen. »Sie würden das doch nicht sagen, wenn... Hören Sie! Gestern abend bin ich noch spät hinuntergegangen, um mir ein Buch aus der Bibliothek zu holen. Dabei bin ich Zeuge geworden, wie Gervase im Nebenzimmer jemandem kräftig die Meinung gesagt hat. ›Jetzt ist Schluß! Du kriegst kein Geld mehr von mir!‹ hat er gebrüllt. ›Ich habe jetzt eine bessere Verwendung dafür.‹ «

»Interessant. Aber Sie wissen nicht, mit wem er diese Auseinandersetzung hatte?«

»Nein. Aber das dürfte doch wirklich nicht schwer zu erraten sein. Es gibt nur eine Person in diesem Haus, zu der die Rolle des Erpressers paßt.«

»Urteilen Sie nicht ein wenig vorschnell und aufgrund sehr dürftiger Beweise über Henry?« entgegnete ich. »Genausogut könnte es Hector gewesen sein. Hector hat schließlich Gervase sein Leben lang angepumpt.«

Anthea stand auf. Sie war ungehalten. Ich hatte sie wohl ihrer Ansicht nach nicht ernst genug genommen. Wir schlenderten zur Rasenfläche zurück, wo das Bogenschießen noch im Gang war. Diana stand, einer Göttin gleich, mit wehendem blonden Haar da, den Bogen zum Abschuß gespannt. Hector war neben ihr, die Hände in den Taschen seines Tweedjackets vergraben. Thomas Prew gab im Vergleich zu diesen beiden eine jämmerliche Figur ab.

Dianas Pfeil sauste ins gleißende Sonnenlicht. Dann drehte sie sich zu uns um. Ihre Wangen waren gerötet. Sie wirkte erregt.

»Jetzt schieße ich den Goldenen Pfeil. Das haben wir als Kinder immer gespielt. Alle mal herschauen! Henry, Sie auch!«

Diana veranlaßte den Diener, den Schatten der Ulme zu verlassen und zu uns auf den Rasen zu kommen. Alle sollten Zeugen ihres Triumphes werden.

Sie nahm einen ganz normalen Pfeil aus dem Köcher und legte ihn an die Sehne. »Droben im Himmel wird er zu purem Gold«, versprach sie.

Sie bog ihren Körper geschmeidig zurück und zielte geradewegs in den Himmel. Der schwarze Pfeil schoß zischend durch die Luft, war in seiner Geschwindigkeit kaum zu sehen. Die Sonne war hinter den flachen Hügeln im Westen versunken; doch ihre Strahlen erhellten weiter oben, über den Hügeln, noch immer den Himmel. Der Pfeil war plötzlich mitten im gleißenden Licht zu sehen, blinkte golden, folgte noch seiner Flugbahn und schimmerte wie ein goldener Faden vor dem Blau des Himmels.

Für uns war es ein seltsam faszinierender Anblick, ein Moment unschuldiger Freude. Wie Kinder wollten wir alle es Diana gleichtun. Je tiefer allerdings die Sonne hinter den Hügeln versank, desto höher mußte man den Pfeil hinaufschießen.

Nach einer weiteren Viertelstunde gelang es nur noch Hector und Diana, mit dem Pfeil die goldene Strahlenkrone der Sonne zu erreichen. Schließlich versagte auch Diana. Und Hector machte sich an seinen letzten Versuch. Sein Pfeil leuchtete noch kurz golden auf, bevor er heftig zu vibrieren begann, fiel und schließlich in die Ulmenkrone hinter uns schoß.

Wir hörten, wie er auf einen Ast traf, knackend von Zweig zu Zweig fiel. Dabei wurden die Geräusche, die er im Fallen verursachte, immer lauter und gewaltiger, so als habe er sich auf geradezu furchterregende Art vergrößert, als sei wie in einem Alptraum ein menschlicher Körper aus ihm geworden.

Wenige Sekunden später schlug der leblose Körper von Gervase Musbury nur gut zehn Meter von uns entfernt dumpf auf dem Boden auf.

Anthea Camelot schien die Gedanken aller Anwesenden auf den Punkt zu bringen, als sie Hector, der noch immer mit dem Bogen in der Hand dastand, verwirrt und verängstigt wie ein Kind, das wertvolles Porzellan zerschlagen hat, wutentbrannt entgegenschleuderte: »Sie haben ihn erschossen!«

Doch dann sagte Diana in energischem, beinahe mütterlichem Ton: »Bleiben wir auf dem Teppich. Natürlich kann Hector ihn gar nicht getroffen haben.«

Thomas Prew starrte auf die Leiche, den Ausdruck blanken

Entsetzens im Gesicht, und bewegte tonlos die Lippen. Es mußte irgendein schreckliches Ereignis aus seiner Kindheit gewesen sein, ein Horrorbild wie dieses voller Blut und zerschmetterter Knochen, das ihn zum Pazifisten gemacht hatte.

Henry kniete neben dem leblosen Gervase und machte Anstalten, dessen Kopf in seinen Schoß zu betten. Dann murmelte er nur dumpf: »Er hat sich das Genick gebrochen.«

»Wie oft habe ich ihm gesagt, daß dieses Brett da oben nicht sicher ist«, bemerkte Anthea und starrte zur Krone der Ulme empor. Die Krähen, die zu Hunderten schreiend aufgeflogen waren, kehrten allmählich zurück.

Ich trat vor und legte die Hand auf Henrys Schulter. Ich fühlte, daß er zitterte. Wir starrten auf die sterblichen Überreste von Gervase. Sein Gesicht hatte einen seltsamen bläulichrötlichen Farbton angenommen. Mein Herz setzte aus. Das war zuviel; es war grotesk, einfach absurd!

Ich beugte mich über ihn und roch an seinem Mund. Dann entdeckte ich nur wenige Meter entfernt einen Gegenstand, der bisher völlig unbemerkt geblieben war: eine zerschlagene Bierflasche. Ich hob die Scherbe auf. An ihr haftete wie an Gervases Lippen der Geruch von Bittermandel.

Wütend wirbelte ich zu der Gruppe hinter mir herum. »Der Pfeil hat ihn vielleicht berührt, und er hat sich das Genick gebrochen«, sagte ich. »Aber gestorben ist er durch Gift... durch Blausäure. Jemand hat ihm Blausäure in sein Bier geschüttet.«

Eine Stunde später waren wir alle wieder beieinander. Wir saßen um den Tisch im Speisezimmer. Der Sergeant der Ortspolizei hatte unsere Aussagen aufgenommen und bewachte die Leiche. Ein Superintendent der Kriminalpolizei war mit dem Polizeiarzt und weiteren Leuten bereits unterwegs. Ich hatte mir mittlerweile Gervases Schlüssel zunutze gemacht, sein Arbeitszimmer durchsucht und die eine oder andere interessante Entdeckung gemacht.

Ich blickte in die Tischrunde. Anthea weinte lautlos. Thomas Prew war bleich und wirkte benommen und fassungslos. Hector hielt aus unerfindlichen Gründen noch immer den Bogen in der Hand, als sei er daran festgewachsen. Nur Diana machte einen verhältnismäßig normalen Eindruck.

»Ich möchte vor dem Eintreffen der Polizei ein paar Dinge klären«, begann ich. »Selbstmord erscheint mir ausgeschlossen. Gervase hatte kein Motiv, war nicht der Typ und hat außerdem keinen Abschiedsbrief hinterlassen. Ich fürchte daher, daß er ermordet worden ist.«

Alle vier atmeten auf, als seien sie erleichtert, ihre schlimmsten Befürchtungen offen ausgesprochen zu hören. »Irgendwie muß das Gift in die Flasche geschmuggelt worden sein«, fuhr ich lakonisch fort. »Gervase hat sie dann heraufgezogen, getrunken... Blausäure wirkt sehr schnell... jedenfalls muß die Wirkung zufällig in dem Augenblick eingesetzt haben, als Hector seinen letzten Pfeil abgeschossen hat. Und dann ist er von seiner Kanzel gestürzt.«

»Aber wie konnte das Gift nur...?« begann Anthea.

»Ich habe mich mit Amphlett unterhalten. Das Ginger-ale lagert im Keller. Nur er und Gervase hatten Schlüssel. Gervases Schlüssel hing am Schlüsselbund in seiner Tasche. Es ist also kaum wahrscheinlich, daß sich ein anderer als Amphlett oder Gervase an den Flaschen zu schaffen machen konnte, solange sie sich noch im Keller befanden. Amphlett hat den Keller nach dem Mittagessen geöffnet, sechs Flaschen Ginger-ale Henry übergeben und den Keller sofort wieder verschlossen. Henry hat diese Flaschen dann auf einem Tablett hinausgetragen.«

»Und Henry hat doch den ganzen Nachmittag unter den Ulmen neben diesem Tablett zugebracht«, gab Mr. Prew zu bedenken.

»Richtig. Und das gibt er auch noch zu. Ja, er beharrt sogar darauf, daß niemand an die Flaschen herankommen konnte. Wie ein Wachposten schwört er, seinen Platz nicht verlassen zu haben... ausgenommen natürlich die wenigen Minuten, als er mit Amphlett das Teegeschirr ins Haus zurückgebracht hat.«

»Und genau in diesem Moment sind wir beide doch in den Rosengarten gegangen«, wandte Anthea sich an mich. »Wir können uns also gegenseitig ein Alibi verschaffen.«

»Dasselbe gilt wohl auch für Mr. Prew, Hector und mich«, erklärte Diana pikiert, als sei ein Alibi etwas so Vulgäres, Unappetitliches wie ein Bandwurm.

»Dann können also nur Henry oder Amphlett das Gift in die Flasche getan haben«, erklärte Mr. Prew.

»Das wäre die logische Schlußfolgerung.«

»Aber Amphlett war Gervase treu ergeben«, widersprach Hector. »Und Henry kann's auch nicht gewesen sein. Wer bringt schon den Vater um?«

Anthea schnappte erstaunt nach Luft. Ich war kaum überrascht. Immerhin hatte ich in Gervases Schreibtisch ein Testament gefunden. Darin vermachte er den größen Teil seines Vermögens Henry Borthwick. Damit stand zweifellos fest, daß Henry Gervases verloren geglaubter Sohn aus der Verbindung mit seiner Jugendliebe Rose Borthwick war.

Das erklärte auch Gervases seltsames Verhalten gegenüber dem jungen Mann. Ich erinnerte mich sofort an Gervases nur für mich bestimmte Worte: ›Die Jugend braucht ihre Prüfungen, ihre Feuerproben.‹ Gervases ungewöhnlicher Lebensstil hatte stets Methode gehabt. Die Idee, den jungen Mann zu prüfen, ihn wie den Prinzen im Märchen eine Probezeit machen und die Rolle eines Dienstboten spielen zu lassen, war typisch für ihn.

»Dann ist es Henry gewesen, der versucht hat, Gervase zu erpressen«, rief Anthea unvermittelt. Und sie erzählte den anderen, was sie an jenem Abend in der Bibliothek gehört hatte.

»Aber warum hätte Henry Gervase erpressen sollen?« gab ich zu bedenken. »Gervase hat ihn in seinem Testament als Haupterben eingesetzt.«

»Ist das wahr?« fragte Diana.

Ich nickte.

»Erpressung oder nicht, das ist doch jetzt nicht mehr wichtig«, behauptete Hector. »Jedenfalls hatte Henry damit ein Motiv für den Mord an Gervase. Vorausgesetzt natürlich, er wußte, daß Gervase ihm alles vermachen wollte.«

»Es ist wohl besser, wir fragen Henry selbst«, schlug ich vor, und bevor jemand etwas einwenden konnte, bat ich Amphlett, Henry zu holen. Als der junge Mann da war, kam ich sofort zur Sache: »Wußten Sie, daß Gervase Ihr Vater war und Ihnen sein gesamtes Vermögen hinterlassen würde?«

»Ja, natürlich«, antwortete Henry und sah uns trotzig an. »Aber wenn Sie jetzt glauben, daß ich ihn umgebracht habe, dann sind Sie…«

»Was erwarten Sie denn anderes von uns?«

»Ich erwarte, daß Sie mir wenigstens ein Mindestmaß an Intelligenz zubilligen«, konterte Henry. »Angenommen, ich hätte die Absicht gehabt, meinen Vater zu töten. Glauben Sie wirklich, ich wäre dann so dämlich, ihn mit Gift umzubringen, das nur ich ihm verabreicht haben kann?«

»Da ist natürlich was dran«, stimmte Mr. Prew ihm zu. »Aber wer sonst könnte ein Motiv…«

»Unter anderem Sie selbst«, unterbrach ich ihn. »Sie sind ein militanter Pazifist. Sie wissen, daß Gervase an der Entwicklung eines neuen Sprengstoffs gearbeitet hat. Vielleicht wollten Sie die Menschheit vor diesen neuen Schrecken bewahren.«

»Aber das ist doch absurd!«

»Dann sind da noch Diana und Hector«, fuhr ich fort. »Diana ist eine ehrgeizige Frau mit einem wenig begüterten Ehemann und einem sehr reichen Schwager. Wenn sie sich des letzteren entledigt, hat sie alle Mittel zur Verfügung, um ihren Ambitionen zu frönen… zumindest, sobald Hectors Vater stirbt. Und er ist ein sehr alter Mann.«

»Ich finde, Sie sollten Spekulationen dieser Art lieber der Polizei überlassen«, entgegnete Diana eisig.

Ich schenkte ihr keine Beachtung. »Was Anthea an jenem Abend in der Bibliothek gehört hat, ist sehr bedeutungsvoll. Es paßt ausgezeichnet zu der Theorie, daß Hector, und nicht Henry, Gervase um Geld gebeten hat. Gervase hat gesagt: ›Du kriegst kein Geld mehr von mir! Ich habe dafür jetzt eine bessere Verwendung!‹ ... Jetzt eine bessere Verwendung... weil er seinen Sohn gefunden hat: Henry. Bestimmt hat Hector ihn gefragt, was er mit der letzten Wendung gemeint habe. Und dann hat er erfahren, daß Gervase vorhatte, das Vermögen seinem Sohn zu vermachen.«

»Sie sind ein Idiot, Nigel. Angenommen, das stimmt. Welchen Vorteil hätte Gervases Tod mir gebracht?« Hectors Gesicht war gerötet, doch seine Augen blitzten triumphierend.

»Nichts. Es sei denn, Sie hätten es so gedreht, daß aller Verdacht auf Henry fallen muß. Er würde dann für ein Verbrechen gehängt, und Gervases Vermögen würde entsprechend an Sie übergehen. Wenn Henry nämlich den Mord nicht begangen hat, dann hat sich doch offenbar jemand viel Mühe gegeben, ihn als den Mörder hinzustellen. Warum...«

Wir zuckten bei Antheas hysterischem Ausbruch alle erschrocken zusammen: »Um Gottes willen, hören Sie auf! Ich habe Gervase geliebt. Warum sagen Sie nicht, ich hätte es getan... weil, weil er mich nicht gewollt hat? Wie heißt es doch? Die Hölle kennt keine Wut wie die einer verschmähten Frau...«

»Seien Sie still, Anthea«, wies ich sie zurecht. »Ich bin mit Hector und Diana noch nicht fertig. Es sind da zwei seltsame Dinge passiert, die die Polizei sicher interessieren werden.«

»Und die wären?« fragte Diana gespielt uninteressiert. Aber ihre Neugier war offenbar geweckt.

»Es kam mir reichlich merkwürdig vor, daß ausgerechnet Sie beide... die, wie ich von Gervase wußte, mit Mr. Prew kein Wort mehr gesprochen hatten, plötzlich so freundschaftlich mit ihm umgingen. Nach dem Tee haben Sie geradezu darauf bestanden, ihm das Bogenschießen beizubringen. Gar nicht mehr merkwürdig ist das allerdings, wenn Mr. Prew dazu ausersehen war, Ihnen ein Alibi zu liefern... ein Alibi für die einzige kurze Zeitspanne an diesem Nachmittag, in der Henry nicht neben dem Tablett mit den Flaschen Ginger-ale stand. Und gar nicht mehr merkwürdig ist das, wenn Sie damit beweisen wollten, daß Sie nicht mal in die Nähe dieser Flaschen gegangen sind.«

»Lieber Nigel, Sie haben doch gerade erst zugegeben, daß nur Amphlett oder Henry sich an den Flaschen zu schaffen machen konnten. Warum hacken Sie jetzt auf uns herum?« fragte Hector.

»Ich habe nur gesagt, daß es so zu sein scheint. Aber Diana hat da noch etwas Seltsames getan. Sie hat sich plötzlich auch Henry gegenüber so ungewöhnlich kollegial verhalten... gegenüber Henry, den sie bis dahin wie den letzten Dreck behandelt hatte.«

Mr. Prew und Anthea war die Anspannung jetzt deutlich anzusehen. Sie starrten mich an, als wäre ich das siebte Weltwunder.

»Als Diana sich anschickte, den Goldenen Pfeil abzuschießen«, fuhr ich fort, »hat sie Henry zugerufen, er solle herkommen und zusehen. Das, Diana, sah Ihnen überhaupt nicht ähnlich. Es sei denn, Sie wollten ihn unbedingt von den Ulmen weglocken und ihn dazu verleiten, wie wir alle in den Himmel zu starren und die Flugbahn Ihres Pfeils zu verfolgen, damit Hector die wenigen Sekunden Zeit gewann, die er brauchte, um zum Silbertablett zu laufen und die Flasche auf dem Tablett gegen das vergiftete Ginger-ale zu vertauschen. Hector, wo ist das Taschentuch, das Sie Diana geholt haben, als wir beim Tee saßen? Sie haben es ihr nie gegeben, stimmt's?«

Hector war jetzt sichtlich wütend. Trotzdem schenkte er mir ein seltsam triumphierendes Lächeln, griff in die große Tasche seines Tweedjacketts und zog das Taschentuch heraus.

»Ich weiß jetzt, worauf Sie hinauswollen, alter Junge. Sie spekulieren darauf, daß ich in Wirklichkeit ins Haus gegangen bin, um eine Flasche vergiftetes Ginger-ale zu holen, oder? Das habe ich allerdings nicht getan. Ich habe lediglich das Taschentuch geholt. Und jetzt...« Er kam drohend auf mich zu. »Jetzt entschuldigen Sie sich gefälligst bei meiner Frau...«

Ich riß ihm das Taschentuch aus der Hand und roch vorsichtig daran.

»Genau wie ich vermutet habe«, erklärte ich. »Seit wann benutzen Sie Bittermandel als Parfüm, Diana?« Ich hatte mich hinter den Tisch vor ihnen zurückgezogen. »Sie haben Flasche und Taschentuch geholt, Hector! In der hübschen großen Tasche Ihres Sportjackets. Das Tuch haben Sie benutzt, um keine Fingerabdrücke zu hinterlassen. Pech für Sie, daß einige Tropfen des vergifteten Ginger-ales auf das Tuch geraten sind.«

Hector und Diana waren wirklich ein gutes Team. Ich hatte meinen letzten Satz kaum ausgesprochen, da hatten sie bereits die Tür erreicht. Hector hielt uns mit Pfeil und Bogen in Schach.

»Eine Bewegung, und ich schieße. Diana, hol den Wagen.«

Diana war augenblicklich verschwunden. Prew, Anthea und der alte Amphlett starrten Hector wie betäubt an. Ich fühlte mich wie einer der Freier, als Odysseus mit seinem Wunderbogen auf sie zielte. Dann hörte ich hinter mir ein Geräusch.

Henry hatte sich einen der großen silbernen Deckel zur Warmhaltung der Speisen von der Anrichte gegriffen und stürzte sich, Gesicht und Brust damit schützend, auf Hector. Die Sehne des Bogens summte. Der Pfeil schlug gegen den Rand des Deckels, prallte ab und blieb vibrierend in der dahinterliegenden Wand stecken.

Henry rannte Hector einfach um. Hector war halb tot, bevor es uns gelang, Henry von ihm wegzuzerren. Er wäre Gervase ein guter Sohn gewesen. Schade, daß Gervase das nicht mehr erleben durfte.

Auch ich hatte Gervase sehr gern gehabt. Wenn nicht, hätte ich es wohl kaum gewagt, Hector auf diese Weise zu bluffen.

Das Taschentuch, das ich ihm entrissen hatte, roch nicht nach Bittermandel, nicht nach der todbringenden Blausäure. Nichts als der Duft frisch gewaschenen Leinens ging davon aus. Und doch hatte Hector es tatsächlich dazu benutzt, die Flasche Ginger-ale anzufassen.

Für mich war es wirklich ein riskanter ›Schuß‹ gewesen, ein

ebenso gewagtes Unterfangen wie Hectors letzter Schuß, mit dem er das Gold der Sonne gerade noch eingefangen hatte, bevor der Pfeil in jene Baumkrone stürzte, in der Gervase dem Gift erlegen war.

Aus dem Englischen von
Christine Frauendorf-Mössel

P. G. Wodehouse
(1881–1975)

Jeeves und die gestohlene Venus

Das Telefon klingelte. Ich hörte, wie Jeeves sich draußen in der Halle seiner annahm. Gleich darauf kam er herein.

»Mrs. Travers für Sie, Sir.«

»Tante Dahlia? Was will sie denn?«

»Das hat sie mir nicht verraten, Sir.«

Rückblickend kommt es mir ein wenig seltsam vor, daß ich so gar keine bösen Vorahnungen hatte, als ich gehorsam zum Telefon schritt. Übersinnliche Kräfte sind nicht meine Stärke, das ist das Problem.

»Hallo, alte Blutsverwandte.«

»Hallo, Bertie, du ekelhaft junges Blut«, konterte sie auf ihre herzerfrischende Art. »Bist du nüchtern?«

»Nüchterner geht's nicht.«

»Dann paß auf. Ich rufe dich aus einem winzigen Kaff in Hampshire an. Aus Marsham-in-the-Vale. Ich bin dort im Marsham Manor bei Cornelia Fothergill, der Schriftstellerin. Je was von ihr gehört?«

»In meiner Bibliothek steht sie nicht.«

»Würde sie aber, wenn du eine Frau wärst. Ich versuche gerade, sie dazu zu überreden, ihren neuesten Roman im ›Boudoir‹ als Fortsetzungsroman abdrucken zu lassen.«

Der Groschen war gefallen. Besagte Tante ist Herausgeber, oder vielmehr Herausgeberin, eines Wochenblattes für die eher schwachsinnige Frau mit dem Titel ›Milady's Boudoir‹.

»Und was hast du erreicht?«

»Sie schwankt bereits. Noch einen kleinen Schubs, und ich hab's geschafft. Deshalb sollst du auch zum Wochenende herkommen.«

»Wer, ich? Warum ich?«

»Um mir zu helfen, sie endgültig weichzukneten. Du wirst deinen Charme versprühen...«

»Davon habe ich nicht viel.«

»Dann versprüh eben, was du hast.«

Auf solche Zusammentreffen mit fremden Frauen bin ich noch nie wild gewesen. Wenn ich eines im Leben gelernt habe, dann ist es das: Der kluge Mann sollte einen Bogen um Romanautorinnen machen.

»Ist sonst noch jemand anwesend? Ich meine, ist dort eine junge, intelligente Gesellschaft versammelt?«

»Jung würde ich die Gesellschaft nicht nennen, aber sehr intelligent. Cornelias Mann, Everard Fothergill, der Maler, ist da; und sein Vater, Edward Fothergill. Er ist auch Künstler. Du wirst dich keinen Augenblick langweilen. Also sag Jeeves, er soll das Nötigste packen!«

Ich habe den Eindruck, es überrascht viele immer wieder, daß Bertram Wooster, der sonst so eisenharte Mann, sich stets als Wachs in den Händen von Tante Dahlia erweist. Diese Leute scheinen nicht zu wissen, daß besagte Frau eine geheime Waffe besitzt, mit der sie mich stets gefügig machen kann... nämlich die Drohung, mich von ihrem Tisch und den Fleischtöpfen ihres französischen Kochs, Anatole, zu verbannen, Gottes Zugeständnis an des Menschen Gaumenfreuden.

So kam es also, daß ich am Freitag, den zweiundzwanzigsten gegen Abend am Steuer meines alten Sportwagens, mit Jeeves an meiner Seite, die Stirn in Falten gelegt und schlecht gelaunt, Marsham Manor entgegenfuhr.

Die Ankunft in Marsham Manor war dann auch nicht gerade dazu angetan, mich aufzuheitern. Nachdem man mich in die Halle geführt hatte, fand ich mich in einer Umgebung wieder, wie man sie sich eigentlich nur wünschen kann: gemütliches Kaminfeuer, bequeme Sessel, ein gedeckter Tisch, von dem die anregenden Düfte von Buttertoast und Gebäck ausgingen. Ein Blick auf die Menschen jedoch, die diesen Raum bevölkerten, genügte mir, um zu erkennen, daß ich in einem Ambiente gelandet war, in dem alles stimmte und nur der Mensch störte.

Jede einzelne der drei anwesenden Personen war so aufregend wie der Käse, den man in Hampshire zu sich nimmt. Der eine, ein hagerer Mann mit Bart, mußte mein Gastgeber sein. In seiner Nähe saß ein wesentlich älteres Modell derselben Baureihe. Ich tippte auf den Vater. Dritte im Bunde war eine große, korpulente Frau mit Hornbrille... dem Berufsrisiko weiblicher Mitglieder der schreibenden Zunft.

Nachdem sie sich vergewissert hatte, wer ich war, stellte sie mich den anderen vor. Und bald darauf rauschte Tante Dahlia herein. Wir sprachen über dies und das. Schließlich verdrückte sich der Fothergill-Clan, und ich wandte mich in dieselbe Richtung, wurde jedoch von Tante Dahlia energisch zurückgehalten.

»Auf ein Wort, Bertie«, sagte sie. »Ich möchte dir etwas zeigen.«

»Ich möchte gern wissen, wozu du mich überhaupt herbestellt hast.«

»Darauf kommen wir gleich. Was ich dir zeigen will, hat auch damit zu tun. Aber erst noch etwas anderes. Ist dir nicht aufgefallen, wie nervös unser Gastgeber ist?«

»Nein. Ist er das?«

»Er ist ein Nervenbündel. Frag mich jetzt bitte, weshalb.«

»Also gut: Weshalb?«

»Daran ist das Gemälde schuld, das ich dir zeigen werde. Hier entlang.«

Sie führte mich ins Speisezimmer und knipste das Licht an.

»Sieh dir das an«, forderte sie mich auf.

Damit lenkte sie meine Aufmerksamkeit auf ein großes Ölgemälde. Das Motiv konnte wohl getrost als ›klassisch‹ eingeordnet werden: eine feiste Dame, leicht geschürzt, im Gespräch mit einer Taube.

»Eine Venus?« sagte ich. Das ist immer ein sicherer Tip.

»Ja. Der alte Fothergill hat es gemalt. Er ist der Typ, der einen Damenabend im Türkischen Bad malt und es dann ›Venus‹ nennt. Er hat es Everard als Hochzeitsgeschenk überreicht.«

»Hübsche Farben«, bemerkte ich routiniert.

»Unsinn. Das Ding ist eine absolute Scheußlichkeit. Der Alte ist ein Stümper. Cornelia hat sich mir eines Abends anvertraut. Aber wie gesagt, er hat diese Beleidigung für das Auge jedes gebildeten Betrachters Everard zur Hochzeit geschenkt, und da Everard seinen Vater natürlich liebt und ihm nicht weh tun will, kann er es kaum abnehmen und in den Keller stellen. Also muß er es sich bei jeder Mahlzeit ansehen. Und er leidet. Everard ist nämlich ein echter Künstler. Seine Bilder sind gut. Sieh dir das an«, fügte sie hinzu und deutete auf das Gemälde daneben. »Das ist eines seiner Werke.«

Ich betrachtete mir Everards Arbeit eingehend. Auch dieses Bild war ein klassisches Gemälde. Ich konnte zu dem seines Vaters kaum einen Unterschied erkennen.

»Venus?« tippte ich.

»Sei nicht dämlich. ›Frühlingsreigen.‹«

»Oh, Verzeihung. Zu meiner Verteidigung möchte ich anmerken, daß dieser Fehler selbst einem Sherlock Holmes unterlaufen wäre. Nach Beweislage, meine ich.«

»Dann hast du's jetzt begriffen.«

»Weit gefehlt.«

»Dann will ich es dir erklären. Wenn ein Mann so malen kann, dann bringt es ihn um, sich jedesmal dieses Gekleckse ansehen zu müssen, sobald er sich zu Tisch setzt.«

»Ja, das kann ich verstehen. Mir blutet das Herz. Aber ich sehe keine Möglichkeit, dem abzuhelfen.«

»Ich schon. Frag mich doch, wie.«

»Wie?«

»Du wirst diese Venus stehlen.«

»Stehlen?«

»Und zwar heute nacht.«

»Du meinst richtig ›stehlen‹?«

»Ganz recht. Das wollte ich damit sagen. Mein Gott, stell dich nicht an«, fügte sie hinzu. »Polizeihelme klaust du doch dauernd.«

Das konnte ich nicht auf mir sitzenlassen.

»Nicht dauernd. Nur gelegentlich. Wenn ich mir einen besonderen Spaß machen will. Gemäldediebstahl gehört nicht zu meiner Freizeitbeschäftigung.«

»Was sollte daran kompliziert sein? Du schneidest das Bild einfach mit einem scharfen Messer aus dem Rahmen. Weißt du, Bertie«, sagte sie begeistert, »es ist phantastisch, wie alles zusammenpaßt. In den vergangenen Wochen hat eine Diebesbande in der Nachbarschaft ihr Unwesen getrieben, die auf Gemälde spezialisiert ist. Sie haben einen Romney und einen Gainsborough erwischt. Wenn die ›Venus‹ verschwindet, hegt der alte Fothergill bestimmt keinen Verdacht. Diese Diebe sind Kenner, sagt er sich dann sicher. Nur das Beste ist für sie gut genug. Cornelia ist ganz meiner Meinung.«

»Du hast mit ihr darüber gesprochen?«

»Aber natürlich. Ich habe ihr einen Handel vorgeschlagen. Wenn sie mir ihr Ehrenwort gibt, daß das ›Boudoir‹ den Kitsch, den sie gerade schreibt, zu einem günstigen Preis abdrucken darf, räumst du die Venus aus dem Weg.«

»Ach ja? Und was hat sie dazu gesagt?«

»Sie hat mir mit tränenerstickter Stimme gedankt. Also, worauf wartest du noch, alter Junge? Der Himmel beschütze dich. Du mußt nur eines der Fenster aufmachen, damit es nach einem Einbruch aussieht, dir das Bild schnappen, es in dein Zimmer bringen und es verbrennen. Ich sorge schon dafür, daß dann ein hübsches Feuerchen im Kamin lodert.«

»Danke im voraus.«

Gesenkten Hauptes und in dem Gefühl, daß mir das Schicksal übel mitgespielt hatte, ging ich in mein Zimmer. Jeeves hantierte dort mit Hemd und Manschettenknöpfen. Ich kam ohne Umschweife zur Sache.

»Jeeves, wir sitzen in der Tinte«, begann ich. »Wissen Sie, was Tante Dahlia mir eingebrockt hat?«

»Jawohl, Sir. Als ich zufällig am Speisezimmer vorbeikam, konnte ich nicht umhin, die Unterhaltung mit anzuhören. Mrs. Travers hat eine tragende Stimme.«

»Ich schätze, ich muß es tun, Jeeves.«

»Das, Sir, fürchte ich auch. In Anbetracht der Sanktionen, die Mrs. Travers bezüglich Anatoles Kochkünsten gegen Sie verhängen würde, bleibt Ihnen praktisch keine andere Wahl. Tut Ihnen etwas weh, Sir?«

»Nein. Ich ärgere mich nur. Das schlägt wirklich dem Faß den Boden aus, Jeeves. Einen Wooster dazu zu zwingen, Kunstgegenstände zu stehlen! Nicht im Traum wäre mir eingefallen, daß sie mal darauf verfallen würde. Sie?«

»Wie im Tierreich ist die weibliche Spezies stets gefährlicher als die männliche«, erwiderte Jeeves. »Darf ich fragen, ob Sie schon einen Operationsplan haben?«

»Sie wissen doch, wie sie sich die Sache vorstellt. Ich mache das Fenster auf...«

»Verzeihen Sie, wenn ich unterbreche, Sir. Aber in diesem Punkt irrt Mrs. Travers. Eine eingeschlagene Scheibe läßt einen Einbruch echter erscheinen.«

»Und würde das ganze verdammte Haus aufwecken.«

»Nein, Sir. So etwas kann man auch geräuschlos machen, indem man auf ein Stück Packpapier Zuckermelasse streicht, das Papier auf die Scheibe legt und mit der Faust darauf schlägt.«

»Aber wo ist Papier? Wo ist Zuckermelasse?«

»Die kann ich Ihnen besorgen, Sir. Und wenn Sie wünschen, übernehme ich gern diesen Teil der Aktion für Sie.«

»Das würden Sie tun? Das ist verdammt anständig.«

»Aber nicht doch, Sir. Stets zu Diensten. Verzeihen Sie, aber ich glaube, es hat geklopft.«

Er ging zur Tür und öffnete. Aus den Augenwinkeln sah ich jemanden wie einen Butler im Korridor stehen.

»Ihr Messer, Sir«, verkündete Jeeves und kam mit einem Messer auf dem Tablett zurück.

»Danke, Jeeves. Verdammt!« Ich betrachtete den Gegenstand schaudernd. »Ich wünschte, ich könnte mich da irgendwie rauswinden.«

»Das kann ich mir lebhaft vorstellen, Sir.«

Nach eingehender Beratung beschlossen wir, den Coup um ein Uhr morgens durchzuführen, wenn der Haushalt bereits tief schlief. Um Punkt ein Uhr tauchte Jeeves auf.

»Alles fertig, Sir.«

»Die Melasse?«

»Sehr wohl, Sir.«

»Das Packpapier?«

»Jawohl, Sir.«

»Dann darf ich Sie bitten, das Fenster einzuschlagen, ja?«

»Habe ich bereits erledigt, Sir.«

»Tatsächlich? Also, da hatten Sie wieder mal recht. Ich habe keinen Ton gehört. Absolut geräuschlos. Dann nichts wie ins Speisezimmer. Jetzt kann mich nichts mehr halten.«

»Nein, Sir. Wenn's denn schon mal sein muß, dann schnell.«

Es ist wohl müßig vorzugeben, ich sei die Ruhe selbst gewesen, als ich die Treppe hinunterging. Ich hatte eiskalte Füße, und ich wäre zusammengezuckt, hätte es irgendwelche plötzlichen Geräusche gegeben. Meinen Gedanken an Tante Dahlia, die mir das alles eingebrockt hatte, fehlte es deutlich an der erwarteten familiären Herzlichkeit.

In einem Punkt allerdings mußte ich ihr Bewunderung zollen. Sie hatte behauptet, das Ding sei ein Kinderspiel, und so war es auch. Tantchen hatte die Schärfe des Messers, das sie mir besorgt hatte, in keiner Weise überschätzt. Vier schnelle Schnitte, und die Leinwand fiel aus dem Rahmen. Ich rollte sie auf und marschierte damit in mein Zimmer zurück.

Jeeves hatte während meiner Abwesenheit das Feuer geschürt. Ich wollte Edward Fothergills bemitleidenswertes Geklecksel gerade in die Flammen werfen, als Jeeves mich zurückhielt.

»Es wäre unklug, einen so großen Gegenstand in einem Stück zu verbrennen, Sir. Möglicherweise gerät dann der ganze Kamin in Brand.«

»Natürlich, ich verstehe. Sie meinen, ich soll es zerschneiden?«

»Ich fürchte, das ist unumgänglich, Sir. Darf ich anmerken, daß ein Whisky-Soda Ihnen diese monotone Arbeit sicher etwas erleichtern würde, Sir?«

»Sie wissen, wo hier Whisky und Soda stehen?«

»Jawohl, Sir.«

»Dann nichts wie her damit, Jeeves.«

»Gern, Sir.«

Ich machte gute Fortschritte, als, ohne daß ich es hörte, die Tür geöffnet wurde und Tante Dahlia hereingeschlichen kam. Ich hatte noch gar nicht registriert, daß sie überhaupt da war, als sie mich ansprach, und sprang daher, wie von der Tarantel gestochen, mit einem Schrei des Entsetzens beinahe an die Decke.

»Alles in Ordnung, Bertie?«

»Kannst du dich nicht auf anständige Art und Weise bemerkbar machen?« sagte ich, als ich wieder festen Boden unter den Füßen hatte. »Ich hab' mir in die Zunge gebissen. Ja, alles lief nach Plan. Aber Jeeves besteht darauf, das ›corpus delicti‹ stückweise zu verbrennen.«

»Aber natürlich. Du willst doch nicht den ganzen Kamin in Brand setzen, oder?«

»Genau das hat er auch gesagt.«

»Und hat recht wie immer. Ich habe meine Schere mitgebracht. Wo ist Jeeves übrigens? Warum ist er nicht an deiner Seite, dieser selbstlose Diener der Menschheit?«

»Weil er sich gerade woanders selbstlos aufopfert«, entgegnete ich. »Er wird umgehend mit der Whiskykaraffe und allem, was dazu gehört, zurück sein.«

»Welch ein Mann! Er ist einzigartig! Bei meiner Seele«, sagte meine Verwandte einige Minuten später. »Das erinnert mich an meine Schulzeit und unsere kindischen Kakao-Partys. Wir sind ins Direktorat geschlichen, haben Vollkornbrot an Federhaltern getoastet, während der Kessel auf dem Kamineinsatz dampfte. Ach, die glücklichen Tage der Jugend sind dahin! Jeeves, kommen Sie rein! Stellen Sie das Tablett hier neben mich. Wir kommen voran. Was haben Sie denn da unterm Arm?«

»Die Heckenschere, Madam. Wo auch immer ich helfen kann... ich bin bereit.«

»Dann lassen Sie sich nicht aufhalten. Edward Fothergills Meisterwerk erwartet Sie.«

Zu dritt hatten wir unsere Aufgabe bald erledigt. Ich hatte mein erstes Glas Whisky getrunken und nippte gerade am zweiten, als von der Venus, die Asche nicht eingerechnet, lediglich das kleine rechte untere Eck übrig war. Jeeves hielt es in der Hand und betrachtete es seltsam nachdenklich.

»Verzeihung, Madam«, begann er. »Sagten Sie nicht gerade, daß Mr. Fothergill senior Edward mit Vornamen heißt?«

»Richtig. Eddie, wenn Sie so wollen. Warum?«

»Nun... das Bild hier ist mit Everard Fothergill signiert, Madam.«

Zu sagen, Tante und Neffe hätten dies gelassen hingenommen, entspräche nicht der Wahrheit. Wir gingen auf wie die Dampfnudeln.

»Gib mir das Stück mal her, Jeeves. Also, für mich sieht das wie Edward aus«, verkündete ich nach eingehender Betrachtung.

»Du bist ja verrückt!« erklärte Tante Dahlia und riß mir das Stück Leinwand aus der Hand. »Es heißt deutlich Everard, stimmt's, Jeeves?«

»Das war mein Eindruck, Madam.«

»Bertie«, sagte Tante Dahlia mit einer Stimme, die man langläufig als erstickt bezeichnet, und warf mir einen Blick zu, als wolle sie mich fressen. »Wenn du das falsche Bild verbrannt hast...«

»Selbstverständlich nicht«, entgegnete ich wacker. »Aber wenn's dich beruhigt, gehe ich runter und sehe nach.«

Ich hielt mich wie gesagt wacker, und jeder, der mich in diesem Augenblick hören und sehen konnte, hätte mich für die Ruhe selbst gehalten. Das allerdings war ein Irrtum. Ich fürchtete das Schlimmste und hörte im Geiste bereits Tante Dahlias eisige Standpauke über meine geistigen und moralischen Unzulänglichkeiten, die mich bei meiner Rückkehr erwartete.

Ich war nicht in der Verfassung für einen weiteren Schicksalsschlag, und doch erwartete mich ein solcher, als ich das Speisezimmer genau in dem Augenblick betrat, als dort jemand herausstürmte und mir unsanft in die Magengrube stieß. Wir taumelten beide in die Halle, und als ich dort das Licht anknipste, um mir weitere schmerzliche Zusammenstöße mit dem Mobiliar zu ersparen, sah ich meinen Kontrahenten klar und deutlich, wie Jeeves zu sagen pflegte, vor mir.

Es handelte sich um den alten Fothergill in Hausschlappen und Morgenmantel, ein Messer in der Rechten und ein seltsames Bündel zu seinen Füßen, das ihm offenbar bei unserem Zusammenprall aus der Hand gefallen war. Als ich es in meiner höflichen Art aufhob, entrollte es sich, und was ich sah, brachte ein verblüfftes »Heiliger Strohsack!« über meine Lippen. Fothergill schrie gleichzeitig entsetzt auf. Er war unter seinem Bart reichlich blaß geworden.

»Mr. Wooster!« sagte er mit bebender Stimme. »Dem Himmel sei Dank, daß Sie nicht Everard sind.«

Darüber allerdings war ich natürlich auch recht froh.

»Es wird Sie sicher erstaunen, daß ich mich hier heimlich mit meinem Bild davonstehle. Aber ich kann alles erklären.«

»Na, wie schön.«

»Sie sind kein Maler…«

»Nein. Ich betätige mich eher auf literarischem Gebiet. Ich habe mal einen Artikel mit dem Titel ›Was der gutangezogene Mann trägt‹ für ›Milady's Boudoir‹ geschrieben.«

»Trotzdem kann ich Ihnen sicher verständlich machen, was dieses Bild für mich bedeutet. Ich habe zwei Jahre daran gearbeitet. Es war wie ein Kind für mich. Ich habe zugesehen, wie es wuchs und gedieh. Ich habe es geliebt. Und als Everard heiratete, habe ich es ihm in einem unbedachten Augenblick zur Hochzeit geschenkt. Sie können sich nicht vorstellen, welche Qualen ich litt. Ich habe gesehen, welche Wertschätzung er diesem Bild entgegenbrachte. Bei allen Mahlzeiten ruhten seine Blicke darauf. Ich brachte es nicht über mich, ihn zu bitten, es mir zurückzugeben. Und doch bin ich ohne dieses Bild verloren.«

»Also haben Sie beschlossen, es zu stibitzen?«

»Richtig. Ich habe mir gesagt, daß Everard nie auf mich kommen würde. Erst vor kurzem sind hier in der Nachbarschaft etliche Bilder gestohlen worden. Er muß also annehmen, daß es dieselbe Bande war. Die Versuchung war für mich einfach zu groß. Sie verraten mich doch nicht, Mr. Wooster, oder?«

»Wie bitte?«

»Ich meine, Sie sagen es doch nicht Everard, oder?«

»Ach so, das meinen Sie. Nein, natürlich nicht. Wenn Sie es wollen. Ich kann schweigen wie ein Grab.«

»Ausgezeichnet.«

»Abgemacht.«

»Danke. Oh, danke! Ich wußte, Sie würden mich nicht im Stich lassen. Jetzt sollten wir uns getrost zurückziehen. Angenehme Nachtruhe«, wünschte er und lief flink wie ein Hase die Treppe hinauf. Kaum war er verschwunden, standen Tante Dahlia und Jeeves neben mir.

»Ach, da seid ihr«, murmelte ich.

»Ja, hier sind wir. Wo bist du so lange gewesen?«

»Ich hätte mich gern beeilt, aber ich bin von bärtigen Malern aufgehalten worden.«

»Von wem?«

»Ich habe ein Schwätzchen mit Edward Fothergill gehalten.«

»Bertie, du bist besoffen.«

»Weniger besoffen als vielmehr nervlich am Ende, Tante Dahlia. Ich habe Erstaunliches erfahren.«

Ich berichtete von meinem Erlebnis.

»Und wieder einmal lehrt uns das Leben, niemals zu verzweifeln, so dunkel die Aussichten auch sein mögen«, schloß ich. »Die Gewitterwolken haben sich verzogen, die Sonne scheint wieder, und die Drossel schmettert ihr altes Lied. La Fothergill wollte die Venus loswerden, und jetzt ist sie sie los... Voilà!« sagte ich ganz pariserisch in meinem Übermut.

»Und was ist, wenn sie feststellt, daß sie auch Everards ›Frühlingsreigen‹ los ist?«

Ich räusperte mich verlegen.

»Ja, das ist natürlich ein Punkt«, gab ich zu.

»Damit besteht praktisch keine Chance mehr, den Roman von ihr zu bekommen.«

»Damit hast du natürlich recht. Das hatte ich ganz übersehen.«

Tante Dahlia holte tief Luft. »Bertie...«

Jeeves hüstelte auf die für ihn so charakteristische Art. Es klang wie das Husten eines Schafs auf einem fernen Hügel.

»Darf ich vielleicht einen Vorschlag machen, Madam?«

»Ja, bitte, Jeeves?« Und zu mir gewandt: »Erinnere mich bitte nachher daran, daß ich dir dringend etwas sagen wollte.«

»Mir ist plötzlich eine Lösung für unsere Probleme in den Sinn gekommen, Madam. Angenommen, Mr. Wooster wird leblos vor dem eingeschlagenen Fenster im Speisezimmer liegend gefunden, aus dem die beiden Bilder verschwunden sind. In diesem Fall muß Mrs. Fothergill doch glauben, daß er bei dem Versuch überwältigt worden ist, ihr Eigentum gegen böse Einbrecher zu schützen.«

Tante Dahlia schreckte wie von der Tarantel gestochen aus ihren düsteren Gedanken hoch.

»Ich verstehe! Sie wäre so angetan von seinem schneidigen Benehmen, daß sie mir anständigerweise den Roman nicht verweigern kann; und das zu meinem Preis!«

»Ganz richtig, Madam.«

»Danke, Jeeves.«

»Keine Ursache, Madam.«

»Ein gigantischer Plan, findest du nicht, Bertie?«

»Überaus gigantisch«, pflichtete ich ihr bei. »Leider ist er mit einem nicht ganz unerheblichen Denkfehler behaftet. Ich liege nicht leblos im Speisezimmer.«

»Ach, das läßt sich arrangieren. Ich könnte dir einen kleinen Klaps auf den Hinterkopf mit... Ja, womit denn, Jeeves?«

»Der Gongklöppel bietet sich da wie von selbst an, Madam.«

»Wunderbar. Mit dem Gongklöppel. Du wirst es kaum merken.«

»Ich werde überhaupt nichts merken.«

»Heißt das, daß du nicht mitspielst? Überleg's dir gut, Bertram Wooster. Sei dir darüber im klaren, daß du dir ins eigene Fleisch schneidest. Viele Monate wirst du nicht mal den Duft aus Anatoles Kochtöpfen einatmen können. Anatole wird seine Sylphides à la crème d'Ecrevisses und seine Timbales de ris de veau Toulousiane und der Himmel weiß, was sonst noch, servieren, nur leider wirst du nicht dabei sein, all diese Herrlichkeiten zu kosten. Das ist hiermit amtlich.«

Ich richtete mich zu meiner vollen Größe auf.

»Deine Drohungen vermögen mich nicht mehr zu schrekken, Tante Dahlia«, erklärte ich wacker. »Ich habe mir die Sache mit Anatole und seiner Kochkunst durch den Kopf gehen lassen und bin dabei zu der Erkenntnis gelangt, daß alles seine zwei Seiten hat. Himmlisch ist zwar der Verzehr seiner Köstlichkeiten, doch was sagt meine Taille dazu? Als ich das letzte Mal deine Gastfreundschaft genießen durfte, hat sich mein Leibesumfang um mindestens vier Zentimeter vergrößert. Nein, ohne Anatoles Schlemmermahlzeiten bin ich eigentlich viel besser dran. Schließlich möchte ich nicht unbedingt wie Onkel George aussehen.«

Gemeint war der gegenwärtige Lord Yaxley, ein herausragendes Clubmitglied, das jährlich immer herausragender wurde... vor allem von der Seite betrachtet.

»So schmerzlich es auch sein mag«, fuhr ich fort, »bin ich dennoch bereit, den Timbales, von denen du sprachst, zu entsagen, und folgerichtig deinen Vorschlag, mir einen kleinen

Klaps auf den Hinterkopf zu verpassen, mit einem resoluten ›rien ne va plus‹ zu beantworten.«

»Ist das dein letztes Wort?«

»Mein allerletztes«, bekräftigte ich und behielt damit recht, denn noch in dem Moment, als ich auf dem Absatz kehrt machte, traf mich ein gewaltiger Schlag auf den Kopf und fällte mich wie einen Baum.

Das nächste, was ich einigermaßen klar registrierte, war die Tatsache, daß ich in meinem Bett lag. Von irgendwoher drang ein penetrant hämmerndes Geräusch an mein Ohr. Erst als sich der Nebel allmählich lichtete, konnte ich die Schallquelle orten: sie entpuppte sich als die unverwandt auf mich einredende Tante Dahlia.

»Bertie«, sagte sie gerade wieder. »Ich wünschte, du würdest dich endlich aufs Zuhören konzentrieren und nicht immer wieder einschlafen. Wenn du meine Neuigkeiten hörst, schlägst du Purzelbäume.«

»Bis ich wieder Purzelbäume schlage, gehen noch Wochen ins Land«, entgegnete ich kühl. »Mein Kopf…«

»Ist natürlich ein bißchen lädiert. Aber halten wir uns nicht mit Marginalien auf. Ich muß dir erzählen, wie die Geschichte ausgegangen ist. Also, die Schmutzarbeit wird allerseits der Diebesbande… vermutlich von internationalem Kaliber… zugeschrieben, die bereits den Gainsborough und den Romney hat. Die Fothergill ist voll des Lobes über dich… wie Jeeves es vorausgesagt hat… und sie gibt mir den Fortsetzungsroman zu günstigen Konditionen. Du hattest recht mit der Drossel. Sie schmettert wieder.«

»Mein Kopf auch.«

»Ich weiß. Und, wie du sagen würdest, es blutet das Herz. Aber wo gehobelt wird, fallen auch Späne.«

»Ist das von dir?«

»Nein, von Jeeves. Er hat es leise bemerkt, als wir die traurigen Späne betrachtet haben.«

»Er hat mir das Ding verpaßt, stimmt's? Ich nehme doch stark an, daß in Zukunft… Oh, Jeeves«, murmelte ich, als er mit einem Tablett hereinkam, auf dem so etwas wie ein kühler Drink stand.

»Sir?«

»Um auf das Hobeln und die Späne zurückzukommen, Jeeves.«

»Sehr wohl, Sir.«

»Ich wäre Ihnen dankbar, wenn Sie in Zukunft vom Hobeln absehen würden, Jeeves.«

»Wie belieben, Sir. Ich will es beherzigen.«

Aus dem Englischen von
Christine Frauendorf-Mössel

Michael Innes
(* 1906)

Tod in der Sonne

Die Villa stand auf einem einsamen Kap in Cornwall. Von ihrem flachen Dach aus hatte man einen herrlichen Blick, ohne selbst den Blicken anderer preisgegeben zu sein. Es war also ein idealer Ort, um sich entweder zu sonnen oder auf zivilisierte und rücksichtsvolle Art Selbstmord zu begehen. George Elwin schien es nacheinander zu beiden Zwecken gebraucht zu haben.

Braungebrannt und splitternackt bis auf seine Armbanduhr lag er auf dem Dach. Die Pistole lag neben ihm. Sein Gesicht war völlig demoliert.

»Normalerweise mute ich es meinen Wochenendgästen nicht zu, sich so etwas anzusehen.« Der Chief Constable warf Commissioner Appleby einen Blick humorigen Bedauerns zu. »Aber Sie sind ja vom Fach. Elwin war, wie Sie sehen, ein reicher Mann mit einer Vorliebe für das Anspruchslose.« Er deutete auf die Uhr, ein zweifellos teures Stück, das aber nur mit einem schlichten Lederband befestigt war. »Armer Kerl«, fügte er leise hinzu. »Können Sie sich vorstellen, Appleby, daß Sie eine Pistole nehmen und sich selbst so was antun?«

»Kann es nicht sein, daß er ermordet wurde? Von einem Einbrecher? Das Haus ist sehr abgelegen, und Sie sagten doch, daß er häufig wochenlang in völliger Einsamkeit hier hauste und über seinen finanziellen Transaktionen brütete. Jeder beliebige könnte plötzlich hier auftauchen und ungesehen wieder verschwinden.«

»Da haben Sie recht. Aber unten liegen in einer unabgeschlossenen Schublade fünftausend Pfund in bar. Und auf der Waffe sind Elwins Fingerabdrücke – die Beamten, die ich heute morgen hierherschickte, haben das eindeutig festgestellt. Da steckt kein Geheimnis dahinter. Außerdem hatte George Elwin eine Geschichte.«

»Sie meinen, er hat schon früher versucht, sich das Leben zu nehmen?«

»Genau. Er war ein Hypochonder und nahm ständig irgendwelche Medikamente. Außerdem litt er an Depressionen. Letztes Jahr schluckte er eine Riesendosis Schlafmittel. Man fand ihn auch damals splitternackt, in einer einsamen kleinen Bucht. Er scheint eine Vorliebe für den Tod in der Sonne gehabt zu haben. Aber die Küstenwache fand ihn noch rechtzeitig und rettete ihm das Leben.«

Appleby kniete neben dem Toten nieder. Behutsam drehte er die linke Hand und entfernte die Armbanduhr. Sie lief noch. Auf der Rückseite waren die Initialen G. E. eingraviert. So behutsam wie zuvor legte Appleby dem Toten die Armbanduhr wieder um und zog das schlichte Lederband zu. Einen Moment blickte er stirnrunzelnd vor sich hin.

»Ich würde mir gern einmal sein Schlafzimmer ansehen«, sagte er dann.

Das Schlafzimmer bestätigte den Eindruck, den schon die Armbanduhr vermittelt hatte. Die Einrichtung war schlicht, jedoch von jener Schlichtheit, die viel Geld kostet. Commissioner Appleby öffnete einen der Schränke und sah sich die Kleider an. Er nahm zwei Anzüge heraus und musterte sie eingehend. Einen hängte er wieder zurück, den anderen legte er auf das Bett.

Dann zog er einen Hängeschrank auf und fand ihn vollgestopft mit Medikamenten. An der Hypochondrie konnte es keinen Zweifel geben. Appleby ging die Mittel systematisch durch.

»Markenmedikamente«, bemerkte er. »Aber auf den meisten Behältnissen steht auch die pharmazeutische Bezeichnung. Was glauben Sie, wofür man Tetracyclin braucht? Ach, das ist ein Antibiotikum. Der arme Kerl hatte Angst vor Infektion. Anhand dieser Sachen hier könnte man mühelos alle seine Ängste herausbekommen. Diverse Antihystamine – Allergien waren offenbar ein großes Problem für ihn. Benzocain, Amphetamin, Sulfafurazol – füchterliche Zungenbrecher alle miteinander. Eine Bräunungscreme. Ah, und natürlich wieder Barbiturate. Mit denen hätte er sich jederzeit umbringen können – was hier liegt, würde für einen Elefanten reichen, und so ein Brocken ist Elwin gar nicht. Schmerzmittel in Hülle und Fülle – er hat offensichtlich dauernd mit Schmerzattacken gerechnet.«

Appleby drehte sich um. »Haben Sie übrigens vor, die Leiche bei der Leichenschau identifizieren zu lassen?«

»Identifizieren?« Der Chief Constable starrte ihn verblüfft an.

»War nur so ein Gedanke. Durch seinen Zahnarzt vielleicht.«

»Das wäre gar nicht möglich. Der Arzt hat sich sein Gebiß heute morgen angesehen. Absolut gesunde Zähne – Elwin war wahrscheinlich in seiner Kindheit das letztemal bei einem Zahnarzt. Aber es wäre ja sowieso nur eine Formalität, da an seiner Identität überhaupt kein Zweifel besteht. Ich habe ihn zwar nicht gut gekannt, aber sogar ich kann sehen, daß er es ist – trotz des zerfetzten Gesichts.«

»Hm. Wie bestattet man eigentlich eine nackte Leiche? Nackt? Das erscheint mir irgendwie respektlos. Oder in einem Leichenhemd? Das ist nicht mehr modern. Vielleicht einfach in einem anständigen Anzug.« Appleby wandte sich dem Bett zu. »Ich schlage vor, wir ziehen George Elwin jetzt das hier an.«

»Aber Appleby!«

»Schauen Sie in den Schubladen nach.« Appleby war unerbittlich. »Unterwäsche und ein Hemd, Socken und Krawatte sind nicht nötig.«

Zehn Minuten später war der Tote – der immer noch auf dem Dach lag – nahezu völlig bekleidet. Die beiden Männer sahen nachdenklich zu ihm hinunter.

»Ja«, sagte der Chief Constable bedächtig. »Jetzt verstehe ich, worum es Ihnen ging.«

»Ich finde, wir sollten uns Informationen über George Elwins Freundes- und Bekanntenkreis beschaffen. Insbesondere über seine Verwandten. Was wissen Sie selbst darüber?«

»Nicht viel.« Der Chief Constable wanderte unruhig auf dem flachen Dach hin und her. »Er hatte einen Bruder namens Arnold Elwin. So eine Art schwarzes Schaf. Er lebt in Kanada, tauchte aber von Zeit zu Zeit hier auf, um sich bei seinem immer reicher werdenden Bruder George etwas Kleingeld zu holen.«

»Und er ist etwa im gleichen Alter wie George?«

»Den Eindruck hatte ich jedenfalls. Die beiden sind sich so ähnlich, daß sie Zwillinge sein könnten.« Der Chief Constable brach ab. »Du lieber Himmel, Appleby, wie sind Sie denn auf den Gedanken gekommen?«

»Sehen Sie sich das hier an.« Appleby kniete wieder neben dem Toten nieder. Wieder drehte er die linke Hand, so daß das Lederband der Armbanduhr sichtbar wurde. »Was sehen Sie da am Leder, ungefähr einen knappen Zentimeter von der jetzigen Position der Schließe entfernt?«

»Eine Kerbe.« Der Chief Constable nahm es genau. »Eine schmale und verfärbte Kerbe quer über das Band.«

»Genau. Und was schließen Sie daraus?«

»Daß die Uhr in Wirklichkeit einem anderen gehört – jemandem mit einem etwas dickeren Handgelenk.«

»Und was sagen Sie zu Hemd und Anzug, jetzt, wo wir sie dem Toten übergezogen haben?«

»Ich fühle mich an eine Zeile aus Shakespeares *Macbeth* erinnert.« Der Chief Constable lächelte grimmig. »Da ist von dem Rock eines Riesen die Rede, in den sich ein diebischer Zwerg gehüllt hat.«

»Das würde ich poetische Übertreibung nennen. Aber was gemeint ist, ist klar. Die Frage ist nur, ob wir bis nach Kanada reisen müssen, um festzustellen –«

Appleby brach ab, als der Chauffeur des Chief Constable auf dem Dach erschien. Nach einem verstohlenen Blick auf den Toten begann der Mann hastig zu sprechen.

»Entschuldigen Sie, Sir, aber eben ist ein Herr angekommen, der nach Mr. Elwin fragt. Er sagt, er sei Mr. Elwins Bruder.«

»Danke, Pengelly«, sagte der Chief Constable sachlich. »Wir kommen gleich hinunter.« Als der Chauffeur gegangen war, wandte er sich Appleby zu und pfiff leise durch die Zähne. »Wenn man vom Teufel spricht«, sagte er.

»Oder wenigstens vom Schurken in dem Stück.« Appleby sah flüchtig zu dem Toten hinunter. »Gehen wir und sehen wir uns den Mann mal an.«

Als sie in das kleine Arbeitszimmer traten, stand aus einem Sessel am Fenster eine massige Gestalt auf. Der Fremde hatte in der Tat eine bemerkenswerte Ähnlichkeit mit dem Toten.

»Mein Name ist Arnold Elwin«, sagte er. »Ich wollte zu meinem Bruder. Darf ich fragen –«

»Mr. Elwin«, entgegnete der Chief Constable förmlich, »ich bedaure, Ihnen mitteilen zu müssen, daß Ihr Bruder verstorben ist. Er wurde heute morgen auf dem Dach dieses Hauses gefunden. Erschossen.«

»Er ist tot?« Der kräftige Mann sank wieder in seinen Sessel zurück. »Das kann doch nicht wahr sein! Wer sind Sie überhaupt?«

»Ich bin der Chief Constable dieses Landkreises, und der Herr hier ist mein Gast, Sir John Appleby, Commissioner of Metropolitan Police, London. Er unterstützt mich freundlicherweise bei meinen Ermittlungen – wie auch Sie das vielleicht tun können, Sir. Haben Sie Ihren Bruder gestern gesehen?«

»Aber ja. Ich war gerade in England angekommen und fuhr unverzüglich hierher, als ich hörte, daß George wieder einmal in einer seiner Einsiedlerphasen steckte.«

»Sonst war niemand hier?«

»Nein. George hatte sich ganz allein hier verkrochen. Nur frühmorgens kam eine Frau aus dem Dorf, um sauberzumachen.«

»Und war Ihr Zusammentreffen mit Ihrem Bruder zufriedenstellend?«

»Keineswegs. George und ich hatten Krach, und da bin ich wieder gefahren.«

»Ging es bei dem Krach um Familienangelegenheiten? Um Geld vielleicht?«

»Ich wüßte nicht, was Sie das angeht.«

Einen Moment lang trat Schweigen ein. Der Chief Constable schien in düstere Gedanken versunken. Dann versuchte er, Applebys Aufmerksamkeit auf sich zu ziehen, aber es gelang ihm nicht. Schließlich trat er entschlossen auf den Mann am Fenster zu.

»George Elwin –«, begann er.

»Was, zum Teufel, soll das heißen? Mein Name ist Arnold Elwin, nicht –«

»George Elwin. Im Namen des Gesetzes. Sie sind verhaftet. Sie werden einem Richter vorgeführt und wegen vorsätzlichen Mordes, begangen an Ihrem Bruder, Arnold Elwin, unter Anklage gestellt werden.«

Appleby war im Zimmer umhergewandert, hatte sich die Bücher angesehen, hier und dort eine Schublade aufgezogen und wieder geschlossen. Jetzt hielt er inne.

»Es entspricht vielleicht nicht ganz den Gepflogenheiten«, sagte er zum Chief Constable, »aber wir sollten Mr. Elwin – so heißt er ja wohl auf jeden Fall – vielleicht erklären, wie wir die Sache sehen.«

»Wie Sie meinen, Appleby.« Der Chief Constable war leicht pikiert. »Aber tun Sie das selbst.«

Appleby nickte. »Mr. Elwin«, begann er ernst, »wir wissen, daß Mr. George Elwin, der Eigentümer dieses Hauses, immer wieder an Depressionen litt oder leidet. Im letzten Jahr versuchte er in einem solchen Anfall depressiver Verstimmung, sich das Leben zu nehmen. Das ist die erste Tatsache, von der wir ausgehen können.

Die zweite ist folgende: Die Armbanduhr, die der Tote trug, paßte ihm nicht. Es war deutlich zu sehen, daß das Band normalerweise weiter getragen wurde. Der Tote hat also ein schmaleres Handgelenk als der Eigentümer der Uhr.

Die dritte Tatsache steht in direktem Zusammenhang mit der zweiten. Die Kleidungsstücke in diesem Haus sind dem Toten alle zu groß. Ich glaube aber, daß sie Ihnen genau passen würden.«

»Sie sind komplett verrückt!« Der Mann war wieder aus seinem Sessel aufgesprungen. »An alledem ist kein wahres Wort–«

»Ich kann Ihnen nur sagen, wie wir es sehen. Und jetzt komme ich zu einer vierten Tatsache. George und Arnold Elwin waren nicht leicht voneinander zu unterscheiden. Stimmen Sie mir da zu?«

»Natürlich stimme ich Ihnen zu. George und ich waren Zwillinge.«

»Oder Arnold und Sie waren Zwillinge. Unsere Hypothese sieht nun folgendermaßen aus: Sie, George Elwin, der ganz allein in diesem Haus lebte, erhielten Besuch von Ihrem Bruder Arnold aus Kanada. Er verlangte Geld von Ihnen, bedrohte Sie vielleicht sogar. Es kam zu einer wütenden Szene, und Sie erschossen ihn – aus nächster Nähe.

Was war da nun zu tun? Der Verletzung nach hätte man einen Selbstmord diagnostizieren können. Aber wer würde schon glauben, daß Arnold, gerade erst hier angekommen, sich Ihrer Pistole bemächtigt haben sollte, um sich zu erschießen? Zum Glück gab es jemanden, dem ein Selbstmord ohne weiteres zuzutrauen war, da er, wie allgemein bekannt, erst im vergangenen Jahr einen Versuch unternommen hatte, sich das Leben zu nehmen. Dieser Jemand waren Sie selbst, George Elwin.

Sie, George Elwin, richteten also alles so, daß jeder auf den ersten Blick an eine Wiederholung des bekanntgewordenen Selbstmordversuchs vom letzten Jahr glauben mußte. Sie banden dem Toten Ihre eigene Armbanduhr um. Die Kleidungsstücke im Haus waren ihm zwar zu groß, aber Sie rechneten damit, daß das niemandem auffallen würde, da man ihn ja nackt finden würde.

Sie waren sicher, daß man den Toten, dessen Gesicht noch dazu durch die Kugel zerfetzt war, automatisch für George Elwin halten würde. Und das ist schon alles. Nun waren Sie zwar nicht mehr George Elwin und hatten wahrscheinlich ein beträchtliches Vermögen eingebüßt; aber Sie hatten wenigstens eine neue Identität und brauchten nicht zu fürchten, wegen Mordes belangt und verurteilt zu werden.«

»Aber das ist doch alles nicht wahr!« rief der Mann in blinder Panik. »Sie wollen mir etwas anhängen, was ich nicht getan habe. Das ist eine Verschwörung. Ich kann beweisen –«

»Ah«, sagte Appleby, »genau das ist der springende Punkt. Wenn Sie George sein sollten, der vorgibt, Arnold zu sein, werden Sie alle Mühe haben, die Täuschung aufrechtzuerhalten. Wenn Sie aber, wie Sie behaupten, tatsächlich Arnold sind, sieht die Sache anders aus. Haben Sie einen Zahnarzt?«

»Natürlich habe ich einen Zahnarzt – in Montreal. Ich reise zwar viel in der Weltgeschichte herum, aber ich gehe immer zum selben Zahnarzt. Er hat praktisch an sämtlichen Zähnen, die ich im Mund habe, schon herumgedoktert.«

»Ich bin überaus erfreut, das zu hören.« Appleby sah den Chief Constable an. »Ich glaube nicht«, bemerkte er leise, »daß wir Mr. Arnold Elwin noch länger festhalten sollten. Ich kann nur hoffen, daß er unsere – nun, sagen wir, Mutmaßungen baldigst vergessen wird.« Er wandte sich wieder Elwin zu. »Ich bin sicher«, sagte er ruhig, »Sie werden uns verzeihen, daß wir Ihnen im Interesse der Wahrheit so heftig auf den Zahn gefühlt haben. Wissen Sie, Sie kamen in einem Augenblick hier an, als wir noch nicht alle Hinweise ausgewertet hatten. Bitte glauben Sie uns, daß uns der tragische Tod Ihres Bruders aufrichtig leid tut.«

»Heißt das«, fragte der Chief Constable eine halbe Stunde später, »daß ich von Anfang an recht hatte? Daß es gar kein Geheimnis gibt?«

»Ganz recht. Durch den Besuch seines Bruders fiel George Elwin in eine noch tiefere Depression und brachte sich um. Das ist die ganze Geschichte.«

»Aber verflixt noch mal –«

»Bis zu dem Moment, wo Sie den Mann des Mordes beschuldigten, war ich völlig Ihrer Meinung. Aber dann fiel mir plötzlich etwas ein, das nicht ins Bild paßte – die fünftausend Pfund nämlich, die Sie hier in einer unverschlossenen Schublade entdeckt hatten. Wenn George tatsächlich Arnold getötet und vorgehabt hätte, Arnolds – oder sonst eine andere – Identität anzunehmen, sagte ich mir, dann hätte er doch ganz bestimmt das Geld an sich genommen. Warum also hat er es nicht genommen?«

»Ja, das Argument leuchtet mir ein. Aber es hätte doch –«

»Mir fiel plötzlich noch etwas anderes ein – etwas, dessen Bedeutung ich eigentlich sofort hätte erkennen müssen. Die Amphetamine im Apothekerschrank. Amphetamine sind starke Appetitzügler. Sie werden von Leuten genommen, die unbedingt abnehmen wollen. George Elwin machte eine Abmagerungskur. Ich vermute, vor allem deshalb hatte er sich hierher zurückgezogen. Es war nur ein weiterer Ausdruck seiner Hypochondrie.

Er kann in vierzehn Tagen leicht fünf bis sechs Kilo abgenommen haben – genug, um danach das Band seiner Uhr ein Loch enger ziehen zu müssen. Und in einem Monat das Doppelte, womit erklärt wäre, warum seine Sachen ihm nicht zu passen schienen. Ich wette, wenn George Elwin dieses Haus lebend verlassen hätte, hätte sein erster Gang ihn zu seinem Schneider geführt.«

Der Chief Constable schwieg einen Moment. »Du meine Güte«, sagte er dann, »da haben wir dem armen Kerl ja fünfzehn höllische Minuten bereitet.«

Appleby nickte. »Aber seien wir froh«, meinte er, »daß nun nicht einer der Richter Ihrer Majestät es auf sich nehmen muß, ihm fünfzehn höllische Jahre zu bereiten.«

Aus dem Englischen von
Mechtild Sandberg-Ciletti

ETHEL LINA WHITE
(1894–1944)

Das unverriegelte Fenster

»Alles abgeschlossen, Schwester Cherry?«

»Ja, Schwester Silver.«

»Türen? Fenster? Nichts vergessen?«

»Nein, nein.«

Trotzdem regte sich in Schwester Cherrys Unterbewußtsein vage so etwas wie eine böse Vorahnung, als sie den letzten Riegel an der Haustür zuschnappen ließ.

Sie hatte doch etwas vergessen. Nur was?

Schwester Cherry war jung und hübsch. Aber ihre Miene war ängstlich besorgt. Obwohl sie über fast alle Qualitäten verfügte, die beruflichen Erfolg versprachen, mußte sie ständig auf der Hut sein. Schuld daran war eine fatale Eigenschaft.

Sie hatte ein schlechtes Gedächtnis.

Bisher waren lediglich verbrannte Kuchen oder eine gelegentliche Badezimmer-Überschwemmung die Folgen gewesen. Der Aussetzer vom Vortag allerdings kam fast einer Katastrophe gleich.

Am Spätnachmittag hatte sie eine schreckliche Entdeckung gemacht: Die Sauerstoffflasche, die sie zuletzt in Benutzung gehabt hatte, war leer. Sie hatte vergessen, den Schraubverschluß vorschriftsmäßig zu schließen. Dem dadurch entstandenen Mangel mußte schnellstens abgeholfen werden, denn der Patient, Professor Glendower Baker, litt an den Folgen einer Gasvergiftung. Obwohl es bereits dunkel wurde, mußte somit das Hausfaktotum Iles das Pony vor den Wagen spannen, um die mühsame Fahrt über die Berge anzutreten und frischen Vorrat zu holen.

Schwester Cherry hatte seine Abfahrt mit Bedauern beobachtet. Iles war ein stets fröhlicher und bärenstarker Mann.

Es war gräßliches Wetter. Sprühregen hing wie eine mausgraue Decke über den umliegenden Hügeln. Die Talstraße wand sich wie ein schmutziges Seil zwischen tropfnassem Farndickicht und Krüppeleichen hindurch.

Iles schüttelte angesichts der wilden, gottverlassenen Umgebung den Kopf.

»Ich lasse euch Frauen wirklich nur ungern allein... Ausgerechnet jetzt, da dieser Kerl sein Unwesen treibt. Schließen Sie die Läden vor sämtlichen Fenstern und Türen, Schwester. Und lassen Sie niemanden rein, bis ich zurück bin!«

Dann fuhr er davon. Die Wagenlampen tanzten wie Glühwürmchen in der Finsternis.

Dunkelheit und Regen. Der feuchte Untergrund schien zu schwanken, so daß die knorrigen Bäume die Umrisse von geduckten Männergestalten annahmen, die sich unaufhaltsam dem Haus näherten.

Schwester Cherry machte hastig die Runde und verriegelte sämtliche Fenster. Während sie mit ihrer Kerze von Zimmer zu Zimmer eilte, beschlich sie das beunruhigende Gefühl, trotzdem für einen heimlichen Beobachter deutlich sichtbar zu sein.

Immer wieder kreisten ihre Gedanken um den schrecklichen Fehler mit der Sauerstoffflasche. Er stürzte sie in Scham und Selbstvorwürfe. Sie war übermüdet gewesen, nachdem sie den Patienten lange ganz allein betreut hatte, bis endlich, drei Tage zuvor, eine zweite Schwester eingetroffen war. Trotzdem sprach sie das nicht von jeder Schuld frei.

»Ich bin als Krankenschwester nicht geeignet«, sagte sie sich voller Bitterkeit.

Noch immer tief in Gedanken versunken, schloß sie die Haustür ab. Schwester Silvers Fragen brachten sie wieder auf den Boden der Tatsachen zurück. Das flüchtige Gefühl von Schuld aber blieb.

Schwester Silvers Äußeres vermittelte den Eindruck von Zuverlässigkeit. Sie war kräftig gebaut, hatte markante Züge und schwarze, männlich kurz geschnittene Haare. Trotz ihres robusten Aussehens hatte sie jedoch irgend etwas Unheilverheißendes an sich.

»Ist er fort?« fragte sie mit ihrer harschen Stimme.

»Iles? Ja.«

Schwester Cherry wiederholte seine Warnung.

»Er kommt so schnell wie möglich zurück«, fügte sie hinzu. »Aber sicher ist er nicht vor Morgengrauen wieder hier.«

»Dann«, schloß Schwester Silver düster, »sind wir also allein.«

Schwester Cherry lachte.

»Allein? Drei kräftige Frauen? Wir können gut selbst auf uns aufpassen.«

»*Ich* habe keine Angst.« Schwester Silver sah sie mit einem etwas sonderbaren Blick an. »*Ich* fühle mich ziemlich sicher.«

»Warum?«

»Wegen Ihnen. Solange Sie hier sind, rührt er mich nicht an.«

Schwester Cherry versuchte ihr attraktives Äußeres mit einem Lachen herunterzuspielen.

»Wenn das so ist, sind wir alle sicher.«

»Glauben Sie wirklich? Ein einsames Haus. Kein Mann. Und zwei von *uns*.«

Schwester Cherry warf einen Blick auf ihre gestärkte Schwesternschürze. Die Worte von Schwester Silver gaben ihr das Gefühl, ein ganz besonderer Köder zu sein... wie eine im Dschungel angepflockte Ziege, die den Tiger anlocken soll.

»Reden Sie keinen Unsinn!« entgegnete sie scharf.

Seit einigen Wochen versetzte ein Serienmörder die ganze

Gegend in Angst und Schrecken. Die Opfer waren ausnahmslos ausgebildete Krankenschwestern gewesen. Die Polizei fahndete nach einem Medizinstudenten namens Sylvester Leek. Alles deutete darauf hin, daß sein Geist Schaden genommen hatte, nachdem er von einer hübschen Lernschwester abgewiesen worden war. Seit einem Anfall von Gewalttätigkeit während einer Operation war er spurlos aus dem Krankenhaus verschwunden.

Am darauffolgenden Tag hatte man in einer Wäschekammer eine Nachtschwester erwürgt aufgefunden. Vier Tage später wurde im Garten einer Villa am Rand des kleinen Landstädtchens die Leiche einer zweiten Krankenschwester entdeckt, die ebenfalls auf grausige Weise ermordet worden war. Nachdem vierzehn Tage nichts passiert war, fand man dann eine der Pflegerinnen von Sir Thomas Jones erdrosselt in ihrem Schlafzimmer auf.

Der letzte Mord war in einem großen Herrenhaus mitten auf dem Land geschehen. Seither lebten die Bewohner alleinstehender Häuser und einsamer Bauernhöfe in ständiger Angst. Frauen verriegelten die Türen, und kein junges Mädchen hielt sich nach Einbruch der Dunkelheit noch ohne männliche Begleitung im Freien auf.

Schwester Cherry wünschte sehnsüchtig, all jene Details aus ihrem Gedächtnis verbannen zu können, die sie in den Zeitungen gelesen hatte. Die Gerissenheit und brutale Gewalt des Mörders wiesen auf einen Geisteskranken hin.

Daher war es ein beunruhigender Gedanke, daß Schwester Silvers und ihr Aufenthaltsort weithin bekannt war. Professor Baker hatte bei Forschungsarbeiten von nationaler Bedeutung eine Gasvergiftung erlitten, und darüber war in der Presse berichtet worden.

»Aber woher sollte ›er‹ wissen, daß wir heute nacht allein sind?« gab sie zu bedenken.

Schwester Silver schüttelte den Kopf.

»›Die‹ wissen das immer.«

»Blödsinn! Außerdem hat er inzwischen vermutlich ohnehin Selbstmord begangen. Seit über einem Monat ist kein Mord mehr passiert.«

»Ganz richtig. Also muß wieder was geschehen. Und zwar bald.«

Schwester Cherry dachte an die bizarren Schattengestalten draußen vor dem Haus. Ihre Nerven waren aufs äußerste gespannt.

»Wollen Sie mir angst machen?«

»Ja«, sagte Schwester Silver. »Ja, das will ich. Ich traue Ihnen nicht. Sie sind vergeßlich.«

Schwester Cherry lief vor Wut rot an.

»Werfen Sie mir doch die Sache mit der verdammten Sauerstoffflasche nicht dauernd vor!«

»Vielleicht vergessen Sie bald wieder etwas.«

»Nein, keine Angst.«

Sie hatte die Worte kaum ausgesprochen, als ihr... wie sich im Wasser ausbreitendes Öl... erneut Zweifel kamen.

Etwas vergessen...

Schwester Cherry fröstelte, als sie zur Wendeltreppe hinaufsah, die nur spärlich von einer am Geländer befestigten Petroleumlampe beleuchtet wurde. Schatten flackerten schwarzen Fledermäusen gleich über die Wand.

Ein unheimlicher Ort. Auf jedem Treppenabsatz gab es versteckte Nischen.

Das Haus war hoch und schmal. In jedem Stockwerk befanden sich zwei bis drei Zimmer. Es sah eigentlich fast wie ein Turm oder Pfefferstreuer aus. Im Souterrain befanden sich Küche und Hauswirtschaftsräume, im Parterre der Salon, das Eßzimmer und das Arbeitszimmer des Professors. Der erste Stock war ganz dem Patienten Baker vorbehalten. Im zweiten Stock schließlich hatten die beiden Krankenschwestern und das Ehepaar Iles ihre Schlafräume. In den oberen Etagen waren die Labors des Professors untergebracht.

Schwester Cherry dachte an die soliden Fensterläden und die zahlreichen Sicherheitsketten. Es hatte ihr eine gewisse Befriedigung bereitet, das Haus praktisch in eine Festung zu verwandeln. Jetzt allerdings hatte sie weniger das Gefühl, sicher zu sein, als vielmehr die Angst, in einer Falle zu sitzen.

Sie ging zur Treppe.

»Wir reden zuviel«, sagte sie. »Kümmern wir uns lieber um den Patienten.«

Schwester Silver rief sie zurück.

»Jetzt bin ich dran. Mein Dienst.«

Die Spielregeln ihres Berufs verboten Schwester Cherry jeglichen Protest. Trotzdem sah sie der Kollegin voller Neid nach.

Sie dachte sehnsüchtig an die schöne Stirn des Patienten, an seine von der Krankheit gezeichneten, gutgeschnittenen Züge, die klugen, schiefergrauen Augen. Nachdem sie drei Jahre lang Kinder oder gelegentlich eine Mutter oder Tante gepflegt hatte, hatte die Liebe Einzug in ihr Leben gehalten.

Von Anfang an hatte sie sich zu ihrem Patienten hingezogen gefühlt. Solange der Professor die Krise nicht überwunden hatte, hatte sie kaum gegessen oder geschlafen. Sie merkte, wie er sie mit seinen Blicken verfolgte, es kaum ertragen konnte, wenn sie nicht in seiner Nähe war.

Am Vorabend erst hatte er ihre Hand in seinen langen, schmalen Fingern gehalten.

»Heiraten Sie mich, Stella«, hatte er geflüstert.

»Erst wenn es Ihnen wieder gutgeht«, hatte sie ziemlich unbeholfen geantwortet.

Von dieser Minute an nannte er sie Stella. Plötzlich war ihr Name Musik in ihren Ohren gewesen, bis sie durch den fatalen Zwischenfall mit der Sauerstoffflasche jäh aus ihren romantischen Träumereien erwacht war. Sie mußte der Tatsache ins Auge sehen, daß jeder weitere Fehler für Glendower lebensbedrohend sein konnte.

Schwester Cherry war zu klug, um weiter darüber nachzudenken, und konzentrierte ihre Gedanken daher auf Schwester Silvers Charakter. Bis dahin waren sie lediglich zu den Mahlzeiten zusammengekommen, und dabei hatte sich die andere stets schweigsam und launisch gegeben.

An diesem Abend allerdings hatte sie offen feindselige Gefühle ihr gegenüber an den Tag gelegt, und Schwester Cherry glaubte, die Ursache zu kennen.

Die ganze Situation war geradezu eine Brutstätte für Eifersucht. Zwei Frauen lebten auf engem Raum mit einem Patienten und einem Arzt zusammen, die beide Junggesellen waren. Obwohl Schwester Silver die unattraktivere von ihnen beiden war, war es allzu offensichtlich, daß auch sie ihr gerütteltes Maß an weiblicher Eitelkeit besaß. Schwester Cherry war nicht entgangen, daß Schwester Silver viel zu enge Schuhe trug und bei jedem Schritt litt. Darüber hinaus hatte sie die andere dabei ertappt, wie sie sich ausgiebig im Spiegel betrachtet hatte.

Diese mitleiderregenden Einblicke in das sonst so verschlossene Herz der Kollegin belasteten Schwester Cherry.

Im Haus war es totenstill. Schwester Cherry vermißte die Geräusche der Natur... den Regen und den Wind an den Fensterscheiben und die fröhlichen Stimmen des Ehepaars Iles. Diese unheimliche Stille war ein ausgezeichneter Hintergrund für andere Geräusche, die sie lieber nicht hören wollte.

Nur, um sich aufzumuntern, sagte sie laut:

»Mach dir nichts draus, Stella, wenn Silver sich heute so aufspielt. Tja, ja. Ich sage jetzt Mrs. Iles, daß sie sich mit dem Abendessen beeilen soll.«

Als sie die Tür zum Souterrain öffnete, hatte sich ihre Laune deutlich gebessert. Warmer, würziger Küchenduft stieg durch das kleine Treppenhaus zu ihr herauf. Sie sah einen Lichtstreifen durch die halbgeöffnete Küchentür.

Sie trat ein. Nichts deutete hier darauf hin, daß das Abendessen vorbereitet worden war. Mrs. Iles, eine korpulente Blondine mit roten Backen, saß am Küchentisch und hatte den Kopf in den rundlichen Armen vergraben.

Als Schwester Cherry sie sanft an der Schulter rüttelte, hob sie den Kopf.

»Was is'?« fragte sie begriffsstutzig.

»Meine Güte, Mrs. Iles! Ist Ihnen nicht gut?«

»Wie? Ich fühl' mich, als wär' ich voll wie 'ne Strandhaubitze...«

»Was soll denn das heißen?«

»Beschwipst, würden Sie das wohl nennen. Ich bin wie beschwipst. Um mich dreht sich alles...«

Schwester Cherry betrachtete mißtrauisch ein leeres Glas auf der Anrichte, als Mrs. Iles' Kopf wieder schwer auf den Tisch sank.

Schwester Silver hörte ihre hastigen Schritte auf der Treppe. Sie empfing sie bereits auf dem Treppenabsatz.

»Ist was?«

»Mrs. Iles. Ich glaube, sie ist betrunken. Kommen Sie! Sehen Sie selbst.«

Schwester Silver folgte ihr in die Küche, packte Mrs. Iles unter den Achseln und stellte sie unsanft auf die Füße.

»Betrunken«, konstatierte sie. »Helfen Sie mir. Wir müssen sie raufschaffen.«

Es war kein einfaches Unterfangen, die siebzig Kilo Lebendgewicht der protestierenden Mrs. Iles drei Treppen hinaufzutragen.

»Sie ist schwer wie Zement«, keuchte Schwester Cherry, als sie die Tür zum Schlafzimmer des Ehepaars Iles erreicht hatten. »Jetzt schaffe ich es schon allein. Danke.«

Dabei wäre es ihr lieber gewesen, Schwester Silver wäre zu ihrem Patienten zurückgekehrt, anstatt sie so anzustarren.

»Weshalb sehen Sie mich so an?« fragte sie schroff.

»Kommt Ihnen noch immer nichts komisch vor?«

»Wieso?«

In der trüben Beleuchtung wirkten Schwester Silvers Augen wie leere schwarze Höhlen.

»Den ganzen Tag über«, begann sie, »sind wir zu viert gewesen. Dann geht zuerst Iles. Jetzt fällt auch Mrs. Iles aus. Bleiben nur noch wir zwei. Und falls Ihnen oder mir etwas zustößt, ist einer von uns allein.«

Während Schwester Cherry Mrs. Iles ins Bett brachte, entschied sie für sich, daß Schwester Silver tatsächlich keine besonders angenehme Kollegin war. Sie sah Gespenster.

Schwester Cherry rief sich energisch ins Gedächtnis, daß sie Iles' Abwesenheit selbst zu verantworten hatte und daß seine Frau dem Alkohol zugesprochen hatte.

Trotzdem blieb ein Rest Unsicherheit zurück wie der Schmutzrest eines Dreckwasserspritzers. Voller Entsetzen begann sie sich auszumalen, was Schwester Silver alles zustoßen konnte. Sie wußte, allein würde sie in diesem Haus den Verstand verlieren.

Das waren unangenehme Aussichten. Das leere Haus... dunkle Höhle für lauernde Schatten. Niemanden, auf den man sich verlassen konnte. Ihr Patient... eine geliebte Last und Verantwortung.

Es war besser, nicht daran zu denken. Und doch konnte sie sich von all diesen Vorstellungen nicht freimachen. Die Dunkelheit draußen schien sich gegen die Mauern zu lehnen, sie beinahe einzudrücken. Ihre Ängste steigerten sich ins Unermeßliche, und bei dem Gedanken an den Medizinstudenten wurde aus einem menschlichen Wesen mit krankem Gehirn eine hinterhältige, unersättliche Macht, ein rasendes blutrünstiges Ungeheuer.

Und plötzlich kamen ihr Schwester Silvers Worte wieder in den Sinn:

»›Sie‹ wissen es immer.« Also. Selbst durch verschlossene Türen würden ›sie‹ einen Weg finden.

Ihre Nerven waren zum Zerreißen gespannt, als unten das Telefon zu schrillen begann.

Sie sah sich immer wieder nach imaginären Verfolgern um, während sie die Treppen hinunterlief. Voller Angst hob sie ab, als müsse sie jeden Augenblick die Lachsalven eines Wahnsinnigen hören.

Sie war unendlich erleichtert, als am anderen Ende die vertraute Stimme von Dr. Jones mit dem freundlichen walisischen Akzent ertönte.

Doch Dr. Jones hattte schlechte Nachrichten. Beim Zuhören begann ihr Herz heftig zu schlagen.

»Danke, Doktor, daß Sie mir Bescheid gesagt haben«, sagte

sie schließlich. »Bitte rufen Sie wieder an, sobald Sie mehr wissen.«

»Mehr wissen? Wovon?«

Schwester Cherry fuhr bei dem scharfen Ton von Schwester Silvers Stimme zusammen. Sie war in ihren Gesundheitsslippern lautlos die Treppe heruntergekommen.

»Es war nur der Doktor«, antwortete Cherry und versuchte ihrer Stimme einen normalen Klang zu geben. »Er überlegt, die Medikamentierung umzustellen.«

»Warum sind Sie dann leichenblaß? Sie zittern ja.«

Schwester Cherry beschloß, die Wahrheit zu sagen.

»Schlechte Nachrichten«, murmelte sie. »Einfach scheußlich. Ich wollte Sie nicht unnötig erschrecken. Aber vielleicht ist es gar nicht so schlimm. Vielleicht sollten wir sogar beruhigt sein.«

Sie zwang sich zu einem Lächeln.

»Sie haben doch gesagt, daß bald der nächste Mord stattfinden wird. Und nun ist er passiert.«

»Wo? An wem? Schnell, reden Sie!«

Schwester Cherry begriff plötzlich, als Schwester Silver nach ihrem Arm griff, was es bedeutete, wenn man sagte, Angst sei ansteckend.

Trotz aller ihrer Versuche, beherrscht zu bleiben, begann ihre Stimme zu beben.

»Das... O...pfer ist eine Krankenschwester. Erwürgt. Sie haben die Leiche in einem Steinbruch entdeckt und nach Dr. Jones geschickt. Die Polizei konnte die Leiche noch nicht identifizieren.«

Schwester Silvers Augen waren groß und starr auf Cherry gerichtet.

»Schon wieder eine Krankenschwester. Jetzt sind es vier.«

Und plötzlich musterte sie die jüngere unverhohlen mißtrauisch.

»Warum hat er Sie angerufen?«

Schwester Cherry gefiel die Frage nicht.

»Er wollte uns warnen«, antwortete sie.

»Sie meinen, er... er ist hier in der Nähe?«

»Natürlich nicht. Der Doktor sagt, die Frau sei schon drei oder vier Tage tot. Mittlerweile ist er längst über alle Berge.«

»Oder näher, als man denkt.«

Schwester Cherrys Blick schweifte unwillkürlich zur verriegelten Haustür. Sie hatte plötzlich stechende Kopfschmerzen und Mühe, einen klaren Gedanken zu fassen. Doch irgendwo... tief im Unterbewußtsein... saß, wie ein Vogel im Käfig, der ewige Zweifel.

Sie hatte etwas vergessen!

Angesichts der zuckenden Lippen der älteren Kollegin war sie sich erneut klar, daß sie doppelt besonnen sein mußte.

»Gehen Sie zu unserem Patienten zurück«, schlug sie vor. »Ich kümmere mich ums Abendessen. Sicher geht es uns allen besser, wenn wir etwas gegessen haben.«

Trotz ihres frisch gewonnenen Mutes kostete es sie einige Überwindung, ins Souterrain hinunterzugehen. Zu viele Türen führten hier in Spülküche, Speisekammer und Kohlenkeller, und der Geruch von Mäusen hing in der Luft. Hier gab es zahllose Verstecke.

Die Küche allerdings erwies sich geradezu als anheimelnder Zufluchtsort. Das Feuer, das in der offenen Herdstelle unter einer Ascheschicht noch glühte, warf einen rötlichen Schein auf die Anrichte mit den Tee- und Zuckerdosen. Die sandfarbene Katze schlief auf einer Matte. Hier herrschte heile Welt.

Schwester Cherry stellte hastig Brot, Käse, kalten Braten und gedünstete Pflaumen auf ein Tablett. Für Schwester Silver fügte sie eine Flasche Bier hinzu, während sie für sich eine Tasse Kakao anrührte. Während sie beobachtete, wie die Milch über der braunen Flüssigkeit aufschäumte, und sie den Duft von Schokolade einatmete, hatte sie plötzlich beinahe das Gefühl, all ihre Ängste seien grundlos und absurd.

Sie trällerte sogar ein Lied, als sie das Tablett nach oben trug. Der Gedanke, Glendower zu heiraten, beflügelte sie.

Die Krankenschwestern benutzten den an das Krankenzimmer angrenzenden Raum für ihre Mahlzeiten, um ihrem Patienten ständig nahe zu sein. Als die Nachtschwester hereinkam, horchte Schwester Cherry angestrengt. Sie hoffte, Glendowers Stimme zu hören. Es drängte sie, wenigstens einen kurzen Blick ins Krankenzimmer zu werfen. Schon ein Lächeln von Glendower hätte ihr jetzt geholfen.

»Wie geht es unserem Patienten?« fragte sie.

»Gut.«

»Darf ich mal reinsehen?«

»Nein. Sie sind nicht im Dienst.«

Als sich die beiden Frauen gesetzt hatten, bemerkte Schwester Cherry amüsiert, daß Schwester Silver unter dem Tisch die Schuhe auszog.

»Sie scheinen ja ein großes Interesse an unserem Patienten zu haben, Schwester Cherry«, bemerkte die ältere sauertöpfisch.

»Das ist doch selbstverständlich«, entgegnete Schwester Cherry lächelnd und schnitt Brot ab. »Der Doktor meint, es sei mir zu verdanken, daß er überhaupt noch lebt.«

»Ach ja, der Doktor. Der hält sowieso große Stücke auf Sie.«

Ohne eingebildet zu sein, wußte Schwester Cherry, daß sie in dem hochgewachsenen Waliser einen Verehrer gefunden hatte. Der eifersüchtige Blick aus Schwester Silvers Augen veranlaßte sie, sich die Antwort reiflich zu überlegen.

»Dr. Jones ist zu allen freundlich.«

Aber sie war selbst von viel zu freundlichem und offenem Naturell, um ihr Geheimnis ganz für sich behalten zu können. Sie rief sich erneut ins Bewußtsein, daß sie sich schließlich zusammen in einer unangenehmen Lage befanden, und versuchte wenigstens ein gewisses Maß an freundschaftlicher Verbundenheit zwischen ihnen entstehen zu lassen.

»Ich habe das Gefühl, daß Sie mich nicht mögen«, begann sie. »Sie finden, daß es mit meiner Selbstbeherrschung nicht weit her ist. Und Sie können einfach die Sache mit der Sauerstoffflasche nicht vergessen. Aber ich habe entsetzlich anstrengende Wochen hinter mir. Vier Nächte lang bin ich nicht mal aus den Kleidern gekommen.«

»Warum haben Sie nicht veranlaßt, daß man eine zweite Schwester einstellt?«

»Das kostet alles Geld. Der Professor hat sich ganz der Forschung für sein Land verschrieben. Er ist ein armer Mann. Und später hatte ich das Gefühl, die Pflege nicht aus der Hand geben zu dürfen. Ich war auch dagegen, daß man Sie geholt hat. Aber Dr. Jones war der Meinung, daß ich es allein nicht mehr lange durchstehen könne.«

Sie betrachtete ihre linke Hand und glaubte plötzlich den Schatten eines Eherings erkennen zu können.

»Halten Sie mich bitte nicht für geschwätzig, aber irgend jemandem muß ich es sagen. Der Professor und ich werden heiraten.«

»Sollte er überleben.«

»Aber er ist längst über den Berg.«

»Da wäre ich mir nicht so sicher.«

Schwester Cherry fühlte plötzlich einen Stich in der Herzgegend.

»Verbergen Sie etwas vor mir? Geht es ihm schlechter?«

»Nein. Sein Zustand ist unverändert. Ich wollte nur andeuten, daß Dr. Jones vielleicht etwas dagegen haben könnte. Sie haben ihm doch schöne Augen gemacht. Stimmt's? Ich habe gesehen, wie Sie ihn angelächelt haben. Frauen wie Sie sind die Ursache allen Übels auf dieser Welt.«

Schwester Cherry war im ersten Augenblick über den ungerechtfertigten Vorwurf entsetzt. Als sie jedoch sah, wie die Gesichtsmuskeln der älteren zuckten, wurde ihr klar, daß diese lediglich eifersüchtig war. Die eine war auf der Sonnen-, die andere auf der Schattenseite des Lebens. Und gelegentlich wurde der Unterschied etwas zu deutlich.

»Streiten wir uns nicht. Nicht heute abend«, entgegnete sie freundlich. »Die Situation ist für uns alle nicht einfach. Wir müssen und aufeinander verlassen können. Wir brauchen uns gegenseitig. Falls Ihnen genau wie Mrs. Iles etwas zustoßen sollte, würde ich verrückt vor Angst.«

Schwester Silver schwieg. »Daran habe ich nicht gedacht«,

sagte sie schließlich. »Nur wir beide allein. Und dann unten und oben die vielen leeren Zimmer. Was war das?«

Von der Diele drang gedämpftes Klopfen herauf.

Schwester Cherry war aufgesprungen.

»Da ist jemand unten an der Haustür.«

Schwester Silver umfaßte ihren Arm mit eisenhartem Griff.

»Setzen Sie sich. Das ist ›er‹.«

Die beiden Frauen starrten sich wortlos an. An der Haustür klopfte es weiter laut und penetrant. Für Schwester Cherry hatte das Geräusch etwas Drängendes.

»Ich gehe runter!« erklärte sie schließlich. »Vielleicht ist es Dr. Jones.«

»Wie wollen Sie das denn feststellen?«

»Ich erkenne ihn an der Stimme.«

»Sie Närrin! Jeder kann seinen Dialekt imitieren.«

Schwester Cherry beobachtete, wie sich auf Schwester Silvers Oberlippe und in den Mundwinkeln Schweißperlen bildeten. Angesichts von Schwester Silvers Angst war sie plötzlich ganz ruhig.

»Ich gehe runter und sehe nach, wer das ist!« wiederholte sie. »Vielleicht hat er wichtige Informationen über den Mörder.«

Schwester Silver zog sie von der Tür weg.

»Na, was habe ich gesagt? Die einzige Gefahr hier sind Sie! Haben Sie's schon wieder vergessen?«

»Vergessen? Was?«

»Hat Iles Ihnen nicht ans Herz gelegt, niemandem zu öffnen? Niemandem?«

Schwester Cherry ließ den Kopf hängen. Sie setzte sich schweigend und niedergeschlagen wieder hin.

Plötzlich war es mäuschenstill. Kurz darauf setzte das Klopfen erneut ein. Diesmal an der Hintertür.

Schwester Silver wischte sich den Schweiß vom Gesicht.

»Das ist ›er‹. Er will rein.« Sie legte die Hand auf Cherrys Arm. »Sie zittern ja nicht mal. Haben Sie denn keine Angst?«

»Ich fürchte nur Gespenster.«

Trotz der Tapferkeit, die Schwester Cherry an den Tag legte, hatte sie insgeheim Angst vor ihrer eigenen Courage. Schwester Silver hatte sie praktisch beschuldigt, eine Gefahr für das ganze Haus zu sein. Aus diesem Grund hatte sie beschlossen, noch einmal die Runde zu machen, um festzustellen, ob sie tatsächlich etwas vergessen hatte. Sie mußte den nagenden Zweifel endgültig beseitigen.

»Ich gehe runter«, sagte sie. »Ich möchte rausschauen.«

»Sie wollen ein Fenster aufmachen?« herrschte Schwester Silver sie wütend an. »Das werden Sie nicht tun! Das wäre tödlich gefährlich. Denken Sie nach! Das letzte Opfer wurde tot in ihrem Schlafzimmer gefunden.«

»Also gut. Dann lasse ich es eben.«

»Seien Sie vorsichtig. Sie wollten mich schonen. Aber vielleicht ist es vielmehr so, daß ich Sie schonen wollte. Ich sage nur eines: In diesem Haus stimmt etwas nicht.«

Schwester Cherry wurde es bang ums Herz. Hier sollte es nicht mit rechten Dingen zugehen? Falls sie sich mit ihrer Vergeßlichkeit erneut schuldig gemacht haben sollte, mußte sie das wiedergutmachen, indem sie die anderen schützte...

Sie mußte sich zwingen, die Treppe hinaufzugehen. Ihre in der Zugluft flackernde Kerze zauberte verzerrte Schattenrisse an die Wände. Als sie den oberen Treppenabsatz erreicht hatte, ging sie, ohne nachzudenken, energisch weiter in das Labor und den angrenzenden Raum.

Beide waren leer und die Läden vor den Fenstern fest verriegelt. Cherry wurde mutiger. Sie betrat den Speicher. Unter dem Dachfenster fiel das Dach gefährlich steil ab. Kein Gitter, keine Regenrinne boten hier Halt. Im sicheren Bewußtsein, daß auf diesem Weg niemand ins Haus eindringen konnte, zog sie die Jalousie hoch und öffnete das Fenster.

Die kühle Luft an ihrem Gesicht war erfrischend. Sie wurde ruhiger. Plötzlich wurde ihr bewußt, daß sie an den Symptomen von Platzangst gelitten hatte.

Es hatte zu regnen aufgehört, und der Wind hatte aufgefrischt. Durch die Wolken hindurch sah sie die dünne Mondsichel. Gegen den helleren Horizont zeichneten sich die massigen Umrisse der Hügelkette dunkel ab. Mehr konnte sie nicht erkennen.

Cherry blieb eine Weile am Fenster stehen und dachte an Glendower. Der Gedanke an das Glück, das sie erwartete, sobald diese Nacht des Entsetzens ausgestanden war, war tröstlich. Schließlich wurde das Verlangen, ihn zu sehen, in ihr so groß, daß sie ihm nicht länger widerstehen konnte. Schwester Silvers Auskünfte hatten sie beunruhigt. Sie war daher entschlossen, sich selbst von seinem Wohlbefinden zu überzeugen, auch wenn sie damit gewisse Regeln ihres Berufes mißachtete.

Sie ließ das Fenster offen, damit etwas frische Luft ins Haus kam, und schlich leise die Treppe hinunter. Im zweiten Stock machte sie kurz halt, um ihr Zimmer und Schwester Silvers Zimmer zu kontrollieren. Es war alles in Ordnung. Mrs. Iles' Schnarchen war weithin zu hören.

Das Krankenzimmer hatte zwei Türen. Die eine führte in den Aufenthaltsraum der Krankenschwestern, wo Schwester Silver noch immer beim Abendessen saß. Die andere führte auf den Treppenabsatz.

Kaum hatte Schwester Cherry das Zimmer betreten, wußte sie, daß ihre Angst um ihn ein Fingerzeig der Liebe gewesen war. Hier stimmte etwas nicht. Glendower wälzte sich unruhig in den Kissen. Sein Gesicht war glutrot. Als sie seinen Namen rief, starrte er sie nur aus grauen, glasigen Augen an.

Er erkannte sie nicht, sagte statt ›Stella‹ Schwester zu ihr.

»Schwester. Schwester«, stammelte er und murmelte dann etwas, das wie ›Mann‹ klang. Dann sank er bewußtlos in die Kissen zurück.

Durch ihren Aufschrei herbeigerufen, kam Schwester Silver ins Zimmer gestürzt. Als sie seinen Puls fühlte, sagte sie bissig:

»Jetzt könnten wir etwas Sauerstoff gut brauchen.«

Schwester Cherry sah sie nur beschämt an.

»Soll ich Dr. Jones anrufen?« erbot sie sich kleinlaut.

»Ja.«

Cherry hatte das Gefühl, mitten in einem Alptraum gefangen zu sein, als sich bei Dr. Jones niemand meldete. Immer wieder versuchte sie verzweifelt, dieselbe Nummer anzurufen; ohne Erfolg.

Schließlich erschien Schwester Silver auf dem Treppenabsatz.

»Kommt der Doktor?«

»Ich... ich kann niemanden erreichen.« Schwester Cherry kämpfte mit den Tränen. »Mein Gott, was kann nur passiert sein? Irgend etwas scheint mit dem Telefon nicht zu stimmen.«

»Vielleicht eine technische Störung. Aber das spielt jetzt keine Rolle mehr. Unser Patient schläft.«

Schwester Cherry beruhigte das wenig. Als habe der Schock ihr mangelhaftes Gedächtnis wieder in Gang gesetzt, fiel ihr mit einem Mal ein, was sie vergessen hatte.

Das Fenster der Speisekammer.

Und dann spulte sich vor ihren Augen alles wie ein Film ab. Auf ihrer Runde durch das Haus war ihr in der Speisekammer eine Maus über die Füße gelaufen. Sie hatte daraufhin die Katze geholt, die wiederum die Maus in ein Loch in der Küche gejagt hatte. Im allgemeinen Durcheinander schließlich hatte sie vergessen, das Fenster zuzumachen.

Das Herz schlug ihr bis zum Hals, als ihr klar wurde, daß das Haus die ganze Zeit über jedem Einbrecher offengestanden hatte. Selbst als sie und Schwester Silver ängstlich auf das Pochen an der Haustür gehorcht hatten, war durch ihre Schuld eine entscheidende Schwachstelle an ihrer Festung vorhanden gewesen.

»Was ist los?« wollte Schwester Silver wissen.

»Nichts. Nichts.«

Stella wagte es nicht, der anderen reinen Wein einzuschenken. Noch schien es nicht zu spät zu sein, den Fehler wiedergutzumachen.

In ihrem Übereifer barg selbst der Weg in den Keller keine Schrecken mehr für sie. Sie konnte gar nicht schnell genug die Treppen hinunterkommen. In der Speisekammer schloß sie das Fenster und wollte gerade in die Küche zurück, als ihr Blick auf einen dunklen Fleck im Korridor fiel.

Es war der Fußabdruck eines Mannes.

Schwester Cherry erinnerte sich, daß Iles gerade Kohlen im Kohlenkeller geschaufelt hatte, als sie ihn geholt hatte, um ihn auf die Fahrt in die Stadt zu schicken. Da er keine Zeit mehr gehabt hatte sauberzumachen, war ein schmieriger Rußfilm auf dem Steinboden geblieben.

Der Abdruck glitzerte schwach, als sie die Kerze hob. Sie bückte sich und berührte ihn vorsichtig mit der Fingerspitze.

Er war noch feucht.

Im ersten Augenblick war sie wie versteinert. Es dauerte eine Weile, bis ihr klar wurde, daß sie es mit einem frischen Fußabdruck zu tun hatte. In diesem Moment brannten bei ihr endgültig alle Sicherungen durch. Mit einem schrillen Aufschrei ließ sie die Kerze fallen und rannte nach Schwester Silver kreischend die Treppe hinauf.

Es antwortete eine fremde Stimme. Sie klang gepreßt und undeutlich. Es war eine Stimme, die sie nie zuvor gehört hatte.

Obwohl sie nicht wußte, was sie auf der anderen Seite der Tür erwartete, rannte sie doch mit dem Mut der Verzweiflung in den Aufenthaltsraum der Krankenschwestern.

Dort war nur Schwester Silver. Sie saß zusammengesunken, mit halb geschlossenen Augen und offenem Mund, auf ihrem Stuhl. Und sie stieß einen zweiten, heiseren Schrei aus.

Schwester Cherry legte den Arm um sie.

»Was ist passiert? Reden Sie!«

Es war offensichtlich, daß Schwester Silver sie zu warnen versuchte. Sie deutete auf ihr Glas und versuchte verzweifelt, etwas zu sagen.

»Betäubungsmittel. Hören Sie! Ausschließen heißt einschließen.« Noch während sie sprach, verdrehte sie schrecklich die Augen, bis nur noch die weißen Augäpfel zu sehen waren.

Halb wahnsinnig vor Angst und Entsetzen versuchte sich Schwester Cherry in Wiederbelebungsversuchen... vergeblich. Wie durch Geisterhand war das eingetreten, was sie am meisten gefürchtet hatte: sie war allein.

Irgendwo in diesem Haus lauerte ein listiges, brutales menschliches Wesen, das systematisch jedes Hindernis auf dem Weg zu seinem Opfer aus dem Weg geräumt hatte.

Damit war klar, wer sein Opfer werden sollte: sie selbst.

In diesem Augenblick war sie jenseits von jeder Angst. Sie hatte das Gefühl, gar nicht mehr sie selbst... Stella Cherry... zu sein, sondern eine Fremde in der blauen Tracht der staatlich anerkannten Krankenschwester, die plötzlich ruhig darüber nachdachte, wie sie sich verhalten sollte.

Sich im Krankenzimmer einzuschließen funktionierte nicht, da das Schloß klemmte. Um die Tür mit Möbeln zu verbarrikadieren, fehlte ihr die Kraft.

Flucht war zwecklos. Hilfe war meilenweit entfernt. Außerdem konnte sie unmöglich Glendower und zwei wehrlose Frauen auf Gedeih und Verderb einem wahnsinnigen Verbrecher ausliefern.

Also war sie zur Tatenlosigkeit verurteilt. Ihr Platz war an Glendowers Seite. Sie setzte sich an sein Bett und nahm seine Hand. Minuten vergingen wie Stunden, während sie auf die Vielzahl der häuslichen Geräusche in der Dunkelheit horchte. Es raschelte, Holz knarrte, und Mäuse trippelten über den Fußboden.

Und hundertmal glaubte sie, jemanden die Treppe heraufschleichen und vor ihrer Tür haltmachen zu hören.

Es war beinahe drei Uhr, als plötzlich eine Ader an ihrer Schläfe zu pochen begann. Im Nebenzimmer waren deutlich die Schritte eines Mannes zu hören.

Das war keine Einbildung. Da ging jemand einmal durchs Zimmer und dann entschlossen auf die Verbindungstür zu.

Stella Cherry beobachtete, wie die Klinke langsam heruntergedrückt wurde.

Mit einem Satz war sie an der Tür zum Korridor, rannte auf den Treppenabsatz hinaus und die Treppe hinauf. Vor ihrem Schlafzimmer hielt sie kurz inne. Die Läden vor den Fenstern waren zwar fest verschlossen, doch die Tür hatte keinen Schlüssel. Und dort im Dunkeln wollte sie nicht sterben.

Während sie so dastand, hörte sie bereits Schritte auf der Treppe. Sie kamen langsam näher, trieben sie stetig vor sich her. Voller Entsetzen floh sie in das oberste Stockwerk hinauf, wie magnetisch angezogen vom offenen Dachfenster im Boden.

Dann ging es nicht mehr weiter. Höher hinauf konnte sie nicht. Vor der Tür zum Dachboden wartete sie erneut.

Auf der Wand des Treppenhauses zeichnete sich ein schwarzer Schatten ab. Es war der Schatten des Verfolgers... der verzerrte und groteske Vorbote des Verbrechens.

Schwester Cherry mußte sich am Treppengeländer festhalten, um nicht zu fallen. Alles wurde dunkel. Sie wußte, daß sie kurz davor war, ohnmächtig zu werden, als Erstaunen und Freude sie neue Hoffnung schöpfen ließen. Über dem Treppengeländer tauchte der Kopf von Schwester Silver auf.

Schwester Cherry rief ihr eine Warnung zu.

»Kommen Sie schnell! Es ist ein Mann im Haus.«

Sie sah, wie Schwester Silver zusammenzuckte und entsetzt den Kopf hob. Was dann geschah, übertraf die bisherigen Schrecken jener Nacht bei weitem.

Eine Maus rannte über den Korridor. Schwester Silver hob den Fuß, trat mit festem Schuh darauf und zermalmte den Kopf des kleinen Tiers mit dem Absatz.

In diesem Augenblick erkannte Schwester Cherry die Wahrheit. Schwester Silver war ein Mann.

Stella Cherry überlegte in fieberhafter Hast und lotete alle Möglichkeiten, alle Dunkelstellen aus, um endlich ein klares Bild zu bekommen.

Sie wußte jetzt, daß Schwester Silver auf dem Weg zu ihrer neuen Anstellung von Sylvester Leek ermordet worden war. Sie war die Frauenleiche, die man gerade im Steinbruch gefunden hatte. Und der Mörder hatte ihre Rolle gespielt. In der Täterbeschreibung der Polizei war von einem schlanken jungen Mann mit femininen Gesichtszügen die Rede gewesen. Es war also ein leichtes für ihn gewesen, sich als Frau zu verkleiden. Außerdem verfügte er über die nötigen medizinischen Kenntnisse, um die Rolle als Krankenschwester überzeugend zu spielen. Und da er die Nachtschichten übernommen hatte, war außer dem Patienten niemand in engeren Kontakt mit ihm gekommen.

Und der Patient hatte schließlich die Wahrheit entdeckt.

Um ihn zum Schweigen zu bringen, hatte er ihn, ebenso wie die störende Mrs. Iles, betäubt. Und er war es auch gewesen, der die Sauerstoffflasche entleert hatte, um Mr. Iles aus dem Haus zu locken.

Doch obwohl er bereits seit Stunden mit seinem Opfer allein gewesen war, hatte er sich zurückgehalten.

Ihre neu gewonnene geistige Klarheit ließ Schwester Cherry auch den Grund ahnen. Der Mann mit dem kranken Gehirn hatte sich die Genugtuung verschafft, sie systematisch in Angst und Schrecken zu versetzen; eine Genugtuung, die ihren Höhepunkt in seinem letzten Akt, ihrem Tod, finden sollte.

Den ganzen Abend über hatte er die Daumenschrauben immer ein Stück weiter angezogen.

Aber Schwester Cherry wußte, daß auch er Angst hatte; Angst vor dem tiefen Sturz in die Frustration nach der Tat. Da sein Opfer im Steinbruch entdeckt worden war, bedeutete die Identifizierung durch die Polizei gleichzeitig die Preisgabe seines Unterschlupfs. Während Schwester Cherry das Dachfenster geöffnet hatte, hatte er die Telefonleitung gekappt und die eigenen Schuhe angezogen, um für die Flucht gerüstet zu sein.

Sie erinnerte sich deutlich an sein Verhalten, als es an der Haustür geklopft hatte. Vermutlich war es Dr. Jones gewesen, der sich hatte vergewissern wollen, daß sie sich keine weiteren Sorgen machte. Die Polizei allerdings hätte sich in diesem Fall sicher gewaltsam Eintritt verschafft. Das bewies wiederum, daß die Polizei noch nichts ahnte und es daher sinnlos war, auf Hilfe von außen zu hoffen.

Sie mußte sich dem Mörder stellen... und zwar allein.

Im fahlen Licht der Mondsichel sah sie, wie der Mörder den

Dachboden betrat. Seine groteske Verkleidung als Krankenschwester gab der Situation etwas besonders Gespenstisches.

Den Blick starr auf das offene Fenster gerichtet, kam er näher. Es war offensichtlich, daß er sein Spiel weiterspielen und so tun wollte, als habe das Fenster etwas mit dem vermeintlichen Eindringling zu tun. Damit allerdings hatte Schwester Cherry ihn ganz unbewußt getäuscht. Vermutlich ahnte er nichts von dem verräterischen Fußabdruck im Kellergang, den er hinterlassen hatte.

»Machen Sie das verdammte Fenster zu, Sie Närrin!« brüllte er.

Doch gerade als er sich über den niedrigen Fenstervorsprung hinauslehnte, um das weit aufstehende Dachfenster zuzuziehen, stürzte Schwester Cherry auf ihn zu und stieß ihn mit aller Kraft, die ihr Selbsterhaltungstrieb ihr verlieh, über den Sims.

Wie in einer Momentaufnahme sah Schwester Cherry ein grauenhaft verzerrtes Gesicht, das sich vor den Mond schob, und wild um Balance kämpfende Arme.

Im nächsten Augenblick war auch das vorbei.

Schwester Cherry sank zu Boden und hielt sich die Ohren zu, um das schreckliche Schleifgeräusch auf den Dachziegeln auszuschalten.

Es dauerte lange, bis sie in der Lage war, ins Krankenzimmer hinunterzugehen. Sie trat ein. Der Friede dort war Balsam für ihre Seele. Glendower schlief ruhig. Ein Lächeln umspielte seine Lippen, als träume er von ihr.

Dankbar ging sie von Zimmer zu Zimmer, öffnete sämtliche Läden und schob die Riegel vor den Türen zurück, um das Licht der Morgendämmerung hereinzulassen.

Aus dem Englischen von
Christine Frauendorf-Mössel

Philip MacDonald
(1900–1985)

Das tizianrote Haar

Im Sommer 1936, um genau zu sein, am 5. August jenes Jahres, versetzte ein Mord in der Gegend um das Dorf Friars' Wick in Downshire, im Südwesten Englands, die Bevölkerung in Angst und Schrecken, denn das Verbrechen war von einer Brutalität, die ihresgleichen suchte.

Die größte Lokalzeitung, ›The Mostyn Courier‹, berichtete einigermaßen ausführlich über die schreckliche Tat; da das Opfer jedoch eine unattraktive ältere Frau ohne Freunde oder Angehörige war, blieb der Fall von der Londoner Presse ansonsten praktisch unbeachtet; und das, obwohl der Täter nicht gefaßt wurde.

Unbeachtet blieb er allerdings nur, bis sich exakt vierundzwanzig Stunden später, eine Meile vom ersten Tatort entfernt, das Verbrechen wiederholte. Erneut war das Opfer eine Frau, deren Lebensumstände, abgesehen vom Alter, denen der ersten Ermordeten erstaunlich glichen.

Zu jener Zeit überstürzten sich die Meldungen in Europa: Spanien – Mussolini in Äthiopien – Hitler – Japan – Rußland – Kontroversen im In- und Ausland. Es herrschte eine derartige Nachrichtenschwemme, daß die Menschen gar nicht damit umzugehen wußten und so taten, als langweile sie das alles tödlich.

Vermutlich ließ eben deshalb der Chefredakteur des ›Daily Dispatch‹, Flaggschiff von Lord Otterills Zeitungsimperium, seinem Polizeireporter völlig freie Hand, so daß dieser geniale Vertreter seiner Zunft seinen Bericht unter der Schlagzeile ›Ein Wahnsinniger schlägt in Downshire zu‹ in der Morgenausgabe des achten August auf der ersten Seite bringen konnte.

Und der Autor legte sich mächtig ins Zeug. Er berichtete über die Morde in blutrünstiger, schreckenerregender Prosa und ließ nur solche Einzelheiten aus, die nun wirklich nicht druckreif waren. Er beschrieb (in gar nicht so schlechtem Stil) das trostlose Leben dieser beiden erbarmungswürdigen Frauen, die auf so sadistische und unerfreuliche Weise umgekommen waren. Den letzten Abschnitt seines geistigen Ergusses widmete er einer Theorie, die seine faszinierten Leser noch einmal gründlich das Gruseln lehrte.

»...kann es sein«, fragte er unter dem Untertitel »Wann wacht die Polizei auf?«, ›daß die beiden schrecklichen, ja unaussprechlichen Verbrechen eines Wahnsinnigen... Verbrechen, deren einziges Motiv die verquere Lust eines kranken Gehirns sein kann, nur der Anfang einer Welle von Morden sein sollte, wie sie einst in den achtziger Jahren ganz London in Angst und Schrecken versetzte, als der nie gefaßte ›Jack the Ripper‹ der Stadt seinen blutigen Stempel aufdrückte?«

Der Artikel erschien wie gesagt am achten August. Am Vortag war die ›Queen Guinivere‹ von New York nach England ausgelaufen. Anthony Gethryn, Passagier auf diesem Luxusliner, hatte somit nicht die mindeste Ahnung von den Vorkommnissen bei Friars' Wick. Was durchaus seltsam ist, denn Gethryn, der nie zuvor in jener Gegend gewesen war und nach Ausführung seines einfachen Auftrages nicht den geringsten Wunsch hegte, je wieder dorthin zu fahren, mußte sich sofort nach Ankunft seines Schiffes ausgerechnet dorthin begeben.

Es war wohl eine Laune des Schicksals, einer jener merkwürdigen Zufälle des Lebens.

Eigentlich hatte Gethryn nicht die Absicht gehabt, seine Heimfahrt durch einen Umweg über Friars' Wick oder irgendeinen anderen Ort zu unterbrechen. Ein wichtiger und außerordentlich langweiliger diplomatischer Geheimauftrag hatte ihn drei Monate im Ausland festgehalten. Daher wollte er seine Frau und seinen Sohn so schnell wie möglich wiedersehen.

Aber da war dieser Brief in seiner Tasche. Eine sehr wichtige Persönlichkeit hatte ihn gebeten, dieses Schreiben einer anderen sehr wichtigen, wenn auch weniger bekannten Persönlichkeit zu übergeben. Und die Bitte war erfolgt, kurz nachdem diese wichtige Persönlichkeit A. R. Gethryn unter großem Einsatz einen Dienst erwiesen hatte. A. R. Gethryn konnte also nicht umhin, den Brief zu befördern, der im übrigen mit unserer Geschichte nicht das geringste zu tun hat.

So also kam es, daß Anthony am elften August vom Hafen Normouth zum Weiler Friars' Wick und dem Landsitz von Sir Adrian LeFane unterwegs war.

Gethryn trat das Gaspedal des Voisin durch und war dankbar, daß man ihm den Wagen nach Normouth gefahren hatte. Die Alternativen wären ein Mietwagen oder der Zug gewesen. An einem heißen, stickigen Tag wie diesem keine angenehme Vorstellung.

Das Schiff hatte erst spät in Normouth angelegt, so daß er die Außenbezirke von Mostyn gegen sechs Uhr abends erreichte und die Strecke auf den schmalen, verwinkelten Straßen quer durch die Stadt im Schrittempo zurücklegte. Als er die Stadt schließlich hinter sich gelassen hatte, war er in Schweiß gebadet. Der flache graue Bogen des Horizonts senkte sich immer tiefer... und das Grau nahm allmählich eine schwärzliche Tönung an. In den schlaff herunterhängenden Ästen der Bäume am Straßenrand regte sich kein Lüftchen. Über allem lastete eine unheilvolle Ruhe, die selbst das Motorengeräusch vorbeifahrender Autos und das Singen der Reifen des Voisin zu dämpfen schien.

Gethryn fuhr langsamer, als er sich der Kreuzung von Bastwick näherte. Ab hier begann für ihn unbekanntes Gelände.

Er hielt schließlich an und starrte auf die Hinweisschilder. Das vierte, am deutlichsten nach Osten ausgerichtete Schild trug die schlichte rettende Aufschrift: ›Friars' Wick – 8‹.

Gethryn schlug diese Richtung ein und fand sich auf einer schmalen Straße zwischen beklemmend hohen, ungepflegten Hecken wieder, die sich eine spärlich bewaldete Anhöhe hinaufwand. Kein anderes Auto, kein Verkehr, keine Menschenseele weit und breit. Der Himmel war noch dunkler geworden, das kupferfarbene Licht hatte etwas Bedrohliches. Die Luft war drückend und nahm einem fast den Atem.

Der Voisin hatte die Hügelkuppe erreicht. Hier endete die kurvenreiche Strecke, die Straße führte schließlich gerade und steil zwischen kargen Heideflächen bergab.

Das Dorf Friars' Wick, das bisher versteckt hinter dem Fuß des nächsten Hügels gelegen hatte, lag plötzlich und unvermittelt hinter der ersten Kurve des gewundenen Tals vor Gethryn.

Obwohl er so langsam gefahren war, weil die Kurve gefährlich eng ausgesehen hatte, kam der Anblick der kleinen Siedlung... die praktisch aus dem Nichts vor ihm aufgetaucht war... beinahe wie ein Schock. Er bremste weiter ab, und die schwere Limousine rollte lautlos die schmale Straße zwischen schiefergrauen Wohnhausfassaden und Geschäften entlang.

Das Dorf wirkte grau, trist und wenig einladend. Es strahlte etwas Fremdes und doch Vertrautes aus; eine Atmosphäre, die ihn gleichzeitig faszinierte und abstieß; etwas, das an sein Unterbewußtsein rührte und ein seltsames Kribbeln in ihm auslöste.

Gethryn kannte das Gefühl, war jedoch nicht sicher, ob es das war, was er vermutete; es konnte durchaus auch von der Witterung und von der psychischen Verfassung herrühren, in der er sich befand, weil die Heimkehr zu seiner Familie auf so ärgerliche Weise verzögert wurde.

Der Wagen kam zum Ende der einzigen Straße, die durch Friars' Wick führte, und gelangte an die Stelle, wo hinter dem obligaten Rasendreieck, dem Dorfgasthof gegenüber, die kleine Kirche stand. Hier hielt er an. Er vermutete, daß LeFanes

Anwesen nicht mehr weit sein konnte. Die einzige Möglichkeit, sich Gewißheit zu verschaffen, war, jemanden zu fragen.

Er sah sich um. Es war keine Menschenseele zu sehen. Und jetzt erst merkte er, daß die Landschaft seit der letzten Kurve am Fuß des Hügels einen völlig menschenleeren, ausgestorbenen Eindruck gemacht hatte.

Auf dem Lederpolster neben ihm landete etwas mit einem leisen, schmatzenden Geräusch. Es war ein einzelner Regentropfen von der Größe eines Zweischillingstücks.

Anthony starrte zum Himmel hinauf. Dieser war mittlerweile so nahe gerückt, hing so tief, daß er beinahe die Gipfel der hohen Ulmen hinter der weißgetünchten Fassade des Gasthauses zu berühren schien. Vereinzelte Regentropfen ließen den Staub der Straße aufspritzen. Er merkte, daß er auf das Rollen des Donners wartete.

Der Donner jedoch... und das befreiende Gewitter... blieben aus. Das kupferfarbene Licht hatte eine grünliche Nuance angenommen, und die drückende Stille war beinahe greifbar.

Dann sah er den Mann. Er stand bei den Nebengebäuden des Gasthauses.

Er sah ganz normal aus. Er paßte zu seiner Umgebung und hob sich doch scharf davon ab.

Er trug eine unförmige Kopfbedeckung und einen unförmigen Mantel. Unter den Arm hatte er ein Schrotgewehr geklemmt.

Anthony fühlte, wie das seltsame Kribbeln in ihm stärker wurde. Er warf einen Blick zurück auf die lange graue Straße, konnte jedoch dort noch immer kein menschliches Wesen entdecken. Sein Blick schweifte zu dem Mann zurück und dann in die andere Richtung. Dort sah er zum ersten Mal die Eichen am Hang zu seiner Linken und über den Eichen die Schornsteine eines großen Hauses.

Er fuhr weiter und lenkte den Wagen, seinem Instinkt gehorchend, einen gewundenen Weg hinauf, wo er bald ein imposantes schmiedeeisernes Tor erreichte.

Es stand weit offen. Er fuhr mit dem Voisin hindurch und war plötzlich in einer anderen Welt. Draußen war die Natur tod, müde und steril gewesen, doch hier war sie üppig, gepflegt und auf Wirkung bedacht. Über sich, und noch immer eine halbe Meile entfernt, konnte er die Schornsteine und darunter das Haus im verspielten Tudorstil erkennen.

Ein weiterer Schauer dicker Regentropfen ging über ihm nieder, und er dachte kurz daran, anzuhalten und das Verdeck des Wagens zu schließen. Er fuhr noch langsamer. Dabei erregte etwas rechts am Wegesrand seine Aufmerksamkeit. Es war eine große, breitschultrige, hagere Gestalt, die in derselben Bewegungslosigkeit verharrte wie zuvor das verlassen wirkende Dorf.

Er konnte den Blick nicht von ihr wenden und hielt aus einem unerfindlichen Grund an. Die Gestalt war undefinierbar gekleidet, und es dauerte einen Augenblick, bis Anthony erschrocken feststellte, daß es sich um eine Frau handelte.

Während er sie unverhohlen weiter anstarrte, wandte sich die Gestalt abrupt ab und verschwand mit energischen Schritten im Schatten einer Baumgruppe...

Der Regen war versiegt, und er fuhr weiter auf Rasenflächen, Blumenrabatten und das Haus zu...

Als es richtig zu regnen begann, geschah dies mit der Heftigkeit eines Wolkenbruchs, so als hätte der Himmel seine sämtlichen Schleusen geöffnet. Anthony war zu diesem Zeitpunkt bereits im Haus, wo ihn seine Gastgeberin, blond, hübsch und schlank, ja beinahe hager, begrüßte. Sie gab sich übertrieben liebenswürdig und war hypernervös. Sie lachte viel, aber ihre Augen behielten immer denselben Ausdruck. Wie sich herausstellte, war sie Mrs. Peter Crecy und die Tochter von Sir Adrian LeFane. Sie zog Anthony vom Butler fort und führte ihn in einen Raum, der teils als Bibliothek, teils als Salon diente und ausgesprochen luxuriös ausgestattet war. Sie gab ihm einen Drink und deckte ihn mit abgehackten Satzfragmenten ein. Diesen vermochte Anthony zu entnehmen, daß er ihren Vater nicht sofort sprechen könne... »Der Gute ist wie immer nirgends aufzufinden...«, und schloß daraus, daß von ihm erwartet wurde, die Nacht über zu bleiben... »Aber Sie müssen hier übernachten... mein Vater hat strikte Anweisungen gegeben...«

Anthony murmelte eine höfliche Erwiderung und ergab sich resigniert in sein Schicksal. Der Regen vor den verhangenen Fenstern war kaum ein Trost.

Schließlich überließ man ihn der Obhut des in schwarzes Tuch gekleideten Butlers, der Diskretion in Person mit Namen Phillips, der ihn die Treppe hinauf und durch Korridore in eine prächtige und ganz und gar nicht tudorhafte Suite geleitete.

Er nahm ein ausgiebiges Bad. Als er fertig war, stellte er fest, daß sein Koffer ausgepackt und der Abendanzug bereitgelegt war. In Hemdsärmeln trat er an ein Fenster. Draußen hatte sich die Regenwand wie ein glitzernder grauer Schleier über die Welt der Dämmerung gelegt. Er zündete eine Zigarette an, sank in einen Sessel, streckte die langen Beine aus und sann über das Dorf Friars' Wick und seine seltsam undefinierbare, unheilschwangere Aura nach. Das jedoch weder lange noch sonderlich intensiv, denn bald ertönte aus dem Parterre ein mächtiger Gong.

Anthony zog sein Jacket an, steckte den Brief in die Brusttasche und ging beschwingten Schrittes nach unten.

Er hatte ein Abendessen mit höchstens zwei zusätzlichen Gästen erwartet. Nachdem man ihn zum Salon geführt hatte, fand er sich statt dessen acht oder zehn Personen gegenüber. Sie standen in der Zimmermitte in einer Gruppe zusammen, aus deren Zentrum sich die Stimme von Mrs. Peter Crecy wie eine Springbrunnenfontäne hob und senkte.

»Also, ich bin dafür, wir belassen es dabei«, sagte die Stimme gerade. »Kein Wort mehr! Das ist zu schrecklich... zu makaber...«

Anthony war unauffällig nähergetreten. Sie hatte ihn jedoch sofort entdeckt und schwebte auf ihn zu. Das schwarz-goldene Abendkleid unterstrich, wie wohl beabsichtigt, ihre attraktive Erscheinung, ließ sie jedoch noch ausgemergelter erscheinen.

Sie nahm ihn mit auf Begrüßungstour. Er wurde bekannt gemacht und registrierte ohne viel Interesse Lord und Lady Bracksworth (Ehemann offensichtlich Master einer Foxhound-Meute – Ehefrau strickte); Professor Martel, einen Physiker; Mr. und Mrs. Shelton-Jones (Ehemann offensichtlich beim Auswärtigen Amt – Ehefrau Möchtegern-Botschaftersgattin); Mr. und Mrs. Geoffrey Dale (ihres Zeichens Zeitungsherausgeber und Leitartikelautorin); und schließlich wie eine Oase in der Wüste seine alte Freundin Carol Dunning. Sie saß in einem monströsen Sessel mit hohem Rückenteil, und er entdeckte sie erst, als Mrs. Crecy ihn in diese Richtung lenkte.

»Das ist Miss Dunning«, sagte Mrs. Crecy. »Die Schriftstellerin natürlich... Ich nehme an, Sie kennen sich... Carol Rushworth Dunning...«

»Hallo, Fremder«, begrüßte Miss Dunning ihn freundschaftlich. Ihr altersloses und unverwechselbar amerikanisches Gesicht verzog sich faltenreich zu einem breiten spitzbübischen Grinsen. »Darf man sagen ›Lange nicht gesehen‹?«

»Man darf«, erwiderte Anthony. »Zu lange... für meinen Geschmack.«

Er registrierte erleichtert, daß Mrs. Crecy sie verlassen hatte. Und er entdeckte einen Diener mit einem Tablett voller Cocktails, nahm einen für Miss Dunning und einen für sich.

»Danke«, sagte Miss Dunning. »Auf Ihr Spezielles!« Damit leerte sie ihr Glas mit einem Schluck zur Hälfte und sah zu Anthony auf. »Läge die Antwort nicht klar auf der Hand, würde ich Sie fragen, was Sie hier unter die Knute zwingt.«

»Danke, gleichfalls.« Er dachte an den Brief in seiner Tasche. »Was, bitte, liegt so klar auf der Hand? Oder hat der diplomatische Dienst...?«

Er verstummte, als er auf der anderen Seite des Raumes einen Mann sah, der nicht einfach hereingekommen war, sondern daraus einen bühnenreifen Auftritt gemacht hatte. Er war groß und schmal, hielt sich leicht vornübergebeugt, trug ein Dinerjacket aus Samt, hatte eine graue Haarmähne und war sich alles in allem seiner distinguierten Wirkung voll bewußt.

»Auftritt der Hauptperson«, kommentierte Anthony. »Frage: Wer ist das? Ich habe mein Programm verlegt.«

Sie sah ihn überrascht an. »Wer hätte das gedacht?« erwiderte sie. »Der Herr kennt seinen Gastgeber gar nicht. Das ist *er*... Sir Adrian LeFane höchstpersönlich. Alte Welt in Reinkultur, was?«

»Hm, ja«, seufzte Anthony und stand auf, als LeFane, nachdem er kurz bei der Gruppe in der Zimmermitte verweilt und lächelnd der Runde sein Willkommen entboten hatte, nun direkt auf ihn zukam.

»Colonel Gethryn?« Er streckte ihm eine schmale, wohlgeformte blasse Hand entgegen. »Ich hoffe, Sie sind nicht böse, daß ich Sie vorhin nicht persönlich willkommen heißen konnte. Aber bedauerlicherweise...« Er machte eine elegante, undefinierbare Handbewegung. »...leider war ich nicht im Haus.« Die Hand streckte sich erneut Anthony entgegen. Er ergriff sie.

»Sie waren ausgegangen, was?« mischte sich Miss Dunning ein. »Hat der Regen Sie überrascht?«

»Nein... eigentlich nicht... Es war halb so schlimm.« LeFane lächelte herablassend. »Ich schätze mich glücklich...«

Weshalb er sich so glücklich schätzte, sollten sie vorerst nicht erfahren, denn in diesem Augenblick trat LeFanes Tochter zu ihnen und ließ ein wahres verbales Feuerwerk auf ihren Vater los.

Ganz offenbar war sie über irgend etwas oder irgend jemanden namens ›Marya‹... das ›y‹ war deutlich herauszuhören... besorgt.

Sie nahm LeFane beiseite, und Anthony fühlte sich erneut befreit. Er sah Miss Dunning an.

»Wer ist Marya? Eine Sie? Oder ein Es? Oder gar ein Er?«

»Dax.«

»Klingt unfreundlich.« Anthony musterte sie aufmerksam. »Oder ist das etwa... Der Himmel steh' mir bei! Meinen Sie vielleicht die Bildhauerin? Die mit der Riondetto-Gruppe in Genf? Und dem Ikarus in Hendon?«

»Exakt.« Miss Dunnings Blick schweifte zur Tür, und sie nickte. »Und da ist sie auch schon.«

Von der Tür her kam eine hochgewachsene Gestalt mit langen Schritten auf LeFane zu. Trotz ihrer Körpergröße und der ungewöhnlichen Aufmachung... sie trug ein wallendes, kuttenartiges Gewand aus grobem dunkelgrünem Stoff... wirkte die Frau weniger grotesk als imposant. Ihr runzeliges Gesicht reagierte mit keinem Zucken auf LeFanes äußerst charmantes Lächeln. Sie ließ sich jedoch zu der Gruppe um Mrs. Crecy führen und war im Nu deren Mittelpunkt.

»Nun?« sagte Miss Dunning.

»Erstaunlich«, erwiderte Anthony. »Offengestanden habe ich die Dame schon vor ein paar Stunden gesehen. Sie stand unter einem Baum. Sie hat...«

»Was?« wollte Miss Dunning wissen.

Doch sie bekam keine Antwort. Zwei weitere Gäste betraten den Raum... ein gutaussehender Mann um die Dreißig mit müdem Blick und, wie man früher gesagt hätte, dem Image des Akademikers; an seiner Seite eine kleine, kräftige und etwas unförmige Frau mit einem fröhlichen Pferdegesicht.

Erneut sah Anthony hilfesuchend zu Miss Dunning, und wieder klärte diese ihn auf.

»Menschliche Wesen«, sagte Miss Dunning. »Erfrischend, was? Der Landarzt mit Frau. Ich mag die beiden.« Ihr Blick fiel auf ihr leeres Glas. Sie gab es Anthony. »Sehen Sie mal zu, was da zu machen ist«, bat sie.

Dazu jedoch hatte Anthony keine Chance. Mrs. Crecy wirbelte herum. Er wurde zu Marya Dax befördert, vorgestellt und von unergründlichen dunklen Augen gemustert, welche nur aus Pupillen zu bestehen schienen und sich exakt auf seiner Augenhöhe befanden.

Er murmelte Höfliches und wurde ignoriert. Er wandte sich ab, wurde erneut weiterbefördert und fand sich Dr. und Mrs. Carmichael gegenüber. Als sein Blick in das sommersprossige Gesicht mit dem markanten Profil fiel, regte sich irgend etwas in seiner Erinnerung.

Er schüttelte dem Mann die Hand, ohne noch ein Wort gewechselt zu haben, als die Frau begann:

»Sie erinnern sich wohl nicht mehr an mich?« Und dabei sah sie aus klugen kleinen Augen zu Anthony auf.

»Das ist gemein, Min!« schimpfte ihr Mann liebevoll. »Schäm dich.«

»Lassen Sie mich einen Augenblick nachdenken«, bat Anthony. Und dann fuhr er fort: »Es muß länger her sein... Hatten Sie nicht lange Zöpfe... Natürlich! Sie sind Henry Martins Tochter.«

»Na bitte!« Mrs. Carmichael ergriff den Arm ihres Mannes. »Er hat's gewußt.«

»Sicher wär's ihm schon eher eingefallen«, sagte Carmichael mit einem Lächeln. »Nur konnte er sich wohl das Fräulein aus reichem Haus schwerlich als Frau eines Allerweltsdoktors vorstellen.« Er tätschelte ihre Hand.

»Colonel Gethryn«, wandte sich Mrs. Carmichael an Anthony. »Da wir nun schon so alte Bekannte sind, möchte ich Ihnen eine indiskrete Frage stellen. Ich...«

Ihr Mann zuckte verlegen mit den Schultern. »Bitte, Min! Laß das doch.«

»Sei nicht albern, Jim. Versuchen kann man's doch... Und Colonel Gethryn nimmt das bestimmt nicht übel.«

Sie sah mit dem ernsten Ausdruck eines Fohlens zu ihm auf. »Oder doch?«

Anthony sah den bittenden Blick. »Ich glaube nicht«, antwortete er und wollte hinzufügen ›Machen Sie die Probe aufs Exempel‹, doch in diesem Moment erging die Aufforderung an die Gäste, sich zu Tisch zu begeben. Die Anwesenden fanden sich paarweise zusammen, und Anthony stellte mit Vergnügen fest, daß man ihm Miss Dunning als Tischdame zugedacht hatte.

Die Speisen, obwohl schwer und üppig und mit großem Pomp serviert, waren ausgezeichnet und die Weine über jeden Tadel erhaben. Für Anthony verstrich die Mahlzeit daher mehr als angenehm, bis während seiner angeregten Unterhaltung mit Miss Dunning plötzlich im Lauf eines hitzigen Disputs am anderen Ende der Tafel sein Name fiel.

»... Colonel Gethryn weiß das von uns allen bestimmt am besten!« ertönte die heisere Stimme von Mrs. Carmichael. »Schließlich ist er der einzig Kompetente in diesen Dingen.«

Anthony, der sich angesprochen fühlte, wandte den Kopf in ihre Richtung. Dabei sah er viele Augenpaare auf sich gerichtet.

»In welchen Dingen?« fragte er Mrs. Carmichael. »Oder sollte ich das lieber nicht fragen?«

»In Verbrechensangelegenheiten natürlich.« Mrs. Carmichael sah aus wie ein Pferd, das die Ohren aufstellte. »In bezug auf Verbrechen im allgemeinen und auf ein... ja zwei Verbrechensarten im besonderen.«

Anthony unterdrückte einen Seufzer. »Wenn Sie damit auf Verbrechen anspielen, die in jüngster Zeit in Großbritannien verübt wurden, muß ich Sie enttäuschen«, erwiderte er hoffnungsvoll. »Ich bin monatelang im Ausland gewesen und erst heute nachmittag wieder in England eingetroffen. Außerdem habe ich seit gut zwei Wochen keine britische Zeitung mehr zu Gesicht bekommen.«

Mit einem alarmierend säuerlichen und entschlossenen Lächeln unterbrach Mrs. Crecy diesen Dialog:

»Sie Glücklicher! Die tödliche Langeweile in unseren Zeitungen war kaum zu ertragen, Mr. Gethryn. Außerdem finde ich es schändlich, wie gewisse Leute Sie dazu verleiten möchten, aus der Schule zu plaudern...«

Das gereizte Lächeln fiel auf Mrs. Carmichael, die auf ihrem Stuhl förmlich zusammenschrumpfte und eine Entschuldigung murmelte. Dann versuchte sie, mit Lord Bracksworth eine Unterhaltung über die Jagd in Gang zu bringen.

Dabei wurde sie mitten im Satz von Marya Dax unterbrochen, die zu Adrian LeFanes Rechten und damit Anthony schräg gegenüber saß. Das ganze Essen über hatte sie wie eine Schicksalsgöttin stumm und düster auf ihrem Platz gethront.

Jetzt jedoch beugte sie sich vor, umfaßte die Tischkante mit tellergroßen, grobknochigen Händen und richtete den Blick aus ihren schwarzen Augen auf Anthony.

»Vielleicht besteht für Sie keine Notwendigkeit, Zeitung zu lesen«, erklärte sie in heiserem Alt. »Vielleicht riechen Sie förmlich das Böse.«

Da dies weder eine Frage noch eine Feststellung zu sein schien, ließ Anthony die Bemerkung mit einem undurchsichtigen Lächeln auf sich beruhen.

Das Auswärtige Amt in Person von Mr. Shelton-Jones jedoch witterte eine Gelegenheit, Konversation zu machen.

»Ein interessanter Gedanke, Miss Dax«, meldete sich Mr. Shelton-Jones zu Wort und richtete seine hornbebrillten Augen auf die Schicksalsgöttin. »Ob der geschulte Intellekt soweit sensibilisiert ist, die Atmosphäre, die Wellenlänge... oder vielleicht sollte ich sagen, die ›Aura‹ des Bösen zu erfassen, das ist die Frage.«

Die Schicksalsgöttin würdigte Mr. Shelton-Jones keines Blickes. Ihre düsteren Augen waren unverwandt auf Anthony gerichtet.

Mr. Shelton-Jones berührte das nicht. Auch er sah jetzt Anthony an.

»Was meinen Sie, Mr. Gethryn?« fragte er. »Gibt es so was wie eine Aura des Bösen? Kennen Sie einen... ehm... einen Fall, bei dem der ermittelnde Beamte sich von einer solchen... ehm... metaphysischen Empfindung hat leiten lassen?«

Anthony stöhnte innerlich. Allerdings war die Frage zu direkt, als daß er sie hätte unbeantwortet lassen können. »Sie meinen vermutlich das, was die Amerikaner als ›super-hunch‹ bezeichnen, also eine Art Eingebung? Ich bin zwar kein Fachmann in diesen Dingen, aber so was ist schon vorgekommen.«

In diesem Moment griff auch die Presse in der zierlichen Gestalt Mrs. Dale in das Gespräch ein.

»Wie faszinierend!« bemerkte sie. »Erzählen Sie uns doch...«

»Bitte!« unterbrach Anthony sie mit einem Lächeln. »Ich

wollte noch anmerken, daß diese übersinnlichen Ahnungen, diese Eingebungen mit Vorsicht zu genießen sind. Sie sind mehr als nutzlos. Sie sind gefährlich. Und deshalb sollte man sie unbedingt außer acht lassen.«

Erstaunlicherweise meldete sich ausgerechnet jetzt der bis dahin völlig schweigsame Physiker Martel zu Wort. Er reckte sein bärtiges Kinn angriffslustig in Anthonys Richtung. »Und weshalb?« fragte er rüde und mit harschem Akzent.

Anthony musterte ihn. »Weil«, erwiderte er kühl, »man nie sicher sein kann, daß Gefühle echt sind. Sie können ebensogut von Verdauungsstörungen hervorgerufen werden.«

Einige lächelten. Der Professor blieb ernst. Er starrte Anthony an, knurrte und wandte die Aufmerksamkeit wieder seinem Teller zu.

»Aber jetzt mal im Ernst, Colonel Gethryn...«, begann jemand.

»Ich meine das vollkommen ernst«, entgegnete Anthony. Nachdem das Thema schon auf dem Tisch war, konnte er es genausogut vernünftig abhandeln.

»Ich will Ihnen ein Beispiel aus den letzten Tagen nennen, um zu verdeutlichen, was ich meine«, fuhr er fort. »Gestern abend beim Kapitänsdinner auf der ›Guinivere‹ hatte ich zuviel getrunken. Und danach habe ich zuwenig geschlafen. Als der Ozeanliner festmachte, kündigte sich das gegenwärtige Unwetter bereits an. Als ich dann durch das mir völlig unbekannte Friars' Wick fuhr, hatte ich so eine ›Eingebung‹. Die Landschaft... das Dorf... die Tatsache, daß keine Menschenseele zu sehen war... der schwarzverhangene Himmel... das alles vermittelte mir das Gefühl...« Anthony zuckte mit den Schultern, »...nun das Gefühl, das Böse spüren zu können. Aber das ist völlig absurd. Und in Anbetracht des genossenen Kapitänsdinners sicher durch Magenbeschwerden hervorgerufen.«

Zu Anthonys Verblüffung herrschte absolute Stille im Raum, als er geendet hatte. Er blickte von einem zum anderen. In allen Gesichtern war Erstaunen zu lesen. In allen bis auf das von Professor Martel. Der machte eine säuerliche Miene. Schließlich verzog er den Mund zu einem zynischen, ungläubigen Lächeln.

»Das ist... höchst bemerkenswert, Colonel Gethryn!« hörte er jemanden sagen.

»Sie behaupten, keine Zeitung gelesen zu haben«, bemerkte Martel mit seinem harten Akzent. »Aber vielleicht haben Sie Radio gehört...«

Anthony blickte auf Martels Bart. Dann sah er ihm in die Augen. »Ich weiß nicht, was das zu bedeuten hat... Aber das ist wohl gut so.«

Marya Dax blickte die Tischreihe entlang auf Martel. Sie musterte ihn ausdruckslos. Dann sagte sie, ohne jemanden direkt anzusprechen: »Man sollte dem Mann den Mund verbieten!« Augenblicklich herrschte eine unangenehm knisternde Spannung im Raum. Mrs. Crecy biß sich auf die zitternden Lippen. Adrian LeFane stützte einen Ellbogen auf den Tisch und fuhr sich mit der Hand übers Gesicht.

Miss Dunning rettete die Situation. Sie wandte sich mit halb komischem Erstaunen an Anthony zu ihrer Rechten und traf genau den richtigen Ton, als sie sagte:

»Erstaunlich, mein lieber Holmes!« Und dann brach sie in genau das richtige Lachen aus. »Und das Seltsame ist... Sie wissen nicht mal, was Sie da gesagt haben. Vielleicht sollten Sie versuchen dahinterzukommen.«

Die Atmosphäre lockerte sich, und Anthony erwiderte: »Ich scheine da einen wunden Punkt berührt zu haben.« Er sah in die Tischrunde. »Könnte es sein, daß...« Sein Blick ruhte auf der Schicksalsgöttin. »...daß in Friars' Wick wirklich etwas nicht stimmt?«

Fünf oder sechs Personen begannen gleichzeitig zu sprechen. Schließlich setzte sich das heisere, drängende Organ von Mrs. Carmichael gegen alle anderen durch.

»...das Phantastischste, was ich je gehört habe. Colonel Gethryn, ist Ihnen klar, daß Sie Miss Dax' These damit bewiesen haben?«

Anthony musterte Mrs. Carmichael mit einem Lächeln. »Ein Beweis ist das nicht«, widersprach er. »Aber vielleicht ist Zufall im Spiel. Das Kapitänsdinner war wirklich sehr üppig.«

Mrs. Carmichael ließ sich jedoch nicht beirren. »Sie müssen es erfahren. Unbedingt!« Und zu ihrem Mann auf der anderen Tischseite: »Jim, erzähl ihm alles.«

In Dr. Carmichaels müde, angenehme Züge trat ein besorgter Ausdruck. Er warf einen Blick auf seine Gastgeberin. Als diese schwieg, drängte Mrs. Carmichael: »Mach schon, Jim!« Und Mrs. Dale stimmte ein: »Bitte, Doktor!« Da schließlich kapitulierte er.

Er wandte sich direkt an Anthony. »Ich werde vorgeschoben, weil ich zufällig auch das Amt des Polizeiarztes in dieser Gegend von Downshire bekleide. Die meiste Zeit über war das eine hübsche Pfründe ohne Verpflichtungen. Aber in letzter Zeit...«

Er blies die Backen auf und ließ ein unmelodisches, leises Pfeifen hören. Dann erzählte er von den beiden Morden, über die in der Presse, vorzugsweise im ›Dispatch‹, so aufgeregt berichtet worden war. Seine Sprache war genau, und was er sagte, glich fast einer offiziellen Verlautbarung. Und obwohl er nur sachlich feststellte, was geschehen war, und das alles für die Anwesenden nichts Neues sein konnte, herrschte am Tisch absolute Stille. Die meisten musterten aufmerksam Anthony Ruthven Gethryn.

Als Carmichael geendet hatte, sagte dieser: »Hmmm! Sieht ganz nach einem zweiten Jack the Ripper aus.« Seine Miene verriet dem Betrachter dabei nichts. Er machte ein Pokerface und hatte die Lider über den grünen Augen halb geschlossen.

»Ja, vermutlich«, stimmte Dr. Carmichael gedehnt zu. »Falls es so weitergeht... was ich persönlich befürchte... obwohl der Polizeichef ganz anderer Meinung ist.«

»So?« Anthony hatte die Augen jetzt weit geöffnet. »Und wer ist der Herr?«

»Major General Sir Rigby Forsythe.« Die Stimme des Arztes

klang plötzlich äußerst frostig. »Er kann sich nicht entschließen, Scotland Yard einzuschalten. Er hält Inspektor Fennell und mich für ›Panikmacher‹. Er...« Dr. Carmichael verstummte und zog eine Grimasse. Er war sichtlich ungehalten.

»...will nicht begreifen, daß die beiden brutalen Morde, begangen von einem psychisch kranken Sexualtäter, möglicherweise der Anfang einer Verbrechensserie sein könnten«, vollendete Anthony seinen Satz. »Ist das so?«

»Exakt.« Dr. Carmichaels Miene entspannte sich. Er fühlte sich verstanden. »Außerdem will er nicht wahrhaben, daß die Morde das Werk eines kranken Gehirns sind. Dabei hat Fennell ihm unablässig erklärt, daß niemand vom Tod der beiden Frauen profitiert hat.« Flüchtig trat so etwas wie Ekel in Dr. Carmichaels Züge. »Bei diesem Täter handelt es sich sogar um einen besonders widerlichen Psychopathen. Und Triebtäter, die einmal einen Weg gefunden haben, ihre abnormen Neigungen zu befriedigen, hören so schnell nicht damit auf.«

»Ich persönlich«, mischte sich die schnarrende Stimme von Professor Martel ein, »glaube nicht an einen psychisch kranken Triebtäter.« Er hatte sich auf seinem Stuhl zurückgelehnt und das bärtige Kinn eigensinnig vorgereckt. »Ich glaube vielmehr an einen Wohltäter der Menschheit.«

Er machte eine Kunstpause. Mit dem verwirrten Schweigen, das nun entstand, hatte er offenbar gerechnet.

»Diese Weiber«, fuhr er fort. »Diese Schlampen! Ich habe sie zu Lebzeiten öfter gesehen. Nutzlose, widerliche Kreaturen. Ihr Tod hat die Welt weiß Gott nicht ärmer gemacht.«

Jetzt herrschte entsetztes Schweigen in der Runde. Marya Dax sprach als erste. Wiederum schweifte ihr Blick hinunter zu Martel. Und wieder schien sie ihn eingehend zu mustern.

»Wenn irgend etwas widerlich ist, dann ist das Ihre Geisteshaltung.« Sie wandte den Blick ab und fuhr fort: »Kein menschlicher Körper ist ganz und gar häßlich. Jeder ist auf seine Art irgendwie schön.«

»Aber ich bitte Sie, liebe Miss Dax!« mischte sich jetzt sanft, aber bestimmt Lady Bracksworth ein. »Obwohl mein ganzes

Mitgefühl diesen…«, sie schoß einen mißmutigen Seitenblick auf Martel ab, »diesen beiden armen und unglücklichen Frauen gilt, finde ich doch, daß zumindest die eine… nämlich Sarah Paddock… wirklich keine Zierde der Menschheit gewesen ist.«

Die Schicksalsgöttin wandte das Haupt bedächtig in die Richtung, aus der dieser ketzerische Einwurf gekommen war.

»Diese Frau«, entgegnete sie, »diese Paddock… ihre Hände sind Ihnen wohl nie aufgefallen, was? Die waren immer schmutzig und schrundig von der Arbeit… aber es waren wunderschöne Hände.«

»Ein wirklich interessanter Gedanke«, bemerkte Mr. Shelton-Jones. »Kann man Schönheit… ehm, insofern sie die menschliche Hülle betrifft… ehm… auf einen Teilaspekt beziehen, oder ist der Begriff Schönheit erst auf das Gesamtbild anwendbar?«

»Ich finde, Miss Dax hat recht«, erklärte Mrs. Carmichael. Sie sah ihren Mann an. »Du nicht auch?«

Er lächelte, ohne zu antworten, so daß sie insistierte: »Sie hat doch recht, Jim? Du bist doch auch dieser Meinung?«

»Selbstverständlich bin ich das«, sagte Carmichael schließlich. »In meinem Beruf sieht man eine Menge menschlicher Körper. Und ich werde mit verdammt vielen…«, er warf einen Blick auf Mr. Shelton-Jones, »…schönen Teilaspekten eines ansonsten häßlichen Menschen konfrontiert.« Er wandte sich Marya Dax zu. »Bei Sarah Paddock zum Beispiel sind sie mir auch besonders aufgefallen… die Hände, meine ich.«

Mr. Shelton-Jones rückte die Brille auf seiner Nase energisch zurecht. »Aber mein lieber Doktor… erlauben Sie, daß ich meine Behauptung noch unterstreiche. Welch ästhetischer Wert kann in einem Detail liegen, wenn dieser eine einsame Insel in einem Meer der Häßlichkeit ist?« Sich offenbar auf einen längeren Disput einrichtend, lehnte er sich in seinem Stuhl zurück und heftete den Blick auf Dr. Carmichael.

»Oh, ein nicht gerade unbeträchtlicher«, konterte Carmichael. »Tatsache ist nun einmal, daß Sarah Paddock ungewöhnlich schöne Hände hatte.« Das parlamentarische Gehabe von Mr. Shelton-Jones schien Carmichael zu reizen. »Angenommen, Miss Dax hätte sie modelliert?«

»In diesem Fall«, erwiderte Mr. Shelton-Jones unverblümt, »wären sie ja gesondert... ohne den unerfreulichen Rest zu betrachten.«

»Euklidisch«, warf Anthony ein. »Einzelne Teile können mal mit ihrem Ganzen gleichgesetzt werden und mal nicht.«

Dr. Carmichael wandte jedoch nicht den Blick von Mr. Shelton-Jones.

»Also gut«, erklärte er. »Mal angenommen, Sie hätten herrlich geformte Schultern an einem extremen Fall von tuberkulöser Hautflechte vor sich. Würde der schreckliche Zustand von Gesicht und Hals auch die Schultern für Sie abstoßend erscheinen lassen?«

»Dieser Körper wäre in seiner Gesamtheit... äh... entschieden abstoßend!« Mr. Shelton-Jones' Unverblümtheit war erstaunlich. Dic Schicksalsgöttin heftete ihren dunkel prüfenden Blick auf ihn.

Dr. Carmichaels Backen hatten sich gerötet. Er blickte düster Mr. Shelton-Jones an.

»Versuchen wir's noch mal«, fuhr er fort. »Wollen Sie wirklich behaupten, tizianrotes, herrliches Haar sei bei jemandem, der eine ganz primitive Physiognomie hat, aufgrund dieser Kombination häßlich zu nennen?«

»Ich bin ganz Ihrer Meinung, Doktor«, meldete sich die Schicksalsgöttin zu Wort. »Diese andere Ermordete... ich kann mir den Namen nicht merken... die sah noch schlimmer aus als die erste. Aber ihre Kopfform war ausgesprochen edel.«

»Du meine Güte!« entfuhr es Lord Bracksworth. »Sie meinen bestimmt die Wahrsagerin... diese Stebbins... Habe heute morgen mit dem Inspektor geplauscht. Der Bursche sagte, daß das alte Mädchen...«

In diesem Augenblick richtete sich Adrian LeFane am Kopfende der Tafel abrupt auf. Er schlug mit der flachen Hand so heftig auf den Tisch, daß die Gläser klirrten.

»Ich muß doch bitten, meine Herrschaften!« Sein Gesicht zuckte, als habe er Schmerzen. »Ich möchte von dieser... dieser häßlichen Geschichte nichts mehr hören.«

Eine gute Stunde nach dem Abendessen, das vor allem dank Miss Dunnings gesellschaftlichem Geschick in gedämpfter, wenn auch verlegener Stimmung geendet hatte, gelang es Mrs. Carmichael, mit ihrem Mann im Schlepptau, Anthony allein in eine stille Ecke des riesigen Salons abzudrängen.

Anthony war kurz zuvor erst aus Adrian LeFanes Bibliothek in den Salon zurückgekehrt. Endlich hatte er ihm den Brief übergeben, der mit der vorliegenden Geschichte rein gar nichts zu tun hat. Er ließ sich willig von den Carmichaels beiseite nehmen, obwohl er sich lieber mit Miss Dunning unterhalten hätte, denn das verzweifelte Flehen im freundlichen Pferdegesicht von Mrs. Carmichael war nicht zu übersehen.

»Oh, bitte, Colonel Gethryn! Dürfen wir mit Ihnen sprechen?« begann sie. Und ihr langes, sommersprossiges Gesicht war ebenso ernst wie ihre Stimme.

»Selbstverständlich. Warum denn nicht?« erwiderte Anthony.

»O Min! Warum mußt du den Mann unbedingt auch noch mit diesen Sorgen belästigen?« seufzte Carmichael.

»Weil dich diese Sorgen krank machen, Liebster«, entgegnete sie und legte die Hand auf den Arm ihres Mannes, ohne den Blick von Colonel Gethryn zu wenden.

»Jim ist entsetzlich über diesen schrecklichen Chief Constable aufgebracht«, erklärte sie. »Er... ich meine Jim... glaubt, daß die Polizei von Downshire diesen brutalen Mörder ohne die Unterstützung von Scotland Yard unmöglich fassen wird. Aber sie kriegen keine Hilfe, wenn der Chief Constable sie nicht ausdrücklich anfordert...«

»Ich bitte dich, Liebes!« unterbrach ihr Mann sie. »Colonel Gethryn kennt sich aus in diesen Dingen.«

Mrs. Carmichael ging darauf gar nicht weiter ein, sondern sagte zu Anthony: »Wir haben uns offengestanden gefragt, ob es… eine Möglichkeit… irgendeine Möglichkeit gibt, daß Sie Ihren Einfluß geltend machen…«

Sie ließ den Satz unvollendet, als einer der Hausdiener auf ihren Mann zutrat.

»Dr. Carmichael«, begann der Mann. Er sprach leise, aber wohlartikuliert. »Verzeihen Sie, Sir, aber ich habe eine wichtige Nachricht für Sie.« Die servile Maske des Dieners verdeckte nur ungenügend eine seltsame Mischung aus furchtsamem Abscheu und der Genugtuung, Überbringer schlechter Nachrichten zu sein.

»Inspektor Fennell hat angerufen«, fuhr er fort. »Es ist schon wieder ein furchtbarer Mord passiert. Er bittet Sie, umgehend in die Pilligrew Lane auf der Höhe von Masham's zu kommen…«

»Es ist gleich um die Ecke«, sagte Dr. Carmichael und trat hart auf die Bremse.

Anthony, der auf dem Beifahrersitz saß, unterdrückte ein Stöhnen. Er haßte es, gefahren zu werden.

Der kleine Wagen schlidderte um eine spitze Kurve und in eine Nebenstraße, die dunkel und schmal zwischen einer Hecke und der Rückfront von drei großen Scheunen entlangführte.

Durch die dichte, glitzernde Regenwand zeichneten sich im grellen Licht der Scheinwerfer in einiger Entfernung die Umrisse einer Gruppe von Männern und einiger Autos ab, die den Weg vollständig blockierten.

Carmichael stellte den Motor ab und kletterte aus dem Wagen. Anthony folgte ihm. Der prasselnde Regen traf ihn mit unerwarteter Heftigkeit, und klebriger Morast hatte in Sekundenschnelle die dünnen Ledersohlen seiner Schuhe durchweicht. Er folgte Carmichael, der auf die Gruppe zuging. Eine der Gestalten drehte sich um, trat ihnen entgegen und leuchtete mit einer Taschenlampe auf sie. Es war ein Mann im schweren schwarzen Uniformmantel und der flachen Kappe eines Inspektors der uniformierten Polizeitruppe.

»Fennell, das ist Colonel Gethryn«, sagte Carmichael. Weiter allerdings kam er nicht, denn der Mann in Uniform, der nur einen flüchtigen Blick auf Anthony geworfen hatte, wandte sich verblüfft an den Arzt.

»Aber Doktor«, sagte Fennell in heiserem, vertraulichem Flüsterton. »Sir Rigby hat alles erledigt. Gestern abend noch, ohne mir ein Wort zu sagen. Er hat mit dem Polizeipräsidenten in London gesprochen. Nachdem ich ihn wegen dieser Sache angerufen hatte, tauchte er hier mit einem Inspektor von der Kripo auf, den Scotland Yard gerade runtergeschickt hatte.«

Carmichael sah aus, als traue er seinen Ohren nicht. »Wen haben sie denn geschickt?« fragte Anthony den Inspektor prompt. »Hobday?«

»Jawohl, Sir«, antwortete Fennell. Dann ging er voraus zu der Gruppe im Scheinwerferkegel.

Anthony und Carmichael kämpften sich hinter ihm her durch den Morast. Kurz darauf hatte Hobday Anthony entdeckt. »Heiliger Strohsack, Sir! Wo kommen Sie denn her?«

Anthony wechselte einige Worte mit Sir Rigby Forsythe, der durch seine Anwesenheit etwas aus dem Gleichgewicht gebracht schien, dann warteten sie darauf, daß die Fotografen drüben am Graben vor der Hecke mit ihrer Arbeit fertig wurden.

»Das neue Opfer«, begann Anthony. »Vermutlich wieder eine Frau? Aber was für eine Frau? Auch eine Ortsansässige?«

»Ja, es ist wieder eine Frau, Sir«, antwortete Fennell. »Und sie ist schrecklich zugerichtet... noch schlimmer als die anderen.« Er sah flüchtig zum Graben hinüber und wieder weg. Dann schien er sich bewußt zu werden, daß er höchst unprofessionell abgeschweift war, und räusperte sich. »Scheint eine von den nichtseßhaften Korbmacherinnen zu sein. Sie hatte eine klapprige Mähre mit einem Karren... Sie muß auf der Durchfahrt nach Deyning gewesen sein.«

»Ohne das Pferd wüßten wir noch gar nicht, was passiert ist«, warf Hobday ein. »Aber ein Landarbeiter hat es eingefangen und sich auf die Suche nach seinem Herrn gemacht.«

Die Fotografen hatten ihre Arbeit beendet. Einer von ihnen trat vor den Chief Constable und nahm Haltung an. »Wir sind fertig, Sir«, meldete er mit brüchiger, unsicherer Stimme.

Sir Rigby Forsythes Blick schweifte von Anthony über Carmichael zu den anderen. Sein von Wind und Wetter gegerbtes Gesicht wirkte bleich und eingefallen. »Ihr könnt jetzt loslegen, Jungs«, erklärte er. »Ich habe genug gesehen.« Er rührte sich nicht von der Stelle, während Fennell, den es sichtlich Überwindung kostete, mit Carmichael zum Graben vorausging. Hobday folgte mit Anthony.

Die Scheinwerfer der Streifenwagen durchschnitten die vor Nässe triefende Dunkelheit und erhellten ein alptraumhaftes Bild von etwas, das halb im Graben verborgen war, halb über dessen Rand hinaushing. »Großer Gott!« entfuhr es Anthony. Und der sonst nervenstarke Hobday zog scharf die Luft ein. Carmichael kniete sich mit grimmig verbissener Miene in den weichen Morast und begann mit einer oberflächlichen Untersuchung.

Schließlich stand er auf. »In Ordnung«, sagte er. »Wir können sie beiseite schaffen.« Mit Anthonys und Hobdays Hilfe legte er die Leiche auf sauberes nasses Gras in den Lichtschatten. Er zog die schäbigen Lumpen glatt, die der Frau als Kleidung gedient hatten, kniete sich plötzlich wieder hin und fragte: »Hat jemand mal eine Taschenlampe?«

Hobday reichte Carmichael eine Taschenlampe, deren Lichtkegel er auf den Kopf der Frau richtete. Er schob die schwere, schlammbedeckte Masse roten Haares aus dem Gesicht, das davon fast völlig überdeckt gewesen war.

»Ich dachte, ich hätte sie schon mal gesehen«, bemerkte Carmichael. Er hielt den Lichtschein weiterhin auf das Gesicht gerichtet, das zu ihnen emporstarrte, während der Regen es zunehmend sauberer wusch. Es war ein primitives, ungeschlachtes Gesicht. Und obwohl der Tod und panische Angst es entstellt hatten, konnte es im Leben kaum anziehender gewesen sein.

Carmichael schüttelte den Kopf. »Nein. Sie hatten recht.

Hier in der Gegend ist sie fremd.« Er knipste die Taschenlampe aus. »Augenblick noch!« sagte Anthony hastig. Damit nahm er Carmichael die Taschenlampe aus der Hand und kniete selbst neben dem Leichnam nieder. Er schaltete die Lampe wieder ein und richtete den Schein auf das Grübchen unter dem Kinn, wo er einen dunklen Fleck, einem Bluterguß gleich, entdeckt hatte.

Im nächsten Moment schüttelte er den Kopf. »Nein. Es ist ein Muttermal«, sagte er. Carmichael betrachtete die Stelle ebenfalls. »Ja. Oder vielleicht eine alte Narbe.«

Sie erhoben sich. Hobday nahm die Lampe, kniete seinerseits neben der Leiche nieder und begann sie bedächtig und systematisch zu untersuchen.

»Ich weiß, die Frage ist dumm«, begann Anthony. »Aber wie lange ist sie bereits tot?« Wasser schwappte über seinen Hutrand, als er den Kopf senkte, um seinen Regenmantel zuzuknöpfen, an dem sich ein paar Knöpfe gelöst hatten.

»Oh... grob geschätzt... und mit Vorbehalten... nicht mehr als fünf und nicht weniger als zwei Stunden.«

Anthony sah auf die Uhr. Der Zeiger auf dem Leuchtzifferblatt zeigte auf Viertel vor zwölf. Er rechnete stumm. Dies führte jedoch zu nichts, und er war froh, als er eine halbe Stunde später wieder neben Carmichael im Wagen saß und zu LeFanes Haus zurückfuhr. Auf dem Weg sagte er zu Carmichael:

»Wissen Sie, das ist wirklich nicht mein Metier. Serienmorde sind die Tat von Wahnsinnigen, und wahnsinnige Mörder haben in der Regel kein Motiv. Damit sind sie ein Fall für politisch-militärische Routinemethoden. Und in diesen Dingen bin ich eine Niete. Männer wie Hobday erledigen so was aus dem Handgelenk.«

Carmichael lächelte. »Ich bin froh, daß Sie beide hier sind... Sie und Hobday. Heute nacht schlafe ich bestimmt so gut wie seit Wochen nicht mehr.«

Sie erreichten das Haus. Kaum hatten sie die große Empfangshalle betreten, wurden sie von sämtlichen Gästen umlagert. Man reichte ihnen Getränke und Essen und überschüttete sie mit Fragen. War es wirklich ein weiterer Mord in der Serie? Wo war er geschehen? Gehörte das Opfer zu derselben Gruppe von Frauen? Glaubten sie, daß man den Mörder diesmal fassen würde? Was war eigentlich mit der Polizei los, daß so etwas überhaupt passieren konnte? Wäre es nicht besser, eine Ausgangssperre zu verhängen oder sämtliche Bürger des Distrikts genau zu überwachen?

»Ein interessanter Vorschlag«, bemerkte Mr. Shelton-Jones. »Inwieweit dürfen die Freiheiten des einzelnen beschnitten werden, wenn es darum geht, die Gemeinschaft zu schützen?«

»Menschen sind doch furchterregende Wesen«, murmelte Miss Dunning und schauderte ein wenig.

»Mich würde interessieren«, begann Professor Martel, »...ob diese Person ebenso zum menschlichen Abschaum gehörte wie die anderen.«

»Sir Rigby hat wirklich Scotland Yard eingeschaltet?« rief Mrs. Carmichael. »Dem Himmel sei Dank!«

Alle hatten etwas zum Thema beizutragen... alle bis auf Adrian LeFane und Marya Dax. Die beiden waren gar nicht anwesend.

Wohl wissend, daß er damit die Regeln der Höflichkeit mißachtete, trat Anthony schließlich den Rückzug an und kämpfte sich nach oben in sein Zimmer. Er war über das Erscheinen von Scotland Yard mindestens ebenso erleichtert wie das Ehepaar Carmichael. Er machte sich bettfertig, rauchte eine letzte Zigarette und schlenderte zum Fenster.

Es hatte zu regnen aufgehört. Durch die Wolken drang fahler Mondschein auf die durchweichte Erde. Anthony sah im wäßrigen Licht, wie eine Gestalt die Terrassentreppe unter seinem Fenster zum Haus hinaufhastete. Sie war hochgewachsen, kräftig, breitschultrig, und trotz des weiten Umhangs und der unförmigen Kopfbedeckung war keine Verwechslung möglich.

Er beobachtete sie, bis sie unter ihm im Dunkeln verschwunden war. Dann hörte er, wie eine Tür geöffnet und wieder geschlossen wurde.

Anthony ging zu seinem Bett, setzte sich auf den Rand und rauchte seine Zigarette zu Ende. Er dachte nach. Schließlich machte er die Zigarette aus und legte sich schlafen. Was sollte schon dabei sein, wenn die Bildhauerin nächtliche Spaziergänge liebte?

Trotzdem wußte er, daß er auf dem Heimweg am folgenden Vormittag die Fahrt unterbrechen und ein paar Worte mit Hobday reden würde. Danach schlief er ein.

Es war sechs Uhr abends am darauffolgenden Tag. Anthony war in London und seit ein Uhr zu Hause. Er saß in der Bibliothek in Stukely Gardens. Seine Frau und sein Sohn waren bei ihm.

Ein heftiger Sturm hatte den sintflutartigen Regen des Vortages abgelöst. Er tobte seit dem frühen Morgen unablässig über London und dem Süden Englands. Noch immer prasselte der Regen gegen Fensterscheiben, Donner grollte, und Blitze durchzuckten das Halbdunkel.

Alan Gethryn junior gefiel das Wetter. »Jetzt ist es richtig gemütlich hier drinnen«, erklärte er und sah von dem Puzzle auf, das er auf dem Fußboden ausgebreitet hatte.

»Ja, das finde ich auch«, sagte Anthony und sah seine Frau an, die neben ihm auf der Armlehne seines Sessels saß.

Alan Gethryn junior brütete weiter über seinem Puzzle... ein komplexes Waldbild, von dem er erst eine Ecke vollendet hatte. Er kratzte sich seufzend am Kopf und kicherte unvermittelt.

»Es stimmt schon, was Mr. Haslam immer sagt«, erklärte er. Lucia sah Anthony an und sagte leise: »Haslam ist sein neuer Lehrer.« Dann wandte sie sich an ihren Sohn: »Was meinst du denn, mein Junge?«

Er sah lächelnd zu seiner Mutter auf. »Er sagt immer zu uns: Ihr Jungs seht den Wald vor lauter Bäumen nicht.« Er kicherte erneut. »Genau wie bei dem Puzzle hier...«

Ohne sich der Wirkung bewußt zu werden, die seine Bemerkung auf den Vater hatte, wandte er sich wieder seinem Puzzle zu. Lucia jedoch, die den Gesichtsausdruck ihres Mannes sah, machte sich Sorgen. Sie mußte warten, bis der Junge in sein Zimmer hinaufgegangen war. Kaum hatte sich jedoch die Tür hinter ihm geschlossen, baute sie sich vor Anthony auf, sah auf ihn herab und fragte:

»Was ist los, Liebling? Du hast wieder diesen Blick. Was hat Alan gesagt?«

Anthony streckte einen langen Arm nach ihr aus und zog sie auf seine Knie. »Er hat mich... unabsichtlich natürlich... auf eine Idee gebracht.« Er gab ihr einen Kuß. »Ein verdammt häßlicher, unbequemer Gedanke, den ich so schnell wie möglich vergessen möchte.«

»Du weißt, daß du das nicht kannst«, erwiderte Lucia. »Also sag's mir lieber.«

»Angenommen, ich möchte jemanden umbringen«, begann Anthony. »Zum Beispiel deinen Onkel Perceval. Und angenommen, sein Tod würde mir so viel einbringen, daß ich fürchten müßte, daß bei einem schlichten Mord sofort der Verdacht auf mich fallen würde. Weiter angenommen, ich wäre ein gefährlicher Psychopath, ein heimlicher Größenwahnsinniger und völlig skrupellos. Ich könnte doch eine Serie völlig sinnlos erscheinender Morde begehen... zum Beispiel an drei älteren Mitgliedern eines Herrenclubs, die ich überhaupt nicht kenne... dann Onkel Perceval auf exakt dieselbe Art und Weise umbringen... und schließlich drei weitere ältere Clubmitglieder ins Jenseits befördern. Die Polizei würde einen Psychopathen mit einer besonders schwerwiegenden Manie suchen. Sie kämen doch nicht im Traum darauf, mich zu verdächtigen.«

»Was hast du doch für scheußliche Gedanken!« Lucia wandte den Kopf ab. »Oh, Anthony... ist das nur so eine Idee? Oder glaubst du, daß genau das in Downshire gegenwärtig passiert?«

»Nur so eine Idee«, entgegnete Anthony gedehnt. »Es paßt nicht...«

Lucia gab ihm einen Kuß auf die Stirn und stand auf. »Ich

hole dir einen Drink. Danach, mein Lieber, mußt du dich umziehen. Wir müssen gegen acht bei den Dufresnes sein. Abendkleidung erwünscht.«

Auf halbem Weg durchs Zimmer blieb sie abrupt stehen.

»Was um Himmels willen hat Alan gesagt, das dich auf diesen schrecklichen Gedanken gebracht hat?«

Anthony sah sie an. »Liebes… ›Man sieht den Wald vor lauter Bäumen nicht‹ natürlich…«

Lucia erschauderte, ging aus dem Zimmer, kehrte mit seinem Drink zurück und schickte ihn kurze Zeit später nach oben.

Eine Dreiviertelstunde später betrat sie sein Ankleidezimmer. Er knüpfte gerade seine Krawatte, sah sie im Spiegel und sagte: »Weißt du, die Amerikaner verstehen es wirklich, etwas aus unserer Sprache zu machen. Baby, du siehst aus wie eine Million Dollar!«

»Ich liebe dich«, erwiderte Lucia. »Aber damit ist es aus, wenn wir zu spät kommen.«

Anthony rückte die Fliege zurecht. »Gib mir meinen Mantel, alte Hexe«, verlangte er und begann Schlüssel, Geld und Zigarettenetui in die einzelnen Taschen zu stecken.

Lucia ging zum großen Wandschrank. Daneben stand Anthonys Koffer, und auf einem Stuhl lag ordentlich aufgetürmt seine Reisekleidung. Etwas an dem Kleiderturm erregte Lucias Aufmerksamkeit, denn sie bückte sich und betrachtete es genauer. »Was ist denn mit diesem Dinnerjacket passiert?«

»Ich bin gestern abend damit in den Regen gekommen«, erwiderte Anthony. »White wird es schon wieder hinkriegen.«

Lucia lächelte. Vorsichtig pickte sie etwas von der Schulterpartie des schwarzen Jackets. »Darum hätte er sich längst kümmern sollen, was? Und zwar bevor ich es entdecke.«

Sie kam auf ihn zu, die Hand ausgestreckt, Daumen und Zeigefinger in graziöser Haltung.

»Phantastisch«, bemerkte Anthony. »Wie heißt das Stück?«

Sie trat dicht vor ihn. Sie bewegte die Hände. Zwischen den Fingern glitzerte etwas im Licht.

Anthony sah ein langes, rotgolden schimmerndes Haar.

»Nicht schuldig, Mylord«, versicherte er ihr und betrachtete das Haar genauer.

»Bei LeFane hatte keiner diese Haarfarbe... oder Haarlänge.«

»Großer Gott!« entfuhr es ihm dann.

Er war mit einem Satz beim Telefon und griff nach dem Hörer.

Zwei Minuten später erhielt er die Auskunft, daß durch das Unwetter die Telefonverbindung mit Downshire zusammengebrochen war...

Er begann hastig, den Smoking auszuziehen.

»Laß den Wagen vorfahren!« befahl er. »Schnell!«

Die kleine Mrs. Carmichael lag auf einer ziemlich unbequemen Couch im Wohnzimmer von Dr. Carmichaels ziemlich ungemütlichem Haus. Sie tat so, als lese sie, doch in Wirklichkeit hörte sie auf das Grollen des Donners.

Sie wünschte, Jim wäre nicht zu einem Patienten gerufen worden. In Nächten wie dieser war das besonders ärgerlich. Sie dachte an Jim und was für ein wunderbarer Mensch er war. Obwohl sie mittlerweile zwei Jahre verheiratet waren, war sie glücklicher als während der Hochzeitsreise. Glücklich... und stolz. Stolz auf Jim und stolz auf sich selbst; stolz, daß sie unbequeme Sofas, Geschirr mit Sprüngen und ein Gasofen im Schlafzimmer nicht kümmerten. Stolz darauf, daß sie... wie durch ein Wunder... von Anfang an gewußt hatte, daß ein Mann von Jims Format niemals vom Vermögen seiner Frau leben würde...

Der Donner rollte mittlerweile nur noch in der Ferne und ganz sporadisch. Die kleine Mrs. Carmichael döste vor sich hin...

Das Geräusch des Schlüssels im Türschloß weckte sie auf. Sie hörte Jims Schritte in der Diele, sprang vom Sofa und ging zur Tür... Genau in dem Augenblick, als sie die Schwelle erreicht hatte, öffnete Jim die Tür, und sie erschrak über sein Aussehen. Er hatte noch den Hut auf und den Regenmantel an.

Beide waren dunkel und tropften vor Nässe. Jim hatte die Stirn in Falten gelegt und war bleich. Er hatte einen Ausdruck in den Augen, den sie nie zuvor an ihm gesehen hatte.

»Was ist los, Liebster?« fragte sie. »Was ist passiert?«

»Ein Unfall«, erwiderte er. »Ich habe jemanden überfahren...«

Er fuhr sich mit dem Handrücken über die Stirn. Dabei schob er unwillkürlich den Hut zurück, und sie registrierte völlig unsinnigerweise den schmalen roten Streifen, den das Hutband auf der Haut hinterlassen hatte.

»Bitte komm mit und hilf mir, ja?« sagte er. »Zieh den Mantel an und lauf zum Wagen raus. Er liegt auf dem Rücksitz.« Dann wandte er sich ab und ging durch die Diele zur Praxis. »Ich komme gleich nach.«

Sie rannte zum Schrank in der Diele und zerrte einen Regenmantel heraus. Sie riß die Haustür auf und lief den Gartenweg entlang. Die Ziegelsteine waren naß und rutschig unter ihren Sohlen.

Die Gartentür stand offen. Durch den dichten Regenvorhang hindurch erkannte sie die Silhouette von Jims Wagen. Sie stolperte darauf zu und öffnete die Tür. Die Innenbeleuchtung flammte auf.

Der Rücksitz war leer.

Verwirrt drehte sie sich um... Dicht hinter ihr stand Jim.

Sie wollte etwas sagen... doch dann sah sie den Ausdruck in Jims Gesicht.

Es war Jim, der da vor ihr stand... und doch hätte sie ihn beinahe nicht erkannt. Und er hielt etwas Glitzerndes in der Hand... einen blinkenden, scharfen, furchterregenden Gegenstand.

Sie schrie... und dann lief vor ihren Augen alles so schnell ab wie in den Filmen in ihrer Kindheit, Männerstimmen hallten durch den Regen, ein schwerer Gegenstand zischte an ihr vorbei durch die Luft und traf Jims Kopf. Jim sank zu Boden, der blinkende Stahl fiel ihm aus der Hand, zwei Männer rannten auf sie zu. Der eine war Colonel Gethryn, der andere kniete neben Jim nieder. Colonel Gethryn legte den Arm um sie, als sie taumelte und sich die ganze schwarze, regennasse Welt wie im Karussell immer schneller um sie zu drehen begann…

»Aber daran ist gar nichts so Kompliziertes«, sagte Anthony. »Angefangen hat alles, als mich mein Sohn auf den Spruch ›Den Wald vor lauter Bäumen nicht sehen‹ brachte. Und dann hat Lucia dieses lange, rotblonde Haar auf meinem Dinnerjakket entdeckt. Das war alles…«

Die anderen redeten viel und alle durcheinander.

Er wartete, bis sie still wurden. Dann schüttelte er traurig den Kopf.

»Liebe Leute«, begann er. »Dieses Haar kam praktisch einem Geständnis von Dr. Carmichael gleich. Natürlich wäre mir das nie klar geworden, wenn Alan nicht diesen Spruch mit dem Wald und den Bäumen gebracht hätte. Aber nachdem ich mal die Theorie entwickelt hatte, daß man einen Mord am besten mit einer Mordserie vertuscht, lag alles offen auf der Hand. Auf Carmichael, dessen Frau reich, unattraktiv und überfürsorglich war, paßte einfach alles. Er war Arzt. Er konnte sich überall frei bewegen. Er…«

»Aber weshalb deutete das Haar unbedingt auf ihn?«

»Weil es von der dritten Leiche stammen mußte. Weil niemand in LeFanes Haus auch nur annähernd rotes Haar hatte. Natürlich war es schmutzverschmiert und farblos, als es an meinem Jacket hängenblieb, aber nachdem es getrocknet war…«

»Moment! Moment! Ich begreife noch immer nicht, weshalb es den Verdacht auf den Doktor gelenkt hat.«

»Sie erstaunen mich!« Anthony musterte den Sprecher verwundert. »Sie sind schließlich bei LeFane gewesen. Sie haben doch den Disput zwischen Carmichael und diesem hornbebrillten Intellektuellen vom Außenministerium mit verfolgt. Erinnern Sie sich nicht, wie Carmichael von tizianrotem Haar bei jemandem mit primitiven Gesichtszügen sprach?«

»Doch, natürlich… Aber…«

»Ist Ihnen nicht klar, daß er das zu früh gesagt hat? Er hat diese Bemerkung gut zwei Stunden vor Auffinden des dritten Mordopfers fallengelassen. Und das dritte Opfer war eine Rothaarige mit äußerst primitiver Physiognomie.«

Aus dem Englischen von
Christine Frauendorf-Mössel

CHRISTIANNA BRAND
(1907–1988)

Der Mann auf dem Dach

Sergeant Crum, der, nur mit einem blutjungen Constable an seiner Seite, das kleine Polizeirevier von Hawksmere leitete, rief Chefinspektor Cockrill in Heronsford an. »Es geht um den Herzog, Sir. Er hat auf dem Revier angerufen. Er will sich erschießen.«

»Der Herzog? Welcher Herzog? Euer Herzog droben vom Schloß?«

Sergeant Crum gönnte sich einen Augenblick der Muße und überlegte, daß in diesem entlegenen Winkel der Erde die Mitglieder der Aristokratie kaum so reich waren, daß sie derartig abschätzige Bemerkungen verdienten. Inspektor Cockrill jedoch hatte eine Antwort gar nicht erwartet.

»Und was haben Sie unternommen?« wollte er wissen.

»Ich habe versucht, meinen Constable aufzutreiben. Der Junge, müssen Sie wissen, Sir, der ißt immer im Dorf. Wohnt ja auch da – in... der ›Sardinenbüchse‹, so heißt's wohl heute, seit die alten Leutchen...«

»Danke. Die privaten Angelegenheiten Ihres Constables tun nichts zur Sache...«

»...und die haben mir gesagt, daß er Hals über Kopf fortgefahren ist«, fuhr Crum unbeirrt fort. »Angeblich soll er einen Schuß gehört haben. Die Alten haben natürlich nichts gehört. Aber die sind auch ziemlich...«

»Dann nichts wie hinter ihm her, Mann! Ich bin in spätestens einer halben Stunde bei euch.«

Der Sergeant machte sich ohne Eile auf den Weg. Am nördlichen Schloßtor lehnte er sich aus dem Wagenfenster. Vom Pförtner erfuhr er, daß Seine Hoheit zwei bis drei Stunden zuvor zum Südtor, also dem gegenüberliegenden Eingang, aufgebrochen war. Crum fluchte innerlich, weil er nicht gleich an diese Möglichkeit gedacht hatte, und fuhr an den Mauern entlang um das Schloß herum. Einen Schuß, der im Schloß abgegeben worden wäre, hätte Fisher niemals hören können.

An der kleinen Holztür, von der aus ein Kiesweg zum Pförtnerhaus führte, trat ihm der Constable, schwer auf sein Fahrrad gestützt, entgegen. Sein junges, sympathisches Gesicht war merkwürdig grau. »Er ist tot, Sergeant«, verkündete er.

»Tot? Hat er's wirklich getan?«

»Sieht ganz so aus. Er liegt auf dem Fußboden. Überall ist Blut.«

»Bist du sicher? Hast du denn nicht nachgesehen?«

»Die Tür ist verschlossen, Sir. Ich hab' durchs Fenster reingeguckt. Aber um einzusteigen, ist das zu klein. Und sowieso, wo...«

»Ich bin aufgehalten worden. Außerdem war ich zuerst am Schloß. Bist du direkt hierher gekommen?«

»Jawohl, Sir. Ich hab' den Schuß gehört und gleich geahnt, was passiert sein könnte. Und ich wußte, daß er hier sein mußte. Habe ihn heute morgen durchs Holztor gehen sehen. Deshalb hab' ich mich gleich aufs Fahrrad gesetzt und bin hergefahren.«

Das Pförtnerhaus war in Wirklichkeit gar keines mehr. Vor gar nicht langer Zeit war das schöne schmiedeeiserne Flügeltor entfernt und die Lücke in der Schloßmauer geschlossen worden. Lediglich die kleine Nebentür aus Holz war geblieben.

Und nachdem das Schließen der Lücke der Mauer einen neuen Verlauf gegeben hatte, stand das kleine Haus plötzlich außerhalb des Schloßareals isoliert auf einem flachen, unwirtlichen Stück Land, das in diesem Augenblick unter einer etwa fünf Zentimeter dicken weihnachtlichen Schneedecke lag. Das Gebäude selbst war von einer Hecke umgeben. Eine Holztür führte auf die winzige Veranda vor dem Vordereingang.

Zuerst hatte der überflüssig gewordene Pförtner im Haus wohnen bleiben können. Als jedoch der gegenwärtige Herzog drei Jahre zuvor sein Erbe angetreten hatte, war dem Pförtner und seiner alten Frau gekündigt worden, damit Seine Hoheit, deren einzige Leidenschaft das Sammeln und Konservieren von Schmetterlingen war, das Haus in ein Spielzimmer für sich und sein Steckenpferd verwandeln konnte. Angesichts der Tatsache, daß es oben im Schloß mindestens siebzig Räumlichkeiten gab, die demselben Zweck dienlich gewesen wären, konnte man es den des Hauses Verwiesenen kaum verübeln, daß sie... selbstverständlich ohne daß dies je dem Herzog zu Ohren gekommen wäre... leicht verstimmt darauf hinwiesen, man hätte Seiner Hoheit wohl auch dort eine stille Zuflucht schaffen können.

Jetzt waren zwei schmale Spuren, offensichtlich die Reifenabdrücke vom Fahrrad des Constable, im glitzernden Schnee zu erkennen. Eine davon führte zum Vordereingang, die andere von diesem wieder zurück zum Törchen; letztere verlief in deutlicher Schlangenlinie. Ansonsten waren keine weiteren Spuren in der Schneedecke zu sehen.

»Keine Fußabdrücke?«

»Nein. Als ich den Herzog reingehen sah, hatte es noch nicht geschneit.« Aus einem unerfindlichen Grund war der Constable noch eine Nuance blasser geworden. »Und das ist schon ein paar Stunden her.«

»Herrje!« Sergeant Crum begrub allmählich die heimliche Hoffnung, die Last dieser höchst unerfreulichen Angelegenheit fremden Schultern aufbürden zu können, indem er das Eintreffen des Inspektors abwartete; plötzliche Todesfälle dieser Art waren im ruhigen, kleinen Hawksmere äußerst selten, das sich im Schatten des auf dem Berg gelegenen Schlosses vor Gefahren sicher wähnte. Crum stapfte durch den flockigen, aufwirbelnden Schnee, wobei er einem vagen Instinkt folgend die Fahrradspuren des Constables mied. Es war deutlich zu sehen, wo der Constable sein Gefährt an die Hausmauer gelehnt hatte und die zwei oder drei Stufen zum Vordereingang hinaufgegangen war. Der Schnee war auch dort zertrampelt, wo er wieder heruntergekommen war. Dann führten die Spuren nach rechts weiter.

»Ich bin zum Seitenfenster gelaufen«, erklärte Fisher, der dem Blick des Sergeants gefolgt war. Er deutete auf ein schmales Seitenfenster zu ihrer Linken. »Von da aus kann man nicht besonders gut reinsehen.«

»Hm... du mußt es ja schließlich wissen.«

Die Tür besaß ein Sicherheitsschnappschloß, das sich nur mit dem entsprechenden Schlüssel öffnen ließ. »Mmm«, murmelte der Sergeant. Damit trat er in die Fußstapfen des Constable, die um das Haus herumführten. Als er zurückkehrte, zeigte sein gutmütiges Bauerngesicht dieselbe ungesunde Blässe wie das des Constable. »Er sieht wirklich mausetot aus«, sagte er mit rauher Stimme und sandte ein stummes Stoßgebet zum Himmel.

Sein Flehen wurde erhört. Das Motorengeräusch eines Autos störte die winterliche Stille, und Chief Inspektor Cockrill tauchte hinter dem Gartentor auf. Diesmal hatte er sogar seine Arme in die dafür vorgesehenen Löcher seines schäbigen Regenmantels gesteckt, den er normalerweise nur über die Schultern gehängt trug, und auf dem edlen Kopf mit dem grauen Haarschopf thronte der unvermeidliche schlechtsitzende Hut. Inspektor Cockrill ist dafür bekannt, sich jeden Hut zu greifen, den er in die Finger bekommt... sehr zum Kummer der jeweiligen Besitzer. Alles jedoch, was Cockrill weder blind noch taub macht, nimmt der ›Schrecken von Kent‹ gelassen hin.

Cockrill stand lange vor dem Gartentor und ließ die Szene, die sich ihm bot, auf sich wirken. Das kleine Haus im weißen

Schneerund, das vor der Mauer des Schloßparks stand und von einer Hecke umgeben war, war nur für denjenigen sichtbar, der über das Tor schaute. Hübsche Kulisse für ein ›locked-room mystery‹, schoß es ihm durch den Kopf. Und ›Gott bewahre!‹ war sein nächster Gedanke. Zum Glück handelte es sich offenbar eindeutig um einen Selbstmord, den der Betreffende sogar persönlich angekündigt hatte. Und seinen Informationen nach würde kaum jemand das Ableben des sechsten Herzogs von Hawksmere bedauern.

Das Haus war hübsch, fast märchenhaft mit seiner reich verzierten pseudo-gotischen Fassade, an der Schneeflocken glitzerten. Nach vorne lag ein achteckiger Raum mit flachem Dach und seitlichem Fenster, in dem wohl früher der Pförtner gesessen und auf das erste Anzeichen eines näherkommenden Fahrzeugs gewartet hatte, dem er das Tor öffnen mußte. Dieser Raum war direkt von draußen begehbar. Eine zweite Tür an der gegenüberliegenden Seite des Zimmers führte zum hinteren Teil des Hauses – dort lagen zwei oder drei kleinere Zimmer und die Haushaltsräume. Nur die Fassade war für den Betrachter sichtbar, der Rest des Hauses, weit weniger dekorativ, blieb dahinter verborgen. Im vorderen Raum standen lediglich ein Schreib- und ein Zeichentisch. Auf letzterem waren die Utensilien, die der Herzog für sein Hobby benötigte, nämlich Schreibmaschine und stapelweise Papier, zu sehen. Ansonsten schien das Haus unmöbliert zu sein.

Inspektor Cockrill nahm diese Einzelheiten in aller Ruhe in sich auf. Die Tür zu den angrenzenden Zimmern war geschlossen und von dieser Seite aus verriegelt. Es konnte demnach kein anderer im Haus sein, es sei denn, er wäre durch die Hintertür gekommen oder durch ein Fenster eingestiegen. Doch es war wirklich keiner da. Die Leiche lag schräg vor der Eingangstür, so daß man beim Betreten des Zimmers nichts als Kopf, Schultern und eine Hand am ausgestreckten Arm sehen konnte. Die Kugel war durch die rechte Schläfe eingedrungen und etwas höher auf der anderen Kopfseite wieder ausgetreten. Wie erwartet steckte das Projektil hoch oben im Pfosten der gegenüberliegenden Tür. Auf dem Schreibtisch stand eine geöffnete Thermoskanne mit einem Rest kalten Kaffee. Daneben lag ein Stück Papier, in das wohl einige Sandwiches eingewikkelt gewesen waren. Es war noch früher Nachmittag.

Es dauerte noch fast eine Stunde, bis Cockrill, nachdem er alles für die Ermittlungen Notwendige in die Wege geleitet hatte, entschied: »Wir fahren jetzt lieber mal zum Schloß rauf und sprechen mit den Herrschaften.« Doch bevor er das Pförtnerhaus verließ, bat er den Constable zu sich, der bleich und mit herunterhängenden Armen nervös vor ihm stand: »So, mein Junge. Fish heißen Sie, oder?«

»Fisher, Sir«, sagte der Constable, der es kaum wagte, dem Inspektor zu widersprechen.

Inspektor Cockrill nahm es zur Kenntnis. »Also noch mal... Sie haben den Schuß gehört?«

»Ja, war grad beim Essen, Sir. Zu Hause mit Oma, Opa, Muttern und Vatern und so. Ich hab' den Schuß gehört und gedacht, jetzt hat der alte Dreckskerl 's doch getan«, berichtete der Constable hastig.

»Sie wußten, daß der Herzog regelmäßig mit Selbstmord drohte?«

»Er hat ja dauernd auf'm Revier deswegen angerufen... Wie heute, Sir.«

»Mmmm... Wer hat den Schuß sonst noch gehört?«

»Eigentlich niemand, Mr. Cockrill... Sir. Opa und Oma sind ziemlich schwerhörig, und die Eltern haben gestritten, und die Geschwister haben wie üblich einen Mordskrach veranstaltet. Außerdem...«

»Außerdem... was?«

»Die hätte das sowieso nicht gekümmert.«

»So?« bemerkte Cockrill kühl. »Und weshalb nicht?«

»Na, wenn man bedenkt... Also den Alten mochte sowieso... Ich meine, der Herzog war nicht sehr beliebt, Sir.«

»Aber Sie haben Ihre Gefühle unterdrückt und sind ihm sofort zu Hilfe geeilt?«

»Is' schließlich meine Pflicht, Sir«, erwiderte Constable Fisher.

»Und woher wußten Sie, daß er hier sein würde?«

»Ich hab' ihn kommen sehen«, erklärte der Constable. »Außerdem hat er meistens seine Tage hier verbracht... sich Brote und Kaffee mitgenommen.«

»Und das alles scheint er auch verzehrt zu haben. Kommt Ihnen das komisch vor?«

»Sie meinen, wie bei einem zum Tode Verurteilten, der noch mal eine anständige Mahlzeit zu sich nimmt?«

Der Inspektor musterte den jungen Beamten wohlwollend. »Genau so. Wer ißt schon anständig zu Mittag, bevor er sich eine Kugel durch den Kopf schießt?«

»Die Launen eines Gentleman... Außerdem dürfte das schon 'ne Weile her sein, Sir. Der Kaffee ist mittlerweile eiskalt.«

»Tja... Also noch mal, Constable. Sechs oder sieben Minuten nach dem Schuß sind Sie hier an der Tür gewesen? Die Tür war verschlossen. Sie sind zum Fenster gegangen und haben reingesehen. Und zwar durch das Fenster in der Seitenfront und nicht durch das neben der Tür, was viel nähergelegen hätte?«

»Vom kleinen Fenster aus kann man nicht das ganze Zimmer überblicken, Sir. Und selbst vom anderen aus habe ich nicht viel erkennen können. Aber ihn habe ich deutlich gesehen. Hat... mich ganz schön umgehauen, Sir... Mausetot, wie er war.«

»Ja, mausetot«, wiederholte Cockie sarkastisch. »Sie hatten also nicht den Eindruck, helfen zu müssen?«

»Aber der Mann war tot, Sir. Kein Kopf...« Er verdrehte die Augen und schlug die Hand vor den Mund.

»Man gewöhnt sich dran«, bemerkte Cockrill freundlicher. »Das erste Mal ist es immer am schlimmsten. Sie sind also auf Ihr Fahrrad gestiegen und zum Gartentor gefahren? Den Schlangenlinien im Schnee nach zu urteilen, hatten Sie Gleichgewichtsprobleme.«

»Also, Sir… Ich war ziemlich… Das heißt, ich hatte keine Ahnung, was ich tun sollte, solange der Sergeant nicht da war.«

»Im Klartext, Sie haben den Kopf verloren.«

Und an Sergeant Crum gewandt, fügte er ungehalten hinzu: »Ein blutiger Anfänger! Da kündigt der Herzog von Hawksmere seinen Freitod an, und wer ist am Tatort verfügbar? Dieser linkische Grünschnabel hier, der noch gar nicht trocken hinter den Ohren ist.« Sein Blick schweifte stirnrunzelnd zum Schloß hinauf, das düster oben auf dem Hügel thronte. »Der Himmel weiß, was die Herzogin dazu sagen wird…«

Wie sich herausstellte, war das, was sie dazu sagte, eher beruhigend. »Also, er hat schließlich dauernd mit Selbstmord gedroht, oder etwa nicht?« erklärte sie. »Seine Abschiedsbriefe liegen hier noch stapelweise rum. Hätte die Polizei ständig einen wichtigen Beamten in Bereitschaft gehabt, wäre doch sonst gar nichts erledigt worden.« Aber der arme Junge, so fügte sie hinzu, müsse ja den Schock seines Lebens gekriegt haben. So ganz allein… »Aber Sie meinen, die Sache ist nicht so einfach, wie sie aussieht?«

Alles andere als einfach. Vorerst allerdings ging Cockrill ihrer Frage aus dem Weg. »Ihre Hoheit nimmt das alles sehr gefaßt auf«, sagte er statt dessen dankbar.

Sie saßen im Privatsalon der Herzogin mit seinem schönen, zeitgemäßen Mobiliar und tiefen, bequemen Sesseln. In Cockrills Augen hatte die Herzogin selbst stets etwas von einem gemütlichen Sessel gehabt: warmherzig, weich gepolstert und offen für jedermann. »Soll ich etwa so tun, als bräche mir das Herz? Das kann ich nicht. Schließlich war er nur ein entfernter Verwandter und eine miese, armselige Kreatur.« Ihr Sohn, der junge Herzog, war drei Jahre zuvor bei einem Unfall an seinem Studienort ums Leben gekommen. Danach hatte sein Cousin den Titel geerbt.

»Ich bin hier bei ihm im Schloß geblieben, obwohl ich mich liebend gern auf meinen Witwensitz zurückgezogen hätte. Aber er war ein furchtbarer Mann. Der Besitz und die Menschen hier waren ihm völlig egal. Er hat eine Menge Unheil angerichtet. Jetzt tritt sein Bruder das Erbe an, und der ist ein ganz anderer Mensch. Er liebt das Anwesen. Und Rupert, sein Sohn, und die süße kleine Rebecca... denen liegt das alles sehr am Herzen. Und was für ein Glück für die Kinder! Arm wie Kirchenmäuse sind sie gewesen, bis Cousin Hamnet geerbt hat. Alle glauben, daß man auch reich sein muß, wenn man einer so alten, vornehmen Familie angehört. Aber abgesehen vom Titel hat man oft gar nichts davon. Und auf sie traf genau das zu.« Die Herzogin sah darin auch den Grund dafür, daß Cousin Hamnet unverheiratet geblieben war. Allerdings habe es in letzter Zeit Gerüchte gegeben, daß er habe heiraten wollen.

»Hamnet war also glücklich darüber, geerbt zu haben?«

»Nicht glücklich... so wie wir das empfunden hätten. Er war keine glückliche Natur. Eher depressiv, wie es die Psychologen nennen würden. Und die Tatsache, daß er der Herzog von Hawksmere war, hat ihm keine Freude gemacht. Dabei kann es ein so wundervolles Gefühl sein, im Mittelpunkt zu stehen, sich um den Grundbesitz zu kümmern... das alles gut zu verwalten, dafür zu sorgen, daß die Leute, die zum Anwesen gehören, ihr Auskommen haben. Sie gehören doch irgendwie zu einem, auch wenn das vielleicht überheblich klingt. Man entwickelt eine starke Verantwortung gegenüber diesen Menschen. Und ich bin sehr froh, sagen zu können, daß Will... der neue Herzog und Rupert und Rebecca sehr stark so empfinden. Ich muß gestehen«, sagte die Herzogin, »daß ich all dies geliebt habe. Sogar die Eröffnung des Bazars war mir ein heimliches Vergnügen.«

»Niemand hat den Bazar je eröffnet wie Sie, Herzogin«, bemerkte Cockie charmant.

»Nun, jetzt wird ihn eine neue... frischgebackene Prinzessin eröffnen... und sie sind alle so glücklich, für immer hierbleiben zu können. Die Kinder sind schon während der Schulferien häufig hier gewesen. Sie und die Kinder der Leute im südlichen Pförtnerhaus waren unzertrennlich. Armer Dave... den Jungen hatte es übel erwischt... Erste Liebe... Es war rührend. Der ungelenke Kerl... und er wurde puterrot, wenn sie nur in seine Nähe kam.«

Inspektor Cockrill, der keine Ahnung hatte, wer mit der Familie aus dem südlichen Torhaus gemeint sein könnte, und nicht wußte, wer Dave war, beschloß, sich näher über die Familie des frischgebackenen Herzogs zu erkundigen. »Sie wohnen gegenwärtig doch alle hier im Schloß, oder?«

»Ja, weil Weihnachten ist. Ich bin so glücklich, daß sie da sind.«

»Ein hübsches Paar, nehme ich an. Sie sind doch groß, oder? Wie ihr Vater, meine ich?«

»O nein, mein Lieber... nein! Eher klein! Im Vergleich zu meinem wunderhübschen Sohn, meine ich. Da kommen sie mir sehr klein und dunkel vor.«

»Also sehr leichtgewichtig, oder?«

»Ja, beide.« Sie musterte ihn prüfend. »Aber warum fragen Sie? Sie haben doch einen Hintergedanken, Sie alter Schlaumeier. Sie verschweigen mir etwas.«

»Nein, nein«, wehrte der Inspektor ab. »Ich wollte nur ein paar ehrliche Informationen haben. Und die habe ich bekommen. Zum Dank sollen Sie von mir etwas erfahren, was noch niemand weiß. Also behalten Sie es bitte für sich.« Cockrill brachte es allerdings kaum über sich, es laut auszusprechen. »Haben Sie je etwas von einem ›locked-room mystery‹ gehört?«

»Sie meinen, wie in den Kriminalromanen? Verschlossene Türen, verriegelte Fenster, keinerlei Fußspuren...« Sie hielt ungläubig inne. »Das ist doch nicht Ihr Ernst? Das Torhaus dort drunten mitten im Schnee?«

»Der Constable ist bis zur Haustür mit dem Fahrrad gefahren. Dann ist er zum Seitenfenster und zurück gegangen. Anschließend ist er mit dem Fahrrad zur Gartenpforte gefahren. Dann sind er und sein Sergeant zum Vordereingang gelaufen. Ich bin zum Haus gelaufen. Abgesehen von diesen Fuß- und Fahrradspuren ist die Schneedecke im Umkreis des Hauses vollkommen unberührt. Das Pförtnerhaus liegt da wie eine

Kirsche in der Mitte einer Sahnetorte. Nicht ein Abdruck weit und breit.«

»Was ist daran denn so komisch?« entgegnete die Herzogin. »Natürlich hat er die Tür hinter sich abgeschlossen, nachdem er das Haus betreten hatte... der Herzog, meine ich. Und bei dem Wetter läßt man auch die Fenster zu. Außerdem ist er hinuntergegangen, bevor das Schneetreiben eingesetzt hat. Seine Waffe hatte er bei sich... vermutlich für den Fall, daß ihm nach Selbstmord zumute sein sollte... was häufig genug vorkam. Und diesmal war's wohl ernst. Er hat wie üblich die Polizei angerufen, sich hingesetzt und wieder mal einen Abschiedsbrief verfaßt. Und danach hat der arme alte Ham zur Abwechslung tatsächlich abgedrückt. Hatten Sie nicht gesagt, daß er auf dem Fußboden gelegen hat?«

»Direkt vor der Türschwelle«, erwiderte Cockie. »Rechte Hand ausgestreckt... die Finger gekrümmt, als sei ihm die Waffe gerade aus der Hand gerutscht. Er war sofort tot ... Schuß aus nächster Nähe... Ist umgefallen, wo er gestanden hat. Kommt ja vor, daß einer dann noch hin und her wankt oder sogar ein paar Schritte läuft. Das war hier eindeutig nicht der Fall.«

»Und der Constable hat sogar den Schuß gehört. Was ist da also so mysteriös?« fragte die Herzogin. »Wo ist Ihr ›geschlossener Raum‹?«

»Der ›geschlossene Raum‹ ist das Pförtnerhaus«, erwiderte Cockie. »Eingeschlossen in all dem schönen jungfräulichen Schnee. Und ein Mann tot im Haus... gerade gestorben... ein Mann, der sofort tot war, gestorben durch eine Kugel, die aus nächster Nähe auf ihn abgefeuert wurde. Das Mysteriöse an der Geschichte ist eine Frage, die nicht leicht zu beantworten ist. Wo ist die Waffe...?«

»Wo...?«

»... sie liegt nämlich nicht direkt neben seiner rechten Hand, wo sie liegen sollte, und ist auch sonst weder im Pförtnerhaus noch draußen im Schnee zu finden.« Von der Zigarette zwischen Cockrills Fingern stieg Rauch auf, und er warf die Kippe mit einer heftigen Bewegung ins prasselnde Kaminfeuer. »Wo, bitte schön, ist also das verdammte Ding?« Er entschuldigte sich umgehend für seine rüde Ausdrucksweise. »Eure Hoheit möge mir verzeihen…«

»Sie brauchen sich nicht zu entschuldigen«, wehrte die Herzogin ab. »Ich verstehe Sie durchaus. Das ist wirklich schrecklich für Sie.« Und schrecklich für alle anderen, fügte sie hinzu, als ihr langsam dämmerte, was das bedeuten könnte.

Denn wenn sich der Herzog von Hawksmere doch nicht selbst erschossen hatte, wer hatte es dann getan?

Und wie war es dieser Person gelungen zu verschwinden?

Und was hatte sie mit der Tatwaffe gemacht?

Schweigend und nachdenklich saßen sie lange beisammen. »Es scheint auf nur eine mögliche Lösung hinauszulaufen«, sagte der Inspektor schließlich zögerlich.

»Hmmm«, murmelte die Herzogin und sah ihn unglücklich an. »Denken Sie, was ich denke?«

»Das Ganze ist nur eine Frage des Motivs«, erklärte der Inspektor achselzuckend.

»Des Motivs? Oh!« Sie machte ein entsetztes Gesicht. »Sie denken ja überhaupt nicht, was ich denke, Cockie.« Und sie fügte sehr ernst hinzu, was er denke, sei vollkommen… *vollkommen abwegig*.

Sorgfältig ausgewählte Helfer aus dem Dorf bildeten die Verstärkung der kleinen Gruppe von Beamten, die der Polizei in Hawksmere zur Verfügung standen, und gemeinsam krochen sie durch Hecken, Büsche und Gräben, um die Tatwaffe zu suchen. Das Ergebnis: nichts. Mittlerweile hatte auf die übliche wundersame Weise auch die Lokalpresse von der Sache Wind bekommen. Wie die Heuschrecken fielen die Reporter aus den Nachbargemeinden über Hawksmere her, und es war nur eine Frage der Zeit, bis auch Fleet Street auftauchen würde. Die Reporter in ihren speckigen Regenmänteln und mit tonnenschwerer Kameraausrüstung, die alles im Umkreis niedertrampelten, begannen bereits ausgesprochen lästig zu werden.

»Dagegen ist kein Kraut gewachsen«, stellte Sergeant Charlie Thomas aus Heronsford, rechte Hand des Inspektors, fest. »Wir können sie nicht zurückhalten, weil wir jeden Mann für die Suchaktion brauchen. Die sind wie Quecksilber... wenn du glaubst, du hast es, zerfällt es in tausend Tröpfchen und breitet sich mit atemberaubender Geschwindigkeit an anderer Stelle wieder aus, Chief. Wenn neuer Schnee fällt, können wir sowieso aufgeben. Und mittlerweile sind wir jeder Kleinigkeit nachgegangen, die auch nur annähernd nach einer Spur aussah.«

Der Inspektor stand lange, sehr lange draußen, betrachtete das flache weiße Areal inmitten von Mauerring und Hecke und stapfte durch den aufgewühlten Schnee bis zu jenem Fenster, durch das Constable Fisher voller Entsetzen die Leiche des Herzogs entdeckt hatte. (Sie hatten den Constable später an dieser Stelle hochgehoben, damit er über die von zahlreichen Ornamenten unterbrochene Zinne schauen und nachsehen konnte, ob die Waffe möglicherweise dahinter lag. »Nichts, Sergeant«, hatte er berichtet. »Hier oben liegt nichts.« Und es gab keine andere Stelle, von der aus die Waffe aufs Dach hätte geworfen werden können.)

Auch im Haus war keine Spur von der Waffe zu finden. Weder in dem Raum, in dem der Herzog gestorben war, noch in den leeren Hinterzimmern. Die Verbindungstür zum rückwärtigen Teil des Hauses war vom Arbeitszimmer aus verschlossen und verriegelt gewesen. Sämtliche Fenster und die Hintertür an dieser Seite, meistens sogar mit Brettern vernagelt, waren ebenfalls fest verschlossen. Man konnte fast den Eindruck gewinnen, als habe jemand hier alles von innen gesichert, sich dann in den achteckigen Raum zurückgezogen und auch diese letzte Tür hinter sich geschlossen. Darüber hinaus gab es keinerlei Hinweise darauf, daß sich jemand in den vergangenen Monaten in den hinteren Räumen verborgen gehalten haben könnte. Inspektor Cockrill seufzte tief und zufrieden. Er liebte es, gründlich zu arbeiten.

Am späten Abend fuhr Cockrill, nachdem er einige Männer seines Vertrauens als Bewacher zurückgelassen hatte, zusammen mit seinem Sergeant nach Heronsford zurück. Es war eine schwarze, aber sternenklare Nacht, und die Zweige der Hecken glitzerten und schimmerten eisbedeckt im Scheinwerferlicht des Wagens. Cockrill saß auf dem Beifahrersitz. Zigarettenrauch stieg von seinen nikotinverfärbten Fingern auf. »Also, Charlie... Was halten Sie von der Sache?«

»Noch nicht viel«, erwiderte der Sergeant, ohne den Blick von dem weißen Band der Fahrbahn zu wenden.

»Verschlossener Raum. Keine Spuren im Schnee, für die es nicht eine einfache Erklärung gäbe.«

»Zeitpunkt des Todes?« fragte der Sergeant.

»Nach Aussage des Arztes dürfte es nicht lange her sein. Muß ungefähr zu dem Zeitpunkt eingetreten sein, als der junge Fish den Schuß gehört haben will.«

»Fisher«, verbesserte Charlie ihn.

»Ich weiß auch nicht, weshalb ich immer denke, daß er Fish heißt. Und was machen wir jetzt?«

»Dürften einige Fragen zu stellen sein«, antwortete der Sergeant. »Akrobatische Kunststücke, Drahtseilakte oder Ähnliches können wir wohl ausschließen: die Entfernungen zwischen dem Pförtnerhaus und allem anderen sind einfach zu groß. Die erste Frage müßte daher lauten: Könnte sich jemand im Torhaus versteckt haben? Antwort: Wir haben alles gründlich abgesucht, einschließlich des Dachs, und das Ergebnis war eindeutig negativ.

Zweite Frage... und ich weiß, daß Ihnen die besonders gefällt: Weshalb verläuft die Farradspur, die zum Gartentor zurückführt, in Schlangenlinien? Antwort: Der Grünschnabel war völlig von der Rolle vor Angst, nachdem ausgerechnet er die Leiche des Herzogs entdeckt hatte. Vermutlich haben seine Hände an der Fahrradstange gezittert wie Espenlaub. Sogar Crum ist aufgefallen, daß er bleich und durcheinander war. Dritte Frage: Hat er den Schuß wirklich gehört? Er ist nämlich der einzige. Antwort: Wir haben als Beweis nur seine Aussage.

Und schließlich Frage Nummer vier: War es wirklich der Herzog, der im Revier angerufen hat? Die Antwort darauf lautet: Sergeant Crum, der den Anruf entgegengenommen hat, ist so dumm, daß er nicht mal im Traum daran dächte, daran zu zweifeln.

Fünftens: Warum ist Crum zum Schloß gefahren, wo er doch annehmen mußte, daß der Constable den Schuß zu Hause gehört hatte... was wiederum nicht möglich gewesen wäre, wäre er im Schloß abgegeben worden? Die Antwort darauf ist dieselbe wie bei Nummer vier: Der Mann ist dämlich. Frage sechs: Hat der Herzog den Abschiedsbrief, der auf dem Schreibtisch lag, tatsächlich selbst geschrieben? Antwort: Ja, vermutlich; allerdings kann er auch dazu gezwungen worden sein. Schließlich... und das ist die Eine-Million-Dollar-Frage: Wie ist der Mörder mit der Waffe entkommen? Antwort...?«

»...oder Antworten...«

»Das liegt doch auf der Hand, Mr. Cockrill, oder? Eigentlich gibt es nur einen Weg. Variationen desselben Themas, die von der Person des Mörders abhängen.«

»Mit Ausnahme der Person, die bei mir an vierter Stelle rangiert.«

»An vierter? Ich habe nur drei im Kopf«, entgegnete der Sergeant.

Inspektor Cockrill ging einen nach dem anderen durch und beschrieb bei jedem das Motiv oder die Motive. »Die vierte Person habe ich gerade eben erst in Betracht gezogen. In ihrem Fall könnte es zahllose Motive geben. Der verstorbene Herzog war ein verdammt unliebsamer Charakter.« Die beiden Kriminalbeamten saßen eine Weile stumm und nachdenklich nebeneinander. Sie konnten nur langsam fahren, denn auf dieser einsamen Nebenstraße lag der Schnee tief und unberührt. Der Sergeant brach schließlich als erster das Schweigen. »Schon komisch, daß es sich bei den Motiven der ersten drei Personen auf der Liste um Motive... sozusagen aus zweiter Hand handelt. Ich meine, unmittelbarer Nutznießer wäre jeweils jemand anderer.«

»Also, das würde ich nicht unbedingt sagen«, entgegnete Cockrill. »Sicher wäre jemand anderer der Nutznießer. Im Fall von Nummer eins hätten wir sogar ein Motiv, das so weit hergeholt scheint, daß es kaum noch trägt.« Und düster fügte er hinzu, daß man nicht vergessen dürfe, daß die Herzogin offenbar noch einen ganz persönlichen Kandidaten für die Tat habe, der nicht einmal ein Motiv besitze. »Damit hätten wir dann fünf.«

Der Sergeant schien wenig beeindruckt. »Ach, wissen Sie, Sir, die Herzogin!«

Der Inspektor hatte die ganze Zeit über unaufhörlich einen großen Hut in seinen Händen geknetet. Jetzt, da sie seine Haustür erreicht hatten, setzte er ihn schwungvoll auf und kletterte aus dem Auto. »Ja, die Herzogin... Aber eines lassen Sie sich gesagt sein: Die Herzoginwitwe von Hawksmere ist eine verflixt schlaue alte Dame. Ich habe offengestanden ein bißchen Angst vor ihr. Nichts und niemand kann sie je davon abhalten, ›ihre Leute‹... oder gar ihre Familie in Schutz zu nehmen.« Cockrill schlug die Autotür zu und begann in den Taschen seines uralten, schäbigen Regenmantels nach den Schlüsseln zu kramen. »Gott sei Dank! Da sind ja die verdammten Dinger. Jetzt brauche ich was Warmes zu trinken und dann mein Bett. Gute Nacht, Charlie! Schlafen Sie gut! Morgen ist ein neuer Tag.«

Ein neuer Tag... für alle bis auf den verstorbenen Herzog von Hawksmere, der still und steif in einer Blechwanne im Kühlraum des Obduktionssaales lag... ausgenommen wie eine Weihnachtsgans, damit auch die letzten Geheimnisse seines Körpers offenbart würden; nur war da nicht viel zu offenbaren, abgesehen von einer Sandwich-Mahlzeit und einer Schußwunde in der Schläfe...

Viel erfreulicher gestaltete sich der neue Tag für Inspektor Cockrill allerdings auch nicht. Schuld daran war vor allem das Eintreffen des Chief Constable, eines cholerischen ehemaligen Offiziers. Er machte viel Wind um nichts, kommandierte herum und war unfähig, sich auf die groteske Situation eines Verbrechens im ›geschlossenen Raum‹ einzulassen. Statt dessen beschäftigte er sich aus purer Bequemlichkeit ausschließlich mit der unauffindbaren Schußwaffe. Nun ja, erklärte ihm Inspektor Cockrill, es handle sich vermutlich um einen ganz herkömmlichen ehemaligen Armeerevolver aus dem letzten Krieg... und es sei schließlich bekannt, daß viele Ex-Soldaten es versäumt hätten, die Dienstwaffe bei Kriegsende abzuliefern. Der Einschußkanal durch den Knochen, so hätten die Sachverständigen erklärt, mache es fast unmöglich, die Kugel einer bestimmten Waffe zuzuordnen.

»Hatte der Verstorbene denn eine solche Waffe in seinem Besitz?«

»Wenn ich Sie daran erinnern darf, Sir George, haben Sie den Herzog einmal diesbezüglich zur Rede gestellt.«

»Ja, richtig... Ich bin bei ihm gewesen und habe ihn darauf angesprochen. Äußerst vorsichtig, versteht sich. Er schien kaum zu begreifen, was ich eigentlich von ihm wollte. Allerdings hat er nicht geleugnet, eine solche Waffe zu besitzen.«

Wie äußerst hilfreich, dachte Cockie.

»Schließlich kann man in ein solches Schloß nicht mit einem Bluthund eindringen und alles durchsuchen«, fuhr der Chief Constable mißgestimmt fort. Außerdem, so fügte er hinzu, würden Leute, die immer mit Selbstmord drohten, nie Ernst machen.

»Jawohl, Sir«, sagte Cockie und ahmte treffend den Dialekt des hölzernen Constable Fisher nach. Er erklärte dem Chief Constable die möglichen Schwierigkeiten, die Kugel dem Revolver des toten Herzogs oder irgendeiner anderen Handfeuerwaffe zuzuordnen.

»Eine Waffe, deren Sie sowieso nicht habhaft werden können«, erinnerte der Chief Constable ihn säuerlich.

»Jawohl, Sir. Genauso isses«, sagte Cockie, diesmal mehr im Tonfall Sergeant Crums. Seine Stimme drückte aus, daß er der Meinung war, so was könne jedem passieren.

Beim ersten Tageslicht war die Suche nach der Tatwaffe wiederaufgenommen worden. Die Dorfbewohner erwiesen sich dabei als äußerst eifrig und hilfsbereit, erklärte Cockie. Obwohl, wie er hinzufügte, keiner im Dorf den Herzog gemocht habe und die meisten aus verständlichen Gründen irgendeinen Groll gegen ihn hegten. Den Pächtern, die gewohnt waren, daß die Herzöge von Hawksmere ihre schützende Hand über ›ihre Leute‹ hielten, war er als ein besonders gemeiner und gefährlicher Charakter erschienen.

Der Chief Constable zeigte sich in dem von Inspektor Cockrill gewünschten Maße entsetzt. »Großer Gott, Mann! Sie sind ja dann alle auf der Seite des Mörders! Wer weiß, ob einer das Ding gefunden hat und jetzt versteckt? Pfeifen Sie die Leute sofort zurück... Alle durchsuchen... Durchsuchen Sie ihre Häuser. Stellen Sie jedes Haus in diesem Dorf auf den Kopf!«

Damit stapfte er wütend davon, um vom behaglichen Polizeirevier von Heronsford aus weiteres Unheil anzurichten. Chief Inspektor Cockrill allerdings war jetzt in der Lage, leichten Herzens überall zu verbreiten, daß diese willkürlichen Dienstanweisungen nicht von ihm persönlich, sondern vom Chief Constable kamen. Dabei schien er den Eifer seines Vorgesetzten jedoch beträchtlich überschätzt zu haben... denn eine Durchsuchung des Schlosses hätte Sir George nicht einmal im Traum in Erwägung gezogen.

Dort allerdings fand die Suchaktion ein schnelleres und unproblematischeres Ende, als es von den Beteiligten... mit Ausnahme von Cockrill... erwartet worden war. »Unter einigen Papieren in einer Schreibtischschublade des Verstorbenen«, erklärte er der Herzoginwitwe. »Welche Überraschung!« fügte er sarkastisch hinzu.

»Eine Überraschung ist das nicht«, entgegnete die Herzogin. »Immerhin muß es ja nicht die Tatwaffe sein. Soviel ich gehört habe, dürfte es sowieso zweifelhaft sein, ob man je feststellen kann, aus welcher Waffe die Kugel abgefeuert wurde. Vielleicht hatte er diesen Revolver gar nicht bei sich. Er ist vermutlich nicht ständig bewaffnet herumgelaufen.«

»Weshalb hat er dann vom Pförtnerhaus aus seinen Selbstmord angekündigt? Schließlich hat er im Revier angerufen und gesagt, er wolle sich umbringen.«

»Vielleicht hat jemand anderer angerufen. Sergeant Crum wäre doch nie auf die Idee gekommen, die Identität des Anrufers in Frage zu stellen. Und Abschiedsbriefe von ihm liegen doch überall rum. Der Täter könnte sich einen davon einfach genommen haben.«

»Ihre Hoheit wäre die richtige Frau für meinen Job«, bemerkte Cockrill respektvoll.

»Also wissen Sie, Cockie«, sagte die Herzogin, und der entschuldigende Ton ihrer Stimme klang nicht ganz aufrichtig, »in diesem speziellen Fall glaube ich das tatsächlich.«

Mr. Cockrill fühlte sich zwar verpflichtet, seinem Chief Constable Bericht zu erstatten, nicht aber, ihm die Angelegenheit in aller Offenheit darzulegen. »Ihre Hoheit hat die Waffe selbst dorthin gelegt. Was ich selbstverständlich wußte.«

»Die Herzogin!«

»Die Herzoginmutter. Die Waffe befand sich in einem Päckchen, das heute morgen mit der Post kam. Natürlich erhält sie im Augenblick sehr viel Post. Die Sendung war gestern abend hier in Hawksmere aufgegeben worden. Und hier im Dorf herrscht ein ständiges Kommen und Gehen, die Leute pendeln wie Yoyos zwischen London und dem Dorf hin und her... Anwälte und so weiter. Der Tod eines Herzogs ist schließlich keine Alltäglichkeit... vor allem dann nicht, wenn er ermordet wurde. Die Post könnte uns schon weiterhelfen«, urteilte Cockrill. »Finden Sie nicht auch?«

Von der Post jedoch hielt der Chief Constable so gut wie nichts. Er machte viel Wind und wechselte das Thema. »Weshalb hätte die Herzogin so etwas tun sollen?«

»Vielleicht wollte sie ihre Familie decken?«

»Ihre Familie? Sie verdächtigen doch wohl den neuen Herzog nicht, etwas damit zu tun zu haben?«

»Er konnte davon nur profitieren. Aber im Grunde... nein...«

»Und der junge Rupert? Sie glauben doch wohl nicht...?«

»Sein Vater ist jetzt der sechste Herzog von Hawksmere. Er hat den Titel geerbt. Und auch sein Sohn hängt mit Leib und Seele an den Ländereien und den Menschen, die dort leben und arbeiten. Der halbe Landkreis gehört der Familie. Die Art und Weise, wie der verstorbene Herzog das Erbe verwaltet hat, war ihm zuwider. Außerdem hatte dieser doch gedroht, zu heiraten und selbst einen Erben zu zeugen. Wir dürfen den jungen Rupert also nicht außer Acht lassen.«

»Gütiger Himmel, Cockrill! Wie können Sie nur?«

»Und da ist auch noch das Mädchen«, fuhr Cockrill erbarmungslos fort. »Sie hat dieselbe Einstellung. Im übrigen sind ihre Eltern jetzt Herzog und Herzogin anstatt mittel- und bedeutungslose Bürger.«

Sir George sah aus, als würde er jeden Augenblick explodieren. Die Tochter des Herzogs! Der erbberechtigte Prinz! Doch Trost war nicht fern. »Erklären Sie mir bitte nur, wie Tochter oder Sohn unbemerkt aus dem Haus entkommen sein sollen?« fragte er Cockrill triumphierend. »Reifenspuren, Fußabdrücke... wir wissen, woher die stammen. Und andere existieren nicht. Wie sollten sich die jungen Leute also bitte schön aus dem Staub gemacht haben?«

Also, was das betreffe, erwiderte Cockrill ungerührt, da habe er gleich mehrere Erklärungen. Sollte Sir George diese nicht bedacht haben? In diesem Augenblick entdeckte er Charlie Thomas und hatte Dringendes mit diesem zu besprechen. Wenn Sir George ihn also entschuldigen wolle...

»Ich kann's einfach nicht lassen, den alten Trottel für dumm zu verkaufen«, sagte er zu Charlie.

»Das wird sich eines Tages rächen, Boss«, erwiderte der Sergeant lachend. »Und was passiert Ihres Erachtens als nächstes?«

»Als nächstes«, erwiderte Cockrill prophetisch, »als nächstes kommt ein Brief, in dem ein völlig neuer und unerwarteter Verdächtiger ins Spiel gebracht und eine gänzlich neue und unerwartete Fluchtmethode aus dem Pförtnerhaus dargestellt wird... Schnee, Fahrradspuren, Fußspuren... alles inbegriffen.«

Und prompt kam dieser Brief tatsächlich und wurde ihnen von der Herzogin persönlich ausgehändigt. »In der Post heute morgen. An mich adressiert. Der Poststempel? Aber Cockie, mein Lieber, Sie haben wohl keine Ahnung, welche Mengen von Post ich in letzter Zeit bekommen habe. Geschäftsbriefe, Beileidsschreiben... die komischsten Sachen. Die Kinder lesen sie mit Vergnügen, die Schlimmen! Aber was den Poststempel betrifft... also wir schneiden sämtliche Kuverts auf und werfen sie in den Papierkorb. Wir sind ja nicht in Amerika, wo die Absender hinten drauf stehen... Ich werde mich nie daran gewöhnen. Wenn die Briefe jedenfalls mal vom Kuvert getrennt wurden, dann kann man bei dem billigen Schreibpapier heutzutage ohne passenden Umschlag wirklich nicht mehr feststellen, was zu wem gehört hat.«

Auch die benutzte Schreibmaschine ließ sich mit nichts und niemandem in und um Hawksmere in Verbindung bringen. Vermutlich war der Brief unter dem Vorwand, eine Schreibmaschine in einem Geschäft ausprobieren zu wollen, geschrieben worden. Vorzugsweise irgendwo in London, dachte Cockie. Ein uralter Trick. Außerdem tat der Absender so, als sei er der Rechtschreibung nicht mächtig.

›Liebe Herzogin‹, stand da. ›Ich bin längst über alle Berge. Um anderen nicht noch mehr Unannehmlichkeiten zu machen, gestehe ich den Mord am Hertzog von Hawksmere. Er war zwar ein Verwanter von Ihnen, aber trotzdem ein gemeiner Schuft. Er hat den Tod verdient. Ich bin zu ihm, bevor es zu schneihen angefangen hat. Er hat mich reingelassen. Ich habe ihm freigestellt, Selbstmord zu machen, aber er wollte nicht, weil er vorhatte zu heihraten. Er hatte offenbar keine Waffe, aber ich hatte eine. Ich konnte ihn nicht zwiengen einen Abschiedsbrief zu schreiben, aber es lag sowieso einer auf dem Schreibtisch.

Als es soweit war, hat es zu schneihen angefangen. Ich habe

ihm den Revolver ins Kreutz gedrückt und ihn gezwungen, die Pollizei anzurufen und zu sagen, er wollte sich umbringen. Danach habe ich ihn erschossen. Als ich die Tür aufgemacht habe, war es sehr still und ich habe eine Farradklingel gehört, bin soffort zurück und habe die Tür abgeschlossen. Als ich die Persson wieder weggehen gehört habe, bin ich raus, habe Fußspuren im Schnee gesehen und bin ihnen zu einem Fenster gefolgt. Von dort bin ich aufs Dach gekletert. Als die Reportermeute gekommen ist, habe ich mein Versteck verlassen. Ein Polizist hat mich vom Dach gehohlt, und ich habe behauptet ein Reporter zu sein, der vom Dach aus ein paar Bilder machen wollte. Sie haben mir geglaubt. Ich muß gestehen, daß ich gesehen habe, wie man einem Polizisten aufs Dach geholfen hat, damit er nachsehen sollte, ob dort die Waffe versteckt ist. Da habe ich mich dicht an die Zinnen gedrückt, wo er mich nicht sehen konnte. Er hat noch gerufen, daß da keine Waffe sei, und war gleich wieder drunten. Das ist alles. Es gibt eine Menge Leute, die den Hertzog schon gehaßt haben, als er noch gar kein Hertzog gewesen ist. Ich gehöre zu denen. Sie brauchen also nicht weiter nach dem Mörder zu suchen.‹

»So, so«, seufzte Cockie und reichte seinem Sergeant diesen Erguß. »Na, was habe ich gesagt?« Er ging zum Pförtnerhaus und rief den Constable zu sich. »Hören Sie, Fish…«

»Fisher, Sir«, verbesserte dieser ihn etwas resigniert.

»Ja, das spielt jetzt keine Rolle. Sie sind doch derjenige, der nachsehen sollte, ob jemand die Tatwaffe aufs Dach geworfen hatte. Weshalb sind Sie ausgerechnet am Seitenfenster raufgeklettert?«

»Weil das die einzige Stelle ist, wo man was aufs Dach werfen kann, Sir. Über der Vordertreppe ist das Verandadach… und Fußspuren gab's nicht.«

»Aber die Waffe hätte doch zurückrutschen und dicht unter der Brüstung liegenbleiben können. Haben Sie nicht daran gedacht, über den Vorsprung zu klettern und dort nachzusehen?«

»Also, das war nicht möglich, Mr. Cockrill, Sir.« Er machte eine wegwerfende Handbewegung. »Ich meine, daß die Waffe gerutscht ist. Bei dem Schnee wäre sie liegengeblieben, wo sie hingefallen war. Nämlich wohl in der Dachmitte. Aber da war nichts zu sehen.«

»Wenn sich nun ein Mann dicht unter die Brüstung geduckt hätte... genau dort, wo Sie rübergeschaut haben...?«

»Natürlich könnte mir der entgangen sein«, räumte Fisher ein. »Da habe ich gar nicht drauf geachtet.« Allerdings, jetzt wo er darüber nachdenke, fuhr Fisher fort, hätten etliche versucht, aufs Dach zu klettern, seien jedoch rechtzeitig daran gehindert worden. »Immer diese Reporter, Sir. Aber wenn jemand weit genug raufgekommen ist, müßte er gesehen haben, ob da eine Waffe gelegen hat.«

Tatsächlich waren einige der Sünder verhört worden. Keiner hatte jedoch zugegeben, bis aufs Dach gelangt zu sein. Und alle waren sich darüber einig gewesen, daß das auch der Wahrheit entsprach. Trotzdem nahm sich Cockrill insgeheim vor, in den Zeitungen auf Fotos vom schneebedeckten Garten des Pförtnerhäuschens zu achten, die aus größerer Höhe aufgenommen worden waren...

Schließlich kehrte er zu Constable Fisher zurück. »Der tote Herzog hatte viele Feinde. Geliebt haben Sie ihn doch wohl auch nicht, oder?«

Der arglose Constable wurde schlagartig blaß und nervös. »Ich habe ihn kaum gekannt, Sir. Er war schließlich der Herzog...«

»Bis vorgestern, oder?«

»Ja, und zu diesem Zeitpunkt war er bereits tot.«

»Richtig. Muß ein Schock für Sie gewesen sein, ihn durch das Fenster so zu sehen, oder? Aber sagen Sie mir doch noch mal... warum ausgerechnet dieses Fenster?«

»Vom näherliegenden Fenster kann man nicht richtig ins Zimmer sehen, Sir. Man hat keinen Überblick.«

»Wie recht Sie haben. Nur, woher wußten Sie das eigentlich?«

»Also, Sir, wo doch meine Großeltern dort gewohnt haben...«

»Die haben da gewohnt?« wiederholte Cockrill laut und warf dem Sergeant blitzschnell einen Blick zu. »Die haben da gewohnt? Und sind vermutlich vom Herzog rausgeworfen worden, was? Und danach mußten sie zu der übrigen zahlreichen Familie in das Haus ziehen, das sowieso schon viel zu klein war... und die Alten haben immer gezetert und geschimpft, schätze ich, wie's ältere Leute nun mal so an sich haben, wenn sie dauernd mit der Jugend konfrontiert werden... und Ihre Eltern haben sich heftig gewehrt, Ihre lauten Geschwister wurden schlimmer denn je, und alle waren unglücklich. Mit anderen Worten... es war wie in einer Sardinenbüchse!«

»Ich schätze, in einer Sardinenbüchse geht's friedlicher zu.«

Kein Wunder, überlegte der Inspektor, daß ich immer Fish zu ihm gesagt habe. »Die privaten Angelegenheiten Ihres Constables tun nichts zur Sache«, hatte er die langatmigen Erklärungen von Sergeant Crum unterbrochen, und die ganze Zeit... »Das wär's im Augenblick, Fisher«, sagte er laut und wandte sich an Charlie: »Tja, Sergeant, wieder mal die einfachste aller Erklärungen, was? Nur weil wir hier praktisch Fremde sind, hatten wir keine Ahnung, daß ein solches Motiv überhaupt existiert. Aber jetzt...«

Ein Schuß, den sonst niemand gehört hatte. Mit dem Fahrrad zum Pförtnerhaus und zum Vordereingang. Der Herzog, der friedlich Sandwiches kaut, kann unschwer überredet werden, den jungen Polizisten in Uniform einzulassen. Eine Ausrede wird ihm schon eingefallen sein... zum Beispiel die, daß die Polizei die Herausgabe des Revolvers verlangt, die Seine Hoheit offenbar widerrechtlich in ihrem Besitz hat. Mit der Waffe in der Hand erzwingt er den Anruf im Revier. Wenn er Glück hat, macht sich Sergeant Crum erst auf den Weg zum Schloß und verschafft ihm damit reichlich Zeit. Bei vorgehaltener Waffe wird der Abschiedsbrief geschrieben, dann ein Schuß... und alles ist vorbei.

Es ist vollbracht... aber plötzlich erscheint alles so furchtbar. Mit der Waffe in der Hand findet er sich an der Tür wieder, weil er vergessen hat, sie neben der ausgestreckten Hand niederzulegen. Zitternd steht er da, versucht, die Fingerabdrücke von der Waffe zu wischen, da fällt die Tür ins Schloß. Ein Windstoß hat den pulvrigen Schnee aufwirbeln lassen, und er steht ausgeschlossen draußen vor der Tür mit der Waffe in der Hand. Die Hoffnung, die Waffe durch das Fenster ins Zimmer werfen zu können, erfüllt sich nicht. Es ist fest verschlossen. Und zu allem Übel kann Sergeant Crum jederzeit eintreffen. Nichts wie aufs Fahrrad und zum Tor! Vor Nervosität wackelt der Lenker hin und her. Und als alle Zeter und Mordio schreien, stimmt er ein. Denn wer kommt schon auf die Idee, die Waffe in der Tasche des heldenhaften Entdeckers der schmählichen Tat zu suchen?

Nervös? Ja, natürlich war er nervös. Und wenn schon? Ein Mann, den alle gehaßt haben, ist tot. Die Großeltern können ihr gemütliches Heim wieder beziehen. Die Eltern sind frei und glücklich wie ehedem, und die Meute der jüngeren Geschwister, befreit von den ständigen Zurechtweisungen der älteren Generation, lebt wieder auf. Ihre Hoheit, die Herzogin, kann endlich ihren kleinen Witwensitz beziehen, der neue Herzog ist ein freundlicher, großzügiger Mensch. Rupert, der Freund aus der Kindheit, ist der nächste Erbe des Titels, und die seit langem geliebte Becca ist reich und glücklich und für immer an Hawksmere gebunden, wo man sie von fern bewundern kann. Und wie schrecklich dankbar wären alle in weitem Umkreis dem Wohltäter, der das alles bewirkt hatte... hätte man nur seine Identität gekannt...

Aber zuerst mußte er an die Waffe denken. Schließlich konnte er sie nicht ewig in der Uniformtasche herumtragen. Aber wo sollte er sie auf dem eng begrenzten Gebiet des Dorfes verstecken, das er nicht verlassen konnte? Am besten schickte er den Revolver ins Schloß; und zwar mit der Bitte, sie dorthin zu tun, wo sie hingehörte. Die Herzogin mußte ahnen, daß die Tat von einem ›ihrer Leute‹ vollbracht worden war. Und die Herzogin würde niemand ins Unglück stürzen, der sich ihrer Barmherzigkeit auslieferte. Sich selbst wußte die Herzogin sehr wohl zu schützen...

Charlie Thomas hatte sich das alles nachdenklich angehört. »Und der Brief?« fragte er jetzt.

»Ah«, murmelte Cockrill und wurde zum ersten Mal unsicher. »Der Brief.«

»Sehr interessant. Jedenfalls nicht das Werk eines Analphabeten. Die Fehler sind Absicht. Jemand, der Herzog mit ›tz‹ schreibt, weiß genau, wie es richtig heißen muß. Andere Fehler verraten die ungeübte Hand an der Schreibmaschine. Da drückt man leicht einen Buchstaben doppelt wie bei ›Pollizei‹. Das sind Flüchtigkeitsfehler. Aber Fisher schreibt fließend Schreibmaschine. Außerdem halte ich ihn nicht für intelligent genug, sich das alles auszudenken. Damit wären wir bei...«

»...dem neuen Erben«, ergänzte Cockie wenig begeistert. »Der junge Rupert.«

»Es ist ja verständlich, wenn ein junger Mann seinen Großeltern das Heim wiederbeschaffen möchte«, bemerkte Charlie. »Aber bei Rupert ist es anders: der Vater wird Herzog, die Familie kommt zu Geld, und was das wichtigste ist, ›unsere Leute‹ sind vom Tyrannen befreit, der mit Heirat und der Zeugung einer ganzen Armee von Minityrannen drohte.«

»Wie also, meinen Sie, ist er entkommen, ohne Spuren im Schnee zu hinterlassen? Sie wollen doch nicht behaupten, daß Rupert der Mann auf dem Dach gewesen sein könnte?«

»Den Mann auf dem Dach hat es nie gegeben, Sir. Da war lediglich irgendein Reporter, der schlauer sein wollte als die anderen. Und den hat man gerade noch hindern können, aufs Dach zu klettern. Rupert kann das nicht gewesen sein. Aber wir haben doch beide über Mittel und Wege nachgedacht, wie ein anderer als Fisher hätte entkommen können...«

In diesem Augenblick ertönte Hufgetrappel auf der Wiese, und eine helle Stimme rief: »Seid jetzt schön brav, ihr Pferdchen, und wartet hier!« Es klopfte, und die beiden jungen Leute kamen herein.

»Hören Sie, Inspektor! Sie wollen doch wohl dem armen Dave nicht den Mord an Cousin Ham anhängen, oder?« erkundigte sich Lady Rebecca gereizt.

Sie mochte klein sein ... war jedoch mit ihrer dunklen, seidig glänzenden Haarmähne unter der schäbigen Reitkappe eine ausgesprochen hübsche Erscheinung. Der Bruder war ebenso dunkelhaarig und nur unwesentlich größer, schlank und gleichermaßen schäbig gekleidet. Arm wie Kirchenmäuse, hatte die Herzogin sie beschrieben. Ihr verstorbener Cousin schien ihnen gegenüber kaum großzügig gewesen zu sein, obwohl er ganz unerwartet zu Titel und Besitz gekommen war. »Meinen Sie den Constable Fisher?« erkundigte sich Cockrill nachsichtig.

»Ja... Wir haben ihn gerade getroffen. Er ist ganz verschreckt.«

»Wenn er den Herzog umgebracht hat, wäre das nicht verwunderlich.«

»Er hat ihn genausowenig umgebracht wie ich!« erklärte Rupert.

»Diese Möglichkeit haben wir offengestanden gerade besprochen, mein Junge ... Ich meine, daß Sie ihn umgebracht haben könnten.«

»Ich? Blödsinn! Warum um Himmels willen hätte ich den miesen Cousin Hamnet umbringen sollen?«

»Weil er eben der miese Cousin Hamnet war.«

Bruder und Schwester standen lässig gegen die Tischkante gelehnt und hatten die Beine übereinandergeschlagen. »Du meine Güte!« seufzte Rebecca. »Sie wollen doch nicht behaupten, daß er der Mann auf dem Dach war... so innig geliebt von Tante Daisy ... der Herzogin Daisy«, fügte sie erklärend hinzu. »Aber falls Sie das behaupten wollen, wie ist er dann Ihrer Ansicht nach aus dem Pförtnerhaus verschwunden, ohne tiefe, große Fußstapfen im Schnee zu hinterlassen?«

»Tja«, entgegnete der Inspektor ungerührt. »Wir dachten, er könnte ein Fahrrad benutzt haben.«

»Na großartig«, warf Rupert ein. »Ich hab' nicht mal ein Fahrrad.«

»Aber Ihr Freund Dave... er hatte ein Fahrrad.«

Das gab ihnen sichtlich zu denken. »Sagen Sie bloß... Lassen

Sie mich raten!« sagte schließlich der Bruder leichthin. »Ich habe mir vermutlich Daves Fahrrad geliehen, was?«

»Und zwar unter Androhung von Waffengewalt«, ergänzte Becca und reckte spöttisch die kleine Nase in die Luft.

»Oder durch Überredungskünste. Er ist doch sowieso ganz auf Ihrer Seite.«

»Sie scheinen ja viel Vertrauen in die Mitglieder Ihrer Zunft zu haben«, bemerkte Rupert.

»Nun, bei einem so guten Freund... Und es paßt alles so gut zusammen.«

»Es paßt überhaupt nicht zusammen«, sagte Rebecca. »Wir sind den ganzen Nachmittag zusammen ausgeritten.« Noch während sie sprach, schien sie die Schwächen dieses doppelten Alibis zu erkennen und fügte hinzu: »Tante Daisy hat uns vom Fenster aus gesehen. Das wird sie Ihnen jederzeit bestätigen.«

»Da bin ich sicher«, bemerkte der Inspektor trocken.

Rebecca glitt von der Tischkante. »Dann gehen wir jetzt lieber nach Hause. Ich versichere Ihnen jedenfalls, daß Dave unschuldig ist. Dasselbe gilt für Rupert. Also lassen Sie den Unsinn.«

»Selbstverständlich. Sie haben mich überzeugt. Allerdings«, fuhr Cockie fort. »Wie steht's denn mit Ihnen, Lady Rebecca?«

»Mit mir?« sagte Rebecca ebenso erstaunt wie ihr Bruder vor ihr.

»Sie hätten dieselben Motive wie Ihr Bruder. Einer von Ihnen beiden könnte vor Einsetzen des Schneetreibens hergekommen...«

»Weshalb einer von uns? Weshalb nicht wir beide zusammen?«

»Weil nur eine Person auf dem Fahrrad davongefahren sein kann... mit oder ohne Constable Fisher.« Der Sergeant machte den Mund auf, um etwas zu sagen, doch Cockrill schnitt ihm das Wort ab: »Sie sind hergekommen, bevor es zu schneien angefangen hat... Einer von Ihnen beiden... Sie haben einen Streit über die Verwaltung des Besitzes mit Ihrem Cousin vom Zaun gebrochen. Vielleicht war es auch wegen seiner bevorstehenden Heirat. Dabei haben Sie die Beherrschung verloren. Die Waffe lag wie immer zum eventuellen Gebrauch herum. Sie haben sie genommen. Mittlerweile war Schnee gefallen, doch während Sie auf der Schwelle standen und nicht mehr aus und ein wußten, erschien der galante Ritter Dave als rettender Engel auf seinem Fahrrad. In Ihrem Fall, Lady Rebecca, war Waffengewalt sicher nicht nötig, um ihn zur Mithilfe zu überreden. Sie sind einfach aufgestiegen. Er hat aufgrund der zusätzlichen Last zwar mit dem Fahrrad ziemlich gewackelt, aber Sie haben trotzdem sicher das Gartentor erreicht. Sie laufen davon, und der Freund aus Ihrer Kindheit bleibt ziemlich besorgt, aber glücklich in dem Bewußtsein, einem... einem geliebten Menschen geholfen zu haben, zurück.«

»Nicht schlecht«, sagte Rupert herablassend, aber blaß. »Aber es muß doch noch andere Verdächtige geben... Rebecca und ich sind doch sicher nicht die einzigen?«

»Eigentlich schon. Ihr Vater ist zu groß und schwer, als daß er zu Constable Fisher hätte aufs Fahrrad steigen können. Und immerhin ist Fisher auch recht groß gewachsen. Ich hab's ausprobiert. Das Fahrrad ist glatt zusammengebrochen. Davon abgesehen hat Ihr Vater ein Alibi, das wesentlich überzeugender ist als Ihre Geschichte mit dem gemeinsamen Ausritt, den Ihre Tante Daisy bezeugen will. Ausgerechnet sie! Ganz so blöd, wie Sie glauben mögen, ist die Polizei dann doch nicht. Wir haben sämtliche Möglichkeiten überprüft. Viel ist nicht mehr übriggeblieben.«

»Sie glauben also ernstlich, Beweise gegen uns... oder einen von uns zu haben?«

»Oder gegen Constable Fisher.«

Jetzt glitt auch Rupert von der Tischkante und stellte sich neben die Schwester. »Wir gehen jetzt lieber. Wenn Sie uns also entschuldigen möchten... Die Handschellen können Sie ja jederzeit ins Schloß bringen. Komm!« forderte er seine Schwester auf. »Gehen wir. Wir unterbreiten all dies mal unserer allzeit bereiten Retterin in der Not. Mal sehen, was *sie* Mr. Cockrill zu sagen hat.«

Der Inspektor wartete, bis das Hufgetrappel draußen verklungen war. Dann reckte er die Glieder. »Na, Charlie, das haben wir hinter uns, was?« Und er fügte lachend hinzu, daß der Sergeant das nächste Mal, wenn sein Vorgesetzter eine Falle aufstellte, bitte den Mund halten möge.

»Sie haben doch behauptet, daß nur eine Person auf dem Fahrrad davongefahren sein könnte... mit oder ohne Fisher. Jeder, der mit dem Fahrrad zum Pförtnerhaus gekommen ist, hätte damit auch wieder wegfahren können... das muß aber nicht unbedingt Fisher gewesen zu sein. Bevor wir uns darüber hermachen konnten, waren die Reifenspuren zugeschneit.«

»Das spielt auch keine Rolle. Die Spuren hat Constable Fisher hinterlassen: er hat ins Zimmer gesehen, hat Sergeant Crum alles beschrieben. Die Reifenspuren stammen von seinem Fahrrad, das er gefahren hat... möglicherweise sogar mit einer leichtgewichtigen Person auf dem Rücksitz, die er zum Gartentor brachte. Bis auf dieses hübsche Paar haben wir doch praktisch alle Verdächtigen ausgeschaltet.« Er stemmte sich aus dem Sessel, zog seinen schäbigen Regenmantel an, setzte den Hut auf den Kopf und schlug mit der flachen Hand darauf, daß dieser ihm fast über die Augen rutschte. »Miststück... so groß ist das Ding noch nie gewesen«, bemerkte er gereizt und schob den Hut aus der Stirn. »Ich fahre jetzt zum Schloß... und erstatte meinerseits Ihrer Hoheit Bericht. Sie ist im übrigen ihre Cousine und nicht die Tante.«

»Ist das von Belang?« fragte Charlie überrascht.

»Nicht im mindesten«, antwortete der Inspektor und zwängte sich samt Regenmantel und Hut in den kleinen Streifenwagen. »Auf bald, Sergeant.«

»Hoffentlich in alter Frische«, antwortete Charlie reichlich skeptisch.

Die Herzogin von Hawksmere empfing ihn in der großen Halle im Kreise seiner drei Verdächtigen. »Oh... Cockie... Schön, Sie zu sehen. Und ihr, meine Süßen«, wandte sie sich an die Jugend, wobei der Constable aus dem Dorf offenbar mit zu ihren

›Süßen‹ gerechnet wurde, »holt euch jetzt Kaffee und Kuchen oder sonst was und macht keinen Zirkus.« Eine sommersprossige Hand auf das Treppengeländer gestützt, begann sie die Treppe hinaufzusteigen. »Schneller geht's bei mir leider nicht, Inspektor. Die Arthritis bringt mich heute um.« An der Tür zu ihrem Salon ließ sie Cockrill den Vortritt. »Suchen Sie sich ein bequemes Plätzchen... aber vorher schenken Sie mir einen Schluck Wodka ein, seien Sie so gut. Und bedienen Sie sich ebenfalls. Und kommen Sie mir jetzt bloß nicht dienstlich. Einen kräftigen Schluck haben wir beide noch nötig, das verspreche ich Ihnen.«

Was den Inspektor betraf, war das nur allzu wahr. Er warf den Regenmantel auf einen Stuhl und setzte sich dann zur Herzogin vors gemütlich warme Kaminfeuer. »Also, Herzogin?«

»Tja, Cockie... Ich dachte mir schon, daß Sie sich irgendwann auf die Kinder und all ihre Geschichten stürzen würden. Und jetzt sind Sie da, und wir können einen gemütlichen Plausch halten.«

Nur die Herzogin von Hawksmere konnte auf die Idee kommen, eine ernste Unterredung über einen Mord in ihrer Familie als ›gemütlichen Plausch‹ zu bezeichnen, dachte Cockrill. »Sie erlauben, daß ich mich behutsam vortaste, Mylady?«

»Oh, das ist bei mir nicht nötig. Soviel Rücksicht bin ich nicht gewohnt. Schließlich bin ich keine Mimose. Ich rechne damit, daß Sie mir sagen, welche Beweise Sie gegen die jungen Leute in der Hand haben«, fuhr sie mit der für sie so typischen Mischung aus Autorität und Sanftheit fort. »Ich glaube nämlich, daß ich Ihnen wirklich helfen kann.«

Cockrill dachte nach. Das alles war gänzlich gegen die Vorschriften, aber zum Sklaven dieses Verhaltenskodex würde er sich nie machen lassen und hatte sich auch in der Vergangenheit nie danach gerichtet. Außerdem war er auf den bis dahin unenttarnten Kandidaten der Herzogin neugierig. »Wenn Sie mir versprechen, daß es unter uns bleibt?«

»Ich schwöre es bei meinem Leben!« Die Herzogin legte die Hand aufs Herz.

»Tja, dann...« Vorsichtig und mit vielen Wenns und Abers legte Inspektor Cockrill seinen Verdacht gegen Rupert und dessen Schwester dar. »Und was Fish betrifft...«

»Fisher«, verbesserte die Herzogin. »Ich finde es verletzend, wenn man sich die Namen von Menschen nicht ordentlich merkt. Mir passiert das auch ständig, aber ich bin alt... Und da ist manches verzeihlich. Außerdem sage ich zu allen ›Herzchen‹, eine Schauspieler-Gewohnheit, die ich eigentlich hasse. Aber wenigstens merken die anderen dann nicht, daß mir ihr Name nicht einfällt.«

»Herzogin, Sie versuchen, mich einzuwickeln«, bemerkte Cockrill ernst.

»Wirklich? Ja, vielleicht haben Sie recht... Ich merke das schon gar nicht mehr. Aber bei alldem Schrecklichen sollten wir uns noch ein bißchen Charme bewahren. Also, kommen wir zu dem Mann auf dem Dach... und zu diesem Brief.«

Chief Inspektor Cockrill ließ sich eingehend über dieses Schreiben aus. Der Tenor dabei war, daß man es nicht überbewerten sollte. »Wir wissen«, erklärte er wörtlich, »daß er nur als Ablenkungsmanöver gedacht war.«

»Ein sehr wirksames Ablenkungsmanöver, wie mir scheint, Chief Inspektor, finden Sie nicht? Ich meine... jedenfalls können wir ihn nicht einfach übergehen. Es gibt weder Beweise dafür noch dagegen, oder?« Sie heftete ihren fragenden Blick auf ihn, so daß Cockrill sich fast wie ein Bazar vorkam, den Ihre Hoheit gleich eröffnen würde. Er wußte, daß er ihr in gewisser Weise ausgeliefert war... und genoß diesen Zustand weidlich. »Aber zuerst trinken wir noch was, ja, Cockie?«

»Für mich keinen Tropfen mehr. Danke, Herzogin.«

»Aber Sie müssen! Ich brauche noch einen Schluck. Sie wissen, daß ich das nicht durchhalte, wenn ich nicht ordentlich Wodka zu mir nehme. Ich werde so leicht müde«, seufzte die Herzogin, wobei sie so gebrechlich wirkte, wie es ihre äußerst robuste Erscheinung zuließ. »Und wenn ich müde bin, kann ich nicht denken. Da bin ich ein hoffnungsloser Fall.«

Inspektor Cockrill erschien es insgeheim wünschenswert,

die Herzogin vom kräftigenden Wodka fernzuhalten, doch sie hatte ihn schon in der Hand. Widerwillig schenkte er zwei kleine Gläser ein. Nach heftigem Protest der Herzogin gab er schließlich noch etwas dazu. »Also, mein Lieber. Was machen wir jetzt? Sie wissen nämlich ganz genau, daß meine beiden kleinen Lieblinge den Mann nicht umgebracht haben können. Und dasselbe gilt für den armen, lieben Dave. Und damit wären wir wieder beim Brief... und der Frage, wer ihn geschrieben hat.«

»Geschrieben haben Sie den Brief selbst, Herzogin... und ihn auf einer Ihrer geschäftlichen Fahrten in London aufgegeben. Oder haben Sie ihn überhaupt nicht aufgegeben, sondern ihn... einfach nur ›bei Ihrer Post‹ gefunden?«

»Also, das ist ja eine ungeheuerliche Behauptung! Und trotzdem sehr schlau von Ihnen, Cockie. Ja, natürlich. Ich dachte, er könnte helfen, sämtliche Eventualitäten aufzufangen. Wenn Sie sich nämlich damit abfinden könnten... natürlich, indem Sie es für sich behalten... und nie eine Spur des Mörders fänden, tja... wer könnte Ihnen das schon verübeln?«

»Mein Chief Constable selbstverständlich. Und das ganz explizit, Eure Hoheit.«

»Kommen Sie mir bloß nicht mit diesem Maulhelden! Auf den hört doch sowieso niemand. Überlassen Sie den getrost mir! Sie brauchen sich nur eifrig ins Zeug zu legen, Scotland Yard, Interpol und der Himmel weiß wen noch einzuschalten, um den Absender des Briefs ausfindig zu machen und sämtliche alten Feinde unseres bedauernswerten Hamnets aufzutreiben, was immerhin bedeuten würde, die vergangenen zwanzig bis dreißig Jahre seines Lebens neu aufzurollen – und dann schließlich die Waffen zu strecken und den Fall zu schließen... oder wie man das nennt.«

»Ein Fall ist nie abgeschlossen«, entgegnete Cockie streng.

»Na, dann lassen Sie die Akte halt noch ein bißchen offen... nur lösen Sie ihn bitte nicht. Es ist nämlich wahr, was in dem Brief steht. Millionen von Menschen haben Hamnet gehaßt... schon bevor er Herzog geworden ist. Der Mann stand sich selbst im Weg, wollte dauernd sterben und hatte nie den Mut, sein Vorhaben zu vollenden. Und jetzt hat es dieser wunderbare Mann auf dem Dach endlich vollbracht. Schon deshalb werden alle ihn lieben und nicht wollen, daß er gefaßt wird.«

»Alle außer mir«, entgegnete der Inspektor grimmig.

»Ich finde, das zeigt wenig Hochachtung vor meinen aufrichtigen Bemühungen, Ihnen behilflich zu sein.«

»Sie glauben doch nicht im Ernst, daß ich mich mit diesem ausgekochten Blödsinn abfinden lasse? Ich will, daß man die Wahrheit erfährt.«

»Aber jemand kennt die Wahrheit längst, stimmt's nicht, Cockie? Ich meine, ich habe Ihnen das schon vor langem gesagt. Ich jedenfalls weiß Bescheid.«

»Leider hatten Eure Hoheit nicht die Güte, Ihr Wissen mit mir zu teilen.«

»Oh, Cockie! Wie unartig und zynisch Sie sein können! Dann sollen Sie sie eben jetzt erfahren. Aber nur...«, die Herzogin leerte ihr Glas Wodka-Tonic, »...wenn Sie mir versprechen, in dieser Angelegenheit nie etwas zu unternehmen.«

»Verlangen Sie von mir, daß ich einen Verbrecher ungeschoren lasse?«

»Nein. Natürlich nicht. Von einem Verbrecher kann gar nicht die Rede sein... wenn man mal von dem Mann auf dem Dach absieht. Ich bin sicher, Hamnet hat letztendlich doch Selbstmord begangen. Er hat sein Mittagessen zu sich genommen, nachgedacht... nach den Mahlzeiten neigte er schon immer zur Übellaunigkeit... und hat nach dem Revolver gegriffen. Und dann...« Sie streckte ihre mollige Hand mit den sorgfältig manikürten und gelackten Nägeln aus und berührte die nikotinverfärbten Finger des Inspektors. »Vertrauen Sie mir. Sie werden mir dankbar sein... wirklich. Ich will Sie nicht hintergehen... Es löst alle Probleme.«

Sie ist alt, dachte er, übergewichtig, hat Arthritis und ist längst keine Schönheit mehr, und doch... »Also gut«, erwiderte er zähneknirschend. »Und?«

»Der Junge, Cockie. Sie haben es doch selbst gesagt... der erste am Tatort, der erste, der den schrecklich zugerichteten Earl of Hawksmere gesehen hat... ein Kind noch... ein Grünschnabel von Polizist, noch nicht ganz trocken hinter den Ohren. Er hat die Wahrheit gesagt, mein Lieber... er hat den Schuß gehört, ist auf sein Fahrrad gesprungen und wie ein Irrer zum Pförtnerhaus und durch den Schnee zur Haustür geradelt. Und die Tür stand offen. Hamnet hat sich immer eine Fluchtmöglichkeit offengehalten... und stets vorher die Polizei angerufen, um sicherzustellen, daß rechtzeitig Rettung kam, falls er doch endlich abdrücken sollte. Jedenfalls war die Tür offen... wie hätte auch jemand einen Schuß hören sollen, der hinter verschlossenen Türen und Fenstern abgegeben worden wäre? Der Junge jedenfalls hat reingesehen. Als erstes fiel sein Blick natürlich auf den blutigen Kopf des Toten und den Revolver, der ihm aus der Hand gefallen war. Tja, was hätten wir in seinem Fall getan? Er hat nun mal den Kopf verloren, sich automatisch gebückt und nach der Waffe gegriffen.«

»Großer Gott!« stöhnte der Inspektor.

»Ja, das war natürlich ziemlich dumm, wenn man bedenkt, daß ein Polizist als erstes lernt, am Tatort nichts anzufassen. Vermutlich hätte er die Waffe sofort wieder fallen gelassen, wäre ihm nicht plötzlich der zweite Leitsatz für Polizisten eingefallen. ›Keine Fingerabdrücke hinterlassen.‹ Er hat sein Taschentuch genommen und die Waffe gesäubert, als... Schreck laß nach... ein Windstoß die Haustür zuschlug.

Und der Junge stand draußen, ausgeschlossen, die Waffe in der Hand. Er läuft natürlich zum Seitenfenster, um den Revolver wieder ins Zimmer zu werfen, aber das Fenster ist fest verschlossen. Also steckt er das Ding erstmal in die Tasche, fährt mit dem Fahrrad zur Gartenpforte zurück, und als Sergeant Crums eintrifft... ja auch nicht gerade der hellste aller Polizisten..., erzählt er ihm seine Story: die Tür sei verschlossen gewesen... er habe die Leiche nur durchs Fenster sehen können...

Das ist alles, Cockie... und denken Sie sich nur, in welcher Verfassung dieser arme, unglückliche Junge seither sein muß.

Den ganzen Abend über eine Waffe suchen zu müssen, die all die Zeit in der Tasche seiner Uniformjacke steckte. Und seit Tagen wird er dienstlich im Dorf festgehalten... Wo in dem winzigen Hawksmere sollte man etwas länger verborgen halten, wonach alle suchen? Was also tut er? Er schickt mir den Revolver mit der Post. Natürlich kann er nicht wissen, daß ich die Wahrheit ahne, aber die meisten hier haben sich daran gewöhnt, daß ich irgendwie alles zurechtbiege. Mehr ist es nicht... abgesehen von dem Mann auf dem Dach, den ich als bequeme Lösung für Sie erfunden habe.«

Cockrill saß wie gelähmt in seinem tiefen Sessel und starrte in ihr lächelndes Gesicht. »Constable Fisher hat den Kopf verloren und die Waffe einfach aufgehoben. Das glauben Sie?«

»Es ist die Wahrheit. Klar und simpel.«

»Und das hat er zugegeben?«

»Ich habe ihn gar nicht gefragt. Es lag doch auf der Hand.«

Nicht für den langen, starken Arm des Gesetzes. Für den nicht. »Aber lieber des Mordes verdächtig zu werden...?«

»Er hätte immer noch die Wahrheit sagen können.«

»Warum hat er das nicht von Anfang an getan?«

»Mein lieber Cockie«, entgegnete die Herzogin. »Sie hätten ihm doch das Fell über die Ohren gezogen!«

Cockrill sprang auf. »Eines ist sicher... genau das tue ich jetzt.«

»Tja, verständlich... nur... Ich meine, wenn die Geschichte bekannt wird, stehen Sie auch ziemlich im Regen, mein Alter, was?«

Chief Inspektor Cockrill, der Schrecken von Kent... im Regen... und das in seinem Heimatbezirk! »Also, Herzogin, wenn's recht ist...«

»Ist es aber nicht«, fiel sie ihm ins Wort. »Ich möchte nicht, daß Sie als Idiot dastehen.« Und bittend fügte sie hinzu: »Lassen Sie den Jungen laufen. Er hat Höllenqualen gelitten, darauf können Sie Gift nehmen. Das wird ihm eine Lehre sein. Und gegen Rupert und Becca liegt nichts vor... Es ist ja kein Verbrechen geschehen. Es war wirklich so, wie ich es beschrieben habe. Also lassen wir die Sache auf sich beruhen. Aber der Mann auf dem Dach... den habe ich mir so hübsch für Sie ausgedacht, und es ergibt doch alles ein perfektes Bild, finden Sie nicht? Die Vergangenheit hat den Herzog schließlich doch in Gestalt eines alten Feindes eingeholt. Mit der Zeit wird man die Sache vergessen, und Chief Inspektor Cockrill ist es erstaunlicherweise nicht gelungen, den Täter zu fassen. Ansonsten jedoch sind alle restlos glücklich und zufrieden.« Außerdem muß man sich doch sagen, fügte die Herzogin an das Kaminfeuer gerichtet hinzu, daß es weniger erniedrigend ist, einen komplizierten Fall nicht gelöst, als den ganz einfachen Fall mit dem jungen Polizisten, der die Nerven verlor, nicht durchschaut zu haben.

»Das darf keiner je erfahren«, sagte Inspektor Cockrill. Es kam einer Kapitulation gleich.

»Um Himmels willen, selbstverständlich nicht! Ich rede mit Dave Fisher und sage ihm, daß ich, um seine Haut zu retten, ein gefährliches Spiel gespielt habe und er es sich deshalb nicht in den Kopf setzen soll, ein Geständnis abzulegen, weil ich dann Schwierigkeiten kriege. Ich könnte sogar durchblicken lassen, daß Sie die Wahrheit ahnen, jedoch alle Möglichkeiten ausloten müssen.«

»Die richtige Lösung ausgenommen«, erklärte Cockrill steif. Er nahm seinen unansehnlichen Regenmantel, stülpte den Hut auf und riß ihn sich hastig wieder vom Kopf, als er sich der Gegenwart der Herzogin bewußt wurde. »Und ganz im Ernst... Kein Wort davon... zu niemandem!«

»Kein Wort«, schwor die Herzogin und überlegte bereits, wem man sich gefahrlos anvertrauen konnte. Es war ja auch wirklich ein herrlicher Spaß gewesen. »Aber ich habe es Ihnen ja gesagt.«

»Sie haben was gesagt...?«

»Daß ich in diesem Fall die richtige Frau für Ihren Job gewesen wäre«, antwortete die Herzogin. Sie erhob sich ebenfalls. »Was ist, Inspektor? Wie wär's noch mit einem kleinen

Schluck? Ich finde, wir haben ihn verdient. Leisten Sie mir Gesellschaft!«

Inspektor Cockrill überlegte einen Augenblick, dann warf er Hut und Mantel wieder auf den Stuhl. »Wissen Sie was, Herzogin?« sagte er. »Das finde ich auch.«

Aus dem Englischen von
Christine Frauendorf-Mössel

CYRIL HARE
(1900–1958)

Der Tod der Amy Robsart

1

Gus Constantinovitch war Engländer. So jedenfalls stand es in seinem Reisepaß. Sein Name allerdings deutete eher auf einen Russen oder Griechen hin, seine Hautfarbe suggerierte den Levantiner, die Nase den Juden. Was seine Figur betraf, so war sie ebenso kosmopolitisch wie die Restaurants, die dafür verantwortlich waren. Allen denjenigen jedoch, die ihn jetzt beobachteten, wie er an der Tür des Musikzimmers seines Hauses in Ascot stand, eine Zigarette von einem Mundwinkel in den anderen schob und einsilbig seine Gäste verabschiedete, war es nicht zu verübeln, wenn sie ihn für einen Amerikaner hielten. Daran allerdings war sein Beruf schuld. Als Aufsichtsratsvorsitzender und Direktor der Filmgesellschaft Cyclops Films Ltd., die, in Constantinovitchs Worten, »Hollywood mit dessen ureigenen Methoden ausbooten« wollte, hatte er sich zwangsläufig die Attitüden des Gewerbes zu eigen gemacht.

Die Filmvorführung für Verleiher und Kritiker des Streifens ›Amy Robsart… ein phantastischer Film‹ und die anschließende Party waren zu Ende, und die Gesellschaft löste sich allmählich auf. Gus beobachtete von seinem Posten an der Tür aus ohne große Begeisterung die wenigen noch verbliebenen Gäste. Seiner Miene allerdings war nicht zu entnehmen, ob die Party oder der Film ihm gefallen hatten. Der längliche Raum war fast leer. Durch die offenen Fenster drang sommerlich schwüle Nachtluft herein. Zu den Klängen eines Strauss-Walzers drehte sich nur noch ein Paar auf dem glänzenden Parkett: ein schlanker junger Mann im Smoking und eine blasse Blondine mit müden Augen im fließenden Kostüm der Amy Robsart aus der Tudorzeit. In einer Ecke saß eine schlaksige junge Frau mit Raubtiergesicht und unterhielt sich mit einem ausgesprochen schönen Riesen von einem Mann.

»Ein hübsches kleines Persönchen, was?« bemerkte sie und deutete auf das Mädchen auf der Tanzfläche.

»Camilla meinen Sie?« fragte er. »Ja, Lady Portia, sie ist einfach hinreißend.«

Lady Portia Fannings Mund verzog sich zu einem Tigerlächeln.

»Ja, ja, Mr. Brancaster. Es war heute abend nicht zu übersehen, was Sie empfinden. Was sagt denn Ihre Frau dazu?«

Teddy Brancaster sah hinüber zur Bar, wo seine Frau und einige Männer an der Theke standen.

»Lassen wir Geneviève aus dem Spiel«, entgegnete er und wurde rot.

»Selbstverständlich. Außerdem ist sie Französin. Und Französinnen sehen diese Dinge ganz anders als ihr Amerikaner, nicht? Sonst hätte sie sicher schon Trost bei dem jungen Mann an ihrer Seite gesucht. Wie heißt er doch? Bartram... oder?«

»Dick Bartram ist in Ordnung.«

»Aber sicher. Kommen wir auf Camilla Freyne zurück... Haben Sie ihren Film gesehen?«

»Nein. Ich bin heute morgen auf dem Set gewesen, und heute nachmittag habe ich hier am Swimmingpool Sprünge vom Fünf-Meter-Brett trainiert.«

»Gus hat einen eigenen Pool?«

»Sicher. Im Garten. Einen sehr schönen sogar.«

»Wie schick! Ganz Hollywood-like. Aber muß ein Champion wie Sie überhaupt noch trainieren?«

»Täglich, Lady Portia... wenn ich nicht außer Form kommen will.«

»Wie fleißig Sie sind! Jedenfalls haben Sie nicht viel versäumt... was den Film betrifft, meine ich. Ihre Camilla mag ja eine tolle Frau sein, aber als Schauspielerin ist sie miserabel.«

»Möglich.«

Lady Portia sah auf die Uhr.

»Ich muß gehen. Kann ich Sie mit dem Wagen ein Stück mitnehmen, Mr. Brancaster?«

»Nein, danke. Ich wohne hier, müssen Sie wissen.«

»Natürlich. Das habe ich ganz vergessen. Vielleicht sehen wir uns mal in London... vorausgesetzt, Mrs. Brancaster ist einverstanden.«

Damit ging sie zu ihrem Gastgeber.

»Gute Nacht, Mr. Constantinovitch. Vielen Dank für den wundervollen Abend. Der Film wird ein großer Erfolg werden.«

»Gute Nacht, Lady Portia. Hat mich gefreut, daß Sie hier waren.«

Der Walzer war zu Ende. Camillas Partner verbeugte sich leicht und ging. Kaum hatte er sie allein gelassen, eilte sie mit rauschenden Röcken ans andere Ende des Raumes. Zu Teddy Brancaster.

»Und jetzt tanze ich mit dir, Teddy«, sagte sie. »Leg noch eine Platte auf. Nur für dich und mich... Bitte!« Sie sah mit dem Ausdruck eines kleinen Mädchens zu ihm auf, das in das Schaufenster eines Bonbonladens hineinsieht.

Wie durch Zauberei tauchte plötzlich Geneviève neben ihrem Mann auf, die während des Tanzes zufrieden an der Bar gestanden hatte.

»Sie sollte nicht mehr tanzen, Teddy«, erklärte sie mit starkem französischen Akzent. »Sie muß todmüde sein.«

»Natürlich« erwiderte Teddy gleichmütig. »Zeit für kleine Mädchen, schlafen zu gehen, Camilla.« Seine Stimme klang ungewöhnlich liebevoll, als er sich an Camilla wandte.

»Aber weshalb soll ich ins Bett gehen, wenn ich doch nicht schlafen kann?« schmollte Camilla. »Ich habe seit einer Ewigkeit nicht mehr richtig geschlafen.« Sie fuhr sich in kindlicher Geste mit dem Handrücken über die Augen. »Jedenfalls nicht seit Anfang der Dreharbeiten.«

Gus Constantinovitch hatte sich zu der kleinen Gruppe gesellt. »Der Film ist ja jetzt fertig«, warf er ein. »Heute nacht schläfst du bestens, Camilla. Deshalb bist du hier in meinem Haus... um tief und fest zu schlafen.«

»Aber ich will tanzen, Gus. Nur noch einen kleinen Tanz mit Teddy.«

Teddy schüttelte den Kopf.

»Fürs Tanzen ist es zu spät«, erklärte er. »Ich springe lieber noch mal in den Pool, bevor ich schlafen gehe.«

»Ich auch«, warf Geneviève ein. »Ich gehe mit dir schwimmen, Teddy.«

»Das war ja abzusehen«, bemerkte Teddy sarkastisch. »Du folgst mir doch überallhin, Geneviève. Okay, holen wir unsere Badesachen.«

»Ich komme mit!« erklärte Camilla. »Ein Bad bei Mondschein... herrlich!«

»Du gehst ins Bett!« entschied Teddy streng. »Außerdem scheinen heute weder Mond noch Sterne. Die Nacht ist stockfinster.«

»Ah, das ist ja gerade das Aufregende! Ins Dunkel zu springen, ohne das geringste zu sehen! Genau das hat doch auch Amy Robsart getan. Sie ist einfach ins Dunkel gestürzt... und alles war vorbei.« Sie verstummte unsicher.

»Camilla!« sagte Gus scharf. »Bringen Sie sie rauf, Mrs. Brancaster. In ihr Zimmer! Sie wissen doch, wo das ist? Direkt neben dem Ihren. Und sorgen Sie dafür, daß sie oben bleibt.«

Geneviève nahm Camillas Arm. Einen Augenblick schien es, als würde sie Widerstand leisten, doch dann fügte sie sich stumm.

»Braves Mädchen«, lobte Gus väterlich. »Geh jetzt schlafen. Onkel Gus kommt gleich hoch und deckt dich zu.«

Die beiden Frauen gaben ein seltsames Paar ab, als sie Seite an Seite zur Tür gingen… das zierliche Mädchen, das unter all dem Pomp der Tudorzeit fast zerbrechlich erschien, und daneben die aktive, muskulöse junge Frau. Teddy Brancaster schien dieser Kontrast besonders bewußt zu werden, während er den beiden nachsah.

»Ich ziehe mich um!« sagte er unvermittelt.

Von der Cocktailbar aus beobachtete auch Dick Bartram das seltsame Paar.

»Sie ist verdammt hübsch«, sagte jemand.

»Ein Jammer, daß sie nicht spielen kann.«

»Spielen? Also, ich möchte wetten, sie kann es… wenn sie es je versuchen würde.«

»Hört, hört! Aber was hat sie denn dann das ganze letzte Jahr gemacht?«

Dick wurde rot.

»Ach so… Sie meinen Camilla? Ich… ich dachte, wir reden über…«

Alles lachte, und Dick wurde noch röter.

»Armer Junge«, sagte der Gast, der die Unterhaltung angefangen hatte. »Verschwenden Sie Ihre junge Liebe nicht. Geneviève ist eine monogame Frau. Haben Sie das nicht gemerkt?«

»Schade, daß ihr Teddy kein monogamer Typ ist«, warf ein anderer ein.

»Oh, keine Sorge! Die schöne Geneviève weiß sich recht gut selbst zu schützen. Ein Stilett im Strumpfband, um jede Rivalin das Fürchten zu lehren… So schätze ich sie ein.«

Dick verließ die Gruppe wortlos und ging aus dem Zimmer.

»Da geht er hin, der beste Kameramann Englands«, bemerkte jemand. »Also, wenn Gus weiterhin solchen Schrott produziert wie sein letztes Opus, dann steht er bald auf der Straße.«

»Was meinen Sie? Wird der Film Interessenten in Amerika finden?«

»Niemals. Ich habe Souderberg heute nach der Vorstellung gesprochen, und er hat mir gesagt…«

»Gus hat heute abend ziemlich grün ausgesehen.«

»Das beweist gar nichts. So sieht er doch immer aus. Das ist das britische Blut in seinen Adern.«

»Wie ich gehört habe, hat es im Studio Probleme gegeben. Ein Mann von Scotland Yard ist sogar dort gewesen.«

»Ach, das ist eine Lappalie. Irgendein schlauer Angestellter hat was beiseite geschafft, solange der Rubel dort noch rollt.«

»Wo ist Gus denn hin? Gerade war er noch da.«

»Er rechnet vermutlich zusammen, wieviel er unterm Strich verloren hat. He, da ist ja Mr. Hans im Glück.«

Teddy Brancaster kam herein. Er hatte lediglich eine Badehose an und ein Handtuch über dem Arm. In diesem Aufzug sah er aus wie ein griechischer Gott.

»Ist Geneviève noch nicht wieder unten?« erkundigte er sich.

»Mein lieber Apoll, ist eine Frau schon jemals fertig gewesen, wenn man's erwartet? Natürlich nicht.«

Teddy ging in die Diele und rief in den ersten Stock hinauf: »Geneviève, hallo! Kommst du?«

Geneviève erschien auf dem Treppenabsatz.

»Sofort, Teddy!« antwortete sie.

Hinter ihr ging eine Zimmertür auf, und Camillas bleiches Gesicht tauchte im Türrahmen auf.

»Darf ich bitte mitkommen? Bitte, Teddy. Nur dieses eine Mal!«

Teddy schüttelte lächelnd den Kopf.

»Nein, du darfst nicht!« sagte Geneviève entschieden, und die Tür fiel zu.

»Ich gehe schon vor!« erklärte Teddy. »Wir sehen uns dann am Pool. Bis gleich!«

Von einem Stuhl in einer Nische in der Halle aus beobachtete Dick Bartram Teddy Brancaster neidisch. Als er gegangen war, schlich er zur Treppe.

»Geneviève!« rief er leise.

2

Etwa zwanzig Minuten später beschlossen die letzten Gäste widerwillig, daß es Zeit sei, nach Hause zu gehen. Sie hatten ›Amy Robsart‹ im allgemeinen und Camillas schauspielerische Leistung im besonderen vollständig verrissen. Weiterhin hatten sie sich fröhlich über die Wahrscheinlichkeit eines ähnlichen Fiaskos ausgelassen, das Teddy Brancaster mit seinem nächsten Film erleben würde, und dabei den großzügigen Vorrat ihres Gastgebers an Alkoholika fast aufgebraucht. In diesem Moment kam Gus ins Zimmer zurück.

»Gus, alter Junge, ich muß aufbrechen. War eine großartige Party.«

»Schön, daß es dir gefallen hat, Tomy.«

»Gute Nacht, Gus. Die kleine Freyne ist wirklich eine Entdeckung. Amy Robsart wird einschlagen. Das finden alle.«

»Das hoffe ich auch, Mike. Sehr sogar.«

»Nacht, alter Junge. Wir haben deine Gastfreundschaft ziemlich lange beansprucht.«

»Unsinn, Jimmy. Freue mich immer, wenn ihr kommt.«

»Gute Nacht... Gute Nacht...«

»He, Jungs! Hat einer von euch meine Frau gesehen?«

Teddy Brancaster kam durch die Terrassentür. Wassertropfen glitzerten auf seiner Haut, und seine nackten Füße hinterließen feuchte Spuren auf dem Parkett.

»Hallo! Apoll ist wieder da! Hat sie dich versetzt, Teddy?«

»Ja. Ich bin eine Viertelstunde im Kreis geschwommen, aber sie ist nicht aufgetaucht.«

»So ein Pech, Teddy. Muß ja eine ganz neue Erfahrung für dich sein... Versetzt zu werden, meine ich. Schade, daß wir das Ende des Dramas nicht mehr miterleben können, aber wir müssen gehen. Gute Nacht!«

Teddy grinste gutgelaunt.

»Gute Nacht, Jungs. Ich werd' sie wohl suchen müssen.«

»Hoffentlich gibt's nicht Mord und Totschlag!«

Die Gäste verließen lärmend das Haus. Teddy folgte ihnen in die Diele und ging dann in den ersten Stock hinauf. Wenige Minuten später kam er wieder herunter. Gus stand in der Diele. Teddy sah sorgenvoll zu ihm herab.

»Sie ist nicht in ihrem Zimmer, Gus. Was meinst du, wo kann sie nur sein?«

»Mach dir keine Sorgen, Teddy. Vielleicht ist sie noch bei Camilla. Ich sehe mal nach.«

»Aber sie wollte doch schwimmen kommen«, beharrte Teddy.

»Ich sehe trotzdem mal nach«, erklärte Gus und stieg die Treppe hinauf.

Teddy blieb einen Moment unentschlossen stehen.

»Suchst du mich, Teddy?« sagte eine Stimme hinter ihm.

Er wirbelte wie von der Tarantel gestochen herum. Geneviève und Dick Bartram waren gerade aus dem kleinen Salon am rückwärtigen Ende der Diele getreten.

»Tut mir leid, daß ich nicht mitkommen konnte, Teddy«, begann sie, doch er fiel ihr grob ins Wort. Er war leichenblaß, und seine Augen funkelten wütend.

»Du...!« fauchte er. »Du...!« Mehr schien er nicht herauszubekommen.

»Aber was ist denn los, Teddy?«

»Was los ist? Wolltest du nicht mit mir schwimmen gehen? Wo bist du gewesen? Was hast du gemacht? Und wer... Oh, mein Gott!«

Geneviève hatte die Sprache schnell wiedergefunden.

»Ah, so ist das also?« schrie sie. »Plötzlich ist der große Teddy eifersüchtig, was? Und nur, weil ich nicht gesprungen bin, als er mit dem Finger geschnippt hat. Normalerweise legst du auf meine Gegenwart doch nicht gerade Wert, oder? Habe ich mich vielleicht je über deine Rosa, deine Kitty und jetzt deine Camilla beklagt? Jetzt weißt du vielleicht, wie mir immer zumute war. Das ist gar nicht so schlecht!«

»Du kleines Miststück!«

»Augenblick mal, Mr. Brancaster!« meldete sich Bartram zu

Wort. »Reden Sie gefälligst in einem anderen Ton mit Ihrer Frau. Und wenn Sie andeuten wollen, daß sie und ich...«

»Sei still, Dickie. Das geht nur mich was an.«

»Haltet den Mund! Beide... Ich...«

Eine neue Stimme mischte sich in den lauten Disput. Es war Gus' Stimme, und sie klang rauh und besorgt.

»Hört um Himmels willen mit dem Geschrei auf! Hier stimmt was nicht!«

Alle drei waren schlagartig still.

»Camilla ist nicht in ihrem Zimmer«, erklärte Gus. »Und... ihr Fenster ist weit geöffnet.«

Es dauerte eine ganze Weile, bis der erste die Sprache wiederfand. Gus kam langsam die Treppe herunter. Sein blasses Gesicht war ausdruckslos wie immer, doch seine Finger zuckten nervös, als er nach dem Treppengeländer griff, und er wäre mehrmals beinahe gestolpert. Als er den Fuß der Treppe erreicht hatte, war es beinahe so, als sei ein Bann gebrochen, und alle redeten auf einmal.

»Camilla!« stöhnte Teddy. »Nein, das darf nicht wahr sein!«

»Ah, la pauvre fille!« rief Geneviève. »Elle est somnambule sans doute. C'est ça que j'ai toujours cru!«

»Haben Sie im Badezimmer nachgesehen, Gus?« fragte Dick sachlich.

»Ja«, antwortete Gus. »Da ist niemand. Ihre Kleidungsstücke liegen im ganzen Zimmer verstreut. Ihr Bett ist unberührt.«

Wieder sagte keiner ein Wort. Diesmal war es eine bedrükkende Stille. Einer sah den anderen ängstlich und verwirrt an.

»Aber worauf warten wir eigentlich?« begann Geneviève schließlich. »Wir müssen sie suchen... im Haus, im Garten, überall...«

»Der Garten!« rief Dick. »Haben Sie eine Taschenlampe, Gus? Kommen Sie, schnell!«

Dann war es doch Teddy, der in blinder Hast den anderen voraus durch die schmale Hintertür neben der Treppe in den Garten stürzte.

Für die an Helligkeit gewohnten Augen herrschte draußen erst einmal vollkommenes Dunkel. Die kleine Gruppe blieb prompt unsicher an der Schwelle stehen. Der schmale Lichtstreifen, der durch die offene Tür ins Freie fiel, erleuchtete einen kleinen Teil der Terrasse, die die ganze Länge des Hauses einnahm, und ein Stück von der Rasenfläche dahinter. Ihre Schatten zuckten über den weißen Mauerhintergrund und das leuchtende Grün.

»Nach rechts!« befahl Dick. »Dort muß doch ihr Fenster sein, oder? Los, beeilen Sie sich mit der Taschenlampe, Gus!«

Doch noch bevor die Taschenlampe gefunden war und während sich ihre Augen immer besser an die Dunkelheit gewöhnten, sah Teddy etwas Weißes durch das Dunkel schimmern.

»Da! Da!« schrie er und rannte los.

Die anderen hörten das klatschende Geräusch seiner nackten Füße auf der Terrasse, hörten, wie er scharf die Luft einsog, als er sein Ziel erreicht hatte. Dann fand Gus mit zitternden Fingern endlich den Schalter der Taschenlampe, und die ganze Szene war in helles Licht getaucht.

Teddy kniete neben der toten Camilla Freyne, jetzt ein erbarmungswürdiges Häufchen Mensch auf der Steinterrasse. Ihre nackten Arme und Beine schimmerten alabasterweiß über dem blauen Badeanzug, der ihre einzige Bekleidung darstellte. Ihr Gesicht war beinahe zur Unkenntlichkeit entstellt. Blut war aus einer häßlichen Wunde im Kopf auf das darunterliegende Handtuch geflossen und hatte die Terrassenplatten rot gefärbt.

Teddy weinte hemmungslos.

»Camilla! Camilla, Liebste!« schluchzte er. »Warum hast du das getan? Ich habe dich geliebt! Geliebt! Ich hätte mein Leben für dich gegeben... Camilla!«

»Teddy!« Genevièves Stimme klang schrill. »Teddy, steh auf! Du kannst nichts mehr tun!«

Teddy erhob sich langsam. Sein von Trauer und Schmerz entstelltes Gesicht verschwand aus dem Lichtkegel. Seine Stimme aus der Dunkelheit klang hohl.

»Natürlich können wir nichts mehr tun... gar nichts mehr! Amy Robsart ist ins Dunkel gestürzt... das ist alles. Ich schätze, du hast jetzt, was du wolltest!«

»Wie können Sie es wagen!« schrie Dick.

»Schweigt! Alle!« herrschte Gus sie an. »Habt ihr denn gar keine Pietät? Dick, rufen Sie bitte die Polizei und einen Arzt an.«

»Einen Arzt und die Polizei!« wiederholte Teddy bitter. »Prächtig! Und wer gibt mir meine Camilla zurück? Fragt sie das! Fragt sie...« Er schluchzte erneut auf.

»Teddy!« begann Gus streng. »Sie gehen jetzt ins Haus! In meinem Arbeitszimmer steht eine Flasche Kognak. Trinken Sie ein Glas! Und kommen Sie ja nicht wieder raus. Geneviève, Sie bleiben hier bei mir, bis Hilfe kommt. Tote soll man nicht allein lassen.«

3

Es war ein strahlend schöner Morgen. Die Sonne schien an einem wolkenlosen Himmel und sandte ihre Strahlen bis in das Zimmer, in dem sich Gus schlaflos auf seinem Bett hin und her wälzte. Schließlich stand er auf und trat ans Fenster. Der Raum lag in einem Anbau am Ende des Hauses, und von seinem Standort aus konnte Gus die gesamte Länge der Terrasse überblicken. Es war ein friedliches, freundliches Bild, und im ersten Moment gab es nichts, das ihn an die Ereignisse der Nacht erinnert hätte. Lediglich an einer Stelle war eine Steinplatte der Terrasse mit rauhem Sackleinen überdeckt. Gus wandte hastig den Blick ab. Camillas zerschmetterter Körper war auf Anordnung eines Arztes, der irgend etwas von zahlreichen Kopfverletzungen und Schock gemurmelt hatte, noch in der Nacht fortgebracht worden. Ihm zur Seite hatte ein Sergeant der Polizei gestanden, der sich als ein wahres Wunder an Mitgefühl und Ruhe entpuppt hatte. In dem Haus, in dem Camilla Ehrengast gewesen war, war bereits wenige Stunden nach ihrem Tod nichts weiter von ihr geblieben als ein häßlicher roter Fleck auf einem Stein, den ein halber alter Sack vor den Einflüssen der Witterung schützte.

Während Gus noch aus dem Fenster sah, tauchten hinter der Hausecke zwei Männer auf. In dem einen erkannte Gus den freundlichen Sergeant vom Vorabend. Der andere war ein großer, breitschultriger Mann im grauen Tweedanzug mit militärisch kurz gestutztem Oberlippenbart. Sie schienen in ein angeregtes Gespräch vertieft.

»... dänischer Schinken!« sagte der im Tweedanzug. »Das ist ja schön und gut, Parkinson, aber wenn ich aufs Land komme, dann erwarte ich alles andere als dänischen Schinken auf meinem Teller.«

»Kann ich mir vorstellen, Sir«, erwiderte der Sergeant verständnisvoll. »Aber heutzutage ist das überall so. In meiner Kindheit... Ah, da sind wir schon, Sir.«

Sie blieben vor dem rauhen Sackleinen stehen. Der Sergeant hob es hoch, und gemeinsam blickten sie auf das herab, was darunterlag. Dann deckten sie den Sack wieder darüber.

»Hier ist es gewesen, Sir«, erklärte der Sergeant. »Jemand, der aus dem Fenster dort über uns fällt oder springt, muß zwangsläufig hier landen.«

»Ich verstehe«, antwortete der andere. »Aber eigentlich kann man aus diesem Fenster doch gar nicht fallen. Da muß man doch erst auf die Balustrade steigen.«

»Richtig. Aber das ist nicht schwierig.«

»Zweifellos nicht.«

»Die Leiche haben Sie vermutlich schon gesehen, Sir?«

»Ja, ich bin beim Leichenschauhaus vorbeigefahren.«

»Tja, Sir... Was mich betrifft, scheint der Fall klar auf der Hand zu liegen. Alle haben übereinstimmend ausgesagt, daß die junge Dame mit den Nerven am Ende war. Bei diesen Schauspielerinnen kommt das wohl häufig vor. Gestern nacht hatte sie es sich in den Kopf gesetzt, noch schwimmen zu gehen... ins Dunkel zu springen, wie sie das wohl ausdrückte. Man hat ihr das allerdings nicht erlaubt und sie ins Bett geschickt. Sie muß dann wie eine Schlafwandlerin wieder aufgestanden sein, sich den Badeanzug angezogen haben und aus dem Fenster gesprungen sein.«

»Hört sich tatsächlich ganz einfach an.«

»Also, wenn Sie mich fragen, da gibt's keine Komplikationen. Und noch etwas. Das Mädchen hat die Rolle einer gewissen Amy Robsart gespielt. Und soviel ich verstanden habe, kommt diese Amy Robsart auf dieselbe Art und Weise ums Leben. Nur ist sie nicht aus dem Fenster gefallen, sondern...«

»Ich weiß Bescheid. Ich habe das Buch gelesen.«

»Das ist kein Buch, sondern ein Film. Aber das kommt wohl so ziemlich auf dasselbe hinaus. Ich wollte damit nur sagen, daß sie in der schlechten psychischen Verfassung, in der sie sich befand, vermutlich nicht mehr wußte, ob sie sie selbst oder Amy Robsart war, und sich dementsprechend verhalten hat. Können Sie mir folgen, Sir?«

»Amy Robsart hatte doch keinen Badeanzug an, oder?«

»Das stimmt, Sir. Hatte sie nicht. Schätze, daß die junge Dame alles durcheinander gebracht hat.«

»Vermutlich.«

Eine Tür ging auf, und Teddy Brancaster trat in Badekleidung auf die Terrasse. Er blieb stehen, als er die beiden Männer sah.

»Guten Morgen«, sagte Sergeant Parkinson. »Sie sind ja schon früh auf den Beinen.«

»Ich gehe immer vor dem Frühstück schwimmen... vorausgesetzt euer englisches Klima ist entsprechend«, erwiderte Teddy. Dann musterte er den Mann im Tweedanzug prüfend. »Kennen wir uns?«

»Das ist Inspektor Mallett von Scotland Yard«, stellte der Sergeant vor. »Er hat Ermittlungen in den Cyclops Studios durchgeführt und war so freundlich, heute morgen herzukommen und uns unter die Arme zu greifen.«

»Freut mich, Sie kennenzulernen«, sagte Teddy. »Und jetzt müssen die Herren mich entschuldigen.«

»Kann ich Sie später kurz sprechen?« fragte Mallett. »Vielleicht beim Frühstück?«

»Selbstverständlich.«

Damit schritt der Riese über den Rasen davon. Er schlug einen schmalen Plattenweg ein, der auf eine Gruppe von Büschen zuführte, und war kurz darauf aus dem Blickfeld der Polizeibeamten verschwunden. Nur Augenblicke später hörten sie einen dumpf federnden Aufschlag auf dem Sprungbrett und ein Klatschen.

»Ein Bild von einem Mann«, bemerkte Parkinson. »Nicht zu übersehen, daß er sich in Form hält. Daneben sehen Männer wie wir richtig schwabbelig aus, was?«

»Dafür habe ich zu dieser Tageszeit keine schwarzen Ringe unter den Augen«, entgegnete Mallett traurig.

»Für die schwarzen Ringe gibt es eine Erklärung, Sir. Ich schätze, daß er heute nacht kaum geschlafen hat. Als ich herkam, war er in einer schrecklichen Verfassung. Er heulte und stöhnte... hätte sich vermutlich am liebsten selbst gleich umgebracht.«

»Wirklich? Sollen wir jetzt ins Haus gehen?«

Sie gingen hinein. Ein verängstigtes Hausmädchen ergriff bei ihrem Anblick die Flucht.

»Dabei fällt mir ein...«, begann Mallett. »Was war gestern nacht mit den Dienstboten? Haben die was gehört?«

»Die waren allesamt schlafen gegangen«, antwortete Parkinson. »Ihre Zimmer liegen in einem Seitenflügel auf der anderen Seite des Hauses. Die Gäste haben sich selbst versorgt. Es heißt, es sei eine ›Künstlerfete‹ gewesen... Das bedeutet offenbar, daß man soviel trinken kann, wie man will, ohne daß die Dienstboten schlecht über einen reden.«

»Aha. Und wohin gehen wir jetzt?«

Der Sergeant führte ihn die Treppe hinauf. Vor einer Tür auf dem ersten Treppenabsatz blieb er stehen, nahm einen Schlüssel aus der Tasche und schloß auf.

»Das ist ihr Zimmer«, verkündete er. »Es ist alles noch so, wie es war.«

Das mittelgroße Zimmer hatte nur ein Schiebefenster mit Blick auf den Garten. Das Bett war zwar aufgedeckt, jedoch unberührt. Darauf und auf dem Sessel am Fußende lagen Camillas Wäsche und Kleidung vom Vorabend verstreut. Die schwere, bestickte Robe aus elisabethanischer Zeit bildete einen seltsamen Kontrast zu der Satinunterwäsche des zwanzigsten Jahrhunderts. Die Türen des Einbaukleiderschranks standen offen. Auf dem Toilettentisch lagen eine Perlenkette und etliche Ringe. Aus einer aufgeklappten Puderdose stieg ein feiner Duft auf, der den ganzen Raum erfüllte. Zu ihrer Rechten führte eine Tür ins Badezimmer. Im Gegensatz zum Schlafzimmer herrschte hier peinliche Ordnung. Die Handtücher waren gefaltet, die Schwämme, trocken und hart, lagen sauber aufgereiht auf dem Badewannenrand; die Badematte lag offenbar unberührt genau dort in der Mitte, wo das Hausmädchen sie hingelegt hatte. Das kleine Fenster war geschlossen.

Mallett nahm mit einigen schnellen Blicken alles in sich auf. Auf dem Weg vom Badezimmer zurück ins Schlafzimmer blieb er vor dem Fenster stehen. Es war zur Hälfte hochgeschoben. Er lehnte sich über den Sims und sah hinaus. Vor dem Fenster befand sich eine gut sechzig Zentimeter hohe Balustrade, die die gesamte Hauslänge entlangführte. Zwischen der Balustrade und dem Fenster war ein schmaler Zwischenraum, gerade breit genug, damit eine Person dort stehen konnte. Nachdem er alles gesehen hatte, zog Mallett den Kopf wieder zurück.

»Haben Sie da schon mal rausgesehen?« fragte er Parkinson.

»Nein, Sir. Als ich gestern nacht hier oben war, war es natürlich stockdunkel.«

»Dann sehen Sie jetzt mal raus.«

Der Sergeant kam der Aufforderung nach.

»Na?« erkundigte sich Mallett. »Fällt Ihnen was auf?«

»Ja, Sir.«

»Aha?«

»Die Stelle, an der die Leiche gefunden wurde, befindet sich nicht unter diesem Fenster, sondern etwas weiter rechts.«

»Und was schließen Sie daraus?«

»Tja, Sir... Sieht so aus, als sei die junge Dame ein Stück die Balustrade entlanggegangen, bevor sie runtergefallen ist.«

»Warum hätte sie das tun sollen?«

»Schlafwandler tun so was, Sir. Sie wandern gefährliche Mauervorsprünge entlang, bis sie den Halt verlieren. Ich hab' das schon öfter gehört.«

»Schlafwandler... Hmmm. Und wo hat sie geschlafen, Sergeant?«

Parkinsons Blick fiel auf das Bett. Er wurde rot.

»Vermutlich ist sie im Sessel eingeschlafen«, antwortete er.

»Auf ihrer Unterwäsche? Nun, das ist eine Möglichkeit. Aber dann müßten die Dessous etwas zerknautschter aussehen. Eines allerdings haben Sie dabei nicht bedacht.«

»Und das wäre, Sir?«

»Wenn sie schlafgewandelt ist, wie Sie vermuten, weshalb war ihr Kopf dann in ein Handtuch eingewickelt, als man sie gefunden hat?«

»Großer Gott, Sir! Daß ich daran nicht gleich gedacht habe! Selbstverständlich. Das erklärt alles. Mit Schlafwandeln hatte das nichts zu tun. Es war schlicht Selbstmord!«

»Da kann ich Ihnen nicht ganz folgen.«

»Aber Sir... sehen Sie denn die Psychologie des Ganzen nicht?«

»Die was? Ach so. Nein, ich glaube, die sehe ich nicht.«

»Mir ist das sonnenklar. Die junge Dame will sich umbringen und beschließt, sich aus dem Fenster zu stürzen. Als es soweit ist, stellt sie fest, daß ihr der Mut fehlt. Und was macht sie? Sie bindet sich das Handtuch um, damit sie nichts mehr sehen kann, wenn Sie verstehen, was ich meine...«

»Ja, ich verstehe.«

»Und dann geht sie auf dem Sims entlang, bis sie runterfällt und auf diese Weise sozusagen selbst davon überrascht wird. Habe ich recht?«

»Vielleicht, Sergeant. Unter welchem Fenster hat man sie denn übrigens gefunden?«

»Unter dem Schlafzimmerfenster von Mrs. und Mr. Brancaster, Sir. Es liegt neben ihrem Zimmer... nur das Badezimmer ist noch dazwischen.«

»Aha. Im Augenblick können wir hier oben nichts mehr ausrichten. Gehen wir runter und hören wir uns an, was die Hausbewohner zu sagen haben.«

4

Im Speisezimmer stießen die beiden Kriminalbeamten auf Teddy Brancaster, der gerade sein Frühstück beendete. Er hatte sich umgezogen und trug jetzt einen grauen Flanellanzug, der seine athletische Figur vorteilhaft zur Geltung brachte.

»Wie ich sehe, sind Sie allein«, begann Mallett.

»Ja, wie man sieht«, pflichtete der Amerikaner ihm ernst bei.

»Frühstückt Mrs. Brancaster im Bett?«

»Ich nehme an. Ich habe sie heute noch nicht gesehen.«

»Wie kommt das?«

»Ich habe letzte Nacht in meinem Ankleidezimmer geschlafen… falls man das schlafen nennen kann«, fügte er bitter hinzu.

»Und wann sind Sie zum letzten Mal in Ihrem Schlafzimmer gewesen?«

Teddy schien die Frage zu überraschen. Er dachte kurz nach, bevor er antwortete.

»Ich schätze, gestern abend vor dem Essen«, sagte er gedehnt.

»Sind Sie denn nicht oben im Zimmer gewesen, als Sie sie gestern nach dem Baden gesucht haben?«

»Natürlich. Das hatte ich vergessen. Aber dort war sie nicht.«

»Erinnern Sie sich, ob zu diesem Zeitpunkt das Fenster offen oder geschlossen war?« wollte der Inspektor wissen.

»Geschlossen.«

»Sind Sie sicher?«

»Ganz sicher.«

»Wissen Sie eigentlich, daß Miss Freynes Leichnam exakt unter diesem Fenster gefunden wurde?«

»Tatsächlich?« erwiderte Teddy ruhig. »Nein, das wußte ich nicht.«

»Ich hatte vorübergehend vermutet, daß die junge Dame gestern nacht von diesem Fenster aus in die Tiefe gestürzt sein könnte, aber wenn Sie gesehen haben, daß es geschlossen war, dürfte das kaum möglich sein.«

»Nein, das dürfte es nicht.«

»Und Sie bleiben dabei? Das Fenster war geschlossen?«

»Jawohl, Sir.«

»Als Sie gestern nacht hinaufgegangen sind, um sich umzuziehen... haben Sie da vielleicht verdächtige Geräusche gehört?«

»Ich bin gestern nacht gar nicht hinaufgegangen. Gus hat mir gestattet, die Garderobe hier unten als Umkleideraum zu benutzen. Wenn man im Pool schwimmen will, ist das bequemer. Und ich schwimme viel.«

»Danke. Das könnte später noch wichtig sein. Jetzt möchte ich Sie etwas ganz anderes fragen: Hatten Sie gestern nacht Streit mit Ihrer Frau?«

Teddys Miene verdüsterte sich.

»Ja«, gab er zu.

»Ist Ihre Ehe nicht glücklich?«

»Nun... die Ehen von Filmstars scheitern häufig. Da wären wir nicht die ersten.«

»Die Ehen von Filmstars dauern häufig nicht so lange wie die Ihre, Mr. Brancaster. Warten Sie... sechs Jahre sind Sie jetzt verheiratet, stimmt das?«

»Sie scheinen gut über mich informiert zu sein, Inspektor.«

»Vergessen Sie nicht, daß ich gründlich in den Studios recherchiert habe. Im Laufe dieser Ermittlungen hielt ich es für nötig, jeden genauer unter die Lupe zu nehmen, der dort arbeitet.«

»Eines muß man euch Briten lassen: Gründlich seid ihr«, stellte Teddy mit flüchtigem Lächeln fest.

»Wir geben uns jedenfalls Mühe. Aber mit der amerikanischen Polizei haben wir auch nur die besten Erfahrungen gemacht. Wenn ich mich nicht täusche, sind Sie seit Ihrer Heirat... sagen wir... in Verbindung gebracht worden mit...«

»Bleiben wir ruhig bei dieser Formulierung.«

»...mit einer ganzen Anzahl von Frauen. Da war zum Beispiel Rosa Layton. Sie kam bei einem Unfall ums Leben, Mr. Brancaster?«

»Ja, sie ertrank bei einem Bootsunfall.«

»Und dann war da Kitty Cardew.«

»Richtig. Arme Kitty. Sie starb an einer Überdosis Veronal.«

»Ist Ihre Frau eifersüchtig auf diese Frauen gewesen?«

»Auf sie... und auf andere. Ja.«

»War sie eifersüchtig auf Miss Freyne?«

»Ganz sicher.«

»Ist Ihnen je der Gedanke gekommen, daß diese ›Unfälle‹ irgendwie zusammenhängen könnten, Sir?«

Teddy Brancaster blickte eine Weile stumm auf seinen Teller. »Nie... bis jetzt«, sagte er schließlich zwischen zusammengebissenen Zähnen.

In diesem Moment betrat Dick Bartram das Speisezimmer. Teddy nickte ihm kurz zu. »Guten Morgen.« Er stand auf.

»Ich muß zu den Dreharbeiten«, verkündete er. »Die Herren wissen ja, wo sie mich finden können.«

Bartram hatte sich mittlerweile an den Tisch gesetzt und machte sich mit düsterer Miene über eine halbe Grapefruit her. Die beiden Kriminalbeamten würdigte er keines Blickes, bis Mallett ihn ansprach.

»Ich schätze, Sie wissen, wer ich bin?«

»Sicher. Sie sind doch der Mann von Scotland Yard. Was macht die Arbeit in den Studios?«

»Oh, da ist alles bestens. Aber deshalb bin ich heute nicht hier.«

»Nein?«

»Ich ermittle im Todesfall von Camilla Freyne.«

Dick schob den Teller von sich und sah interessiert auf.

»Glauben Sie wirklich, daß es da etwas zu... ermitteln gibt, wie Sie es nennen?« wollte er wissen.

»Jeder unverhoffte Todesfall muß untersucht werden.«

»Aber sind Sie denn der Meinung, daß dieser Fall... einer besonderen Behandlung bedarf?«

»Ich halte es für möglich.«

»Dann können Sie mit meiner Hilfe rechnen. Vorausgesetzt«, fügte er hinzu, »ich kann dabei weiterfrühstücken.«

»Tun Sie sich keinen Zwang an... Der Kaffee duftet ungemein gut.«

»Gus läßt ihn extra aus Costa Rica kommen. Möchten Sie eine Tasse?«

»Wenn Sie mich so fragen... Gern... Hm, ein ausgezeichneter Kaffee. Costa Rica, sagten Sie? Das muß ich mir merken.«

»Möchten Sie auch eine Tasse, Sergeant?«

»Nein danke, Sir«, sagte Parkinson artig. »Ich bin Teetrinker.«

»Also, Sir.« Mallett stellte zufrieden die Kaffeetasse ab. »Mich interessiert nur, was Sie gestern abend gemacht haben.«

»Das ist schnell beantwortet, Inspektor.«

»Was haben Sie getan, nachdem Miss Freyne nach oben gegangen war?«

»Ich bin kurze Zeit an der Bar im Musikzimmer gewesen und dann in die Diele hinausgegangen.«

»Und?«

»Dort bin ich geblieben, bis Brancaster nach draußen zum Swimmingpool...«

»Und während Sie in der Diele gewesen sind... Haben Sie da gehört, daß Mr. Brancaster mit seiner Frau gesprochen hat?«

»Ja... mit ihr und mit Miss Freyne.«

»Sie haben auch Miss Freynes Stimme gehört?«

»Ja.«

»Sind Sie ganz sicher?«

»Vollkommen sicher. Ich hatte die vergangenen drei Monate den Auftrag, Miss Freyne täglich zu fotografieren. Was ihr Gesicht, ihre Stimme oder ihren Duft angeht, da kann mir so leicht niemand mehr was vormachen.«

»Das leuchtet mir ein. Und was haben Sie dann getan?«

»Sobald Brancaster das Haus verlassen hatte, habe ich nach Geneviève gerufen. Sie ist sofort heruntergekommen. Ich bin mit ihr in das kleine Rauchzimmer neben der Diele gegangen. Dort sind wir geblieben, bis Brancaster zurückkam.«

»Und Sie haben das Zimmer während dieser Zeit nicht verlassen?«

»Nein.«

»Hätten Sie in diesem Raum hören müssen, wenn jemand die Treppe hinauf- oder heruntergestiegen wäre?«

»Kaum. Wir haben Teddys Stimme gehört, als er zurückkam. Aber er war auch ziemlich laut.«

»Und was haben Sie und Mrs. Brancaster im Rauchsalon gemacht?« fragte der Inspektor unvermittelt.

Bartram konnte das jedoch nicht schockieren.

»Ich habe versucht, Geneviève zu überreden, Brancaster zu verlassen und mit mir fortzugehen.«

Parkinson blies die Backen auf und machte ein betretenes Gesicht. Mallett jedoch fuhr ungerührt fort: »Und hatten Sie Erfolg?«

»Nein«, antwortete Dick bitter. »Sie war durch nichts zu bewegen, diesen eingebildeten Muskelprotz zu verlassen. Manchmal verstehe ich die Frauen wirklich nicht. Er hat sie erniedrigt... sie mit einer dämlichen Pute betrogen, die sich für eine Schauspielerin hält, nur weil sie ein hübsches Gesicht hat...«

Er verstummte abrupt.

»Verzeihung«, murmelte er. »Sie ist ja tot. Das habe ich ganz vergessen. So hätte ich nicht über sie sprechen dürfen. Ich glaube, sie wußte gar nicht, was sie tat. Sie war schrecklich jung und leidenschaftlich in ihn verliebt. Trotzdem hat sie einer Frau das Herz gebrochen, die zehnmal mehr wert ist als sie. Und das kann ich ihr nicht verzeihen.«

Einen Augenblick war es still im Zimmer.

»Also, fassen wir zusammen, Mr. Bartram«, sagte der Inspektor schließlich sachlich. »Von dem Zeitpunkt an, da Miss Freyne zum letzten Mal lebend gesehen wurde, bis zur Entdekkung der Leiche sind Sie mit Mrs. Brancaster allein gewesen. Ist das richtig?«

»Ja.«

»Und mit Ausnahme von Mrs. Brancaster kann das niemand bezeugen… Oh, guten Morgen, Mr. Constantinovitch.«

Gus' blasses Konterfei war im Türrahmen aufgetaucht.

»Guten Morgen«, antwortete er. »Sie wollten mich sprechen, Inspektor?«

»Gern. Aber das hat durchaus Zeit, bis Sie gefrühstückt haben.«

»Ich frühstücke nicht«, sagte Gus und rieb sich nachdenklich den Kugelbauch. »Früher mal… aber das ist Jahre her.«

»Sie haben mein vollstes Verständnis. In diesem Fall…«

»Kommen Sie bitte hier entlang.«

Die beiden Beamten folgten ihm in sein Arbeitszimmer, einen winzigen Raum mit einem riesigen Louis XV-Schreibtisch. Gus setzte sich hinter diesen Schreibtisch und seufzte aus tiefstem Herzen.

»Nun, was haben Sie mir zu sagen, Inspektor?« fragte er.

»Die Lage ist ernst«, antwortete Mallett. »Die Unterschlagungen bewegen sich in einem weit größeren Rahmen, als wir angenommen hatten. Sie wurden äußerst geschickt getarnt.«

»Ah…! Steckt dieser Sneyd dahinter?«

»Es sieht ganz so aus.«

»Wir erstatten selbstverständlich Anzeige. Aber was wird uns das nützen? Eine höchst unerquickliche Angelegenheit, Inspektor. Besonders jetzt! Es bringt unser Unternehmen in eine sehr schwierige Lage. Ich sage das zwar nur hier, in diesen vier Wänden… aber die Situation ist äußerst prekär.«

»Ihr Unternehmen hat vergangene Nacht noch einen weiteren Verlust erlitten«, bemerkte Mallett.

»Ja, die arme Camilla! Der englische Film ist um eine bewundernswerte Schauspielerin ärmer geworden«, erklärte Constantinovitch aalglatt.

»Hatte Ihre Filmgesellschaft eine Lebensversicherung für sie abgeschlossen?« fragte Mallett unvermittelt.

»Selbstverständlich. Wir versichern alle Stars, die bei uns unter Vertrag stehen.«

»Wie lautete Miss Freynes Vertrag?«

»Es war ein Dreijahresvertrag über dreihundert Pfund pro Woche. Sie hatte erst angefangen, wissen Sie«, fügte er beinahe entschuldigend hinzu.

»Und die Versicherung?«

»Über zwanzigtausend Pfund.«

»So gesehen war ihr Tod also kein reiner Verlust für Ihre Filmgesellschaft«, urteilte Mallett.

»Man sollte die Dinge immer von der positiven Seite sehen«, stimmte Gus ihm zu.

»Was haben Sie gestern nacht in der Zeit, nachdem Miss Freyne zu Bett gegangen war, und dem Augenblick gemacht, als Sie schließlich feststellten, daß sie sich nicht in ihrem Zimmer aufhielt?« fragte Inspektor Mallett als nächstes.

»Nachdem sie zu Bett gegangen war, blieb ich noch eine Weile im Musikzimmer und habe mich um meine Gäste gekümmert«, lautete die Antwort. »Da sie sich auch ohne mich zu amüsieren schienen, bin ich hierhergekommen. Und in diesem Zimmer bin ich geblieben, bis Mr. Brancaster vom Baden zurückkehrte. Ich wollte einige Unterlagen durchsehen.«

»Unterlagen? Vielleicht in bezug auf ›Amy Robsart‹?«

»Ja. Mein Sekretär hatte sie mir im Laufe des Abends gebracht.«

»Sehr zufriedenstellend war das Material wohl nicht, was?«

Gus machte eine wegwerfende Handbewegung.

»Die Vorbestellungen der Verleihfirmen waren enttäuschend«, gab er zu.

»Miss Freynes tragischer Tod allerdings wird dem Film ein bißchen auf die Beine helfen, schätze ich.«

»Er verschafft uns sicher sehr nützliche Publicity.«

»Danke, Mr. Constantinovitch. Das ist alles, was ich wissen wollte.«

Mallett und Parkinson verließen das Arbeitszimmer.

»Sie verstehen es wirklich, die Leute zum Reden zu bringen,

Sir«, bemerkte Parkinson bewundernd. »Ich schätze, wir nehmen uns jetzt Mrs. Brancaster vor, oder?«

»Mrs. Brancaster? Nein. Ich glaube nicht, daß wir sie schon belästigen sollten. Zuerst mache ich einen Spaziergang durch den Garten. Ich möchte mir das Grundstück mal genauer ansehen.«

»In den Garten, Sir? Ja, natürlich... den Garten. Kann ich da irgendwie behilflich sein?«

»Kaum. Sie haben sicher genügend anderes zu erledigen.«

»Jetzt, da Sie es sagen... Ja, natürlich. Auf bald, Sir.«

Der Sergeant ging, und Mallett trat in den Sonnenschein hinaus.

Als Blumenparadies konnte man den Garten der Villa kaum bezeichnen. Hauptattraktion war der gepflegte Rasen, der sich in zwanzig Meter breiter Fläche entlang der Terrasse erstreckte. Zu beiden Seiten säumten geschmacklose Löwenmaul- und Fuchsienrabatten das Grün. Zahlreiche Putten sollten dem ganzen Arrangement wohl einen weltläufigen Anstrich geben. Rechterhand stellte eine rustikale Sonnenuhr den Mittelpunkt eines ansonsten phantasielosen Rosengartens dar, den jener Plattenweg von der Rasenfläche trennte, der zum Swimmingpool führte.

Mallett gelangte über diesen Weg zu der Buschgruppe, hinter der er Teddy Brancaster am frühen Morgen hatte verschwinden sehen. Hinter den Büschen fiel der Weg steil bergab, wand sich ziellos nach rechts und links und endete abrupt am Rand des Schwimmbeckens.

Obwohl der Pool nicht besonders groß war (er hatte ein Ausmaß von ungefähr fünfzehn Meter Länge und sechs Meter Breite), war er bestens ausgestattet. Es gab einen Sprungturm, Wasserleitern und ein Sprungbrett an der Beckenfront. Dort blieb Mallett stehen und blickte, ein Bein auf dem Sprungbrett, durch das klare Wasser nachdenklich auf das Muster des blauweißen Kachelbodens, das unter der leicht bewegten Wasseroberfläche verschwamm. Als er den Blick hob, entdeckte er am anderen Poolende einen Mann, der sich offenbar ähnlichen Betrachtungen hingab. An der Kleidung war er leicht als Gärtner erkennbar, und aus seinem Gesichtsausdruck war unschwer abzulesen, daß er seine Beschäftigung nicht besonders liebte. Mallett ging zu ihm.

»Guten Morgen«, sagte er.

Der Mann nahm ihn mit einem flüchtigen Blick zur Kenntnis und rümpfte die Nase.

»Einen hübschen Pool haben Sie hier«, fuhr der Inspektor fort.

»Was erwarten Sie? Bei dem Batzen Geld, den der verschlingt!« kam prompt die Antwort.

»War ziemlich teuer, was?«

»Das Ding hat Tausende gekostet, bis es gebaut war, und jetzt geht noch mal jede Menge für die Instandhaltung drauf. Aber für meine Rosen, da ist nie Geld da. Bevor ich mal ein paar Kröten für Anbindestöcke losmachen kann, gibt's jedes Mal einen Riesenkrach. ›Jenkins, das kann ich mir nicht leisten‹, heißt's dann immer. ›Jenkins, der Garten kostet zuviel!‹ Aber sein geheiligter Pool... das ist natürlich was ganz anderes!«

Er spuckte angewidert ins Wasser. Malletts Miene mußte ihn verraten haben, denn der Gärtner fügte hinzu:

»Keine Sorge! Ich lasse das Wasser jetzt sowieso ab.«

»Sieht nicht so aus, als wenn das nötig wäre.«

»Nicht nötig? Natürlich ist das nicht nötig. Aber das spielt keine Rolle. Wenn Seine Hoheit hier Hof hält, muß das zweimal die Woche gemacht werden. Basta. 'ne nette Arbeit für einen Engländer, was? Das Bad für ein Pack von ausländischen Filmschauspielern auszuschrubben. Wasser aus öffentlichen Leitungen geht dabei drauf. Geldverschwendung... Zeitverschwendung... So sehe ich das.«

»Und wie lange dauert das?«

»Zwei Stunden, bis es leergelaufen ist, und vier Stunden, bis es wieder vollgelaufen ist. Und dann müssen Sie die Zeit rechnen, die ich dafür brauche, das Becken auszuschrubben.«

»Und wie entleert man das Becken?«

»Das kann ich Ihnen zeigen. Dort, wo Sie stehen, ist ein

Hahn. Sehen Sie? Man dreht ihn in diese Richtung, und das Wasser läuft aus. Wenn man das Wasser wieder einlassen will, dreht man den Hahn in diese Richtung. Hier! Das ist alles.«

»Vielen Dank. Sagen Sie, würden Sie mir einen Gefallen tun? Aber vielleicht sollte ich mich erst mal vorstellen...«

Mallett unterhielt sich eine gute Viertelstunde mit dem Mann. Dann ließ er ihn, düster in das ablaufende Wasser blikkend und in der augenfälligen Absicht, vorerst keinen Finger mehr zu rühren, am Poolrand zurück.

Mallett kehrte ins Haus zurück und ging geradewegs in das kleine Arbeitszimmer des Hausherrn. Gus telefonierte. Als er den Hörer auflegte und sich dem Inspektor zuwandte, war deutlich zu erkennen, daß sich seine Laune in der Zwischenzeit um einiges gebessert hatte.

»Sie hatten recht, Inspektor«, begann der Produzent. »Diese traurige... tragische Geschichte mit Camilla bringt uns wertvolle Publicity. Ich kenne mich aus in diesen Dingen, aber mit soviel Werbewirksamkeit hatte ich nicht gerechnet. Bisher habe ich der Presse schon drei Telefoninterviews gegeben, und ich schätze, die Branche wird jetzt hellhörig werden und begreifen, daß mehr in ›Amy Robsart‹ steckt, als sie angenommen hatten.« Er rieb sich die Hände. »Hatte ich nicht recht? Man sollte in allem das Positive sehen«, fügte er hinzu.

»Ja, da hatten Sie durchaus recht«, stimmte der Inspektor zu. »Aber jetzt habe ich noch eine Bitte, Mr. Constantinovitch. Ich gehe jetzt und komme nicht vor heute abend zurück. Könnten Sie dafür sorgen, daß dann alle Personen, die die Nacht in Ihrem Haus verbracht haben, hier versammelt sind?«

»Das läßt sich einrichten, Inspektor. Um wieviel Uhr, sagen Sie?«

»Ich bin um zehn Uhr wieder da.«

»Ausgezeichnet. Hallo? Ja? Am Apparat... Selbstverständlich habe ich Ihren Lesern etwas zu sagen. ›Der tragische Tod eines vielversprechenden jungen Stars, der im Begriff war, mit einer Rolle in die höchsten Höhen der Filmkunst aufzusteigen, die...‹«

Mallett ließ Gus mit dem Telefon allein und fuhr zum Polizeirevier. Sergeant Parkinson begrüßte ihn freudig.

»Kann ich irgendwie behilflich sein, Sir?« erkundigte er sich eifrig.

»Ja«, erwiderte Mallett. »Sagen Sie mir, wo ich die Büros der Wasserwerke finden kann.« Parkinson schien enttäuscht.

»Ich bringe Sie hin«, erklärte er. »Aber ich dachte... ich hatte gehofft... Also ich hatte angenommen, es müsse was erledigt werden... Wenn Sie verstehen, was ich meine?«

»Ich fürchte... dazu ist es noch zu früh. Aber warten Sie um zehn Uhr heute abend vor Mr. Constantinovitchs Villa auf mich. Vielleicht können wir dann etwas ›erledigen‹.«

Mehr war Mallett nicht zu entlocken. Er verabschiedete sich vor dem Verwaltungsgebäude der Wasserwerke von Parkinson. Drinnen unterhielt er sich mit einem intelligenten jungen Wasseringenieur. Der anfänglich gelangweilt und mißtrauisch wirkende junge Mann wurde im Lauf des Gesprächs immer aufgeschlossener und schließlich ausgesprochen diensteifrig.

5

In der kleinen Gesellschaft, die Malletts Besuch im Musikzimmer erwartete, herrschte eine spürbar nervöse Stimmung. Das vorausgegangene gemeinsame Abendessen war nahezu ohne jede Unterhaltung verlaufen. Gus, der von den vieren bei weitem am ruhigsten wirkte, schlug schließlich eine Partie Poker vor. Er war zu jeder Zeit und unter jeder Bedingung ein guter Pokerspieler, und an diesem Abend waren die anderen leichte Beute für ihn. Geneviève schien lustlos und besorgt, Dick war nervös, Teddy ungehalten über sein Blatt, die Mitspieler und sich selbst. Mit Ausnahme von Gus, der seinen Gästen bis dahin eine Menge Geld abgenommen hatte, waren alle erleichtert, als um Punkt zehn Uhr Inspektor Mallett gemeldet wurde.

»Ich schätze, Sie kennen schon alle«, begann Gus. »Das heißt, bis auf Mrs. Brancaster, nehme ich an.«

Mallett verneigte sich leicht vor der Französin. »Ich ermittle im Todesfall von Miss Camilla Freyne«, erklärte er. »Natürlich wird es eine Gerichtsverhandlung zur Feststellung der Todesursache geben. Sie, die Sie die einzigen Personen vor Ort waren, dürften als wichtige Zeugen gelten. Ich möchte jetzt nicht näher erläutern, warum... aber es ist nötig, daß ich exakt weiß, wo Sie sich in der fraglichen Zeit aufgehalten haben. Also in dem Zeitraum, nachdem Miss Freyne dieses Zimmer verlassen hatte, bis zum Auffinden der Leiche.«

»Aber das haben wir Ihnen doch schon alles gesagt«, warf Dick ein.

»Richtig. Trotzdem gibt es noch Punkte, die einer Klärung bedürfen. Zu diesem Zweck möchte ich die Ereignisse von gestern nacht rekonstruieren. Jeder soll also in derselben Reihenfolge und am selben Ort das tun, was er gestern nacht gemacht hat. Einverstanden?«

Alle willigten ein.

»Ausgezeichnet. Wir fangen in dem Augenblick an, als Mr. Constantinovitch Mrs. Brancaster bittet, Miss Freyne auf ihr Zimmer zu bringen. Wo sind Sie in diesem Moment gewesen, Mr. Bartram?«

»An der Bar. Am anderen Ende des Zimmers.«

»Dann begeben Sie sich dorthin. Und jetzt zu Ihnen, Mrs. Brancaster. Was taten Sie?«

»Ich habe mit Camilla den Raum verlassen.«

»Sind Sie den beiden gefolgt, Mr. Brancaster?«

»Nicht sofort.«

Mallett folgte Geneviève zur Tür. Sie ging die Treppe hinauf und blieb vor Camillas Zimmertür stehen.

»Ich bin noch kurz zu ihr reingegangen, um mit ihr zu reden«, berichtete sie.

»Dann gehen Sie jetzt rein«, forderte Mallett sie von der Diele aus auf.

»Reingehen? In dieses Zimmer? Das kann ich nicht... Nein, das will ich nicht. Das ist nicht gut.«

Mallett zuckte mit den Schultern.

»Also gut«, seufzte er. »Dann bleiben Sie solange vor der Tür stehen. Und Sie, Mr. Brancaster?«

Teddy kam aus dem Musikzimmer.

»Ich bin in die Garderobe gegangen und habe meine Badehose angezogen«, erklärte er.

»Dann gehen Sie jetzt in die Garderobe«, forderte der Inspektor ihn auf.

»Soll ich mich auch umziehen?«

»Selbstverständlich. Ich möchte wissen, wie lange Sie dazu gebraucht haben.«

»Tut es irgendeine alte Badehose, oder soll es dieselbe sein wie gestern?« erkundigte sich Teddy sarkastisch.

»Die Badehose ist nicht wichtig. Wer kommt als nächster?«

»Ich habe hinter Brancaster das Musikzimmer verlassen«, meldete sich Dick. »Und ich habe mich hier in die Diele gesetzt.«

Vom oberen Treppenabsatz aus ertönte Genevièves Stimme.

»Ich gehe jetzt in mein Zimmer.«

»Ausgezeichnet, Mrs. Brancaster.«

Gus ging durch die Diele.

»Ich gehe jetzt in mein Arbeitszimmer, um ein paar Unterlagen zu sondieren«, verkündete er.

Es folgte eine Pause, in der sich niemand von der Stelle rührte. Mallett lief hastig die Treppe hinauf, betrachtete die Diele vom oberen Absatz aus und kam wieder herunter. In diesem Moment trat Teddy in Badekleidung aus der Garderobe.

»Hier bin ich, Sherlock«, erklärte er. »Und wohin jetzt mit mir?«

»Dorthin, wo Sie gestern nacht hingegangen sind.«

Teddy machte ein paar Schritte ins Musikzimmer und wieder heraus.

»Ich habe meine Frau gesucht«, sagte er.

»Er hat nach mir gerufen, und ich bin aus meinem Zimmer gekommen«, meldete sich Geneviève von oben. »Dann hat Camilla ihre Zimmertür aufgemacht. Ich habe sie zurückgeschickt.«

»Und ich bin schwimmen gegangen«, ergänzte Teddy und lief erneut ins Musikzimmer.

»Warten Sie noch einen Augenblick, Mr. Brancaster. Wo waren Sie, Mr. Bartram?«

»Ich habe nach Mrs. Brancaster gerufen. Hier.«

»Ohne die Treppe hinaufzugehen?«

»Ja.«

»Dann kommen Sie jetzt runter, Mrs. Brancaster.«

Geneviève ging die Treppe hinunter.

»Jetzt sind wir zusammen in den Rauchsalon«, sagte sie.

Mallett sah den beiden nach. Dann ging er ins Musikzimmer, wo Teddy wartete.

»Und jetzt?« wollte Teddy wissen.

»Welchen Weg haben Sie genommen?«

»Hier.« Er deutete auf die Terrassentür.

»Dann gehen wir.«

Mallett lief mit ihm in den Garten. Der Mond schien, und sie konnten ihre Umgebung deutlich erkennen.

»Vergangene Nacht war es natürlich stockfinster«, bemerkte Teddy.

»Aber Sie kannten sich doch bestens aus, oder?«

»Natürlich. Man muß ja nur den Plattenweg entlanggehen. Er führt geradewegs von hier zum Swimmingpool.«

»Dann tun wir das jetzt.«

Teddy zuckte mit den Schultern. Gemeinsam gingen sie weiter. Als sie die Buschgruppe erreicht hatten, blieben sie stehen.

»Das ist alles«, seufzte Teddy. »Ich bin hier hinuntergelaufen und ins Wasser gesprungen.«

»Dann nichts wie runter«, erwiderte der Inspektor freundlich.

Sie kamen zum Beckenrand.

»Springen Sie rein!« forderte Mallett Teddy auf.

»He, was soll das?« entgegnete Teddy aufgebracht.

Das Schwimmbecken vor ihnen glänzte leer und sauber.

»Sind Sie gestern nacht da reingesprungen?« fragte der Inspektor, und seine Stimme hatte einen neuen, einen drohenden Klang. »Oder hat das jemand anderer getan… jemand, der nicht wußte, nicht sehen konnte, daß er in ein leeres Becken sprang?«

Hinter ihnen trat Sergeant Parkinson aus dem Schatten der Büsche und blieb neben Brancaster stehen.

»Sie wußten, daß kein Wasser im Pool war«, fuhr Mallett fort. »Sie hatten das Wasser selbst abgelassen. Sie hatten alles so arrangiert, daß Ihre Frau gestern nacht hierherkommen und in den sicheren Tod springen würde. Sie haben hier gewartet und ihr, wie sie glaubten, dabei zugesehen. Danach sind Sie reingeklettert, haben ihren Kopf in Ihr Handtuch gewickelt, damit keine Blutspuren Sie verraten konnten, und den Wasserhahn wieder angestellt. Dann sind Sie ins Haus gegangen und haben überall nach Ihrer Frau gefragt. Erst als Sie sie fanden, wurde Ihnen klar, wen… daß Sie Camilla Freyne getötet hatten, die Ihnen gefolgt war. Sie haben die Frau umgebracht, um derentwillen Sie Ihre Frau ermorden wollten. Stimmt das?«

Teddy zitterte am ganzen Körper, und sein Atem ging stoßweise.

»Natürlich stimmt das«, murmelte er immer wieder. »Es stimmt… stimmt. Ich hab' sie umgebracht… umgebracht! Die einzige Frau, die ich je geliebt habe! Lassen Sie mich in Ruhe!«

Als sich Malletts Hand schwer auf seine Schulter legte, wirbelte er herum, verpaßte dem Inspektor einen mächtigen Faustschlag, rannte Parkinson einfach über den Haufen und war mit einem Satz auf dem Sprungbrett. Er sprang hoch, tippte einmal mit dem ganzen Gewicht auf das Brett auf und schoß hoch in die Luft. Sein sonnengebräunter Körper glitzerte kurz im Mondschein, als er zu einem perfekten Hechtsprung ansetzte, um mit dem Kopf zuerst auf den gekachelten Beckenboden aufzuschlagen.

Aus dem Englischen von
Christine Frauendorf-Mössel

RUTH RENDELL
(* 1930)

Fen Hall

Wenn Kinder Bäume malen, malen sie den Stamm immer braun. Aber Bäume haben nur selten braune Stämme. Bei Birken sind sie silbrig, bei Buchen bleigrau, bei Platanen graugelb; Walnußbäume haben schwarze Stämme, und die Rinde von Eichen und Kastanien schimmert grün vor Flechten. Bis zu seinem Aufenthalt in Fen Hall war das Pringle nie aufgefallen. Danach, als ihm die Augen aufgegangen waren und er das Wesen der Dinge erkannt hatte, hätte er Baumstämme in ganz unterschiedlichen Farbtönen gemalt. Aber im folgenden Schuljahr belegte er keinen Malkurs mehr. In Kunst war er nie gut gewesen, und vielleicht hätte er sowieso keine Lust mehr gehabt, Bäume zu malen... geschweige denn, sie genauer anzusehen.

Mr. Liddon holte sie in einem alten Volvo-Kombi am Bahnhof ab. Sie waren bis an die Zähne mit Campingausrüstung bewaffnet: Zelt, Schlafsäcke, Kochgeschirr und Gaskocher für den Fall, daß es zu windig war, ein Feuer anzuzünden. In den vergangenen Tagen war es sehr windig gewesen in diesem kühlen, sonnenlosen Sommer. Mr. Liddon war ein Freund von Pringles Vater. Pringle hatte ihn erst einmal gesehen, und damals war er ein kleiner Junge gewesen... trotzdem fiel ihm damit die Aufgabe zu, die anderen bekanntzumachen. Er sagte höflich:

»Das sind John und Roger. Die beiden sind Brüder.«

Pringle sagte nicht dazu, daß Rogers Spitzname Hodge war. Er hatte das Gefühl, daß Mr. Liddon Roger ebensowenig Hodge nennen würde wie ihn Pringle. Und er sollte recht behalten.

»Deinen Eltern geht's gut, Peregrine?«

Pringle bejahte. Das spöttische Flackern in Johns Augen war nicht zu übersehen, und ihm war klar, was da bald kommen würde. Hodge, der stets um sein leibliches Wohl besorgt war, sagte prompt:

»Könnten wir auf dem Weg vielleicht was zum Essen einkaufen, Mr. Liddon?«

Mr. Liddon verdrehte die Augen. Pringle war spätestens jetzt klar, daß Liddon in die große Masse ›der Erwachsenen‹ einzuordnen war. Sie stiegen mit Sack und Pack ein. Nicht ganz zwei Kilometer stadtauswärts hielt Mr. Liddon vor einem Selbstbedienungsladen an. Er kam zum Glück nicht mit hinein. Das, was sie dort kauften, hätte er sowieso als ›Fraß‹ bezeichnet.

Fen Hall lag noch gut zehn Kilometer weiter entfernt. Sie kamen durch das Dorf Fedgford. Danach bogen sie in einen schmalen Weg ein, der mitten durch ein Wäldchen führte.

»Hier werdet ihr zelten«, erklärte Mr. Liddon.

Er mußte langsam fahren, denn der Weg war unbefestigt und holperig. Der Wald sah märchenhaft und geheimnisvoll aus. In den Gassen zwischen den Bäumen schimmerte das Licht grüngolden und milchig trüb. Gedämpft waren Vogelgezwitscher und das Gurren von Tauben zu hören. Pringle wurde plötzlich ganz aufgeregt. Es gefiel ihm besser als erwartet. Ein Stück weiter ging der Wald allmählich in eine Art Plantage aus dünnen, hohen Bäumen mit grünlichen Stämmen über, die in Reih und Glied gepflanzt waren. Den Untergrund bildete hier eine pieksig aussehende Pflanze, die irgendwie prähistorisch anmutete.

»Das sind Pappeln«, erklärte Mr. Liddon. Schon der Tonfall verriet den Lehrer. »Wir bauen sie praktisch wie eine Feldpflanze an, die geerntet werden muß.«

Das allerdings war etwas Neues für Pringle. »Geerntet?«

»Richtig. Die Pappeln werden im Alter von fünfundzwanzig Jahren geschlagen und zu Streichhölzern verarbeitet. Vorausgesetzt natürlich, sie fallen nicht schon vorher um. Vergangenen Winter hatten wir durch die Stürme ziemlich viel Windbruch.«

Pringle hörte schon nicht mehr zu. Er hatte das Haus gesehen. Wie ein Haus in einem Traum, schoß es ihm durch den Kopf. Dabei wußte er selbst nicht, wie er das meinte. Die Häuser in seinen Träumen sahen immer so aus wie sein Zuhause oder das von John und Hodge... typische vorstädtische Einfamilienhäuser. Hatte man sämtliche Bäume hinter sich gelassen und verstellten keinerlei Ranken und Blätter von wilder Klematis einem mehr den Blick, stand dieses Haus mitten in der Sonne und strahlte das Selbstbewußtsein von etwas Lebendigem aus, das sich seiner eigenen Vollkommenheit sicher war. Es war aus maulbeerfarbenen kleinen Ziegeln im spätgotischen Stil erbaut. Das Dach mit all seinen Giebeln und Schornsteinen bestand aus vielen Ebenen. Die Fenster strahlten golden im Widerschein der Sonne. Unter den Dachvorsprüngen hatten Schwalben ihre Nester gebaut.

»Eure Sachen könnt ihr im Wagen lassen. In zehn Minuten fahre ich euch in den Wald zurück. Ich wollte euch nur mal zeigen, wo ihr seid. Dort drüben ist der Garten-Wasserhahn. Den dürft ihr selbstverständlich benutzen. Schaufel und Axt findet ihr da drinnen. Ich hoffe nur, ihr stellt das Werkzeug immer wieder an seinen Platz zurück.«

Es war das größte Haus, in dem Pringle bis dahin gewesen war; Hampton Court und Woburn nicht mitgerechnet. Fen Hall. Der Name klang wie das Haus aus einem Buch. Und so sah es auch aus. Vollkommen unwirklich. Die Haustür war aus Eiche und mit Eisenbeschlägen verziert. Sie lag etwas zurückgesetzt unter einem von Rosen überwucherten Vordach. Mr. Liddon führte sie zum Hintereingang. Und er führte sie in eine Küche, die exakt Pringles Vorstellung von der schlimmsten aller Absteigen entsprach.

Er war entsetzt. Da sie aus dem grellen Sonnenlicht ins Halbdunkel gekommen waren, sah er zuerst nicht viel. Kaum hatten sich die Augen jedoch einigermaßen an die veränderten Lichtverhältnisse gewöhnt, erfaßte er den großen gewölbeartigen Raum mit den zwei kleinen Fenstern und mindestens vierzig Quadratmetern Schmutz und Dreck mit einem Blick. Inseln gleich ragten ein kleiner weißer Herd und ein winziger weißer Kühlschrank aus dem übrigen Unrat heraus. Der Ziegelboden war uneben, der grünliche abblätternde Putz an den Wänden wies eklige, blasenartige Ausblühungen auf. Schmutziges Geschirr stapelte sich in einem steinernen Spülstein, wie ihn seine Mutter auf einem Flohmarkt gekauft und anschließend zum Kakteengarten umfunktioniert hatte. Es herrschte eine unbeschreibliche Unordnung. Berge schmutziger Wäsche türmten sich überall. John und Hodge standen mit ausdruckslosen Gesichtern da und wußten nicht recht, wohin sie schauen sollten.

Mr. Liddons Haltung hatte sich leicht gewandelt. Der schneidige Kommandoton war ihm irgendwie abhanden gekommen. Während er ihnen erklärte, daß sie immer zur Hintertür hereinkommen sollten, falls sie etwas brauchten, begann er fahrig herumzuräumen, Geschirr zusammenzustellen, Gegenstände in die alten braunen Schränke zu räumen, Krümel vom Tisch zu wischen und in den Ausguß zu werfen.

»Dürfen wir Feuer machen?« fragte John.

»Ja, aber seid vorsichtig. Wenn der Wind stärker wird, laßt ihr's lieber. Woher ihr das Holz nehmen sollt, muß ich wohl kaum sagen. Es liegt überall herum.« Mr. Liddon machte eine Tür auf und rief: »Flora!«

Hinter der Türöffnung wurde ein schmaler Korridor mit Steinfußboden sichtbar. Niemand kam. Pringle wußte, daß Mr. Liddon verheiratet war, aber keine Kinder hatte. Seine Eltern hatten ihm lediglich erzählt, daß Mr. und Mrs. Liddon ein Jahr zuvor ein wunderschönes Haus auf dem Land gekauft hatten und daß er und seine Freunde dort zelten durften. Weitere Informationen hatte er aufgeschnappt, als niemand ahnte, daß er zuhörte. Tony Liddon hatte keinen roten Heller besessen, bis seine Tante starb und ihm etwas Geld hinterließ. Viel konnte es allerdings nicht gewesen sein. Trotzdem hatte er alles für Fen Hall ausgegeben. Sein größter Wunsch war es von jeher gewesen, ein altes Haus wie Fen Hall zu besitzen. Die Erhaltung des Besitzes allerdings war teuer, und niemand wußte, wie er es eigentlich bewerkstelligte.

Pringle hatte sich für all das kaum interessiert. Jetzt fiel es ihm plötzlich wieder ein. Mr. Liddon und sein Vater hatten zusammen studiert. Damals hatte Mr. Liddon allerdings noch keine Frau gehabt. Weder Pringle noch seine Eltern hatten Mrs. Liddon bisher je kennengelernt. Auch jetzt kam es nicht dazu. Sie stiegen in den Wagen, um einen geeigneten Zeltplatz zu finden.

Sie waren erleichtert, als Mr. Liddon wieder davonfuhr und sie sich selbst überließ. Der ideale Zeltplatz fand sich auf dem erhöhten Terrain einer Lichtung. Feuer konnten sie in einer Kuhle machen, die laut Mr. Liddon vermutlich eine aufgelassene Kiesgrube war. Die Sonne stand tief und warf lange Lichtsäulen durch die Birken und Stechapfelbäume. An den Eichen hingen grünen Vogelnestern gleich die Misteln. Die Luft war warm und schwirrte vor Mücken. John hatte im Zeltaufbauen Erfahrung und gab den anderen Anweisungen.

»Peregrine«, sagte er. »Klingt nach einem Papagei.«

Hodge kasperte herum. Er hatte sich die Daumen in die Ohren gesteckt und wedelte mit den Händen. »Krächz, krächz, alter Papagei. Wirst an der Kette gehalten und quatschst alles nach. Krächz, krächz!«

»Da bin ich noch lieber ein Papagei als Hodger, der Trampel, der Hampel«, konterte Pringle und versetzte Hodge einen Stoß. Beide gingen zu Boden und rollten sich rangelnd über den Waldboden, bis John sie mit dem Fuß anstieß. »Hört auf mit dem Quatsch. Helft mir lieber.«

Es war ein schöner erster Abend im Zelt. Draußen war die Luft windstill und mild. Nach dem schlechten Sommer kam ihnen das wie ein Wunder vor. Sie machten Feuer, kochten Tomatensuppe mit Fischstäbchen und aßen eine ganze Packung Zuckergußkekse. Anschließend legten sie sich in ihren Schlafsäcken ins Zelt. John las ein Insektenbestimmungsbuch, Pringle einen Thriller, der in einem japanischen Gefangenenlager spielte und von seinen Eltern sofort einkassiert worden wäre, und Hodge hörte Radio, als Mr. Liddon mit einer Taschenlampe bewaffnet auftauchte.

»Wollte nur mal nachsehen, ob hier alles picobello in Ordnung ist.«

Pringle fand gerade diesen Ausdruck angesichts der Verhältnisse in Mr. Liddons Haus höchst unpassend. Mr. Liddon hatte etwas gegen die Kerzen, die sie angezündet hatten, und sie versprachen, sie auszumachen, was sie natürlich nicht taten. Nachts war es im Wald schließlich unheimlich still. Etwas Ähnliches hatte Pringle nie erlebt. Es war eine Ruhe, die beinahe wie ein großes schwarzes Tier über den Bäumen lag und mit ihrem dichten, samtigen Fell jeden Laut erstickte. Lange allerdings hing Pringle diesen Gedanken nicht nach, denn bereits zwei Minuten, nachdem sie die Kerzen gelöscht hatten, war er eingeschlafen.

Am darauffolgenden Morgen war das Wetter weniger schön. Der Tag war wolkenverhangen und für August zu kalt. John hatte einen selten gewordenen Zitronenfalter gesehen und war glücklich. Zu dritt marschierten sie nach Fedgford und besorgten Würstchen. Dann mußten sie feststellen, daß sie keine Bratpfanne hatten. Pringle machte sich allein auf den Weg hinunter zum Haus, um sich das Kochgerät auszuleihen.

Im Gegensatz zu den meisten anderen Männern war Mr. Liddon sicher zu Hause, denn er hatte ebenfalls Schulferien, überlegte Pringle. Pringle erwartete eigentlich, ihn bei der Gartenarbeit anzutreffen. Selbst er hatte gesehen, in welch vernachlässigtem Zustand alles war. Mr. Liddon allerdings war nirgends zu entdecken. Pringle schlug mit den Fäusten gegen die Hintertür. Klingel oder Türklopfer gab es nicht. Niemand rührte sich. Die Tür war unverschlossen. Er kämpfte kurz mit sich, dann trat er ein.

In der Küche sah es beinahe noch schlimmer aus als am Vortag. Auf dem Tisch stand eine große, weißgescheckte Katze und fraß etwas aus einer Papiertüte, das sicher nicht für sie bestimmt war. Pringle hatte das seltsame Gefühl, daß es durchaus erlaubt war, weiter in das Haus vorzudringen. Mr. Liddon war nicht da. Das wußte er plötzlich instinktiv. Er ging den Korridor entlang, den sie am Vortag durch die offene Tür gesehen hatten. Von dort gelangte er in eine große Eingangshalle mit Fliesenfußboden. Es war ein düsterer Raum mit schweren, dunklen Deckenbalken, kalt und feucht. In der Luft hing der Geruch von Pilzen, die man in einer Papiertüte im Kühlschrank vergessen hatte. Pringle suchte sich eine erfolgversprechende Tür aus, stieß sie auf und fühlte sich verpflichtet, warnend zu hüsteln.

Das Zimmer war riesig. Die Decke war ganz aus massiven geschnitzten Holzbalken, die mit Spinnweben fast völlig bedeckt waren. Selbst Pringle erkannte, daß die wenigen Möbelstücke besser ins Wohnzimmer eines Bungalows gepaßt hätten. Vor einem hohen, bunten Glasfenster stand eine Frau. Sie hielt etwas Blaues, Blinkendes gegen das Licht. Das Haar fiel ihr offen über den Rücken, und sie trug einen knöchellangen Rock. Wie sie so mit erhobenen Armen dastand und den blauen Gegenstand betrachtete, glaubte Pringle einen Augenblick, keine Frau, sondern eine Fee vor sich zu haben. Dann drehte sie sich um und lächelte.

»Hallo«, begann sie. »Bist du einer von unseren Zeltgästen?«

Sie war mindestens so alt wie Mr. Liddon, trug jedoch das Haar offen wie ein Schulmädchen. Ihr Teint war blaß, und sie hatte kein attraktives Gesicht, doch sobald sie lächelte, war sie eine Schönheit. Pringle blickte sie unverwandt an. Es war ein Gesicht von strahlender, gütiger Empfindsamkeit, wobei Pringle das erst Jahre später formulieren konnte.

»Ich bin Pringle«, sagte er. Und da er das Gefühl hatte, bei ihr auf Verständnis zu stoßen, fügte er hinzu: »Eigentlich heiße ich Peregrine. Aber ich bringe alle dazu, mich Pringle zu nennen.«

»Das kann ich dir kaum übelnehmen. Ich an deiner Stelle würde das genauso machen.« Ihre Stimme klang ruhig und ungekünstelt. »Ich bin Flora Liddon. Nenn mich einfach Flora.«

Er ahnte, daß er sich nicht dazu durchringen konnte, sie Flora zu nennen. Im Endeffekt bedeutete das, daß er ihr gegenüber jede Anrede vermeiden würde.

»Ich wollte mir eigentlich eine Bratpfanne ausleihen. Geht das?«

»Selbstverständlich geht das.« Und sie fügte hinzu: »Wenn du eine finden kannst, heißt das.« Sie hielt ihm den Gegenstand in ihrer Hand hin. Pringle sah, daß es sich um eine kleine Glasflasche handelte. »Findest du sie hübsch?«

Er betrachtete den Gegenstand kritisch. Immerhin war es nur eine Flasche. Auf dem Fenstersims standen noch mehr Flaschen. Die meisten waren farblos, doch zwischendrin gab es auch dunkelgrüne Exemplare mit seitlichen Rillen.

»Hier findet man herrliche Dinge. Wenn man herumgräbt, stößt man sogar auf Müllhalden, die noch aus der Elisabethanischen Zeit stammen. Und unten am Fluß war eine römische Siedlung. Willst du mal eine römische Münze sehen?«

Sie war schwarz und verbogen, plump und zeigte einen häßlichen Männerkopf. Dann reichte Flora ihm ein Flakon aus dickem, blasenhaltigem Glas und erklärte ihm, daß dies das beste Glasstück sei, das sie in letzter Zeit gefunden hab. Sie gingen in die Küche. Eine Bratpfanne zu finden war schwieriger, als sich mit Flora zu unterhalten. Als sie schließlich eine Pfanne abgewaschen hatte, die sie fettverklebt entdeckt hatte, hatte er ihr alles über das Zelt, ihren Marsch nach Fedgford und die Unterhaltung mit dem Metzger erzählt.

»Ich hoffe schwer, daß ihr euch wascht, bevor ihr meine hübschen, sauberen Würste bratet«, hatte er gesagt.

Und Flora berichtete, daß in Haus und Garten schrecklich viel getan werden müsse und daß sie alles selbst machten, weil sie kein Geld hätten. Zum Anstreichen und Gärtnern tauge sie nicht, ebensowenig wie zur Hausfrau. Sie stöbere am liebsten herum und suche schöne Sachen.

»Was ist ein Leben, voller Sorgen, ganz ohne Besinnlichkeit und Muße?«

Pringle kannte das Zitat. Es stammte aus W. H. Davies' ›Supertramp‹. Sie hatten es in der Schule gelesen.

»Ich hätte einen guten Vagabunden abgegeben«, sagte Flora Liddon. »Es hätte zu mir gepaßt.«

Das Lächeln verlieh ihren reizlosen Zügen etwas Strahlendes.

Mittags brieten sie die Würstchen und gingen anschließend mit John auf Insektenexpedition. Von den Libellen, die er ihnen in Aussicht gestellt hatte, ließ sich keine einzige blicken. Dafür entdeckten sie Tiere, die John Köcherfliegen nannte, die Pringle jedoch eher wie nadelspitze Zweige vorkamen. Hodge aß im Lauf des Nachmittags fünf Mars-Riegel. Schließlich begegnete ihnen die weißgescheckte Katze mit einer Maus im Maul. Ohne sich durch das Publikum stören zu lassen, biß sie ihre Beute in der Mitte durch. Das winzige Herz rollte heraus. Hodge sagte mit schwacher Stimme: »Ich glaube, ich muß kotzen.« Und tat dies ausgiebig. Sie beschlossen, am nächsten Morgen mit der Katze herumzustreifen, um festzustellen, wie viele Mäuse sie täglich fing.

Am darauffolgenden Tag war das Wetter besser. Zwar schien noch immer nicht die Sonne, aber es war wärmer. Sie entdeckten die Katze, die in der Pappelplantage durch das prähistorische Gras stolzierte, von dem John behauptete, es sei eine Schachtelhalmart. Die Pappelstämme waren fast so grün wie Gras, und ihre hoch in den blaßblauen Himmel ragenden Kronen raschelten im Wind. Bei dieser Gelegenheit machte Pringle seine ersten Beobachtungen über Baumstämme. Die Rinde der schottischen Kiefer leuchtete im Sonnenlicht beinahe hellrot. Er sagte das auch den anderen, aber die schien das weniger zu interessieren.

»Du quatschst wie meine Tante«, knurrte Hodge. »Sie macht die Blumenarrangements für die Kirche.«

»Und übergibt sich vermutlich beim Anblick von Blut«, konterte Pringle. »Scheint in der Familie zu liegen.«

Hodge stürzte sich auf ihn, riß ihn zu Boden, und miteinander ringend rollten sie durch die Schachtelhalmwiese. Bis vier Uhr nachmittags hatte die Katze sechs Mäuse gefangen. Flora kam in den Garten und erzählte ihnen, die Katze heiße ›Tabby‹, das gescheckte Kätzchen, was Pringle seltsam angenehm berührte. Hätte sie ›Schneeflocke‹ oder ›Persephone‹ oder irgendeinen anderen dämlichen Namen gesagt, den sich die Leute normalerweise für ihre Tiere aussuchten, wären seine Gefühle für sie nicht die gleichen gewesen, obwohl er nicht hätte sagen können, warum das so war. Er hätte sie dann jedenfalls weniger gern gemocht.

Als sie zum Zeltlager zurückkehrten, begegnete ihnen ein Mann im Landrover. Er behauptete, am Haus gewesen zu sein und geklopft zu haben, aber niemand habe sich gerührt. Er bat sie gleichzeitig, Mrs. und Mr. Liddon etwas auszurichten. Sein Name sei Porter, Michael Porter, Amateurarchäologe. Mr. Liddon wisse schon Bescheid. Sie hätten in der unteren Weide gegraben und seien auf einen Abfallplatz aus dem neunzehnten Jahrhundert gestoßen. Er habe vor, tiefer zu gehen, um die nächste Lage freizulegen. Falls sich Mrs. Liddon für die obere Schicht interessiere, habe sie jetzt noch eine Chance, sie sich anzusehen.

»Dürfen wir auch?« fragte Pringle.

»Jederzeit«, sagte Porter. Am darauffolgenden Tag würde niemand dort arbeiten. Er hatte gerade im Autoradio den Wetterbericht gehört. Starker Wind mit Sturmböen waren vorhergesagt. Er riet, das Zelt gut zu befestigen, und fuhr weiter.

Pringle kontrollierte die Zeltheringe. Alle saßen fest. Sie gingen ins Zelt und schlossen den Reißverschluß, hatten jedoch Angst, die Kerzen anzuzünden, und machten statt dessen Johns Sturmlicht an. Im Wald war es längst nicht mehr still. Der Wind heulte durch die Wipfel, und plötzlich gab es ein Geräusch, als reiße Stoff. Noch im selben Augenblick begann das Zelt zu flattern und sich wie ein Segel auf hoher See aufzublähen. Gelegentlich hörte der Wind schlagartig auf, und es herrschte einige Sekunden absolute Stille. Dann frischte er mit unheimlichem Rauschen erneut auf. John las Frohawks ›Schmetterlinge Großbritanniens‹, Pringle den Thriller aus dem japanischen Gefangenenlager, und Hodge versuchte, Radio zu hören. Keiner jedoch konnte sich richtig konzentrieren. Nach einer Weile machten sie das Licht aus und lagen im Dunkeln.

Knapp fünf Minuten später erlebten sie die bisher heftigste Sturmböe. Eine Sturmböe, die Leinwände zerreißen konnte, zehnmal stärker als die letzte. Dann drang aus südlicher Richtung, drunten vom Haus her, ein furchtbares Krachen und Bersten zu ihnen herauf.

»Irgendwas sollten wir unternehmen«, sagte John. Seine Stimme klang entschlossen, aber auch etwas unsicher. Pringle ahnte, daß er ebensoviel Angst hatte wie sie. »Wir müssen hier raus.«

Pringle zündete die Laterne wieder an. Es war genau zehn Uhr.

»Das Zelt fliegt gleich weg«, sagte Hodge.

Pringle kroch aus dem Schlafsack. In diesem Augenblick wurde die Zeltklappe zurückgeschlagen, und Mr. Liddon streckte den Kopf herein. Er wirkte nervös und gereizt.

»Kommt alle mit! Hier könnt ihr nicht bleiben. Nehmt die Schlafsäcke mit. Ihr übernachtet im Haus.«

Er sagte das in einem Ton, als sei der Sturm allein ihre Schuld. Pringle tastete nach seinen Schuhen, zog sie an und rollte den Schlafsack auf. John trug die Laterne. Mr. Liddon leuchtete mit seiner Taschenlampe. Als sie den Wald verließen, waren sie dem Wind schutzlos ausgesetzt. Er riß und zerrte auf dem Weg zum Haus an ihnen. Um sie herum herrschte ein ohrenbetäubendes Tosen. Man konnte kaum die Hand vor den Augen sehen. An der Pappelplantage ließ Mr. Liddon den Lichtschein seiner Taschenlampe in die Höhe gleiten. Und jetzt erkannte Pringle, was das schreckliche Krachen und Bersten verursacht hatte. Der Sturm hatte eine Pappel umgeworfen und regelrecht entwurzelt.

Gleichzeitig erinnerte sich Pringle plötzlich an Michael Porters Nachricht für das Ehepaar Liddon. Sie hatten Porter genau an dieser Stelle getroffen. Pringle gab sie an Mr. Liddon weiter, der sich bedankte. Sie betraten das Haus durch den Hintereingang. Gerade als sie die Tür hinter sich zumachten, flog ein Dachziegel durch die Luft und landete krachend auf dem Gartenweg.

In den Schlafzimmern standen zwar Betten, doch Decken und Kissen waren nicht bezogen, und die Matratzen waren muffig und feucht. Pringle war froh, nicht in diesen gespenstischen Räumen voller Spinnennetze übernachten zu müssen. Auch hier lag das bekannte Aroma von alten Pilzen in der Luft. Es mischte sich überall dort, wo Mr. Liddon mit der Renovierung der Decken begonnen hatte, mit dem Geruch frischer Farbe.

Am Ende des Korridors stand Flora in Nachthemd und Schal vor einem Fenster und blickte hinaus. Pringle, der gelegentlich Gespenstergeschichten las, erschien sie als die ›Graue Dame von Fen Hall‹. Sie stand im Dunkeln, um die grellen Blitze besser sehen zu können, die über dem Fluß am Himmel zuckten.

»Ich liebe Sturm und Gewitter«, gestand sie, drehte sich um und lächelte.

Mr. Liddon knipste das Licht an. »Wo sollen die Jungen schlafen?«

Sie benahm sich, als ginge sie das alles nichts an. Dabei war sie keinesfalls unfreundlich, nur desinteressiert. »Im Wohnzimmer, würde ich sagen.«

»Wir haben sieben Schlafzimmer!«

Flora schwieg. Ausgedehntes Donnergrollen ließ das Haus erzittern. Mr. Liddon brachte sie nach unten ins Wohnzimmer. Sie halfen ihm, aus Kissen drei provisorische Schlafstätten aufzubauen. Der Wind heulte, und Pringle hörte, wie sich ein zweiter Dachziegel löste. Er lag im Dunkeln und horchte auf den Sturm. Die anderen schliefen. Ihr Atem ging regelmäßig. Im Schlafsack war es warm, und er fühlte sich sicher und geborgen. Nach einiger Zeit hörte er, wie sich Mr. Liddon und Flora im Nebenzimmer stritten.

Pringles Eltern stritten sich häufig, und er haßte das. Für ihn war es das Schlimmste auf der Welt. Allerdings war es jetzt längst nicht mehr so schlimm für ihn wie früher, als er noch klein war. Er konnte nur Mr. Liddons und Floras Stimmen und gelegentlich zusammenhanglose Worte hören. Mr. Liddon schimpfte wütend, Flora blieb gleichmütig, beinahe amüsiert. Dann hörte er einen deutlichen Satz. Es war plötzlich so still, daß ihre Stimme klar zu verstehen war:

»Wir wollen so verschiedene Dinge!«

Pringle wünschte sehnlichst, sie würden aufhören. Und plötzlich, als der Regen einsetzte, taten sie das auch. Geradezu explosionsartig klatschte der Regen gegen die Fenster und auf das alte, undichte Dach. Es war seltsam, daß einen ein solches Geräusch, dieses laute, regelmäßige Rauschen, in den Schlaf wiegen konnte...

Als er am Morgen aus dem Zimmer kam, war sie in der Küche. John und Hodge schliefen trotz des hellen, wäßrigen Sonnenlichts weiter, das durch die blinden Fensterscheiben drang. Die Welt draußen war sauber, wie frisch gewaschen. Drinnen herrschte noch immer dasselbe Chaos. In der Küche roch es weiterhin nach Pilzen und schmuddeligen Geschirrhandtüchern. Daran änderten auch die offenen Fenster nichts. Flora saß am Tisch, auf dem einige Teller, undefinierbare Kleidungsstücke, Brot, Obstschalen und eine geöffnete Dose Katzenfutter ein seltsames Stilleben bildeten. Sie trank Kaffee. Tabby lag auf ihrem Schoß.

»Es ist genug Kaffee in der Kanne. Möchtest du?«

Sie war die erste Erwachsene, in deren Haus er nicht zuerst gefragt wurde, ob er gut geschlafen habe. Und sie schien auch nicht die Absicht zu haben, ihm ein Frühstück zu machen. Sie sagte ihm lediglich, wo er Eier, Brot und Butter finden konnte. Pringle fiel ein, daß er die Bratpfanne noch nicht zurückgebracht hatte. Möglicherweise war es ihre einzige.

Er schmierte sich etliche Scheiben Toast und entdeckte ein Glas Marmelade. Gras und Gartenwege waren mit Ziegelscherben, Ästen und Blättern übersät. Ein Fasanenhahn stolzierte über den ungepflegten Rasen.

»Hat der Sturm viel angerichtet?« fragte er.

»Keine Ahnung. Tony ist schon früh raus, um nachzusehen. Vermutlich sind wieder etliche Pappeln umgefallen.«

Pringle aß seine Toastbrote. Die Katze begann unregelmäßig und stoßweise zu schnurren. Flora kraulte sie an Hals und Ohren. Als sie etwas sagte, sprach sie weder Pringle noch die Katze direkt an.

»Viele Menschen sind so. Das ganze Leben besteht für sie aus Vorbereitungen darauf und nicht aus dem Leben selbst.«

Pringle wußte nicht, was er darauf sagen sollte, und schwieg. Schließlich stand sie mit der Katze auf dem Arm auf und ging fort. Nach einer Weile hörte Pringle aus einem entlegenen Zimmer des Hauses Musik.

In der Pappel-Plantage waren zwei Bäume umgefallen und hatten jeweils einen Krater von gut eineinhalb Meter Tiefe hinterlassen. Als sie zu ihrem Zeltplatz zurückgingen, um dort nach dem Rechten zu sehen, betrachteten sich Pringle, John und Hodge die umgestürzten Bäume genauer. Ihre grünlichen Stämme lagen auf dem Boden, die Wurzeln baumelten in der Luft. Der Sturm hatte das Zelt ziemlich durchgeblasen, und die Sachen, die sie draußen gelassen hatten, waren vom Regen durchweicht, aber sonst war nichts passiert. Der Wald hatte sich als guter Windschutz erwiesen.

Pringle erschien die Gelegenheit günstig, die Bratpfanne zurückzugeben. Danach würden sie nach Fedgford laufen müssen, um sich neue Würstchen zu holen... es sei denn, einer der Liddons würde sie mit dem Wagen mitnehmen. Diese Überlegung war, wie Pringle zugeben mußte, einer der Gründe, daß er gerade jetzt die Bratpfanne zurückbrachte.

Aber Mr. Liddon, ein Mann der Tat, war bereits mit Aufräumungsarbeiten im Pappelwäldchen beschäftigt. Er hatte begonnen, die Pappeln, wie sie dalagen, mit Hilfe einer Kettensäge in Stücke zu schneiden. Als er sie auf dem Weg sah, kam er herüber.

»Na, wie habt ihr geschlafen?«

»Danke, gut«, antwortete Pringle. Hodge allerdings, der böse war, weil sie am Morgen weder etwas Warmes zu trinken noch einen Bissen Brot bekommen hatten, murmelte, er sei viel zu hungrig gewesen, um schlafen zu können. Mr. Liddon ging darauf gar nicht erst ein. Er wirkte nervös und reizbar. Schließlich bat er Pringle, Mrs. Liddon … er nannte sie in ihrer Gegenwart nie Flora … auszurichten, daß er im Krater der größeren Pappel ein Viktorianisches Glas entdeckt habe.

»Sie müssen die Pappel drüber gepflanzt haben, ohne zu ahnen, was drunter liegt«, sagte er.

Pringle sah in das Erdloch hinunter. Dort entdeckte er tatsächlich bunte Glasstücke, einen Flaschenhals und den Henkel eines Krugs oder Pokals, die aus der Erde ragten. Er ließ die anderen zurück, die fasziniert Mr. Liddon mit der Kettensäge beobachteten, und trug die Bratpfanne zum Haus. Flora war im Wohnzimmer und hörte Klaviermusik. Sie sprang aufgeregt auf, als er ihr von den Glasfunden erzählte.

Gemeinsam liefen sie zur Plantage zurück. Tabby folgte ihnen in einigem Abstand wie ein Hund. Pringle wußte, daß keine Hoffnung bestand, jetzt mit dem Auto mitgenommen zu werden. Mr. Liddon hatte die Krone der großen Pappel bereits abgesägt. Obwohl erst wenige Stunden seit der Sturmnacht vergangen waren, hatten die silbrigen Blätter schon zu welken begonnen. John fragte, ob sie die Kettensäge einmal ausprobieren dürften, doch Mr. Liddon wehrte entschieden ab. Außerdem müßten sie sich beeilen, wenn sie noch vor Geschäftsschluß zum Metzger kommen wollten, sagte er.

Flora hatte den langen Rock gerafft und war in das Erdloch hinuntergeklettert. Hätte sie aufrecht gestanden, ihr Oberkörper hätte noch über den Rand des Kraters geragt, den die flach wurzelnde Pappel hinterlassen hatte. Aber Flora richtete sich erst gar nicht auf. Sie hockte auf der Erde und holte mit Hilfe eines Holzspachtels kleine gläserne Gegenstände aus dem Erdreich. Die Kettensäge heulte auf und trennte ein Aststück aus der Krone der Pappel. Pringle, der zusammen mit den anderen dabeistand, hatte plötzlich das Gefühl, daß an der Art und Weise, wie Mr. Liddon arbeitete, etwas nicht stimmte. Aber sosehr er sich auch bemühte, er kam nicht darauf, was es war. Er konnte lediglich an einen lustigen Film denken, den er gesehen hatte und in dem ein Mann, der auf einem Ast saß, diesen am Stamm durchsägte und folglich mit dem Ast in die Tiefe fiel. Mr. Liddon allerdings saß nirgendwo. Er sägte lediglich die umgestürzte Pappel von der Krone bis zum Stamm in handliche Stücke. Gerade fuhr wieder die Säge durch das Holz, und es blieben noch vier kurze Äste und der Stamm übrig.

»Macht euch jetzt lieber auf den Weg, Jungs«, sagte er. »Hier vertut ihr nur euren Tag.«

Flora sah auf und zwinkerte Pringle zu. Es war keine unfreundliche Geste, nur ein Zeichen stummen Verstehens. Sie lächelte, hielt eine winzige, glutrote Glasflasche hoch. Dann gingen er, Hodge und John langsam davon. Sie trödelten, weil der Weg, der vor ihnen lag, weit und langweilig war. Sie stapften durch den Schachtelhalm hinauf zum Weg und drehten sich kurz um, als die Motorsäge erneut aufheulte.

Pringle sah eigentlich gar nicht hin, als es geschah. Keiner von ihnen sah hin. Nach dem letzten Blick zurück waren sie den Weg hinaufgetrottet. Erst das Geräusch veranlaßte sie zurückzuschauen. Es war ein seltsames zischendes Schleifgeräusch und ein dumpfer Aufschlag, der in einem schrecklichen Krachen kulminierte. Alle drei schrien auf. Aber sie waren die einzigen, die einen Laut von sich gaben. Weder von Flora noch von Mr. Liddon war auch nur ein Ton zu hören.

Mr. Liddon stand mit ausgestreckten Armen, den Mund weit aufgerissen und die Augen starr geradeaus gerichtet da. Der Stapel Aststücke lag neben ihm, doch der Baumstamm war verschwunden. Mit dem letzten Schnitt hatte der Stamm mit dem schweren Wurzelwerk Übergewicht bekommen. Pringle schlug die Hand vor den Mund und wagte nicht, sich zu bewegen. Hodge, der eigentlich noch ein fettes kleines Baby war, hatte zu weinen begonnen. Ängstlich und wie in Zeitlupe versammelten sie sich zu viert um den jetzt wieder aufrecht stehenden Pappelstamm, unter dessen Wurzelwerk sie lag.

Es kamen die Polizei, ein Farmer mit Sohn und Männern aus

der Nachbarschaft, die mit vereinten Kräften die Pappel wieder umlegten. Als ihnen das gelungen war, war Flora bereits tot. Möglicherweise war sie auch sofort vom Gewicht des Stammes erschlagen worden. Pringle war zu diesem Zeitpunkt längst nicht mehr dabei, denn Mr. Liddon hatte sie aus der Plantage fortgeschickt und ihnen befohlen, beim Zelt zu bleiben, bis jemand kam, um sie zum Bahnhof zu bringen. Am Nachmittag tauchte schließlich Michael Porter auf, der überprüfte, ob sie alles zusammengepackt und den Zeltplatz gesäubert hatten. Von ihm erfuhren sie, daß Flora tot war. Sie fuhren in seinem Landrover zum Bahnhof und erreichten gerade noch rechtzeitig den Zug um Viertel nach fünf nach London.

Auf der Fahrt zum Zug erwähnte Porter den Abfallplatz aus dem vorigen Jahrhundert mit keinem Wort mehr. Pringle fragte sich, ob Mr. Liddon Flora je davon erzählt hatte. Die ganze Zugfahrt über grübelte er darüber nach, was an der ganzen Geschichte so merkwürdig war. Als er nämlich an dem Morgen das erste Mal an den Pappelkratern vorbei zum Zeltplatz hinaufgegangen war, hatte er kein einziges Stück buntes Glas in der Erde entdecken können. Und das Blinken irgendwelcher gläserner Gegenstände hätte ihm unbedingt auffallen müssen. John und Hodge allerdings sagte er davon nichts. Welchen Sinn hätte das auch haben sollen?

Drei Jahre später erhielten Pringles Eltern die Einladung zu Mr. Liddons Hochzeit. Er heiratete die Tochter eines wohlhabenden Bauunternehmers aus der Gegend. Der Empfang sollte in Fen Hall, dem Haus im Wald, stattfinden. Pringle ging nicht mit. Er war mittlerweile zu alt, um ständig am Rockzipfel seiner Eltern zu hängen. Und Bäume interessierten ihn sowieso nicht mehr.

Aus dem Englischen von
Christine Frauendorf-Mössel

P. D. JAMES
(* 1920)

Ein Haus wie ein Wunschtraum

Sowohl während des Prozesses gegen Harold Vinson, bei dem ich ein relativ unwichtiger Zeuge der Anklage war, als auch danach gab es die üblichen uninformierten, sinnlosen und sich ewig wiederholenden Spekulationen darüber, ob die unter uns, die ihn kannten, sich je hätten träumen lassen, daß er fähig sei, einen Plan zur Ermordung seiner Frau auszuhecken. Mir unterstellte man, ihn besser gekannt zu haben als die meisten im Kollegium, und meine Kollegen fanden es aufreizend selbstgerecht von mir, daß ich mich so sehr dagegen sträubte, mich in den allgemeinen Klatsch über diesen immerhin seit zwanzig Jahren größten Skandal an der Schule hineinziehen zu lassen. »Sie kannten sie doch beide. Sie waren oft bei ihnen zu Besuch. Sie haben sie zusammen erlebt. Haben Sie es nicht geahnt?« insistierten sie, offensichtlich der Auffassung, ich hätte mich einer Fahrlässigkeit schuldig gemacht, hätte sehen müssen, was vorging, und es verhindern. Nein, ich hatte nichts geahnt; oder wenn ich etwas geahnt hatte, dann etwas Falsches. Aber sie hatten völlig recht. Ich hätte es verhindern können.

Ich begegnete Harold Vinson zum erstenmal, als ich an der Gesamtschule, an der er in der Oberstufe Mathematik unterrichtete, meinen Posten als Zeichenlehrer antrat. Die Schule war, am allgemeinen Standard dieser Lernfabriken gemessen, nicht allzu abschreckend. Ihr Kernstück bildete die alte Lateinschule aus dem 18. Jahrhundert, um die sich einige nicht allzu häßliche moderne Anbauten gruppierten, und sie befand sich in einem recht hübschen, an einem Fluß gelegenen Städtchen etwa zwanzig Meilen südöstlich von London. Es war eine überwiegend gutbürgerliche Gemeinde, ein wenig geschniegelt und kulturell ambitioniert, aber intellektuell wenig anregend. Dennoch paßte sie mir für meinen ersten Posten ganz gut. Ich habe nichts gegen die guten Bürger und ihr Habitat; ich bin selbst ein gutbürgerlicher Typ. Und ich wußte, daß ich froh sein konnte, die Anstellung erhalten zu haben. Meine Geschichte ist die übliche des Künstlers, der zwar genug Talent, aber nicht genug Respekt vor dem Schwachsinn des zeitgenössischen Kunstestablishments hat, um sich mit der Kunst einen anständigen Lebensunterhalt zu verdienen. Engagierte Künstler entscheiden sich für ein Leben in einem billigen Ein-Zimmer-Appartement und malen weiter. Ich bin heikel, wenn es darum geht, wo und wie ich lebe, darum entschied ich mich für die Ausbildung als Zeichenlehrer und die West Fairing Gesamtschule.

Ein einziger Abend bei Vinson zu Hause genügte mir, um zu erkennen, daß er ein Sadist war. Ich meine nicht, daß er seine Schüler malträtierte. Das hätte man ihm nicht durchgehen lassen. Die Machtverhältnisse im Klassenzimmer haben sich in unserer Zeit drastisch verschoben; wenn hier heute jemand jemanden malträtiert, sind es die Kinder. Nein, als Lehrer war er überraschend geduldig und gewissenhaft, ein Mann mit echter Begeisterung für sein Fach (›Disziplin‹ war das Wort, das er mit seiner Neigung zum intellektuellen Snobismus und zum akademischen Jargon mit Vorliebe gebrauchte) und einer erstaunlichen Begabung, diese Begeisterung an die Kinder weiterzugeben. Er war ein ziemlich strenger Zuchtmeister, aber ich habe immer wieder die Feststellung gemacht, daß Kinder nichts gegen Strenge haben, solange der Lehrer nicht zu jenem kleinlichen Sarkasmus greift, der als besonders unfair übelgenommen wird, da er die Unfähigkeit der Kinder, sich auf gleicher Ebene zur Wehr zu setzen, ausnutzt. Außerdem brachte er sie gut durch ihre Prüfungen. Und das, man mag sagen, was man will, ist etwas, das die Kids und ihre gutbürgerlichen Eltern zu schätzen wissen. Tut mir leid, daß mir jetzt der Ausdruck ›Kids‹ herausgerutscht ist, dieses moderne Schlagwort der Herablassung und Anbiederei. Vinson verwendete dieses Wort nie. Er sprach stets von den ›Zöglingen‹ der Sechsten. Anfangs hielt ich das für einen Versuch etwas überheblicher Scherzhaftigkeit, heute bin ich mir da nicht mehr so sicher. Er war im Grunde genommen kein humorvoller Mensch. Selten verzog sich das angespannte Gesicht zu einem Lächeln, und wenn es doch geschah, so war das Lächeln so bestürzend wie eine Grimasse des Schmerzes. Mit seiner mageren, leicht vornübergebeugten Gestalt, den ernsten Augen hinter den Gläsern der Hornbrille, den Falten der Verdrossenheit, die sich von der Nase bis zu den Winkeln seines starren Mundes tief in sein Gesicht eingekerbt hatten, hatte er eine täuschende Ähnlichkeit mit dem, für den wir alle ihn hielten – einen unangenehmen, nicht mehr jungen und nicht sehr glücklichen Pedanten.

Nein, es waren nicht seine geliebten Zöglinge, die er abkanzelte und tyrannisierte. Es war seine Frau. Ich sah Emily Vinson zum erstenmal am Tag des Gründungsjubiläums, einem überkommenen Schulfesttag, den man aus der Zeit der Lateinschule übernommen hatte und mit solcher Ehrfurcht beging, daß selbst jene Lehrersfrauen, die der Schule sonst möglichst fernblieben, sich verpflichtet fühlten, zu dieser Feierlichkeit zu erscheinen. Emily Vinson saß neben mir. Sie war meiner Schätzung nach beinahe zwanzig Jahre jünger als ihr Mann, eine dünne, ängstlich wirkende Frau mit kastanienbraunem Haar, das früh verblaßt war, und der sehr hellen, durchsichtig scheinenden Haut, die oft mit dieser Haarfarbe einhergeht. Sie war teuer und elegant gekleidet, unangemessen elegant für eine so unscheinbare Frau, und das ungeschickt gewählte, allzu modische Kostüm brachte ihre fade Durchschnittlichkeit nur um so stärker zur Geltung. Aber ihre Augen waren bemerkenswert, von einem ungewöhnlichen Graugrün, sehr groß und leicht hervortretend unter den schmalen gebogenen Brauen. Sie richtete sie selten auf mich, aber wenn sie mir von Zeit zu Zeit einen hastigen Blick zuwarf, der gewissermaßen mitten im Schauen abbrach, so war es, wie wenn man ein dilettantisches Ölgemälde aus Königin Viktorias Zeiten umdreht und einen Corot entdeckt.

Nach der Jubiläumsfeier luden sie mich zum erstenmal in ihr Haus ein. Sie lebten, wie ich sah, mit einem gewissen Stil. Sie hatte von ihrem Vater ein altes Georgianisches Herrenhaus geerbt, das, zwar klein, aber in seinen Proportionen vollkommen, auf einem etwa zwei Morgen großen Grundstück stand, dessen grüne Rasenflächen sanft zum Fluß hinunter abfielen. Wie es schien, war ihr Vater Bauunternehmer gewesen und hatte dem verarmten Eigentümer das Haus für billiges Geld abgekauft, um es abzureißen und auf dem Grundstück ein Mietshaus zu errichten. Gerade noch rechtzeitig hatte die Stadt es unter Denkmalschutz gestellt; er war wenige Wochen darauf gestorben, zweifellos aus Verdruß, und hatte das Haus mit allem Mobiliar seiner Tochter hinterlassen. Weder Harold Vinson noch seine Frau schienen ihren Besitz zu schätzen. Er schimpfte über die Ausgaben; sie schimpfte über die Hausarbeit. Die in ihrem Ebenmaß atemberaubend schöne Fassade ihres Hauses ließ sie allem Anschein nach so ungerührt, daß sie ebensogut in irgendeinem Backsteinkasten hätten hausen können. Selbst die Möbel, die mit dem Haus erworben worden waren, achteten sie so, als wären sie allesamt billige Reproduktionen.

Als ich am Ende meines ersten Besuchs Vinson ein Kompliment über die Großzügigkeit und die ausgewogenen Proportionen des Speisezimmers machte, antwortete er: »Ein Haus ist nur ein Raum zwischen vier Wänden. Was spielt es für eine Rolle, ob sie nahe beieinander oder weit voneinander entfernt sind, ob sie aus diesem oder jenem Material gebaut sind? Man hockt doch immer nur in einem Käfig.«

Seine Frau trug gerade das Geschirr in die Küche und hörte ihn nicht. Er sprach so leise, daß selbst ich ihn kaum verstand. Heute bin ich nicht einmal mehr sicher, ob ich die Bemerkung überhaupt hören sollte.

Die Ehe ist zugleich die öffentlichste und die privateste aller Institutionen. Ihre Miseren sind von der gleichen zermürbenden Hartnäckigkeit wie ein verschleppter Husten, ihre geheimen Leiden weniger leicht zu diagnostizieren. Und nichts ist geselligem Leben so hinderlich wie privates Unglück. Kein Mensch möchte in verlegenem Schweigen dabeisitzen, während der Gastgeber und seine Frau Unversöhnlichkeit und gegenseitige Abneigung demonstrieren. Sie konnte, so schien es, kaum den Mund auftun, ohne ihn zu reizen. Keine Meinung, die sie äußerte, war es wert, angehört zu werden. Ihr kleines Geplauder über häusliche Dinge – das einzige schließlich, was sie hatte – provozierte ihn durch seine Banalität jedesmal so sehr, daß er mit einem gelangweilten Ausdruck der Resignation Messer und Gabel niederzulegen pflegte, sobald sie sich mit einem nervösen Blick auf ihn rüstete, etwas zu sagen. Wäre sie ein Tier gewesen, das sich mit diesem auf Wirkung bedachten, im wesentlichen falschen Blick mitleidheischenden Flehens unterwürfig davonschlich, ich kann mir vorstellen, daß die Versuchung, es zu treten, unwiderstehlich gewesen wäre. Und Vinson trat mit Worten.

Es war nicht verwunderlich, daß sie nur wenige Freunde hatten. Rückblickend wäre es vielleicht zutreffender zu sagen, daß sie überhaupt keine richtigen Freunde hatten. Aus der Schule kam außer mir nur noch eine Kollegin zu ihnen, Vera Pelling, die Physiklehrerin, und die, diese arme Seele, war eine so reizlose und uninteressante Person, daß sie wohl kaum andere Möglichkeiten hatte. Vera Pelling ist der lebende Gegenbeweis der von Kosmetik- und Modeberaterinnen in Frauenzeitschriften so vehement vertretenen Theorie, daß jede Frau etwas aus sich machen kann, wenn sie sich nur ein wenig Mühe gibt. Mit

Veras Schweinsäuglein und fliehendem Kinn war nichts zu machen, und vernünftigerweise versuchte sie es gar nicht erst. Es tut mir leid, wenn das grausam klingt. Sie war an sich nicht übel. Und wenn sie es angenehmer fand, sich ab und zu an meiner Seite bei den Vinsons an den gedeckten Tisch zu setzen, als allein in ihrer kleinen möblierten Wohnung zu essen, so hatte sie dafür vermutlich genauso ihre Gründe wie ich die meinen. Ich kann mich nicht erinnern, die Vinsons je ohne Vera besucht zu haben; allerdings kam Emily mit Harolds Einverständnis dreimal zu mir in die Wohnung, um mir für ihr Porträt Modell zu sitzen. Es wurde kein Meisterwerk. Es sah aus wie eine Karikatur eines frühen Stanley Spencer. Das, was ich versuchte, nämlich die Ahnung eines geheimen Lebens einzufangen, das sich im seltenen graugrünen Aufleuchten dieser bemerkenswerten Augen verriet, glückte mir nicht.

Als Vinson das Porträt sah, sagte er: »Es war klug von Ihnen, mein Junge, das Lehramt zu wählen. Wenn ich auch angesichts dieser Bemühung sagen würde, daß die Wahl kaum freiwillig getroffen wurde.« Ausnahmsweise einmal war ich geneigt, ihm recht zu geben.

Die Vinsons wurden Vera Pelling und mir auf seltsame Weise zur Besessenheit. Auf dem Heimweg nach einem Abendessen bei ihnen pflegten wir die traumatischen Zwischenfälle des Abends durchzukauen wie zwei alte Eheleute, die sich ewig und drei Tage über die Unzulänglichkeiten zweier Verwandter aufregen, die sie nicht mögen, zu denen es sie aber immer wieder hintreibt. Vera besaß ein ganz passables mimisches Talent und pflegte Vinsons trockenen, pedantischen Ton nachzuahmen.

»Meine Liebe, ich glaube, du hast uns von diesem nicht sonderlich interessanten häuslichen Drama schon das letztemal berichtet, als wir gemeinsam beim Essen saßen.«

»Und was hast du heute getrieben, meine Liebe? Was für faszinierende Gespräche hast du mit der achtenswerten Mrs. Wilcox geführt, während ihr zusammen das Wohnzimmer saubergemacht habt?«

Wahrhaftig, meinte Vera, und hakte sich bei mir ein, es wurde langsam so peinlich, daß ihr die Lust an den Besuchen bei den Vinsons beinahe verging. Aber offensichtlich eben doch nicht peinlich genug. Und darum war sie auch an dem Abend bei den Vinsons, als es passierte.

Am Abend des Verbrechens – die Wendung ist ein Stereotyp, besitzt aber einen dramatischen Effekt, der den Ereignissen nicht unangemessen ist – mußten Vera und ich abends um sieben in der Schule sein, um bei der Kostümprobe für die Schüleraufführung zu helfen. Ich war für die gemalten Kulissen und einige Requisiten zuständig, Vera für die Maske. Es war eine ungünstige Zeit, zu früh, um vorher richtig zu essen, zu spät, um ohne einen Gedanken ans Essen gleich in der Schule zu bleiben. Als daher Harold Vinson Vera und mir eine Einladung seiner Frau zum Imbiß um sechs Uhr überbrachte, schien es das vernünftigste, sie anzunehmen. Ich muß zugeben, Vinson ließ keinen Zweifel daran, daß die Idee allein von seiner Frau stammte. Er selbst schien einigermaßen verwundert über diese kurzfristige Einladung, aber sie hatte, wie er berichtete, hartnäckig darauf bestanden.

Vinson hatte mit der Schüleraufführung nichts zu tun. Er hatte nie etwas dagegen, seine Freizeit für Nachhilfestunden in seinem eigenen Fach zu opfern, aber er hatte es sich zur eisernen Regel gemacht, sich niemals an den, wie er es nannte, außerschulischen Divertimenti zu beteiligen, die nur den zurückgebliebenen Halbwüchsigen Spaß machen konnten. Er war jedoch ein leidenschaftlicher Schachspieler und saß mittwochs abends immer drei Stunden, von neun bis Mitternacht, in seinem Schachklub, dessen Schriftführer er war. Da er ein Mensch strenger Gewohnheiten war, hätte jede Schulaktivität an einem Mittwochabend sowieso ohne ihn stattfinden müssen.

Jede Einzelheit, jedes Wort, das bei dieser kurzen und keinesfalls denkwürdigen Mahlzeit – trockene Brötchen mit Schinken, der zu dick geschnitten war, und dazu Pulverkaffee – gesprochen wurde, gaben Vera und ich vor Gericht wieder, und ich verstehe einfach nicht, wieso ich mir die Szene nicht mehr bildlich vorstellen kann. Ich weiß natürlich genau, was sich abspielte. Ich kann jedes Wort wiederholen. Aber es gelingt mir nicht mehr, einfach die Augen zu schließen und vor mir das in mein Hirn eingeprägte Bild von uns vieren erstehen zu lassen, wie wir da um den Eßtisch saßen. Vera und ich sagten beim Prozeß übereinstimmend aus, beide Vinsons hätten noch gezwungener gewirkt als gewöhnlich, Harold insbesondere habe uns den Eindruck vermittelt, er hätte uns am liebsten gar nicht dagehabt. Aber das kann natürlich auch nachträgliche Erkenntnis sein.

Der entscheidende Zwischenfall, wenn man es so nennen kann, trug sich gegen Ende der Mahlzeit zu. Er war so alltäglich in jenem Moment und so bedeutsam in der Rückschau. Emily Vinson, sich ihrer Pflichten als Gastgeberin und des unerklärlichen Schweigens, das sich rund um den Tisch ausgebreitet hatte, offenbar mit Unbehagen bewußt, machte eine merkliche Anstrengung. Mit einem nervösen Blick auf ihren Mann sagte sie: »Heute morgen kamen zwei ausgesprochen nette und höfliche Arbeiter –«

Vinson drückte seine Papierserviette an die Lippen und knüllte sie dann mit einer heftigen Bewegung zusammen. Seine Stimme war ungewöhnlich scharf, als er seiner Frau ins Wort fiel.

»Emily, meine Liebe, wäre es dir möglich, uns die Details deines häuslichen Tagesablaufs heute abend zu ersparen? Ich habe einen besonders anstrengenden Tag hinter mir. Und ich versuche, meine Gedanken auf das Spiel heute abend zu konzentrieren.«

Das war alles.

Die Kostümprobe war wie geplant gegen neun Uhr zu Ende, und ich sagte Vera, ich hätte ein Buch aus der Bibliothek bei den Vinsons liegengelassen, das ich auf dem Heimweg unbedingt noch abholen wolle. Sie hatte nichts dagegen einzuwenden. Die arme Seele machte mir immer den Eindruck, daß sie überhaupt nicht erpicht darauf war, nach Hause zu kommen.

Bis zum Haus war es nur eine Viertelstunde zu Fuß, und als wir ankamen, sahen wir sofort, daß etwas geschehen war. Neben dem Haus standen unauffällig, aber dennoch nicht zu übersehen zwei Fahrzeuge, das eine ein Personenwagen mit Blaulicht auf dem Dach, das andere ein Krankenwagen. Vera und ich wechselten nur einen kurzen Blick, dann liefen wir zur Haustür. Sie war zu. Ohne zu läuten, rannten wir um das Haus herum. Die Hintertür, die in die Küchenräume führte, war offen. Mein erster Eindruck war, daß das Haus voller großer, kräftiger Männer war, zwei von ihnen in Uniform. Ich erinnere mich, daß auch eine Polizeibeamtin da war, die über die reglos daliegende Emily Vinson gebeugt stand. Und die Putzfrau, Mrs. Wilcox, war ebenfalls im Haus. Ich hörte, wie Vera einem der Beamten in Zivil, offenbar der leitende Beamte am Ort, erklärte, wir seien mit den Vinsons befreundet und hätten erst an diesem Abend bei ihnen gegessen.

»Was ist denn passiert?« fragte sie immer wieder. »Was ist passiert?«

Ehe der Polizeibeamte antworten konnte, legte Mrs. Wilcox los und erzählte uns mit vor selbstgerechter Empörung und Erregung funkelnden Augen in einem wahren Wortschwall, was geschehen war. Ich spürte, daß die Polizeibeamten sie gern loswerden wollten, aber so leicht war sie nicht abzufertigen. Schließlich war sie ja die erste am Tatort gewesen. Sie wußte alles ganz genau. Ich bekam es in einer Folge abgerissener Sätze zu hören.

»Er hat sie auf den Kopf geschlagen – eine furchtbare Beule – das ganze Parkett ist zerkratzt, wo er sie entlanggeschleift hat – kommt jetzt gerade erst zu sich – ein Teufel in Menschengestalt – der Kopf steckte, auf einem Kissen im Rohr vom Gasherd – die arme kleine Person – ich kam um neun gerade noch zur rechten Zeit – Mittwochabend geh' ich immer zum Fernsehen zu ihr, weil sie einen Farbfernseher haben – die Hintertür war offen wie immer – da fand ich den Brief auf dem Küchentisch.«

Emily, die immer noch auf dem Boden lag und mit einer

Stimme jammerte und schrie, die so heiser und rauh war wie die eines gebärenden Tieres, richtete sich plötzlich auf.

»Ich habe ihn nicht geschrieben! Ich habe ihn nicht geschrieben!« rief sie.

»Sie meinen, Mr. Vinson wollte sie töten?« Mit ungläubiger Miene wandte sich Vera von Mrs. Wilcox ab und blickte in die wachsamen, unergründlichen Gesichter der Polizeibeamten. Der leitende Beamte mischte sich ein.

»Mrs. Wilcox, ich glaube, es ist Zeit, daß Sie nach Hause gehen. Der Rettungswagen ist da. Nachher kommt ein Beamter zu Ihnen und nimmt Ihre Aussage auf. Wir kümmern uns schon um Mrs. Vinson. Sie können hier im Augenblick nichts tun.«

Er wandte sich Vera und mir zu. »Wenn Sie beide heute abend schon einmal hier waren, würde ich gern gleich einmal mit Ihnen sprechen. Jetzt holen wir Mr. Vinson aus dem Schachklub ab. Vielleicht würden Sie solange im Wohnzimmer warten.«

»Aber wenn er sie bewußtlos geschlagen und ihr dann den Kopf in den Gasherd gesteckt hat, wieso ist sie nicht tot?« fragte Vera.

Wieder war es Mrs. Wilcox, die antwortete. Triumphierend drehte sie sich noch einmal um, als sie schon hinausgeführt wurde. »Wegen der Umstellung. Darum. Von heute abend an sind wir auf Erdgas. Das Zeug aus der Nordsee. Das ist nicht giftig. Die zwei Männer vom Gaswerk waren heute morgen kurz nach neun hier.«

Sie hoben Emily Vinson jetzt auf eine Trage. Ihre Stimme erreichte uns hoch und vorwurfsvoll. »Das wollte ich ihm doch erzählen. Wissen Sie noch? Sie haben gehört, was er gesagt hat. Ich wollte es ihm erzählen.«

Der Abschiedsbrief war eines der Beweisstücke beim Prozeß gegen Vinson. Ein Handschriftensachverständiger vom gerichtswissenschaftlichen Institut bezeugte, daß er eine Fälschung sei, eine gute Fälschung zwar, aber eindeutig nicht von

Mrs. Vinsons Hand. Ob der Brief das Werk des Ehemanns war, konnte er nicht sagen, wenn auch feststand, daß er auf einem Blatt aus einem Block geschrieben war, den man im Schreibtisch im Wohnzimmer gefunden hatte. Die Handschrift hatte keine Ähnlichkeit mit der normalen Schrift des Angeklagten. Doch von Mrs. Vinsons Hand stammte der Brief nach Meinung des Sachverständigen auf keinen Fall. Er untermauerte diese Behauptung mit einer Anzahl technischer Angaben, und die Geschworenen hörten respektvoll zu. Aber überrascht waren sie nicht. Sie wußten bereits, daß Mrs. Vinson den Brief nicht geschrieben hatte. Sie selbst hatte es ihnen im Zeugenstand gesagt. Und ihnen war völlig klar, wer ihn geschrieben hatte.

Es lagen noch andere kriminaltechnische Beweise vor. Mrs. Wilcox' ›ganz zerkratztes Parkett‹ reduzierte sich zwar auf einen einzigen langen, aber nur oberflächlichen Kratzer gleich hinter der Wohnzimmertür. Dennoch war er bedeutsam; er stammte nämlich von Emily Vinsons Schuhen. Spuren des Bodenwachses, das sie benutzte, hatte man nicht an den Sohlen, sondern an den Seiten der Absätze ihrer Schuhe gefunden, und in dem Kratzer im Parkett waren winzige Spuren ihrer Schuhcreme entdeckt worden.

Auch der Experte für Fingerabdrücke machte seine Aussage. Ich hatte bis dahin nicht gewußt, daß die meisten Sachverständigen dieser Sparte gar nicht zur Polizei gehören. Ein langweiliges Geschäft muß das sein, dieses ewige pingelige Suchen nach den verräterischen Wirbeln und Schleifen. Eine Strapaze für die Augen, könnte ich mir vorstellen. In diesem Fall war das Bemerkenswerte, daß er keinerlei Fingerabdrücke gefunden hatte. Die Gashähne waren abgewischt worden. Ich sah, wie die Geschworenen bei dieser Neuigkeit förmlich die Ohren spitzten. Das war wirklich ein Fehler gewesen. Es hätte des Hinweises der Anklage, daß die Hähne eigentlich Mrs. Vinsons Abdrücke hätten zeigen müssen, da sie schließlich auf dem Herd das letzte gemeinsame Essen gekocht hatte, gar nicht bedurft. Ein schlauerer Mörder hätte sich einfach Handschuhe angezogen, dann wären die vorhandenen Abdrücke nur verwischt worden, und er hätte sicher sein können, selbst keine Spuren hinterlassen zu haben. Es war übervorsichtig gewesen, die Gashähne abzuwischen.

Emily Vinson, still, bedrückt, aber tapfer, mit offenkundigem Widerstreben, gegen ihren Mann auszusagen, zeigte sich im Zeugenstand ungemein kompetent. Ich erkannte sie kaum wieder. Nein, sie hatten ihrem Mann nichts davon gesagt, daß sie und Mrs. Wilcox sich für kurz nach neun zum gemeinsamen Fernsehen verabredet hatten. Mrs. Wilcox, die ganz in der Nähe wohne, sei mittwochs abends, wenn Mr. Vinson im Schachklub sei, meistens herübergekommen, um ihr ein paar Stunden Gesellschaft zu leisten. Nein, sie hatte ihrem Mann nichts davon sagen wollen. Ihr Mann habe nicht gern Besuch gehabt. Die Botschaft kam bei den Geschworenen so klar und deutlich an, als hätte sie ihnen ein Bild gemalt; das Bild einer unterdrückten, intellektuell anspruchslosen Ehefrau, die nach der menschlichen Gemeinschaft lechzte, die ihr Mann ihr verweigerte, und sich darum mit schlechtem Gewissen zu einer Zeit, wo sie sicher sein konnte, daß ihr Mann sie nicht ertappen würde, mit ihrer Putzfrau zusammen eine Fernsehshow ansah. Ich betrachtete sein stolzes, unbeugsames Gesicht, die Hände, die das Geländer der Anklagebank umfaßt hielten, und versuchte, mir vorzustellen, was er dachte, was er gesagt hätte.

»Man sollte doch meinen, du hättest von häuslichen Bagatellen und Mrs. Wilcox' vermutlich wenig anregender Unterhaltung soweit genug, daß du die Frau nicht auch noch in den Salon bitten mußt. Die Frau muß doch wissen, wo sie hingehört.«

Der Prozeß dauerte nicht lang. Vinsons Verteidigung beschränkte sich darauf, daß er mit starr geradeaus gerichtetem Blick beharrlich wiederholte, er hätte es nicht getan. Sein Anwalt tat sein Bestes, allerdings mit der verzweifelten Verbissenheit dessen, der sich mit der Niederlage schon abgefunden hat, und die Geschworenen schienen froh und dankbar, ausnahmsweise einmal einen eindeutigen und klaren Fall vor sich zu haben, den sie tatsächlich verstehen konnten. Das Urteil war unvermeidlich. Die nachfolgende Scheidungsverhandlung war noch kürzer. Wenn der Ehemann wegen Mordversuchs im Gefängnis sitzt, kann jede Frau einen Richter mühelos davon überzeugen, daß ihre Ehe hoffnungslos zerrüttet ist.

Zwei Monate nachdem das Scheidungsurteil rechtsgültig geworden war, heirateten wir, und ich zog in das schöne alte Herrenhaus mit dem Blick auf den Fluß und den Regency-Möbeln. Was den materiellen Besitz anging, wußte ich genau, was ich bekam. Was meine Frau betraf, war ich nicht so sicher. Die Kompetenz, mit der sie meine Anweisungen ausgeführt hatte, hatte etwas Beunruhigendes, ja Beängstigendes. Es war natürlich nicht besonders schwierig gewesen. Wir hatten während der Sitzungen für ihr Porträt alles gemeinsam geplant. Ich hatte den Abschiedsbrief auf das Blatt Papier geschrieben, das sie mir einige Tage vor der Ausführung unseres Plans brachte. Wir wußten, wann das Gas umgestellt werden sollte. Sie hatte den Brief meiner Anweisung gemäß auf den Küchentisch gelegt, ehe sie mit den Absätzen ihrer Schuhe den Kratzer ins Parkett gezogen hatte. Sie hatte selbst den einzig heiklen Teil des Plans perfekt ausgeführt, indem sie mit dem Hinterkopf gerade so fest an die Küchenwand geschlagen hatte, daß sie eine beeindruckende Beule bekam, aber doch nicht so fest, daß die erfolgreiche Durchführung der abschließenden Vorbereitungen gefährdet worden wäre: die Plazierung des Kissens im Backrohr des Herds, das Aufdrehen der Gashähne und das nachfolgende Abwischen der Hähne mit einem Taschentuch.

Wer hätte gedacht, daß sie eine so hervorragende Schauspielerin war? Manchmal, wenn ich mich an diesen Schrei eines gequälten Tieres erinnere, an dieses »Ich wollte es ihm erzählen. Ich wollte es ihm erzählen«, frage ich mich von neuem, was hinter diesen bemerkenswerten Augen vorgeht. Sie schauspielert natürlich immer noch. Ihre Gewohnheit, mich, besonders wenn wir in Gesellschaft sind, mit diesem unterwürfigen, um Gnade bettelnden Blick des geprügelten Hundes anzusehen, sobald ich das Wort an sie richte, reizt mich bis aufs Blut. Der Blick verlangt förmlich nach Schlägen. Vielleicht ist das die

Absicht dahinter. Ich fürchte, ich gerate langsam in den Ruf, ein Sadist zu sein. Die Leute scheinen keine Lust mehr zu haben, uns zu besuchen.

Es gibt natürlich eine Lösung, und ich kann nicht behaupten, nicht über sie nachgedacht zu haben. Von einem Mann, der einen Menschen getötet hat, nur um dessen Haus in seinen Besitz zu bringen, kann man Pingeligkeit in Sachen Mord nicht erwarten. Und es war Mord; das muß ich akzeptieren.

Vinson verbüßte nur neun Monate seiner Strafe, ehe er im Gefängniskrankenhaus an einer Grippe starb, die eigentlich ganz harmlos hätte verlaufen müssen. Vielleicht war seine Arbeit wirklich sein Leben, und er verlor ohne seine geliebten Zöglinge den Willen zu leben. Oder vielleicht wollte er nicht mit der Erinnerung an den großen Verrat seiner Frau weiterleben. Hinter der kleinlichen Tyrannei, der Ungeduld, der Bissigkeit muß eine Art von Liebe verborgen gewesen sein.

Doch die Radikallösung ist mir verwehrt. Vor einem Monat erklärte mir Emily mit einem hastigen Seitenblick so demütig wie ein Kind, das ein Problem vorzutragen hat, daß sie ein Geständnis niedergeschrieben und bei ihrem Anwalt hinterlegt hat.

»Nur für den Fall, daß mir etwas zustoßen sollte, Darling.«

Sie behauptete, das, was wir dem armen Harold angetan hätten, habe sie gequält, aber nun, da alle Einzelheiten schriftlich niedergelegt seien und sie sicher sein könne, daß nach ihrem Tod die Wahrheit endlich ans Licht kommen würde und Harolds Andenken geläutert wäre, fühle sie sich besser. Sie hätte mir nicht deutlicher zu verstehen geben können, daß es in meinem Interesse ist, dafür zu sorgen, daß ich vor ihr sterbe.

Ich habe Harold Vinson getötet, um das Haus zu bekommen; Emily tat es, um mich zu bekommen. Insgesamt hat sie das bessere Geschäft gemacht. In wenigen Wochen werde ich das Haus verlieren. Emily verkauft es. Ich kann nichts tun, um sie davon abzuhalten; es gehört ihr, nicht mir.

Nach unserer Heirat habe ich meine Stellung als Lehrer aufgegeben, weil ich es peinlich fand, meinen Kollegen als Emilys

Ehemann gegenüberzutreten. Nicht daß irgend jemand etwas geargwöhnt hätte. Wie hätten sie auch auf so eine Idee kommen sollen? Ich hatte ja das perfekte Alibi für die Zeit des Verbrechens. Aber ich träumte davon, daß ich, wenn ich in diesem Rahmen vollendeter Schönheit lebte, vielleicht doch noch ein Maler werden würde. Das war von allen Illusionen die größte.

Jetzt montieren sie unten am Ende der Auffahrt das Schild ab, auf dem steht: ›Zu verkaufen: Ein Haus wie ein Wunschtraum‹ – Emily hat einen sehr guten Preis für Haus und Möbel bekommen. Mehr als genug, um mit dem Geld den kleinen, aber feinen Backsteinkasten in einer modernen Nobelwohnanlage im Norden Londons zu kaufen, der von nun an mein Käfig sein wird. Alles ist verkauft. Wir nehmen nichts mit außer dem Gasofen. Warum denn nicht? meinte Emily, als ich protestierte. Er funktioniert doch noch ausgezeichnet.

Aus dem Englischen von
Mechtild Sandberg-Ciletti

JAMES MILES

Das Rätsel von Worcester

›Sehr geehrte Herren,

in der Anlage übersende ich Ihnen das Manuskript von *Das Rätsel von Worcester* mit dem dazugehörigen Begleitbrief. Beides wurde kürzlich unter den Papieren meines verstorbenen Großvaters gefunden. Ich könnte mir vorstellen, daß sich die Geschichte zur Veröffentlichung in Ihrer Zeitschrift eignet.

Mit freundlichen Grüßen

James M –‹

›Dr. Thomas M –
Sansome Walk
Worcester — 3. Mai 1936

Lieber Tom,

es war mir eine Freude, Sie nach so langen Jahren so gesund und munter wiederzusehen. Im allgemeinen finde ich solche Geschichten schrecklich langweilig, aber ich muß sagen, ich habe unser Gespräch sehr genossen.

Sie erkundigten sich, ob Holmes je in Worcester zu tun gehabt habe, und neulich stieß ich bei der Durchsicht meiner Unterlagen auf die beiliegenden Aufzeichnungen. Ich trug mich eine ganze Weile mit der Absicht, die Geschichte des Rätsels von Worcester zu veröffentlichen, aber nach mehreren Versuchen, sie niederzuschreiben, kam ich zu dem Schluß, daß sie zu sehr ins Technische geht, um dem Durchschnittsleser zuzusagen. Außerdem spielt hier eine gewisse Körperflüssigkeit eine wichtige Rolle, deren Erwähnung in der Literatur das lesende Publikum noch nie akzeptabel fand, auch wenn die Präsentation noch so dezent war.

Schließlich muß ich noch ehrlich gestehen, daß gerade in diesem Fall Holmes mich auf meinem eigenen Fachgebiet an Kompetenz übertroffen hat – eine peinliche Tatsache, die ich unter meinen Lesern nicht gern publik werden lassen möchte.

Darum übersende ich Ihnen dieses Manuskript. Es ist noch in der Rohform; ihm fehlt der letzte Schliff, den ich meinen Veröffentlichungen stets zu geben trachte. Machen Sie nach Belieben Gebrauch davon. Ich will es nicht zurückhaben.

Meine besten Grüße an Sie und Kate,
Ihr ergebener
John (Watson)‹

Die Londoner Saison des Jahres Achtundachtzig näherte sich ihrem Ende, als wir uns nach der Rückkehr von einer Nachmittagsvorstellung der *Traviata* in Covent Garden in den Salon in der Baker Street 221 B zurückzogen. Holmes hatte sich größte Mühe gegeben, die Schwächen der Violetta aufzuzeigen, einer gewissen Miss Maud Palmerston, einer entfernten Verwandten von Sir Charles Halle.

»Miss Palmerston«, bemerkte Holmes und legte den Bogen an seine Geige, während er im Zimmer umherwanderte, »brachte das zweifelhafte Kunststück fertig, den Eindruck zu erwecken, Verdis unglückliche Heldin sei infolge eines dreistündigen Asthmaanfalls verstorben. Wirklich, sie sang mit so erstickter Stimme und wirkte so kurzatmig, daß ich allen Ernstes erwartete, Sie würden von Ihrem Platz aufspringen, um ihr ärztlichen Beistand zu leisten.«

Ich vergrub mich in die Abendzeitung und versuchte, mir die

Erinnerung an diese grausame Quälerei aus dem Kopf zu schlagen.

»Watson«, fuhr mein Freund fort, während er mit brillantem Bogen eine Paganini-Caprice spielte, »ich glaube wirklich, wenn England ein Land ohne Musik bleibt, so liegt das daran, daß die Muse hier so übel behandelt wird. Ich kenne Ihre Vorliebe für Parry und das abscheuliche Zeug von Stainer, aber selbst Sie müssen zugeben, daß England seit Henry Purcell keinen wahrhaft großen Komponisten mehr hervorgebracht hat.«

»Aber, Holmes, da übertreiben Sie nun wirklich«, protestierte ich und legte die Zeitung aus der Hand. »Was ist mit Sullivans Operetten? Aus Ihrem eigenen Mund habe ich lobende Worte über sie gehört.«

»Ja, ja«, erwiderte er ungeduldig, »aber Sie würden sie doch gewiß nicht mit den Werken Mozarts oder Verdis auf eine Stufe – Hallo, was ist denn das?«

Holmes war vor dem Fenster stehengeblieben und blickte zur Straße hinunter. Ich gesellte mich gerade rechtzeitig zu ihm, um noch flüchtig einen kräftig gebauten Mann von militärischer Haltung zu bemerken, der im dichter werdenden Abendnebel unsicher zu unserer Wohnung heraufsah.

Holmes trat ins Zimmer zurück und nahm seine Improvisationen auf der Geige wieder auf. Er schlug ein sehr einprägsames Thema verminderter Intervalle an, das er, wie ich mich erinnerte, schon früher verschiedentlich gespielt hatte.

»Hören Sie, Watson, wie leicht das ins Ohr geht. Ich bin überzeugt, das liegt daran, daß es gewissen elektrischen und zirkulatorischen Impulsen im Gehirn entspricht.«

Mrs. Hudsons Klopfen meldete uns den Besucher, der unten wartete.

Holmes nickte nur beiläufig und kam wieder auf sein Thema zu sprechen. »Ich fürchte, diese musikalischen Feinheiten entgehen dem englischen Ohr. Zumindest dem Ohr von Miss Palmerston, die Verdis Musik völlig verunstaltet hat. Ah, hören Sie sich das an, Watson. So ungeheuer einfach und doch dem Ohr so gefällig. Finden Sie nicht auch, Sir?«

Er drehte sich plötzlich nach dem Fremden um, der auf der Schwelle stand.

Der arme Mann war eindeutig überfordert. »Ich weiß leider nicht, wovon Sie sprechen, Sir.«

Ich stellte fest, daß unser Gast weit jünger war, als ich nach meinem ersten Eindruck geschätzt hatte, keinesfalls älter als dreißig, dachte ich jetzt. Er hatte eine stark hervorspringende, kantig wirkende Nase, einen gewaltigen Schnurrbart, der, etwas übertrieben gesagt, fast bis zu den Ohren reichte, und eine hohe Stirn über warmblickenden Augen, in denen sich Melancholie mit Übermütigkeit mischte. Ich hielt ihn augenblicklich für einen Landjunker – zäh und zuverlässig, klug und kernig –, die Verkörperung all dessen, was den Engländer im besten Sinn auszeichnet.

Holmes legte seine Geige weg und wies auf einen Sessel am Feuer.

»Wir befinden uns gerade in einem ernsthaften Gespräch über das Wesen der Musik, und ich dachte, Sie als ernsthafter und engagierter Musiker hätten vielleicht eine eigene Theorie zu bieten.«

»Erstaunlich!« rief der junge Mann. »Woher wissen Sie das?«

»Schlichte logische Überlegung«, erklärte Holmes und nahm eine Bruyèrepfeife vom Beistelltisch. »Aus den weißen Leinenfusseln auf der linken Schulter Ihres Rocks schließe ich, daß Sie dort gewöhnlich ein Taschentuch auflegen. Daraus wiederum folgt zwingend der Schluß, daß Sie Geige spielen. Angesichts Ihrer sorgfältig geschnittenen Fingernägel vermute ich, daß das Geigenspiel für Sie mehr ist als gelegentlicher Zeitvertreib. Aus den stark ausgebildeten Ballen Ihrer Hände und Finger schließe ich ferner, daß Sie außerdem ein Tasteninstrument spielen. Die eigenartigen Markierungen auf der Sohle Ihres Stiefels, die Sie mir eben zeigten, als Sie die Beine übereinanderschlugen, lassen mich vermuten, daß dieses Tasteninstrument die Orgel ist. Und die Tintenflecken an Ihrer Manschette rühren von Schreibarbeiten her, ich würde sagen, von der Arbeit an eigenen Kompositionen.«

»Unglaublich«, sagte unser Gast. »Sie sind tatsächlich so gut, wie Alice Sie mir beschrieben hat.«

»Das freut mich, aber ich glaube kaum, daß Sie extra die lange Reise aus Worcestershire gemacht haben, um mich Ihren Beruf raten zu lassen.«

»Ich sehe schon, vor Ihnen kann ich nichts geheimhalten«, meinte unser Gast lachend, offensichtlich erfreut.

Holmes paffte geduldig an seiner Pfeife und wartete auf weitere Erklärungen unseres Gastes.

»Sehen Sie, es ist so, Mr. Holmes: Ich bin Musiker, Musiklehrer in Worcester. Außerdem Komponist, wenn auch von bescheidenem Rang. Vor einiger Zeit verliebte ich mich in eine meiner Schülerinnen, Miss Caroline Alice Roberts, die Tochter von Generalmajor Sir Henry Gee Roberts. Wir wollen heiraten, aber –«

Er brach ab und tastete an seiner Weste herum, augenscheinlich auf der Suche nach etwas zu rauchen.

»Aber es gibt Probleme«, meinte Holmes, um dem jungen Mann über einen offensichtlich schwierigen Punkt hinwegzuhelfen.

»Ja, so ist es leider«, bekannte der und gab seine Suche auf. »Wissen Sie, ich habe nur wenig Geld, eigentlich nur das, was ich mir mit dem Unterrichten verdiene, und hier und dort ein paar Shillings zusätzlich von Konzerten. Es ist leider wirklich nicht viel. Alices Eltern sind wohlhabende Leute und, was nicht verwunderlich ist, gegen eine Ehe ihrer Tochter mit mir. Sie würden sie lieber mit Mr. Adrian Fox-Fordyce verheiratet sehen, dem Sohn des örtlichen Parlamentsmitglieds. Adrian hat in den Dingen, die ihrer Meinung nach für Alices Wohlergehen von Bedeutung sind, mehr Ehrgeiz und kann ihr eine solidere Grundlage bieten als ich.«

Holmes nickte verständnisvoll.

»Ich liebe Alice, Mr. Holmes. Und sie liebt mich. Sie ist meine Inspiration, durch sie bin ich über mich selbst hinausgewachsen. Vor zwei Tagen beschloß ich auf Alices Drängen hin, um ihre Hand anzuhalten. Ich kannte die Antwort von General

Roberts im voraus, aber ich war entschlossen, die Sache zur Sprache zu bringen. Als ich ihn gegen Abend aufsuchte, kam es leider zu einer heftigen Szene. Wir ließen uns beide dazu hinreißen, uns gegenseitig anzubrüllen. Dann ging ich. Später ließ Alice mir mitteilen, daß ihr Vater plötzlich erkrankt sei. Er leidet anscheinend an Diabetes, und die Krankheit muß außer Kontrolle geraten sein. Er ist schwer krank, und Lady Roberts gibt mir an ihrem Ausbruch die Schuld.«

Holmes nickte und zündete seine Pfeife wieder an. »Eine bedauerliche Geschichte zweifellos, aber ich sehe nicht, wo ich da helfen kann.«

»Ich habe heute morgen noch einmal mit Alice gesprochen, und sie fürchtet, es könnte da etwas nicht mit rechten Dingen zugehen. Einem der Dienstboten zufolge kehrte General Roberts am Tag dieser unguten Ereignisse sehr erregt und niedergeschlagen aus London zurück. Mein Besuch bereitete ihm weitere Aufregung. Am selben Abend waren General Roberts und seine Frau bei Sir Gregory Fox-Fordyce zum Abendessen eingeladen, aber sie blieben nur kurz, weil der General über Unwohlsein klagte. Alice hat mir erzählt, daß die Fox-Fordyces sie zur Heirat mit Adrian drängen. Sir Gregory hat aufgrund unglücklicher Spekulationen erst kürzlich finanzielle Einbußen hinnehmen müssen. Die Eheschließung seines Sohnes mit Alice wäre für ihn von Vorteil.«

Holmes stand auf und ging zum Fenster. »Und ich vermute, Alice glaubt, Sir Gregory könnte etwas mit der plötzlichen Erkrankung ihres Vaters zu tun haben.«

»Alice mag Sir Gregory nicht, Mr. Holmes. Sie findet ihn herzlos und behauptet, er würde vor nichts zurückschrecken, wenn es zu seinem eigenen Vorteil ist. Jetzt, wo ihr Vater aufgrund seiner Erkrankung nicht fähig ist, irgend etwas zu tun, fürchtet sie, ihre Mutter könnte so stark unter Druck gesetzt werden, daß sie einer Heirat zwischen ihr und Adrian zustimmt. Lady Roberts ist völlig abhängig von ihrem Mann. Wenn er sterben sollte – ich glaube, Sie wissen schon, worauf ich hinauswill.«

»O ja«, bestätigte Holmes. »Ich nehme an, General Roberts ist in ärztlicher Behandlung.«

»Ja. Der behandelnde Arzt ist Dr. Harvey, ein prominenter und sehr angesehener Arzt in Worcester. Er hatte in der Harley Street eine Praxis, die er aus gesundheitlichen Gründen aufgegeben hat. Er hat sich sofort um den General gekümmert, als dieser krank wurde.«

»Gut. Watson, ich schlage vor, wir brechen sofort auf.« Er wandte sich wieder an unseren Gast. »Übrigens hat Mrs. Hudson in ihrer Hast ganz vergessen, uns Ihren Namen zu nennen.«

»Ich bitte um Entschuldigung, meine Herren«, sagte der Fremde. »Mein Name ist Elgar. Edward Elgar.«

Wir nahmen den letzten Zug, der vom Paddington-Bahnhof abfuhr, kamen mitten in der Nacht in Worcester an und fuhren vom Bahnhof aus direkt zu Elgars Wohnung im Vorort Malvern, etwa acht Meilen südöstlich. Ich ertappte mich mehrmals dabei, daß ich vor dem Feuer, das man uns angezündet hatte, einnickte; Holmes jedoch war lebhaft angeregt von der Herausforderung des neuen Falls und führte ein ausgedehntes Gespräch mit dem jungen Elgar.

Als der Morgen kam, fuhren wir endlich durch das flache grüne Land von Worcestershire zum Haus der Familie Roberts, das in Redmarley d'Abiot stand und den Namen Hazeldine House führte. Nachdem wir gemeldet worden waren, führte man uns direkt zu Miss Alice Roberts, einer gutaussehenden jungen Frau, deren Gesicht jedoch von den Spuren des Schlafmangels gezeichnet war, den die betrübliche Situation ihr bescherte. Meiner Vermutung nach war sie einige Jahre älter als Elgar, doch sie hatte eine äußerst sanfte und liebenswürdige Art. Sie war, in meinen Augen jedenfalls, keine unbedingt schöne Frau, doch ihre Haltung strahlte eine Kraft und Eigenwilligkeit aus, die sie schön erscheinen ließen. Sie begrüßte uns trotz der frühen Stunde mit großer Herzlichkeit.

»Ich bin so froh, daß Sie gekommen sind«, sagte sie. »Dr.

Harvey ist hier, der Zustand meines Vaters ist unverändert. Meine Mutter konnte ich endlich überreden, sich hinzulegen, die Arme. Ihr setzt das alles sehr zu. Ich nehme an, ›Edoo‹ hat Ihnen bereits alles erklärt.«

Sie trat neben Elgar und nahm liebevoll seine Hand, während sie sprach.

»Ja«, antwortete Holmes, »aber es bleiben dennoch ein, zwei Fragen. Welchen Anlaß hatte die Reise Ihres Vaters nach London am Tag seiner Erkrankung?«

»Das weiß ich nicht genau. Ich glaube, er wollte sich um irgendwelche geschäftlichen Dinge kümmern und sich im Klub mit einigen Bekannten treffen.«

»Sahen Sie Ihren Vater, als er am Abend von dem Essen bei der Familie Fox-Fordyce zurückkehrte?«

»Ja, allerdings nur kurz. Er war ziemlich erregt und unruhig. Er klagte über Kopfschmerzen, lehnte aber den Vorschlag meiner Mutter, Dr. Harvey zu holen, zunächst ab. Erst später überlegte er es sich anders und ließ ihn doch holen.«

»Und wann haben Sie Ihren Vater das nächste Mal gesehen?«

»Erst viel später. Vater hatte sich bis zur Ankunft von Dr. Harvey in sein Arbeitszimmer zurückgezogen. Sein Zustand verschlechterte sich rapide. Es war ein Glück, daß Dr. Harvey so prompt kam.«

»Ich nehme an, Ihr Vater versteht sich gut mit Sir Gregory?«

»Allem Anschein nach, ja. Mutter erzählte, der Abend sei sehr harmonisch verlaufen, obwohl mein Vater es reichlich taktlos von Sir Gregory fand, daß er die Frage der Heirat in einem gesellschaftlichen Rahmen aufs Tapet brachte. Ich nehme an, Edoo hat Ihnen erzählt, daß meine Eltern mich gern mit Adrian verheiratet sähen. Nun, ich habe nichts gegen Adrian. Er ist ein netter und harmloser Mensch. Aber ich habe ihnen gesagt, wenn sie meiner Heirat mit Edoo nicht zustimmen, werde ich überhaupt nicht heiraten. Und das ist endgültig.«

Ihre Augen blitzten trotzig, und an ihrer entschlossenen Miene konnte ich sehen, daß dies eine Frau war, die meinte, was sie sagte.

Unser Gespräch wurde durch das Erscheinen eines großgewachsenen, elegant gekleideten Mannes unterbrochen, der in einer Hand ein Arztköfferchen trug. Als er unser ansichtig wurde, verneigte er sich leicht. Dr. Harvey, vermutete ich. Selbst hier draußen in der Provinz Mittelenglands trug er noch die Hochmütigkeit des Spezialisten aus der Harley Street zur Schau.

»Miss Roberts, kann ich Sie einen Augenblick sprechen?« fragte er unverzüglich. »Ich habe leider schlechte Nachricht für Sie. Der Zustand Ihres Vaters ist trotz all meiner Bemühungen weiterhin unverändert. Ich denke, Sie sollten Ihrer Mutter raten, sich auf das Schlimmste gefaßt zu machen.«

Angst und Schmerz spiegelten sich deutlich in Alice Roberts' Zügen. Elgar legte zärtlich seinen Arm um sie.

»Ich muß jetzt in meine Praxis zurück«, fuhr der Arzt fort, »aber ich komme später am Vormittag wieder, sobald ich kann. Miss Jenkins habe ich ihre Anweisungen gegeben. Sie ist eine äußerst fähige Person. Zögern Sie jedoch nicht, mich auf der Stelle rufen zu lassen, wenn Sie mich brauchen sollten.«

»Dann ist es wohl so, daß General Roberts in einem irreversiblen Koma liegt?« erkundigte sich Holmes.

»Ich kann mich nicht erinnern, daß wir einander vorgestellt worden sind«, entgegnete der Arzt förmlich und wich vor Holmes zurück, als hätte er einen Aussätzigen vor sich.

»Dann gestatten Sie, daß ich mich vorstelle. Ich bin Sherlock Holmes, ein Freund von General Roberts.«

Dr. Harveys Gesicht verriet deutlich seine Überraschung. Er riß die Augen auf und sich selbst zusammen.

»Ich habe von Ihnen gehört, Sir«, sagte er plötzlich sehr höflich. »Bitte verzeihen Sie meine Unhöflichkeit. Ich bin sehr müde. Die Krankheit des Generals hat uns alle sehr mitgenommen.«

»Zweifellos. Können Sie mir Näheres dazu sagen?«

»Ich erhielt etwa um halb zehn Uhr durch Boten einen Brief, in dem ich gebeten wurde, möglichst bald zu kommen, da der General über Kopfschmerzen und Unwohlsein klage. Vor ungefähr einem Jahr entdeckte ich bei einer Routineuntersuchung eine leichte Diabetes bei ihm. Als ich ihn vorgestern abend in seinem Arbeitszimmer untersuchte, wurde augenblicklich offenkundig, daß die Krankheit in beunruhigendem Maß fortgeschritten war. Er verfiel in Lethargie und reagierte kaum noch. Ich hatte die größte Mühe, ihn überhaupt in sein Bett zu bekommen. Ich habe alles mir Mögliche versucht, um eine Besserung seines Zustands herbeizuführen, aber ohne Erfolg. Ich fürchte, die Situation ist beinahe hoffnungslos.«

»Haben Sie denn eine Vermutung, was zu dieser plötzlichen Verschlechterung des Gesundheitszustands des Generals führte?«

»Leider nicht. Aber nach meiner Erfahrung kommen solche plötzlichen Attacken bei Diabetes häufig vor.«

»Aha«, meinte Holmes nachdenklich. »Könnte es nicht sein, daß er etwas zu sich genommen hat, versehentlich vielleicht, was diese Attacke auslöste?«

»Ich verstehe nicht, worauf Sie hinauswollen, Mr. Holmes.«

»Mir wurde berichtet, daß der General vorzeitig von einer Einladung zum Abendessen zurückkehrte. Ich frage mich, ob vielleicht dort etwas geschehen ist, was sich so negativ auf seinen Zustand ausgewirkt hat.«

»Oh, ich verstehe.« Der Arzt rieb sich bedächtig das Kinn. »Ich muß gestehen, daß ich diese Vorstellung gar nicht in Betracht gezogen habe. Es ist natürlich eine Möglichkeit, aber ich kann mir nicht vorstellen, was für eine Substanz das gewesen sein könnte. Der General nahm es mit seiner Diät immer sehr genau.«

»Würden Sie mir gestatten, einen Moment zu ihm hineinzugehen? Ich würde höchstens ein paar Minuten bleiben.«

Ich hatte den Eindruck, daß Dr. Harvey ablehnen wollte, doch er gab seine Zustimmung.

»Wären Sie damit einverstanden, daß Dr. Watson uns begleitet? Er ist ein vertrauter Freund, und ich wäre froh, wenn er dabei wäre.«

Dr. Harvey willigte hastig ein, und wir folgten ihm aus dem

Salon in den Vorsaal und dann die große Freitreppe in der Mitte hinauf. Oben traten wir mit ihm in ein verdunkeltes Zimmer.

Die Luft war schal von den Ausdünstungen der Krankheit, schwere Vorhänge verdunkelten die Fenster, so daß man sich in einem Sterbezimmer wähnte. Das große Mahagonibett mit den vom Betthimmel herabwallenden Schleiern stand auf der anderen Seite des Raumes. Licht spendete nur eine Lampe auf dem Nachttisch neben dem Bett, wo eine Krankenpflegerin in frisch gestärkter Tracht saß und in einem kleinen Buch las. Sie stand eilig auf, als Dr. Harvey ins Zimmer trat und sie leise ansprach.

Ich konnte hinter der Verschleierung des Krankenbetts nur undeutlich die Konturen eines alten Mannes erkennen. Seine Atemzüge waren tief und langsam. Das Gesicht, zumindest das, was ich davon ausmachen konnte, war bleich, blutleer.

Dr. Harvey griff unter das Bett und zog ein kleines Reagenzglas hervor, das er uns zur Besichtigung brachte.

»Da, sehen Sie«, sagte er. »Hoher Zuckergehalt trotz strengster Diät.«

Er gab einige Tropfen Benedicts Reagens in das Glas, und der Urin färbte sich sofort sehr dunkel, Bestätigung der schweren Erkrankung des Patienten.

»Was hat das zu bedeuten?« Die Stimme der Frau, die diese Frage stellte, war schrill vor Erregung. »Dr. Harvey, Sie sagten, mein Mann müsse absolute Ruhe haben, nicht einmal die Familie wollten Sie ins Zimmer lassen, und jetzt machen Sie das Krankenzimmer zum Audienzsaal.«

Die Frau, Lady Roberts, wie ich vermutete, stand auf ein Dienstmädchen gestützt an der Tür. Ihr Gesicht war bleich und eingefallen, so daß ihre Gesichtszüge streng und übermäßig stark ausgeprägt wirkten. Ohne unsere Entschuldigungen und Erklärungen anzuhören, wies sie uns alle miteinander aus dem Haus. Nicht einmal Alice Roberts' Versuche, uns bekanntzumachen, fruchteten etwas.

Als wir draußen waren, dankte Holmes dem Arzt, schüttelte ihm zum Abschied herzlich die Hand, und dann stiegen wir wieder in Elgars Einspänner. Der junge Musiker war sichtlich bekümmert, aber er sagte kein Wort, als er die Zügel in die Hand nahm.

»Schade, Holmes«, meinte ich, während wir durch die bäuerliche Landschaft fuhren. »Schlimme Sache, diese Diabetes. Ich fürchte, da ist nichts zu machen.«

»Watson, Sie enttäuschen mich. Das Problem liegt doch klar vor uns. Eine teuflische Angelegenheit. Wir müssen schnell handeln.«

»Großer Gott! Dann vermuten Sie also ein Verbrechen?«

»Der kaltblütigsten Sorte. Wir haben keinen Augenblick zu verlieren. Mr. Elgar, wenn Sie so freundlich wären – ich muß sofort zum nächsten Telegrafenamt. Sie müssen in Ihre Wohnung zurückkehren und warten, was Sie von der Familie Roberts hören.«

Danach hüllte mein Freund sich in beharrliches Schweigen. Einmal während der Fahrt bemerkte ich, wie er eine Fingerspitze an die Lippen führte, aber ich war zu erschöpft, um die Bedeutung dieser Geste zu begreifen.

Während wir auf Holmes' Rückkehr warteten, nutzte ich die Gelegenheit zu einem Nickerchen auf der Couch in Elgars Wohnzimmer. Es war ein hartes, unbequemes Möbel, aber das merkte ich erst so richtig, als ich einige Stunden später erwachte. Elgar saß an seinem Klavier und improvisierte über ein Stück, das er für Miss Roberts geschrieben und das er *Salut d'Amour* genannt hatte. Er spielte es mehrmals durch, und ich erinnere mich, daß ich es sehr gefühlvoll fand.

Den Nachmittag vertrieben wir uns mit Gesprächen über die Musik, wobei wir ständig die Uhr über dem Kaminsims im Auge behielten.

Als es dämmerte, kam Holmes in heller Aufregung hereingestürmt. »Schnell! Wir müssen sofort zu den Roberts. Ich hoffe nur, wir kommen rechtzeitig, um eine Tragödie abzuwenden.«

In höchster Eile brachen wir auf und legten die neun Meilen bis zum Hazeldine House in der Hälfte der Zeit zurück, die wir am Morgen für die Fahrt gebraucht hatten. Holmes stürzte ins

Haus, ohne sich erst melden zu lassen, und rannte in Riesensprüngen die Treppe zum Krankenzimmer hinauf. Oben trat ihm Lady Roberts in den Weg.

»Was gibt Ihnen das Recht, wie ein gemeiner Verbrecher in dieses Haus einzudringen?« fragte sie scharf und eisig.

»Ich bitte um Pardon, Lady Roberts, aber wenn Ihnen das Leben Ihres Gatten lieb ist, dann machen Sie mir bitte den Weg frei.«

Ohne viel Federlesens eilte er an ihr vorbei ins Krankenzimmer. »Das ist nicht nötig«, sagte er und nahm der verdutzten Miss Jenkins die Spritze aus der Hand. »Mr. Elgar, würden Sie sich um die Frau kümmern?«

Dann wandte er sich mir zu. »So, Watson, nun sehen Sie genau hin. Erkennen Sie, was hier nicht stimmt?«

Ich blickte auf den komatösen Patienten hinunter und erfaßte die Situation sofort.

»Aber natürlich, Holmes. Die Atemzüge. Sie sind nicht schnell und flach, wie sie beim Diabeteskoma eigentlich sein müßten.«

»Genau«, sagte er und trat zum Kopfende des Betts. »Würden Sie mir jetzt bitte einmal helfen...« Er beugte sich tief über den Kranken und besah sich aufmerksam den hinteren Teil seines Schädels. »Aha!« rief er gedämpft und teilte das weiße Haar, um eine Verletzung zu zeigen. »Da haben wir den wahren Grund für das Koma.«

Lady Roberts war entsetzt und völlig überrascht.

»Aber Holmes«, warf ich ein, »der Zucker im Urin. Das haben wir doch mit eigenen Augen gesehen.«

»Ja, Dr. Harvey höchstpersönlich hat ihn hineingegeben, um uns zu täuschen, während unsere Aufmerksamkeit auf General Roberts gerichtet war. Als ich ihm draußen vor dem Haus die Hand schüttelte, spürte ich, daß winzige Teilchen an meiner Haut hängenblieben – Teilchen, die einen süßen Geschmack hatten. Da wurde mir klar, daß er Zucker in die Urinprobe gegeben hatte, als er das Glas unter dem Bett hervorholte.«

»Aber ich verstehe das alles nicht«, protestierte Lady Roberts. »Dr. Harvey und mein Mann sind gute Freunde. Sie sind sogar gemeinsam in ein finanzielles Unternehmen eingestiegen.«

Holmes nickte Lady Roberts zu, um sie wissen zu lassen, daß er sie gehört hatte, zog aber erst den Vorhang am Fenster auf, ehe er ihr antwortete.

»Ja. Es handelt sich um dasselbe Unternehmen, bei dem Ihr Nachbar Sir Gregory Fox-Fordyce erst vor kurzem beträchtliche Summen verloren hat. Ich habe mir erlaubt, an die Ärztekammer in London zu telegrafieren, um Einzelheiten über Dr. Harveys Praxisaufgabe in Erfahrung zu bringen. Ich hörte, daß Unregelmäßigkeiten im Zusammenhang mit dem Vermögen mehrerer seiner älteren Patienten im Spiel waren. Leider nichts, was konkret genug gewesen wäre, die Angelegenheit vor Gericht zu bringen. Die Opfer lehnten es ab, Anzeige zu erstatten. Daraufhin konfrontierte ihn eine Delegation der Ärztekammer mit ihren Erkenntnissen und zwang ihn, seine Praxis aufzugeben.

Ihr Vater«, fuhr Holmes zu Alice Roberts gewandt fort, »erfuhr davon offenbar auf seiner letzten Reise nach London. Darum kehrte er so erregt und niedergeschlagen zurück. Als er Dr. Harvey zu sich rufen ließ, tat er es, um ihn zur Rede zu stellen, nicht um seinen ärztlichen Rat in Anspruch zu nehmen. Dr. Harvey verlor den Kopf und schlug Ihren Vater nieder. Dann erfand er diese ganze Geschichte von der Diabetes, um Zeit zu gewinnen und einen Ausweg aus diesem Dilemma zu suchen. Er wußte, daß er Ihren Vater früher oder später würde töten müssen, um die eigene Haut zu retten. Zum Glück brachte er es einfach nicht über sich.«

»Und mich hat er in eine schöne Situation gebracht«, lamentierte Miss Jenkins weinerlich.

»Ja, das fürchte ich auch. Er hat mir nicht gesagt, wie er Sie dazu gebracht hat, das Koma mit Morphiuminjektionen zu verlängern, während er Zeit zu gewinnen versuchte.«

Miss Jenkins zuckte resigniert die Achseln. »Ich hab' im

Grunde von Anfang an gewußt, daß er mich ja doch nicht heiraten würde. Wo ist er jetzt?«

»Jedenfalls nicht mehr in Worcester, das können Sie mir glauben. Wenigstens wurde der Familie Roberts der zweifelhafte Ruhm eines langwierigen öffentlichen Prozesses erspart.«

Der alte Mann im Bett regte sich.

Holmes sah mich an. »Kopf hoch, alter Freund, ich glaube, General Roberts wird die Betreuung eines erstklassigen Arztes benötigen, und ich würde empfehlen, ihn Ihrer Fürsorge anzuvertrauen.«

Einige Jahre später, im Frühjahr 99, kam mit der Post ein Brief, der zwei Logenplätze für ein Konzert enthielt, das am 19. Juni in der St. James Hall stattfinden sollte. Das Hauptwerk auf dem Programm war eine Folge von Variationen zu einem Thema von Edgar Elgar. Alice Elgar hatte ein kurzes Schreiben beigelegt, in dem sie uns wissen ließ, daß ihrem Mann an unserer Anwesenheit außerordentlich viel gelegen sei.

Es war, daran brauche ich Sie nicht zu erinnern, ein Konzert, das in der englischen Geschichte einzigartig ist. Die Enigma-Variationen wurden mit größter Begeisterung aufgenommen, und unser Freund mußte noch mehrmals auf die Bühne, ehe man ihm gestattete, sich zurückzuziehen.

Holmes war des Lobes voll für die Komposition und hielt sich nicht mit Komplimenten zurück, als wir später im Hotel Belgravia mit den Elgars zusammentrafen.

»Wie schön, daß Sie gekommen sind«, sagte der Komponist und schüttelte Holmes enthusiastisch die Hand. »Ihnen ist wohl klar, daß ich den Erfolg des heutigen Abends vor allem Ihnen zu verdanken habe.«

Holmes begann plötzlich mitten im Foyer des Belgravia ganz laut eine Melodie zu pfeifen, ein Verhalten, das ich absolut unmanierlich fand. Unser Freund jedoch schien entzückt zu sein.

»Aha, dann haben Sie es also mitbekommen«, sagte er. »Ich habe mich oft und oft an das Thema erinnert, seitdem ich es an jenem Abend in der Baker Street von Ihnen gehört hatte. Dem Ohr so gefällig, wie Sie sagten. Ich beschloß, es als Grundthema für meine dreizehn Enigma-Variationen zu nehmen, aber ich wollte es nicht direkt wiedergeben, da ich ja eigentlich kein Recht darauf hatte.«

»Aber natürlich haben Sie ein Recht darauf«, widersprach Holmes herzlich. »Sie haben ein Recht auf dieses Thema, weil es Ihnen gelungen ist, ein geniales Werk daraus zu machen, das die Sprache Englands spricht, so daß jeder es würdigen kann. Nehmen Sie es zum Dank als Geschenk von Ihrem ergebensten Bewunderer, Sherlock Holmes. Aber wenn Sie mir einen kleinen Vorschlag erlauben wollen, so würde ich Ihnen raten, dafür zu sorgen, daß das Thema Ihrer Enigma-Variationen ein Geheimnis bleibt. Ich habe nämlich eines festgestellt, mein lieber Elgar: Ebensosehr wie eine schöne Melodie lieben die Engländer ein schönes Geheimnis.«

Aus dem Englischen von
Mechtild Sandberg-Ciletti

BIBLIOGRAPHIE

Emmuska Orczy: »Das Geheimnis von Fordwych Castle«. Originaltitel: »The Fordwych Castle Mystery« aus: *Lady Molly of Scotland Yard*. © 1910 by Emmuska Orczy. Abdruckgenehmigung: A. P. Watt Ltd. im Namen des Estate of Emmuska Orczy und Joan Orczy-Barstow.

R. Austin Freeman: »Der blaue Skarabäus«. Originaltitel: »The Blue Scarab« aus: *The Blue Scarab*. © 1924, 1951 by R. Austin Freeman. Abdruckgenehmigung: A. P. Watt Ltd.

G. K. Chesterton: »Der Fluch der Darnaways«. Originaltitel: »The Doom of the Darnaways« aus: *The Incredulity of Father Brown*. © 1926 by G. K. Chesterton. Abdruckgenehmigung: Dodd, Mead Inc.

Agatha Christie: »Der Schatten am Fenster«. Originaltitel: »The Shadow on the Glass« aus: *The Mysterious Mr. Quin*. © 1930, 1957 by Agatha Christie Mallowan. Abdruckgenehmigung: Aitken, Stone Ltd. und G. P. Putnam's Sons Ltd.

Dorothy L. Sayers: »Schach der Dame«. Originaltitel: »The Queen's Square« aus: *Lord Peter*. © 1933 by Dorothy Leigh Sayers Fleming. © 1961 by Lloyds Banks Ltd. Executors. Abdruckgenehmigung: Harper & Row Publishers Inc. und David Higham Assoc. Ltd.

Ngaio Marsh: »Tod über den Äther«. Originaltitel: »Death in the Air«. © 1939 by Ngaio Marsh. Abdruckgenehmigung: Harold Ober Assoc. und Aitken & Stone Ltd. für The Estate of Ngaio Marsh.

Margery Allingham: »Irren ist menschlich«. Originaltitel: »The Same to Us«. © by P & M Youngman Carter Estate. Erstveröffentlichung 1934 in: *The Daily Express*. Abdruckgenehmigung: Curtis Brown Ltd. und John Stevens Robling, American Literary Executor.

Freeman Wills Crofts: »Jagdball«. Originaltitel: »The Hunt Ball«. © 1943 by the American Mercury Inc. Abdruckgenehmigung: A. P. Watt Ltd.

John Dickson Carr: »Der unachtsame Einbrecher«. Originaltitel: »The Incautious Burglar« aus: *The Man Who Explained Miracles.* © 1940 by John Dickson Carr. Abdruckgenehmigung: Harold Ober Assoc. und David Higham Assoc. Ltd.

Nicholas Blake (C. Day Lewis): »Der Volltreffer«. Originaltitel: »The Long Shot«. Abdruckgenehmigung: Sterling. Lord Literistic Inc.

P. G. Wodehouse: »Jeeves und die gestohlene Venus«. Originaltitel: »Jeeves and the Stolen Venus«. Erstveröffentlichung in: *Ellery Queen's Mystery Magazine.* Abdruckgenehmigung: The P. G. Wodehouse Trust, J. Peter Lobbenberg, Trustee, A. P. Watt Ltd. und Hutchinson Publishing Group.

Micheal Innes: »Tal in der Sonne«. Originaltitel: »Death in the Sun«. © by 1964 by J. I. M. Stewart. Abdruckgenehmigung: Dodd, Mead Inc. und Victor Gollancz Ltd. im Namen des Autors.

Ethel Lina White: »Das unverriegelte Fenster«. Originaltitel: »An Unlocked Window«. Abdruckgenehmigung: Lawrence Pollinger Ltd.

Philip MacDonald: »Das tizianrote Haar«. Originaltitel: »The Wood-for-the-Trees«. © 1947 by The American Mercury Inc. Abdruckgenehmigung: Doubleday Inc. und William Collins & Sons Ltd.

Christianna Brand: »Der Mann auf dem Dach«. Originaltitel: »The Man on the Roof«. Erstveröffentlichung in: *Ellery Queen's Mystery Magazine.* Abdruckgenehmigung: Sobel Weber Agency Inc. und A. M. Heath für The Estate of Christianna Brand.

Cyril Hale: »Der Tod der Amy Robsart«. Originaltitel: »The Death of Amy Robsart« aus : *Death Among Friends and Other Detective Stories.* © 1959 by The Estate of the late Cyril Hale. Abdruckgenehmigung: Georges Brochardt Inc., 136 East 57th St, New York, N. Y. in Absprache mit Rev. C. P. Gordon Clark.

Ruth Rendell: »Fen Hall«. Originaltitel: »Fen Hall« aus: *The New Girl Friend and Other Stories.* © by Kingmarkham Enterprises Ltd. Abdruckgenehmigung: Pantheon Books, Random House Inc. und Century-Hutchinson Publishing Group Ltd.

P. D. James: »Ein Haus wie ein Wunschtraum«. Originaltitel: »A Very Desirable Residence«. Erstveröffentlichung in: *Winter's Crimes 8.* Abdruckgenehmigung: Roberta Prior Inc. und Elaine Green Ltd.

James Miles: »Das Rätsel von Worcester«. Originaltitel: »The Worchester Enigma«. Erstveröffentlichung in: *Mystery Magazine.* Abdruckgenehmigung: James Miles.

Das große
Krimi-Lesebuch II